常山年鉴 2023

常山县地方志编纂委员会 编

方志出版社
Publishing House of Local Records

图书在版编目（CIP）数据

常山年鉴. 2023 / 常山县地方志编纂委员会编.
北京：方志出版社，2023.11
ISBN 978-7-5144-5986-9

Ⅰ. ①常… Ⅱ. ①常… Ⅲ. ①常山县—2023—年鉴
Ⅳ. ①Z525.54

中国国家版本馆CIP数据核字（2023）第246472号

责任编辑：齐　笑
责任校对：张玉霞
责任印制：梅中英
出 版 者：方志出版社
地　　址：北京市朝阳区潘家园东里 9 号（国家方志馆4层）
邮　　编：100021
网　　址：http://www.zgfzcb.cn
发　　行：方志出版社图书营销中心（010-67110500）
印　　刷：江山市教育印刷有限公司
开　　本：889毫米×1194毫米　1/16
印　　张：28.5
字　　数：713千字
版　　次：2023年11月第1版
印　　次：2023年11月第1次印刷
定　　价：280.00元

常山县地方志编纂委员会

主　　　任	王永明		
副　主　任	何相涯	姜　芳	方育娟
成 员 单 位	县委办	县人大常委会办	县府办
	县政协办	县委组织部	县委宣传部
	县档案馆	县发改局	县统计局
	县经信局	县人社局	县住建局
	县农业农村局	县财政局	县教育局
	县科技局	县文广旅体局	县委政法委

《常山年鉴（2023）》编辑部

主　　　编　刘利忠

副　主　编　刘海滨　李媛媛　徐　伟　赵　媛

执 行 主 编　刘海滨

指 导 编 辑　徐金堂

编　　　辑　吴佳倩　张昕怡　田依楠

编辑说明

一、《常山年鉴》是中共常山县委、常山县人民政府主办，常山县地方志编纂委员会编纂出版的年度资料性文献，逐年记载常山县经济建设、政治建设、文化建设、社会建设、生态文明建设基本情况，为社会各界人士和中外投资者了解、研究、建设常山，提供丰富翔实的地情资料。自2005年首次出版，《常山年鉴》每年编印1卷，本卷为第19卷。

二、《常山年鉴（2023）》以马克思列宁主义、毛泽东思想、邓小平理论、“三个代表”重要思想、科学发展观、习近平新时代中国特色社会主义思想为指导，坚持辩证唯物主义和历史唯物主义的立场、观点和方法，全面、真实地记载2022年常山县行政区域自然、政治、经济、文化、社会等方面的情况和社会发展的历史进程。

三、《常山年鉴（2023）》记事时间从2022年1月1日至12月31日，按分类法编排，主体内容分为类目、分目、条目三个层次。共设特载、专记、大事记、县情概览、中国共产党常山县委员会、常山县人民代表大会、常山县人民政府、中国人民政治协商会议常山县委员会、中共常山县纪律检查委员会·常山县监察委员会、民主党派·工商联、群众团体、法治、军事、农业·农村·水利、工业、贸易、邮政·通信、交通、城乡建设与管理、综合管理与监督、财政·税务、金融、资源·环境·气象、教育·科技、文化·旅游·体育·传媒、医疗卫生、人力资源和社会保障、社会生活、乡镇（街道）、附录、索引31个类目。

四、《常山年鉴（2023）》以县级机关各部门、各乡镇（街道）及有关驻常山的省部属单位为基本记述主体，以事物性质分类，设类目。类目设计和编排次序根据年鉴基本体例和行业归类特点设置，与具体部门单位行政级别无关。

五、《常山年鉴（2023）》所刊载的内容、照片和图表数据，均由全县各机关部门、企事业单位、乡镇（街道）和驻常山省部属单位提供；所用统计资料由县统计局提供。撰稿人和摄影者分别统一署名于条目和照片之后。

六、常山县统计局提供全县综合性统计数据。因统计来源、口径方式等不同，部分单位所用个别数据与常山县统计局的数据不一致，引用时以常山县统计局的数据为准。统计局未作统计的，以各专业部门和乡镇(街道)提供的数据为准。

七、《常山年鉴（2023）》数字用法、标点符号分别采用国家标准《出版物上数字用法》（GB/T 15835—2011）、《标点符号用法》（GB/T 15835—2011），计量单位采用国家技术监督局1993年12月发布的《量和单位》系列国家标准，面积单位稍有例外：耕地、山地、园林等面积单位一般沿用“亩”字，有时也用“公顷”。

八、《常山年鉴（2023）》“附录”类目中的荣誉录，收录2022年1—12月公布的国家（含部门）、浙江省（含部门）、衢州市（含部门）以及中共常山县委、常山县人民政府命名、表彰、颁发的荣誉称号。

九、《常山年鉴（2023）》卷首设有中文详细目录，卷末编有索引，书眉标示类目名称。全书资料信息可由目录、书眉、索引等检索渠道获得。

常山县

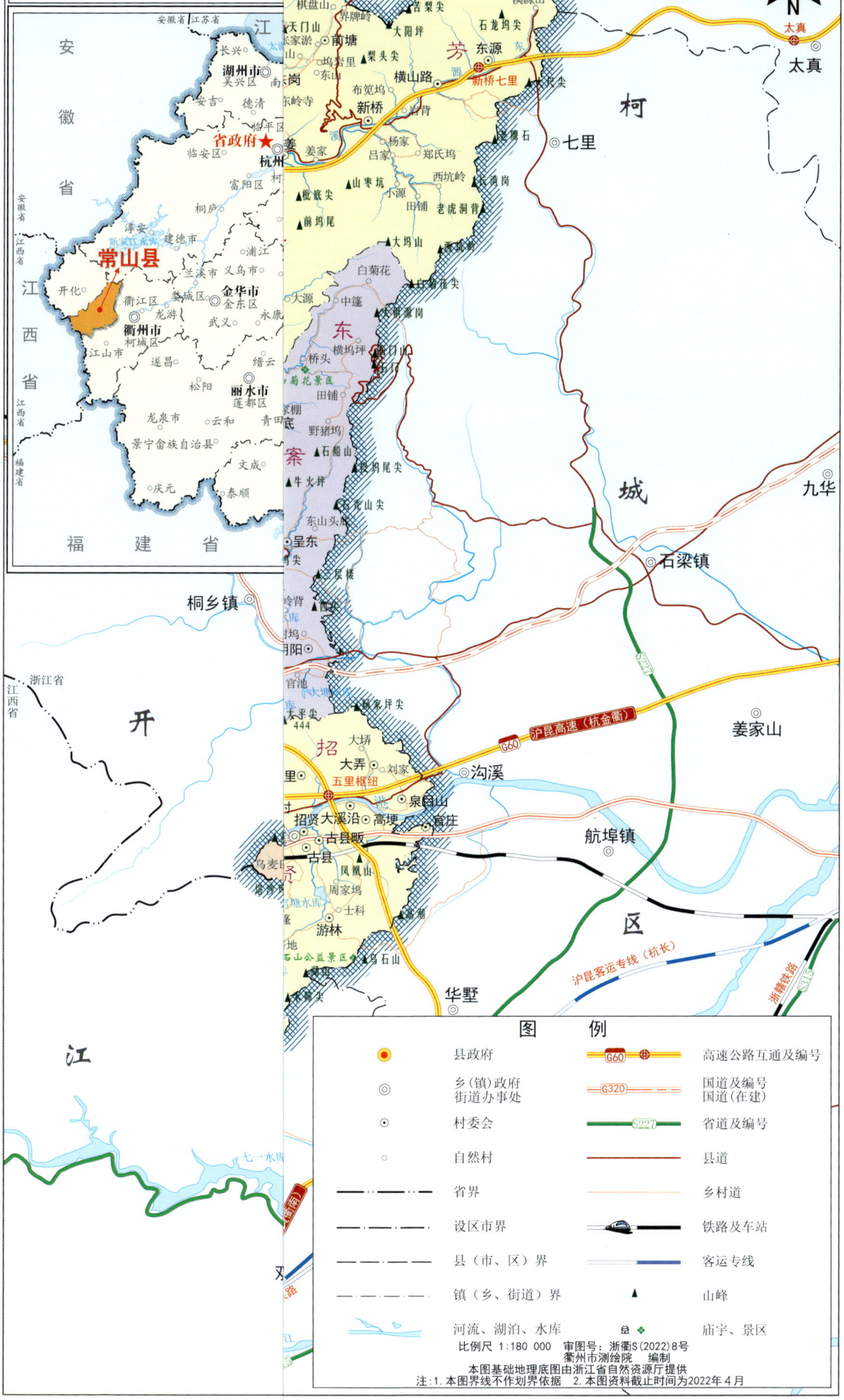

N
衢州市
衢江区
太真
柯
城
区
七里
九华
石梁镇
姜家山
沟溪
航埠镇
华墅
桐乡镇
开
江
浙江省
江西省
安
县
芳
东
案
招
凤凰庙
界牌岭
前塘
横山路
东源
新桥七里
新桥
岩背
姜家
杨家
吕家
郑氏坞
西坑岭
小源
田铺
老虎洞背
大坞山
白菊花
中篷
横坞坪
桥头
野猪坞
石船山
牛火坪
东山头
呈东
三层楼
大弄
刘家
五里枢纽
泉目山
招贤
大溪沿
高埂
官庄
古县
古县畈
凤凰山
周家坞
士科
游林
乌石山
七一水库
沪昆高速（杭金衢）
G60
S227
S315
沪昆客运专线（杭长）
浙赣铁路
安徽省
江苏省
安徽省
江西省
福建省
湖州市
杭州
省政府
常山县
开化
衢州市
衢江区
金华市
丽水市
龙泉市
景宁畲族自治县
庆元
泰顺
文成
图例
县政府
乡(镇)政府 街道办事处
村委会
自然村
省界
设区市界
县（市、区）界
镇（乡、街道）界
河流、湖泊、水库
高速公路互通及编号
国道及编号 国道(在建)
G320
省道及编号
县道
乡村道
铁路及车站
客运专线
山峰
庙宇、景区
比例尺 1:180 000　审图号：浙衢S(2022)8号
衢州市测绘院　编制
本图基础地理底图由浙江省自然资源厅提供
注:1.本图界线不作划界依据　2.本图资料截止时间为2022年4月

N
九景衢铁路
潭家
仓坞水库
塘坎
鲁家
石灰窑
大麦坞
城东中学
北殿寺
林场
翡翠园
外港
紫港街道
青少年宫
城东新区
骨科专科医院
常山林场
政中心
体育馆
县市场监管局
县卫生健康局
康泰路
文峰路
北门大桥
县交通运输局
紫港小区
职业中专
育才小学
县公安局
百悦城
东方广场
滨江路
文昌阁
八里塘水库
天马二小
东淤街
江滨幼儿园
常山大桥
渡口路
渡口小区
县农业农村局
渡口社区
白马广场
江滨小区
人民法院
竹园小区
桑园小区
县司法局
县自然资源和规划局
实验小学
交警大队
县中医院
竹园路
三里滩人行景观桥（文昌桥）
御景园
文昌社区
心舟公园
半山悦景
漫悦湾
和山坞水库
东方路
常一中
育局
新华书店
县民政局
县林业水利局
东明社区
梅园路
梅园小区
县江滨行政楼
县住房和城乡建设局
东苑小区
东苑社区
县文化艺术博物馆
天马桥
东明桥
门阳路
柚香阁
骨伤科医院
富足山大桥
迅鸿国际商贸城
建材市场
王家
富足山
东明湖
明湖公园
长淤大桥
G320
东湖花园
东方大酒店
蒲塘
木梢坞
大坞排
常山港
图例
县政府
街道办事处
社区
学校
医院
大厦
酒店
汽车站
寺庙
山峰
塔
G60
高速公路及编号
铁路
河流、湖泊、水库
比例尺 1:18 000
审图号：浙衢S（2022）8号
衢州市测绘院 编制
注：本图资料截止时间为2022年4月

数字常山2023
SHUZI CHANGSHAN

土地总面积：1099平方千米
建成区面积：18.3平方千米
乡镇（街道）：3个街道6个镇5个乡
行政村：180个
社区：14个
公路总里程：1145.7千米
年平均气温：18.9℃
年总降水量：1756.9毫米

年末户籍人口总户数：124648户
总人口：337893人
城镇人口：111366人
乡村人口：226527人

地区生产总值：200.6亿元
工业增加值：51.9亿元
产值超亿元工业企业：48家
新增国家高新技术企业：28家
新认定省科技型中小企业：67家
专利授权量：949件
商标注册量：717件

社会消费品零售额：91.1亿元
财政总收入：26.6亿元
金融业增加值：12.03亿元
金融机构本外币存款余额：358.72亿元
进出口总额：29.7亿元
旅游总收入：20.2亿元

中小学校：40所
医疗机构：272家

①

②

③ ④

① 2022年12月11日，“共学同讲二十大 青春扬帆新征程”常山县“8090+”新时代理论宣讲大赛决赛暨“奋进共富路 逐梦现代化”巡回宣讲授旗仪式在常山县芳村镇园区新村文化礼堂（未来乡村）举办　（县委宣传部 供图）

② 2022年6月30日至7月4日，“全民健身奔共富 喜迎党的二十大”浙江省第八届木球锦标赛在常山县举行　（县文广旅体局 供图）

③ 2022年10月18日，县舞蹈家协会、县摄影协会在天安村“父亲的水稻田”开展喜迎党的二十大快闪活动　（张 昭 摄）

④ 2022年10月25日，学习贯彻党的二十大精神“续写新时代 颂歌献给党”文艺演出在紫港社区举办　（徐金妹 摄）

①②

③

① 2022年12月1日，县摄影协会、县老年摄影协会联合举办“赞美新时代 献礼二十大”摄影作品展览 （刘 华 摄）

② 2022年7月29日，县委组织部联合县老年书 画研究会在县文化馆举行“丹青吐彩，翰墨飘香——喜迎二十大”书画作品展（县委组织部 供图）

③ 2022年11月22日，常山—中国香港两地线上举办“共庆二十大 携手新时代 同心创未来” 主题活动 （县委统战部 供图）

①②

③

① 2022年12月1日，县摄影协会、县老年摄影协会联合举办“赞美新时代 献礼二十大”摄影作品展览（刘 华 摄）

② 2022年7月29日，县委组织部联合县老年书 画研究会在县文化馆举行“丹青吐彩，翰墨飘香——喜迎二十大”书画作品展（县委组织部 供图）

③ 2022年11月22日，常山—中国香港两地线上举办“共庆二十大 携手新时代 同心创未来”主题活动（县委统战部 供图）

常山气象指数保险管理系统
气象管理
保险管理
投保登记管理
保单管理
保险政策信息
保险产品
总参保金额
14.5 万元
参保成功数量
45 单
总参保面积
0.0058 万亩
业务待办
投保登记审核
2 个
理赔核算审核
0 个
常用功能
投保登记管理
保单录入
理赔核算
理赔支付
气象观测站

常山县域数字档案管理服务一体化管理平台（数字档案利用一点通）
网上课堂
下载中心
欢迎您，管理员
退出
请选择您要登录的子系统
档案接收
档案管理
档案移交
查档利用
系统维护
更多应用
消息提醒
系统公告

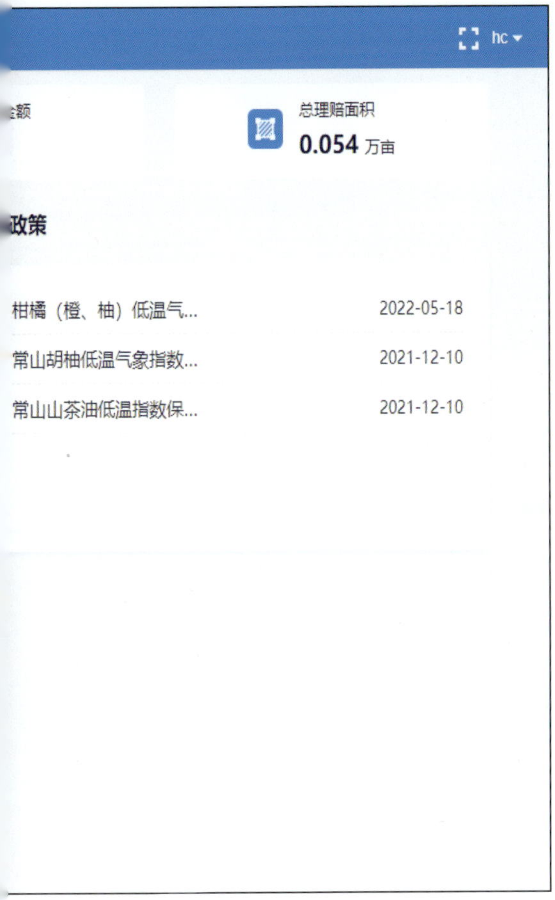

① ③

② ④

① 常山县气象指数保险管理系统　（县气象局　供图）
② “数字档案利用一点通”应用界面　（县档案馆　供图）
③ 县内公务餐扫码就餐　（县财政局　供图）
④ 无人机“综合飞一次”智慧巡检系统　（县综合执法局　供图）

文昌阁 （徐高禄 摄）

东明湖公园雪景　（杨 靖 摄）

常山最高峰——白菊花尖 （陈勤幸 摄）

夜幕下的县城一角 （徐高禄 摄）

南门溪 （杨靖 摄）

团村湿地 （杨 靖 摄）

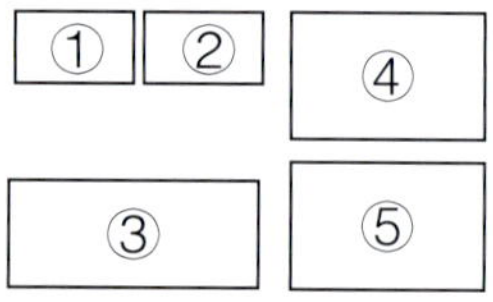

①2022年8月，常山县冷链服务中心建设项目完成　（常山农投集团 供图）
②2022年9月9日，常山县公铁路衔接型综合客运中心项目主体结构封顶　（县交通运输局 供图）
③北门历史街区改造　（徐高禄 摄）
④351国道常山段建成　（李君平 摄）
⑤2022年6月29日，杭金衢高速公路5标段常山西互通改造升级完成　（县交通运输局 供图）

常山西
车道关闭
CICO
浙江交通集团
浙高建公司
热烈庆祝杭金衢5标段常山西互通改造升级顺利完工
浙江交工

FerroTec
浙江先导精密机械有限公司
1992-2022
FerroTec（中国）30周年庆

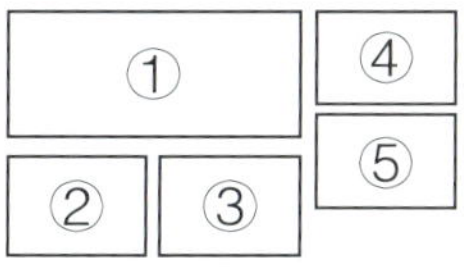

①大和热磁产业园项目二期　　（县招商投资促进中心 供图）
②慈溪—常山产业飞地，浙江翔鹰食品机械有限公司
（县招商投资促进中心 供图）
③慈溪—常山产业飞地，浙江益创新材料科技有限公司
（县招商投资促进中心 供图）
④造纸企业数字化车间　　（徐高禄 摄）
⑤轴承企业自动化生产设备　　（徐高禄 摄）

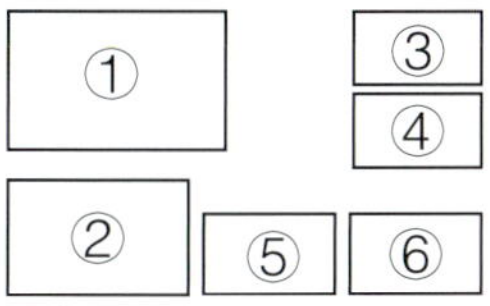

① 丝瓜络丰收　（陈勤幸 摄）

② 何家乡白茶　（陈勤幸 摄）

③ 2022年9月23日，“常U丰收 喜迎盛会”2022年常山县农民丰收节暨农民运动会在何家乡江源村举行　（陈勤幸 摄）

④ 2022年5月18日，招贤镇组织开展“纱帽山枇杷节”活动　（招贤镇 供图）

⑤ 2022年9月24日，杭州市第一家“一份常礼”门店开业（常山农投集团 供图）

⑥ 山茶油产品集萃

（县油茶产业发展中心 供图）

① 2022年7月25日，常山县创文百日攻坚誓师大会暨“全民齐创文”志愿服务活动启动仪式在塔山公园举行（王建华 摄）

② 2022年2月18日，交通公路部门对新桥至七里连接线撒布融雪剂作业（县交通运输局 供图）

③ 东明湖公园改造（常山传媒集团 供图）

④ 芳村镇美丽小镇建设（常山传媒集团 供图）

⑤ 快递下村U驿站（常山传媒集团 供图）

40
七里
2025m

快递下村U驿站
小快递大民生

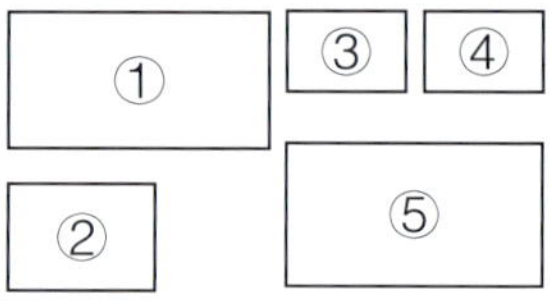

①“宋诗之河”常山影像展　（张 昭 摄）
②芳村镇南孔书屋　（县文广旅体局 供图）
③常山技工学校　（徐高禄 摄）
④2022年9月，城南小学封顶　（徐小萍 摄）
⑤常山县文昌小学　（王建华 摄）

喜结金顶

①

②

③

① 2022年11月19—20日，2022常山UU音乐节在金川街道徐村村举行

（县文广旅体局 供图）

② 2022年 6月11日，农投·渡口未来社区于县体育馆举办“I DUKOU未来音乐节”

（常山农投集团 供图）

③ 2022年11月9日，常山县《一切为了U》村歌故事入选“唱响奋进之歌 携手共富之路”2022年浙江省山区26县“十佳村歌故事”（罗文富 摄）

目 录

中国共产党常山县委员会

常山县人民代表大会

常山县人民政府

中国人民政治协商会议常山县委员会

中共常山县纪律检查委员会·常山县监察委员会

民主党派·工商联

群众团体

法　治

军　事

农业·农村·水利

工 业

贸　易

邮政·通信

交　通

城乡建设与管理

综合管理与监督

财政·税务

金 融

资源·环境·气象

教育·科技

文化·旅游·体育·传媒

医疗卫生

人力资源和社会保障

社会生活

乡镇（街道）

附　录

索　引

干字当头　奋勇争先
奋力谱写中国式现代化的常山篇章

——在县委十四届四次全体（扩大）会议上的报告（摘要）

县委书记　潘晓辉

（2023年1月3日）

县委十四届四次全体（扩大）会议的主要任务是：坚持以习近平新时代中国特色社会主义思想为指导，全面学习贯彻党的二十大精神和中央经济工作会议精神，认真贯彻落实省委十五届二次全会、市委八届三次全会精神，回顾总结2022年工作，部署2023年任务，审议通过《中共常山县委关于全面学习贯彻党的二十大精神奋力谱写中国式现代化的常山篇章的决定》，进一步动员全县上下干字当头、奋勇争先，为推进中国式现代化和全省“两个先行”贡献更多常山力量。

一、承压前行、实干担当，新一届县委工作精彩开局

2022年是极不平凡的一年。面对百年变局和疫情的叠加冲击，新一届县委常委会团结带领全县上下深学笃行习近平新时代中国特色社会主义思想，把学习宣传贯彻党的二十大精神作为首要政治任务，推动县第十四次党代会各项决策部署落地落实，按照“疫情要防住、经济要稳住、发展要安全”要求，打好稳进提质、除险保安、塑造变革组合拳，交出一份高分答卷。前三季度，全县地区生产总值比上年增长3.8%。1—11月，规模以上工业增加值比上年增长10.9%，社会消费品零售总额比上年增长7.6%。这一年，我们感受到：

大家越学越有方向。深入学习贯彻党的二十大精神，召开全县领导干部会议、县委常委会会议、县委理论学习中心组专题学

习会，推动县级领导班子和领导干部率先垂范、学深一层。开展“六学六进六争先”学习实践活动，组建县委宣讲团、8090“常山U团”、文艺小分队等，实施“千场党课开讲”、宣讲“七进”活动，引导全县广大党员干部把学习贯彻党的二十大精神同忠实践行“八八战略”、奋力推进“两个先行”融汇起来，同习近平总书记对衢州、对常山的殷切嘱托贯通起来，坚决做到“总书记有号令、党中央有部署、省市有要求、常山勇争先”。我们深切体会到，党的二十大精神是奋进新征程的思想“定盘星”、行动“指南针”，只要坚定不移沿着党的二十大确定的方向走下去，常山发展定能创造新辉煌、走向新胜利。

大家越闯越有自信。一年来，常山先后8次在省委、省政府重要会议上交流经验。中央省市媒体纷纷聚焦，常山被中央广播电视总台列入共同富裕示范区观察点，常山县知名度、美誉度进一步提升。巡视“回头看”整改工作高效落实，政治生态向上向好，得到省委、省纪委领导高度认可。“早上好”奋斗精神得到省委主要领导批示肯定，在全省推介，入选全省第二批共富最佳实践案例。常山胡柚、山茶油作为中国好故事向全球推介，U系列产品精彩亮相。万人常山UU音乐节再度成为全网热点。总投资90亿元的华创铜箔项目成功落地，常山江航电枢纽工程开工建设。经济开发区、开放式服务区等入选全省试点，水库移民、青村播等入选全国优秀案例。我们深切体会到，只有敢闯敢试、大胆创新，才能走出新路、赢得喝彩，社会各界的肯定和点赞也是激励我们前行的最大动力。

大家越争越有甜头。聚焦“两个先行”，探寻“共富密码”，评选7大领域57个共富典型案例。强村富民集成改革全省试点，新昌乡实现10个村集体经营性收入100万元全覆盖。山海协作“产业飞地”全省领先、“消薄飞地”增资扩容，共富产业园入选山区26县高质量发展典型案例。“扩中”“提低”改革，“共富果园”模式全县推广，打造新昌丝瓜络、何家“四片绿叶”、天马“父亲的水稻田”、白石“小辣椒”等30个精品果园，带动群众家门口就业12.3万人次。前三季度，农村居民人均可支配收入、低收入农户人均可支配收入分别比上年增长8.8%、15.5%。我们深切体会到，在共富路上争先奔跑，让共同富裕可感可见，常山老百姓的幸福感、获得感，一年更比一年多、一年更比一年强。

大家越改越有底气。数字化改革稳步推进，政策性农险智能速办改革入选全省“一地创新、全省共享”“一本账”S0清单，常山获评全省首批数字生活新服务样板县。“新三公”改革获“基层清廉建设（浙江）十大创新经验”创新奖，入选“坚持党政机关过紧日子十大优秀案例”。“两山合作社”改革迭代跃升，入选全省乡村振兴十佳创新实践、首批共富最佳实践名单。“大综合一体化”行政执法改革持续深化，“1+5”执法队伍、执法夜校、无人机中队等创新做法领跑全省。我们深切体会到，改革已经成为推动发展的制胜法宝，常山在改革的牵引下，跨越之势已成、未来更加可期，全面进入加速蝶变的新阶段。

大家越战越有力量。筑起疫情防控铜墙铁壁，实现本土病例“零发生、零扩散”，牢牢守住浙江西大门。成功抵御“6·20”特大洪灾，全力降低有气象记录以来最严重旱情损失。平安护航党的二十大、全国两会、北京冬奥会，实现重大涉稳事件、重大安全事故、重大网络舆情“零发生”。夺得省级平安县创建“十七连冠”。我们深切体会到，面对各类风险挑战，大家攻坚克难、顽强奋战，常山“好”的因素在累积，“稳”的状态在巩固，“进”的态势在持续，必将凝聚成为一往无前的蓬勃力量。

大家越拼越有激情。坚决摒弃“把说了当做了，把做了当做成了”，打好赛马比拼、争先创优、“八大行动”交流会、“三谈三访·U出发”活动、亲清健康加U站等系列组合拳，全力激发干部队伍干事创业激情。深入开展“六治六提六争”作风建设行动，创新推出家访“一把手”机制，大力实施“四百行动”，持续深化干部“四维考评”，高效推进强“两专”促“两富”培训计划，全领域开展“U”系列专项监督，锻造了一支政治过硬、业务过关、能力过人的“常山铁军”。我们深切体会到，全县党员干部士气高涨，拼出了激情干事的昂扬之气，“想干事、能干事、干成事”的氛围日渐浓厚。

一年来，在全县上下共同努力、接续奋斗下，我们满怀豪情、实干担当，以全面冲刺的状态跑出决战决胜的姿态：

干出了经济发展好势头。高端装备零部件产业培大育强，大和热磁接二连三，先导精密、环宇轴承入围全国专精特新“小巨人”，企业上市实现“零”的突破。“两柚一茶”产业强势崛起，常山列入国家农业现代化示范区，获批筹建国家地理标志产品保护示范区，常山胡柚“入典”取得实质性突破。油茶产业入选全省林业推进共同富裕十大典型案例，示范园获评“国家林业产业示范园区”。入围第二批省现代服务业创新发展区、全省县域商业体系建设示范名单。出台房产新政，发放各类消费券，拉动市场消费近10亿元。特色生态产业平台快速推进。新都园区提质转型，盘活低效用地近800亩，“新都里”生活中心建成投用。全域土地综合整治考核连续两年居全省第三，同弓全域整治项目获省级精品工程第一名。生态园区以全市最高分通过安全等级评定，安全风险由B级（较高风险）降到C级（一般风险），地下水污染问题成功销号，获副省长卢山的批示肯定。落实“工业新政20条”，梳理惠企政策248条，兑付资金5.19亿元，受惠主体2134个。落实减负降本超6亿元，为市场主体纾困解难。入选26县科技成果转移支付试点县，创成省级高新园区，科创中心加快建设，油茶、精密基础件产业创新服务综合体通过省级验收、绩效评价，灿宇纺织、长盛化工、艾佳食品获省“尖兵”“领雁”立项。争取各类债券资金34.8亿元。

干出了城乡面貌新蝶变。“一江两岸”城市格局加快成型，杉德奥莱、文旅博览中心等城市地标拔地而起。城市有机更新扎实推进，西门、江滨片区征收基本完成，狮子口片区有序开发，北门历史文化街区一期项目顺利开工，定阳北路、文峰西路延伸线等城市“断头路”加快打通，临港片区、清河片区老旧小区完成改造。完成特色生态产业平台、赵鼎考古文化广场等项目征收工作，强势推进农批市场、实验小区、常山江航电枢纽等项目征收工作，共涉及被征收户450余户，面积10万余平方米。大交通格局加快形成，辉何公路、综合客运枢纽、浙西窗口服务区南北联络通道、美丽通道等交通路网全速建设，351国道验收通车，“四好农村路”入选全国示范县创建名单。渡口未来社区建成投用，文昌未来社区验收命名。青石镇、东案乡获评省级美丽城镇样板镇，天马街道获评县城城镇省级样板，浙西门户、文昌阁获评省级风貌样板区。“柚都石镇·共富先行”新时代美丽乡村共同富裕示范带入选省级名单。芳村镇园区新村、彤弓山片区、后弄、徐村入选第二批省级未来乡村创建名单。

干出了文化文明大跃升。牢牢掌握意识形态工作领导权，社会主义核心价值观引领新风尚，新时代衢州人文精神广泛弘扬，“8090+”“常山U团”宣讲品牌更加响亮。新时代文明实践中心提档升级，省示范文明县城创建扎实推进。“浙江有礼·常山有U”县域文明实践体系加快推进，“有礼指数”进位争先。“宋诗之河”文化品牌列入全省首批文化标识建设创新培育项目，泓影文创园、全民健身中心建成投用。现代京剧《战士》、广播剧《我不是英雄》入选省“五个一”工程，取得历史性突破。创成省级全域旅游示范县，入选浙江文旅助力探索共同富裕新路径十佳县、全省新时代农文旅促进共同富裕试验区，举办长三角畅游系列活动，打响“父亲的水稻田”艺术乡建品牌，擦亮“中国好味·鲜辣常山”文化名片，联合浙江卫视推出《“食”万八千里（常山篇）》节目，引发全国关注。

干出了民生优享金口碑。中高考成绩提升显著，高考方面时隔22年重圆“清北梦”；中考平均分超全市5分，首次进入第一方阵。“两校”融合步伐加快，常山技工学校建成投用。与浙江中医药大学、浙大一院、新华医院开展紧密合作，顺利通过全国健康促进县省级现场评审。县人民医院二期投入运行，建成标准化村卫生室15家。扩大托育服务供给，新增幼儿托位205个。省级食品安全示范县通过验收。“孝老之城”建设入选“浙里康养”首批“一地创新、全省推广”优秀案例，芳村镇上榜全省“慈孝之乡”。“常山阿姨”工作迭代跃升，全力争取集体商标注册，入选全省服务业大会典型案例。建立健全三级帮扶体系，开发公益性岗位792个，帮扶指数排名全市第二。

干出了县域治理高效能。党建统领基层智治扎实推进，“141”治理体系迭代升级，“村社—网格—微网格”三级治理体系持续完善，基层智治系统获评全省五星级，排名全省第二、全市第一。创新构建除险保安“1416”作战体系，做细做实“五色”考评机制，交出除险保安高分答卷。一体推进平安常山、法治常山建设，融治理格局不断优化，全县有效警情、刑事治安警情、电信网络违法犯罪案发数均下降，“平安边界智慧安防”应用入选全省2022年度数字赋能揭榜认领项目。良法善治领跑全市，省级民主法治村（社区）占比全市第一，白石镇草坪村创成第九批国家级“民主法治示范村”。健全“县级领导包案化解”机制，落实信访办理“五个一”工作法，全面推进重大信访问题整改销号，信访积案化解率达98.29%。

干出了党建统领战斗力。严格落实“第一议题”制度，着力加强县委常委班子自身建设，坚定不移做“两个确立”忠诚拥护者、“两个维护”示范引领者。以“七张问题清单”抓党建带全局，深入实施红色根脉强基工程和村社组织凝聚力提升工程，开展村社换届“回头看”和党组织书记政治素质体检，举办“常雁竞飞、聚力为U”擂台赛，打响“农小二”“桥头堡”“金色同弓”等一批共富党建联建品牌。系统重塑干部队伍，选派400名干部一线蹲苗、专班攻坚、跟班学习、挂职锻炼。持续打好人才“引育归”组合拳，挂牌成立人才发展集团，引进省C类以上高层次人才8人，入选国家“引才计划”3人、万人计划高技能领军人才2人，均排名全市第一。启动新一届县委巡察工作，坚定不移正风肃纪反腐，严肃查处一批违纪违法案件，清廉底色持续擦亮、政治生态更加清朗。全力支持人大、政府、政协和监委、法院、检察院依法依章履行职能，统一战线助力共同富裕积极有为，群团组织功能不断增强，党管武装、退役军人等工作取得新进展，全县上下“同轴运转、同频共振、同向推进”工作态势持续巩固发展。

在肯定成绩的同时，我们也要清醒地看到工作中还存在一些薄弱环节和短板弱项：经济体量小、底子薄、财力弱的问题仍然突出；重大项目后劲不足、支撑不强，“航母型”“链主型”企业缺乏，土地、能耗等要素制约尚未扭转；城镇化水平低、城市功能不完善，优质服务供给不足，城市吸附和留住人才人力人口能力亟待提升；道路交通、安全生产等领域问题隐患依然不少，风险防范化解机制仍需不断完善；少数党员干部“坐等”“躺平”的思维不同程度存在，推动高质量发展的谋划能力、落实能力还有明显差距。对于这些问题，必须高度重视，采取针对性措施加以解决。

二、学深悟透、笃信笃行，深刻领会党的二十大精神的核心要义

党的二十大，是在全党全国各族人民迈上全面建设社会主义现代化国家新征程、向着第二个百年奋斗目标进军的关键时刻召开的一次十分重要的大会，在党和国家发展进程中具有极其重大的历史意义。习近平总书记所作的报告，主题鲜明、思想深邃、站位高远、视野宏阔，通篇闪耀着马克思主义的真理光芒，续写了马克思主义中国化时代化的崭新篇章，体现了中国式现代化的战略布局，展现了中华民族伟大复兴的光明前景，具有极强的政治感染力、思想震撼力、理论穿透力、实践号召力。

（一）深刻领悟政治忠诚这一“灵魂”和“主线”，坚定理想信念、初心使命。党的二十大取得的所有成果中最重要最根本的是，再次宣示了“两个确立”的决定性意义，明确了最大的政治、最大的大局、最大的原则。学习贯彻党的二十大精神，坚决维护习近平总书记党中央的核心、全党的核心地位，坚决维护党中央权威和集中统一领导。我们要深刻把握“两个确立”和“两个维护”的关系，始终表里如一维护核心权威，言行一致紧跟核心奋斗，切实做到“总书记有号令、党中央有部署、省市有要求、常山勇争先”。

（二）深刻领悟过去5年工作和新时代10年伟大变革的里程碑意义，增强历史自信、战略定力。党的二十大报告指出，十年来，我们经历了对党和人民事业具有重大现实意义和深远历史意义的三件大事，分别是迎来中国共产党成立一百周年、中国特色社会主义进入新时代以及完成脱贫攻坚、全面建成小康社会的历史任务，实现第一个百年奋斗目标。实践证明，党的十八大以来党中央的大政方针和工作部署是完全正确的，中国特色社会主义道路是符合中国实际、反映中国人民意愿、适应时代发展要求的。我们要在学习党的二十大精神中坚定历史自信、增强历史主动，在深耕学、持续学、不断学中提升政治判断力、政治领悟力、政治执行力。

（三）深刻领悟习近平新时代中国特色社会主义思想的世界观和方法论，用以武装头脑、指导实践。党的二十大报告对习近平新时代中国特色社会主义思想的世界观和方法论进行了明确界定，提出“六个坚持”，深刻诠释了贯穿其中的马克思主义世界观和方法论，充分体现了习近平总书记坚持把马克思主义基本原理同中国具体实际相结合、同中华优秀传统文化相结合的实践高度。我们要从中汲取奋进前行的智慧和力量，加强前瞻性思考、全局性谋划、战略性布局，把经济总量、财政收入、人口基数等关键指标提升作为突围方向，以创造性张力、变革性实践推动常山跨越发展。

（四）深刻领悟以中国式现代化推进中华民族伟大复兴的使命任务，全面奋勇争先、探路前行。党的二十大报告对中国式现代化的目标、基本特征、本质要求、实践原则进行了系统阐释，回答了谁来领导现代化、实现什么样的现代化、如何实现现代化等带有基础性、根本性和关键性的核心问题。我们要深刻认识中国式现代化道路科学内涵、理论的超越意义、探索的光明前景，围绕加快建设“浙西第一门户”战略目标，全力走好山区县最美生态、绿色工业、数字经济、向往生活深度融合的跨越发展之路，实现更周全的“稳”和高质量的“进”良性互动。

（五）深刻领悟以伟大自我革命引领伟大社会革命的重要要求，始终严于律己、永葆本色。党的二十大报告深刻揭示自我革命这一跳出治乱兴衰历史周期率的第二个答案，对深入推进新时代党的建设新的伟大工程进行全面系统部署，强调要时刻保持解决大党独有难题的清醒坚定。我们必须全面落实新时代党的建设总要

求，健全全面从严治党体系，一体推进不敢腐、不能腐、不想腐，努力打造新时代党建高地和清廉建设高地县域样板，真正以党的自我革命引领推动社会革命，确保常山县党员干部队伍永远不变质、不变色、不变味。

（六）深刻领悟团结奋斗是中国人民创造历史伟业的必由之路，确保心往一处想、劲往一处使。党的二十大报告指出“团结就是力量，团结才能胜利”“党用伟大奋斗创造了百年伟业，也一定能用新的伟大奋斗创造新的伟业”，号召“为全面建设社会主义现代化国家、全面推进中华民族伟大复兴而团结奋斗”。我们必须切实增强忧患意识、坚持底线思维、保持战略定力，加强干部斗争精神和斗争本领养成，引导广大党员干部群众在党的旗帜下团结成“一块坚硬的钢铁”，持续激发精神力量、保持昂扬精神状态，一步一个脚印把党的二十大作出的重大决策部署付诸行动、见之于成效。

学习宣传贯彻党的二十大精神是当前和今后一个时期的首要政治任务，也是一个常学常新、常悟常得的长期进程。县委站在政治和全局的高度，全面对标对表党的二十大精神，一体学习把握习近平总书记在二十届一中全会和中央经济工作会议上的重要讲话精神，对县第十四次党代会的重大决策部署进一步深化丰富、优化完善、细化落实，作出了《中共常山县委全面学习贯彻党的二十大精神奋力谱写中国式现代化的常山篇章的决定》，并提交全会审议。全县上下要以贯彻落实《决定》为抓手，在全面学习、全面把握、全面落实上下实功、求实效，把常山各项工作放到以中国式现代化全面推进中华民族伟大复兴的宏大场景中谋划推进，将学习成果转化为加快建设“浙西第一门户”的实干实效。

三、锚定目标、创新突破，打好中国式现代化常山实践的开局之战

2023 年是全面贯彻落实党的二十大精神的开局之年，是实施“十四五”规划承上启下的关键之年，也是推进中国式现代化常山实践的奋进之年。做好 2023 年工作的总体要求是：坚持以习近平新时代中国特色社会主义思想为根本指引，全面学习贯彻党的二十大精神，认真贯彻落实省委、市委决策部署，围绕忠实践行“八八战略”、奋力推进“两个先行”、全力打造“十个桥头堡”，秉持“一切为了 U”核心理念，弘扬“早上好”奋斗精神，锚定“浙西第一门户”战略目标，持续推进“八大行动”，坚持“六大原则”、重抓“十大任务”，奋力谱写中国式现代化的常山篇章。

根据上述要求，建议 2023 年的主要预期目标是：地区生产总值比上年增长 8%左右，规模以上工业总产值比上年增长 30%以上，固定资产投资比上年增长 15%，社会消费品零售总额比上年增长 8%。城乡居民人均可支配收入增速高于地区生产总值增速，一般公共预算收入与经济增长基本保持同步。

实现上述目标，必须全方位重塑理念、机制、工具和手段，优化战术打法、精准靶向发力，坚持好“六大原则”：一是坚持党建引领。以“七张问题清单”为统领，以实施“红色根脉强基工程”为总抓手，持续深化“六治六提六争”作风建设行动，扎实推进清廉常山建设，形成县委统全局、基层抓落实、组织强堡垒、干部敢担当的良好格局，全力打造群众有感受度的优质政治生态。二是坚持绿色发展。深入践行“绿水青山就是金山银山”的理念，持续做大以“两柚一茶”为代表的生态产业，大力发展乡村休闲旅游，全面推动生产方式和生活方式的绿色低碳转型，促进“美丽生态”变为“美丽经济”，让绿色高质量发展成为常山靓丽名片。三是坚持项目为王。突出把重大项目作为推动经济社会发展的“生命线”和“强引擎”，一切盯着项目看、一切围绕项目转、一切扭住项目干，以“非常之心”引项

目，以“非常之为”争项目，以“非常之力”建项目，以大项目、大投入推动大发展、大跃迁。四是坚持改革突破。强化“改革有阵痛、不改革就是长痛”理念，以数字化改革为牵引，一体推进全面深化改革、共同富裕示范区等重大改革，破旧立新、以新迎新，加快实现质量变革、效率变革、动力变革，持续提升常山的核心竞争力、特色影响力、变革引领力。五是坚持创新驱动。紧紧抓住科技创新“牛鼻子”，大力开展科技招商、打造创新联盟、搭建科创平台、做优创新生态，推动产业链、创新链、人才链、资本链、服务链“五链”融合，争当用好变量、推动变革的弄潮儿，真正让科技创新“关键变量”转变为跨越追赶的“最大增量”。六是坚持开放提升。始终保持“封闭没有出路、开放才有未来”战略定力，把加快高水平开放作为制胜未来的潜力、空间和希望，系统推进开放通道、开放平台、开放体制、开放环境建设，推动开放型经济发展层次和质量双跃升，努力在区域发展中赢得主动、赢得优势、赢得未来。

2023 年，我们要锚定目标、聚焦重点，全力以赴抓落实、抓推进，不断开创常山发展新局面。重点抓好“十大任务”：

（一）奋力塑造产业发展新优势。坚持“工业强县、产业兴县”不动摇，着力壮大主导产业、发展特色产业、培育新兴产业，打造富有竞争力的现代产业体系。以强链补链提升产业竞争力。深入开展“十链百企共生”专项行动，更大范围聚集要素、配置资源。高端装备零部件产业要聚焦培大育强、培优引强，推进新丰新材料、大和三期、斯凯孚二期、小乔二期全面投产，确保总产值超 75 亿元。“两柚一茶”产业要瞄准双柚出圈、油茶破局，加快柚香谷、艾佳、香柚湾等综合体建设，重点打造 3 平方千米特色产业园，建设“UU 工厂”30 家，构建百亿特色产业集群。加强农产品品牌建设，力争 U 系列产品突破 100 个。以招大引强提升产业硬实力。抓好以商引商、产业链招商，围绕纸基新材料、半导体、轴承等重点领域，全面激发“三期四期”现象，引进一批优质项目、优强企业，力争招引各类产业项目 100 个、亿元以上项目 25 个，实际到位资金超 40 亿元。引育总部经济等新型服务业主体，加快建设云创产教融合园、永龄养生修复基地等项目，助推服务业高质量发展。以强企育企提升产业支撑力。实施优质中小企业梯度培育管理，加强上市挂牌后备资源培育，加快企业“上规、上市”，确保新增规模以上企业（含小升规）15 家以上，规模以上工业企业达 160 家以上。推动捷姆轴承、爱丽莎等中小微企业向“专精特新”发展，新增省级“专精特新”中小企业 6 家以上。以智改数转提升产业内驱力。深化“亩均论英雄”改革，实施轴承、纺织、冷柜等传统制造业改造提升行动，实施规模以上工业企业数字化项目 15 个，新增省级智能工厂、数字化车间 2 家以上，规模以上工业亩均税收达 18.5 万元。大力实施“数字经济一号发展工程”，加快产业数字化、数字产业化，全面提升数字经济活力，力争数字经济核心产业增加值比上年增长 15%、占 GDP 比重达 3.5%以上。全面助力“GM2D”示范区建设，加快推进全县“GM2D”应用落地。以配优要素提升产业持续力。辉埠片区全力推进特色生态产业平台建设，确保新增建设用地 600 亩以上。扎实推进新都片区全域工业土地综合整治，完成整治 1980 亩以上。以最大力度、最快速度开展土地整治，完成垦造耕地 5000 亩。聚力提升园区生活性、生产性配套服务，完善道路等基础设施建设，确保邻里中心、人才公寓建成投用。积极引进低消耗、高附加值的企业和项目，以重大光伏项目为切入点，逐步调优能源结构。以高耗低效企业提质转型为着力点，降低工业能耗强度。

（二）奋力打好科技创新攻坚战。突出创新制胜，强化“五链”

融合，加快构建产学研用金、才政介美云“十联动”创新创业体系，推动创新人才技术向常山集聚。打造“动能澎湃型”科创平台。深入实施高新区高质量发展行动，推进油茶、精密基础件产业创新服务综合体长效运营，新增国家高新技术企业14家、省科技型中小企业36家以上，高新技术产业投资比上年增长10%以上。建强浙大常山现代农业发展研究中心、浙理工常山研究院平台，与上海大学合作共建常山产业研究院，深化与浙大衢州“两院”、电科大长三角研究院等高校战略合作，推进杭电、衢州学院等院校成果转移转化中心落地。高水平打造科创中心，提供全流程、全要素、全生命周期的“一站式”运营服务，力争创建省级以上重点人才平台5家。培育“活力涌动型”人才雁阵。持续擦亮“英才荟”品牌，举办“常山英才”高层次人才创新创业大赛。做大做强人才发展集团，系统重塑市场化人才工作模式，构建人才发展全链式工作体系，打造“近悦远来”的人才发展投资运营服务品牌，力争引进省C类以上领军型人才8人、硕博士等高层次人才30人、大学生5000人以上。打造四省边际人才交易中心、职业教育联盟，成立省际工匠学院，构建产教训融合、政企社协同、育选用贯通的高技能人才培育体系，让城市与人才“双向奔赴”。构筑“热带雨林型”创新生态。实体化运作科创委员会，构建全县域大科创一体化推进格局，力争R&D经费支出占GDP比重高于全省平均水平。坚持放权赋能，赋予用人主体自主认定权、人才评价权，构建“企业认可、市场评价、政府支持”人才认定新模式，激发人才活力。出台新“希望之光”专家团队扶持保障政策，确保人才要素、智力要素、创新要素来得了、待得住、用得好、流得动。

（三）奋力跑出变革重塑加速度。坚持以系统性思维推进改革，推动数字化改革竞跑争先、重大领域改革全面深化、共同富裕示范区重大改革融合突破，全力冲刺省市第一方阵。数字化改革迭代升级。聚焦“一地创新、全省共享”，丰富拓展“农户自然灾害减损保险智能速办”、“无限爱”留守儿童呵护等特色应用，在实战中推动“537”疫情防控协同应用场景等持续迭代升级，提升实战实效。加速省级重大应用在基层治理“141”体系中衔接落地，抓好“七张问题清单”应用建设，争取更多整改案例纳入省级示范总榜。重大特色改革集成突破。深化“两山合作社”改革，优化生态云脑平台，加快生态资源交易中心建成运营，实现收储资产资源突破20亿元、农村产权交易突破6000万元。深化“大综合一体化”行政执法改革，厘清职责边界，完善“248”运行机制，建强执法夜校，编撰全科培训教材，开展最佳案例评选，提升群众获得感。深化强村富民集成改革，全域推广“强村公司+共富果园+两山合作社”模式，全面盘活村集体资源资产，力争实现村集体经营性收入30万元以上村全覆盖，50万元以上村占比突破60%，一、二、三次分配突破5000万元。深化农村宅基地改革，有序推进宅基地资格权分配、实现、流转、抵押、监管、退出等。全域推行二轮土地延包试点改革，助推全县土地规模流转率达70%以上。推进集体经营性建设用地入市改革，完成4个村试点地块出让，争取纳入国家级试点。国资国企改革纵深推进。着力优化国有经济布局和结构，引导国有企业深耕主业、做强实业，提升融资实力，做大资产规模，力争资产总额突破400亿元。探索实施混合所有制改革，完善监督体系，构建出资人业务监督、审计监督、监事会监督、责任追究“四位一体”监督闭环，提升国有企业市场化经营管理能力，增强企业核心竞争力。

（四）奋力驶入开放开发新赛道。全方位放大平台优势、区位优势、交通优势，更高层次、更广范围融入融合，加快构建更高水平的开放型经济新格局。构建立体化开放通道。坚持交通先导，加速建成辉何公路、综合客运枢纽、浙西窗口服务区南北联络通道，加快推进常山江航电枢纽、浙西窗口服务区、南方水泥铁路专用线等项目建设，开工建设招贤芳村联通联建工程、S324省道，改建提升农村公路120千米，谋划实施常玉快速道、衢黄铁路、多式联运物流园项目，加快构建内捷外畅的综合立体交通运输体系。深化多层次开放平台。深化常玉战略合作，纵深推进衢饶示范区建设，加快完善常山片区发展研究和详细规划，深化基础设施互联互通，培育壮大特色优势产业，全力打造省际合作示范样板。打造山海协作“升级版”，推动“产业飞地”先行示范、“消薄飞地”稳定运营、“科创飞地”启动建设，力争完成山海协作产业项目投资16亿元以上。依托省级结对帮扶团组，狠抓帮富机制落实，做实“干部结对、产业招引、平台合作”等帮扶措施，打造省结对帮扶共同体。加快发展开放型经济。积极参与“一带一路”和中国（浙江）自由贸易试验区建设，主动融入义甬舟开放大通道西延行动，借势借力扩大开放格局、提升开放能级。做大进出口规模，优化外贸结构，推动外资逆势增长、稳中提质，力争进口、出口均增长20%以上。探索与长三角核心区城市在产业、人才、科教等领域共建新型合作机制，与慈溪、拱墅建立长期稳定的供应关系，与长兴县共创制造业高质量发展促共富示范县，提高开放型经济发展水平。

（五）奋力推动城镇能级大提升。聚焦以县城为重要载体的新型城镇化建设，突出城市有机更新、农民进城入镇、风貌整治提升、现代社区建设等，加快打造山水公园城市。建设高品质宜居之城。完成国土空间总体规划，编制山水公园城市总体设计，细化“一江两岸”规划，启动后坊—大弄口、渡口—蒲塘等重点区块空间规划研究，引导山水城相融相衬，打造山水名城名园。加快城市有机更新步伐，启动农批市场片区开发，谋划实施竹园、桃园两大片区旧城改造，完成老旧小区外立面改造100幢。持续推进“十个一”工程，建成杉德奥莱，启动五星级酒店建设，打造中央商务区。优化完善渡口、文昌等5个未来社区功能配套，以绣花功夫推进城市精细管理。打造高韧性安全家园。聚焦防内涝，改造傥溪路、石崆寺路等城区重点积水区域雨污水管网，提升排涝能力。聚焦保畅通，推进定阳北路延伸线、文峰西路延伸线、城南第二通道等城区畅通工程，打通城区断头路、瓶颈路。聚焦解危房，启动U安居城市能级提升工程，力争完成城南小区、北门等危房解危43幢。促进高水平人口集聚。深化农民集聚行动，优化农民搬迁政策，全面推行农民“集聚券”，分步有序推进农村人口、返常乡贤、青年人才进城入镇集聚，争创青年发展型县城，力争常住人口城镇化率达54.5%以上。加快建设一批共富集聚点，搭建“线上+线下”培训平台，进一步优化就业创业环境，确保集聚人口留得下、稳得住、能致富。

（六）奋力建设全域美丽大花园。深化新时代美丽常山建设，一体推进国家生态文明示范县、全国农业科技现代化先行县等十大创建工作，推动农文旅深度融合，打造高水平全域美丽大花园样板。筑牢生态屏障。实施新一轮蓝天、碧水、净土、清废、治塑行动，全面落实河长制、林长制，确保中央和省级生态环保督察问题按时销号。开展“雷霆斩污2.0”“绿剑”专项执法等行动，落实“双随机、一公开”制度，严厉打击环境违法行为。深入推进辉埠区域生态环境系统整治提升，加快实施矿地综合利用项目。全面启动受污染耕地“源解析”工作，推进危险废物跨区域协同处置，争创“无废城市”。加快低碳转型。聚焦省级低碳试点县建设，完成工业园区减污降碳协同、胡柚低碳U码、油茶碳汇数字化可视平台等应用建设，持续迭代创新碳账户金融产品，力争碳账户贷款达30亿元，工业园区减污降碳协同成为省级试点。加快培育绿色低碳高效产业，推进低碳技术研发应用，整治一批高碳低效企业，创建一批绿色低碳工厂、低建设碳试点乡镇（村）。扮靓画里乡村。扎实推进诗画风光带建设，打造芳村—新昌“油茶宋镇”，力争创成未来乡村标杆村3个、精品村3个，争创新时代“富春山居图”风貌样板区。深化人居环境整治提升，争创省级新时代美丽乡村示范乡镇1个、精品村3个。围绕“一轴、四溪、全美”创建思路，争创国家水系连通试点县。启动水美乡镇、城乡亲水圈等建设工作，加快龙潭水库等重大项目建设，打造水清岸绿的幸福河湖之乡。做实美丽经济。大力发展创意休闲农业，加快“接二连三”步伐，打造农民增收新增长点。加快发展乡村旅游，推广复制现代旅游根据地模式，培育房车露营、沉浸式演艺等新业态，争创全省农文旅促进共同富裕新样板。高水平办好常山UU音乐节和“三山”艺术节，加快发展“常山漫居”系列精品民宿，提升“父亲的水稻田”艺术乡建影响力，创新发展“鲜辣常山”美食产业。与新华社联合举办中国首届乡村振兴品牌大会。

（七）奋力打造文化文明双高地。围绕全域文化繁荣、全民精神富有，加快建设宋诗之河文化带，不断增强先进文化凝聚力。坚守意识形态主阵地。全面落实意识形态工作责任制，完善年度检查和专项巡察制度，强化结果运用。大力弘扬伟大建党精神，推动党史学习教育常态化、长效化。深化全民国防教育。加强与高端智库合作，开展习近平新时代中国特色社会主义思想常山实践研究。深入阐释传播党的创新理论，迭代升级“8090+”“常山U团”新时代理论宣讲工作。推进媒体深度融合发展，争做“舆论引导在线”省级重大应用承接试点示范。推动文明有礼大跃升。大力培育和践行社会主义核心价值观，深入推进公民道德建设工程，加强和改进未成年人思想道德建设，注重家庭家教家风建设。结合“浙风十礼”行动，抓好新时代衢州人文精神全域融入、全面塑造，深化“浙江有礼·常山有U”文明实践，拓展新时代文明实践中心建设，打造“15分钟文明实践服务圈”。创成省示范文明县城，力争取得全国文明城市提名县城创建资格。擦亮宋诗之河金名片。加快培育“宋诗之河”省级文化标识建设创新项目，深度解码宋韵文化基因，推进“十大历史文化名人”研究，出版长篇小说《赵鼎传》，开展“一门九进士”题材文艺精品创作，争创中华诗词之乡。加快北门历史文化街区、赵鼎考古文化公园等宋韵文化地标建设。联合拍摄《中国油茶》《大道地》电视连续剧。加快培育文创经济，推动石文化产业发展。构建文化惠民服务圈。推进文旅博览中心、新型文化空间综合体等重点项目建设，支持泓影文创园打造四省边际文旅体融创示范中心，改造提升一批特色农村文化礼堂，建设一批南孔书屋、文化驿站、乡村博物馆，打造“15分钟品质文化生活圈”。开展省级社区文化家园建设试点。深化全民阅读活动，建设“书香常山”。全力创建省体育现代化县，办好山地自行车公开赛、龙舟公开赛等国家级赛事活动。

（八）奋力办好群众身边关键事。突出群众有感，以超常规举措办好教育、医疗、养老等群众身边“关键小事”，让发展成果更多更公平惠及全体人民。让优学常山更具自豪感。深入推进教育“两创”工作，加快义务教育段学校扩容提质以及农村学校消薄迁建，新增公办幼儿园学位450个。深化“县中崛起”，提升高考上线率和名校录取率，推动4所农村初中争先进位。加快推进“两校”融合项目，健全职教体系，力争引进1所高等职业院校，开展中高职一体化合作办学。持续擦亮“常山阿姨”金字招牌，创设一批“校区+厂区”“专业+产业”实训基地，建立“职教联盟共富学院”。

加强社区家庭教育工作。让健康常山更具温馨感。以创建全国健康促进县为目标，推动县中医医院创建二甲医院，深化3家公立医院重点学科建设，打造基层卫生院“一院一品”。建立“2+4+N”家庭医生签约团队，建强重点慢病和五大免费民生工程早筛早治体系，推动医保、医疗、医药协同发展，提升群众健康水平。制定出台优化生育政策，落实三孩生育扶持配套措施，力争每千人口拥有3岁以下婴幼儿托位数达3.8个，加快构建生育友好型社会。让幸福常山更具获得感。推进第三、第四社会福利中心和县康养服务中心建设，力争每万名老年人拥有持证护理员25人。常态化运行县级未成年人保护中心，改造提升14个乡镇（街道）未成年人保护站，创成全国未成年人保护示范县。提高社会救助水平，推进县、乡、村三级助联体全覆盖，确保社会救助对象应保尽保、应退尽退。深化“融慈善”建设，加强招善引慈，争取慈善资金300万元以上。强化就业优先政策，完善重点群体就业支持体系。提升社保水平，促进灵活就业人员、新业态从业人员参加基本养老保险，构建共富型大社保体系。

（九）奋力推进县域治理现代化。一体推进平安常山、法治常山建设，维护社会稳定大局，优化政务服务水平，开创县域现代化治理新局面。打造和谐安全的社会环境。因时因势优化疫情防控措施，抓好“一老一小”预防治疗，提升医疗救治能力，保障群众就医用药，切实做到尽量延峰、有效削峰、平稳渡峰。以“枫桥经验”60周年为契机，持续迭代风险闭环管控大平安机制，完善“1416”除险保安工作体系，全力做好全国两会、杭州亚运会等重大活动维稳安保工作，进一步防范化解金融财政风险，力争平安指数排名全省上游，实现省级平安县创建“十八连冠”，晋升“二星平安金鼎”。深化信访“双清”“双治”行动，做实“136”基层矛调体系，推进诚信信访体系建设，争创全省信访工作现代化示范县。深入推进基层智治系统建设，健全基层党组织领导的群众自治机制，提升基层智治水平。打造公平公正的法治环境。实施法治建设领航、依法行政提质、法律服务赋能等五大工程，全力实现行政争议发案量、败诉率“双下降”，争创法治浙江（法治政府）建设示范县。加快推进“宋诗之河”基层法治示范带建设，持续深化省际司法合作，培育创建一批法治示范乡镇(街道)、省级“枫桥式”司法所。持续完善“普法一件事”应用，健全“法律明白人”“法治带头人”培育机制，开创多元化的全社会大普法工作格局。打造事事高效的营商环境。大力实施营商环境“一号改革工程”，深化“入企廉络员”机制，持续开展“常青藤”驻企服务行动，迭代亲清健康加U站，畅通政企双向交流“直通车”，开辟企业问题协调“快车道”，加强社会监督和自身变革，提升企业满意度获得感。升级县乡村三级政务服务中心，持续深化“一件事”改革，不断提升“一网通办”应用水平，努力实现程序最简、办事最优、效率最高。

（十）奋力打好全面从严治党持久战。深入推进新时代党的建设新的伟大工程，大力实施“红色根脉强基工程”，坚定不移推进全面从严治党，以高质量党建引领推动高质量发展。永葆对党忠诚的政治本色。坚持用习近平新时代中国特色社会主义思想凝心铸魂，大力开展党的二十大精神学习贯彻“争先示范”行动，推进“六学六进六争先”学习实践活动，高质量开展主题教育，引导广大党员干部用实际行动坚定捍卫“两个确立”、坚决做到“两个维护”。塑造全面过硬的基层组织。开展大抓基层组织年活动，深化村社组织凝聚力提升工程，持续建强网格最小党建单元、治理单元、作战单元，常态化开展“常雁竞飞、聚力为U”擂台赛，评选一批五星级党支部、村支书和党员，营造争先创优良好氛围。加强农村“领头雁”储备，深化

"先锋预备队"机制，加强新经济组织、新社会组织、新就业群体党建，不断夯实基层组织堡垒。推进农村基层"三乱"问题整治，净化基层政治生态。锻造实干争先的常山铁军。以"建设高素质专业化队伍"为目标，常态化召开"八大行动"工作交流会，实施"薪火工程"，开展"千锤百炼"计划，强化考核激励，深化结果运用，推动干部能上能下，着力打造"忠诚忠实、敢闯敢干、善作善成、唯实惟先、两勤两专、清醒清正"的常山铁军，更好担负起"保一方平安、护一方百姓、促一方发展"的时代重任。打造群众有感受度的优质政治生态。全面推进清廉常山建设，落细落实"五张责任清单"，不断加强对"一把手"和领导班子的监督，着力提升廉洁文化影响力、渗透力和感染力。严格落实中央八项规定精神和省委36条办法，深入开展"U城新风"一月一督查活动，深化家访"一把手"机制，迭代升级"新三公"制度，不断巩固作风建设的常山堤坝。持续强化反腐惩贪，严格落实"三个区分开来"，努力实现"三个效果"有机统一。

四、提振精神、进位争先，汇聚奋进新征程的磅礴力量

新的一年，我们要以"开局即决战、起步即冲刺"的劲头，提振大干之志、狠下实干之功，以昂扬奋发状态、拼搏奋进姿态确保各项任务一贯到底，奋力交出高分答卷。

（一）坚定攀高进位的决心，拉高标杆争先干。全县上下要全面紧起来、迅速动起来、快步跑起来，在奋进中国式现代化的全新跑道上比学赶超。要有"争第一创唯一"的志气，锚定"26县考核争先进位、市对县考核保三争二拼第一"目标追求，同勇者比胆识、与快者比速度、和强者比位次。要有"不获全胜不收兵"的豪气，对定下的目标、认准的事情，想尽一切办法、穷尽一切力量，把普通做成特色，特色做成亮点，亮点做成精品。

（二）强化改革破局的思维，打破常规创新干。以不破法规破常规的气魄，迭代深化破题方法、实战打法、变革章法，变"路径依赖"为"模式创新"、"事事找惯例"为"大胆创先例"。要强化规划理念，以系统思维、超前眼光做好工作谋划、顶层设计，找准制胜未来的新赛道，实现加速超车、变道超车、换道超车。要强化经营理念，坚持市场导向、合理配置资源、培育优质产业，全力畅通县域经济内循环。要强化开放理念，跳出山区思维、导入沿海意识，跳出常山看常山、跳出常山发展常山，以更高眼界、更大胸怀面向四省边际、面向长三角、面向全中国、面向全世界。

（三）发扬案无积卷的作风，事不过夜高效干。明天再早也是晚，今天再晚也是早，晚干不如早干，要干就干最好。要锤炼"善作善成"的本领，确立"想就想明白、做就做极致、干就干出彩"的奋进起点，努力练就脚踏实地、低头绣花的硬功夫，聚力提高塑造变革的真本事。要上紧"大干快上"的发条，强化"分秒等不起、时刻坐不住、处处慢不得"的效率意识，立说立行、以快制胜，把更多的不可能变成可能。要完善"量化闭环"的机制，"挂图作战—清单交办—督查考核—常态晾晒—报告反馈"一气呵成，做到说一件、干一件、成一件。

（四）保持死磕到底的韧劲，久久为功不懈干。以"咬定青山不放松"的执着、"不破楼兰终不还"的决心，紧盯目标、紧扣部署，步步为营、绵绵用力，确保一张蓝图绘到底、一事接着一事成。要用好"剥洋葱+钉钉子+绣花功"打法，谋到位、干彻底、做极致，全力跑赢"接力赛"、夺魁"锦标赛"、称雄"拉力赛"。要涵养"功成不必在我、功成必定有我"的境界，保持政策的连续性、稳定性，按照经济社会发展规律循序渐进，一环扣一环、一步跟一步地抓实抓细抓常，不断形成阶段性标志性成果。

（五）浓厚协同奋进的氛围，

握指成拳合力干。以“人人上阵、个个作为”的尽责精神，唱响上下一心创大业的时代最强音。要保持“时时放心不下”的责任感，凡是牵头的一线、分管的一片、主抓的一块，都要干到底、干出彩。要增强“干事不避难”的大担当，做到“困难面前有我们，我们手下无困难”，在改革创新、项目攻坚中打头阵、当先锋。要树牢“以实绩论英雄”的好导向，完善容错免责、关心关爱等机制，激励干部敢为、地方敢闯、企业敢干、群众敢首创。要画好“上下齐心抓落实”的同心圆，做到党委政府“一张皮”、四套班子“一条心”、党内党外“一家亲”。

（六）永葆清正廉洁的本色，坚守底线干净干。一生廉洁，才有一心为公的气节；一身正气，才有敢于担当的底气。要心怀敬畏，牢记规矩不能破、红线不能碰、雷区不能踩，老老实实做人，踏踏实实干事，清清白白从政。要自警自律，坚定“干事且干净、干净加干事、干事能成事”的勤廉追求，做到捆起手脚做人，放开手脚做事。要培优家风，管好家人、守好家门，多约束、常提醒、勤教育，让贤内助成为廉内助，筑牢廉洁从政的防火墙。

团结就是力量，团结出战斗力、出凝聚力。新征程上，我们必须坚定不移走中国特色社会主义政治发展道路，深入践行全过程人民民主，团结一切可以团结的力量，为谱写中国式现代化的常山篇章汇聚最大合力。要全面落实加强人民当家作主制度保障，支持和保证人大及其常委会依法行使职权，牢牢把握“四个机关”定位要求，紧扣党委政府中心工作和群众“急难愁盼”问题，用好“U见代表”平台，依法履职、创新履职，巩固和发展生动活泼、安定团结的政治局面。坚持和完善中国共产党领导的多党合作和政治协商制度，切实履行“三个重要”政治责任，充分发挥政协专门协商机构作用，健全“U协商”“民生议事堂”等制度化协商平台，提高深度协商互动、意见充分表达、广泛凝聚共识水平。推动新时代统战工作高质量发展，构建完善大统战工作格局，支持民主党派、工商联、无党派人士积极发挥作用。全面落实党管武装要求，推动军民融合深度发展，持续擦亮“U见老兵”金名片，争创省双拥模范城。完善党建带群建紧密融合机制，深化群团组织改革和建设，有效发挥桥梁纽带作用。

历史总是在勇争一流中谱写，事业总是在不懈奋斗中发展。展现在我们面前的，是一幅令人憧憬的宏伟蓝图，是一段催人奋进的崭新征程。让我们更加紧密地团结在以习近平同志为核心的党中央周围，在党的二十大精神指引下，勇毅前行、勇闯新路、勇立潮头，奋力谱写中国式现代化的常山篇章，为全面建设社会主义现代化国家、全面推进中华民族伟大复兴做出新的更大贡献！

政府工作报告（摘要）

——在常山县第十七届人民代表大会第二次会议上

县长 王永明

（2023 年 1 月 17 日）

一、2022 年主要工作回顾

2022 年是新一届政府履职的第一年，也是极不平凡、极具考验的一年。面对严峻复杂的国内外形势和超预期因素的叠加冲击，我们坚持以习近平新时代中国特色社会主义思想为指导，深入学习贯彻党的二十大精神，严格按照“疫情要防住、经济要稳住、发展要安全”的总要求，在市委、市政府和县委的正确领导，在县人大、县政协的监督支持下，紧紧围绕“浙西第一门户”战略目标，坚定落实强发展、求突破、勇争先“八大行动”，全面推动县第十四次党代会各项决策部署落地落细，经济社会发展实现稳中有进、稳中提质、稳中向好：预计全年地区生产总值增长 4%左右，规模以上工业增加值比上年增长 10%，固定资产投资比上年增长 11%，社会消费品零售总额比上年增长 7%，一般公共预算收入比上年增长 10.7%，城镇、农村居民人均可支配收入分别比上年增长 7%、9%。十方面民生实事基本完成。

一年来，我们抢机遇、争上游，收获了一批振奋人心的喜事

多个领域取得新突破。全市首个纳入国家级交通规划的常山江航电枢纽项目顺利开工。总投资 90 亿元的华创铜箔项目作为全市唯一代表在省集中签约仪式上成功签约并落地。引进天马股份，实现上市公司“零”的突破。先导精密、环宇轴承 2 家企业入围工信部专精特新“小巨人”，成功实现破零。高考时隔 22 年重圆“清北梦”。中考平均分超全市 5 分，首次进入第一方阵。

试点荣誉结出新硕果。入选国家农业现代化示范区、中国健康旅游名县、“四好农村路”全国示范创建县，创成全国未成年人保护示范县、省级食品安全示范县，获评 26 县结对帮扶考评优秀单位、省乡村振兴考核优秀县。水库移民、“青村播”成为全国优秀案例。常山胡柚国家地理标志产品保护示范区获批筹建。油茶产业示范园区入选国家林业产业示范园区。美丽大花园建设工作获省政府督查激励。

综合影响实现新提升。先后 8 次在省委、省政府重要会议上作典型介绍，引发全省关注。“早上好”奋斗精神得到省委主要领导批示肯定，入选全省第二批共富最佳实践案例。常山被中央广播电视总台列入共同富裕示范区观察点。《“食”万八千里（常山篇）》播出常山鲜辣美食篇，收视率位居省级卫视第三。常山胡柚、山茶油作为中国好故事向全球推介。常山双柚汁“出圈爆红”，近百款 U 系列产品精彩亮相。万人常山UU音乐节再度成为全网热点。

一年来，我们促转型、增动能，推动了一批增强实力的大事

产业转型蹄疾步稳。出台“工业新政 20 条”，高端装备零部件、“两柚一茶”总产值分别达 65 亿元、40 亿元。大和三期、斯凯孚二期、小乔二期等“接二连三”落地。产值超亿元工业企业48家，新增规模以上工业企业（含小升规）21家，入选省“专精特新”中小企业名单7家，纳税超亿元企业增至5家，通过浙江制造“品字标”认证企业9家。启动科技创新三年行动，新认定国家高新技术企业28家、省科技型中小企业67家，新增专利969件，入选山区26县科技成果转移支付试点县，灿宇纺织、长盛化工、艾佳食品获省“尖兵”“领雁”立项，规模以上工业企业研发经费占营业收入比重为3.4%，居全市第一。实施数字化改造项目19个，数字经济核心产业制造业增加值比上年增长12.4%。入围省现代服务业创新发展区、全省县域商业体系建设示范名单，元坳康养、麦迪森等4个项目被列入省服务业重大项目。

*有效投资持续跃进。*深化领导挂联、专班攻坚、“三色”预警机制，固定资产投资首破百亿元，占全市总量突破10%，“五个投资结构”全部实现正增长。高规格举办全县“一把手”项目谋划擂台赛，储备优质项目300个。富乐德氧化铝、新枫新材料成功入选省重大产业项目盘子，外港安置房工程、鹤丰新材料等7个项目被列入省重点项目计划，龙潭水库、324省道等7个项目入选拟实施省重点项目名单。两年内立项项目开工率位居全省第三、全市第一。省市重点项目和集中开工项目全部入库出数，开工率、入库率均居全市第一。县重点项目开工率、入库率均超90%，历史最高。建立招商引资项目全闭环推进机制，优化“区域+产业”招商队伍，引进亿元以上重大项目22个，实际到位资金42亿元，亿元以上项目签约率、落地率均排名全市第一。

*平台能级有效提升。*省级高新园区创建有序推进，综合评定位居全市前列。高效实施提质转型攻坚行动，累计整治出清企业50家，盘活低效用地800亩，“新都里”生活中心建成投用。高标推进生态园区综合整治，以全市最高分通过安全等级评定，安全风险由B级降到C级。高速推进特色生态产业平台建设，5天内完成73幢房屋征收，新增工业熟地1400亩。高质打造科创平台，创成省级院士专家工作站2家、省级博士后科研工作站2家、省级博士创新站2家，科创中心完成主体建设，油茶产业创新服务综合体通过省级验收，精密基础件综合体通过省年度绩效评价。

*关键要素集成赋能。*全年争取上级转移支付和债券资金59亿元，总额排名全市前列。常山江航电枢纽和开发区有机更新项目获得6.9亿元政策性金融工具支持，排名山区26县第二、全市第一。成功入选全省首批区域性股权市场创新试点县，完成股交中心挂牌企业4家，全市第一。全域土地综合整治连续两年绩效考核排名全省第三，同弓全域整治项目获省级精品工程第一名。完成消化批而未供和盘活存量土地4500余亩，争取年度新增建设用地计划指标1032亩，获省级下达盘活新增建设用地计划指标785亩。全市率先实体化运作人才发展集团，培养本土紧缺技能人才3800余人，入选国家引才计划3人、省万人计划高技能领军人才2人，均排名全市第一。

一年来，我们抓改革、促开放，干成了一批牵引全局的要事

改革集成效应更加凸显。“两山合作社”改革入选全省乡村振兴十佳创新实践、首批共富最佳实践名单，获省改革突破奖。强村富民集成改革成为全省试点，“扩中”“提低”改革，“共富果园”模式全县推广，打造新昌丝瓜络、白石“小辣椒”、何家“四片绿叶”等精品果园30个。创新“龙头公司+两山合作社+村集体+农户”四方共同体模式，成功入选省高质量发展建设共同富裕示范区第二批试点。气象指数保险智能速办应用入围全省“一地创新、全省共享”“一本账”S0清单，获省委主要领导点赞。入选全省首批数字生活新服务样板县。全面推进省级低碳试点县创建，

“低碳果园”数字系统入选全省典型案例。“大综合一体化”行政执法改革无人机中队、执法夜校等创新做法领跑全省。

开放融合程度不断提升。浙西窗口服务区成功列入省交通强国试点、省交通服务共同富裕试点，351 国道、杭金衢高速拓宽项目交工验收，辉何公路、综合客运枢纽、美丽通道建设快速推进。山海协作产业园连续两年获评全省工业类产业园一等奖，产业飞地成功入驻 5 个项目，实现投资 1.7 亿元，“消薄飞地”年收益增至 1330 万元。衢饶示范区建设稳步推进，《常玉战略合作框架协议》正式签订，首批 24 个合作事项加快落实。进出口总额达 28.1 亿元，比上年增长 17.3%。实际利用外资 3553 万美元，总量及完成率均居全市第一。

县域营商环境全面优化。对标全省“5+4”政策体系精准直达要求，梳理惠企政策 248 条，兑付资金 6 亿元，受惠主体达 2157 个，其中免申即享、即申即享政策 204 条，占比 82%。全面推进“互联网+政务服务”，实现县、乡、村三级全覆盖，一网通办率达 98.5%。推进政务服务“好差评”工作，政务服务好评率达 99.9%。深化开展“常青藤”驻企服务行动，创新“亲清健康加 U 站”，企业问题协调解决率达 99%以上，为企业减负降本 7.7 亿元。

一年来，我们强功能、优品质，攻克了一批夯基筑底的难事

城市赋能纵深推进。划定“三区三线”，优化城镇开发边界，新增城镇建设用地 5.23 平方千米。实验小学和农贸市场片区征收圆满完成，狮子口、西门片区开发快速推进，北门历史文化街区保护开发全面启动，开元观堂文化主题酒店开工建设，渡口未来社区、杉德奥莱、文旅博览中心等城市地标拔地而起，临港和清河片区老旧小区改造、全民健身中心、县人民医院二期等完工惠民。定阳北路延伸线、文峰西路延伸线、城南第二通道加快打通。省示范文明县城创建扎实推进，“一把剪刀”“一把扫帚”市政环卫改革全面完成，智慧城管、无人机巡航等智治系统贯通融合，执法巡查效率提升 5 倍。文昌未来社区获省级命名。

乡村风貌美丽蝶变。新时代美丽乡村建设取得实效，新增省级新时代美丽乡村示范乡镇 2 个、特色精品村 4 个、星级农村公厕 20 座。诗画风光带加快打造，14 个重点项目完成投资 25 亿元，“柚都石镇·共富先行”入选省级新时代美丽乡村共同富裕示范带。青石镇、东案乡、天马街道获评美丽城镇省级样板，浙西门户、文昌阁风貌区获评省级样板。芳村镇园区新村、同弓乡彤弓山村、球川镇后弄村、金川街道徐村村创成省级未来乡村，何家乡樊家村列入中国传统村落。路域环境整治全面推进，整改问题点位 707 个。全面推行河长制、林长制，完成中小河流域综合整治 25 千米，新增造林 5000 余亩。

“两山”转化效益跃升。第二轮中央环保督察 27 件信访件整改全面完成。生态园区地下水污染问题成功销号，入围全省“重大环保督察问题清单”示范榜。芳村石材加工“厂区”变“景区”，成为全省环保督察问题整改正面典型。深入推进辉埠区域环境系统整治，完成神龙建材关停、夏家自然村整体搬迁签约。城区空气优良率达 96.7%，$PM_{2.5}$ 浓度均值创历史新低，常山港地表水、饮用水源地和出境水断面水质百分百达标。“两山合作社”生态云脑迭代更新，登记各类生态资源 3350 项，发放生态贷款 4.8 亿元。全市率先实现城镇村景区化全覆盖，创成省全域旅游示范县。矿山公园变身浙西“小瑞士”，东方巨石阵、长风渔家乐、村上酒舍成为山区 26 县百佳网红打卡点，“常山鲜辣美食”跻身“网红菜系”。创新推广“现代旅游根据地”、田园综合体等融合模式，被列入省农文旅促进共同富裕试验区。获评“中国民宿研学基地”。

一年来，我们重民生、解民忧，办好了一批惠民利民的实事

公共服务优质共享。全年民

生支出46.7亿元，占一般公共预算支出的68.7%，历年最高。教育“两创”工作顺利推进，普通类高考一段上线率达71.1%，225名考生分数超“211”高校录取分数线，义务教育段民办学校转公办全面完成，一乡镇一公办幼儿园实现全覆盖，“文峰书香教育奖励基金会”成功设立。“两校”融合步伐加快，常山技工学校建成投用。县人民医院入选国家卫健委首批“千县工程”名单，县妇保院完成二甲医院省级现场评审。与浙江中医药大学、浙大一院、新华医院开展紧密合作，全国健康促进县高分通过省级评估。全国率先实施肺结核“双免”政策，发病率比上年下降10.1%。“无障碍”设施覆盖城乡入选全国农村公共服务典型案例。洪氏斋公拳、贡面制作技艺入选省级非遗项目。省运会获得1金2银4铜，创历史最佳成绩。

民生保障扩面提标。建立“1411”社会救助体系，全省率先实现县乡村三级助联体全覆盖，全年发放社会救助金1.5亿元，最低生活保障标准提高至12240元/年。坚持就业优先战略，举办“老乡留常山、岗位送给U”系列招聘会63场，新增城镇就业5308人，开发公益性岗位792个。强化助企稳岗，发放稳岗返还等各类补贴3600余万元，获省级失业保险调剂金1727万元，全市最高。实施参保扩面行动，企业职工养老保险新增参保完成率居全市第二，基本医保参保率达99.9%、惠衢保参保率达82.4%。

社会大局平安稳定。投入5.6亿元、8.6万人次，筑牢疫情防控铜墙铁壁，坚决守牢浙江“西大门”，转段前实现本土病例“零发生、零扩散”，为全市唯一。迅速响应“新十条”，以极限思维应对极端挑战，发热门诊满负荷日接诊能力扩增16倍，发放防疫健康包7万余份，急救服务热线、全域巡诊车等架起生命桥梁，实现有序转段、平稳渡峰。“除险保安”隐患整改率达100%，全县较大以上生产安全事故“零发生”，因灾伤亡事件“零发生”，道路交通亡人事故数和死亡数比上年分别下降27.3%、25%。圆满完成党的二十大、全国“两会”、北京冬奥会、省市党代会等维稳安保任务，实现重大涉稳事件、重大安全事故、重大网络舆情“零发生”。成功夺得省级平安县创建“十七连冠”。成为全省“两法衔接”唯一县级试点。成功抵御“6·20”特大洪水侵袭，全力降低有气象记录以来最严重旱情损失。

一年来，我们重担当、求变革，练就了一批提能增效的本事

政治“本色”不断增强。深入学习贯彻党的二十大精神，广泛开展“六学六进六争先”学习实践活动，实现全县政府系统学习宣讲全覆盖。全面落实“第一议题”制度，组织政府党组专题学习会24次。大力实施“六治六提六争”作风建设行动，深入践行“早上好”奋斗精神，政府作风进一步转变。

效能“亮色”大幅提升。加快政府数字化转型，全面推行“无纸化”会议。优化政府议事规则，完善各类重大会议制度，创新办文效能指数、政务督查亮灯等系列机制，梳理、整合、修订各类政策43项，政府运行更加高效、顺畅。

法治“成色”持续提纯。严格执行重大事项向县委报告制度，定期向县人大报告工作、向县政协通报政情，全面落实重大行政决策事项合法性审查，公职律师实现跨部门全覆盖，行政诉讼败诉率比上年下降11.4%。高质量办理人大代表议案建议170件、政协委员提案182件。

廉洁“底色”坚决擦亮。党风廉政建设纵深推进，重点领域审计全覆盖，查处违规金额超亿元、管理不规范金额1.6亿元。全面推行厉行节约长效机制，“新三公”改革获全省“基层清廉建设十大创新经验”创新奖，入选“坚持党政机关过紧日子十大优秀案例”。积极配合省委巡视“回头看”，常态化抓好“七张问题清单”整改，持续打造群众有感受度的优质政治生态。

与此同时，社会福利、慈善、红十字、招投标、住房公积金、文物等工作取得新发展；工青妇、儿童、残疾人、档案、气象、开放学院、行政咨询、社会组织等工作实现新突破；国防动员、退役军人事务、民族、宗教、外事、侨务、对台、供销、粮食等工作得到新进步。

众力并则万钧举，人心齐则泰山移！一年来，全县上下凝心聚力、砥砺奋进，挺过重重风险、越过道道难关，共同书写了常山高质量发展的绚丽篇章。这是习近平新时代中国特色社会主义思想科学指引的结果，是上级党委政府和县委正确领导的结果，是全县广大干部群众齐心拼搏的结果！在此，我代表县人民政府，向奋斗在各条战线的干部群众，向给予政府工作大力支持的人大代表、政协委员，向各民主党派、工商联、各人民团体和社会各界人士，向离退休干部，向驻常部队和武警官兵，向所有关心、支持、参与常山建设，为常山发展付出心血和汗水的同志们、朋友们，表示衷心的感谢和崇高的敬意！

思危方可居安，知忧才能克难！在奔向现代化国家新征程的道路上，我们清醒地看到政府工作还存在许多不足：最主要的问题是发展基础不强。对标先进，我们的经济总量较小、产业结构偏重、重大项目不多，新动能培育还需加快；园区平台能级较小，科技创新水平偏低，强发展支撑有待提高。最突出的制约是要素供给不足。盘点家底，我们的财政盘子小、收支缺口大，“小马拉大车”问题亟须破解；高端人才稀缺、产业工人紧缺、能耗制约明显、连片规模工业用地匮乏、土地利用效率不高，关键要素供给亟待强化。最根本的短板是公共服务不优。倾听民声，我们的城市能级和乡村品质不高，城乡发展不平衡，城镇化率较低，综合承载力和要素吸附力偏弱，学前教育、公共卫生、文化体育等服务供给和群众的需求仍有不小差距。最关键的掣肘是综合能力不够。审视自我，我们的队伍夺旗意识、创新能力、“两专”水平还需加强，运用数字化、法治化手段破解难题的本领不够、办法不多，行政效能仍需进一步提高。对此，我们将正视问题、迎难而上，一棒接一棒改进工作，一程接一程补齐短板，决不辜负全县人民的期待！

二、2023年主要目标和重点任务

2023年是全面贯彻落实党的二十大精神的开局之年，也是实施“十四五”规划承上启下的关键之年，做好2023年工作意义重大、影响深远。我们将坚持稳字当头、稳中求进，聚焦“利之远者”，锚准“事之难者”，心系“民之盼者”，牢记“责之重者”，加压奋进、加力破难、加速奔跑，聚力打造一批具有时代标志性和常山辨识度的发展胜果！

2023年政府工作的指导思想是：坚持以习近平新时代中国特色社会主义思想为根本指引，全面学习贯彻党的二十大精神，认真贯彻落实省市县委决策部署，围绕忠实践行“八八战略”、奋力推进“两个先行”、全力打造“十个桥头堡”，秉持“一切为了U”核心理念，弘扬“早上好”奋斗精神，锚定“浙西第一门户”战略目标，持续推进“八大行动”，全方位实施“工业强县”战略，全领域贯穿“项目为王”理念，聚力推进常山高质量发展加速提效、再攀新峰，奋力谱写中国式现代化的常山篇章！

2023年全县经济社会发展的主要预期目标为：地区生产总值比上年增长8%左右，规模以上工业总产值比上年增长30%以上，固定资产投资比上年增长15%，社会消费品零售总额比上年增长8%。城乡居民人均可支配收入增速高于地区生产总值增速，一般公共预算收入与经济增长基本保持同步。完成省政府下达的能源和环境指标。要实现上述目标，重点要聚力实施“三三四”提速攻坚行动：

——聚焦发展引擎升级，全力打赢三场大会战。精准把握后疫情时代的“时”与“势”，紧紧围绕经济运行的“稳”和“进”，充分发挥工业根本支撑作用、项目关键驱动作用、消费基础拉动作用，打造更加强劲的发展引擎。

（一）打赢工业强县大会战。深化落实工业强县“1+10+5”工作体系，加速推进“五链融合”，全力提升产业质态。加快平台“腾拓”。实施新都片区全域工业土地综合整治，力争全年整治1980亩以上。加快金川片区产城融合，完善人才公寓、小镇客厅、商业街区等生活配套，打造以科创中心、云创蔚来为核心的“金川U创谷”。做好生态园区“腾笼换鸟”后半篇文章，切实用好存量用地，积极谋划空间拓展，统筹推进集中供热、经二路等一批基础设施项目。加快特色生态产业平台北拓空间、南盘存量，新增建设用地600亩以上。推进项目“引落”。深入开展“十链百企共生”专项行动，推动利安隆二期、众卡二期尽快落地，万华智能、君晟电器全面开工，新枫新材料、大和三期、斯凯孚二期、小乔二期竣工投产。持续优化产业招商服务机制，坚持产业链招商、以商招商，实行零地招商、基金招商，全面激发“三期”“四期”现象，招引亿元以上重大产业项目25个，力争全年实际到位市外资金45亿元以上。深化主体“转育”。深入实施“凤凰”“雄鹰”“雏鹰”“放水养鱼”和单项冠军培育行动，实行优质中小微企业梯度培育管理，打造雁阵型企业群落，确保新增规模以上工业企业（含小升规）15家以上，产值超亿元工业企业达50家，省级“专精特新”中小微企业6家以上、单项冠军1家。开展企业上市专项行动，发挥金融顾问作用，强化上市挂牌后备资源培育，深化区域性股权市场创新试点，力争完成股改企业2家。强化产业“技改”。持续深化“亩均论英雄”改革，大力实施数字经济“一号发展工程”，开展纺织、冷柜等传统制造业改造提升行动，实现规模以上工业亩均税收18.5万元，完成规模以上工业企业数字化项目15个，新增省级智能工厂、数字化车间2家以上，力争数字经济核心产业增加值比上年增长15%、占GDP比重达3.5%以上。

（二）打赢项目攻坚大会战。开展项目投资“3115”攻坚行动，紧盯储备、前期、实施3个项目库，强化全生命周期管理，推进全链条提速攻坚，力争固投总额超115亿元、动态储备亿元以上项目115个、全年引进产业项目115个。提效项目前端。常态化举办“一把手”项目谋划擂台赛，前期转化率比上年增长30%，力争50%以上前期项目具备实施条件，争取南方水泥铁路专用线和龙潭水库等纳入省重点项目计划。落实投资项目代办制，完善项目决策推进办法，确保重大项目30天内决策，实现一般企业投资项目竣工验收前审批“最多50天”，政府投资项目“最多60天”。提速项目中端。全面开展“双牛”比拼、四级会审、拔钉除障等专项行动，落实周周有会商、月月有盘点、季季有开工，重点加快华创铜箔、招贤农光互补、西门地块综合开发等64个新建项目开工入库，力争5000万元以上入库项目数比上年增长20%，努力实现一季度新建项目开工率达50%以上、半年度达90%以上。提质项目末端。紧盯“五个结构投资”和省市县长工程，落实“三色”管理、滚动销号，强化投资督查、交办、协商闭环机制，全力保障云创产教融合园、新材料产业园等102个续建项目顺利推进，力争全年省市县长工程项目落地率达100%、制造业投资比上年增长20%、“五个投资结构”比上年增长10%以上，争取获省投资“赛马”激励1次以上。

（三）打赢消费扩容大会战。抢抓消费回补机遇，坚决把恢复和扩大消费摆在优先位置，全周期、组合式提升传统消费、培育新型消费。刺激消费需求。充分发挥服务业高质量发展新政作用，承接“浙里来消费”系列活动，发放“U 享常山”电子消费券和新春文旅消费券，落实绿色智能家电下乡和以旧换新政策，支持新能源汽车、绿色家电等大宗商品消费，实现住宿、餐饮、零售比上年增长10%以上。主动参与“满意消费长三角”行动，推广省级乡村放心消费建设标准，打造放心消费乡村特色精品1个。升级消费场景。实施景区镇村提质工程，开展“微改造、精提升”行动，完成20个示范点提升改造，推动柚香谷创建AAA级景区。深化拓展田园综合体、“父亲的水稻田”等农文旅融合共富模式，推出一批休闲运动、工业旅游、沉浸式演艺等消费产品。开展文化基因解码，融入宋韵文化传世工程，培育“宋诗之河”研学品牌，加快建设赵鼎考古公园、黄冈生态配套，打造龙绕溪美丽产业研学示范带，串联石博园、三衢石林、梅树底等精品旅游路线，力争实现泛研学旅行80万人次、旅游业增加值比上年增长7.5%。加快建设元坳康养、远山云间、溪东碧水两湾乡村共富等一批重点服务业项目，力争服务业增加值比上年增长8%以上。打造消费热点。集成发展赛事经济、夜间经济、民宿经济、舌尖经济，推出一批网红消费打卡地。隆重举办常山UU音乐节、中国山地自行车公开赛、中国龙舟公开赛等金牌赛事活动。深化培育夜间经济试点，打造“体育公园夜市”“鲜辣美食街”等夜间经济聚集示范区。推广腾云现代旅游根据地模式，推动渣濑湾等民宿集群建设，做优“常山漫居”民宿品牌，创建省级民宿2个以上。举办鲜辣美食节、展销会，推进“百县千碗”进民宿、进景区，培育省级“百县千碗”体验店1家以上。

——聚焦发展动能聚合，全力打好三套组合拳。围绕精准赋能经济高质量发展，全面提升改革牵引力、开放推动力、要素支撑力，加快形成发展动能的聚合效应。

（一）打好改革创新组合拳。坚定吃改革饭、走创新路，在更多领域打造“桥和船”，为高质量发展添活力、强动能、增效益。致力打造改革标杆。推进“两山合作社”改革，建成运营生态资源交易中心，启动实施生态共富“标准地”三年计划，力争收储资产资源突破20亿元、农村产权交易突破6000万元，建设“标准地”15个以上。开启新一轮国资国企改革，聚焦主责主业，深化市场运作，壮大实体业务，探索实施混合所有制改革，力争全年实现资产总额超400亿元、营业收入达18亿元。迭代“大综合一体化”行政执法改革，完善“248”运行机制，编撰本土教材，开展最佳案例评选，推动改革成效持续保持全省前列。深度激发科创动力。大力实施科技创新三年行动，实体运作科创委员会，全面落实科技新政“十条”，力争R&D经费支出占GDP比重增速高于全省平均水平，新增国家高新技术企业14家、省科技型中小企业36家以上。建成投用科创中心，充分发挥浙大常山现代农业发展研究中心、浙理工常山研究院等平台作用，深化与浙大衢州“两院”、电科大长三角研究院等高校战略合作，加快杭电、衢州学院等院校成果转移转化中心落地，力争攻克关键技术难题20个。全面优化营商环境。深入实施营商环境“一号改革工程”，推进惠企政策“一窗兑现”、网上申报、直达快享，确保“免申即享、即申即享”比例达70%以上，网上兑现率100%。深化开展政务服务改革攻坚行动，升级重大项目服务专区，提供全链条集成服务。深化推进营商环境清障行动，完善“入企廉络员”机制，打响“常青藤”服务品牌，迭代“亲清健康加U站”，确保企业问题协调解决率达95%以上。

（二）打好开放协作组合拳。全面打造开放协作优势，不遗余力畅通开放大通道、构建协作大平台、促进外贸大繁荣。拓展交通网络。聚焦外循环，谋划推进衢黄铁路、205国道外移，开工建设招贤芳村联通联建工程、324省道，加快建设常山江航电枢纽项目，统筹推进一江两岸片区开发，加速推进浙西窗口服务区、杭金衢高速东连接线，全面建成辉何公路、综合客运枢纽、320国道风貌提升工程。聚焦内畅通，积极谋划展衣山隧道工程，加快推进定阳北路延伸线、文峰西路延伸线，全面建成渔舟路、城南第二通道二期、文峰东路延伸线，改造提升农村公路120千米，顺利通过“四好农村路”国家级示范县验收。深化协作层次。推进衢饶示范区建设，加快国土空间规划报批，力争升级为省级示范区、纳入国家试点。拓展常玉战略合作，全面启动第二批合作事项，谋划实施浙赣运河、常玉快速道等共建共享基础设施项目。强化与慈溪、拱墅山海协作，推进产业、科创、消薄三大飞地建设，全年完成山海协作产业项目16亿元以上、消费帮扶1000万元以上。推动浙闽赣皖生态旅游协作，积极融入四市联盟花园和衢丽大花园建设，全年互送游客1万人次以上。携手长兴县启动制造业高质量发展促共富示范县申报共创工作。繁荣开放经济。主动对接“一带一路”和中国（浙江）自由贸易试验区建设，全面参与衢州综合保税区申建工作，强化关地合作、出海拓市，推动高新技术货物布控查验模式试点落地，力争全年新增对外经营备案企业30家以上，进出口总额达36亿元，比上年增长20%以上。积极对接衢州跨境电商综试区建设，力争新增跨境业务企业5家以上，实现跨境电商网络交易额增长30%以上。

（三）打好要素保供组合拳。主动对接国家“十四五”102项重大工程和重大生产力布局，积极争取省“8+4+1”政策体系，全面保障财金、人才、土地等关键要素供给。强化财金赋能。加大向上对接争取力度，深化绿色金融改革，建立“1+N”投资基金体系，创新“碳账户”贷款等一批金融产品，力争全年上级转移支付、政策性金融工具份额位居全市前三，新增贷款70亿元，降低企业融资成本5000万元以上，增速持续保持全市前列。夯实人才支撑。全面落实人才新政“二十八条”，高效运作人才发展集团，举办“常山英才”高层次人才创新创业大赛，出台新“希望之光”专家团队扶持保障政策，争创青年发展型县城，力争本土培养紧缺技能人才4000人，引进省C类以上领军型人才8人、硕博士等高层次人才30人、大学生5000人以上。优化土地供给。持续深化“五未”土地整治，消化批而未供土地和存量土地2000亩以上，保障工业用地超1000亩。开展全域土地整治集中攻坚行动，推进金川—何家和球川—白石两个跨乡镇试点建设，完成土地整治项目立项1万亩、验收5000亩，永久基本农田集中连片环境整治3600亩。缓解能耗制约。聚焦能耗大户，开展源头清查、数据归集、动态监测，引导通过技术改造降低碳排放。严格落实能耗“双控”，加快发展清洁能源，着力调整能源、产业和运输结构，探索制定能耗指标收储使用管理办法，力争万元GDP能耗比上年下降3.6%。

——聚焦发展成果共享，全力打造四张金名片。以小切口牵引大场景，以小创新提升大治理，全面优化环境供给和服务供给，努力打响一批具有常山辨识度的治理服务品牌。

（一）打造城市赋能金名片。大力开展城市发展十大专项行动，深化推进以县城为重要载体的城镇化建设，统筹提升城市格局、品质、形态，致力打响山水公园城市品牌。拓展城市格局。高质量完成国土空间总体规划，高水平编制山水公园城市总体设计，高标准完成中心城区停车、教育布局等专项规划。启动后坊—大弄口、体育馆、渡口—蒲塘规划研究，优化“一江两岸”空间布局。谋划实施竹园、桃园片区旧城改造，启动江滨片区、农贸市场整体开发，力争全年拆除房屋6万平方米。提升城市品质。持续实施“十个一”工程，启动五星级酒店建设，建成杉德奥莱、文旅博览中心。实施U安居城市能级提升工程，力争完成城南小区、北门等危房解危43幢。推进东明、定阳、紫港等片区老旧小区改造，完成房屋整治100幢。加快推进渡口、东明等未来社区建设，全力打造“楠溪雅韵”风貌样板区。加快推进北门历史文化街区保护开发，深化里择祠片区研究，启动历史文化名城申报。优化城市管理。深化城管委运行，推进“综合查一次”“监管一件事”，实现行政执法效能、群众满意度均提升30%以上。加快现代社区建设，打造“U物业·优服务”品牌，全面完成无物业小区攻坚清零。实施文明城市“十大提升工程”，开展重点区域综合治理，深化城区飞线专项整治，确保创成省示范文明县城。集聚城市人气。支持群众刚性和改善性住房需求，优化保障性住房供给，确保房地产市场平稳健康发展，力争城镇住房保障受益覆盖率达到27.9%以上。全面推行农民“集聚券”政策，加快高山底区块安置区建设，有序推动1500余户农民集聚安置。强化集镇衔接城乡、辐射周边的纽带作用，引导农村人口向集镇转移，实现就地就近城镇化，力争集镇新增吸附人口1.1万人、常住人口城镇化率提高至54.5%以上。

（二）打造乡村变革金名片。深化“千万工程”，启动“两柚一茶”百亿培育行动，一体推进产业振兴、富民增收、风貌重塑，全面建设新时代美丽乡村。全力以赴强农业。实施农业龙头引育工程，加快艾佳、柚香谷上二期、扩产能，推进香柚湾等一批综合体建设，完成双柚饮品类、药健类成果转化10个以上，加速油茶集团市场化运营，争取国家级山茶油质检中心落户常山，加快“GM2D”在常山胡柚、油茶产业领域全链条应用，建成中国油茶产业大脑，力争“两柚一茶”综合产值突破50亿元，新增双柚面积1万亩，打造千亩级“双柚”科技示范基地和油茶种植示范基地5个以上。推进食用菌产业振兴，加快菌光互补项目建设，栽培猴头菇、香菇等500万袋以上。统筹推进“非粮化”整治，粮食播种面积达14.6万亩以上，总产量突破1.2亿斤。千方百计富农民。持续深化强村富民集成改革，一体推进“三块地”，“扩中”“提低”，“三位一体”改革，全面推广“强村公司+共富果园+两山合作社”模式，新增“共富果园”标准示范园20个，三次分配达5000万元以上，实现村集体经营性收入30万元以上村全覆盖，50万元以上村占比突破60%。谋划推进低收入农户同步基本实现现代化试点建设，力争低收入农户人均可支配收入比上年增长15%以上。精准实施“常山阿姨”“常山工匠”等系列培训项目，开展各类农民培训8000人次。多管齐下美农村。打响农房风貌、管线序化、村道提升三大革命，深化垃圾分类、公厕提升、美丽庭院、污水治理四大攻坚，打造芳村、新昌县域风貌样板区，争创省级新时代美丽乡村示范乡镇1个、省级美丽城镇2个，完成农村危房整治500幢，建设改造农村生活污水治理设施100个。推广“强村公司+运营机构”管理模式，力争新增省级未来乡村4个。全面提升乡村公共文化设施，实现文化驿站街道覆盖率达100%，力争南孔书屋乡镇（街道）覆盖率达50%。

（三）打造民生优享金名片。聚力开展公共服务提质行动，全面优化人的全生命周期公共服务供给，让发展成果广泛共享、让幸福生活切实有感。擦亮“优学常山”品牌。全面完成教育“两创”工作，统筹实施城区小学扩容提质、农村学校消薄迁建、普惠性幼儿园建设等系列工程，力争全年新增公办学位450个。大力推进“县中崛起”，强化常山一中和学军中学紧密型合作关系，深化海亮教育集团托管城东中学，确保高考上线率和名校录取率稳步上升，推动4所农村初中争先进位。加快推进“两校”融合项目，力争引进1所高等职业院校，开展区域中高职一体化人才培养改革试点。擦亮“健康常山”品牌。全面深化公立医院综合改革，推动县中医医院创建“二甲”医院，打造基层卫生院“一院一品”。加快公共卫生提级，开展乡村卫生室一体化管理行动，建立“2+4+N”家庭医生签约团队，建设8家慢病一体化门诊，实施五大免费民生工程。持续构建生育友好型社会，建成投用托育综合服务中心，力争每千人口拥有3岁以下婴幼儿托位数达3.8个。深化留守儿童关爱服务应用场景试点建设。擦亮“孝老之城”品牌。大力开展“幸福爷爷·快乐奶奶”行动，迭代升级“常山孝眼”系统，深化推进“护理员一件事”改革，加快公办敬老院“公建民营”，推进第三、第四社会福利中心和县康养服务中心建设，新增家庭养老照顾床位300个，力争老年人城乡社区规范健康管理服务率达68%，确保每万名老年人拥有持证护理员达25人。

（四）打造治理创新金名片。持续迭代综合治理能力，高标推进问题整改、效能提升、机制创新，致力打造舒心、放心、安心的宜居环境。铁腕实施生态治理。统筹推进蓝天、碧水、净土、清废、治塑五大行动，全力创建国家生态文明建设示范县和省级“无废”城市，力争创成“污水零直排区”省级标杆工业园区，确保常山港地表水、出境水水质稳定保持Ⅱ类以上，城区环境空气质量优良率达96%以上，工业固体废物处理率达100%。加快推进国家森林城市、省级林业共富试点县创建，完成森林质量提升2万亩，开发林业碳汇1万亩。严格抓好安全治理。聚焦工矿、危化品等十大重点领域，高效运行安委办“1+10+15”组织架构，持续深化重点行业隐患排查整治行动，集中开展消防安全、道路交通安全等攻坚行动，积极推进应急资源共建共享，全面压实企业主体责任，坚决防范较大及以上生产安全事故，推动事故总量、死亡人数“双下降”，亿元GDP生产安全事故死亡率稳步下降。立体推进社会治理。全力做好疫情防控工作，突出“保健康、防重症、遏病亡”，增强医疗救治能力、医疗物资供给能力、重点人群和重点场所保障能力，提高疫苗接种率和科普实效性，全力保障人民生命健康和安全。推进国家智能社会治理实验室特色基地建设，升级基层智治应用系统，打造“平安U治新高地”，实现省级平安县创建“十八连冠”，晋升“二星平安金鼎”。深化信访积案“双清”“双治”行动，完善“136”基层矛调体系，争创全省信访工作现代化示范县。推进扫黑除恶专项斗争常态化，全力打击新型电信网络诈骗，确保立案数、损失金额均下降20%以上。持续擦亮“U见老兵”品牌，争创省级双拥模范县。

三、全面提升政府治理能力

路虽远，行则将至；事虽难，做则必成。全县政府系统将坚定不移立发展大志、顺转型大势、行改革大道、担共富大责，持之以恒推动全方位变革、系统性重塑，致力提升政府治理能力现代化水平，全面打造让人民满意的现代政府！

（一）铸思想之魂，做到忠诚为政。突出学思用贯通。严格落实“第一议题”制度，全面推行“学习进行时”，坚持用习近平新时代中国特色社会主义思想凝心铸魂，深入学习贯彻党的二十大精神，自觉把常山的工作放到全市、全省、全国的发展大局中去审视、谋划，坚决做到“上级有号召、常山见行动”。突出知信行统一。坚持党政同心，聚焦县委确立的“道”与“略”，完善政府执行的“术”和“器”，紧扣指标、工作、政策、评价四大体系，全面落实颗粒化梳理、结构化配置、清单化交办、闭环化督查，深入开展“目标效能”审计，确保县委战略落地生根、开花结果。

（二）兴实干之风，做到高效施政。着眼于“快”。始终坚持项目为王，聚焦项目攻坚主战场、指标提升主考场，全面构建压责任、盯节点、督效能的闭环落实机制，倒逼“躺平”干部站起来、“木偶”干部动起来、“蜗牛”干部跑起来，确保政策快处理、项目快推进、指标快跃升。致力于“先”。坚决克服“有风险不愿干、无先例不敢干、没纪要不肯干”，聚力推动核心指标、重点工作在省市坐标系中争先进位，努力实现市对县考核“保三争二拼第一”，奋力夺取争先创优季度“流动红旗”，力争省政府督查激励3项以上。立足于“专”。迭代推广“两专”应用，精细化组建专业研究小组、攻坚专班，常态化开展项目、金融、招商等系列培训，着力提升干部的谋划、经营、谈判等专业能力。强化正向激励，落实容错纠错和尽职免责等机制，真正让有为者有位、让吃苦者吃香。聚焦于“真”。深入开展“大走访大调研大服务大解题”活动，通过闭环式全程服务、体系化联动服务、滴灌式精准服务，真正把企业家当自己人，把企业事当自家事，用真心实意、真金白银、真招实策助企业发展。

（三）固法治之基，做到依法行政。坚决在全面监督下用权。落实全过程人民民主，依法接受县人大及其常委会监督，主动接受县政协民主监督，自觉接受审计、司法、监察、群众和舆论监督，高质量办好议案建议和提案，全面推进政务公开，让权力在阳光下运行。坚决在法治轨道上履职。严格落实重大行政决策法定程序，健全法律顾问制度，确保各级各类规范性文件、合同和决策等合法性审查全覆盖。加强诉源治理，做优“共享法庭”，推行包容审慎柔性执法，争创全省法治政府建设示范县。全面落实意识形态工作责任制，切实抓好思想政治、文化阵地和网络安全建设。

（四）绷作风之弦，做到从严治政。坚持“严”的基调、落实“严”的措施。认真履行全面从严治党主体责任，严格落实中央八项规定精神和省委“36条”办法，深入推进清廉常山建设，驰而不息纠治“四风”。加强国资国企、项目建设等重点领域监管，推行全过程跟踪审计，坚决杜绝权力寻租，打造风清气正的政务环境。强化“紧”的意识、浓厚“紧”的氛围。健全厉行节约长效机制，强化预算刚性约束，深化“新三公”改革，进一步压减一般性支出和非急需非刚性支出，严控会议费和培训费等，坚决做到把钱用在刀刃上、一分掰成两半花，真正以政府的“紧日子”换取百姓的“好日子”。

百姓冷暖、民生福祉是政府最大的牵挂。2023年，我们在广泛征询意见建议的基础上，梳理形成了十二方面民生实事候选项目，提交大会票决。项目确定后，我们必将以“致广大而尽精微”的态度，办妥办好每一件实事，变“呼声”为“掌声”，让“口惠”成“实惠”。

对历史最好的致敬，就是书写全新的历史；对未来最好的把握，就是开创更美的未来。让我们更加紧密地团结在以习近平同志为核心的党中央周围，在县委的坚强领导下，以“愈是艰险愈向前”的英雄气概，以“狭路相逢勇者胜”的革命气魄，只争朝夕、破浪前行、勇立潮头，奋力书写中国式现代化的常山篇章！

名词解释

青村播：团县委联合多部门、凝聚广大青年力量、借助新媒体平台打造的线上乡村直播品牌。

五个投资结构：交通投资、高新技术产业投资、民间项目投资、制造业投资、生态环保城市更新和水利设施投资。

两山合作社：常山县生态资源经营管理有限公司的简称，是一个资源整合、资产交易、资本对接的市场化平台。

“扩中”“提低”：扩大中等收入群体比重，持续提高低收入群体收入。

共富果园：以“两柚一茶”及高效农林牧渔特色品种，以共富机制为框架构建的成果展示园。

“5+4”政策体系：扩大有效投资、减负强企、科技创新、稳外贸稳外资促消费、民生保障5大政策包；财政、自然资源、金融、能源4张要素清单。

三区三线：“三区”是城镇空间、农业空间、生态空间三种类型的国土空间；“三线”是城镇开发边界、永久基本农田保护红线、生态保护红线三条控制线。

一把剪刀：对城区无主绿地进行统一管理，并建立完善长效管护机制。

一把扫帚：城区环境卫生保洁一家实施、标准统一制定、队伍统一管理、资源统一调配、任务统一实施。

生态云脑：“两山合作社”为破解生态产品难度量、难抵押等问题，搭建的生态价值转化数字化应用。

现代旅游根据地：通过“政府+公司+村集体+农户”的合作方式，将村集体和农户的闲置资源整体改造，探索由公司（中介）主导驱动，村集体和村民共建共享的乡村旅游发展模式。

“两校”融合：浙江省衢州数字工业学校与常山技工学校两校分头立项、一体化设计、一体化建设、融合共享。

“1411”社会救助体系：配齐1批县乡村三级助联体站点；健全主动救助、动态管理、临时救助、惠民联办4项机制；建强1支“两勤两专”的民政队伍；用好1个“融慈善”应用。

“两法”衔接：行政执法与刑事司法衔接。

“第一议题”制度：将专题学习习近平新时代中国特色社会主义思想、领悟习近平总书记重要讲话精神作为各类各级会议的第一议题，推动学习常态化制度化。

六治六提六争：县委在市委“六治六提”的基础上提出“党建争强、发展争先、作风争实、服务争优、能力争进、治理争效”6方面作风建设具体要求。

“新三公”改革：公务餐、公物仓、公务拼车改革。

工业强县“1+10+5”工作体系：“1”即《关于实施工业强县战略推动工业高质量发展的若干意见》；“10”即“招大引强”“培大育强”等十大专项行动；“5”即加强土地、用能、金融、科技、人才要素保障。

五链融合：产业链、创新链、人才链、资本链、服务链“五链”融合。

“十链百企共生”专项行动：聚焦轴承、“两柚一茶”、纺织等十大重点行业领域，面向全县100余家规上工业企业，开展产业链上下游企业供需情况摸排，引导中小企业围绕“链主”企业和产业链核心企业需求提供配套产品和服务，串起产业链。

项目投资“3115”攻坚行动：聚焦3个项目库，实现3个“115”目标。其中，3个项目库指的是项目储备库、前期库、实施库，3个“115”目标指的是力争固投总额超115亿、动态储备亿元以上项目115个、全年引进产业项目115个。

生态共富“标准地”：聚焦度量难、抵押难、交易难、变现难等问题，探索推行“生态通、产权通、配套通、信息通、金融通、共富通和信息化综合服务平台”的“六通一平”生态共富开发模式。

省“8+4+1”政策体系：扩大有效投资、科技创新、“415X”先进制造业集群培育、现代服务业高质量发展、世界一流强港和交通强省建设、扩大内需和对外开放、乡村振兴和城乡一体化发展、保障和改善民生8个领域政策包；财政金融、自然资源、能源、人才4张要素保障清单；“1”是支持山区海岛县高质量发展的政策。

“1+N”投资基金体系：县政府产业引导基金与多家省属国企合作设立投资基金。

“五未”土地：批而未供、供而未用、用而未尽、建而未投、投而未达标的低效用地。

“十个一”工程：一个市民中心、一条宋诗之河、一个商务中心、一个高铁门户、一个历史街区、一条迎宾大道、一个浙西窗口、一个特色小镇、一个城市公园、一座五星级酒店。

“楠溪雅韵”风貌区：“楠溪”是南门溪的古称，“雅韵”是反映该区域作为传统风貌区的底蕴特色，该风貌区主要范围是东明社区（三里滩）。

综合查一次：对涉及跨部门、跨领域、跨层级多个执法主体的行政检查事项进行“一件事”集成。

监管一件事：聚焦多跨事项，通过“一事一方案”，明确部门间协同的业务流程，解决部门间的协作难题，加强跨部门协作能力。

文明城市“十大提升工程”：市容环境提升工程、市政设施提升工程、交通环境提升工程、街面秩序提升工程、小区环境提升工程、镇村环境提升工程、市场管理提升工程、公共服务提升工程、文化环境提升工程、文明行为提升工程。

农民“集聚券”：向集聚对象出具的在特定时间、地域和范围，用于购买（租赁）特定房屋的一种资金凭证。

GM2D：中文全称为全球二维码迁移计划，由国际物品编码组织发起，推动全球商品编码在2027年前由一维条形码向二维码转换。

三块地：农村的承包地、宅基地、集体经营性建设用地。

“三位一体”改革：2006年，时任浙江省委书记习近平从转型和提升农业社会化服务出发，亲自谋划构建生产、供销、信用“三位一体”新型农村合作经济体系。

县中崛起：通过实施招生管理、教师管理、县中教师能力素质提升等九方面政策，促进浙江省山区26县和海岛县的县办普通高中高质量发展。

“2+4+N”家庭医生签约团队：2家医共体总院+4个责任片区+N名家庭医生。

五大免费民生工程：城乡居民免费健康体检、免费结直肠癌筛查、免费慢阻肺筛查、免费白内障手术、免费流感疫苗接种。

“护理员一件事”改革：设立护理员培训、建档、求职、服务等场景，构建全流程服务监管体系，实现护理员队伍培训一体化、办证便捷化、信息共享化、服务多元化。

安委办“1+10+15”组织架构：1个安委办+10个专委办+15个应急消防站。

信访积案“双清”行动：上级交办的信访积案全部化解，实现“动态清零”目标，常态化开展县级积案摸排增补和化解工作，实现“常态清仓”目标。

信访积案“双治”行动：信访重点村和信访重点领域专项治理工作。

“136”基层矛调体系：10%的矛盾纠纷化解在县级，30%的矛盾纠纷化解在乡镇，60%的矛盾纠纷化解在村（社区）。

共享法庭：架构在数字空间、虚拟在群众身边的人民法庭。

2022年常山县民生实事项目完成情况一览表

表 1

序号	项目内容	工作目标	完成情况
1	快递下村U驿站	建设县级快递分拣处理中心1处，提升改造乡镇级处理分中心13处、村级“U驿站”170处，引入7家邮政快递公司共同作业	完成1处县级快递分拣中心建设、13处乡镇级处理分中心和170处村级“U驿站”升级改造。项目已全面完成
2	气象监测预警能力提升工程	新建8个区域自动气象站，完成常山气象防灾减灾综合业务平台建设，同时完成常山X波段天气雷达站招标、动工	完成19个区域自动气象站的新建组网；常山气象防灾减灾综合业务平台完成建设并投入运行；完成常山X波段天气雷达站施工建设。项目已全面完成
3	城市公园提升工程	对塔山公园入口、广场等休憩、活动空间进行改造，总面积约7万平方米；对东明湖公园入口广场、健身广场、樱花林、飞机坪等区域进行改造，总面积50万平方米	完成塔山公园静怡谷、司令台、文峰广场东（西）入口、儿童活动场地、清廉长廊等建设；完成东明湖公园西入口、绿道、樱花林等区域提升改造。项目整体基本完成
4	美丽小镇建设工程	对球川镇、芳村镇、招贤镇、辉埠镇镇容镇貌进行改造提升，其中球川、芳村、辉埠以建立长效管理为主，招贤结合美丽城镇建设实施	完成球川镇、芳村镇、招贤镇、辉埠镇镇容镇貌相关改造提升并建立长效管理机制。项目整体基本完成
5	常山县城南小学建设工程	办学规模24个班级，用地约45亩，建筑面积1.5万平方米。完成校园污水管网改造工程和主体建设	完成城南小学4幢建筑主体建设、校园污水管网改造并接入市政污水管网。项目已全面完成
6	城市街巷提升工程	对东明片区4个老旧小区进行改造提升，并根据房屋特点加固修缮房屋100幢；前坊弄、大埠头—白马桥弄—柳泽塘文峰西路、马车弄—柳泽塘等区块改造提升	完成东明片区4个老旧小区改造、100幢房屋加固修缮；完成前坊弄、大埠头—白马桥弄—柳泽塘文峰西路、马车弄—柳泽塘等区块改造提升。项目已全面完成
7	公共卫生保障工程	完成15家村卫生室改扩新建，建设面积约3000平方米；利用原乡村振兴产业园8号楼建筑体进行改造，形成136个隔离间，完善医疗配套设施，总建设面积8600平方米	完成15家村卫生室改扩新建项目；完成原乡村振兴产业园8号楼建筑体改造以及相关配套设施建设。项目已全面完成
8	社区菜场提升工程	改造提升西门农贸市场面积共298.3平方米、城南农贸市场面积共306平方米，建设内容为门口景观配套改造优化、外立面和水电改造等	西门农贸市场和城南农贸市场均完成改造提升。项目已全面完成
9	美丽乡村通道建设工程	对上红线、杨樊线、钳何线、鲁芳线等县道和大埂—鸭塞弄、辉埠—西坞、塘头—西岭岗等乡村道路进行改造提升	完成上红线、杨樊线、钳何线、鲁芳线4条县道和大埂—鸭塞弄、辉埠—西坞、塘头—西岭岗3条乡村道路改造提升。项目已全面完成
10	防汛抗旱能力提升工程	实施虹桥溪流域综合治理工程，完成河道治理4千米；实施小型水库除险加固工程，完成天马街道陈塘水库、球川镇东山坞水库等除险加固工程建设	完成虹桥溪流域河道治理4千米；完成陈塘水库和东山坞水库除险加固工程。项目已全面完成

“新三公”引领“紧日子”新风尚

近几年，常山县紧盯监督检查中发现的公务保障“吃、用、行”三大领域问题，从有效压减公用经费和防范廉政风险出发，在全省率先推出公务餐、公务仓、公务拼车“新三公”制度和数字化应用场景，以小切口推动公务行为数智治理，持续推动全县上下形成崇清尚俭、厉行节约的良好风尚。

一、推行公务餐，遏制“舌尖上的享受”

（一）制度先行，建立“廉政灶”。针对县内公务接待不规范、干部下基层就餐难及部门下乡检查指导工作频繁给基层增加负担等问题，县纪委、县监委专门下发《纪律检查建议书》，推动建立“廉政灶”制度，明确不得同城接待用餐、相互吃请，将机关部门及乡镇食堂和部分偏远农家乐设为“廉政灶”固定消费点，设定消费上限30元/人/餐。至2022年年底，常山县已设立“廉政灶”固定消费点87家。

（二）智能运行，实现“一码通”。在全县推行干部职工用餐补贴统一运行机制，依托“常山U点通”浙里办平台，开辟“一码通”自助支付系统，将用餐补贴与“一码通”账户绑定，公务人员在县域内开展公务活动，可就近选择“廉政灶”固定消费点，凭“一码通”扫码用餐，变“桌餐接待”为“自费托盘”，实现城乡公务“零接待”，极大地节省财政支出。2022年7月，县纪委监委在“廉政灶”的基础上迭代升级，全面深化公务餐一件事改革，并在全市推广，规定除会议、培训、市外来客等情况外，市域范围内的公务活动不再安排公务接待。截至2022年年底，常山县“一码通”平台共有企事业单位162家，实名注册用户7041人。

（三）监督执行，确保“零接待”。将“廉政灶”制度执行情况列为“四风”问题监督检查重点，开展常态化监督检查。同时，将“廉政灶”后台数据接入常山县政治生态监测应用，通过数据定期碰撞比对，及时发现苗头性、倾向性问题。公务餐的推行，有效遏制“吃喝风”，减轻基层接待负担，降低公务接待费用。

二、搭建公物仓，解决“仓库中的浪费”

（一）“一盘棋”精准谋划。针对监督中发现的国有资产管理不到位、资产闲置与短缺并存等难题，推动出台《县级单位公物仓管理暂行规定》，将全县行政事业单位、临时性机构的闲置、超标准、低效运转资产统一纳入公物仓实行集中管理，从源头上优化国有资产的配置、管理、调配，提升资产使用率，减少资源浪费。由县机关事务保障中心负责公物仓的日常管理，把勤俭作风真正融入国有资产的使用管理中。

（二）“两条线”同步发力。在实体仓的基础上，督促县财政局依托“资产云”平台建立“常山县县级单位公物仓”资产云账号，实行库存物资入库、借用、调剂、处置等网上信息动态管理和实时更新。通过构建“线上+线下”运营相结合的“公物仓”资产共享共用信息平台，实现公物仓管理透明化、科学化、精准化。2022年审批全县办公用房物资采购320余次，其中退回采购审批单34次，累计接收闲置资产1526余件，总价值约135万元；为43个部门调剂资产393件，为17家临时机构、专班等单位调剂资产380余件，总价值约120万元。

（三）“全流程”监管到底。一方面，督促职能部门履行好监管职责，把好资产采购“入口关”，明确行政事业单位预算执行中涉及资产配置，由县机关事务保障中心和县财政局共同审批，优先调用“公物仓”库存，减少不必要的采购支出。另一方面，对“公物仓”制度执行情况进行常态化监督，对管理不严、违反“公物仓”制度规定的行为严肃处理。自“公物仓”推行至2022年年底，累计接收闲置资产2721件，为61家单位、临时机构划拨办公设备1095件，节约部门资产采购费用500余万元，有效避免国有资产流失和违规、腐败等问题发生，推动廉洁、廉价“两廉”政府建设。

三、上线公务拼车，杜绝“车轮下的铺张”

（一）“紧日子”催生新模式。聚焦公车运行成本过高、用车指标超预算与单人单车出行比例高并存等难题，联合县机关事务保障中心，在全省公车“一张网”综合管理平台上新增“拼车”功能，推进低碳节约型政府建设。申请人在平台上填写用车时间、目的地、事由、人数等信息，系统自动研判匹配，按照“能拼就拼、应拼尽拼”原则进行派车，切实解决单人单趟公务用车问题，降低出行成本。自公务拼车推出至2022年年底，公车出行均次费用比上年下降29.7%，社会化租车费用比上年下降30.2%。

（二）“大数据”激发新动力。除定期对公车使用数据、单车成本进行分析研判外，增设对各用车单位经费指标、出行频率、平均费用的审核分析，由县机关事务中心每季度根据数据动态调整用车单位公车经费指标，对超出预算指标时序较多的单位予以预警，督促各部门高效出行。截至2022年年底，平台车辆周转率比上年增加16.5%，公车出行均次费用比上年下降35.27%；社会化小汽车租车费用明显下降，比上年下降40.15%。

（三）“智慧化”实现勤监督。在应用内植入监督模块，实现车辆状态、行驶时长、行驶里程、时速、乘车人数、平均油耗、位置等信息实时查看，对异常情况及时预警管理，并纳入驾驶员绩效考核，有效防止公车私用、公油私加、违章行驶等情况发生，严防公车领域隐形变异“四风”问题的发生。

“新三公”制度推进以来，相关经验做法得到时任浙江省省委常委、省纪委书记许罗德的批示肯定，并在中央纪委国家监委网站、《中国纪检监察报》、央视新闻等媒体广泛刊发报道；《县域内公务“零接待”》获第二届“基层清廉建设（浙江）十大创新经验”创新提名奖，并被市委“十条军规”通报表扬；《常山县“廉政灶”“绿色拼车”压减三公开支》《常山县“公物仓”全面盘活闲置国有资产》写入浙江省《坚持党政机关过紧日子十大优秀案例》并独占两例；《常山：“一码两公”打造“两廉”政府》获得第三届“基层清廉建设（浙江）十大创新经验”创新奖；《常山县上线“公务拼车”，实现公务用车全生命周期管理》《常山县推行“公务餐”“公务仓”改革，着力精简公务支出》列入浙江省数字化改革实践创新典型案例。

（县纪委 供稿）

匠心筑梦 拥抱未来
奋力吹响省际职业教育发展新号角

2022年，常山县打造地方特色化品牌，推动就业全民化培训，实施用人精准化供给，推进产教融合化育人，完善社会多元化办学。加强工作立体化保障，不断完善统筹发展政策，以改革促发展，以创新求突破，职业教育现代化发展取得阶段性成果。

一、凝心聚力，吹响职教振兴“新号角”

县委、县政府坚持打造四省边际职业教育高地战略，以“一二三”为总抓手促转型、谋发展，推进职业教育改革行稳致远。

（一）“一个意见”谋篇布局。常山县率先在全省县级层面召开最高规格职业教育大会，制定实施打造省际职业教育高地战略目标，由县政府统筹，制定并出台《关于打造省际职业教育高地的实施意见》《常山县打造省际职业教育高地若干政策》等职业教育纲领性文件。成立常山职业教育中心，由县政府办公室副主任担任常山职业教育中心主任，县教育局、县人社局、县妇联和县城投集团分管领导为副主任，按照“政府统筹、资源整合、串点强校、部门联办”的建设思路，强化职业教育归口管理，将职业教育与行业进步、产业转型、区域发展捆绑在一起，发挥各自优势，创新良性互动机制，以教促产、产教融合，促进产业链与教育链供给匹配，搭建“大集合、大培训”模式的职业教育中心，推动职业教育集约化、规模化的发展。

（二）“两校融合”错位发展。制订常山职教中心发展框架，推进衢州数字工业学校和常山技工学校两校融合发展，形成政策均衡共享、业务统筹共管、资源多方共用的发展模式，形成公办中等职业学校和民办技工学校错位发展的良好局面。投资近10亿元，引进吉云教育集团，创建常山技工学校。2022年9月，常山技工学校顺利开学，首届招生突破800人，其中衢州市外的新生数超过460人。同时，总投资2.5亿元的云创（常山）产教融合园项目开工建设。衢州数字工业学校整体迁建后，办学条件极大改善，办学类型更加丰富。

（三）“三项联盟”协同推进。依托常山县职业教育优质资源和优势政策，开启跨地区职业教育资源共建共享联盟模式，推进省际职业教育联盟实体化运作，整合联盟地区各类职业教育资源，促进省际职业教育平台联通、政策互通、活动融通、合作畅通。在“山海”协作、省际协作、国际合作3个层面建立职业教育联盟，构建数字化场景，整合区域职业教育培训资源，推动产教融合共建共赢，促进职业教育高质量发展。

二、开拓创新，打造职教改革“新高地”

发挥产、学、研、创“四位一体”育人功能，坚持在适用型、技能型、工匠型人才培育上做文章、下功夫。

（一）推行“文化+专业”模式。自2021年起，衢州数字工业学校与紫港中学合作创办普职融通班，打通职业教育与普通教育的双向发展，2022年完成第一批8名职普融通班学生转入紫港中学。与衢州学院、浙江交通职业技术学院等高职院校合作，拓宽学历提升机制，中高职一体化办学水平显著提升，职业教育单独考试高考本科人数逐年递增，2022年有16人考入本科院校。青年教师与企业高技能人才签订企业名师带徒协议，分级打造师德高尚、技艺精湛、育人水平高超的领军人才、专业带头人队伍。

（二）推行“师资+课程”模式。实施“双师双徒”制，创新现代学徒育人模式，由工作室专业技师和学校教师共同备课教学，形成“双师双徒”制教研共同体；开设校企“4+1”课程，促进文化课与专业课相融合，将课堂拓展到生产现场，构建“学、做、创”实践教学体系，合力强化工匠技能形成。2022年8月，学生樊轶林、李恩祈代表浙江省参加全国职业院校技能大赛中职组“计算机检测维修与数据恢复”赛项，获三等奖。

（三）推行“学校+企业”模式。启动职业教育“1+X”证书试点，实施“数字灰领”培养计划，制定数字技能培养标准体系，设计初级、中级、高级3个技能等级证书，实现工匠型人才“一专多能”；打开校门招引能工巧匠，深化“工匠学院”运行管理模式。创设车间课堂，开设4天常规课程加1天企业生产技能课程的“4+1”课堂，将教学活动拓展到生产现场，聘请技能大师进校入班授课。突出符合数字化改革方向，重点打造数控加工技术和汽车应用与维修2个省“双高”建设专业，2022年“双高”建设专业中期评估中数控加工技术专业和汽修专业分别被评为优秀和良好等级。

三、示范引领，探索职教赋能“新路径”

优化整合职教资源，主动对接地方产业，突出供需对接、注重先行先试、示范引领，在品牌塑造上聚合力、建高地。

（一）服务乡村振兴。成立衢州市乡村振兴学院常山分院，通过“学院+讲堂”的形式，建立流动培训服务站，将培训延伸到全县180个行政村，办到农民家门口，已累计培养农村各类实用新型人才2100余人次。承办衢州市第二届乡村振兴技能竞赛，助力乡村人才振兴，提升乡村技能人才创业创新水平。

（二）打造品牌样板。成立常山鲜辣培训实操基地，开展鲜辣厨师培训，打响“中国好味·鲜辣常山”品牌。依托4个省、市级市民终身学习体验基地，为市民搭建起“人人、时时、处处”的学习平台。做大做强“常山阿姨”学院，持续深化“常山阿姨”工作品牌建设，至2022年年底，累计培训8900余人次，经认证的“常山阿姨”就业率达100%。

（三）助推地方发展。紧盯高端装备制造业，建设“专业+产业”实训基地，开设对口企业专项课程，为斯凯孚、大和等本地制造业龙头企业输送专技人才300余人。紧盯农产品深加工产业，以职业培训券为载体，开展“两柚一茶”“金蓝领”等系列专项培训，带动就业创业8000余人。在数控技术应用、电气设备运行与控制2个专业与衢州职业技术学院合作，围绕常山县高端零部件产业，开展区域中高职一体化人才培养改革，培养核心紧缺技术技能人才，为衢州市打造全国一流高端零部件产业高地提供新动能。

（县教育局 供稿）

大事记

1月

7日 在常山县初中段集团化办学动员大会上，县育才、城南、城关3所初中教育集团揭牌成立。

10日 省数字生活新服务工作联席会议办公室公布《首批浙江省数字生活新服务先行市、样板县名单的通知》，常山县获评首批浙江省数字生活新服务样板县。

11日 常山县开展新冠肺炎疫情防控应急演练活动。

14日 衢州市未来乡村建设工作推进会在常山县芳村未来乡村召开。

是日 常山县第一中学—杭州学军中学“山海协作”签约仪式在杭州学军中学举行。

18日 常山江航运开发工程正式纳入国务院发布的《“十四五”现代综合交通运输体系发展规划》，成为衢州市第一个纳入经国务院批准规划的交通项目。

19日 常山县国有资产投资运营有限责任公司非公开发行公司债券成功发行，规模10亿元，期限3年，票面利率4.5%，创2021年以来衢州各县（市、区）同品种最低发行利率。

23日 常山县党史学习教育总结会议召开。会议深入学习贯彻习近平总书记关于党史学习教育的重要指示，认真落实中央和省委、市委党史学习教育总结会议精神，总结全县党史学习教育进行部署，对巩固和拓展教育成果进行部署。

24日 2022年第一期常山县城市投资集团有限公司县城新型城镇化建设专项企业债券成功发行，发行规模8亿元。

24—26日 常山县政协十届一次会议举行，听取和审议九届县政协常委会工作报告和其他有关报告，通过有关决议。

25日 常山县人民法院举办破产职工劳动报酬集中发放仪式，为3家破产企业职工发放劳动报酬129.2万元，实现劳动债权全额清偿。

25—27日 常山县十七届人大一次会议召开，听取和审议县政府工作报告、县人大常委会工作报告和其他有关报告，通过有关决议。

28日 常山县委农村工作领导小组办公室正式挂牌。

29日 常山县交通建设史上投资最大、标准最高的普通国省道干线公路351国道龙游横山至开化华埠段公路工程（常山段）通过交工验收，并进入试运行阶段。

30日 常山“两山合作社”获2021年度浙江省改革突破奖（铜奖）。

2月

7日 全省高质量发展建设共同富裕示范区推进大会上，常山县作典型发言，“两山合作社”工作获时任省委书记袁家军高度肯定。

8日 常山县列入省妇联社区（村）家庭教育指导服务体系标准化建设试点。

是日 “常山县交通运输综合行政执法队”更名为“常山县交通运输行政执法队”。

9日 常山县召开“浙西第一门户”建设动员部署会，表彰一批先进典型，部署2022年重点工作。

16日 中共常山县第十四届纪律检查委员会第二次全体（扩大）会议召开。

18日 常山县人民政府与华润江中制药集团签署战略合作协议，现场发布双方合作的首款产品“江中牌常山胡柚膏”。

24日 浙江省民政厅党组成员、副厅长陈平一行到芳村人民法庭调研未成年人审判和权益保护工作，到芳村小学实地考察“全国未成年人保护示范县”创建工作。

是日 省级考核评价组到常山县对“全国未成年人保护示范县”创建情况进行考核评价。

25日 《常山县“十四五”工业发展规划（2021—2025）》发布。

3月

1日 全省“大综合一体化”行政执法改革推进大会在省人民大会堂召开，常山县作为县域集成改革试点县在会上作典型发言。

是日 浙江省民政厅公布全省民政系统2022年数字化改革重大应用建设试点地区，常山县入选“养老人才培育应用场景”“留守儿童关爱服务应用场景”2项试点。

2日 省委第九巡视组巡视常山县工作动员会议召开，省委第九巡视组组长陈惠明作动员讲话，对做好巡视工作提出要求。县委书记潘晓辉主持会议并作表态发言。

是日 斯凯孚中国小圆锥滚子轴承生产基地二期项目签约仪式在衢州市举行。

4日 常山县人民法院举行芳村人民法庭新审判大楼揭牌仪式。

18日 常山县入选第三批浙江省全域旅游示范县（市、区）。

20日 常山县举行2022年春季新兵欢送暨“从戎之剑”赠剑仪式，为即将入伍的常山青年送行。

24日 常山县2022年第一季度重大项目集中签约、集中开工、集中投产仪式在斯凯孚二期项目现场举行，涵盖重大工业、重大交通、城市赋能、社会发展、农林水利、清洁能源六大领域。

是日 慈溪市向常山县捐赠50万只口罩，用于常山县疫情防控工作。

31日 市委书记高屹到常山调研共同富裕工作。

是日 省经信厅公布2022年度生产制造方式转型示范项目计划实施名单，常山县赛赛轴承、捷姆轴承、卫邦风机、鹤丰新材料、哲丰新材料、江山虎水泥6个项目成功上榜，并获省级专项扶持资金3030万元，项目数量及补助总额均居山区26县第一。

4月

6日 衢州市首个妇女儿童驿站在常山县紫港街道柚苑社区挂牌成立。

8日 渡口未来社区房屋征收现房安置选房工作结束，此次参与现房选房的被征收户共6户。

14日 由常山县人民法院、浙江财经大学法学院合作设立的“共享法庭”浙江财经大学服务站在浙江财经大学法学院揭牌启用。

18日 常山江（辉埠—双港口）航电枢纽项目交通疏导工程开工仪式举行。

是日 常山十四届县委第一轮巡察工作动员部署会召开，会议总结十三届县委巡察工作成果，部署十四届县委新一轮巡察工作。

是日 县税务局成立统一社会保险费征收模式工作领导小组，联合县财政局、县人力资源和社会保障局、县医疗保障局、中国人民银行常山县支行印发《常山县统一社会保险费征收模式实施方案》，在全县范围内推行城乡居民社会保险费征缴“统模式”（统一社会保险费征收模式）。

19 日 最高人民法院发布“人民法院助力中小微企业发展典型案例”，县法院《某果蔬公司破产清算转重整案》入选。

5 月

5 日 衢州市以视频形式举行全市重大项目集中签约活动，常山县有 7 个制造业项目参加。

是日 常山县与浙江弄潮儿智慧科技有限公司签署战略合作协议，开启油茶产业合作。

10 日 省委第九巡视组向常山县委反馈巡视“回头看”情况。

12 日 常山县科技局联合县消防救援大队、县红十字会救援队、县气象局、县交通运输局、县森林消防大队等单位，在芳村未来社区开展第 14 个“全国防灾减灾日”活动。

15 日 浙江省文物局公布浙江省乡村博物馆第一批认定名单并授牌，常山县久泰弄村国防教育主题展馆入选。

16 日 县检察院举行行政机关专业人员兼任检察官助理聘任仪式，县资规局、县林水局、县市场监管局的 4 名专业人员被聘为特邀检察官助理。

16—21 日 2022 年中国国家围棋队开始在常山县集训，集训期 6 天。

18 日 全县工业强县第二次推进会暨 2022 年开发区提质转型行动动员部署会召开。

23 日 常山县“六治六提六争”作风建设动员大会暨 2022 年县委党校春季开学典礼在县委党校举行。

是日 常山“两山合作社”改革入选省高质量发展建设共同富裕示范区最佳实践名单。

26 日 常山县农民合作经济组织联合会第二次会员代表大会召开。

27 日 副省长成岳冲到常山县大桥头乡中心小学、新昌乡中心小学，调研跨地区协作型教共体结对帮扶情况，详细了解常山县新昌乡小学与杭州上城区南肖埠小学结对工作的开展情况及放学后托管工作的特色做法。

30 日 常山县最后一批援沪方舱医疗队结束隔离返回常山。常山县先后派出 3 批次共 35 名援沪医疗队员。

是日 常山县交通运输行政执法队 55 名执法人员下沉赋权乡镇（街道）。

6 月

1 日 在常山县东方广场酒店召开常山县工商业联合（商会）会第九次代表大会，会议听取和审议《常山县工商业联合会（商会）第八届执行委员会工作报告》，选举产生新一届县工商业联合会（商会）领导班子。

是日 浙江艾佳食品有限公司与浙江大学合作成立研发中心，被认定为常山县首家企业主导的产业技术研究院，获奖补 500 万元。

7 日 常山县人民法院举行法官孵化中心揭牌仪式。

10 日 常山县东方巨石阵景区（自然景观类）、常山村上酒舍（特色住宿类）、常山长风渔家乐一条街（特色美食类）获评山区 26 县百佳网红打卡点。

13 日 省政府办公厅公布 2021 年度浙江省“四好农村路”省级示范县名单，常山县榜上有名。

是日 浙江省“浙里康养”专班办公室公布全省“浙里康养”首批“一地创新、全省推广”优秀案例（共 6 个），常山县“孝老之城”建设入选。

15—16 日 由衢州数字工业学校、常山县餐饮业协会名厨委、杭州常山商会餐饮业分会共同举办的“鲜辣厨师培训”活动走进杭州，40 多家常山籍寓杭餐饮业负责人及厨师参加。

16 日 衢州市血防工作现场会在常山县召开。

17 日 常山县启动新一轮消费券活动，投放金额 600 万元。

19 日 常山县“艺术乡建”启动仪式暨稻田春社活动在天马街道天安村“父亲的水稻田”基地举行。

20 日 常山“两山合作社”入选全省强村富民乡村集成改革典型案例。

是日 水利部水库移民司发布《水库移民后期扶持典型案例选编（第二辑）》，《“抱团”发展新模式 乡村富裕新引擎——浙江省常山县后期扶持产业转型发展案例》入选。

21 日 常山县召开“两柚一茶”地理标志保险发布会。

是日 省“希望之光”人才帮扶团助力轴承产业“二次崛起”创新发展大会在常山召开。

25 日 “宋诗之河”陈力农水墨作品展启动仪式在常山县文化馆举行。

26 日 常山“两山合作社”被确定为浙江省委党校（浙江行政学院）现场教学基地。

28 日 浙江省文化和旅游总评榜颁奖典礼在绍兴举行。常山县上榜“浙江文旅助力探索共同富裕新路径十佳县”。

29 日 常山县举办首届“U见老兵”创业创新成果展暨就业专场招聘会。

是日 杭金衢高速公路改扩建 5 标段建设的常山西互通改造升级项目完工，正式通车。

30 日 县委党校入选《浙江数智党校集成应用第三批建设单位工作方案》第三批试点建设单位。

7 月

1 日 常山县举行夏季治安打击整治“百日行动”启动仪式。

是日 常山县 90 后退役军人徐志军于杭州成功采集 242 毫升造血干细胞混悬液，成为常山县第一例造血干细胞捐献者、省第 797 例造血干细胞志愿捐献者。

2 日 辉何公路项目辉埠特大桥全桥贯通。

3 日 常山县绿色农产品公益形象推广大使聘请仪式举行，常山籍空军青年歌唱演员周珊受聘为常山县绿色农产品公益形象推广大使。

是日 常山县中考成绩揭晓，进入衢州市第一方阵，位列全市第三名。其中，中考优秀率达 46.6%，文化平均分为 449.6 分（超过市平均分），比 2021 年提高 38.04 分。

4—5 日 省政协副主席周国辉到常山调研指导“大综合一体化”、强村富民集成改革等工作。

6 日 衢州市第六届运动会羽毛球比赛在常山一中举行，衢州市各县（市、区）190 位运动员参加比赛。

6—26 日 县新华书店举办“衢州有礼 · 知书达礼”中小学暑期读书活动。

7—10 日 2022 年衢州市第六届运动会乒乓球比赛在常山县育才中学体育馆举行，衢州市各县（市）区代表队的 120 多名选手参加比赛。常山代表队获 3 金、3 银和 2 铜。

8 日 慈溪市常山商会成立。

8—12 日 以“共富常山，幸福 U 居”为主题的 2022 年常山县夏季房地产交易会举行。

9 日 副省长卢山到常山调研指导中央环保督察反馈问题整改工作。

11 日 常山县“早上好”党建品牌和兴村模式获时任省委书记袁家军批示“这是一个很好的新闻素材，可进一步挖掘”。

12 日 在全省科技创新大会上，常山县申报的“油茶、香榧等木本油料绿色加工和质量控制技术与应用”成果获浙江省科学技术进步奖三等奖。

14 日 省高院党组成员、副院长徐建新一行到常山开展“大接访、大走访”活动。

15 日 常山“两山合作社”因绿色发展改革工作突出，入选《中国经济时报》“伟大变革新发展理念实践案例”。

19 日 由浙江省卫生健康委员会、浙江省中医药管理局主办，浙江省中医药发展研究中心、中共常山县委、常山县人民政府承办的“U你健康·助力共富”2022年中医药文化传播进常山活动在芳村未来乡村启动。

20日 衢州市政协社法委主任会议暨“一堂一庭”（民生议事堂+共享法庭）融合互促工作推荐会在常山县人民法院召开。

是日 常山一中1名考生被北京大学录取，实现22年来常山县高中应届毕业生被清华大学、北京大学录取“零”的突破。

21日 浙江大和半导体产业园三期项目开工奠基暨二期竣工投产仪式举行。

是日 由浙江省文化和旅游厅主办的“诗画江南 活力浙江”——第二届浙江省旅游歌曲大赛颁奖盛典举行。其中，常山歌曲《All for U》获第二届浙江省旅游歌曲大赛金奖。

22日 浙江开放大学常山学院举行揭牌暨2022常山儿童画绘画大赛启动仪式。浙江广播电视大学常山学院正式改名为浙江开放大学常山学院。

是日 浙江省常山县人民法院、江山市人民法院和江西省玉山县人民法院联合召开浙赣边际（衢饶示范区）司法协作典型案例新闻发布会，发布浙赣边际（衢饶示范区）司法协作十大典型案例，开启浙赣边际（衢饶示范区）全方位司法协作新篇章。

25日 常山县创文“百日攻坚”誓师大会暨“全民齐创文”志愿服务活动启动仪式在文峰广场举行。

是日 常山北门历史文化街区一期项目启动暨与开元集团运营合作签约仪式举行。

26日 衢州市人大常委会副主任、常山县委书记潘晓辉率常山县党政代表团到江西省玉山县考察学习，双方签订战略合作框架协议。

是日 浙江省发改委、浙江省交通运输厅基本同意杭金衢高速公路东连接线的变更方案，由原设计一级改二级公路标准。

28日 常山县三季度重大项目集中签约、集中开工、集中投产仪式在小乔（浙江）智能制造生产基地二期项目现场举行。

是日 中共常山县委、县人民政府召开教育高质量发展座谈会，授予常山一中集体三等功荣誉，授予紫港中学、实验中学集体嘉奖荣誉。

29日 常山县聚焦“两个先行”探寻“共富密码”实践案例PK赛暨中央广播电视总台浙江总站共同富裕示范区观察点揭牌仪式在新昌乡达塘村举行。

8月

3日 常山县2022年高考本科录取率、增幅率均位居衢州市第一。

4日 闽浙皖赣四省边际（衢州）共富学院“常山阿姨”教学基地开班仪式在何家乡阿姨学院举行。

9—10日 全国职业院校技能大赛中职组“计算机检测维修与数据恢复”赛项在广西南宁举行，来自全国各地的62支代表队参赛。衢州数字工业学校代表队代表浙江省参赛并获“计算机检测维修与数据恢复”项目三等奖。

10日 由浙江省广播电视局和浙江广播电视集团主办，中共常山县委、常山县人民政府、浙江电视台新闻频道共同承办的第七届浙江农民创富大赛在芳村未来乡村正式启动。

是日 省人大常委会副主任史济锡到常山调研共同富裕工作。

是日 常山县人民政府与衢州海关举行合作备忘录签订仪式。

10—11日 浙江省档案局组织专家对常山县数字档案馆系统进行测试，综合测试得分86.75分，一致同意常山县数字档案馆系统以“国家级数字档案馆”报请国家档案局审批。

11日 钱塘江中上游常山江（辉埠—双港口）航电枢纽项目一期工程可行性研究报告获浙江省发展改革委批复。

12日 常山“民盟同心·专家工作站”邀请盟员专家、衢州学院杨建辉博士团队到常山企业开展科技创新服务。

13日 常山农商银行助力强村富民签约仪式举行。

16日 常山“两山合作社”被确定为衢州市第六批党员干部教育培训现场教学基地。

是日 常山县“以农业龙头企业带动共同富裕”入选省高质量发展建设共同富裕示范区第二批试点（机制创新类）。

17日 省民政厅公布第四批省级城乡社区治理和服务创新实验区建设试点地区，常山县“山区县养老服务优质共享融合机制探索”入选。

19日 常山县第二条日产5万箱双柚汁灌装生产线投产暨第二轮万亩香柚共富果园签约仪式举行。

20日 常山县组织开展新冠肺炎疫情防控“混管追阳”实战演练活动。

23日 中共常山县交通运输行业委员会成立；中共常山县快递物流行业委员会更名为中共常山县快递行业委员会。

24日 常山县佳伟家庭农场种植的再生稻头季稻经省、市、县专家实割验收，最终测得头季稻百亩示范方亩产达830千克，刷新衢州市再生稻高产纪录。

31日 衢州市共同富裕现代化基本单元实践论坛在芳村镇召开。

9月

2日 中国作家协会公布2022年发展会员名单，常山作家余风榜上有名。

是日 县妇联在县文化馆举行“诗画江南·宋韵常山”美丽庭院擂台赛。

是日 浙江省公布全省强村富民乡村集成改革实践试点地区，常山入选“市场化+集体经济”试点地区。

6日 县委书记潘晓辉一行到常山县众卡物流产业园进行调研，考察十大民生实事项目之一的“快递下村U驿站”项目建设进展情况。

7日 常山县委副书记、县长王永明在全省老龄工作暨“浙里康养”工作推进会上作“孝老之城”建设典型发言。

8日 常山县新生代企业家联谊会二届一次理事大会召开，选举产生新生代企业家联谊会领导班子，郑晓东当选为会长。

9日 常山县公铁路衔接型综合客运中心项目主体结构封顶，项目转入二次结构及机电安装等施工阶段。

是日 浙江省发布首批省级公民法治素养观测点名单，辉埠镇人民政府入选。

是日 杭金衢改扩建二期通过验收，全线八车道，正式通行车辆。

12日 浙江省疫情防控综合督导组到常山火车站卡点，检查督导疫情防控工作。

14日 市委书记高屹到常山调研以县城为重要载体的城镇化建设工作。

16日 全省农业高质量发展大会召开，会上公布常山县省级现代农业园区获2022年度十佳省级现代农业园区。

是日 天马街道东苑社区揭牌成立。

20日 省安全生产委员会办公室公布常山县生态工业园区安全风险评估复核得分83.75分，参照一般安全风险等级(C类)管理。

21日 十三届全国人大代表浙江中心组第三小组到常山县开展调研活动。

是日 常山县召开全县科技创新和人才工作推进大会。

是日 四省九地市“双减”工作校长论坛暨“双减”校内提质减负一周年总结会在常山县第一小学举行。

23日 常山县人民医院二期工程项目即内科住院大楼正式启用。

是日 “常U丰收 喜迎盛会”2022年常山县农民丰收节暨农民运动会在何家乡江源村举行。

27日 浙江省公路与运输管理中心、湖州市公运中心、衢州市公航运中心到常山县检查“四好农村路”半年度工作情况。

29 日 闽浙皖赣四省边际交通物流桥头堡攻坚大会暨重大交通项目集中开工开通仪式举行，常山设分会场。

是日 浙江省红十字会批复同意在常山开展全省县域应急救护体系建设工作试点（全省唯一试点）。

10 月

1 日 县党政军领导参加常山县 2022 年烈士纪念日活动，县四套班子领导，法检“两长”，其他副处级以上领导，县级机关各单位主要负责人，少先队员代表，烈士遗属、军休干部、老战士、退役军人代表等参加活动。

3—9 日 纪录片《伊路向东》第三集在常山县拍摄。

10 日 生态环境部办公厅印发《关于 2021 年度国家重点生态功能区县域生态环境质量监测与评价结果的通报》，常山县在全省 11 个考核县（市）综合得分排名第一。

12 日 常山县在衢州市率先实施“浙江省居住证”互认制度。

14 日 浙江省民政厅公布全省城市社区议事协商机制创新试点地区，常山县紫港街道紫港社区、常山县民政局入选。

是日 常山县申报的“宋诗之河”项目被评为全省十个创新培育项目。

16 日 常山胡柚国家地理标志产品保护示范区获批筹建。

20 日 常山元素亮相“奋进新时代”主题成就展，常山县徐村村在浙江展区的《浙江百村共富新图景》互动展项上亮相。

21 日 省疫情防控督查组成员到常山火车站检查指导疫情防控工作。

25 日 “浙江省衢州市某公司违规堆放危险废物生态环境损害赔偿案”入选长三角区域生态环境损害赔偿十大典型案例。

是日 常山县油茶综合体项目通过省级验收，常山县精密基础件综合体通过 2022 年度绩效评价，标志着常山县省级产业创新服务综合体创建工作取得新成效。

26 日 常山县科学技术协会第十次代表大会在常山东方广场酒店召开。

27 日 山海连“心”科学牵手——科学精神进校园（衢州站）活动启动仪式现场会在常山阁底中心小学召开。

是日 新昌乡、招贤镇纱帽山村等 8 个单位入选浙江省第二批低（零）碳乡镇（村）试点。

11 月

1 日 省妇联、省农业农村厅联合认定 2022 年“浙江省美丽庭院特色村”名单，常山县金川街道徐村村榜上有名。

2 日 常山县与浙江中医药大学附属第二医院（浙江省新华医院）合作共建的“浙西医院”揭牌仪式在县中医医院举行。

4 日 常山县举行 2022 年四季度重大项目集中签约集中开工集中投产仪式。

是日 第七届浙江农民创富大赛揭晓仪式在浙江广电集团举行，常山共富果园项目获第六名。

是日 省发改委发文公布常山经济开发区列入第二批省级先进制造业和现代服务业融合发展试点区域名单。

5 日 第十五届中国义乌国际森林产品博览会在国际博览中心举行，浙江常发粮油食品有限公司的“常发”牌 G20 峰会标准系列山茶油入选首批“浙山珍”授权产品。

7 日 常山县生态工业园区入选 2022 年度省级标杆工业园区“污水零直排”培育名单。

8 日 衢州市“五水共治”群众满意度提升攻坚月启动仪式暨常山何家治水公园开园仪式在何家乡江万里文化广场举行。

9 日 浙江省社会科学院党委副书记、院长何显明一行到常山调研共同富裕工作。

10 日 常山县入选 2022 年“四好农村路”全国示范县创建单位。

是日 常山县新昌乡达塘村

党支部书记、村委会主任陈重良作为村级代表在全省深化党建联建机制暨党建引领“共富工坊”建设全面助力共同富裕现场推进会上作交流发言。

12 日 在温州举行的 2022 世界青年科学家峰会开幕式上，揭晓第十七届中国青年科技奖并举行颁奖仪式，中共中央组织部、人力资源和社会保障部、中国科协、共青团中央授予 100 人第十七届中国青年科技奖，其中清华大学电子工程系的常山籍教师方璐名列其中。

13 日 “长三角一体化”旅游推广活动暨 2022 自驾畅游·露营衢黄南饶“联盟花园”常山活动开幕式举行。

14 日 常山县粮食应急保障中心项目通过竣工验收。

15 日 常山县首届社区邻里节启动仪式在县文峰广场举行。

17 日 省人大常委会党组副书记、副主任李卫宁到常山调研人大工作。

18 日 省农业农村厅、省财政厅发布《关于公布第三批新时代美丽乡村共同富裕示范带名单》，常山县“柚都石镇·共富先行”新时代美丽乡村共同富裕示范带成功入列。

19—20 日 2022 常山 UU 音乐节在金川街道徐村村举行。

19—20 日 浙江省第二届森林健康节在常山县举行。

23 日 常山县龙潭水库工程规模论证技术审查会在杭州水工大厦召开，并与江山市签订项目合作框架协议。

24 日 常山“U 无忧”公交刷脸乘车数字化应用作品，入围参与“浙运安”跑道数字化改革最佳应用评审和 2022 年度浙江省交通系统数字化改革最佳实践评选。

是日 浙江省发展和改革委员会公布全省数字社会系统第十批最佳案例集，常山县“养老护理员职业生涯一件事”应用入选。

25 日 常山县举行数字化改革推进会暨改革突破“争先创优”PK 赛。

26 日 常山县委推送的“青村播”以直播引流激活乡村振兴青春因子案例入选团中央青年发展部开展的共青团服务乡村振兴优秀案例。

28 日 常山县矿山博物馆地块建设项目征收集中签约正式启动。

12 月

1 日 “讴歌新时代 赞美新常山”摄影作品展在常山县文化馆举行。

是日 湖州市长兴县委常委、常务副县长晏宁波带队，到常山开展制造业高质量发展促共富示范县联创工作交流及总投资 50 亿元储能电站项目洽谈。

3 日 中国·常山油茶产业高质量发展大会在常山县举行。

是日 常山县人民政府与中林集团联合成立县油茶产业集团公司——中林油茶（常山）集团。

6 日 常山县特色生态产业平台征收房屋签约工作在紫港街道狮子口村正式启动。

7 日 衢州管理中心常山收费中心所获第五届中国高速公路美丽服务窗口“十佳服务窗口”称号。

8—9 日 2022 年全省乡镇（街道）应急救护培训基地建设推进会在常山县召开。

11 日 常山县“8090+”新时代理论宣讲大赛决赛暨“奋进共富路 逐梦现代化”巡回宣讲授旗仪式，在芳村镇园区新村文化礼堂举行。

14 日 常山县金兰家庭农场和常鱼家庭农场送评的“南粳 46”“甬优 17”获评“2022 衢州十大好稻米”金奖。

是日 省委常委、常务副省长徐文光到常山县调研共同富裕工作。

16 日 常山县新昌乡油茶共同富裕综合体入选林业共同富裕综合体。

是日 常山县新昌乡郭塘村入选第十二批浙江省生态文明教育基地。

18 日 中国·常山 U 系列新

品发布会在杭州国际博览中心举行。

20日 浙江省第十五届精神文明建设“五个一工程”奖公布，根据常山县离休干部胡兆富英雄事迹创作的大型现代京剧《战士》、广播剧《我不是英雄》入选。

21日 常山县农贸市场片区有机更新项目和常山县实验小学有机更新项目房屋征收提前签约工作启动。

是日 浙江省公布全省美丽城镇建设2022年度评价结果，天马街道成功评选美丽城镇建设山区县县城城镇省级样板。

是日 常山实验小学和农贸市场片区国有土地上房屋征收签约开始，历时20天，实现196户被征收户房屋签约率达100%。

是日 衢州市公航运中心公布常山县G205全寿命周期养护设计施工总承包工程2022年度养护项目工程、常山县2022年度普通国省道桥梁维修加固工程（G320沪瑞线长圩大桥）竣工验收工程质量等级为合格。

24日 常山县“早上好”兴村品牌入选全省第二批共富最佳实践案例。

25日 2022年浙江省法学会法治文化研究会年会暨“常山现象”与新时代法治文化建设研讨会在常山县举办。

27日 在常山县经济技术开发区辉埠片区华创铜箔项目建设工地举行浙江衢州华创新材铜箔有限公司年产10万吨高性能铜箔项目奠基仪式。

自然地理

【区域位置】 常山位于浙江西部，在钱塘江最大支流衢江上游，地处北纬28°46′至29°13′，东经118°30′至118°45′，东邻衢江区，南靠江山市，西南与江西省玉山县交界，西北与开化县毗邻，东北部与杭州市淳安县相接，全县总面积1099平方千米，地貌呈“八山半水分半田”的特点，是浙江的资源大县和浙西的交通枢纽，素有“四省通衢”之称。

【地质地貌】 常山县地形以丘陵为主，境内地势南北二翼高，中间低，西南向东倾斜，层峦叠嶂，支脉交替，主要有二大山脉：一是千里岗山余脉，由衢江区、淳安县、开化县等地延伸入境，呈东北—西南走向；二是怀玉山脉，由江西省玉山县延伸入境，呈西南—东北走向。二支山脉以中部常山港为界，南北对峙，形成鲜明的山系，中山、低山、丘陵、平原等相间分布。地势以东北、西北、西南边境为高，向中部呈阶梯状平缓展开，形成西部小盆地和中部沿常山港分布的小平原。境内海拔1000米以上的山峰有40座，最高点为东案乡白菊花尖，海拔1394.7米，最低处为招贤镇的大溪沿村，海拔72.0米，最大高差1322.7米。

（邱　琦）

【水文】 常山县内水系完整，河网密布，水量较多，水能资源丰富。县流域面积3176.1平方千米，最大年径流量43.74亿立方米，近几年最大洪峰流量5800立方米/秒，易形成洪涝灾害。常山县的河流大都属于钱塘江水系，县内主要河流常山港为钱塘江的源头，上接开化县马金溪，下至衢州双港口，在县域内的流程46.6千米，横贯东西。常山港在县内的支流有菱湖溪、芳村溪、龙绕溪、南门溪、马车溪、虹桥溪、里山溪、大坑溪、官塘溪9条。县内的另一条主要溪流——球川溪流入江西，最终归入长江流域。

2022 年常山港月平均水位一览表

表 2　　（测站基面在 85 高程以上 75.700 米）　　单位：米

1 月	2 月	3 月	4 月	5 月	6 月	7 月	8 月	9 月	10 月	11 月	12 月	年平均
1.66	2.19	2.20	2.19	2.22	3.29	1.62	1.38	1.32	1.34	1.38	1.49	1.85

说明：最高水位在 6 月 20 日，为 9.71 米；最低水位在 7 月 30 日，为 1.19 米

（陈　鑫）

【气候】 2022 年，常山县遭受连阴雨、局地强对流、暴雨、大风、雷电、高温干旱、低温等极端天气气候事件。全年，常山县平均气温 18.9℃，比常年偏高 1.1℃，比上年偏低 0.3℃。年极端最高气温 40.9℃，出现在 8 月 23 日；年极端最低气温 -3.5℃，出现在 12 月 18—19 日。年总降水量为 1756.9 毫米，比常年偏少 88.2 毫米，比上年偏少 108.3 毫米。年总日照时数 1927.1 小时，比常年偏多 262.4 小时，比上年偏多 149.9 小时。

2022 年常山县气象要素一览表

表 3

要素名称（单位）	1 月	2 月	3 月	4 月	5 月	6 月	7 月	8 月	9 月	10 月	11 月	12 月	合计（平均）
平均气温（℃）	7.68	5.8	15.1	18.0	20.3	25.5	30.7	31.8	27.1	20.3	17.4	6.3	18.8
降水量（毫米）	94.2	141	214.6	166.9	227.8	561.1	88.5	57.1	0.1	23.7	122.4	59.5	1756.9
雨　日（天）	17	20	17	15	15	15	6	6	1	8	15	14	149
日　照（小时）	69.9	51.1	130.9	154.5	127.4	144.3	298.5	321.7	229.2	204	96.9	98.7	1927.1
其　他	全年平均气压为 999.4 百帕，全年平均相对湿度为 73%，全年平均风速为 2.4 米/秒												

（童监萍）

【自然资源】 常山县矿石资源丰富，石灰石、萤石矿储量和品质均居全省首位，青石、花石品质优良，有华东地区最大的青石花石专业市场。全县矿山总数 21 个，主要有水泥用灰岩、萤石、叶蜡石、饰面用板岩、制灰用灰岩、水泥配料用页岩、水泥配料用砂岩、砖瓦用页岩、普通建筑用石料、建筑用辉绿岩、花岗岩。其中，石灰石、石煤、萤石资源量居浙江省前列，叶蜡石为全省四大产区之一。

（邱　琦）

建置区划

【建置沿革】 东汉建安二十三年（218）分新安置定阳县，县治在定阳乡三冈（今何家乡璩家、金家一带）。隋大业三年（607），定阳县并入信安县。唐武德四年（621）复置定阳县，县治依旧。八年又并入信安县。咸亨五年（674）分信安原定阳县地置常山县，以县治南有常山（又名长山，即今湖山）命名。以常山县为名自此始。县治在前常山乡（今招

贤镇）之古县畈（今古县、古县畈二村）。广德二年（764）县治移于旧县治西40里常山镇巡检司（今天马街道）。北宋乾德四年（966），吴越王钱俶分常山县西境7乡置开化场。太平兴国六年（981）升开化场为开化县。淳化四年（993），常山属两浙道衢州。至道三年（997）属两浙路。熙宁七年（1074），常山属浙东路。南宋咸淳三年（1267），常山县改称信安县。元至元十三年（1276）复称常山县，属两浙都督府（安抚司）衢州路总管府；二十一年（1284）隶江淮行省衢州路；二十八年（1291）隶浙江等处行中书省浙东道宣慰司衢州路。明洪武九年（1376）隶浙江承宣布政使司金衢道衢州府。清代属浙江省金衢严道衢州府。

民国元年（1912），常山县隶浙江省金衢严道。民国3年（1914）属金华道。民国16年（1927）废道制，实行省、县二级制，常山县属浙江省。民国24年（1935），省县间设行政督察区，常山属浙江省第五行政督察区，署址衢县（今柯城区）。1948年4月改属第四行政督察区，署址淳安。8月改属第三行政督察区，署址江山。

常山县于1949年5月4日解放，初属浙江省衢州军管会。1950年5月，设衢州专员公署，常山县属衢州专区。1955年3月撤衢州专区，改属金华专区。1958年10月，常山县并入衢县。1961年10月恢复常山县建制。1970年，金华专区改称金华地区。1985年7月实行市管县，金华地区分设金华、衢州二市，常山县属衢州市至今。

（吴佳倩）

【行政区划】 2022年，常山县县域面积1099平方千米，全县辖3个街道、6个镇、5个乡，下辖14个社区、4个居委会、180个行政村。

（张志林）

历史文化

【文化遗址】 常山县古代人类各种活动留下的遗迹25处，包含新石器时代遗址、城墙遗址、码头遗址、陶瓷窑遗址、道观寺庙遗址、沉船遗址、墓葬遗址等。其中，新石器时代遗址2处，出土造型精巧的石锛、石镞、石矛、石网坠等，多用青石磨制而成；出土数十件红陶、灰陶、夹砂陶、印纹硬陶等残片，纹饰有回纹、米字纹、菱纹、方格纹等。通过考古勘探，文物专家认为大埂遗址是迄今为止常山县境内发现年代最古老的人类居住地。

【文物】 2022年，常山县有县级以上文物保护单位58处，其中省级文物保护单位15处，即招贤镇樊氏大宗祠（清）、天马街道里择祠（明、清）、球川镇徐氏旧宅（清、民国）、球川镇兴贤塔（明）、东案乡底角王氏宗祠（含世美坊）（明、清）、何家乡樊家尚书坊（明、清）、天马街道德川行（清）、天马街道文峰塔（清）、天马街道方文彬故居（清）和金川街道傥溪桥（清）、芳村镇大处古建筑群（清）、新昌乡泰安古建筑群（清）、同弓乡胡村建筑群（清、民国）、球川镇球川建筑群（清、民国）、新昌乡岩前民国建筑群（民国）、赵鼎家族墓（南宋）。此外，还有第三次全国文物普查登录的一般不可移动文物975处。文物库房有藏品1500余件（套），经过浙江省鉴定委员会鉴定，属于国家二级珍贵文物的有5件（西晋青瓷灶、北宋龙泉窑青瓷斗笠碗、元龙泉窑青瓷八卦纹三足洗、南宋银荷叶碗、唐方形瑞兽葡萄镜），三级珍贵文物93件，一般文物1件，其余均为未定级文物。县文物库房中年代最早的藏品为新石器时代出土的石器、陶片，此外，夏商周、汉直至明清均有。

【古建筑】 常山留存的古建筑种类主要是祠堂、民居，风格与徽派建筑、赣派建筑相近。多建于历史悠久、文化积淀深厚、名人辈出的村镇，四面开阔，林茂水清，地理位置优越，建筑几乎完整地保留明清时代民居的原有布局，有布局严谨、造型精致、气势宏大、组合巧妙的特点，与周边环境融为一体。

（周 静）

人口和民族宗教

【人口分布】 2022年，全县年末户籍人口总户数为124648户，比上年减少47户，总人口为337893人，平均每户2.7人。男性174874人，女性163019人，分别占总人口的51.8%和48.2%，性别比为107.3（女=100）。总人口比上年减少1797人。全县城镇人口111366人，乡村人口226527人，分别占总人口的33.0%和67.0%。

【人口变动】 2022年，全县办理出生登记1785人，比上年减少398人，出生率为5.3‰，比上年回落2.5个千分点。死亡2182人，比上年增加273人，死亡率为6.4‰，比上年提高0.8个千分点；其中男性死亡1292人，女性死亡890人。全县人口自然减少397人，自然增长率-1.2‰。全年省内外迁入677人，比上年减少74人；迁往省内外2080人，比上年减少822人。全县总人口按年龄段分布为：18岁以下的为57586人，占总人口的17.0%；18岁至34岁的为61399人，占总人口的18.2%；35岁至60岁的为140353人，占总人口的41.5%；60岁以上的为78555人，占总人口的23.2%。其中，百岁以上老人25人，比上年减少5人（以上均为公安年报口径）。

（陈 蓉）

【民族】 常山县属少数民族散杂居县，据统计，全县少数民族户籍人口2920人。全县有5个少数民族行政村，分别是招贤镇高埂村、泉目山村、官庄村，何家乡黄冈村、球川镇芙蓉村，5个民族村都是畲族村。

【宗教】 常山县有佛教、道教、天主教、基督教4种宗教，经民政部门登记的有县佛教协会、基督教三自爱国运动委员会、天主教爱国委员会3个宗教团体。截至2022年年底，经民宗部门登记的宗教活动场所67处，其中佛教12处、道教1处、天主教3处、基督教51处，经民宗部门登记的民间信仰场所23处，因历史原因未办证但允许“以堂带点”形式存在的基督教聚会点有14处。全县信教群众约1.4万人。

（王 颖）

国民经济和社会发展

【概况】 初步核算，2022年全县实现地区生产总值200.6亿元，按可比价格计算，比上年增长4.1%。分产业看，第一产业增加值91812万元，比上年增长6.5%；第二产业增加值905956万元，增长5.9%；第三产业增加值1008240万元，比上年增长2.4%。第三产业中，交通运输、仓储和邮政业增加值比上年增长1.4%，批发和零售业增加值比上年增长0.8%，住宿和餐饮业增加值比上年增长4.5%，金融业增加值比上年增长11.1%，房地产业增加值比上年下降3.2%，其他服务业增加值比上年增长2.6%。三次产业增加值结构为4.6∶45.2∶50.2。人均地区生产总值为76565元（按年平均汇率折算为11383美元），比上年增长3.5%。按照地区生产总值统一核算和数据发布制度规定，地区生产总值核算包括初步核算和最终核实两个步骤。经最终核实，2021年，常山县生产总值现价总量为189.87亿元，按可比价格计算，比上年增长9.8%，三次产业增加值结构为4.5∶44.6∶50.9。

【农业和农村建设】 2022年，实现农林牧渔业总产值14.38亿元，比上年增长6.7%。农作物播种面积287597亩，其中粮食作物播种面积146272亩、油料作物播种面积51731亩、蔬菜（含菜用瓜）播种面积68418亩、中草药材播种面积4305亩、瓜果类播种面积8507亩。粮食作物总产量60871吨，与上年持平；油料产量6888吨，比上年增长3.8%；蔬菜产量106766吨，比上年增长3.1%；瓜果类产量 22066 吨，与上年持平。柑橘总产量 128749 吨，比上年增长 4.3%，其中柚产量（包括胡柚和香柚）116796 吨，比上年增长 14.3%；茶叶产量 238 吨，比上年下降 7.8%。

生猪年末存栏为 7.8 万头，比上年增长 25.8%；年内出栏 10.3 万头，比上年增长 13.2%。家禽年末存栏为 98.4 万羽，比上年下降 10.6%；年内出栏 247.4 万羽，比上年下降 14.1%。全年肉类总产量 14831 吨，比上年下降 1.3%，其中猪肉 8152 吨，比上年增长 7.4%；禽肉 6474 吨，比上年下降 10.3%；鸡鸭鹅蛋产量 1765 吨，比上年下降 23.9%。水产品产量 7015 吨，比上年增长 2.1%。木材产量 21978 立方米，比上年增长 131.5%。

常山县省级现代农业园区被评为 2022 年十佳省级现代农业园区。常山县农产品获 2022 年省农博会金奖产品 4 个、优质产品 3 个。建成新时代美丽乡村特色精品村 3 个、新时代美丽乡村达标村 24 个和农村公厕 25 个。实施芳村、同心、后弄、徐村、樊家、渣濑湾 6 个未来乡村建设。全县 180 个行政村，经营性收入 20 万元以上全覆盖，其中 20 万～ 50 万元 75 个，50 万～ 100 万元 76 个，100 万元以上 29 个。开发低收入农户公益性岗位 1259 人次，累计完成农村产权交易平台交易合同价 6006.4 万元。开展土地流转全域，全年流转土地面积 0.9 万亩。

【工业和建筑业】 2022 年，全县年末有规模以上工业企业 158 家，其中营业收入 1 亿元以上的企业 47 家（含 20 亿元以上 1 家、10 亿元以上 1 家、5 亿元以上 5 家），大中型企业 14 家。全县工业增加值 689389 万元，比上年增长 7.9%，其中规模以上工业增加值 519483 万元，比上年增长 10.2%。规模以上工业企业全年完成产值 2036970 万元，比上年增长 5.5%，其中重工业 1379589 万元，比上年下降 1.7%，轻工业 657381 万元，比上年增长 24.5%；分经济类型看，国有控股企业比上年增长 13.0%，私营企业比上年下降 0.1%，外商投资企业比上年增长 8.4%，港澳台商投资企业比上年下降 10.3%。规模以上工业销售产值 2018747 万元，比上年增长 9.3%，产销率 99.1%。规模以上工业出口交货值 143062 万元，比上年增长 19.2%。

在规模以上工业中，建材行业产值 387435 万元，比上年下降 7.2%；通用设备制造业 259267 万元，比上年下降 11.1%；造纸行业 373538 万元，比上年增长 29.4%；有色金属冶压业 187246 万元，比上年增长 9.0%；电力生产供应业 177191 万元，比上年增长 62.5%；化工行业 101661 万元，比上年下降 3.9%；农副食品加工业 84951 万元，比上年增长 30.1%；通信设备制造业 103902 万元，比上年增长 0.6%；金属制品业 108887 元，比上年增长 1.0%；纺织业 62404 万元，比上年下降 12.9%；电气机械和器材制造业 20751 万元，比上年增长 3.9%；皮革、毛皮、羽毛及其制品和制鞋业 15170 万元，比上年下降 22.1%。

全县规模以上工业企业实现利税 176394 万元，比上年下降 26.9%，其中利润 121224 万元，比上年下降 35.6%。分行业看，建材行业利润 40703 万元，比上年下降 57.5%；造纸行业 24781 万元，比上年下降 31.4%；通用设备制造业 22794 万元，比上年增长 2.9%；化工行业 2957 万元，比上年下降 58.5%；计算机、通信和其他电子设备制造业 3722 万元，比上年下降 61.4%；电力生产供应业 3216 万元，比上年下降 37.0%。规模以上工业利润中，装备制造业利润总额比上年下降 14.2%，战略性新兴产业利润总额比上年下降 7.9%。规模以上工业研发费用比上年增长 18.0%。全县建筑业实现增加值 216832 万元，比上年增长 0.2%。全县有总承包或专业承包资质的建筑业企业 77 家，其中一级资质企业 2 家、二级资质企业 11 家、三级资质企业 64 家。实现建筑业总产值 571823 万元，比上年下降 1.3%，其中省内建筑业产值 507388 万元，与上年持平。

【固定资产投资和房地产业】 2022 年，全县固定资产投资比上年增长 11.2%，其中第一产业投资比上年增长 33.4%，第二产业投资比上年增长 21.3%，第三产业投资比上年增长 7.3%。从投资结构来看，交通基础设施投资比上年增长 29.6%，生态环保、城市更新和水利设施投资比上年增长 14.3%，高新技术产业投资比上年增长 74.4%，民间项目投资增长 0.3%，制造业投资比上年增长 29.2%。全县在库项目 436 个，其中 5000 万元以上项目 155 个；新增入库项目 163 个，其中 5000 万元以上项目 54 个。全县国有投资比上年增长 20%，非国有投资比上年增长 3.6%。工业投资比上年增长 21.3%，其中工业企业技术改造投资比上年增长 7.8%。基础设施投资比上年增长 19%，公共服务投资比上年增长 40%。建筑安装工程投资比上年增长 4.4%。全县房地产开发投资 169650 万元，比上年增长 26.3%。房屋施工面积 1815103 平方米，比上年增长 11.4%；销售面积 191699 平方米，比上年下降 39%；商品房销售额 209382 万元，比上年下降 23.1%。

【国内贸易】 2022 年，全县实现社会消费品零售总额 911205 万元，比上年增长 7.9%。其中限额以上社会消费品零售总额 158835 万元，比上年增长 27.6%。按销售单位所在地分，城镇 157042 万元，比上年增长 27.9%；乡村 1793 万元，比上年增长 0.7%。按类值分，粮油食品、饮料烟酒类比上年下降 1.3%，日用品类比上年增长 18.4%，书报杂志类比上年下降 2.3%，家用电器和音像器材类比上年增长 233.4%，中西药品类比上年增长 115.2%，石油及制品类比上年增长 26.0%。

【对外经济】 2022 年，全县实现进出口总额 297348 万元，比上年增长 13.9%，其中出口 207235 万元，比上年增长 12.1%；进口 90113 万元，比上年增长 18.3%。全县有出口实绩的企业 83 家，比上年减少 6 家。出口额 1 亿元以上企业 5 家，1000 万元以上企业 25 家。全县出口排前四位的市场依次是：亚洲、北美洲、欧洲、拉丁美洲。对亚洲出口 75953 万元，比上年增长 8.6%；对北美洲出口 47179 万元，比上年下降 3.5%；对欧洲出口 42466 万元，比上年增长 54.3%；对拉丁美洲出口 33711 万元，比上年增长 10%。这四大主要市场出口额合计占全县出口总额的 96.2%。在主要商品出口中，轴承出口 56713 万元，比上年下降 6.0%；餐厨用具金属加工产品出口 20876 万元，比上年增长 44.6%；化工产品（新材料）出口 90676 万元，比上年增长 58.4%；节日装饰用品出口 10676 万元，比上年增长 19.5%。

【交通、邮电和旅游业】 2022 年，全县完成交通运输、仓储和邮政业增加值 84832 万元，比上年增长 1.4%。各种运输完成公路货物运输量 1273.9 万吨，比上年下降 7.0%；公路客运量 976 万人次，比上年下降 10.2%。县境内有铁路 1 条，衢九铁路常山段全线长 35.3 千米。铁路常山站发送旅客 127758 人次，其中客发 62789 人次、到达 64969 人次。至年末，县境内有国家高速公路 3 条、国道 3 条、省道 1 条、县道 33 条、乡道 33 条、村道 375 条，公路总里程达到 1145.7 千米，公路网密度为 104.4 千米/百平方千米。国家高速公路境内总里程 89.0 千米，其中 G60 沪昆高速（地方名称杭金衢高速）41.6 千米，G3 京台高速（地方名称黄衢南高速）31.1 千米，G6021 杭长高速 16.2 千米。一般国道总里程 92.0 千米，其中 G205 山深线 23.5 千米、G320 沪瑞线 40.3 千米、G351 台小线 28.2 千米。S221 江溪线境内里程 22.1 千米。国省道干线公路里程 203.1 千米，占公路总里程的 17.7%。县道公路 301.4 千米，占公路总里程的 26.3%。乡道公路 163.5 千米，占公路总里程的 14.3%。村道公路 477.7 千米，占公路总里程的 41.7%。

年末固定电话用户数 5.2 万户，移动电话用户数 30.6 万户。邮政行业业务收入 10640 万元，其中快递业务收入 6377 万元，快递收件量 762.3 万件。全年接待游客 176.5 万人次，实现旅游总收入 20.2 亿元。常山县被评为省级全域旅游示范县。创建 AAA 级景区城，6 个 AAAA 级景区镇、8 个 AAA 级景区镇、42 个 AAA 级景区村、180 个 A 级景区村，在衢州市率先实现城镇村景区化全覆盖。举办“长三角文旅推广”自驾游和房车露营系列活动、常山 UU 音乐节、“鲜辣常山，辣里等你”美食节活动、常山人游常山系列活动、文化走亲、长三角旅游推介会、成都旅游推介会、四省边际旅游推介会等各类文旅活动。其中规模最大的常山 UU 音乐节举办地徐村两天接待游客 1.3 万人次，实现旅游消费总额 70 余万元。

【财政、金融和保险】 2022 年，全县实现财政总收入 265621 万元，比上年增长 7.2%。其中，一般公共预算收入 166087 万元，比上年增长 10.7%；上划中央收入 99534 万元，比上年增长 1.8%。全县税收收入 138478 万元，比上年增长 4.3%，占一般公共财政预算收入的 83.4%。全县公共财政预算支出 679353 万元，比上年增长 10.4%。其中民生支出 466702 万元，比上年增长 11.7%，占一般公共预算支出的 68.7%。全县完成金融业增加值 120312 万元，比上年增长 11.1%。年末金融机构本外币存款余额 3587164 万元，比上年增长 19.3%。在各项本外币存款中，住户存款余额 2234384 万元，比上年增长 17.0%。年末金融机构本外币贷款余额 3673012 万元，比上年增长 20.7%。全县保费收入 4.8 亿元，比上年增长 7.5%；支付各类赔款 1.6 亿元，比上年下降 5.9%。

【教育和科学技术】 2022 学年，全县有中小学校 40 所。其中，普通高中 4 所（含民办完中 1 所，民办高中 1 所）；职高 1 所；初中 8 所（含停止办学的育才中学）；小学 27 所（含 2 所完小），设有 3 个小学教学点。有特殊教育学校 1 所。幼儿园 57 所（含 2 所未招生的幼儿园），其中公办幼儿园 31 所。成人文化技术学校 14 所，教师进修学校 1 所，常山开放学院 1 所。全县在校生 38340 人，其中普通高中 4583 人、职业高中 2038 人、初中段 7964 人、小学段 16048 人、特教 51 人、在园幼儿 7656 人。2022 学年初，全县学校教职工 3372 人，其中在职在编 2281 人。2022 学年，小学适龄儿童入学率 100%，初中入学率 100%；小学、初中巩固率 100%；初中毕业生升高中段比例达 98.6%；九年义务教育完成率 100%。“三残”（智残、体残、肢残）少儿入学率：学前阶段达 95.7%，义务教育阶段达 100%，高中阶段达 93.9%。学前三年幼儿入园率 98.2%；十五年教育普及率为 98.6%；小学英语普及率 100%。全县各类学校学生与专任教师比分别约为：职业高中 14.0∶1（2038/146），普通高中 11.1∶1（4583/413）普通初中 12.6∶1（7964/633），小学 14.2∶1（16048/1131），幼儿园 14.0∶1（7656/546），特殊教育 3∶1（51/17）。各类学校专任教师学历达标率为：普通高中 100%，职业高中 98.6%，普通初中 99.8%，小学 100%，幼儿园 99.8%。各类学校专任教师中高级职称教师占比：普通高中 63.0%，职高 56.2%，初中 56.1%，小学 53.0%，幼儿园 6.2%，特教 58.8%。

全县新认定省科技型中小企业 67 家，新增国家高新技术企业 28 家，新增省级高企研发中心 2 家，新增市工程技术研发中心 2 家。县级科技成果转化项目立项 57 项，财政 260 万元资金重点支持 23 项；市级竞争性项目、指导性项目分别立项 2 项、6 项；省级新产品立项 80 项；省“尖兵”

“领雁”项目立项3项。完成专利授权量949件，其中授权发明52件。商标申请1006件，商标注册717件。

【文化、卫生和体育】 2022年，全县完成“15分钟品质文化生活圈”94个、南孔书屋3个、文化驿站2个、乡村博物馆建设15个。常山县“宋诗之河”入选全省首批文化标识建设创新培育项目。培育发展县级文化示范户53户、县级乡村文化能人51人。持续推进“黄鹂鸟”品牌文化惠民活动，完成送戏下乡563场、电影下乡3500多场、送书3.3万册、送展览讲座346场、县外文化走亲18场。至年末，全县有广播电台1座，广播综合人口覆盖率100%；电视台1座，电视综合人口覆盖率100%；文物保护单位57个；图书馆图书藏书量460千册，比上年增长10.5%。

全县有各级各类医疗机构272家。其中，县级医院3家（县人民医院、县中医医院、县妇保院），乡镇（中心）卫生院15家，民营医院6家（常山贞元医院、民康医院、常山第三医院、常山安康医院、常山眼科医院、常山第二医院），其他医疗机构4家（常山县监管场所卫生所、疾控中心、浙江省第三监狱医院、新都工业园区医务所），村卫生室（社区卫生服务站、卫生院分院）188家，门诊部2家，个体诊所44家，个体医务室10家。全县各医疗机构核定床位1558张，每千常住人口床位数5.9张。常山县卫健系统有在编专业技术人员1274人。其中，正高职称66人，占5.2%；副高职称153人，占12%；中级职称438人，占34.4%。全县有注册执业（助理）医师数1007人，护士数868人，每千常住人口执业（助理）医师数、护士数分别为3.8人、3.3人。全县公立医疗机构业务总收入为5.8亿元，门诊服务人次128.3万人次，住院35679人次。

全年举办篮球赛、气排球联赛、全县线上健康跑等体育赛事活动；举办2022年浙江省第八届木球锦标赛暨浙江省第十一届大学生木球锦标赛和衢州市第六届运动会小学组足球、羽毛球、武术散打、乒乓球等20余场市级以上体育赛事。完成2022年省基层体育场地设施建设任务（1个体育公园、6个社区多功能运动场、7个百姓健身房）。在浙江省第十七届运动会上获1.15金、1.25银、4.1铜，总分81.6分，位列衢州市奖牌榜第三名，实现历史突破。

【资源和环境】 2022年，常山港流域地表水质100%符合水功能区要求，集中式饮用水源地水质100%符合要求，国考断面、出境水断面水质稳定达到Ⅱ类标准，其中Ⅰ类出境水占比42.6%；城区环境空气持续改善，优良率达96.7%，城区$PM_{2.5}$浓度均值为25微克/米^3，创历史新低。全年削减氮氧化物1491.7吨、化学需氧量646.1吨、氨氮2.6吨。

【城市建设】 2022年，全县建成区面积18.3平方千米，城区（县城）人口约8.5万人。全县污水处理率98.2%，生活垃圾处理率100%。全县建成区绿化覆盖率43.8%，人均公园绿地面积16.1平方米（以上为2022年统计公报数据）。

（陈 蓉）

综　述

【概况】 2022年，中共常山县委围绕“浙西第一门户”战略目标，按照“疫情要防住、经济要稳住、发展要安全”要求，打好稳进提质、除险保安、塑造变革组合拳，交出一份来之不易、弥足珍贵的高分答卷。全县农林牧渔业总产值再创新高，增幅位列衢州市第一；城镇居民人均可支配收入和农村居民人均可支配收入“两项收入”争先进位，均位列衢州市第二；城乡收入比缩至1.71，位列山区26县第二；农村改革强势破冰，常山县农业农村局被评为全省农村宅基地工作成绩突出集体，强村富民集成改革成为全省试点；基层治理能力接续提档，成为全省“两法衔接”唯一县级试点，夺得省级平安县建设“十七连冠”。

【产业发展】 2022年，常山县坚持工业强县，“两柚一茶”产业强势崛起，常山县列入国家农业现代化示范区，获批筹建国家地理标志产品保护示范区，常山胡柚“入典”取得实质性突破。高端装备零部件产业培大育强，浙江先导精密机械有限公司、浙江环宇轴承有限公司2家企业入围全国专精特新“小巨人”，上市企业（天马轴承集团股份有限公司）实现“零”的突破。油茶产业入选全省林业推进共同富裕十大典型案例，国家常山油茶产业示范园区被评为国家林业产业示范园区。常山县现代物流创新发展区入围第二批省现代服务业创新发展区、全省县域商业体系建设示范名单。

【城市更新】 2022年，常山县扎实推进城市有机更新，西门、江滨片区征收基本完成，有序开发狮子口片区，北门历史文化街区一期项目顺利开工，加快打通定阳北路、文峰西路延伸线等城市“断头路”，临港片区、清河片区老旧小区完成改造。完成特色生态产业平台、赵鼎考古文化广场等征收工作，强势推进农贸批发市场、实验小学、常山江航电枢纽等项目征收，共涉及被征收户450余户，面积10万余平方米。“一江两岸”城市格局加快成型，杉德奥莱、文旅博览中心等城市地标拔地而起。“柚都石镇・共富先行”新时代美丽乡村共同富裕示范带入选省级名单。芳村镇园区新村片区、彤弓山片区、后弄、徐村成功创建未来乡村。

【共同富裕】 2022年，常山县聚焦“两个先行”，探寻“共富密码”，评选7大领域57个共富典型案例。强村富民集成改革全省试点，新昌乡实现10个村集体经营性收入100万元全覆盖。山海协作“产业飞地”全省领先、“消薄飞地”增资扩容，共富产业园入选山区26县高质量发展典型案例。“扩中”“提低”改革，“共富果园”模式在全县推广，打造新昌乡丝瓜络、何家乡“四片绿叶”、天马街道“父亲的水稻田”、白石镇“小辣椒”等30个精品果园，带动群众家门口就业12.3万人次。

【文旅融合】 2022年，常山县加快推进“浙江有礼·常山有U”县域文明实践体系建设，推动“有礼指数”进位争先。“宋诗之河”文化品牌列入全省首批文化标识建设创新培育项目，泓影文创园、全民健身中心建成投用。现代京剧《战士》、广播剧《我不是英雄》入选省“五个一”工程，取得历史性突破。创成省级全域旅游示范县，入选浙江文旅助力探索共同富裕新路径十佳县、全省新时代农文旅促进共同富裕试验区，成功举办长三角畅游系列活动，打响“父亲的水稻田”艺术乡建品牌，擦亮“中国好味·鲜辣常山”文化名片，联合浙江卫视推出《“食”万八千里（常山篇）》节目，引发全国关注。

【基层治理】 2022年，常山县持续完善“村社—网格—微网格”三级治理体系，基层智治系统被评为全省五星级系统，排名全省第二、全市第一。创新构建除险保安“1416”作战体系，做细做实“五色”考评机制，交出除险保安高分答卷。一体推进平安常山、法治常山建设，融治理格局不断优化，全县有效警情、刑事治安警情、电信网络违法犯罪案发数均下降，“平安边界智慧安防”应用入选全省2022年度数字赋能揭榜认领项目。良法善治领跑衢州市，省级民主法治村（社区）占比居衢州市第一，白石镇草坪村创成第九批国家级“民主法治示范村”。健全“县级领导包案化解”机制，落实信访办理“五个一”工作法，全面推进重大信访问题整改销号，信访积案化解率达98.29%。

【民生福祉】 2022年，常山县教育中高考成绩显著，高考时隔22年重圆“清北梦”，中考平均分超全市平均分5分，首次进入第一方阵。“两校”融合步伐加快，常山技工学校建成投用。与浙江中医药大学、浙大一院、新华医院开展紧密合作，通过全国健康促进县省级现场评审。县人民医院二期投入运行，建成标准化村卫生室15家，医保基金运行平稳，有力保障群众就医。扩大托育服务供给，新增幼儿托位205个。省级食品安全示范县通过验收。“孝老之城”建设入选“浙里康养”首批“一地创新、全省推广”优秀案例，芳村镇上榜全省“慈孝之乡”。“常山阿姨”工作迭代跃升，争取集体商标注册，入选全省服务业大会典型案例。建立健全三级帮扶体系，开发公益性岗位792个，帮扶指数居衢州市第二。

【队伍建设】 2022年，常山县系统重塑干部队伍，选派400名干部一线蹲苗、专班攻坚、跟班学习、挂职锻炼。开展“六治六提六争”作风建设行动，创新推出家访“一把手”机制，实施“四百行动”，深化干部“四维考评”，高效推进强“两专”促“两富”培训计划、全领域开展“U”系列专项监督，锻造一支政治过硬、业务过关、能力过人的“常山铁军”。打好人才“引育归”组合拳，挂牌成立人才发展集团，引进省C类以上高层次人才8人，入选国家“引才计划”3人、万人计划高技能领军人才2人，均排名衢州市第一。

重要会议

【常山县农村“三块地”改革暨第二轮土地承包到期后再延长30年试点工作推进会】 2022年1月10日，常山县召开农村“三块地”改革暨第二轮土地承包到期后再延长30年试点工作推进会，就下一步工作举措再梳理、再分析、再部署。县委书记潘晓辉讲话，县委副书记、政法委书记何相涯参加。

【常山县党史学习教育总结会议】 2022年1月23日，常山县党史学习教育总结会议召开。会议深入学习贯彻习近平总书记关于党史学习教育的重要指示，认真落实中央和省委、市委党史学习教育总结会议精神，对全县党史学习教育进行总结，对巩固和拓展教育成果进行部署。县委书记、县党史学习教育领导小组组长潘晓辉出席会议并讲话。县委副书记、代县长、县党史学习教育领导小组副组长王永明主持，县领导翁旭东、许茂华、何相涯等参加。

【常山县“浙西第一门户”建设动员部署会】 2022年2月9日，常山县召开“浙西第一门户”建设动员部署会。县委书记潘晓辉讲话，县委副书记、县长王永明部署“八大行动”2022年度工作任务，翁旭东、许茂华、何相涯等副县级以上领导参加。会议表彰获个人三等功、“担当作为好干部”、“干事创业好团队”、“县长特别奖”和“八大行动”排名赛前3名的单位、企业与个人，小乔（浙江）智能制造有限公司、浙江先导精密机械有限公司、浙江柚香谷投资管理股份有限公司。县经信局、县住建局、县农投集团、辉埠镇主要负责人在会上作交流发言。

【县委农村工作会议暨“两山”转化行动推进会】 2022年3月23日，县委农村工作会议暨“两山”转化行动推进会召开，总结部署全县农业农村工作，进一步释放“强农重农”强烈信号。县委书记潘晓辉讲话，县委副书记、县长王永明主持会议，县领导翁旭东、许茂华、何相涯等参加。会议表彰乡村振兴、美丽常山、“两山”转化先进集体和个人，天马街道、金川街道、球川镇、同弓乡向县委、县政府提交粮食安全责任书，大桥头乡、新昌乡、县资规局、县供销联社、县农业农村局作交流发言，何相涯、许露华、黄晓彬部署相关工作。

【常山县工业高质量发展大会】 2022年3月24日，常山县召开工业高质量发展大会，进一步释放“向工业进军、为产业聚能”的强烈信号。县委书记潘晓辉讲话，县委副书记、县长王永明主持会议，翁旭东、许茂华、何相涯等县领导参加。会议播放《一路向前·挺起常山工业高质量发展“脊梁”》专题片，表彰2021年度制造业纳税10强企业、2021年度国家高新技术企业、2021年度制造业销售10强企业、省级智能工厂、2021年度规模以上企业研发投入之星。潘晓辉为“4+2”招商组授旗，王永明就县经济技术开发区获批“省级高新技术产业园区”进行授牌，县委常委、副县长邱雪萍部署“工业强县”工作，县经信局、县开发区管委会、县科技局、县发改局作相关工作汇报。

【常山县深化“大综合一体化”行政执法改革大会】 2022年4月1日，全县深化“大综合一体化”行政执法改革大会召开，全面释放做好改革“后半篇文章”的强烈信号。县委书记潘晓辉讲话，县委副书记、县长王永明主持会议。会上，副县长朱建忠部署2022年深化“大综合一体化”行政执法改革相关工作，县综合行政执法局、县资规局、辉埠镇作表态发言。

【常山县创建省示范文明县城工作推进会】 2022年4月15日，常山县召开创建省示范文明县城工作推进会，总结前阶段创文工作，部署下阶段重点任务。县委书记潘晓辉讲话，县委副书记、县长王永明主持会议，翁旭东、许茂华等县领导参加。会上，县委常委、宣传部部长姜敏部署省示范文明县城创建工作，县综合行政执法局、县住建局、天马街道作表态发言，相关县领导为县住建局、县综合行政执法局、县公安局、天马街道、紫港街道、金川街道等单位“创文攻坚队”授旗。

【全县改革大会暨数字化改革推进会】 2022年4月29日，全县改革大会暨数字化改革推进会召开。市人大常委会副主任、县委书记、县数字化改革领导小组组长潘晓辉出席并讲话，翁旭东、许茂华、何相涯等县领导参加。会上，县数改办汇报一年来数字化改革总体进展情况和2022年工作思路，县平台建设推进办汇报公共数据平台建设情况，县气象局、县民政局、县委统战部、县林水局、县传媒集团、县法院作特色应用演示。

【常山县高质量发展建设共同富裕示范区县域典范推进大会】 2022年5月13日，县委高规格召开高质量发展建设共同富裕示范区县域典范推进大会，总结盘点2021年共同富裕推进情况，系统部署2022年共同富裕重点工作。市人大常委会副主任、县委书记潘晓辉讲话，县委副书记、县长王永明主持会议，县人大常委会主任翁旭东，县政协主席许茂华，县委副书记、政法委书记何相涯等县领导参加。

【常山县“六治六提六争”作风建设动员大会暨2022年县委党校春季开学典礼】 2022年5月23日，常山县举行“六治六提六争”作风建设动员大会暨2022年县委党校春季开学典礼。市人大常委会副主任、县委书记潘晓辉出席会议并讲话，县委副书记、县长王永明主持会议，翁旭东、许茂华、何相涯等县领导参加。会上，县住建局、县公安局、辉埠镇作交流发言。

【常山县现代社区建设工作会议暨共同富裕现代化基本单元建设工作推进会】 2022年6月14日，常山县现代社区建设工作会议暨共同富裕现代化基本单元建设工作推进会召开，贯彻落实省、市有关会议精神，研究部署常山县现代社区建设重点任务。市人大常委会副主任、县委书记潘晓辉讲话，县委副书记、县长王永明主持会议，翁旭东、许茂华等县领导参加。会上，县住建局、天马街道、紫港街道柚苑社区作交流发言。

【县委十四届三次全体（扩大）会议】 2022年7月27日，中共常山县委十四届三次全体（扩大）会议举行。县委常委会主持会议。市人大常委会副主任、县委书记潘晓辉代表县委常委会作工作报告，县委副书记王永明出席。全会回顾总结2022年以来县委常委会的主要工作，审议通过《中共常山县委关于深入学习贯彻省第十五次党代会精神 奋力打造省际合作先行示范县的决定》，进一步动员全县上下勇担先行新使命，奏响跨越最强音，在打造省际合作先行示范县中展现门户担当，为谱写“两个先行”壮美篇章贡献常山力量。全会结束时，潘晓辉就贯彻落实全会精神、做好当前工作作重要讲话。

【常山县航电枢纽项目和农贸市场片区征收动员大会】 2022年9月13日，常山县高规格召开航电枢纽项目和农贸市场片区征收动员大会。市人大常委会副主任、县委书记潘晓辉出席并讲话，县委副书记、县长王永明主持会议，翁旭东、许茂华、何相涯等县领导参加。会上，县政协党组副书记、副主席、县航道指挥部总指挥姜光明介绍常山江航电枢纽项目情况并部署土地征收工作，副县长、农贸市场片区征收指挥部总指挥朱建忠部署农贸市场片区房屋征收工作，招贤镇、青石镇、县资规局、县征迁事务中心、县住建局、金川街道胡家淤村、天马街道、县林水局作表态发言。潘晓辉、王永明为13个征收网格授旗。

【常山县科技创新和人才工作大会】 2022年9月21日，常山县举行科技创新和人才工作大会，中国科学院院士孙义燧、都有为、陈旭，俄罗斯工程院外籍院士刘雪松，省科协副主席武传宇等领导、专家出席大会，市人大常委会副主任、县委书记潘晓辉讲话，县委副书记、政法委书记何相涯致辞。会议播放科技和人才工作宣传片，表彰优秀企业首席人才官、优秀企业首席科技官、优秀科技特派员、突出贡献企业人才代表、创新型领军企业，举行常山人才发展集团成立仪式、省“希望之光”人才帮扶团入驻仪式以及校地合作、共建“科创飞地”、院士团队项目签约仪式，并就省级企业研发平台、省级博士创新站、省级博士后科研工作站、浙江省林学会常山服务站进行授牌，为常山高质量发展博士智囊团颁发聘书。大会发布《科技助推“工业强县、产业兴县”三年行动方案（2022—2024）》《关于加强和改进新时代人才工作的实施意见》。

【常山县卫生健康高质量发展大会】 2022 年 9 月 23 日，常山县举行卫生健康高质量发展大会，省卫健委副主任曹启峰，市人大常委会副主任、县委书记潘晓辉讲话，浙江大学医学院附属第一医院（简称浙大一院）副院长魏国庆，省新华医院院长张威，市卫健委主任廖利军，浙大一院、省新华医院的专家代表和卫健领域的寓外乡贤代表出席大会。县委副书记、政法委书记何相涯主持。大会播放中国科学院院士黄荷凤的祝贺视频，与会领导为“常山县优秀村医”“卫健系统抗疫先锋”“常山县本土良医”“衢州市名医、名中医、专家”获奖者代表颁发荣誉证书，常山县人民政府分别与省新华医院、浙江移动衢州分公司签订相关协议，魏国庆、张威作交流发言，县卫健局、县医保局、招贤镇作表态发言，副县长方育娟解读《关于加快推进卫生健康事业高质量发展助推共同富裕的实施意见》。

2022 年 9 月 23 日，常山县召开卫生健康高质量发展大会

（县人民医院 供图）

【常山县服务业高质量发展大会】 2022 年 11 月 4 日，常山县召开服务业高质量发展大会，进一步释放“大抓服务业、抓强服务业”的强烈信号。市人大常委会副主任、县委书记潘晓辉讲话，翁旭东、许茂华等县领导参加会议，县委常委、常务副县长许露华主持。会上，与会人员观看服务业高质量发展宣传片，副县长陈岗解读服务业政策，县领导为 2022 年常山县服务业 20 强企业颁奖，县服务业发展中心汇报常山县服务业工作情况和下一步工作安排，县住建局、县文广旅体局、县经信局、众卡产业园相关负责人作交流发言。

【常山县以县城为重要载体的城镇化建设推进会】 2022 年 11 月 22 日，常山县召开以县城为重要载体的城镇化建设推进会。市人大常委会副主任、县委书记潘晓辉出席并讲话，县委副书记、县长王永明主持会议，翁旭东、许茂华、何相涯等县领导参加。会上，县发改局汇报以县城为重要载体的城镇化建设工作推进情况，县资规局、县农业农村局、县住建局、县教育局作交流发言，辉埠镇围绕人口集聚进行发言。

【中国·常山油茶产业高质量发展大会】 2022年12月3日，中国·常山油茶产业高质量发展大会在县委党校报告厅隆重举行。来自省内外的领导专家共商常山油茶发展大计，共同见证中林油茶（常山）集团有限公司成立。国家林业和草原局原总经济师、中国绿色碳汇基金会理事长杨超，国家林业和草原局林业和草原改革发展司司长刘树人，中国林业集团有限公司党委书记、董事长余红辉，中国林业集团有限公司党委委员、副总经理黄其正，省林业局党组成员、副局长陆献峰，市委常委、常务副市长周向军，市人大常委会副主任、县委书记潘晓辉，县委副书记、县长王永明，县领导翁旭东、何相涯等出席大会。

（吴沁心）

重要活动

【斯凯孚中国小圆锥滚子轴承生产基地二期项目签约仪式在衢州举行】 2022年3月2日，斯凯孚中国小圆锥滚子轴承生产基地二期项目签约仪式在衢州举行。斯凯孚中国及东北亚区总裁唐裕荣，斯凯孚中国及东北亚区首席财务官 Werner Hoffman，斯凯孚中国副总裁施波，市委副书记、市长高屹，市委常委、常务副市长周向军出席签约仪式，县委书记潘晓辉主持，县委副书记、县长王永明参加。

【常山江（辉埠—双港口）航电枢纽项目交通疏导工程开工仪式举行】 2022年4月18日，常山江（辉埠—双港口）航电枢纽项目交通疏导工程开工仪式举行。副市长吴松平宣布开工，市人大常委会副主任、县委书记潘晓辉致辞，县委副书记、县长王永明主持仪式，县领导翁旭东、许茂华参加。

【常山县绿色农产品公益形象推广大使聘请仪式】 2022年7月3日，常山县绿色农产品公益形象推广大使聘请仪式举行，常山籍空军青年歌唱演员周珊受聘为常山县绿色农产品公益形象推广大使，助力常山县“两柚一茶”等特色产业发展。市人大常委会副主任、县委书记潘晓辉，县委副书记、县长王永明参加仪式。

【浙江大和半导体产业园三期项目开工奠基暨二期竣工投产仪式举行】 2022年7月21日，浙江大和半导体产业园三期项目开工奠基暨二期竣工投产仪式举行。市人大常委会副主任、县委书记潘晓辉参加仪式。

【常山北门历史文化街区一期项目启动暨与开元集团运营合作签约仪式】 2022年7月25日，常山北门历史文化街区一期项目启动暨与开元集团运营合作签约仪式举行。市人大常委会副主任、县委书记潘晓辉宣布开工，县委副书记、县长王永明致辞，开元旅业集团董事长陈灿荣，开元物产集团总裁朱再忠，县政协主席许茂华出席。

【常山县三季度重大项目集中签约、集中开工、集中投产仪式举行】 2022年7月28日，常山县三季度重大项目集中签约、集中开工、集中投产仪式在小乔（浙江）智能制造生产基地二期项目现场隆重举行。此次集中签约总投资额达164.5亿元，创下常山县一次性集中签约投资额度新高。市人大常委会副主任、县委书记潘晓辉宣布开工，县委副书记、县长王永明作工作部署，县领导翁旭东参加。

【常山县“亲清健康加U站”首场活动】 2022年7月28日，常山县举行“亲清健康加U站”首场活动。市人大常委会副主任、县委书记潘晓辉等县领导与企业家开展体育锻炼、进行亲清茶叙，了解企业诉求、解决发展难题、拉近政企距离，通过创新亲清互动形式关爱企业家身心健康，促进民营经济“两个健康”，推动新时代民营经济新飞跃，为打造“省际合作先行示范县”凝聚民企力量。

【常山县聚焦“两个先行” 探寻“共富密码”实践案例PK赛暨中央广播电视总台浙江总站共同富裕示范区观察点揭牌仪式】 2022年7月29日，常山县聚焦“两个先行” 探寻“共富密码”实践案例PK赛暨中央广播电视总台浙江总站共同富裕示范区观察点揭牌仪式在新昌乡达塘村举行，旨在深入贯彻落实省第十五次党代会精神，总结全县各地、各领域推进共同富裕的理论创新和实践探索，进一步发掘可复制、可推广的典型经验和优秀成果，为全省提供生动丰富的共同富裕常山素材。中央广播电视总台浙江总站党委书记、站长张国飞，省发展规划研究院党组成员、副院长兰建平等7名嘉宾担任此次PK赛的评委，市委常委、宣传部部长邓崴，市人大常委会副主任、县委书记潘晓辉出席活动。

【第七届浙江农民创富大赛在常山正式启动】 2022年8月10日，第七届浙江农民创富大赛在常山县芳村未来乡村正式启动。省人大常委会副主任史济锡，市人大常委会副主任、县委书记潘晓辉，县委副书记、县长王永明，县委副书记、政法委书记何相涯等出席。

【浙江省第二届森林健康节开幕式】 2022年11月19日，浙江省第二届森林健康节开幕式在常山举行。省体育局副局长胡国平，市人大常委会副主任、县委书记潘晓辉，浙江日报社副总编辑王水明，杭州市社科院巡视员周膺，省体育局群体处处长徐勇，市体育局局长吴剑波出席。

【浙江衢州华创新材铜箔有限公司年产10万吨高性能铜箔项目奠基仪式】 2022年12月27日，浙江衢州华创新材铜箔有限公司（简称华创新材）年产10万吨高性能铜箔项目奠基仪式在县经济技术开发区辉埠片区华创铜箔项目建设工地举行。该项目的奠基将进一步提升华创新材锂电铜箔产能及质量，对华创新材提高市场竞争力、增强发展后劲具有十分重要的作用，也对常山布局新型能源产业、做大做强优势产业具有里程碑意义。市委常委、常务副市长周向军，市人大常委会副主任、县委书记潘晓辉，县委副书记、县长王永明，县政协主席许茂华，铜陵市华创新材料有限公司董事长兼总经理周盛夫，铜陵市华创新材料有限公司副总经理兼浙江衢州华创新材铜箔有限公司常务副总经理肖炳瑞等出席。

（吴沁心）

组织工作

【概况】 2022年，中共常山县委组织部（简称县委组织部）深入践行新时代党的建设总要求和新时代党的组织路线，围绕县委中心工作、重点任务，对标稳进提质、强基共富、人才强县、改革攻坚，落实各项任务，强化组织工作保障。截至年底，全县有县管干部572人，其中部门382人、乡镇（街道）190人；有女干部124人、党外干部19人；有基层党（工）委34个、党组33个、党总支29个、党支部725个，党员20981人，其中行政村党员11429人。全县新发展党员223人。

【“四百”行动】 2022年，县委组织部组织开展百名优秀年轻干部专班攻坚一线墩苗、百名优秀干部到上级部门和各类专班跟班学习、百名“常青藤”干部组建“党政新型智库”、百名干部参与农村工作的“四百行动”。加大干部交流学习力度，全年选派42名干部到省市部门顶岗学习，37名县外干部到常山县挂职锻炼，打通发达地区的产业机制，学习共富模式和治理经验。

【乡镇（街道）换届“回头看”】 2022年是乡镇（街道）领导班子换届后的第一个完整任职年度，县委组织部重点围绕乡镇（街道）

领导班子相容度、班子成员胜任度、年轻干部适岗度、党员群众满意度全面了解乡镇（街道）新任班子运行情况，由 7 名县领导带队分别到 11 个乡镇开展换届“回头看”，深入 21 个项目现场，走访 22 个村，并根据调研分析情况，联动调整乡镇（街道）领导班子，其中提拔 2 人、进一步使用 5 人、转岗 10 人、退出领导岗位 1 人。

【开发“两专”干部培养规划应用】 2022 年，常山县作为衢州市“两专”干部培养规划应用唯一试点县，通过数字赋能，加强顶层设计，成体系、抓重点、有节奏地加以推进试点工作，提高干部队伍建设的前瞻性、干部选拔任用的科学性。“两专”干部规划培养应用共归集 2056 名干部各类数据 3.9 万余条，实现干部工作可匹配、可分析、可量化。通过指数分析形成优秀正科级干部库 50 名、优秀副科级干部库 100 名、优秀年轻干部库 200 名、优秀选调生 30 名等四大干部库，为常山县干部队伍建设及选人用人工作提供科学辅助和决策参考。“两专”干部培养规划应用成为省委组织部“四个好”评选中唯一获 2 个“好”的应用。

【推行“五色”考评机制】 2022 年，县委组织部围绕“护航二十大”任务目标，制定“五色”考评实施方案，明确考评内容，细化考评细则，动态了解掌握各单位和广大党员干部的表现情况，根据“除险保安百日攻坚行动”工作落实情况，实行每日一通报，按照得分高低情况分别纳入“绿、蓝、黄、橙、红”榜单管理。汇总并发布通报 37 期，加扣分 1053 次（具体涉及 47 家单位加扣分 577 次、339 名干部加扣分 476 次），推动全县党员干部担当作为，进一步激发干事创业活力。

【迭代升级“常青藤”行动】 2022 年，县委组织部创新“党政新型智库”运行模式，组建研究小组、招商小组、驻企小组、驻村小组、攻坚小组 5 个小组，推动“常青藤”干部从服务企业向服务基层、服务中心延伸。聘请 36 名“治村导师”开展驻村工作，组织各类政策宣讲 500 余次，带动村集体经济增收 30 余万元；聘请 17 名“红领导师”联系服务 28 家企业，协助企业解决各类问题 700 余个，提出产业发展相关意见建议 82 条，企业回访满意率达 100%，相关做法在《竞跑者》刊登。

【实施“红色根脉强基工程”】 2022 年，县委组织部系统谋划、一体推进省委“红色根脉强基工程”在常山落地扎根，推动县委制定《关于实施“凝聚力提升”七大行动推进红色根脉强基工程打造四省边际党建高地县域样板的意见》，配套出台机关、中小学校、国有企业、公立医院四大领域“红色根脉强基工程”实施意见，聚焦基层组织建设短板弱项，实施村社组织凝聚力提升工程，深化农村“金钉子”党组织“争星晋级”考评，推动基层党建全领域推进、全县域建强。

【深化党建联建机制】 2022 年，县委组织部深化组织工作助跑共富行动，举办县级党建联建擂台赛，统筹专项奖补资金 345 万元，推动培育“早上好”“四片绿叶”“柚稻天安”等党建联建项目 26 个。新昌乡“十村抱团”联建做法获省委主要领导批示肯定，联建负责人陈重良作为村级代表在全省深化党建联建机制现场推进会上作交流发言。

【举办“常雁竞飞·聚力为 U”擂台赛】 2022 年，县委组织部深入实施“常雁竞飞·聚力为 U”擂台赛，通过分片区、分领域、常态化开展村社领头雁擂台赛，推动村社党组织书记“人人上台、事事争先”，在全县上下形成比干劲、比思路、比担当的浓厚氛围。年内，农村、城市社区、两新组织、机关、中小学校、国有企业、公立医院七大领域共举办擂台赛 44 场。

“黄老汉”共富工坊　　（县委组织部　供图）

【推进“共富工坊”建设】 2022年，县委组织部聚焦“两柚一茶”、轴承等特色产业，结合强村富民集成改革，“扩中”“提低”等工作，打造“U工坊”党建品牌，创建37家共富工坊，同时推出共富工坊联建模式、“助坊八条”等做法，实现农民增收、企业增效、集体增富。“柚香谷”“父亲的水稻田”“黄老汉”“顶瓜瓜”“金牌阿姨”5个共富工坊获评市级示范，相关经验在《中国组织人事报》《浙江日报》等省级以上主流媒体、杂志多次刊发。

【人才引进】 2022年，县委组织部全面实施人才强县战略，不断优化人才生态，全年引进省C类以上高层次人才8人，入选国家“引才计划”3人，创历史最好成绩。创新实施“周末工程师”计划，聘请“周末工程师”30人，达成项目合作40余项。浙江理工大学常山研究院作为全市首家实体化运营的县级研究院，年内帮助企业转换发明专利35项，起草国家标准3项，为企业带来直接经济效益1.5亿元以上。成立全市首个实体化运行人才发展集团，常山县人才发展集团当选浙江人才发展服务联盟理事单位。

（张　顺　黄油柑　柯望飞　赵　晖）

宣传工作

【概况】 2022年，全县宣传思想文化战线加快“宋诗之河文化带”建设，深化文旅拓展行动，开启文明有礼之门，打响“一切为了U”城市品牌，唱响主旋律、汇聚正能量，为加快建设“浙西第一门户”，打造省际合作先行示范县提供坚强的思想保证、舆论支持、精神动力和文化条件。是年，全县宣传思想文化战线获国家级荣誉2项、省级荣誉69项、市级荣誉57项，县委宣传部获县委、县政府“十条军规”正面典型通报5次。

【习近平新时代中国特色社会主义思想学习宣传】 2022年，县委宣传部迅速掀起中共二十大精神学习宣传贯彻热潮，深入开展“六学六进六争先”学习实践活动，组织开展“七进”宣讲活动410余场，受众人数超3.2万人次。推进理论铸魂溯源走心工程，组织县委理论学习中心组专题学习19次，开展巡听旁听26次，编发《学习参考》12期，理论中心组学习指数居全市前列。开展“沿着总书记足迹”思想大讨论活动，推动习近平总书记关于常山的重要讲话精神落地。健全党员领导干部理论宣讲体系，全面推行各级领导干部上讲台、上党课制度，县领导带头宣讲35场次。实施8090“常山U团”打造计划，举办“共学同讲二十大·青春扬帆新征程”“奋进先行·青年说”等宣讲大赛。选派骨干宣讲员参加各级宣讲大赛，全年获省级奖项3个、市级奖项8个，宣讲指数持续位居全市前列。开展“国旗下宣讲”活动，推动宣讲向“00、10后”延伸。加强与国研经济研究院合作，成立国研经济研究院（浙江常山）共同富裕研究中心。深化课题研究，2个课题列入市社科规划重点课题，7个课题列入市社科规划课题立项名单，课题数量和质量居全市第一。加强社科普及，“红色连环画里学党史”获市社科普及创新示范项目。

【思想文化宣传】 2022年，全县宣传思想文化战线推出共同富裕、数字化改革、“大综合一体化”行政执法改革、工业高质量发展、“两柚一茶”、文化高地等50个重大主题宣传报道。建立健全舆论监督机制，办好“聚焦时刻”“电视问政”等媒体监督栏目，曝光并倒逼90余个问题完成整改。深入推进媒体融合改革，舆论引导指数、媒体融合指数持续位居全省前五，常山县被列入全省首批深度贯通承接单位，全省仅10个。创新融媒产品，推出阅读量突破100万人次的稿件98篇（条）、超1000万人次的5篇（条）、超1亿人次的3篇（条）。加快推进网络综合治理体系建设，开展“护航二十大”专项行动。

【对外宣传报道】 2022年，《人民日报》、新华社、央视、《光明日报》、《经济日报》、《农民日报》、《浙江日报》、《衢州日报》等上级主流媒体刊播涉及常山县报道5092篇，比上年增长65.6%。其中，《浙江新闻联播》播发涉及常山报道14条，是上年的7倍。成功列入中央广播电视总台浙江总站共同富裕示范区观察点（全省10个、衢州市1个）。携手浙江卫视，推出《“食”万八千里（常山篇）》，深度推介常山特色文化、美食美景，累计传播量超1.5亿人次。提升国际传播能力，联合央视拍摄《伊路向东》第一集《一颗果 一座城》《中欧风物志（常山油茶）》等海外传播纪录片，对外讲好常山故事。

【“宋诗之河文化带”建设】 2022年，常山县大力弘扬优秀诗词文化，推进“中华诗词之乡”创建。开展宋诗文化基因解码，完成《常山古代诗词集》《浙江文史记忆丛书》（常山卷）编撰。开展“十大历史文化名人”研究，推进长篇小说《呼猿册（赵鼎传）》创作。实施启动“观常山”文化展示工程，提炼常山特色文化元素。持续擦亮“宋诗之河”文化品牌，成功列入全省首批文化标识建设创新培育项目，全省仅10个。加快推进北门历史文化街区建设，打造具有宋韵魅力、饱含历史记忆、赋能城市升级的宋文化街区。举办“宋诗之河”陈力农水墨作品展、“宋诗之河”青少年画展等系列主题活动，提升“宋诗之河”品牌影响力。

【文艺精品创作】 2022年，常山县推进重大题材文艺精品创作，落实文艺发展扶持奖励资金19.45万元。大型现代京剧《战士》、广播剧《我不是英雄》均入选省第十五届精神文明建设“五个一工程”，入选量为全市最多；《战士》获第十五届浙江省戏剧节最高奖——“兰花奖·优秀新剧目大奖”，取得历史性突破。歌曲《All for U》获2022年全省旅游歌曲大赛金奖（全省10个、衢州市1个）。音乐舞台剧《一切为了U》获2022浙江省山区26县村歌故事会“十佳村歌故事”，全省仅10个。舞蹈《柚酸柚甜柚好看》获省第三十二届舞蹈大赛银奖，原创清廉歌曲《守门人》获全市“南孔清风”文艺创作大赛金奖。在全市率先启动“艺术乡建”，打响“父亲的水稻田”品牌，推出《陪花再坐一会儿》《陪花再醉一会儿》《陪花再睡一会儿》“陪花三部曲”系列美文集，讲好新时代常山故事。

【公共文化服务】 2022年，常山县加快推进常山文化旅游博览中心建设，完成泓影数字文创园、全民健身中心建设。推进“浙文惠享”民生实事项目，建成“15分钟品质文化生活圈”94个、南孔书屋3家、文化驿站2家、乡村博物馆15个，建设完成进度、数量均居全市第一。推进农村文化礼堂2.0版建设，帮扶提升农村文化礼堂29家。持续开展“黄鹂振翅飞 文化进万家”文化惠民活动，完成送戏下乡300多场、送电影下乡3500多场、送书下乡2.3万余册、送展览讲座300余场、县外文化“走亲”10余场。召开全县文物安全工作会议，建立县、乡、村三级文物安全管理网络和责任体系，开展文物安全大排查大整治大提升行动。

【文旅农深度融合】 2022年，常山县入选2021浙江文旅助力探索共同富裕新路径十佳县（市、区），被列入全省新时代农文旅促进共同富裕试验区全市1个。加大重大文旅项目招引，文化和旅游产业稳进提质综合指数居全省第九。深化全域旅游创建，新增国家AAA级旅游景区2个，三衢石林国家AAAAA级景区创建工作被列入全省“造月工程”培育名单，在衢州市率先实现城镇村景区化全覆盖。深化“微改造 精提升”行动，东方巨石阵、长风渔家乐一条街、村上酒舍3处入选“一起跨越最美山城”山区26县百佳网红打卡点。发展“常山漫居”品牌系列民宿，新增省级金宿1家、省级银宿2家，常山县被评为中国民宿研学基地。提升“金源现代旅游根据地”模式，推动渣濑湾村整村运营。举办2022年常山UU音乐节，赋能乡村振兴。抢抓研学露营新风口，打造“稻之谷”“金色同弓”等特色研学基地10家，推出鲤鱼滩、腾云“日不落”等网红露营基地10家。

2022年6月28日，常山县获评“浙江文旅助力探索共同富裕新路径十佳县（市、区）”
（常山传媒集团 供稿）

【意识形态工作责任制落实】 2022年，县委宣传部推动县委常委会把意识形态工作作为全会报告重要内容，专题学习研究涉意识形态相关议题14项。在十四届县委第一、二轮巡察中，对12家单位党组织开展专项检查，常态化开展年度综合督查，层层压实主体责任。白石镇草坪村被评为全省“扫黄打非”进基层示范点。加强安全播出，拆除非法卫星地面接收设施35套。开展对14家出版物发行单位的年度核验工作。

【推进数字文化建设】 2022年，常山县加快推进数字文化建设。舆论引导在线、全民阅读在线、“志愿浙江”等省级重大应用承接落地贯通工作走在全省前列。推进“爱常山”App和“U点通”App融合发展，“爱常山”“U点通”应用上线使用。推进智慧旅游建设，“乡旅人才金管家”应用场景被列入省文化和旅游数字化改革第二批试点应用项目。

（黄红霞 徐云飞）

统战工作

【概况】 2022年，中共常山县委统战部（简称县委统战部）坚持把“项目理念”融入统战工作实践，着力破解统战领域重点难点问题，推动各领域统战工作创新发展。新建日本东京和德国北威州2个海外联络站，织密对外交流网络。全县统一战线各领域工作获得厅级以上领导批示4次，11月15—16日，省委常委、统战部部长邱启文到常山调研指导，并对常山县统战工作给予充分肯定。

2022年7月28日，常山县举行首场“亲清健康加U站”活动

（县委统战部 供图）

【“新语兴愿”宣讲】 2022年，县委统战部围绕“大团结大联合”主题，打造“新语兴愿”思政品牌，实现各乡镇（街道）、党派团体“新语兴愿”宣讲团全覆盖，开展“新语兴愿”宣讲大赛30余场次，“常山统战”刊发“新语兴愿·学习贯彻党的二十大”专题报道10期。10月31日，省委常委、统战部部长邱启文对常山县“新语兴愿”思政品牌建设予以批示肯定。

【加强党外代表人士建设】 2022年，县委统战部重视高素质的党外代表人士队伍的培养，建立健全与县委组织部的协作配合工作机制，做好党外代表人士的发现储备，建立党外优秀年轻干部名单，分层分类完善党外代表人士数据库。全年整理108名党外优秀年轻干部信息，新发展民主党派成员7人，新认定无党派人士18人，优化各民主党派、统战团体班子结构，壮大充实后备人才储备。

【开展“亲清健康加U站”活动】 2022年，县委统战部将健康锻炼与“政企恳谈”相结合，叙谈前组织民营企业家与县委、县政府主要领导开展篮球、登山、骑行等体育运动，在健身活动中活跃氛围、拉近距离，举办4场“亲清健康加U站”活动，收集企业发展问题31条并交办、督促责任单位办理，企业好评率达100%。此项活动先后被人民网、中新网、新华网、《中国统一战线》、《浙江统战》、浙江卫视等媒体平台报道。11月27日，省委常委、统战部部长邱启文对“亲清健康加U站”活动作出批示肯定。

【“双招双引”工作】 2022年，县委统战部在全县19家寓外商会设立“双招双引”工作站，在北京、上海、深圳等5个地区寓外商会设立驻外招商点，助推统战资源转化为“双招双引”成果。推动投资1亿元由常山深圳商会牵线的侨资项目——浙西骨科医院建成落地，台资企业南京永龄医院投资1.5亿美元的永龄养生修复基地项目顺利签约。

【“乡贤回归”行动】 2022年，县委统战部以“两进两回”行动为指引，聚焦政策保障、平台搭建、配套服务，实施“乡贤+项目”“乡贤+治村”“乡贤+公益”系列行动，引进和培育一批返乡创业、回归治村兴村的乡贤能人，引导乡贤反哺家乡，助推乡村振兴。

全县有320余名乡贤带资金、带项目、带技术回归，新引回乡贤项目63个，总投资近30亿元。通过“乡贤+集体+农户”、乡贤联盟、村企结对等形式，推出“父亲的水稻田”、何家乡贤“四片绿叶”助共富等共富模式。

【“鲜辣常山”推广】 2022年，县委统战部持续推进“中国好味·鲜辣常山”品牌打造，发挥商会乡贤资金优势和新阶层、网络界人士渠道优势，在打造鲜辣门店、推广鲜辣品牌等方面重点发力。举办常山鲜辣美食抖音短视频大赛，“鲜辣常山·辣里等U”话题总播放量超808万次，覆盖用户突破1189万人次。8月12日，浙江卫视《“食”万八千里（常山篇）》播出，王耀庆、张国伟、伯远、伍嘉成、陈欢等综艺明星实地探秘打卡常山鲜辣美食，播出当天全国收视率位居省级卫视第三。截至年底，在沪杭甬等地打造寓外鲜辣美食门店128家，带动从业人员1500余人，特别是常山“鲜辣美食”在杭州成为美食界的“网红菜系”。

【多党合作】 2022年，县委统战部完善民主党派工作考核办法，推动建立联谊交友、对口联系、对口协商等制度，形成政情通报、考察调研、沟通联络、协商反馈等工作机制。健全完善党外人士建言献策“直通车”制度，组织各民主党派紧扣县委县政府中心工作，深入开展“大调研、大走访、大服务”活动。推进“一党派一品牌”“一党派一基地”建设，创新打造“同心U健康”服务基地，形成“一家牵头、多方参与”的社会服务新模式。通过议案提案、调研报告等形式上报建言资政信息60余篇，开展敬老爱老等公益活动27次，在教育、医疗卫生、就业创业、助农增收等方面帮办实事好事100多件次。

【推进民宗重点项目】 2022年，县委统战部加快黄冈民族宗教共融促富示范村建设，按照“一轴+两区+三馆+多点”模式，以万寿寺—黄冈村—畲族馆为人文山水景观轴，打造畲味禅意风情度假区、民族宗教共融促富体验区“两区”，畲辣美食馆、畲族风情馆、罗汉桂琛纪念馆“三馆”，民族工艺人才基地、中药材养生观光产业园、畲茶禅茶文化园等多个节点，推动黄冈村农、文、旅产业提质升级、融合发展。投入200余万元，完成石崆寺老天王殿、山门、钟楼、鼓楼修缮建设，协调处置天佑观、炉山庙、马车寺等重点寺观复建扩建前期准备工作。

【新的社会阶层人士统战工作】 2022年，县委统战部结合新的社会阶层人士中社会组织从业人员多、志愿服务者多、行业骨干多的“三多”特点，突出分类分众、强化队伍建设，构建新的社会阶层人士统战工作“公转+自转+联转”格局，实现新的社会阶层人士自身发展和服务社会的“双向共赢”。全县以新的社会阶层人士为核心的志愿者队伍达1700余人，累计募集善款及物资1000余万元，志愿服务时长达6.2万小时，服务人数超2万人次。

【港澳台统战工作】 2022年，县委统战部健全一对一联系港澳台代表人士联络联谊机制，促成渡口社区和中国香港水边村结对伙伴村社，搭建常港两地交流合作新平台。

【侨务工作】 2022年，县委统战部完善海内外侨情基础数据库，着力基建设层侨联组织，新增8家“侨胞之家”入选2022年度市级“星级侨胞之家”，位居衢州市第一，县“常山三宝”文化展示中心、辉埠镇久泰弄村国防教育展馆成功创建市级国际文化交流基地。联合乡镇（街道）、县妇联等单位，加强来料加工涉侨经纪人摸排，号召侨企、侨胞、侨眷主动融入乡村振兴，打造“侨助工坊”。

（王 颖）

县委办公室工作

【概况】 2022年，中共常山县委办公室（简称县委办）聚焦平安建设、美丽乡村建设等重点专项工作，全力打好疫情防控攻坚战，完成中共二十大、全国两会等重大活动维稳安保工作，获全省首批“二星平安金鼎”，创成省级全域旅游示范县，入选浙江文旅助力探索共同富裕新路径十佳县。

【综合文稿】 2022年，县委办把做好综合文稿工作作为服务领导决策的重中之重，严把文稿起草关、政策关、文字关，切实做到服务决策“准、精、优”，文字表达“短、实、新”，有力提升文稿的针对性、专业性和指导性。优化综合文字材料小组人员配备，完善层层负责、逐级把关、常态会商、集中校改等机制，重要文稿集体起草、统一审核、充分论证，切实提高综合文稿工作水平。全年完成县委全会、县委书记交流会、全省共同富裕推进会、“大综合一体化”行政执法改革、以县城为重要载体的城镇化建设等重要会议讲话发言材料，以及政治生态修复报告、省市领导到常山调研汇报材料450余篇。

【信息宣传】 2022年，县委办严把信息“时效性”，时刻关注决策活动最新动向，突破空间跨度多条线挖掘收集信息来源，发挥参谋作用。全年上报省市委办信息约380条，市级录用33条，省级录用42条，其中《推进全域未来社区建设尚存三方面过程性堵点》《推进“大综合一体化”行政执法改革尚需在8方面下功夫》等信息被省委办公厅《浙江专报》采用，《常山县实施畅循环稳工业组合拳筑牢经济发展“压舱石”》《常山县深化“大综合一体化”改革加速基层治理迭代升级》等信息被《浙江信息·工作交流》采用，采用量居衢州市第1。全年收集县级部门、乡镇上报信息3200余条，编发县级刊物76期，刊载信息212条。此外，县委办结合信息调研，创新开展“送信息上门”活动，为4个乡镇（街道）、19家部门的200余名年轻干部开展信息培训，不断提升信息员队伍整体能力水平。

【督查考核】 2022年，县委办坚持以督促治、以督促改的工作原则，高频次开展疫情防控、信访维稳、值班备勤等各类督查，全年制发督查专报16期、督查通报22期，交办单36份，制发军规通报5期。创新推出“五色”考评机制，对各单位和干部工作表现及任务落实情况科学赋分，并将考评结果直接运用至年底综合考核，突出考核工作平时性、过程性。聚焦中心工作，对各乡镇（街道）考核新增个性化工作指标，加强市对县、山区26县的结果运用，剖析短板弱项形成分析专报，并将相关问题进行清单式交办，定期跟踪，倒逼相关指标牵头部门加强向上对接。

【调研改革】 2022年，县委办以数字化改革为总抓手，按照“整体智治、高效协同”要求，实施改革护航专项行动，聚焦数字化改革，推进政府数字化转型，引领撬动各方面、各领域改革取得新进展。其中，农户自然灾害减损保险智能速办应用在全省数改推进会上获时任省委书记袁家军点赞；“早上好”兴村治村典型做法获时任省委书记袁家军批示肯定；“两山合作社”改革资政报告获中共中央办公厅《中办信息》刊发报道；辉埠镇钙产业整治案例入选“七张问题清单”总示范榜；《“一码两公”打造“两廉”政府》获评“基层清廉建设（浙江）十大创新经验”创新奖和全省坚持党政机关过紧日子十大优秀案例；“常青藤”行动助企经验做法获《竞跑者》刊发推广；“孝老之城”建设纳入全省“浙里康养”首批“一地创新、全省推广”优秀案例；区域防洪风险研判平台数字赋能防汛减灾做法被《央视新闻》报道。

【综合服务】 2022年，县委办接待常务副省长徐文光，副省长成岳冲、刘忻、卢山、王成国等20余批次省部级领导到常山调研，完成宁波市、龙泉市、平武县、淳安县等多地党政代表团到常山考察接待工作。举办县委十四届三次全会、县委十四届四次全会、县“浙西第一门户”建设动员部署会、县高质量发展建设共同富裕示范区县域典范推进大会、县“八大行动”工作交流会等各类会议100余场。在进一步规范细化县委常委会会议流程的基础上，筹备召开常委会议36次。紧盯收、发、传、送、批、借、存、销全流程，规范有序做好文件管理，全年发放县委文件500余份，接收中央、省级、市级等机要文件、电子政务内网文件1009件，文件传阅7285件次。

【机要保密工作】 2022年，县委办办理各级密码电报、明传、密传电报，完成重要涉密视频会议保障任务。向浙江省委机要局、浙江省国家保密局投稿，累计被录用稿件20余份。创新“线上”“线下”保密检查模式，开展全县保密督查，全年检查乡镇、部门40余家，推动保密督查日常化、规范化。加大保密宣传培训工作力度，通过新晋公务员培训、周一夜学、集中宣讲等形式，提升全县党员干部的保密意识。结合常山革命战争年代的真实案例，拍摄保密故事纪录片《燕山暴动毁于隔墙有耳》，在省保密办、省保密局组织的“保密故事大家讲”主题活动中获优秀作品。

【档案外事】 2022年，县委办建立健全档案局馆联席会议制度，聚焦档案重点工作，落实档案考核任务，依托“掌上执法”平台对23家单位开展档案执法检查。开展档案业务指导和监管，高质量完成3家省级示范档案室、12家市级规范化数字档案室、12家单位档案室业务建设评价创建。2022年7月，在全省档案工作指数评价结果通报中，常山县以81.6分居衢州市各县（市、区）第1名、全省第26名。

【对台交流】 2022年，县委办发挥常山对台工作既有的优势基础，深入谋划对台交流龙头项目，带动对台交流工作上台阶、提层次。在省、市、县三级台办共同牵线搭桥与撮合见证下，青石镇政府与台湾永龄集团正式签订框架合作协议，投资1.05亿元的台资永龄康养修复基地项目落地赏石小镇，可带动本地就业200余人。开展各类交流联谊活动，如“情暖中秋·常台连心”2022年中秋茶话会活动、中共二十大精神宣讲活动、衢台美食“云”交流活动、南京台湾同胞投资企业协会考察团到常山考察活动，促进常山、台湾经贸文化交流。

（吴沁心）

精神文明建设

【概况】 2022年，常山县精神文明建设战线坚持以习近平新时代中国特色社会主义思想为指导，锚定全面建设文明常山的目标定位，深入推进物质文明与精神文明建设，为奋力谱写中国式现代化的常山篇章凝聚强大的精神文明力量。全面启动第八批浙江省示范文明县城创建，建立健全管长远抓根本的创建机制，实施优环境惠民生的创建举措，全面搭建教育人引导人的创建载体，打出城市赋能、美丽常山等系列“组合拳”，全面开启以文化人、和谐善治的文明有礼之门。加强新时代公民道德建设，深化移风易俗，弘扬和践行新时代衢州人文精神，1人入选“浙江好人”，2人入选“最美衢州人”，14人入选衢州市“有礼之星”。推进新时代文明实践阵地提档升级，构建“浙江有礼·常山有U”县域文明实践体系，推动“浙风十礼”落地生根。深化“黄鹂鸟”县域志愿服务品牌打造，“志愿浙江”注册人数超10万人，志愿组织超600个。

【省示范文明县城创建】 2022年，常山县深入推进省示范文明县城创建，成立由县委书记和县长任双组长的高规格领导小组，组织召开全县“创文”工作推进大会、“百日攻坚”誓师大会暨“全民齐创文”志愿服务活动启动仪式。构建创建工作“交办—整改—反馈—巩固”闭环机制，下发专题会议工作交办备忘录6期、工作交办单26期，涉及工作事项127项，着力化解难点焦点问题。强化督查问效，迭代升级督查考核机制，完善责任追究办法，开展第二期“创文指数”测评，梳理问题3200多个，深入做好问题自查和整改提升。优化市容环境，推进老旧小区改造、“飞线”整治、道路交通设施改造提升等城市基础设施项目，实施“一把扫帚”改革，新增机动车停车位近1.5万个、非机动车停车位1.2万平方米，新建分类垃圾房10个，设置有礼晾晒区265处，营造“有礼”街景43处。创新推出文明创建“8点钟课堂”，累计开课180余场次，参训人数8500余人次。在县内主要新闻媒体平台上开设“创文在行动”“有礼红黑榜”等专题专栏，推出“创文”专题电视问政栏目，全年刊发推送相关新闻报道860余篇。

【新时代文明实践】 2022年，常山县加快推进新时代文明实践中心和农村文化礼堂、乡“两堂一中心”融合发展，实现功能互补、“三位一体”，打造有礼志愿服务点、劳动者港湾等一批文明实践点42个。构建“浙江有礼·常山有U”县域文明实践体系，推动文明实践进村规民约、进行业管理、进课堂教育、进日常生活，深化移风易俗，常态化开展家庭建设“三好”（好家庭、好家教、好家风）行动，《“三好”家庭建设行动》入选浙江有礼省域文明新实践案例汇编，“浙风有礼”品牌深入人心。

【志愿服务】 2022年，常山县深化“黄鹂鸟”县域志愿服务品牌打造，组织学校、妇联等部门开展“小手拉大手·文明齐步走”“十万有礼家、共创文明城”等系列主题志愿服务活动660多场次，参与人数10.7万人次。“志愿浙江”注册人数达10.7万余人，志愿组织超600个，志愿服务时长近150万小时，参与率位居全省第八。支持11家志愿服务组织和公益性社会组织谋划实施志愿服务项目21个，开展各类志愿服务活动4300多次。深入推进“春泥计划”，新增13个“春泥计划”实践点，入选衢州市未成年人思想道德建设十件实事项目。春泥公益协会志愿者黄喆入选全省最美志愿服务工作者，6个组织和个人入选衢州市志愿服务“5个10”先进典型。

【“最美常山人”品牌打造】 2022年，常山县深入实施新时代公民道德建设工程，加强“最美常山人”选树培育，年内有1人入选“浙江好人”，2人入选“最美衢州人”，14人入选衢州市“有礼

2022年8月31日，“浙风十礼 艺路同行”文艺志愿服务走进常山活动在芳村镇芳村村未来乡村文化礼堂举办　（县委宣传部 供图）

之星”。《常山县夯实“最美之源”打造“最美之城”》被省委宣传部主办的《宣传信息》采用。

（黄红霞　徐云飞）

编制管理

【概况】 2022年，中共常山县委机构编制委员会办公室（简称县委编办）重点聚焦“大综合一体化”改革、基层管理体制改革、机构编制领域数字化改革等重点领域改革，坚持完善机构编制日常管理、事业单位登记与实名制管理等工作。

【事业单位登记服务】 2022年，县委编办优化登记服务，指导事业单位依托省事业单位登记管理系统，实行网上“全流程”办理。全县实际申报年度报告事业单位143家，合格率100%。落实《浙江省事业单位章程管理暂行办法》，指导公益服务的事业单位实行“一单位一章程”。县委编办规范事业单位章程制定（修订）程序，严格章程的执行及其监督管理。年内，完成131家事业单位章程制定，完成率100%。

【实名制系统管理】 2022年，县委编办完成全县范围内行政、事业单位信息变动维护、人员编制的进出编审核、职数使用审核、编外备案登记业务。截至年底，全县实名制系统备案进编622人次，出编588人次；编外用工增加484人次，减少151人次。县委编办贯彻落实部门派驻乡镇（街道）机构人员属地化管理，做好6个批次派驻人员的实名制备案登记，派驻部门通过实名制系统备案12家，实名制系统备案锁定人员267人。

【“大综合一体化”改革】 2022年，县委编办对接县级相关部门做好省级目录清单的事项认领、动态调整及检查覆盖等工作，全县各部门权力清单在用事项14037项。将县综合行政执法事项清单由原来的2087项优化扩展为2184项，梳理出专业执法事项清单2193项、重点高频执法事项清单75项，修改完善属地管理事项中部门及镇街的责任分工70项。按照“谁审批、谁监管，谁主管、谁监管”原则，明确1335项划转事项及413项赋权事项的职责边界，作为建立监管执法衔接机制的依据和行政责任倒查追究的根本遵循。统筹人员编制，推出派驻联系制，明确保留的5支专业执法队94名人员联系7个中心镇街，负责辖区内的专业执法事项的巡查监管和联合执法等工作。根据60%执法力量下沉乡镇（街道）的改革要求，县委编办推动县综合行政执法局、县市场监管所、县资规所、县司法所共158名在编干部下沉乡镇（街道）一线，充实基层执法力量。此次改革后，四大派驻部门编制下沉乡镇（街道）比例达77.06%，人员下沉比例达82.59%，超过省定60%的目标任务。

【基层管理体制改革】 2022年，县委编办推动统筹县乡编制资源，按照乡镇（街道）编制占比分别不低于全县行政（除政法专项编制外）、事业编制（除教育卫生领域外）40%和20%的改革要求，通过内部挖潜、编制置换等方式，从县级部门调剂下沉相应的行政编制和事业编制到乡镇（街道），推进编制纵向下沉。建立乡镇（街道）编制和中层职数两大“周转池”，将109名编制和20名职数纳入“周转池”，按照“总量管理、重点保障，动态调剂、周转使用”的方式管理。优化调整镇街组织架构，对准党建统领、经济生态、平安法治、公共服务4条跑道，将乡镇（街道）的内设机构和事业单位从9～11个精简整合至6～8个，整体精简比例为28.89%。组建县级社会治理中心，融合运行监测、矛盾调处、协调流转、应急指挥、督查考核、分析研判“六大功能”，实行县委主导、社会治理中心主抓、部门协同、社会参与的运行模式。

【机构编制数字化改革】 2022年，县委编办对照“浙里机构编制数字化监管应用”平台（简称监管平台）要求开展预警问题自查，逐条排查83项预警项目清单问题情况，梳理机构编制预警问题263条并进行整改。强化机构编制数字化科学监管，通过省监管平台与衢州市机构编制实名制管理系统，每月核查实名制系统数据、日报库数据和省数据化监管平台数据，检查县实名制系统错误数据和不规范数据605条，并全部修改完善到位。推进事业单位数字化改革，聚焦公共服务数字化，对应3条改革子跑道，摸清县域事业单位底数及数字化改革进展分类情况，指导195家事业单位梳理20个应用场景清单和目录，明确每个应用场景的牵头部门和协同单位。将“档案利用一点通”和“常山公交人脸识别全支付一体机项目”作为常山县试点应用。

【保障民生领域机构编制】 2022年，县委编办加强重大疾病防控、突发公共卫生事件应急体系与妇幼健康服务体系建设，增核县疾病预防控制中心周转事业编制，编制配备比例达全县常住人口的0.241‰，超省定标准（0.175‰），增核县妇保院报备员额编制，进一步充实人员力量，助力县妇保院二甲等级评审。根据县规范民办义务教育学校工作进程以及县域中小学、幼儿园布局规划，组建县实验中学、县育才小学、县文昌小学3所学校和县文昌幼儿园，按照中小学教职工核编标准，动态调整各学校编制配备，确保中小学教职工编制全面达标。

（樊寒宜）

对台工作

【概况】 2022年，中共常山县委台湾工作办公室、常山县人民政府台湾事务办公室（简称县台办）贯彻落实中央、省、市台办对台工作部署要求，提升对台交流本领，打造对台工作成效。推进经济交流项目，牵线台资永龄康养修复基地项目落地赏石小镇。搭建友谊联络桥梁，完成台胞台属联谊会理事会换届，组织中秋联谊、春节关爱慰问，开展海峡两岸联系交流和推介活动。组织台胞台属数据调查，实地入户走访台胞台属，联系出入境管理部门、查阅原始档案资料，分析甄别人员，通过电话、微信等方式确定人员数据。用心强化涉台服务，努力维护台胞台属合法权益，热情解答台胞台属在求学、继承等方面的咨询，协调处理各种投诉件。开展“争当六大员”活动并向省台办报送对台工作典型案例。

【台资永龄康养修复基地项目落地】 2022年，县台办多次牵头召开台资永龄康养修复基地项目推进会。6月20日，青石镇政府与台湾永龄集团签订框架合作协议，投资8000万元的台资永龄康养修复基地项目落地赏石小镇，项目核心建设内容为占地约2000平方米的医养康复综合体。

【县台胞台属联谊会理事会换届】 2022年6月28日，县台办指导召开常山县台胞台属第六次代表大会，选举产生由10名成员组成的常山县第六届台胞台属联谊会理事会，郑智斌担任会长，陈金红、陆永红担任副会长，江露霞担任秘书长。

【关爱联谊交流活动】 2022年春节期间，县台办开展关爱慰问活动，慰问台胞台属10余户，敬送礼品并致以新春祝福。年中慰问台胞台属5户，并及时为台胞台属解决生活生产的问题。7月17日，接待南京台湾同胞投资企业协会考察团到常山考察，并牵头召开投资环境推介会。9月8日，开展“情暖中秋 常台连心”2022年中秋茶话会，台胞台属齐聚一堂共话团圆。11月16日，开展中共二十大精神宣讲暨衢台美食“云”交流活动，海峡两岸现场视频连线交流。

（江露霞）

公务员管理

【概况】 截至2022年年末，全县有公务员1898人（包含参公人员）。其中，女性公务员573人，男性公务员1325人；35岁以下公务员732人，35～45岁公务员424人，45～55岁公务员475人，55岁以上公务员267人；高中及以下学历6人，大专学历157人，本科学历1652人，研究生学历83人。

【公务员管理】 2022年，常山县各级机关单位总计招录公务员（包含参公人员）64人，其中选调生8人。根据干部管理权限，开展2个批次职级晋升，职级晋升233人；开展公务员表彰奖励工作，授予嘉奖405人、三等功41人。

【选调生管理】 2022年，县委组织部为推进选调生在基层沉得下、融得进、做得好，9月19—25日举办浙江大学选调生综合素能提升培训班，推动选调生整体素质能力提升。开展选调生“七一”党性锻炼、中秋慰问、困难群众慰问等活动，强化选调生思想淬炼，推动选调生更好地融入基层。

【公务员平时考核】 2022年，县委组织部深入推进公务员“四维考评”在全县机关单位落地见效，实现“四维考评”制度全覆盖，各机关单位4个季度平时考核均依托浙政钉“四维考评”应用打分生成。12月2日举办“四维考评、提效创U”擂台赛，选取10家单位参赛，经大众评委投票打分产生一等奖1名、二等奖3名、三等奖5名，获奖单位按比例提高年度考核优秀等次，推动各单位互看互学、比学赶超，不断深化平时考核的实际应用。

（蒋丽婷）

机关党建

【概况】 2022年，县委机关工委坚持以习近平新时代中国特色社会主义思想为指导，贯彻落实习近平总书记关于机关党建的重要论述精神，把握“走在前、作表率”目标定位，把“双建争先、双强共铸”作为加强机关党建、推进机关建设的总牵引，开展机关党建“七大行动”，一体推进机关党的各项建设，为高水平打造新时代机关党建高地，夯实“红色根脉”之基，筑牢“争先示范”之魂。截至年底，县委机关工委辖机关党组织167个，其中党委10个、党总支14个、党支部143个，党员2709人。

【喜迎党的二十大“六个一”活动】 2022年，县委机关工委组织开展“喜迎二十大·奋进新征程”系列活动，谋划“六个一”活动，即重温一次入党誓词、上好一堂专题党课、组织一次党史宣讲、开展一次志愿服务、慰问一批结对

2022年4月22日，2022年度全县机关党组织“党员作用发挥”主题擂台赛召开
（县委组织部 供图）

对象、开展一次“头脑风暴”，推动党员干部迎接中共二十大胜利召开。活动期间，全县62家机关单位党组织书记带头上党课，累计开展党史宣讲活动670余场，参与社区创文、疫情防控等志愿服务活动3.1万余人次，走访慰问结对对象6700余人次，深入农村社区组织开展头脑风暴活动194次。

2022年9月16日，常山县“美丽小区”创建业务指导培训会召开
（县委组织部 供图）

【机关党支部标准化规范化建设】 2022年，县委机关工委深化机关党建“四项评选”机制，开展机关党建品牌评选，对照“六有”标准，评选出县委统战部“常同心”、县人民法院“天平U理”等8个机关党建品牌。开展书记领办党建项目，立足机关党建重点难点问题，累计认领并完成书记领办党建项目56个，评选出县教育局“探索‘四维’考评体系，激发机关党建新活力”等22个优秀项目。开展“双强争创、星级评定”，评选出县委办公室机关党支部、县妇联机关党支部等10个五星级党支部，县卫健局机关党支部的《以“先锋指数”考评释放“细胞”活力》案例入选全省机关“党支部工作50法”。开展党建示范点评选，围绕党建质量过硬、工作业绩优良、载体特色鲜明、队伍管理严格、工作保障到位5个方面具体要求，打造并评选出县委党校、县税务局等8个党建示范点。

【机关党务干部队伍建设】 2022年，县委机关工委强化对专兼职党务干部教育培训，举办常山县2022年度机关党支部书记培训班，对69名机关党组织书记开展为期3天的培训，提升机关“领头雁”能力水平。开展“常雁竞飞·聚力为U”常山县机关党组织擂台赛，以“党员作用发挥”“两专赛马、晾晒比拼”等为主题，20个机关党组织书记上台争先打擂。充实机关党组织班子队伍，将政治强、业务精、作风好的年轻干部选拔进支部班子，推进机关党务干部与业务干部交流，年内调整、增补支部委员60余次，涉及290余人。

【推动党建融入中心工作】 2022年，县委机关工委聚焦企业发展、现代社区建设、共同富裕等中心工作，深化党建联建、联系服务等机制，举办“我为企业荐一员”活动，3000余名党员干部参与活动，为73家规模以上企业推介用工600余人，有效破解企业“招工难”问题，做法得到《浙江日报》《衢州日报》等主流媒体关注报道。组织开展“百个支部·百件实事”机关党组织助力现代社区建设“双百”行动，157个机关党支部深入结对社区走访，认领完成民生实事123件。组织开展机关党员志愿助残服务行动，18个机关党支部与18家“残疾人之家”结对联建，1720余名机关党员干部下沉至564个网格开展助残服务，累计参加志愿服务活动6570余次。该项工作获省残联副理事长顾艳充分肯定，并在全省

“1+4”社区助残服务暖心行动推进会上作典型发言。

【“美丽小区”创建】 2022年，县委机关工委聚焦全县城市住宅小区治理的主要矛盾，通过深化落实小区党建指导员制度、选优配强网格“一长三员”队伍、开展小区“十乱”整治等，推进“美丽小区”创建行动。通过委托第三方评估机构开展考评验收，最终确定年度“美丽小区”评定结果，18个小区完成星级升级等级（其中五星级2个、四星级2个、三星级14个），14个小区保持原星级，其他16个小区未通过星级升等评定；累计发放奖励资金181万元。

（徐皇峰　宁　萱）

2022年5月6日，县信访局开展《信访工作条例》有奖知识竞答活动
（章思敏　摄）

信访工作

【概况】 2022年7月，中共常山县委常山县人民政府信访局（简称县信访局）设立县委直属的公益一类事业单位——常山县信访联合接待中心，规格相当于正股级，核定全额拨款事业编制7人。常山县社会矛盾纠纷调处化解中心升级为常山县社会治理中心，规格相当于正科级，5名事业人员从常山县社会治理中心划转至常山县信访联合接待中心。年内，县信访局以全国信访工作示范县、省级“无信访积案县”和信访工作现代化示范县创建工作为抓手，做好信访积案“动态清零”、“常态清仓”、信访件办理、《信访工作条例》学习宣传等工作。县党政主要领导阅批群众来信，每个工作日安排1名县领导在常山县社会治理中心定点接访，每月安排1名乡镇（街道）主要领导现场接听来电，更好地倾听民意、解决群众诉求，推动全县信访生态持续向好。全年，全县受理群众信访事项3235件人次，比2021年上升45.66%。其中，来信（含网上信访）2868件，比2021年上升77.15%；来访242批367人次，比2021年批次和人次分别下降8.33%、64.03%。

【《信访工作条例》宣传】 2022年5月6日，县信访局组织开展“法治信访、一切为了U”为主题的《信访工作条例》集中宣传，重点围绕“八个一”（即组织一场集中宣传月活动启动仪式、组织一场“法治信访一切为了U”主题宣传活动、开展一场“信访故事”“8090”主题宣讲活动、开展一轮《信访工作条例》专题学习培训活动、开展一组“《信访工作条例》与我”主题征集活动、开展一次“致党代表、人大代表、政协委员一封信”活动、开展一批“信访夜市你问我答”《信访工作条例》有奖竞赛活动、印制一批“规范信访行为合理表达诉求”的普法类宣传制品），多载体、多形式开展系列宣传活动。2022年，县信访局发放《信访工作条例》宣传制品5万余份，拍摄宣传视频3部、录制方言音频1部，在县级平台发表宣传文章2期、其他平台发表宣传文章21期，转发宣传《信访工作条例》的手机短信2万条，县信访局局长分别到县人大办及县委党校开展条例宣讲2次。

【创建省级“无信访积案县”】 2022年，根据省、市统一部署的“信访积案化解清零行动”要求，县信访局围绕省委“动态清零”和市委“动态清零”目标，通过县领导包案化解、班子成员包干联系、每周督查通报、钉钉群实时晾晒等机制，灵活运用复查复核终结、信访听证终结、涉法涉诉终结等办法，全力开展信访积案化解“销号清零”行动，成为全市率先实现“动态清零”的县（市、区）。年内，上级交办常山县各类信访积案234件，其中化解226件，化解率96.58%，常山县成功创建省级“无信访积案县”。

【信访数字化改革】 2022年，县信访局紧抓全市“县乡一体、条抓块统”数字化改革集成展示点建设机遇，对标县域“141”治理体系，创新推动领导接访数字化流程闭环管理建设，推进智慧信访、“U点通”智慧矛盾信访建设，通过刷身份证或打开“U点通”可跟踪重点热点事件和问题，接访领导可查询档案，通过“视联网”可以连线属地或责任单位，实现接访记录全过程数字化，接访流程全程可复盘。

（吴慧倩）

社会治理

【概况】 2022年6月10日，常山县社会治理中心（以下简称县社会治理中心）组建成立，为中共常山县委、常山县人民政府直属的公益一类事业单位，由中共常山县委办公室统筹管理，机构规格相当于正科级，主要承担运行监测、矛盾调处、分析研判、协同流转、应急指挥、督查考核职责。事业单位编制16名，设主任1名（正科级）、副主任3名（副科级），兼职副主任4名；内设机构股级职数9名。挂常山县社会矛盾纠纷调处化解中心、常山县综合信息指挥中心牌子。县社会治理中心在2022年度全县单位年度考核中获一等奖。基于社会治理中心治理大屏，按照“一图二指数三台四跑道”的架构，初步完成基层智治“大脑”应用大屏S1版本。创新“136”调解机制［10%的矛盾纠纷化解在县级，30%的矛盾纠纷化解在乡镇，60%的矛盾纠纷化解在村（社区）］，落实《关于进一步加强乡村两级矛盾纠纷调处化解工作的通知》，实现矛盾化解目标。发生重大突发性事件或启动Ⅱ级及以上响应时，为相关指挥部进驻县社会治理中心提供平台支撑、技术保障、会务服务。

【矛盾化解】 2022年，县社会治理中心综合集成调解力量，建成“一站式”矛盾化解平台，提供群众接访、诉讼、调解、劳动监察仲裁、行政复议和公共服务等服务，形成受理流转、交办、反馈、回访核实等流程闭环，实现矛盾化解“一窗式受理、一揽子调处、全链条化解”。创新“136”调解机制，落实《关于进一步加强乡村两级矛盾纠纷调处化解工作的通知》，统筹指导基层和各专业调委会矛盾纠纷调处化解，打造社会矛盾纠纷调处化解“终点站”。县社会治理中心全年受理和调解矛盾纠纷4451件，其中乡、村两级调处矛盾纠纷4369件，占比98.16%，村（社区）一级调处矛盾纠纷数量3843件，占比86.34%，基本实现“小事不出村、大事不出镇、矛盾不上交”。

【应急指挥响应】 2022年，全县发生重大突发性事件或启动Ⅱ级及以上级别响应时，县社会治理中心协同配合为相关指挥部进驻提供平台支撑，发挥实战实效。自7月起，开展疫情防控、防汛防台、综合执法等应急指挥和应急演练8次。6月19日防汛应急、12月5日疫情防控应急中，县社会治理中心提供24小时全天候技术支持保障。

【省际协同治理】 2022年，县社会治理中心以“集成、多跨、重塑、迭代、协同、数联”为建设理念，以党建引领、项目合作、资源共享、利民惠企为导向，以应用为抓手，打造省际协同治理特色品牌，推动浙赣省际协同治理服务“网格”驿站建设并实体化运行。推动形成“跨省网格”和区域社会协同治理机制，将“跨省网格”纳入联动执法覆盖范围，问题发现提速4倍，整治时间提速3.5倍，同类执法事件复发率下降42%，信访纠纷下降11%，省际治理能力得到极大提升。《常山县构建县域“一网智治”推进基层治理》和《常山县推进省际协同治理筑牢平安边界》被《浙江信息（每日汇报）》刊发。

【基层智治建设】 2022年，县社会治理中心依托“1612”体系建设成果，按照“一图二指数三台四跑道”架构，初步完成基层智治综合应用新版本建设。基层智治综合应用覆盖党建统领、经济生态、平安法治、公共服务4条跑道，涵盖4个省级重点应用集成贯通及537疫情防控、两山生态云脑等14个县级自建应用，基层智治综合应用首期初步实现130余项基层智治指标“一屏统览”。建立指标预测预警中心，可实现异常数据实时报送，提升问题处理实效。

【承办基层智治系统第三片区协作会议】 2022年9月15日，县社会治理中心联合县基层智治系统推进办承办省基层智治系统片区协作会议。接待省直单位、衢州市、温州市、金华市、丽水市等相关单位领导干部等70余人次。会上，常山县委领导致辞、衢州市基层智治系统专班作综合性发言。温州市、金华市基层智治系统专班分别围绕基层智治大脑建设和“141”迭代升级作专题发言，丽水市基层智治系统专班作综合性发言、各设区市各一个代表乡镇围绕重大应用贯通实战实效进行演示交流。县社会治理中心与基层智治专班得到省基层智治系统攻坚专班的肯定和通报表扬。

（陈　琦）

老干部工作

【概况】 2022年，县委组织部在离退休干部思想政治建设、服务水平提升、功能作用发挥等方面下功夫，推动常山老干部工作发展。截至年底，常山县有离休干部42人（含代管国税系统2人），平均年龄93周岁。按参加工作时间分，抗战后期参加工作的有5人，解放战争时期参加工作的有37人；按工作机构分，行政（事业）离休干部27人，企业等统筹离休干部15人；按安置地分，易地安置县外的有1人（嘉兴），投靠子女的2人（合肥、杭州）；按年龄分，86～89周岁12人，90周岁及以上30人，最高龄98周岁。有副（县）处级以上退休干部31人（兼职8人），平均年龄74周岁；其中，随子女居住县外5人，身体状况欠佳6人。

【老干部志愿服务】 2022年，县委组织部持续迭代“银耀U城”志愿服务品牌，依托社区活动阵地，建立志愿服务点，成立26支志愿服务队伍，组织志愿服务活动250余次，参加人数2200余人次。加强老干部品牌工作室建设，持续推进“红色啄木鸟”“金妹社会工作室”“云河工作室”等老干部品牌工作室建设，开展“银耀带头人”培育，新培育“河流工作室”。开展“银尚达人”“银尚之家”“乐活驿站”评选活动，共推荐“银尚达人”51人、“银尚之家”5户、“乐活驿站”9个。开展“银耀共富”志愿服务行动，引导徐金妹、陈云河、占念七、叶春华、张法全等“银发”人才在社区治理、乡村振兴、疫情防控、矛盾调解、红色宣讲、文明县城创建等工作中发挥作用，相关做法被《浙江日报》《衢州日

2022 年 11 月 15 日，“金妹社会工作室”组织志愿者参与“百家社会组织进社区　万人志愿服务助共富”活动暨常山县首届社区邻里节启动仪式
（县委组织部 供图）

报》《浙江老年报》等多次点赞。“金妹社会工作室”被推荐为全省“最佳志愿服务组织”，陈云河被评为一级人民调解员。

【离退休干部党建】 2022 年，县委组织部深化离退休干部党建工作，至 12 月底，全县单独组建离退休干部党支部 77 个，社区“银耀先锋”党支部 2 个。开展离退休干部党支部规范化建设，把离退休干部党建工作纳入年度党建工作考核体系和党组织书记基层党建工作述职评议考核，推动各单位分批分时建立规范化支部。实施离退休干部党支部书记“领头雁”工程，选优配强支部班子，实行在职干部党员担任离退休干部党支部联络员，党支部书记平均年龄 67 周岁。开展党支部书记和党员骨干培育工程，举办离退休党支部书记培训班，提升支部班子履职能力。开展离退休干部党支部网络阵地建设管理，组建离退休干部党员微信群，实现支部建在网上、党员学在线上，推动离退休干部党员教育管理和组织生活全覆盖。开展各类志愿服务活动，紫港、金川社区“银耀先锋”党支部共组织开展矛盾调解、疫情防控、文明县城创建等志愿服务活动 120 余场次，参与活动党员 1200 余人次。

【老干部服务保障】 2022 年，县委组织部落实老干部“两项待遇”（政治待遇和生活待遇），为打造“孝老之城”树立老干部服务工作标杆。组织召开县委老干部工作领导小组和常山老年大学校务委员会，明确老干部工作领导小组成员单位职责，交办为老干部办实事项目和为常山老年大学办实事项目，形成老干部工作合力。召开经济社会发展情况老干部通报会，每季度组织副处级以上退休干部集中学习，针对离休干部“后双高期”特点采取“送学上门”形式，宣传学习上级重大决策部署。做好离休干部医疗包干费、增加补贴发放等工作。开展老干部年度体检“一站式”“保姆式”服务，分批组织健康体检。建立包片联系离退休干部制度，开展春节走访、“夏季送清凉”、住院慰问、异地走访、日常走访等。围绕老干部来电来访，开展离休干部“一人一策”精准服务，协调解决目录外药品报销、转院就医、购买医疗用品等问题。

【“两个阵地”建设】 2022 年，县委组织部以“老有所学、老有所乐”为目标，持续推进“两个阵地”（老年大学和老年活动中心）建设。组建常山老年教育联盟，打造“银发矍铄 康乐 U 为”老年教育品牌，推进 14 个乡镇（街道）老年学校全覆盖，城区形成县老年大学、紫港教学点、金川教学点、赵家坪教学点、渡口教学点、屏山教学点为节点的老年教育网络。完成省、市对县“浙里康养”考核指标，老年大学（学堂）注册在校生人数占老年人口比重达12.93%。以打造“幸福颐养 康乐U为”的特色品牌为抓手，推进紫港社区活动点、柚苑社区活动点、金川社区老党员驿站等8个“家门口活动中心”建设，为离退休干部提供就近活动场所，打造“半小时活动圈”。组织开展“喜迎二十大”老年书画作品展、“赞美新时代 献礼二十大”摄影作品展、“喜迎新春、送福进万家”等活动。

（占 群 杨 婧）

2022年11月25日，县关工委“五老”宣讲团成员占念七（中立者）赴何家小学宣讲中共二十大精神 （县委组织部 供图）

关心下一代工作

【概况】 2022年，常山县关心下一代工作委员会（简称县关工委）以习近平总书记对关心下一代工作重要指示为指引，履行好县关工委的职能，以立德树人为根本，着力发挥“五老”（老干部、老战士、老专家、老教师、老模范）队伍在青少年思想道德建设中的优势和作用，多形式、宽领域地开展青少年教育活动，教育青少年听党话、感党恩、跟党走。

【强化组织建设】 2022年，县关工委着力发挥“五好”（领导班子建设好、骨干队伍作用好、制度健全执行好、活动经常效果好、积极探索创新好）关工委示范带头作用，重点配强班子成员、完善“五老”关爱制度、提升“五老”专业素养、培育“五老”领军人物、打造“五老”工作品牌等，创新构建“村社关工委”结对联建机制，畅通村社“五老”交流渠道，通过授课分享、定期交流、答疑解惑等方式助力结对村社的关工委建设，受到省关工委领导现场调研肯定。

【推进宣教活动】 2022年，县关工委切实发挥“五老”宣讲团作用，开展“传承红色基因，争做时代新人”“红色暑假”等主题活动，宣讲员结合自身经历宣讲红色革命故事，组织青少年赴东明湖公园烈士纪念碑广场、招贤箬溪抗战纪念馆、西源革命纪念馆等地开展缅怀先烈活动，引导青少年在传承先烈崇高精神中努力学习、报效国家。组织“五老”宣讲团围绕习近平新时代中国特色社会主义思想、中共二十大精神、省党代会等内容开展宣教活动。全年开展“喜迎二十大 ‘五老’说共富”主题宣讲活动73次，覆盖青少年1200余人次。

【开展传统文化和法治教育】 2022年，县关工委发挥“五老”作用，通过组织“我的家乡在‘浙’里”系列活动、“孝老敬亲U享服务”重阳节老少系列活动、“传承好家风、弘扬好家教”等活动，引导青少年在活动中感受中华传统文化，自觉传承中华传统美德。开展“关爱明天 普法先行”青少年法治宣传教育活动，组织“五老”、志愿者、法律专业爱心人士走进学校、农村、社区，广泛开展法治宣讲、模拟法庭、知识竞赛、参观学习等多形式法治教育活动，受教育人数8000余人次。

【帮扶困难青少年群体】 2022年，县关工委持续深化困境青少年关爱帮扶。建立“五老”与特殊青少年的帮扶联系机制，发挥“五老”在教育引导和关爱保护青少年方面的优势，对困难青少年实施思想引导、心理疏导、矫治指导。开展2022年“豪情圆梦·爱心助学”活动，全县40名初高中生得到资助。加强与慈溪市关工委交流，开展“慈心常在”困难学生慰问活动，10名初中生得到慰问资助。

（占群　杨婧）

党校工作

【概况】 2022年，中共常山县委党校、常山县行政学校、常山县社会主义学院（简称县委党校）以“1+3+4”（“1”即开设“书记第一讲”；“3”即设置乡村振兴、特色小镇、宋诗之河3条精品现场教学路线；“4”即党性教育、产业发展、乡村治理、履职实务4大课程模块）课程体系建设为重点，与中共浙江省委党校、浙江大学马克思主义学院、中共衢州市委党校、衢州学院开展合作，吸纳优质课程入库使用。深化全面从严治党课程体系开发，联合县纪委监委开发打造8堂全面从严治党核心课程。举办各类培训班、进修班等64个班次，受训学员达4256人次，其中主体班次2312人次。依托8090新时代理论宣讲团，抽调骨干教师开展基层党组织宣讲87场，覆盖基层群众2613人次。落实落细领导干部进党校讲课制度，全年有10位县委领导班子成员进党校课堂授课，领导干部授课率达41.2%。年内，获得省委党校课题立项2项，市级课题立项14项，公开发表学术论文5篇，在市级以上理论研讨会中获一等奖2篇、三等奖1篇，报送咨政报告9篇，获市厅级以上领导批示4次。与《浙江日报》《衢州日报》开展战略合作，拓宽科研成果发表渠道，发表理论文章4篇，其中《常山县委党校抓好培训 服务山区高质量发展 让“领头雁”翅膀硬起来》被《浙江日报》专版刊发，《衢州日报》专版刊登县委党校办学专题报道《用好党建调色板　打造发展新引擎》。

是年，县委党校被列入全省党校系统数智党校建设第三批试点单位（全市县级党校1家），被评为全省党校系统第一批“三星级”绿色学校（全市1家），获评全市清廉建设成绩突出单位。

【《中共常山县委党校校志》编撰工作启动】 2022年，中共常山县委党校建校70周年，为系统梳理党校发展历程，弘扬传承党校红色精神，县委党校启动《中共常山县委党校校志》编撰工作，面向全社会公开征集中共常山县委党校老照片、老物件。

【两期习近平新时代中国特色社会主义思想进修班】 2022年，县委组织部、县委党校联合举办习近平新时代中国特色社会主义思想进修班。培训分两期进行，第一期时间为5月16日至6月6日，第二期时间为9月21日至10月21日。培训内容涵盖习近平新时代中国特色社会主义思想概论，落实“两勤两专”、锻造堪当重任的常山铁军、中国共产党为什么能——党史学习之半年历程回顾等。

【县第十五期中青年干部培训班】 2022年9月21日至10月21日，县委组织部、县委党校联合举办常山县第十五期中青年干部培训班，重点围绕习近平新时代中国特色社会主义思想、党的十九大和十九届历次全会精神、党的理论教育和党性教育等方面展开教学，全县55名中青年干部参加培训。

【县管领导干部集中轮训班】 2022年8月2—9日，县委组织部、县委党校联合举办常山县管领导干部学习贯彻省第十五次党代会等会议精神集中轮训班，全县 580 余名县管领导干部和年轻干部成长班学员参加。培训内容包括省第十五次党代会精神、市委全会精神和县委全会精神宣讲等。

【县第十四期初任公务员和事业单位人员岗前培训班】 2022 年 9 月 21 日至 10 月 21 日，县委组织部、县行政学校联合举办第十四期初任公务员培训班，培训人数达 65 人。培训课程包括《贯彻习近平新时代中国特色社会主义思想、理论之光》《青年之声——8090 宣讲辅导》《从“实力地位”看党史百年》等。2022 年 11 月 9—11 日，县人力资源和社会保障局、县委党校联合举办 2022 年事业单位初任人员岗前培训班，参加培训人数 76 人。培训内容包括公务礼仪、常山县产业经济发展、党风廉政建设等。

【举办机关党支部书记培训班】 2022 年 8 月 29—31 日，县委组织部、县委党校联合举办 2022 年度机关党支部书记培训班，全县 69 名机关党支部书记及部分机关党务干部参加。培训内容包括机关党建、党性修养、党风廉政、现代社区建设工作。

（任华奇）

档案管理

【概况】 2022 年，常山县档案馆（简称县档案馆）加快推进档案工作。配合县档案局对县退役军人事务局、县纪委、县信访局等 21 家档案室进行档案业务指导和档案安全检查，联合举办档案业务培训和技能竞赛。全年接收 26 家单位档案进馆，完成农商银行和公积金中心常山分中心的档案数据离线备份，收集整理党报党刊 256 册。新增寄存单位 2 家，寄存档案 3624 卷，启动原寄存档案盘点和整理工作。接待窗口查档 3347 人次，提供档案利用 15988 卷、8923 件，提供纸张复印 9435 页，电话查档 300 余起，调档 22 起，受理网上查档 184 起，受理档案协查和跨馆服务 4 起。

是年，浙江省首期档案工作指数评价中常山档案排名全市第 1，在山区 26 县中排名第 2，全省排名第 26，该项工作获县领导批示肯定。“数字档案利用一点通”被纳入“浙里数字档案”重大应用子场景试点。8 月 11 日，县档案馆以 86.75 分通过国家级数字档案馆系统测试。

【档案资源建设】 2022 年，县档案馆接收 26 家单位档案进馆，总计 5071 卷，36627 件，数码照片 2770 张，印章 171 枚，实物档案 22 件。开展“两类档案”数据检查和梳理汇集，其中梳理疫情防控档案 9733 条、脱贫攻坚档案 469 条。制定《常山县档案馆档

2022 年 8 月 10—11 日，受国家档案局委托，浙江省档案馆组织专家组对常山县档案馆创建“国家级数字档案馆”工作进行测评验收

（县档案馆 供图）

案征集工作办法（试行）》，征集常山县第十四次党代会和旧时光东淤未来社区摄影比赛数码照片53张、图书4册、南下干部结婚照1张、抗美援朝烈士牺牲讣告信1件。下发家谱档案普查文件，普查家谱1200余册。启动邹鼎山档案整理抢救项目，生成邹鼎山名人档案184盒。

【档案安全建设】 2022年，县档案馆做好机房、监控的日常管理维护，优化UPS监控、温湿度系统等配套设施，验收通过网络与安全监管及机房建设等基础配套项目。常山县域数字档案管理服务一体化管理系统、常山县电子文件归档处理系统、常山县馆藏及长久保存系统均通过二级登记保护测评。

【档案数字化改革】 2022年，县档案馆重点推进档案数据共享中心试点、"数字档案利用一点通"建设。规范整理和数字化出生医学档案49728条，扫描107373页；完成数据梳理婚姻档案14.1万余条，文书档案数据梳理7万余条；开放鉴定档案全宗32个，档案开放审核7万余条。截至年底，"数字档案利用一点通"完成招投标和数据准备，进入试运行阶段。

【"村档乡管"试点】 截至2022年年底，石姆岭村和大埂村完成村级档案规范化整理和数字化，其中石姆岭村档案716盒20.7GB、大埂村档案1178盒22.5GB，辉埠村村级档案进入整理阶段。东案乡档案完成收集，金川街道完成村级档案收集和9个行政村的档案数字化。

【档案文化】 2022年，县档案馆将档案融入地域文化，配合《跟着档案去旅行》节目组专题拍摄千年宋镇——芳村镇，取景芳村老街、大处古建筑群、芳村未来社区、新桥十番锣鼓，探寻北宋名人王介的故事，该节目于5月27日在浙江电视台新闻频道播出。开展常山县古旧地图研究，收集全县自明代以来个时期地图、名胜古迹图、宗谱地图等178幅，并汇集成册。

（吴佳倩）

党史工作

【概况】 2022年，中共常山县委党史研究室（简称县委党史研究室）完成常山县党史和文献资料的整理、编研等任务，持续推进《中国共产党常山历史》（第三卷）（简称党史三卷）专题编写工作进度，完成《常山中共党史人物》编订和《百年峥嵘 筑梦常山》画册编印，做好党史馆改建、党史教育基地命名和红色点位树牌等相关工作。

【党史三卷编写】 2022年，县委党史研究室根据党史三卷编写时间延长10年的要求，初拟2003—2012年大纲内容，共6章19节70目。完成《改革开放新时期常山县党史专题辑（1978—2002）》审阅、修改并送审，收集2021—2022年《人民日报》《浙江日报》有关常山的新闻报道164篇。

【县首批党史教育基地命名和红色点位树牌】 2022年，县委党史研究室印发《常山县中共党史教育基地命名和管理办法（试行）》，经相关单位推荐以及评审，常山西源革命纪念馆、球川红色纪念馆等10家单位为首批常山县党史教育基地，大埂红军北上抗日先遣队司令部旧址、蔑岭古道浙西红色贸易线旧址等10个革命旧址为预树牌的红色点位。8—10月，相继完成红色点位树牌和首批党史教育基地授牌。

【常山县党史馆全新布展】 2022年，县委党史研究室启动常山县党史馆全新布展，展陈面积580多平方米，分"浴血奋斗 喜迎解放"（1921—1949）、"艰苦探索 曲折发展"（1949—1978）、"改革开放 破浪杨帆"（1978—2021）、"砥砺奋进 铸就辉煌"4个篇章，以313张图片、85件实物、70件老物件，展现中国共产党领导常山人民进行革命、建设、改革的壮阔历程。年内，筹建网上全景 VR 展厅，以展现常山县党史馆全貌。

（吴佳倩）

地方志工作

【概况】 2022 年，常山县地方志研究室（简称县地方志研究室）完成《常山年鉴（2021）》出版发行，同步上线掌上常山史志小程序，启动《常山年鉴（2022）》编纂工作，推进全县志书编纂指导培训。

【《常山年鉴（2021）》出版发行】 2022 年，县地方志研究室对《常山年鉴（2021）》送审稿进行 6 轮审校修改，并一次性通过方志出版社质检，6 月取得版权页、条形码、委印单并交付印刷，7 月正式出版发行，与往年相比，实现编纂提速 4 个月。上线《常山年鉴（2021）》掌上阅读版本，即“掌上常山史志”小程序，挂接至“记忆常山”微信公众号、“爱常山”App，便于读者浏览利用。

【《常山年鉴（2022）》编纂工作】 2022 年 1 月，县委办公室、县政府办公室联合发布《关于开展〈常山年鉴（2022）〉编纂工作的通知》，《常山年鉴（2022）》编纂工作正式启动。县地方志研究室组织人员逐步完成催稿收稿、审稿反馈、总纂排版、送审、内部审改工作。截至年底，《常山年鉴（2022）》通过县两办及出版社审核，完成 3 轮内部校对。

【志书编纂指导培训】 2022 年，县地方志研究室鼓励引导有关主体开展新一轮部门志、乡镇（街道）志、村志的修编，组织人员上门开展志书修编专题培训，全程指导《常山县电力志》《中共常山县委党校校志》《浙江省第三监狱志》等志书修编。对接省市地方志部门，推动同弓乡被列入全省乡镇街道志编修试点单位名单。

（吴佳倩）

常山县人民代表大会

综 述

【概况】 2022年，常山县人民代表大会常务委员会（简称县人大常委会）深学笃行习近平新时代中国特色社会主义思想，深入贯彻中共二十大和中央人大工作会议精神，坚持党的领导、人民当家作主、依法治国有机统一，积极践行全过程人民民主，在围绕中心、服务大局中竭尽助推之力，在勠力同心、克难攻坚中共谋创新之举，在厉行法治、强化监督中广建睿智之言，在深耕基层、联系群众中奉献务实之策，奋力推进常山人大工作高质高效，形成新一届人大扎实稳健的工作局面。年内，开展专题学习12次，向县委请示报告重点工作、重大事项、重要活动10余次。县人大常委会会议举行8次，听取和审议专项工作报告24个，作出决议决定12项，任免国家机关工作人员107人次；县人大常委会主任会议召开12次，听取专项工作报告12项；开展执法检查6次，组织代表视察22次；对县公安局、县农业农村局进行工作评议，发挥地方国家权力机关作用，完成县十七届人大一次会议确定的各项目标任务。

【社会经济审议】 2022年，县人大常委会助推经济稳进提质，在衢州市率先召开“一府两院”工作报告会。围绕经济社会发展计划执行、政府重大投资项目安排、重点项目中期调整开展专题审议，助推政府统筹疫情防控和经济社会发展，促进重大公共基础设施和民生项目加快落地见效。县乡联动开展“千名代表助力八大攻坚行动”，常委会领导分行业走访服务规模以上企业，各级人大代表深入村企一线调研，参与人大代表1800余人次，收集意见建议658条，推动519个问题落实解决，促使政府梳理助企纾困政策248条，兑付资金5.2亿元，受惠主体2134个。以问促效推动“发展要安全”，召开专题询问会为安全生产“把脉问诊”，首次以实录形式将“问答”实况在《今日常山》专版刊登，接受社会监督。聚力深化预算国资监督，围绕“管好钱”，全口径开展预决算监督。预算审查监督向支出预算和政策拓展，上线人大预算国资监督系统，吸纳专业代表加入审查队伍，督促政府强化预算执行刚性、保持财政收支平衡。密切关注政府债务管理，督促政府完善债务管理机制，防范债务风险。持续深化国有资产监督，常态化听取和审议国有资产管理使用综合报告，运用专项审议、专题调研、代表视察等方式对国资国企改革进行全方位监督，形成高质量调研报告。注重人大监督与审计监督协同发力，支持并督促审计部门跟踪监督审计发现问题的整改落实，推动问题整改销号 67 个，整改率 100%。

【城乡融合发展审议】 2022 年，县人大常委会聚焦城乡融合发展和美丽常山建设，以城乡风貌建设为监督重点，就旧城改造、常山江航电枢纽建设等重大项目组织视察并专题审议，推动“一江两岸”城市格局加快成型，成功创建风貌样板、美丽城镇、未来社区。联动开展乡村振兴“一法一条例”(《中华人民共和国乡村振兴促进法》《浙江省乡村振兴促进条例》)执法检查，专题听取全国农业科技现代化先行县创建报告，推进“一法一条例”全面落实落地。密切关注“双柚”(常山胡柚和香柚)产业发展，县人大常委会领导牵头“双柚合璧”百亿工程，分种植、加工、文旅端开展专题调研。以《中华人民共和国环境保护法》执法检查为契机，听取和审议环保专项报告，开展饮用水水源地保护、工业园区污水零直排建设、“五水共治”和松材线虫病防治工作专项监督，推动“河长制”“林长制”落实，监督推进“无废城市”创建，全面加强生态修复和生物多样性保护。注重“美丽生态”向“美丽经济”转变，县人大常委会领导牵头开展专题调研，组织视察“共富果园”建设和涉农部门助力共富工作，听取文旅体农融合发展报告，助推打造“两山合作社”、强村富民等一批具有常山辨识度的共同富裕改革样板。

【民生建设监督调研】 2022 年，县人大常委会聚焦民生、维护人民利益，助推教卫改革走深走实。围绕推进优学常山建设，严格落实教育专项报告制度，开展视察、调研，助推“两创”(创建全国义务教育优质均衡发展县和全国学前教育普及普惠县)机制完善和“双减”工作落地见效。注重推动职业教育与普通教育协调发展，听取和审议技工教育发展报告，促使“两校”融合。组织视察社区教育工作，助推建设学习型社会。围绕健康常山建设，专题审议医疗救助工作报告，组织视察乡村医疗卫生服务体系建设。执法检查为就业“护航”，多途径检查、全方位推动，督促县政府出台全省首个返乡入乡创业政策、242 个援企稳岗系列政策。支持推动“常山阿姨”“鲜辣常山”品牌深化提升，通过就业培训和品牌效应的带动家政服务行业和“鲜辣厨师”人员就业增收。组织视察“残疾人之家”建设运营情况，促进开发残疾人公益性岗位 120 个。组织视察“常工驿站”运行情况，推动形成全社会共同关爱和服务新就业劳动者群体的良好氛围。视察“U 见老兵”共富联盟体系建设，推动县政府出台退役军人就业援助实施意见。视察青创中心了解青年农创客创业帮扶政策情况，推动县政府为青年返乡创业提供各类要素保障。组织各级人大代表开展政策宣传、就业帮扶等“为 U 促就业”主题活动。紧盯民生实事办实办好，严格落实“四个一”机制，实行清单交办、清零整改“两清”闭环督查，发出监督建议书 45 次，整改解决问题 30 个。督促政府开展道路交通安全隐患排查整治，保障群众安全、舒适出行。紧盯关爱服务体系健全完善，突出“一老一小”精准发力，通过专题调研、听取报告等形式，推动养老服务品质提升和维护未成年人合法权益。

【推进依法治县】 2022 年，县人大常委会坚持厉行法治，在筑牢县域治理法治基石上凝聚合力。开展普法宣传教育，推进“八五”普法，开展“宪法宣传周”活动，提升全民法治意识。监督法治政府建设，组织视察县乡两级社会治理中心运行、基层司法所建设，助推乡镇（街道）、部门规范执法、严格执法。做好规范性文件备案审查工作，共备案审查“一府两院”规范性文件16件，备案审查率达100%。配合上级人大立法调研，对《衢州市养犬管理条例》等4个条例提出修改意见30余条。听取和审议法检两院关于民事审判、企业破产审判、民事检察和未成年人检察工作报告，组织视察全域数字法院和基层共享法庭建设，出台《关于进一步加强新时代检察机关法律监督工作的决定》。助推司法改革创新，在全省率先出台代表建议和检察建议衔接转化工作实施方案，推动解决企业用工和失地农民生活保障等10余件问题。加强对《中华人民共和国监察法》贯彻落实情况监督，听取和审议县监委关于整治群众身边不正之风和腐败问题情况报告。组织执法检查，开展《浙江省少数民族权益保障条例》《浙江省综合行政执法条例》等6部法规条例的执法检查。开展工作评议，强化对政府部门的履职监督，以评促改、以改促效，切实提升被评议单位依法行政的质效。

【代表履职监督】 2022年，县人大常委会坚持依靠代表、践行民主，迭代升级“一切为U”代表联络站，创新打造“U见代表”品牌，建设独具“常山味”的全过程人民民主基层单元。以“一切为U”代表联络站品牌为总领，在天马街道设立省级试点，金川街道、白石镇开展县级试点。构建县、乡镇（街道）、村（社区）“11430”三级代表联络站组织架构体系，14个乡镇（街道）形成各具特色的基层单元品牌。在衢州市首创“基层单元好故事”电视专栏，做法获省人大高度肯定。探索开发区人大工作的新机制新路径，县委在全市率先出台实施意见，下发任务清单，支持人大开展代表履职和各项监督活动。组织召开工作推进会，制定“536N”基层单元标准建设指数和任务清单，出台制度文件13个，组织“线上+线下”培训10余次，累计培训360余人次。县人大常委会领导分片包干开展实地检查、现场指导，因地制宜推动14个联络站“一站一特色”迭代升级。率先在县社会治理中心设立代表联络中心站。推动14个代表联络站与乡镇（街道）便民服务中心、矛调中心有机融合。创新开展“书记县长走进基层单元”系列活动，县委书记、县长带头走进基层单元、县人大常委会领导联系基层单元、县人大常委会各专工委下沉基层单元、政府部门负责人“点单式”走进基层单元。创新“码”上联系模式，县代表联络中心站和14个联络站及各选区实现“代表码”“联络站码”全覆盖上墙，群众扫码反映问题1257件次，解决率达95%。创新“代表监督”机制，以天马街道、何家乡为试点，从选区内选聘39名民主监督员，监督评议代表依法履职，推动解决各类民生问题100余个。

【加强自身建设】 2022年，县人大常委会以“四个机关”建设为目标，以“八个有”为抓手，以“六治六提六争”为导向，以“四大活动”为载体，全方位加强自身建设。出台《关于推动新时代常山人大工作高质量发展的实施意见》和《关于加强我县经济开发区人大工作的意见》。常委会党组严格履行全面从严治党主体责任，严肃党内政治生活，落实“三会一课”、民主生活会等制度，持续提升机关党建水平。建立健全“月度交流”“一委室一亮点”比拼制度，健全干部“选、育、管、用”全链条机制，切实增强全体干部履职为民的责任意识。打造党建廉政文化长廊，开展谈心谈话和廉政家访40余人次，签订“负面清单”承诺书40份。县乡联动开展“四大活动”，形成“全人大、全干部、全年度”的创新工作体系。注重数字赋能，上线运行“两山合作社”人大U监督应用场景。加强信息宣传，全年发布微信公众号103期，在省、市人大网站、杂志刊发信息300余篇。其中，《常山县打造“一切为U”代表联络站推进全过程人民民主》被省委办公厅《浙江信息》录用，《常山县打造“U见代表”活动品牌》《常山县找准“关键点”助推“两创”攻坚》等多篇信息在《浙江人大信息》上刊登，常山人大工作的影响力不断提升。

（黄　波）

重要会议

【县十七届人大一次会议】 2022年1月25—27日，常山县第十七届人民代表大会第一次会议召开。会议听取和审议县政府工作报告、县人大常委会工作报告、县法院工作报告、县检察院工作报告；审查常山县2021年国民经济和社会发展计划执行情况及2022年国民经济和社会发展计划草案的报告，审查、批准常山县2021年国民经济和社会发展计划执行情况的报告、2022年国民经济和社会发展计划；听取和审查常山县2021年财政预算执行情况和2022年财政预算草案的报告，审查、批准常山县2021年财政预算执行情况的报告和2022年财政预算；票决通过2022年度县政府民生实事项目；依法选举翁旭东为县第十七届人民代表大会常务委员会主任，何健、胡康雷、李德生、黄国华、李珍为副主任；依法选举王永明为常山县人民政府县长，许露华、邱雪萍、胡伟民、朱建忠、黄晓彬、方育娟、陈岗为副县长；依法选举陈水清为常山县监察委员会主任；依法选举舒燕华为常山县人民法院院长；依法选举朱聪颖为常山县人民检察院检察长；依法通过常山县第十七届人民代表大会监察和司法委员会、财政经济委员会、社会建设委员会组成人员。

2022年1月25日，常山县第十七届人民代表大会第一次会议开幕

（县人大常委会办公室　供图）

【县委人大工作会议】 2022年11月16日，县委人大工作会议暨基层单元建设工作推进会召开，市人大常委会副主任、县委书记潘晓辉出席会议并讲话。翁旭东、许茂华、何相涯等县四套班子领导出席。芳村镇、天马街道、县交通运输局相关负责人作交流发言。

【“一府两院”工作报告会】 2022年9月30日，常山县人大常委会召开“一府两院”工作报告会。县委副书记、县长王永明作2022年以来县政府工作情况报告。县人大常委会主任翁旭东主持会议。县领导邱雪萍、陈水清、李德生、黄国华、李珍、胡伟民、朱建忠、黄晓彬、方育娟，县人民检察院检察长朱聪颖等参加。

【县十七届人大常委会】 2022年，县十七届人大常委会召开会议7次。

3月3日，县十七届人大常委会举行第一次会议。会议听取和审议有关人事事项。

3月29日，县十七届人大常委会举行第二次会议。会议听取和审议县政府关于2021年度常山县环境保护目标完成情况和2022年环境目标制定情况的报告。

2022年11月16日，县委人大工作会议暨践行全过程人民民主推进会召开
（县人大常委会办公室 供图）

5月30日，县十七届人大常委会举行第三次会议。会议听取和审议县政府关于加强常山县医疗救助工作情况的报告；表决通过有关人事事项。

7月29日，县十七届人大常委会举行第四次会议。会议听取和审议县政府关于常山县2022年1—6月国民经济和社会发展计划执行情况的报告、县政府关于常山县国有资产管理使用情况的综合报告、县政府关于常山县2021年度财政决算草案的报告、县政府关于常山县2021年度财政预算执行和其他财政收支的审计工作报告、县政府关于常山县2022年1—6月财政预算执行情况的报告、县政府关于三个街道2022年1—6月预算执行情况的报告、关于县经济技术开发区管理委员会2022年1—6月预算执行情况的报告、关于县林业水利局2022年1—6月预算执行情况的报告、关于县残疾人联合会2022年1—6月预算执行情况的报告；县政府关于《中华人民共和国就业促进法》贯彻实施情况的报告及县人大常委会执法检查报告；表决通过有关人事事项。

9月29日，县十七届人大常委会举行第五次会议。会议听取和审议县政府关于县十七届人大一次会议议案建议办理情况的报告、县政府关于常山县技工教育发展情况的报告、县政府关于2022年政府性投资重点项目中期调整方案的报告、县监委关于整治群众身边不正之风和腐败问题工作情况的报告、县法院关于民事审判工作情况的报告、审议通过县人大常委会关于进一步加强新时代检察机关法律监督工作的决定（草案）；表决通过有关人事事项。

11月30日，县十七届人大常委会第六次会议召开。会议听取和审议县政府关于2022年常山县地方政府债务限额方案（草案）的议案、县政府关于创建全国义务教育优质均衡发展县和学前教育普及普惠县推进情况的报告、县政府关于常山江航电枢纽项目建设情况的报告、县政府关于国资国企改革长效机制建设情况的报告、县检察院关于民事检察工作情况的报告；表决通过有关人事事项，接受蒋招达提出的辞去常山县人民政府副县长职务的请求。

12月23日，县十七届人大常委会第七次会议召开。会议听取和审议县政府关于2021年度财政预算执行和其他财政收支审计查出问题整改情况的报告；听取和批准县政府关于2022年常山县财政预算调整方案（草案）的议案；听取和审议县政府关于常山县2022年度法治政府建设工作情况的报告；听取和审议县人大常委会关于2022年规范性文件备案审查工作情况的报告（书面审议）；审议通过关于召开县十七届人大二次会议的决定（草案）；表决通过有关人事事项，接受邱雪萍提出的辞去常山县人民政府副县长职务的请求，决定任命吴昊夫为常山县人民政府副县长。

（黄 波）

重要活动

【领导调研】 2022年11月17日，省人大常委会党组副书记、副主任李卫宁到常山调研人大工作。李卫宁先后考察开发区人大代表联络站建设、浙江先导精密机械有限公司高端精密零部件制造和浙江艾佳果蔬开发有限责任公司产品研发情况。省人大民宗侨外委主任委员宋建勋，省人大常委会代选任工委主任王文娟等参加，市人大常委会副主任、县委书记潘晓辉，县人大常委会主任翁旭东，县委常委、统战部部长姜雪峰，县人大常委会副主任黄国华陪同。

2022年3月10日，市人大常委会主任吴国升一行到常山调研闽浙赣皖四省九方经济区合作工作。吴国升先后考察招贤镇象湖村“香柚湾驿站”和白石镇衢饶示范区建设情况，并召开座谈会。市人大常委会副主任、县委书记潘晓辉，县人大常委会主任翁旭东，县委常委、副县长邱雪萍陪同调研。

2022年7月5日，市人大常委会主任吴国升到常山开展《浙江省综合行政执法条例》执法检查。吴国升先后考察辉埠镇政府基层执法队伍建设运行情况和常山县“大综合一体化”执法改革情况，并召开座谈会。市人大常委会副主任童炜鑫，市人大常委会副主任、县委书记潘晓辉，市人大常委会秘书长赖瑞洪，县领导翁旭东、杨力军、李德生、朱建忠陪同检查或参加座谈。

【工作评议】 2022年，县人大常委会依法对县公安局、县农业农村局工作进行履职评议，广泛征集被评单位、人大代表、服务对象意见建议，发放调研问卷207份，收回207份，调查收集、梳理反馈意见173条，召开不同层面座谈会20多次，提出评议意见70多条。

（黄 波）

小资料：人大代表优秀议案

关于举全县之力聚集两大产业发展，加快推进共同富裕示范区县域典范建设的议案

一、案由

高端装备零部件产业和“两柚一茶”产业是常山县最具发展潜力和辨识度的“两大产业”，必须凝心聚力、强化合力、精准发力，扬优成势，为奋力争当高质量发展建设共同富裕示范区县域典范，加快建设“浙西第一门户”提供强有力的产业支撑。

二、案据

1. 高端装备零部件产业集聚度不高。常山县经济总量不大，规模效应和集群效应不明显，核心竞争力不强，高端装备零部件产业发展还存在比较明显的短板弱项。企业带动力不强。传统产业多，如纺织、轴承等，投资周期长，企业转型难，发展缓慢，对高端装备零部件产业带动作用有限。科技创新力不足。企业层面，普遍缺乏技术创新的动力和实力，企业规模小、技术层次低。产品层面，比较单一，产品品质和附加值不高，缺乏自有品牌和自主知识产权，新技术新装备应用缓慢，企业改造提升发展意愿不强。产业层面，仍处于以零部件生产和加工装配为主的中低端产业链，缺乏先进制造技术的研发和应用。制度层面，普遍缺乏健全、高效的创新机制，企业内部缺乏适合技术创新人才脱颖而出的激励机制。人才工作偏重于“引”，对“用”“留”环节关注和统筹不够。

2. 常山胡柚产业规模化程度低。2022年有50亩以上精品常山胡柚种植户100余户，面积只有2万多亩，占比不足五分之一，70%仍然是散户，制约整体品质提升。加工产业链条不长，主导产品市场占有率低，加工消耗量较少。对常山胡柚功能性物质开发利用不深入，产业规模化集约

化程度不高。农业经营主体实力不强，生产经营者大多数是传统农户，主体实力不强，市场带动力不足，营销方式落后，品牌影响力不够。香柚产业结构过于单一。种植公司仅有1家。三产融合水平不高，一、二、三产融合进展缓慢，急需统筹规划。助农链接不够紧密，未形成牢固的“产业+企业+农户”利益输送链，难以实现推动产业发展。油茶产业专业化管理技术水平低，油茶从业者基本是传统农户，缺少有文化、懂技术、善管理的新型职业农民，严重制约农业新型业态的发展。高产高质林面积占比小，老油茶林产量极不稳定。油茶企业规模小，全县仅有一家国家林业重点龙头企业，竞争力不强。

三、建议

（一）锚定目标，精准发力。

1. 要在扩量提质上下功夫。建立高端装备零部件、“两柚一茶”两大产业研究小组和服务小组，推进“两大产业”强链、补链、延链，打造体系完备、科技含量高、实力雄厚的“两大产业”。要由县领导领衔挂帅，专门服务哲丰、斯凯孚、大和热磁、小乔体育、众卡运力，并制定配套项目发展攻略，推动这些企业加快在常山县投资二期、三期，带动常山县高端纸、轴承、半导体、运动器材等产业迅速发展壮大。聚焦高端装备，围绕航空设备器件、轨道交通设备器件、智能制造设备器件、专用电子设备器件四个关键领域精准发力，力争到2025年年底，全县高端装备零部件产业总产值突破200亿元。从提升种苗质量入手，激励农户扩大常山胡柚、山茶油种植面积，鼓励向大户集中，提升品质和效益。帮助“柚香谷”扩大香柚种植规模，鼓励群众参与香柚种植。要在“两柚一茶”深加工上做足文章，建设体系健全、三产融合的“两柚一茶”标志性产业，力争到2026年底，“两柚一茶”全产业链产值突破100亿元。

2. 要在创新发展上见成效。加强技术创新中心体系建设，加快建设轴承、半导体、常山胡柚、山茶油、香柚等一批创新平台，推动科技创新攻关和科技成果转化，掌握一批自主知识产权，培育一批创新型企业。围绕打造省级“未来工厂”、智能工厂/数字化车间，深化数字经济“一号工程”，促进高端装备零部件、“两柚一茶”两大产业制造关键工序智能化改造、关键岗位机器人替代、生产过程优化、供应链协同，培育一批智能制造标杆项目，数字经济核心产业增加值大幅提高。

3. 要在品牌效应上求突破。深入实施“凤凰”“雄鹰”“雏鹰”“放水养鱼”和单项冠军培育行动，建设一批有核心竞争力的“单项冠军”和专精特新“小巨人”企业。加大入典对接，尽快使常山风胡柚加入《中国药典》。加大宣传力度，不断提升“一份常礼”常山胡柚品牌知名度，推动“两柚一茶”产品进入全国主流消费平台，形成覆盖全国的线上、线下营销网络。加大扶优扶强力度，力争尽快在高端装备零部件、“两柚一茶”两大产业上有几家企业获得上市，实现常山县上市企业“零”的突破。

（二）强化保障，精准施策。

1. 政策保障。政府要抓紧制定出台一整套支持激励优势企业、优势产品加快发展的政策体系，如激励政策、支持政策、保障政策、服务政策、金融政策等，构建发展高端装备零部件业和“两柚一茶”产业的政策“洼地”。

2. 服务保障。全县上下要按照县委“产业为王，工业强县”要求，树立“一盘棋”思想，全力支持企业项目建设、企业生产、招工办事等事宜。开通企业办事“绿色通道”，倡导“保姆式”服务，把“最多跑一次”落到实处，打造企业发展的服务“高地”。

3. 要素保障。要制定主导产业发展的要素保障制度，优势企业的项目优先决策审查、优先供应建设用地、优先保障用能权与排污权、优先使用产业发展基金，促进企业优质项目快速落地、快速建设、快速投产。

（三）突出重点，精准破题。

1. 要破解产业招商难题。要千方百计抓项目、抓招商、抓实体经济。围绕常山县主导产业，对新材料、数字经济、高端装备制造、“两柚一茶”等产业进行深度剖析，编制一批招商目录重点招商，形成产业链。组织专业评估小组开展招引企业或项目的落地准入评估，从产业发展方向、产业政策、亩均效益、用能大小、带动效应等方面进行综合评价，精选符合主导产业做大做强、符合产业发展政策的企业或项目落地建设。

2. 要破解产业发展难题。要把技术创新作为高端装备零部件和“两柚一茶”由“常山制造”向“常山智造”转变的“催化剂”。要改造提升传统产业，尤其是在常山县占据重要地位的轴承行业，要以效益增长和竞争力增强为目标，引导企业更加注重装备投入、新品开发、技术攻关，提升产品质量和生产效率，焕发新的活力。要推进企业战略扩张。选择一批规模较大、效益较高、成长性好的企业如哲丰系、大和系、小乔系、众卡系集群发展，扩大龙头企业带动效应。要坚持以企兴园、以园兴业、以业兴县。加快产业发展平台建设，推进产业集聚，为科技含量高、附加值大、成长性强的好项目提供孵化裂变空间。以园区转型升级推动产业升级，引导产业园效益项目集聚发展，做大经济总量，提升发展质量。

3. 要破解人才紧缺难题。建设轴承产业大脑和精密基础件综合体等平台，搭建高端装备零部件的技术创新合作平台，为县内企业与国内外高校院所、院士、博士、高级专家开展技术创新合作牵线搭桥。建立高端装备零部件产业和“两柚一茶”产业发展中心，开展专业服务、跟踪评估、制定产业政策和技术指南、筛选产业项目。鼓励企业建设“飞地型”研发机构，与高校院所建立紧密型的产学研合作关系，开展科技成果应用与转化。开展产业共性技术难题攻关，推进形成“政府出资、行业出题、高校解题、企业助题”的创新机制，合力攻克一批共性技术难题。成立事业型的工业研究院，招引主导产业发展需要的博士、硕士、本科生、行业专业技能人才。建立“多向”流动机制，优秀人才可以全职流向企业，通过考核也可流向经济部门，为政府培养“两专干部”，年轻公务员按照专业可以流向研究院挂职锻炼。建立多层次引培机制，结合重点企业、关键岗位的人才需求情况，制定专项人才政策，大力引进“落地型”“飞雁型”“共享型”的各类专业人才，激发企业、职业院校、平台机构引进和培养技能人才的积极性。

（杨春柳）

综 述

【概况】 2022年，常山县人民政府（简称县政府）按照“疫情要防住、经济要稳住、发展要安全”工作总要求，围绕“浙西第一门户”战略目标，落实“八大行动”，推动县第十四次党代会各项决策部署落地。全年地区生产总值200.6亿元，比上年增长4.1%；财政总收入26.6亿元、一般公共财政预算收入16.61亿元，分别比上年增长7.3%和10.7%；固定资产投资比上年增长11.2%，规模以上工业增加值比上年增长10.2%，城乡居民人均可支配收入分别比上年增长6%、7.8%，社会消费品零售总额比上年增长7.9%。美丽大花园建设工作获省政府督查激励。

【产业转型提速】 2022年，常山县出台“工业新政20条”，启动科技创新三年行动，加快推进产业转型。高端装备零部件、“两柚一茶”总产值分别达65亿元、40亿元。产值超亿元工业企业48家，新增规模以上工业企业（含小升规）21家，入选省“专精特新”中小企业名单7家。先导精密、环宇轴承入围工信部专精特新“小巨人”，实现“破零”。纳税超亿元企业增至5家，通过浙江制造“品字标”认证企业9家。新认定国家高新技术企业28家、省科技型中小企业67家，新增专利969件，入选“山区26县”科技成果转移支付试点县，灿宇纺织、长盛化工、艾佳食品获省“尖兵”“领雁”立项，规模以上工业企业研发经费占营业收入比重为3.4%，居全市第一。实施数字化改造项目19个，数字经济核心产业制造业增加值比上年增长12.4%。常山县入围全省县域商业体系建设示范名单，现代物流创新发展区入围省现代服务业创新发展区，元坳康养、麦迪森等项目被列入省服务业重大项目。引进天马股份，实现上市公司“零”的突破。实施提质转型攻坚行动，累计整治出清企业50家，盘活低效用地800亩，“新都里”生活中心建成投用。推进生态园区综合整治，安全风险由B级降到C级。推进特色生态产业平台建设，新增工业熟地1400亩。高质量打造科创平台，创成省级院士专家工作站2家、省级博士后科研工作站2家、省级博士创新站2家，科创中心完成主体建设。油茶产业创新服务综合体通过省级验收，精密基础件综合体通过省年度绩效评价。

【有效投资跃进】 2022年，常山县固定资产投资首破百亿元，占全市总量突破10%，“五个投资结构”（交通、能源、水利，高新技术投资，制造业投资，建安投资，房地产投资）全部实现正增长。衢州市首个纳入国家级交通规划的常山江航电枢纽项目顺利开工。总投资90亿元的华创铜箔项目成功签约并落地。富乐德氧化铝、新枫新材料入选省重大产业项目盘子，外港安置房工程、鹤丰新材料等7个项目被列入省重点项目计划，龙潭水库、324省道等7个项目入选拟实施省重点项目名单。省、市重点项目和集中开工项目全部入库出数，开工率、入库率均居衢州市第一。县重点项目开工率、入库率均超90%，创历史最高。建立招商引资项目全闭环推进机制，优化“区域+产业”招商队伍，引进亿元以上重大项目22个，实际到位资金42亿元，亿元以上项目签约率、落地率均排名衢州市第一。实际利用外资3553万美元，总量及完成率均居衢州市第一。“山海协作”产业园连续两年获评全省工业类产业园一等奖，产业飞地成功入驻5个项目，实现投资1.7亿元，“消薄”飞地年收益增至1330万元。衢饶示范区建设稳步推进，正式签订《常玉战略合作框架协议》，首批24个合作事项加快落实。

【要素集成保障】 2022年，常山县累计争取上级转移支付和债券资金59亿元，总额排名衢州市前列。常山江航电枢纽和开发区有机更新项目获6.9亿元政策性金融工具支持，排名山区26县第二、衢州市第一。入选全省首批区域性股权市场创新试点县，完成股交中心挂牌企业4家，居衢州市第一位。全域土地综合整治连续两年绩效考核排名全省第三，同弓全域整治项目获省级精品工程第一名。完成消化“批而未供”和盘活存量土地4500余亩，争取年度新增建设用地计划指标1032亩，获省级下达盘活新增建设用地计划指标785亩。衢州市率先实体化运作人才发展集团，培养常山本土紧缺技能人才3800余人，入选国家引才计划3人、省万人计划高技能领军人才2人，均排名衢州市第一。

【改革效应凸显】 2022年，“两山合作社”生态云脑迭代更新，登记各类生态资源3350项，发放生态贷款4.8亿元。“两山合作社”改革入选全省乡村振兴十佳创新实践、首批共富最佳实践名单，获省改革突破奖。强村富民集成改革成为全省试点，“扩中”“提低”改革和“共富果园”模式全县推广。创新“龙头公司+两山合作社+村集体+农户”四方共同体模式，成功入选省高质量发展建设共同富裕示范区第二批试点。气象指数保险智能速办应用入围全省“一地创新、全省共享”“一本账”S0清单，获省委主要领导点赞。入选全省首批数字生活新服务样板县。全面推进省级低碳试点县创建，“低碳果园”数字系统入选全省典型案例。常山胡柚国家地理标志产品保护示范区获批筹建。油茶产业示范园区入选国家林业产业示范园区。

【城乡风貌蝶变】 2022年，常山县全面启动北门历史文化街区保护开发，渡口未来社区、杉德奥莱、文旅博览中心等城市地标拔地而起，临港和清河片区老旧小区改造、全民健身中心、县人民医院二期等完工。新时代美丽乡村建设取得实效，新增省级新时代美丽乡村示范乡镇2个、特色精品村4个、星级农村公厕20座。加快打造诗画风光带，14个重点项目完成投资25亿元，“柚都石镇·共富先行”入选省级新时代美丽乡村共同富裕示范带。青石镇、东案乡、天马街道获评美丽城镇省级样板，浙西门户、文昌阁风貌区获评省级样板。芳村镇园区新村、同弓乡彤弓山村、球川镇后弄村、金川街道徐村村创成省级未来乡村，何家乡樊家村列入中国传统村落。

【生态环境向好】 2022年，常山县新增造林5000余亩。全面完成第二轮中央环保督察27件信访件整改。生态园区地下水污染问题成功销号，入围全省“重大环保督察问题清单”示范榜。芳村石材加工“厂区”变“景区”，成为全省环保督察问题整改正面典型。深入推进辉埠区域环境系统整治，完成神龙建材关停、夏家自然村整体搬迁签约。城区空气优良率达 96.7%，$PM_{2.5}$ 浓度均值创历史新低，常山港地表水、饮用水源地和出境水断面水质 100%达标。常山县在衢州市率先实现城镇村景区化全覆盖，创成省全域旅游示范县、中国健康旅游名县。矿山公园变身浙西“小瑞士”，东方巨石阵、长风渔家乐、村上酒舍成为“山区 26 县”百佳网红打卡点。

【民生福祉扩面】 2022 年，常山县民生支出 46.7 亿元，占一般公共预算支出的 68.7%，创历年最高。推进教育“两创”工作，普通类高考一段上线率达 71.1%，225 名考生分数超“211”高校录取分数线，高考时隔 22 年重圆“清北梦”。完成义务教育段民办学校转公办，常山技工学校建成投用。县人民医院入选国家卫健委首批“千县工程”名单，县妇保院完成二甲医院省级现场评审。创成全国未成年人保护示范县、省级食品安全示范县。全国健康促进县通过省级评估。率先在全国实施肺结核“双免”政策，发病率比上年下降 10.1%。“无障碍”设施覆盖城乡入选全国农村公共服务典型案例。全省率先实现县、乡、村三级助联体全覆盖，发放社会救助金 1.5 亿元，最低生活保障标准提高至 12240 元/年。新增城镇就业 5308 人，开发公益性岗位 792 个。强化助企稳岗，发放稳岗返还等各类补贴 3600 余万元，获省级失业保险调剂金 1727 万元，为衢州市最高。

（张桑露）

县政府常务会议

【概况】 2022 年，县政府常务会议举行 26 次，其中县十五届政府常务会议 1 次、县十六届政府常务会议 25 次。

【县十五届政府第 138 次常务会议】 2022 年 1 月 17 日召开，代县长王永明主持。会议审议《常山县乡村振兴“十四五”规划（送审稿）》《常山县综合交通运输发展“十四五”规划（送审稿）》《2021 年度土地整治项目资金奖励方案》，讨论《关于常山县综合行政执法事项划转清单（2021 年）的通告》，听取《关于与浙江财通资本投资有限公司开展基金合作及设立常山县柚富股权投资基金合伙企业（有限合伙）的汇报》《关于 SKF 中国小圆锥滚子轴承生产基地二期项目（工业项目入园协议书）的情况汇报》，研究《关于支持“两山银行”发展的若干意见（试行）（送审稿）》《常山县“两山银行”投资引导基金管理办法（送审稿）》。

【县十六届政府第 1 次常务会议】 2022 年 2 月 14 日召开，县长王永明主持。会议听取《关于常山县 2021 年法治政府建设工作情况汇报》《关于调整我县居民管道燃气工程安装费收费标准的情况汇报》，审议《浙赣（常山）农副产品商贸物流中心项目关于要求享受项目产业扶持资金政策的补充协议书》《常山县肺结核病免费防治工作实施方案（试行）（送审稿）》《常山县人民政府工作规则》《关于常山县人民政府领导分工调整的通知》。

【县十六届政府第 2 次常务会议】 2022 年 2 月 28 日召开，县长王永明主持。会议听取《常山县第二轮中央、省生态环境督察整改问题进展情况汇报》《关于我县当前风险企业情况汇报》《关于浙江大和半导体产业园三期——硅部件、氧化铝项目〈工业项目入园协议书〉的情况汇报》《关于收储浙江柚都生物科技有限公司资产相关情况汇报》，审议《关于引进南京苏文教育集团创办高端民办高中事项（送审稿）》。

【县十六届政府第 3 次常务会议】 2022 年 3 月 21 日召开，县长王永明主持。会议传达学习《河南郑州“7·20”特大暴雨灾害调查报告》，听取《全县安全生产工作汇报》《关于 2021 年我县环境保护目标完成情况和 2022 年环境目标制定情况的报告》，审议《常山黄泥塘“金钉子”省级自然保护区范围及功能区调整方案》《〈常山县产业基金管理办法(送审稿)〉及相关配套文件》《常山信息材料高新技术产业园区高质量发展（2022—2026）行动方案（送审稿）》《关于常山县经济技术开发区高质量发展实施意见(送审稿)》《关于进一步加快推进工业经济高质量发展的若干政策意见（送审稿)》。

【县十六届政府第 4 次常务会议】 2022 年 4 月 11 日召开，县长王永明主持。会议传达学习《全省建设施工和城市运行安全工作会议精神及分析我县相关情况》，听取《常山县防汛工作情况汇报》《关于采用线下邀请招标方式确定常山县 1201 工程（二期）中标单位的汇报》《关于给予浙江耐实轴承有限公司厂房改建补助的情况汇报》《关于明确“退散进集”政策意见相关问题的汇报》《关于 320 国道改建工程（常山段）下穿衢九铁路桥孔工程相关事宜的情况说明及建议的汇报》《关于加快建设三级寄递物流共配体系建议的汇报》，审议《常山县渡口未来社区教育中心工程采用设计、采购、施工总承包（EPC）招标模式的事项》《上海温嘉实业有限公司相关工业项目入园协议书》《常山县事业单位管理岗位职员等级晋升制度初步实施方案(送审稿)》《关于进一步加强行政事业单位国有资产管理工作的补充通知（送审稿)》。

【县十六届政府第 5 次常务会议】 2022 年 4 月 23 日召开，县长王永明主持。会议传达学习全省公安局长会议、全市公安工作会议精神，听取全县公安工作情况汇报，听取《常山县备案非标电动自行车淘汰置换工作情况汇报》《关于浙江富乐德二期——高纯石英部件项目〈工业项目入园协议书〉的情况汇报》《关于推进金融改革发展与服务企业工作情况的汇报》《关于要求明确县开发区提质转型攻坚行动（一期）项目资金补偿办法的情况汇报》，审议《关于公布 2022 年度县政府重大行政决策事项目录的通告（送审稿)》《关于维和药业（妙香苑）销售总部及仓储项目享受中介招商奖励的情况说明》《常山县驻外招商工作管理暂行办法(试行)》，研究《常山县生态工业园区地下水污染管控工程（二期）项目子项目招标方式事宜》。

【县十六届政府第 6 次常务会议】 2022 年 5 月 9 日召开，县长王永明主持。会议传达学习《浙江省综合行政执法条例》，听取《关于常山港治理一期工程施工Ⅷ标“合同剩余工程量”材料价格调整事宜的情况汇报》，审议《常山县深化“大综合一体化”行政执法改革工作方案》《常山县人民政府房屋征收补偿决定书》《常山县人民政府关于常山县江滨和西门片区城市有机更新项目国有土地上房屋征收补偿决定的公告》。

【县十六届政府第 7 次常务会议】 2022 年 5 月 23 日召开，县长王永明主持。会议传达《学习贯彻习近平总书记重要指示精神及国务院安委会 15 条重要措施和省委省政府 25 条实施意见》，研究《常山县乡镇（街道）公办敬老院“公建民营”实施方案（送审稿)》，听取《关于浙江富乐德半导体材料科技有限公司碳化硅项目〈工业项目入园协议书〉的情况汇报》，审议《关于废止〈县属国有公司（城投集团）实施建设工程项目审批程序优化问题的备忘录〉及〈县十六届政府第 64 次常务会议纪要部分条款〉（送审稿)》《关于引进海亮教育集团托管城东中学有关事项（送审稿)》《关于常山县第一中学与杭州学军中学合作办学的有关事项（送审稿)》《共建国研经济研究院（浙江常山）共同富裕研究中心战略合作框架性协议（送审稿）》《常山县关于进一步支持市场主体纾困发展的若干政策意见（送审稿）》《常山县争先创优工作考核评价办法（试行）（送审稿）》。

【县十六届政府第 8 次常务会议】 2022 年 5 月 31 日召开，县长王永明主持。会议研究《常山县规范民办义务教育发展工作实施方案（送审稿）》《常山县经济稳进提质攻坚行动方案（送审稿）》。

【县十六届政府第 9 次常务会议】 2022 年 6 月 13 日召开，县长王永明主持。会议传达学习《浙江省行政规范性文件管理办法》，听取《“七张问题清单”有限空间作业安全整治工作汇报》《2022 年政府投资非重点项目编排情况汇报》《关于收购浙江天洁环境科技股份有限公司的汇报》，研究《社区规模优化调整的事项》，审议《常山县竞技体育奖励办法（送审稿）》《腾云・现代旅游根据地渣濑湾项目政策建议（送审稿）》《常山县招商引资中介奖励办法（送审稿）》《关于高质量推进企业对接多层次资本市场的实施意见（送审稿）》《浙江移和农业发展有限公司农光未蓝共富产业园框架合作协议》。

【县十六届政府第 10 次常务会议】 2022 年 6 月 20 日召开，县长王永明主持。会议审议《关于进一步促进我县房地产市场平稳健康发展的通知（送审稿）》。

【县十六届政府第 11 次常务会议】 2022 年 6 月 24 日召开，县长王永明主持。会议审议《重大招商引资项目投资协议书》。

【县十六届政府第 12 次常务会议】 2022 年 6 月 29 日召开，县长王永明主持。会议传达学习《中华人民共和国行政处罚法》，听取《关于优化电网建设项目政策处理补偿方式》，审议《常山县小额工程项目交易管理办法（送审稿）》《常山县事业单位和机关工勤人员绩效奖金发放实施方案（送审稿）》《常山县规范民办义务教育“一校一策”工作方案（送审稿）》《常山东案抽水蓄能电站项目前期开发委托协议》。

【县十六届政府第 13 次常务会议】 2022 年 7 月 11 日召开，县长王永明主持。会议传达学习《〈关于更加有效发挥统计监督职能作用的意见〉及全省落实国家统计督察反馈意见整改工作动员部署视频会会议精神》《全国安全生产电视电话会议精神》《浙江省防指令第 1 号》《浙江省防指令第 2 号》，听取《浙江省常山县神龙建材有限公司出清的情况汇报》，研究《关于加快推进轴承产业高质量发展的若干政策（试行）（送审稿）》，审议《常山县水生态环境保护暨治水长效战 2022 年度工作计划》《常山县 2022 年清新空气行动实施计划》《常山县土壤、地下水和农业农村污染防治 2022 年工作计划（送审稿）》《关于常山县 2021 年度财政决算草案的报告》《关于常山县 2022 年 1—6 月财政预算执行情况的报告》《关于常山县 2021 年度财政预算执行和其他财政收支的审计工作报告》《关于常山县 2022 年 1—6 月国民经济和社会发展计划执行情况的报告》《关于 2021 年度常山县国有资产管理情况的综合报告》《常山县行政事业单位公款竞争性存放管理办法（送审稿）》《香柚湾田园综合体建设项目投资协议》《常山县矿山博物馆地块建设项目集体土地征收房屋补偿安置方案》《常山县公安局交通警察大队业务用房及县行政服务中心交通分中心建设项目集体土地征收房屋补偿安置方案》《关于给予蒋招达同志记个人三等功的决定（送审稿）》。

【县十六届政府第 14 次常务会议】 2022 年 7 月 25 日召开，县长王永明主持。会议听取《〈常山县生态环境保护工作责任规定〉修订工作的汇报》《关于收购常山县赛得健康小镇 11 号部分地块及建设健康驿站的汇报》《关于北门历史街区项目一期相关政策的汇报》

《半年度经济形势分析汇报》，审议《农民集聚工程分批集聚安置方式、〈农民集聚工程相关问题政策解读和操作规范〉及赵家坪四期、招贤镇安置区安置房价格有关事项》《常山县〈浙江省居住证〉互认制度改革工作方案》《关于给予常山县第一中学记集体三等功、常山县紫港中学和常山县实验中学集体嘉奖的决定（送审稿）》《常山县人民政府 玉山县人民政府战略合作框架协议》。

【县十六届政府第15次常务会议】

2022年8月1日召开，县长王永明主持。会议听取《2021年常山县食品药品安全工作总结及2022年工作要点汇报》《关于申请追加生态工业园区污染土清挖处置费用的情况汇报》，审议《关于调整常山县食品药品安全委员会成员的通知》《常山县食品药品安全工作评议考核办法》《常山县人民政府关于废止、宣布失效和修改部分文件的通知（送审稿）》《常山县2022年招商引资考核办法（送审稿）》。

【县十六届政府第16次常务会议】

2022年8月15日召开，县长王永明主持。会议听取《常山县工业项目履约情况汇报》《城投集团关于组建浙江常山人才发展集团有限公司的汇报》《城投集团关于常山县旧城改造（狮子口片区）开发项目估算调整的情况汇报》，审议《关于进一步加强教育系统人才队伍建设的实施意见（送审稿）》《常山县美丽公路（一期）工程PPP项目合同之补充协议（四）》。

【县十六届政府第17次常务会议】

2022年8月22日召开，县长王永明主持。会议听取《常山县人民政府与浙江省股权服务集团战略合作协议》《关于推进区域性股权交易市场试点实施方案》《关于赛得健康产业园相关情况》的汇报，研究《关于加快推进卫生健康事业高质量发展助推共同富裕的实施意见（送审稿）》《关于进一步加强卫健系统学科和人才队伍建设的实施意见》，审议《慈溪—常山山海协作“产业飞地”共建协议（送审稿）》《慈溪—常山山海协作“产业飞地”共建协议补充协议（送审稿）》《慈溪—常山山海协作“产业飞地”开发实施方案（送审稿）》《关于实施五项工程推进义务教育高质量发展的意见（送审稿）》。

【县十六届政府第18次常务会议】

2022年9月6日召开，县长王永明主持。会议传达学习《关于进一步强化安全生产责任落实坚决防范遏制矿山重特大事故的若干措施》并研究《国家矿山安全监察局江苏局赴常监察相关问题》，听取《关于浙江瑞雪电子有限责任公司年产1100万片电子制冷片及浙江昂达医疗器械有限公司年产20万台电子治疗仪生产项目〈工业项目入园协议书〉》《关于常山县文化旅游博览中心工程款支付比例调整》《2022年常山县重点建设及重大前期项目中期调整》的汇报，研究《关于常山县殡葬基本服务全流程免费的通知（送审稿）》，审议《关于加快推进建筑业高质量发展的实施意见》《常山县贯彻落实省委生态环境保护专项督察报告整改方案》《科技助推“工业强县、产业兴县”三年行动方案（2022—2024）（送审稿）》《常山县全域禁止经营燃放烟花爆竹工作方案（送审稿）》《关于在全县范围禁止经营燃放烟花爆竹的通告（送审稿）》。

【县十六届政府第19次常务会议】

2022年9月27日召开，县长王永明主持。会议传达学习全国安全生产电视电话会议并研究贯彻落实意见，听取关于县第十七届人大一次会议正式议案和县政协十届一次会议重点提案答复的汇报和《2022年常山县禁毒工作情况》的汇报，研究《关于公布常山县新增综合行政执法事项目录（2022年）的通告》，审议《关于完善乡镇（街道）财政管理体制的通知（送审稿）》《常山县国有土地上房屋征收房票安置实施办法（试行）（送审稿）》《关于进一步支持服务业高质量发展的若干意见》《关于打造省际职业教育高地的实施意见（送审稿）》《常山县大桥头乡浮河村坡地村镇项目安置房定价及土地划拨出让事项》《关于全过程委托县农投集团收储竹园小区24栋土地相关事项》《关于中国观赏石博览馆观赏石续租有关事项》。

【县十六届政府第20次常务会议】 2022年10月17日召开，县长王永明主持。会议听取《浙江省常山县龙潭水库工程项目前期工作情况》的汇报，研究《常山县创建未来乡村工作方案（2022—2025年）（送审稿）》，审议《常山县同弓乡全域土地综合整治项目（二期）补充协议（送审稿）》《常山县国有土地上房屋征收补偿和奖励标准》《常山县房屋征收重置价格、附属物、构筑物补偿参考价格及装饰装修补偿参考价格（送审稿）》《常山县何家乡黄冈生态配套项目集体土地征收房屋补偿安置方案》《常山县宋诗之河之“赵鼎考古文化”项目集体土地征收房屋补偿安置方案（送审稿）》《常山县人民政府质量奖管理办法（2022年修订）》《现代物流产业示范基地项目合作协议书（送审稿）》《常山县人民政府与浙江中医药大学附属第二医院（浙江省新华医院）医疗合作帮扶协议（送审稿）》。

【县十六届政府第21次常务会议】 2022年10月27日召开，县长王永明主持。会议听取《关于赛得健康产业园相关情况的汇报》《关于收购常山县赛得健康产业园11号地块1～6号楼在建工程建设健康驿站储备项目的事项汇报》，审议《常山县主城区老城单元A—07地块安置用房回购要约相关事项》。

【县十六届政府第22次常务会议】 2022年10月31日召开，县长王永明主持。会议审议《关于我县2022年地方政府债务限额及新增债务预算调整方案的报告（送审稿）》《常山县2022年财政预算调整方案（送审稿）》《关于常山县企业应急专项资金委托运作管理办法的汇报（送审稿）》《2022年电力需求响应补贴实施办法》《生态园区二期集中供热建设方案（送审稿）》，听取《关于宁波君屹电子科技有限公司年产智能清洁产品（洗地机等）525万台（套）、小家电及配套产品项目〈工业项目入园协议书〉及浙江锦禾农业科技有限公司资产收储相关情况》。

【县十六届政府第23次常务会议】 2022年11月17日召开，县长王永明主持。会议传达学习《新修订的〈反垄断法〉及公平竞争法律制度热点解读》，审议《常山县“十四五”国家重点生态功能区县域生态环境质量考核工作实施方案》《常山县农贸市场片区城市有机更新项目国有土地上房屋征收补偿方案（送审稿）》《常山县实验小学有机更新项目国有土地上房屋征收补偿方案（送审稿）》《常山县特色生态产业平台项目集体土地征收房屋补偿安置方案（送审稿）》《常山县文峰西路西延工程集体土地征收房屋补偿安置方案（送审稿）》《常山县安全生产委员会成员单位安全生产工作职责（送审稿）》《常山县红宇烟花爆竹有限责任公司人员安置和未售烟花爆竹处置方案》《关于创建全国义务教育均衡发展县和全国学前教育普及普惠县推进情况的报告（送审稿）》《关于常山一中—慕华成志教育资源合作的有关事项（送审稿）》，研究《“常山县溪东碧水两湾乡村共富建设项目”开发建设模式的事项》，听取《中共中央政治局常务委员会关于进一步优化防控工作的二十条措施和全国、全省新冠肺炎疫情防控工作电视电话会议精神汇报》《关于明确常山县技工院校建设实际财务成本差额补助事宜的情况汇报》《国资国企改革长效机制建设情况的汇报》。

【县十六届政府第24次常务会议】 2022年11月28日召开，县长王永明主持。会议审议《常山县“U

见老兵”尊崇服务体系建设行动方案（送审稿）》，研究《常山县油茶产业高质量发展三年（2023—2025）行动方案（送审稿）》，听取《关于深圳市科铭智能投资控股有限公司年产120万把智能门锁、50万台净水器、50万台空气净化器、10万台扫地机器人等智能家居项目〈工业项目入园协议书〉相关情况的汇报》，研究《常山县健康驿站应急隔离中心（11号地块8号楼）项目施工总承包发包方案》，审议《关于收购常山县赛得健康产业园11号地块1～6号楼在建工程建设健康驿站储备项目的补充事项》。

【县十六届政府第25次常务会议】2022年12月26日召开，县长王永明主持。会议研究《2023年春节期间“送温暖”活动实施方案（送审稿）》，听取《2022年全县民政工作汇报》，研究《常山县促进残疾人U就业行动方案（2022—2025年）（送审稿）》，听取《常山县落实粮食安全责任制工作情况的汇报》《关于常山县北门历史文化街区项目原EPC合同调整及其他相关事项的情况汇报》《关于申请常山县经济开发区有机更新项目（二期）招标采用“评定分离”的情况汇报》，研究解决芳村未来乡村建设遗留若干问题，听取《关于赛得健康产业园相关情况的汇报》，审议《关于引进“最慧学”作业管理服务合作项目的有关事项（送审稿）》《常山县人民政府 上海大学战略合作协议（送审稿）》《常山县公共停车位改造提升项目资产盘活方案（送审稿）》《常山县2022年预算执行情况及2023年预算草案的报告（送审稿）》，听取《关于要求收储浙江常山必拓塑业有限公司、浙江云泰电子有限公司资产的情况汇报》。

（张桑露）

政府办公室工作

【概况】2022年，县政府办公室围绕县委县政府中心工作，牵头制定出台一系列推动常山高质量发展的政策措施，统筹做好强产业、控疫情、优生态、促改革、惠民生各项工作，以精细高效服务践行“坚强前哨”和“巩固后院”职责定位。严把公文关口，全年完成领导讲话、工作情况汇报等各类文字材料300余篇，收发文件3660件；完成26次县政府常务会议、24次政府党组会议、21次政府工作例会等会务组织工作，召开专题协调会议60余次，形成专题会议纪要22个，破解各类难题70余个。

【政务信息】2022年，县政府办公室坚持“信息跟着工作走”，编发县本级刊物《增刊》20期、《参阅》16期、《要情快报》28期，获县政府领导批示16条。撰写上报省、市政府办信息300余篇，被省、市采用132篇，单篇获省、市领导批示肯定11条，比上年增长83.3 %。其中，获市委、市政府主要领导批示4条。

【督察督办】2022年，县政府办公室围绕重点工作、向上争取、领导批示等，建立督查督办清单，实行登记、交办、反馈、审核、办结的全流程闭环管理，全年编发《县长交办事项周反馈报表》52期，下发亮灯事项通报10期、政务交办单45期、《县级机关各单位向上争取情况月通报》12期。办理县长批示件130余件，办结完成率100%、及时反馈率100%。承办人大议案建议170件、政协提案192件，见面率、按期办复率、满意率均为100%。

【数字政府】2022年，县政府办公室加快政府数字化转型，全面推行“无纸化”会议，出台全新政府议事规则，创新办文效能指数、政务督查亮灯等系列机制，整合政策43项。牵头开展数字政府建设，4次在全省共同富裕大会等省级大会上作典型发言，获得国家试点并取得成效18个，形成制度和理论成果23个，生态资源云脑应用与省市多个系统打通，被外省多地复制推广。

（张桑露）

大数据发展管理

【概况】 2022年，常山县大数据中心（简称县大数据中心）坚持集约高效，共建共享理念，统筹推进数字化项目管理、数据平台建设、综合应用攻坚等工作。做好疫情防控精密智控，迭代升级“537”疫情防控协同应用，数字赋能守住浙江“西大门”。《常山迭代升级“537”平台 提升疫情防控精密指控水平》获副省长成岳冲批示肯定。

【数字化项目管理】 2022年，县大数据中心强化源头管理，完善县级政府投资数字化项目全生命周期管理实施细则，将应用编目、云资源申请等纳入项目评审关键指标，推进数字化项目集约规范建设。备案审批数字化项目412个，累计核减县级各单位数字化项目预算4330万元，暂停重复建设项目1个。

【数据平台建设】2022年，县大数据中心推动“常山U点通”“无限爱”等8个特色应用上架“浙里办”、14个特色应用上架“浙政钉”。县级公共数据仓归集治理有效数据4.2亿余条，IRS系统上架组件9个、信息项2313条、数据接口15个，数据项35102条，为“两山合作社”生态云脑、智慧园区平台、气象指数保险等特色应用建设提供有力支撑。

【基层智治】 2022年，县大数据中心集中攻坚基层智治综合应用“一图两指数三台四跑道”建设。完成基层智治综合应用1.0版攻坚任务，集成重大贯通应用和16个自建应用，实现基层智治指标“一屏统览”、实时监测，提高基层智治风险防范和应急处置能力。率先部署上线“天行鉴无人机智慧巡检服务”，打通“基层治理综合信息平台”，实现巡检预警信息实时推送、快速流转、闭环处置，为“大综合一体化”行政执法改革提供有力支撑。

（洪　震）

政府咨询工作

【概况】 2022年，常山县人民政府咨询委员会（简称县咨询委）坚持以习近平新时代中国特色社会主义思想为指导，深入贯彻中共二十大精神，围绕县委、县政府的经济社会发展战略部署和各项中心工作安排，以“忠诚、超脱、务实”工作理念，着重在产业发展、民生事业、城乡建设、乡村振兴、共同富裕等方面开展课题研究和咨询论证。12月，县咨询委完成换届工作，新一届县咨询委组成人员58人。

【县咨询委换届大会召开】 2022年12月9日，县委、县政府举行县咨询委换届大会暨颁发聘书仪式。市咨询委主任黄会荣、秘书长胡智宏应邀到会祝贺和指导。县四套班子领导潘晓辉、王永明、翁旭东、许茂华，县咨询委顾问余鹤樑参加。会议由县委副书记、

2022年12月9日，县委、县政府举行常山县人民政府咨询委员会换届大会暨颁发聘书仪式　（县咨询委秘书处　供图）

县长王永明主持，县委组织部部长陈翊宣读新一届县咨询委组成人员名单，县咨询委主任戴根林做工作报告，市人大常委会副主任、县委书记潘晓辉到会并讲话。会上，市、县领导为受聘委员代表颁发聘书。

【调研课题成果转化】 2022 年，县咨询委聚焦热点、难点问题，开展调查研究，完成《关于进一步加快我县人口集聚推进新型城镇化的若干思考》等 8 篇咨询报告，供县委、县政府领导决策参考。其中，《关于进一步加快我县人口集聚推进新型城镇化的若干思考》《关于我县金融支持工业强县的实践、存在问题及对策建议》课题报告获县委副书记、县长王永明的批示，《关于高质量打造浙西第一门户“宋韵常山”的几点思考》获县政协主席许茂华的批示，《以文赋能乡村振兴助推共同富裕的几点思考》《关于促进我县乡村民宿高质量发展助力打造共同富裕县域典范的若干思考》获县委宣传部部长姜敏的批示，《从我县县域视角分析绿色金融支持乡村振兴助力共同富裕的几点思考》获县委常委、副县长邱雪萍的批示，《关于进一步放大我县两柚一农产品生态价值产业链优势，加快特色发展的几点思考》获副县长黄晓彬的批示，《关于以“农家乐 2.0”敲开乡村振兴致富门助推共同富裕的几点思考》获得副县长方育娟的批示。这 8 个课题的意见和建议被县政府、县委宣传部、县农业农村局、县文广旅体局等单位吸收和采纳，转化为县委、县政府决策部署。

（杨　登）

机关事务保障

【概况】 2022 年，常山县机关事务保障中心（简称县机关事务保障中心）围绕“八大行动”“六治六提六争”作风建设行动，对照“保三争二拼第一”目标，稳步推进各项工作有序进行。重点抓实“新三公”改革推进清廉机关建设，多次获得浙江省机关事务管理局领导，市、县政府主要领导批示肯定，在全省机关事务相关会议上交流发言 2 次，在县数字化改革推进会暨改革突破“争先创优”PK 赛中获第一名。受理办公用房维修改造申请 70 宗，完成 64 家单位办公用房测绘入库、74 家单位办公用房使用情况的检查和调剂 26 家单位、专班的办公场所，牵头组织实施江滨行政楼停车场改造提升、“公物仓”道路改造等办公环境改善提升工程 10 余个。开展常态化公务用车保障，累计保障全县用车 1.3 万多趟（次），处置 15 辆、更新 7 辆应急保障用车。开展县政府食堂改造提升工程，提升用餐保障水平，增设食堂外卖等新的用餐需求，保障江滨行政楼食堂按期开放。完成各项重大赛事会务活动、重要领导及嘉宾到常山接待和服务保障，接待上级领导、各类客商 360 多批次，累计 5300 多人次，保障各类重要会议 700 多场（次）。完成省委第九巡视组对常山“回头看”为期一个月的巡视接待保障任务。是年，县机关事务保障中心获全省机关事务工作系统先进集体，受到县委、县政府关于执行“十条军规”正面典型事项的通报表扬。

【“新三公”建设】 2022 年，县机关事务保障中心联合县纪委、县财政局结合公务餐、公物仓、公务拼车推出“新三公”工作。县政府机关食堂和江滨行政楼食堂接待公务餐 700 多人（次），完成全县办公用房物资采购审批 350 多次，接收闲置资产 200 多件，累计为 52 家单位、疫情防控隔离点调剂物资 3000 多件，节约资金近 500 万元，公车出行均次费用比上年下降 29%，社会化租车费比上年下降 23.92%。“新三公”改革做法先后被“学习强国”学习平台、中央纪委国家监委网站、浙江省纪委省监委网站、《浙江日报》等主流媒体报道宣传 42 次，入选浙江省坚持党政机关过“紧日子”优秀案例和浙江数字化改革实践创新案例库，获评“基层清廉建设（浙江）十大创新经验”创新奖。公务拼车被列入省数字化改革最佳应用“浙里好管家”子场景，在地方试点 IRS 上关联“浙里好管家”公车一张网应用，并在全市推广。

【疫情防控后勤服务】 2022 年，县机关事务保障中心配合县疫情防控指挥部与相关酒店签订应急征用协议 50 份，累计征用隔离房间 6200 多间，保障用餐 25 万多份，配送办公、生活物资、应急食品 13 万多件，保障物资运送、督查检查、流调协查等用车 8500 多趟次，赴嘉兴市、绍兴市、舟山市等地接送境外人员 100 多趟（次）。年初，做好金华永康市、杭州市到常山隔离人员的后勤保障工作，分发《宋诗一百首》《陪花再坐一会儿》《常山人文》等常山文化书籍 800 多本、常山旅游宣传册 340 多份，建立“流动图书馆”，提供暖心服务。

【助力共同富裕】 2022 年，县机关事务保障中心在公务接待中推荐“柚见 80+”、双柚汁、艾柚香等爆款产品和鲜辣美食，推动“两柚一茶”系列产品、“一份常礼”品牌产品纳入省直机关（省政府）食堂、超市采购体系，支持推动常山县经济跨越式高质量发展。

（黄洪平）

综 述

【概况】 2022年，政协常山县委员会（简称县政协）发挥专门协商机构作用，推进建言资政和凝聚共识双向发力，履行政治协商、民主监督、参政议政职能，实现新一届政协工作的良好开局。全年开展全会协商1次、常委会议协商4次、主席会议协商13次、“请你来协商”6次，向县委、县政府和相关部门报送调研报告和协商意见13篇，为全县经济社会高质量发展贡献智慧和力量。创新U协商履职品牌建设，将常委会协商、“请你来协商”、民生议事堂协商等协商活动统一纳入U协商体系，强化协商闭环管理，扩大政协协商影响力和知名度。组织开展各类U协商活动71场，委员和各界代表参加1200余人次，解决实际问题100余个。

【完善政协民主监督工作机制】 2022年，县政协发挥协商式监督特色优势和重要作用，成立专项民主监督小组，围绕特色生态产业平台建设、优化营商环境、“两山合作社”改革等6个主题开展民主监督，持续监督历年协商成果的转化落实情况。围绕工业重点项目、共富果园建设、省级示范文明县城创建等6个主题组织政协委员视察。深化提案工作“全链条”管理，实行重点提案与协商课题融合，健全党政领导领办、政协领导督办重点提案机制。

【调研协商活动】 2022年，县政协适应省、市、县政协联动履职新常态，承办省政协送卫生下乡、市政协送教育下乡等活动，联合市政协开展“父亲的水稻田”“金源溪畔话共富”等协商活动。完成市政协重点课题调研3项，在市政协民生议事堂现场会上作专题发言，1篇大会发言在市政协八届一次会议上得到市委主要领导批示。围绕县委县政府中心工作，服务发展大局，如聚焦山区26县共同富裕争先进位，开展为期3个月的课题调研，召开专题议政性常委会议，与民生议事堂联动协商。围绕北门历史文化街区文化植入和业态布局开展专题协商，县长王永明参加会议。围绕轴承产业高质量发展，组织课题组开展深入调研，从10个方面提出推动轴承产业“二次崛起”的意见建议。开展工业平台能级提升、“两山合作社”改革、“两柚一茶”产业发展、打造四省边际职业教育高地等课题协商，为县委、县政府决策提供参考。

【工作交流】 2022年，县政协加强各民主党派、群众团体和无党派人士的经常性联系，鼓励和支持党派团体参与政协各项履职活动，重视党派团体提案督办、社情民意信息报送工作。加强与省市政协工作联系，参加省市政协主席读书会。举办浙皖赣三省十二县（市、区）政协工作交流会，签订三省十二县（市、区）旅游合作倡议书。组织市政协常山委员小组开展跨区域视察，接待36批次省内外政协考察团到常山考察。加大政协工作宣传力度，在“学习强国”学习平台、《人民政协报》、省政协“同心苑”、《衢州日报》等媒体上刊登专题报道34篇次，被评为省政协联谊报宣传工作先进单位。开通县政协门户网站，提高政协微信公众号信息质量和活跃度，编辑出版《宋韵常山》。

【自身建设】 2022年，县政协着力构建政协履职思维导图，制定全年12项重点任务清单，分层分类明确任务。制定常委会关于加强自身建设意见、专委会对口联系部门等20余项制度，为破解“两个薄弱”问题提供支持。召开“一府两院”工作通报会、新任政协委员培训会，为委员知情明政搭建平台。重视委员学习教育，举办政协委员履职能力提升培训班。加强委员履职量化考评，组织开展委员小组、乡镇（街道）民生议事堂比晾晒活动，评选表彰先进委员小组3个、优秀委员22人、委员优秀提案10件。将政协委员全部编入专委会，组织委员分批次列席政协常委会，全体委员下沉至村（社）指导“协商驿站”建设。以县政协委员小组为单位，创建8个界别委员工作室，全年开展各类活动32次。新设县政协下属事业单位信息中心，政协工作力量和数字化保障能力得到较大提升。

（樊　蓉）

重要会议

【县政协十届一次会议召开】 2022年1月15—18日，政协第十届常山县委员会第一次会议召开。会议听取和审议县政协常委会工作报告、县政协提案工作报告、县委书记潘晓辉讲话。与会人员列席常山县第十七届人民代表大会第一次会议，听取并讨论政府工作报告、听取并讨论其他报告。会上，8名委员代表各自党派界别围绕综合交通、宋韵文化、产业发展、教育、两山合作社等主题进行大会口头发言，15名委员作书面交流发言。县委副书记、代县长王永明听取委员发言并作重要讲话。

【县政协常委会议】 2022年，县政协召开常委会议4次，分别为：

1月27日，县政协十届常委会第一次会议召开，会议传达省政协十二届五次会议精神；审议通过《十届县政协常委会关于工作机构设置的决定》和《十届县政协常委会关于加强自身建设的

2022年1月16日，中国人民政治协商会议第十届常山县委员会第一次会议召开
（县政协办 供图）

意见》。

4 月 1 日，常山县政协召开十届常委会第二次会议，重点围绕“轴承产业高质量发展”开展协商。

7 月 15 日，县政协十届常委会第三次会议召开，专题协商北门历史文化街区文化植入和业态布局。

9 月 26 日，县政协举行十届四次常委会共富密码U协商会议，市人大常委会副主任、县委书记潘晓辉到会并讲话，省发展规划研究院共富研究中心执行主任、研究员廉军伟应邀出席。会上，县政协调研组汇报课题调研情况，县发改局（社建委）、县住建局有关负责人以及 5 位政协委员围绕相关主题进行发言，新昌乡、大桥头乡、同弓乡通过视频连线的方式围绕“一乡一品”促共富作交流发言。县政协党组副书记、副主席、县政协课题调研组组长姜光明发言，廉军伟就共同富裕工作进行解读，对常山共同富裕争先进位提出意见建议。

2022 年 9 月 26 日，县政协举行十届四次常委会共富密码 U 协商会议
（县政协办 供图）

【县政协主席会议】 2022 年，县政协召开主席会议 15 次，分别为：

1 月 18 日，县政协十届一次主席会议召开，会议审议通过《十届县政协常委会关于工作机构设置的决定》和《十届县政协常委会关于加强自身建设的意见》。

1 月 28 日，县政协十届二次主席会议召开，研究 2022 年度协商视察监督工作计划。

2 月 9 日，县政协十届三次主席会议召开，会议学习传达省市县会议精神；审议 2022 年度协商视察监督工作计划。

3 月 4 日，县政协召开十届四次主席会议暨月度工作例会，审议政协工作履职导图。

3 月 25 日，县政协召开党组会议暨十届五次主席会议，会议审议提出有关人事事项及规章、制度；审议通过《常山县政协委员履职考评办法》《常山县政协委员小组考评办法》《关于进一步加强反映社情民意信息工作的意见》《2022 年常山县政协 • U 学堂委员读书活动方案》；协商确定县政协十届二次常委会议程、县政协十届一次会议重点提案及 2022 年县政协工作“四张清单”。

4 月 13 日，县政协十届六次主席会议召开，会议研究确定 2022 年党建工作方案，研究确定“保三争二拼第一”工作方案。

5 月 19 日，县政协十届七次主席会议召开，会议传达学习中央政治局会议精神、中央政治局常委会会议精神、习近平总书记在中央全面深化改革委员会第二十五次会议上的重要讲话精神、浙江省政协主席黄莉新在全省市县政协主席座谈会、衢州市政协主席方建新在市政协机关干部大会上的讲话精神、中共衢州市委“转作风、讲担当、抓落实”动员大会精神和中共常山县委《关于当前我县意识形态领域形势的通报》；审议《政协常山县委员会关于加强委员会客室建设工作的实施意见》，研究县政协落实意见；

听取数字政协建设工作情况汇报。

6月13日，县政协召开十届八次主席会议。会议审议省市政协工作经验交流材料、市政协民生议事堂现场会交流材料、二季度常委会课题调研报告；协商讨论工业平台能级提升“请你来协商”活动方案、委员小组比晾晒活动方案；研究部署民生议事堂“三位一体”“协商驿站”建设等重点工作。

8月1日，县政协召开党组（扩大）会议暨十届九次主席会议，传达学习习近平总书记在省部级主要领导干部专题研讨班上的重要讲话精神、全省市县政协主席暑期读书会暨专题研修班精神、中共常山县委十四届三次全会精神等内容。

8月15日，县政协召开十届十次主席会议，研究县政协十届常委会第四次会议安排、关于开展民生议事堂“助力共同富裕示范区建设专题协商议事月”活动的方案、浙皖赣三省十二县（市、区）政协第42次工作交流会方案等重点工作。

8月22日，县政协召开十届十一次主席会议，专题学习全市政协主席暑期读书会精神。

10月12日，县政协召开党组（扩大）会议暨十届十二次主席会议，会议传达学习中共中央政治局会议精神和习近平总书记在中央全面深化改革委员会第二十七次会议上的重要讲话精神和市政协方健忠主席关于社情民意信息工作的批示要求等内容，并研究落实社情民意信息、提案办理民主评议、数字政协、除险保安等重点工作。

11月7日，县政协十届十三次主席会议召开，听取县政协副主席范东英关于文史资料《宋韵常山》编辑进度及相关情况的汇报；研究确定数字化改革相关内容和浙皖赣三省十二县（市、区）工作交流等事宜。

12月6日，县政协十届十四次主席会议召开，学习《告全党全军全国各族人民书》。

12月16日，县政协召开十届十五次主席会议，传达学习市委书记高屹到常山调研工作时的讲话精神及全市各县（市、区）政协主席工作座谈会精神。

（樊　蓉）

协商议政

【政协专题视察】 2022年，县政协组织专题视察6次，分别为：

3月10日，县政协组织部分政协委员到何家乡何家村示范型养老服务中心、紫港街道柚苑社区居家养老服务中心参观视察，了解全县养老服务工作发展情况。

4月21日，县政协组织部分委员到渡口未来社区沙洲片区、东淤片区和邻里中心实地视察全县未来社区建设工作情况。

5月16日，县政协组织部分委员到青石镇、招贤镇视察全域土地综合整治工作。

11月3日，县政协组织部分政协委员视察教育卫生项目建设工作。

11月17日，县政协聚焦教育卫生项目建设，到县城南小学、县中医医院新大楼、县人民医院内科新大楼、县文昌小学等项目现场视察，开展民主监督活动。

11月21日，县政协组织部分委员到梅园小区、大东门农贸市场、县人民医院等地视察，了解省级示范文明县城创建工作推进情况。

【政协“请你来协商”活动】 2022年，县政协开展“请你来协商”活动6次，分别为：

4月20日，县政协开展“请你来协商”——道路交通安全管理U协商会议。县政协课题调研组汇报加强道路交通安全管理工作的具体情况和建议，相关部门就有关问题进行现场回应。副县长胡伟民对县政协关心关注道路交通安全管理工作给予肯定。

5月20日，县政协开展“请你来协商”——城区绿道改造提升U协商会议。县住建局汇报常山县城区绿道建设情况，县政协课题调研组汇报全县城区绿道改造提升的具体情况和建议。与会委员围绕绿道项目谋划、城区绿道串联、资金保障等方面提出意见建议，相关部门进行现场回应。

6月17日，县政协召开“请你来协商”——工业平台能级提升U协商会议。县政协首创县级专题协商与乡镇“民生议事堂·U协商”联动，在县大数据中心设立主会场，金川街道、辉埠镇、青石镇同步设立分会场，以视频连线、互动问答的形式，对县工业平台发展建设提出意见建议。

7月1日，县政协召开“请你来协商”——“两柚一茶”产业发展U协商会议。常山县“两柚一茶”领导小组办公室相关负责人就常山县“两柚一茶”产业发展情况作汇报。县政协农资环委课题组对走访调研中发现的常山胡柚品质参差不齐，常山胡柚、油茶亩均效益较低且不平衡，规模化程度不高等问题及意见建议作专题汇报。

9月8日，县政协召开“请你来协商”——破解城区停车难U协商会议。县交警大队、县政协课题调研组汇报相关情况。县创文专班、县交警大队、县资规局等7家单位，对政协委员提出的问题和建议进行现场交流。

9月20日，县政协召开“请你来协商”——打造四省边际职业教育新高地U协商会议。县教育局负责人汇报全县职业教育发展情况，县政协课题调研组提出意见建议。

【2022年立案提案办理情况】

2022年，县政协在提案办理民主评议全覆盖的基础上，召开提案办理协商会、提案办理民主评议工作会，组织开展提案办理“回头看”。全年收到以提案形式提出的意见建议206件，经并案后立案182件。立足增进民生福祉的长期任务，开展医养结合课题调研，围绕养老产业发展、城区绿道提升、未来社区建设等工作组织协商视察。重点抓好提案征集、立案、办理、评议等关键环节，182件提案全部办结。

2022年常山县政协十届一次会议优秀提案一览表

表4

提案号	提案人	提案主题
010	民革常山县基层委员会	关于正视短板，扬长补短在共同富裕赛道上奋力赶超的建议
011	农工党常山总支	关于以宋韵文化为底本彰显“浙西第一门户”独特魅力的建议
081	郑 燕	关于打造高端装备零部件产业发展高地的建议
120	刘艳红	关于挖掘和保护常山县古树名木文化的建议
009	九三学社常山县支社	关于我县“两柚一茶”中茶油产业高质量发展的建议
027	汪小明	关于打造中国好味鲜辣常山美食品牌的建议
095	鲍爱国	关于加快常山香柚产业发展的建议
115	曾晓燕	关于加强农村精神文化建设的建议
134	朱元英	关于海姆立克、心肺复苏急救进校园的建议
160	王文卿	关于加快学前教育普及普惠县创建工作的建议

（樊 蓉）

小资料：政协优秀提案

关于打造以宋韵文化为底本，彰显“浙西第一门户”独特魅力的建议

宋代是浙江历史文化的高峰，浙江更是宋韵文化的重要地理坐标。浙江省委文化工作会议提出，“十四五”时期，浙江要坚持以习近平新时代中国特色社会主义思想为指导，围绕“举旗帜、聚民心、育新人、兴文化、展形象”的职责使命，守好“红色根脉”、增强精神力量，深化文化建设“八项工程”，要在打造以宋韵文化为代表的浙江历史文化金名片上不断取得新突破，实施宋韵文化传世工程。

常山县素有“两浙首站 八省通衢”之称，宋朝时是华夏东南地八千里古驿道上重要的驿站地。靖康之变后，南宋定都杭州，因常山特殊的区位优势，大批宋室大臣及士大夫迁居常山，使常山成为南宋京都后花园。中国共产党常山县第十四次代表大会提出打造“浙西第一门户”，宋韵文化可以是具有鲜明辨识度的第一门户支撑点。全县尚有北门、里择祠两个历史文化街区在老城中心正待开发，为宋韵文化开发传承提供良好的空间。以常山旧城改造为契机，在历史文化街区打造宋韵文化展示窗口是值得研究的课题。

一、宋韵文化的常山特色

北宋时，治所杭州的两浙路（今浙江省全部及上海苏州的一部分）成为全国经济和人口最发达的一路（路为宋代地方行政区划名）。在两浙路境内，钱塘江从东海之滨起，溯水而上至常山县，与江西境内的信江、赣江形成极有影响力的古航道，加上浙江常山至江西玉山两县之间40多千米陆路古道，构建起古代的一条中国东南地区驿道。特殊的区位优势，使得常山成为商旅交聚之地，水陆交汇经贸发达，“西高峰下路，日行人千亿。熙熙复攘攘，日夜行不停”“日看江上千张帆，夜观两岸万盏灯”形象地描述常山水路与陆路的繁忙情景。众多文人墨客、风流名士在常山留下了足迹，常山成为宋韵文化的植根沃土和不可或缺的社会背景。

（一）特色建筑形制。常山的宋代建筑形制融浙式、徽式、赣式及闽北客家建筑风格于一体，形式多样、相互融合，形成特有的建筑风格。通过历史建筑普查情况看，县域内有价值的326处，其中城区88处。北门历史文化街区范围内有省级文物保护单位1处、县级文物保护单位1处、尚未核定公布为文物保护单位的登记不可移动文物15处、历史建筑合院60处、传统历史街巷1条，是常山县传统风貌建筑最为集中、历史文化遗存最为丰富、街巷肌理保存最为完好、人文底蕴最为厚重的历史街区。

（二）名人足迹遍布。宋代时期，常山文化之繁华、经济之兴盛，在周边一带几乎无可比拟。历代文人雅士或游历常山山川，或结识常山之士，留下许多脍炙人口的诗词作品。据不完全统计，两宋时期与常山有关的诗词作品有300多首，代表性人物有王安石、苏轼、米芾、赵鼎、曾几、杨万里、陆游、辛弃疾等。

（三）本土英才辈出。《常山县志》载析，常山历史以来有进士132人，仅宋代就有91人，可见宋代常山文运鼎盛。其中，王介“一门九进士”及江氏家族“一门三御史”“九子十登科”都是常山的骄傲与光荣。宋朝两度拜相的赵鼎被《宋史》誉为“中兴贤相”。

（四）人文遗迹众多。文峰塔，自南宋乾道四年（1168）屹立至今，由此形成塔山“集真观”“半仙亭”“魁星楼”等古遗迹，造就塔山宋韵的典型格局。赵希琯府坛，隐身于常山县城北门老街区，其府御赐“传芳堂”，其家训可为宋韵之风。正逢常山县委、县政府打造“宋诗城”及省文化名城文化街区良好规划实施，这是一种弥足珍贵的载体与元素。四贤祠，是常山人为纪念赵鼎、范冲、魏矼、翁蒙之四位宋代贤能忠义朝廷命官而建造的，祠院

还有环清、仰止两亭。“四贤”之读说，可谓是半部常山宋史。

二、工作建议

（一）加强文化研究，明确目标定位。宋代的科技、文化在历史上十分发达，常山不可能面面俱到开发，要避免流于形式，抄袭原有历史文化街区打造的符号和形式。建议加强宋代科技和形态研究，结合常山历史文化街区资源选择相应的宋韵文化符号和切入点。如以宋代三大发明再现宋韵文化惊奇，宋词中的爱国主义精神、家国情怀文化主题，可建设集“传、教、创、研”于一体的宋韵文化记忆馆。

（二）编制专项规划，引领项目实施。常山宋韵文化内容丰富，可开发和在开发的节点多，建议编制宋韵文化开发专项规划，统筹引领全县城乡各个旅游景点的开发。明确北门、里择祠片区、石博园、三衢石林、何家三贤祠、芳村未来社区、招贤古埠头、东案金源村等节点的宋韵文化开发主题与符号，将碎片化的节点以相应的宋诗或词串成宋韵文化；谋划以宋韵文化传世的山水画、山水诗词、科技、市井文化、农耕文化为主题与符号，串联常山城乡休闲旅游节点和产品，推动旅游开发出成效，提高资金投入的产出比。

（三）广泛凝聚共识，保护开发并重。“浙西第一门户”“一切为了U”品牌建设的中心和主题是为了推动常山发展，满足人民群众对美好生活的追求。因此，在历史文化街区开发中要处理好保护与开发的关系，努力走出一条历史文化街区可持续发展之路。一是处理好留旧与建新的关系，要下足绣花功夫，尽可能不建新，使建筑效益最大化，做实调查、做深去留文章。二是处理好文化主题与空间的关系，围绕宋韵文化确定文化主题，精选相应的物质表现形式，并与已有的空间或即将改造的空间有机结合。三是处理好老生活与新生活的关系，历史文化街区的开发要保留烟火味，让原住民参与，尽可能留住更多的原汁原味的老记忆；科学规划，开发具独特魅力的街区业态，满足原住民和游客的不同需求。四是处理好投入与产出的关系，力戒出现轰轰烈烈大搞建设、冷冷清清惨淡经营的局面，要用游客的视角来审查项目规划和选择项目。

（四）积极向上对接，争取政策支持。紧紧抓住省委实施“宋韵文化传世工程”的契机，争取将常山宋韵文化研究列入省级宋韵文化研究工程系列布局，如争取省级宋韵文化研究院落户常山北门历史文化街区，为常山宋韵文化研究树立官方品牌形象，形成常山特色宋韵文化的系列研究成果，打造浙江宋韵文化展示窗口，充分彰显“浙西第一门户”的独特魅力。

（五）成立管理机构，凝聚推进合力。建议建立宋韵文化保护开发管理机构和工作班子，由县政府领导牵头，宣传、文旅、资规、城投等部门人员组成，实行专班化、专业化运作，具体负责宋韵文化的研究挖掘、规划编制、载体转化、项目推进和融合宣传，整合相关部门的规划、政策、项目等资源，全面统筹和有序推进常山宋韵文化保护开发工作。

（农工党常山总支）

中共常山县纪律检查委员会·常山县监察委员会

综述

【概况】 2022年，中共常山县纪律检查委员会(简称县纪委)、常山县监察委员会（简称县监委)、中共常山县委巡察工作领导小组办公室（简称县委巡察办)，坚持以习近平新时代中国特色社会主义思想为指导，全面贯彻中共二十大精神，认真落实中央、省、市纪委全会决策部署，认真履行监督执纪问责和监督调查处置职责，推动纪检监察工作高质量发展。是年，“四风”查处力度不断加强，信访举报呈“三连降”（检举控告量连续三年下降）良好态势，纪检监察工作群众满意度和辨识度不断提高，为党委政府各项决策部署重重落地提供最优环境、最强动力、最好生态。

【纪检监察工作“1221”高质量发展指标体系位居全市前列】 2022年，县纪委、县监委对照“1221”（1是以清廉衢州建设为1条主线，第一个2是政治监督和基层治理“上下两手抓”，第二个2指审查调查和监督效能“惩治两手抓”，最后一个1是以“铁军锤炼”作为一个支撑）高质量发展指标体系，迭代创新理念思路、体制机制和方式方法，解决监督、办案不平衡不充分问题。其中60项二级考核指标中有57项指标达到预定目标，完成率95%，实现工作整体推进和重点突破相统一。“1221”高质量发展指标考核位居全市第二，比上年度排名大幅跃升。

【创新实施家访“一把手”活动】 2022年，县纪委、县监委起草并印发《关于加强对“一把手”开展家访的实施意见》，由县委、县政府主要领导牵头，县四套班子领导、纪委监委、组织部班子成员共同参与，对县级部门、乡镇(街道) 62名“一把手”开展家访，收集并帮助解决“一把手”家庭困难需求21个，向“一把手”家属提出建议73条。相关做法被中央和省、市媒体宣传报道。

【开展“围炉夜话民心恳谈会”活动】 2022年，县纪委、县监委以行政村为单位，组织纪检干部深入基层一线，通过“纪听民声”察民情、“带信夜访”化积案、“纪法宣讲”送清廉等形式，开展“围炉夜话民心恳谈会”活动，推动纪检工作贴近群众，提升基层监督治理效能。全年走访100余个行政村，收集群众意见建议75条，推动解决问题37个，化解涉纪信访积案20余件。相关经验做法被

《人民日报》纸媒政治版面专题报道。

【率先实施“新三公”制度】 2022年，县纪委、县监委在衢州市率先通过数字化手段，从“吃、用、行”3个小切口推动实现县域公务接待、办公物品采购、公务出行等行政支出规范化、节约化，并探索建立公务餐、公物仓、公务拼车“新三公”制度，推动政府带头过“紧日子”。年内，全县公务接待费用比上年下降61.36%，公车出行均次费用比上年下降29.7%，节约公物资产采购527万元。特别是公务餐制度，在常山样板的基础上在全市推广应用。“新三公”制度得到时任省纪委、省监委主要领导批示肯定，获第三届“基层清廉建设（浙江）十大创新经验”创新奖，被纳入浙江省“坚持党政机关过紧日子十大优秀案例”两例，相关经验做法在中央媒体广泛刊发报道。

【公权力大数据监督应用建设】 2022年，县纪委、县监委争创市场监管系统公权力大数据监督应用试点，被列入全省数字化改革重大应用“一本账”S2清单。围绕关键领域、重点环节，紧盯行权高频、高危事项，制定预警规则，建立精准发现问题的高阶模型，探索形成风险监测、实时预警、跟踪处置、分析研判、精准画像的全流程闭环式应用场景，推动市场监管系统公权力运行更加规范、透明、高效。2022年建立红色预警模型35个，入选省“最佳模型”3个，全省查实红色预警信息601条，推动转问题线索101条，处理652人次。推进基层公权力大数据监督应用迭代升级，实现对村级工程、劳务用工、“三资管理”等6大类基层小微权力事项的动态监测、实时预警、分析研判。全年产生预警信息170条，推动转问题线索21条，处理118人次。

重要会议

【县纪委十四届二次全会】 2022年2月16日，中共常山县第十四届纪律检查委员会第二次全体（扩大）会议召开。市人大常委会副主任、县委书记潘晓辉作题为《纵深推进全面从严治党加快建设人民满意的清廉常山》的讲话；县委常委、纪委书记陈水清作题为《建设人民满意的清廉常山，为加快建设“浙西第一门户”提供坚强保障》的工作报告。会议回顾总结全县2021年党风廉政建设和反腐败工作，研究部署2022年主要任务。

【清廉常山建设推进会】 2022年10月26日，常山县清廉常山建设推进会议召开。市人大常委会副主任、县委书记潘晓辉作题为《纵深推进全面从严治党全力打造人民满意的清廉建设高地》的讲话；县委常委、纪委书记陈水清

2022年2月16日，中国共产党常山县第十四届纪律检查委员会第二次全体（扩大）会议召开 （刘琳玲 摄）

2022 年 10 月 26 日，全县清廉常山建设推进会召开

（童子遇 摄）

宣读全县清廉单元建设成绩突出单位名单。会议强调，以更高站位推进政治清明、更高质量推进政府清廉、更高标准推进干部清正、更高水平推进社会清朗、更高品质推进文化清新，全力打造人民满意的清廉建设高地，为加快建设“浙西第一门户”提供强有力的纪律保障。

纪检监察工作

【概况】 2022 年，县纪委、县监委在市纪委、市监委和中共常山县委的坚强领导下，围绕纪检监察工作高质量发展的主题主线，打造群众有感受度的优质政治生态，打响有鲜明常山辨识度的“U 监督”品牌，监督工作更加见行见效，不敢腐的高压震慑更加延伸放大，纪检监察工作高质量发展态势持续巩固深化。

【开展“U监督”系列督查行动】 2022 年，县纪委、县纪委围绕县委赋予常山“浙西第一门户”的新发展定位，找准政治监督的切入点，聚焦“八大行动”“十个高地”等中心任务，项目化开展“U 监督”系列督查行动，重点抓好全面深化数字化改革、促进共同富裕政策措施落实情况的跟进监督、精准监督。2022 年开展监督检查 377 次，发现并推动整改问题 5632 个，处理 463 人次。

【违规收受礼品礼金专项治理】 2022 年，县纪委、县纪委结合常山县违反中央八项规定精神问题查处情况，提出“234”处置标准（即党的十八大以前违规收受礼品礼金折合人民币超过 4000 元的，党的十八大至十九大期间违规收受礼品礼金折合人民币超过 3000 元的，党的十九大以后违规收受礼品礼金折合人民币超过 2000 元的，均立案处理），推动形成违反中央八项规定精神问题处置量纪规范。全年查处违反中央八项规定精神问题 117 起，运用监督执纪“四种形态”批评教育帮助和处理 218 人，其中党纪政务处分 35 人。

【漠视侵害群众利益问题专项治理】 2022 年，县纪委、县监委起草并印发《关于常态化机制化开展漠视侵害群众利益问题专项治理工作的通知》，在省、市 13 个漠视侵害群众利益问题专项治理选题的基础上，结合常山县实际，谋划“舌尖上的安全”专项治理、农村集体资产资源闲置问题专项治理、低保惠民联办政策落实不到位问题专项治理等 3 个个性化项目选题，并向社会公示。全年组织督导检查 209 次，查处腐败和作风问题 17 个，批评教育帮助和处理 20 人，其中党纪政务处分 7 人，发现并推动整改问题 491 个，制发纪检监察建议书 6 份，推动建立和完善制度 14 项，通报曝光 9 批次 11 件案件。

【开展“廉节清风”常项行动】 2022 年，县纪委、县监委紧盯关键节点，强化正风肃纪，坚决防止节日期间“四风”问题反弹回潮。在“廉节清风”常项行动中，上门走访调研 581 家单位，约谈提醒“一把手”422 人，提出建议 249 条，监督检查和明察暗访 120 批次 1335 家单位，查实或部分查实问题 405 个，下发整改通知书、纪检监察建议书等文书 25 份，查处“四风”问题 10 起 20 人，下发通报 5 批 21 起 22 人，其中党纪政务处分 21 人，督促有关单位修订完善制度 9 件。

【重点领域惩治腐败】 2022 年，县纪委、县监委聚焦国有企业、招投标、粮食购销等领域，聚焦“关键少数”和重要岗位，聚焦不收敛不收手问题，突出重点削减存量，遏制增量。2022 年处置问题线索 629 件，立案 249 件，党纪政务处分 241 人，分别比上年增长 48.7%、3.3%、1.3%。依法对 12 人采取留置措施，移送司法机关 9 人，为国家和集体挽回直接经济损失 2388 万余元。严肃查处县自然资源和规划局原党委书记、局长黄某某，县征迁事务中心原房屋征迁科负责人蒋某某，县粮食收储有限责任公司党支部原书记许某某等严重违纪违法案件，完成省监委指定管辖的浙江建设商贸物流有限公司原董事长陈某（正处级）等人贪腐案件。加大受贿行贿一起查力度，全年查处行贿案件 9 件，移送司法机关 2 人。

【突出清廉常山建设】 2022 年，县纪委、县监委把建设“清廉常山”作为“三不”一体推进的重要抓手，统筹推进清廉单元以及新时代廉洁文化建设，形成各具特色的标志性成果。创建省级清廉建设成绩突出单位 1 家，被评为市级突出单位 5 家。丰富廉洁文化产品供给，将廉洁题材纳入文化艺术创作。创作清廉文艺作品 12 部，其中《守门人》获衢州市“南孔清风”文艺创作大赛金奖。坚持以案说德、以案说纪、以案说法，编制《U 小廉说纪》，拍摄警示教育宣传片等系列报道 15 篇。全年有 9 人主动投案，4 人主动交代问题。

巡察工作

【概况】 2022 年，县委巡察办按照县委巡察规划和中央、省委、市委要求，统筹开展常规巡察、延伸巡察、巡察复盘检查。启动十四届县委第一轮巡察和县委第二轮巡察工作，对 89 家党组织开展常规巡察、延伸巡察，对 30 家党组织开展复盘检查，发现问题 1306 个，移交问题线索 29 条，党纪政务处分 17 人，移送司法机关 1 人。

【巡察工作动员会召开】 2022 年 4 月 18 日，十四届县委第一轮巡察工作动员部署会召开。县委书记潘晓辉出席会议并讲话，县领导陈翊参加，县委常委、县纪委书记、监委主任陈水清主持会议。

2022 年 4 月 18 日，十四届县委第一轮巡察工作动员部署会召开
（张曌　摄）

会议传达十四届省委第十四轮巡视工作动员部署会精神，宣布巡察组组长、副组长授权名单及任务分工。9月29日，十四届县委第二轮巡察工作动员部署会召开。县委常委、县纪委书记、监委主任、县委巡察工作领导小组组长陈水清，县委常委、组织部部长、县委巡察工作领导小组副组长陈翊出席会议。会议传达市委书记高屹对巡察工作的相关要求，宣布十四届县委第二轮巡察组组长、副组长授权任职及任务分工决定。

【出台巡察整改闭环管理办法】 2022年，县委巡察办出台《常山县委巡察整改闭环管理工作办法（试行）》，形成从立行立改、反馈移交、整改监督、评估验收、报结公开、回访检查到成果运用的闭环管理体系。围绕立行立改工作，明确要聚焦群众关心关注且能及时整改到位的问题，立足早发现、快处置，及时下发立行立改通知书；明确县纪委监委、县委组织部履行巡察整改日常监督责任，建立集中整改期“3+N”评估验收模式（由县纪委监委、县委组织部、县委宣传部为3家评估常设单位，涉及问题的相关职能单位或业务主管部门为N，对被巡察党组织集中整改期的整改进展情况开展评估）；由原巡察组会同县纪委监委、县委组织部等组建巡察整改回访检查组，对被巡察单位党组织落实巡察反馈意见的整改情况，及群众关心的热点难点痛点问题的办理情况开展检查；明确县委巡察办对巡察发现的问题梳理汇总，分析存在的典型性、普遍性、倾向性问题，提请县委通报，推动未开展巡察的党组织对照检查、“未巡先改”。

【推出“两代表一委员”融合巡察法】 2022年，县委巡察办通过邀请“两代表一委员”（党代表、人大代表和政协委员）全流程参与巡前互通、巡中互动、巡后促改过程，将巡察监督与党代表党内监督、人大代表权力监督、政协委员民主监督深度融合，推动形成以巡察监督为纽带，立体聚焦、系统集成、协同高效的监督格局。巡前充分听取“两代表一委员”对巡察规划、被巡察对象的意见建议，将党代表建议、人大代表议案、政协委员提案等作为重要巡察信息来源，融入巡察方案制定及各项巡察准备工作。有序吸纳“两代表一委员”参与巡察监督，符合条件的推荐作为巡察组组长、副组长人选。巡察期间，将党代表建议、人大代表议案、政协委员提案等办理落实情况纳入巡察监督范围。结合聚焦群众身边腐败和不正之风以及群众反映强烈的突出问题深入开展监督检查，查看被巡察党组织在办理过程中的态度、举措、落实等方面情况。整改期满后，邀请参与巡察的“两代表一委员”参加巡察整改质效评估组，评估被巡察党组织的巡察整改、民生小事推进情况，回访被巡察单位内部和管理服务对象中的“两代表一委员”，听取对巡察整改的意见、建议和评价。2022年，邀请240名“两代表一委员”参与巡察工作，提出意见建议254条，发现问题191个，推动解决民生实事70件。

（邢亭亭）

民革常山县基层委

【概况】 2022年，中国国民党革命委员会常山县基层委员会（简称民革常山县基层委）新发展党员2人，截至年底，民革常山县基层委共有党员30人，分2个支部，其中一支部15人、二支部15人。民革常山县基层委党员中担任县级机关单位中层以上干部的有16人，占党员数的53.3%，任副科级以上领导干部6人，具有高级职称的10人。

【自身建设】 2022年，民革常山县基层委强化理论学习，开展“不忘合作初心，继续携手前进”主题教育，统筹把握学习与实践两个基本环节，把主题教育转化为履职尽责的自觉行动、实际成果。完善《民革常山县基层委党员关爱制度》《民革常山县基层委参政议政工作考核奖励办法》《民革常山县基层委“博爱共富”实施方案》等各项制度，制定《民革常山县基层委履职能力建设年工作方案》《民革常山县基层委“矢志不渝跟党走、携手奋进新时代”政治交接主题教育工作方案》等，为组织建设规范化提供坚实的基础保障。

【参政议政】 2022年，民革常山县基层委党员中有1名县人大代表、8名县政协委员、1名市人大代表、2名市政协委员，履行政治协商、民主监督、参政议政职能。全年，递交县政协全会发言稿3篇、提案11篇，涉及工业、农业、民生、教育、医疗等方面，其中《从指标体系看常山高质量发展建设共同富裕示范区的主要差距》被评为县政协重点提案和优秀提案。

【服务社会】 2022年，民革常山县基层委选定东案乡金源村、新昌乡达塘村为共富结对帮扶村，挂牌成立民革常山基层委“博爱共富实践基地”和“博爱共富服务基地”，提供技术、项目等资源帮扶，助力打造共同富裕示范村。组织常山民革8090宣讲团的骨干宣讲力量，开展共同富裕理论和政策宣讲活动。联合衢州市蓝天救援队挂牌成立“同心博爱”蓝天救援常山服务中心，为壮大常山县县域专业应急救援支援者力量，培养专业救援人才搭建平台。开展送医进村社、进校园活动，医生党员发挥专业优势，通过与市人民医院支部联合组织、与省级医院民革专家合作等多种形式，开展下乡义诊活动，接待群众150余人次。党员、国家级非遗喝彩传承人曾令兵传承常山喝彩歌谣，将常山喝彩歌谣打造成具有地域

2022 年 7 月 4 日，民革常山县基层委开展送文化下乡活动

（民革常山县基层委 供图）

特色的文化“金名片”。党员、常山县美术协会主席王顺利个人作品入选“喜迎二十大，同心跟党走——衢州市政协诗书画之友社中国画展”。党员、企业家符和根积极参与慈善事业，连续 15 年与常山县培智学校结对，为学校、师生提供捐助；2022 年累计为全县的疫情防控、乡村振兴捐款 20 余万元。

（兰飞飞）

民盟常山县总支

【概况】 2022 年，中国民主同盟常山县总支部委员会（简称民盟常山县总支）注重思想政治建设，严格落实“一月一次+重要节点+不定期”学习制度，组织中共二十大精神的集中学习，开展与各地盟组织间的交流学习活动，推动学习新思想走深走实。至年底，民盟常山县总支有盟员 39 人，分为 2 个支部，其中教育支部 18 人、综合支部 21 人。根据盟员所在部门单位分，教育界占 46.2%，医药卫生界占 20.5%，经济界占 15.4%，其它占 17.9%。政府部门占 23.1%。盟员中，有市人大代表 1 人、市政协委员 2 人、县人大代表 1 人、县政协委员 10 人；担任县处级实职的 1 人、科级实职的 2 人、各业务单位中层以上职务的 12 人。

【参政议政】 2022 年市、县两会期间，民盟常山县总支提交团体及个人提案议案 11 篇，大会发言 5 篇。在县政协九届五次会议上，1 位盟员在大会上作口头发言，2 位盟员作大会书面发言，1 位盟员作县政协常委会专题协商发言。3 位盟员被县政协评为优秀政协委员。

【“民盟同心·公益食堂”运作】 2022 年，民盟常山县总支发挥党派优势，做实做好关爱老人社会服务品牌。5 月，在柚苑社区设

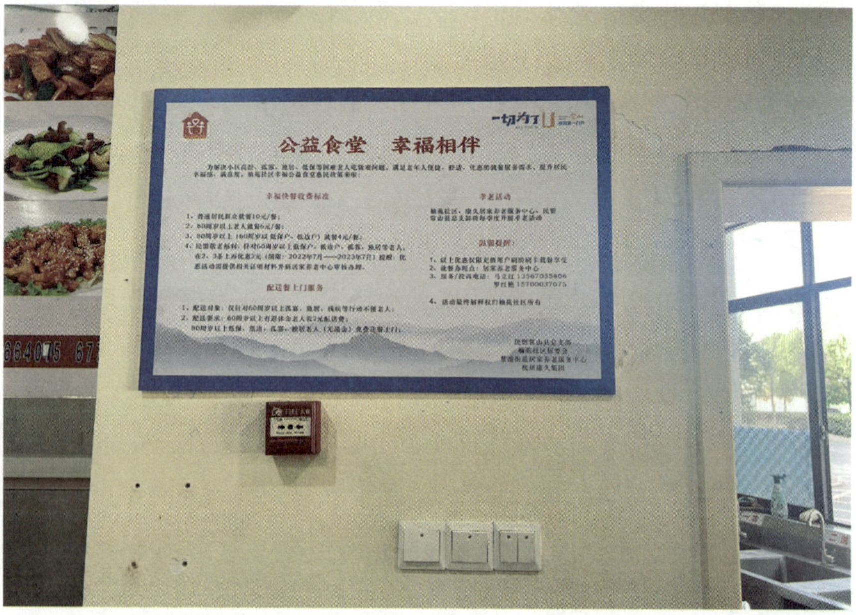

柚苑社区公益食堂　（民盟常山县总支 供图）

立“民盟同心·敬老驿站”示范点，由“民盟同心·调解驿站”“民盟同心·健康指导站”“民盟同心·公益食堂”三部分组成，成立“常山民盟·与U同行”志愿服务队，多次开展各类综合性敬老爱老活动。其中，“5·20”常山敬老日开展的敬老活动被中国蓝新闻客户端报道，阅读量超4300人次；中秋走访慰问活动被“爱常山”App转发，阅读量超9300多人次。“民盟同心·健康指导站”由盟员医生常态化到社区开展咨询、义诊、讲座等服务，全年服务100余人次。开展“民盟同心·公益食堂”由盟员自发捐献第一批爱心款，为社区困难老人每餐优惠2元餐费。《“民盟同心·公益食堂”让老人吃出幸福味》先后被《今日常山》、《常山统战》、《衢州统战》、浙江新闻客户端、“学习强国”学习平台、人民网客户端等宣传报道。

【“民盟同心·专家工作站”运作】2022年，民盟常山县总支与浙江理工大学开展合作，依托浙江理工大学常山研究院，发挥盟员专家人才、资源优势，助力常山经济高质量发展。在灿宇纺织现场实施“基于机器视觉的织物瑕疵检测”项目，并申报省“尖兵”“领雁”项目并立项，获得省级奖补资金600万元。“水溶性维纶、竹纤维、有机棉混纺超柔有色纱研发及产业化”项目在“云泰纺织”成功验收，实现产值2100余万元。研究常山轴承生产中使用的关键模具（冲孔模和扩孔模）的寿命，在鑫龙轴承和赛赛轴承实施并取得阶段性成果。与恒嘉轴承合作，新建车加工柔性生产线自动生产车间1个，节约人工成本。

（徐裕斐）

民建常山支部

【概况】2022年，中国民主建国会常山县支部委员会（简称民建常山支部）新增会员1人，会员总数24人，其中担任县政协委员的有7人（含县政协常委4人），担任市政协委员的有2人。

【参政议政】2022年，民建常山支部把握团结和民主两大主题，强化责任担当，发挥政党职能，向县政协提交集体提案2篇、个人提案8篇、社情民意20条。《关于打造中国好味鲜辣常山美食品牌的建议》作为政协大会书面发言材料，《建议加快发展跨境电商新业态》《新能源供应链受困催生“二手车”订单泡沫扰乱金融生态》等两篇社情民意信息被市政协采用。会员鲍爱国的提案《关于加快常山县香柚产业发展的建议》被评为县政协优秀提案；会员徐琦的提案《关于进一步完善人才引进政策的建议》获市政协优秀提案。

【社会服务】2022年，民建常山支部组织开展服务大局、服务企业、服务创业的“三服务”活动。

2022年6月6日，民建常山支部举办“爱眼护眼科学用眼”义诊活动

（民建常山支部 供图）

2月，民建会员自发捐助价值2.35万元物资用于疫情防控。全程跟进“父亲的水稻田”服务品牌，以“父亲的水稻田”研学工坊建设为重点，从举办乡村产业论坛和“春社、秋社”活动入手，提升民建常山支部社会服务平台的实效性。实施“民建同心·鲜辣美食”工程，推动鲜辣食材生产基地建设、鲜辣美食烹饪人才培养、鲜辣美食运营推广，助力常山县“鲜辣美食经济”的培育和发展。依托民建社会服务基地——常山眼科医院，会同县教育局、县卫健局等相关单位，实施“民建同心·护眼成长”工程，组织开展“护眼成长”服务进校园活动，助力全县青少年儿童的健康成长。

（郑素芳）

民进常山县支部委员会

【概况】 2022年，民进常山县支部委员会（简称民进常山支部）深入学习贯彻中共二十大及民进十三大会议精神，遵循“继承传统、以党为师、立会为公、参政为民”的理念，在参政议政、民主监督、政治协商上取得一定成效，为常山县社会经济发展贡献智慧和力量。5月10日，联合民进衢州市直六支部开展“同心共富——U产业”共富活动，邀请会内专家郑雪良为柚农讲授常山胡柚种植技巧。6月25日，联合民进衢州市直四支部在青石镇开展“法助共富 送法下乡”活动，发放宣传资料200余份，解答问题60余个。8月20日，联合民进龙游四支部、五支部开展社情民意信息交流活动，开展美丽乡村建设调研。会员詹敏获常山县“新语兴愿”统一战线思想政治引领宣讲比赛一等奖。

截至2022年年底，民进常山支部有会员16人，主要分布在县教育、文化、医疗单位，会员平均年龄43岁。其中，女性会员5人，占比31.25%；担任县级机关单位中层以上干部的有11人（担任副科级以上领导干部的1人），占支部会员数的68.75%。

【参政议政】 2022年，民进常山支部中有县政协委员7人，其中政协常委2人。在县两会期间，民进常山支部提交大会口头发言材料1篇、书面交流材料1篇、提案12篇，鄢倩倩代表民进常山县支部作题为《数字赋能 系统集成 推动“两山合作社”运行平台迭代升级》的大会发言。鄢倩倩主笔的《关于加快推进“县乡一体、条抓块统”的建议》被县政协评为优秀提案。会员鄢倩倩、詹敏被评为常山县优秀政协委员。在衢州市两会上，鄢倩倩作题为《建强基层治理综合体，推动“县乡一体 条抓块统”加速跑》的发言，获市委书记高屹批示肯定。

【服务社会】 2022年，民进常山支部开展“线上+线下”活动38次。围绕疫情防控、反诈、防溺水等主题，录制宣传语200余条，在全县大街小巷播放，做法受到县领导的肯定。深入校园、村（社）开展公益篮球教学、书法课、同心讲堂、“法助共富 送法下乡”等活动。会员詹敏受省体育局委派到开化县2所乡村小学进行为期2个月的公益支教。联合常山县春泥公益协会，开展“心向阳光”暑期春泥计划活动，吸引300余名孩子参加实践活动。围绕“让党的创新理论飞入寻常百姓家”课题，组建民进“新语兴愿·新力量”宣讲团，开展中共二十大精神宣讲。持续推进医卫专家工作站建设及医疗帮扶对接，助力县级医疗服务能力提升。

（汪志鹏）

农工党常山总支

【概况】 2022年，农工党常山县总支部委员会（简称农工党常山总支）发展新党员2人，共有党员37人，下设医卫、综合、资源环境3个支部。新党员刘艳红、付琳芸分别编入综合支部和资源环境支部，党员队伍结构进一步优化。是年，农工党常山总支被中国农工民主党中央委员会评为2018—2022年先进集体，位于全川街道十里山村的农工党常山总支党员之家正式投入使用。党员杨芝冬获2021年度常山县“巾帼建功标兵”称号，党员邹志英被浙江省教育考试院评为浙江省招生考试先进工作者，党员杨芝冬被常山县委、县政府评为“美丽常山先进个人”，党员占如被浙江省委省政府评为全省“七五”普法工作先进个人，党员付琳芸获常山县委统战部“新语兴愿”宣讲比赛三等奖，党员付美华获衢州市新冠疫情防控个人正面典型，党员方慧玉获常山县委、县政府个人嘉奖。

【参政议政】 2022年全县两会期间，农工党常山县总支中的2名县人大代表和13名县政协委员围绕百姓关心的热点难点问题，提交集体提案6篇、个人提案10余篇；党员方慧玉、占如分别作题为《以宋韵文化为底本 彰显“浙西第一门户”独特魅力》和《加速培育法治型“两专”人才队伍助推法治常山法治政府建设》的大会发言；党员谢雨生撰写的题为《聚焦“两柚一茶”主导产业，打造四省边际农产品加工中心》《抓住低碳经济发展机遇，破解区域能源制约瓶颈》和党员杨芝冬撰写的题为《建设未来社区，为“浙西第一门户”添砖加瓦》入选大会书面发言材料。党员林永祥提出的《关于推进历史文化街区保护开发，助力旧城改造提升的建议》被县政协评为2021年优秀提案。

【服务社会】 2022年，农工党常山县总支部开展“同心聚力共同富裕”新春大走访调研，实地走访企业20余家，发放意见建议表格20余份，征集企业意见20多条，为企业发展出谋划策。6月，农工党常山总支响应农工党中央开展“农工党2022年环境与健康宣传周”号召，联合农工党市委会，邀请党内各领域专家，到农工党常山总支芳村未来乡村社会服务基地开展义诊和科学知识普及活动。7月，农工党常山总支发起为期3个月的“爱心冰箱，冰爽一夏”活动，由农工党员邱小亮免费赞助，为环卫工人送上6600份“夏季清凉大礼包”。

（徐 璐）

2022年6月4日，农工党常山总支联合中国农工民主党衢州市委员会开展农工党衢州市2022年“环境与健康宣传周”活动

（农工党常山总支 供图）

九三学社常山支社

【概况】 2022年，九三学社常山县支社委员会（简称九三学社常山支社）发展新社员2人，共有社员15人，均为在职社员。其中，具有高级职称人员2人、中级职称人员4人。所有社员中，担任九三学社衢州市委会委员1人、市人大代表2人、市政协委员1人、县政协委员7人。11月，樊燕霞、杨学、姚星等6人参加九三学社衢州市委员会举办的2022年新社员培训班。是年，九三学社常山县支社获九三学社浙

江省委2022年全省社会服务工作先进集体称号；社员章敏被九三学社浙江省委授予2022年度优秀社员称号；叶凌燕、樊燕霞、方雷旭被九三学社衢州市委评为2021—2022年度先进社员；韩鸿翼被常山县政协评为2022年度优秀委员；郑胜被评为浙江省农村宅基地工作成绩突出个人；姚星被衢州市司法局评为2021年度优秀法律援助律师；樊燕霞被衢州市妇联评为“衢州市首批巾帼共富标兵”。

【参政议政】 2022年，九三学社常山县支社做好参政议政工作，县两会期间向大会提交议案提案9篇，其中《关于我县“两柚一茶”中油茶产业高质量发展的建议》被评为常山县政协十届一次会议优秀提案。

【社内活动】 2022年7月，九三学社常山县支社组织开展“走进社员企业和新老社员交流座谈活动”，了解社员企业发展状况，加强社员间沟通交流，提升基层组织凝聚力。9月25日，组织参加常山县统一战线“新语兴愿”宣讲比赛，社员樊燕霞获三等奖。11月15日，组织开展“参观后弄红色纪念馆 学习中共二十大精神”主题教育，并到球川镇三溪村共富蔬菜基地、德茗农业开发有限公司开展调研学习。

【社会服务】 2022年，九三学社常山县支社与结对帮扶单位省供销联社合作，引进现代农事服务中心，发展“共富蔬菜”基地200余亩，带动农户增收200多万元。9月，组织举办常山胡柚栽培技术培训班2期，为100余人次免费提供常山胡柚种植技术培训服务。

（郑　胜）

常山县工商业联合会

【概况】 2022年，常山县工商业联合会（简称县工商联）辖杭州市、深圳市、义乌市、北京市、上海市、宁波市、温州市、福建省、重庆市、广东省、台州市、湖北省、安徽省、广西壮族自治区、江苏省、嘉兴市南湖区、湖南省、四川省、慈溪市19个异地常山商会。发动行业协会、异地商会会员通过捐款捐物、购买农产品等形式，参与帮困扶贫、东西部扶贫协作和对口支援等公益活动。其中，浙江艾佳果蔬开发有限责任公司向四川省平武县平通羌族乡新民村捐赠10万元，浙江灿宇纺织有限公司向四川省平武县虎牙藏族乡虎丰村捐赠5万元。年内，县工商联对常山县餐饮协会、常山县物流协会、常山县纺织服装行业协会、常山县新生代企业家联谊会、杭州市常山商会和常山县台州商会流动党支部工作进行业务指导。

【服务企业】 2022年，县工商联每季度召开一次主席（会长）办公会议，听取企业意见建议；分组定期走访企业，梳理企业难题，视情邀请县领导及金融、税务等部门参加政企恳谈会。是年，开展政企恳谈会3场，举行“亲清健康加U站”4场，了解企业诉求、解决发展难题。推进艾佳果蔬、雄狮工贸清廉民企示范点创建。

【常山县工商业联合（商会）会换届】 2022年6月1日，县工商联（商会）召开第九次代表大会，会议听取和审议《常山县工商业联合会（商会）第八届执行委员会工作报告》，选举常山县工商业联合会（商会）第九届执行委员会69人和主席（会长）1人、常务副主席兼副会长1人、副主席兼副会长1人、副主席7人、副会长8人、常委兼秘书长1人，常务委员8人。其中，钦韩芬担任主席（会长）。

【新生代企业家培育】 2022年，县工商联组织新生代企业家赴杭州市拱墅区、宁波慈溪市开展交流互访活动，为新生代企业家搭建思想分享交流平台。9月，县工商联召开常山县新生代企业家联谊会第二届一次理事大会，选举产生新生代企业家联谊会领导班子，郑晓东当选为会长。

【“鲜辣常山”美食品牌打造】 2022年，由县工商联牵头负责，县经信局、县文广旅体局等10多个部门共同参与“鲜辣常山”美食品牌打造。6月，验收杭州鲜辣美食门店22家。开展“中国好味·鲜辣常山”全民抖音短视频大赛，征集参赛作品457条，“鲜辣常山·辣里等U”话题播放量超808万次，覆盖用户突破1189万人次。浙江卫视综艺栏目《“食”万八千里（常山篇）》播出常山鲜辣美食篇，王耀庆等综艺明星实地打卡常山鲜辣美食，当晚全国收视率位居省级卫视第3。

【助力共同富裕】 2022年，县工商联成立常山县新乡贤同心共富基金，各异地常山商会、乡贤、企业家共捐赠200万元，帮扶常山县相关低收入村和村民增加收入。实施大桥头乡大桥村“共富菇园”建设项目，12月底项目完成大棚搭建，引进菌棒10万袋。

【招商引资】 2022年，县工商联发挥商会人脉、资金、信息等优势资源，以乡情、亲情、友情为纽带，搭建政府和企业招商、投资的平台，推进常山县招商引资工作。3月，与慈溪市工商联（商会）签订农副产品采购框架协议，慈溪市企业出资100万元用于采购常山“三宝”等农副产品。

【新成立1个异地常山商会】 2022年7月8日，慈溪市常山商会成立，徐飞担任慈溪市常山商会会长。至此，异地常山商会19家。

（朱　慧）

常山县总工会

【概况】 2022年，常山县各级工会组织790个，其中单独建会759个、联合工会31个。工会会员58128人，其中农民工37568人。有乡镇（街道）总工会14个，县经济技术开发区总工会1个，产业工会2个，区域性、行业性工会3个。年内，相继成立“常山阿姨”联合工会、常山县家政行业联合工会、外卖行业工会联合会。是年，常山县总工会（简称县总工会）开展“夏送清凉”活动，筹资33.5万元，慰问1154人。开展“秋送助学”，通过送温暖、大病救助等方式，加大困难职工帮扶救助力度，发放慰问金2.22万元。开展“冬送温暖”，走访慰问城镇社区困难居民420户，各级劳模45人，发放慰问金46.5万元。率先并超额完成衢州市2023年度职工医疗互助参保工作，惠及职工1.86万余人。

【举办文体和竞赛活动】 2022年，县总工会举办“浙工缘”交友系列活动3场，吸引150余名单身青年参加。先后举办全县职工篮球赛、乒乓球赛、象棋精英赛等赛事，“常U善育”活动和“致敬小哥，感谢U你”活动。开展“三八”妇女节插花活动，为适龄适育女教职工发放生育公益礼包，为妇女群体举办各类主题讲座等活动，为女职工提

2022年11月12日，“艾佳杯”常山县职工男子篮球锦标赛开幕
（姚莹 摄）

供免费妇科体检 2400 余份、发放读书卡 38 份、电影票 1000 余张。先后举办衢州市快递员暨第三届邮政行业职业技能竞赛、常山阿姨职业技能竞赛等各类职工技能比赛 5 场，承办衢州市家政行业联合工会组建现场会。

【产业工人队伍建设改革】 2022 年，县总工会推进企业申报各级产改试点。开展联企助企服务，通过开展“我为企业荐一员”活动，为企业送政策、送服务、促发展，为企业推荐员工 30 余人。帮助企业做好减负降本工作，截至年底，县总工会联合税务部门缓减征收县内 272 家企业 357 万元工会经费，返还建会筹备金及上缴工会经费 190 余万元，惠及全县 200 多家小微企业。

【“新就业形态劳动者网上家园”应用贯通】 2022 年，县总工会被浙江省总工会列入“新就业形态劳动者网上家园”应用贯通试点单位。该应用为新业态新群体线上提供工会相关服务，包括驿站导航、线上咨询、临时用工、金融贷款等共富增值服务。截至 12 月底，该应用导入新就业形态劳动者从业人员信息 800 余条，服务阵地及相关信息 14 个，得到省数改专班及县领导的肯定。

【新建党建工建展示馆】 2022 年，县总工会将党史与工人运动发展史有机融合，新建党建工建展示馆，展厅主要分为 4 个篇章，分为序篇、溯源篇、传承篇和创新篇，主要展示中国共产党和工人运动的奋斗历程，及常山工运大事记，综合运用多种现代展陈手段，全方位展示常山工会职工群众的精神面貌。是年，县总工会被评为常山县机关（行业）党建示范点。

（姚　莹）

中国共产主义青年团常山县委员会

【概况】 2022 年，常山县有共青团组织 790 个，其中基层团委、团工委 55 个、团总支 5 个、团支部 730 个，团员 1.28 万人。中国共产主义青年团常山县委员会（简称团县委）开展 8090 新时代理论宣讲，助推共同富裕，助力企业纾困，推进人才服务，服务青少年红色基因培养，帮扶困难学生。开展“青年大学习”“红领巾爱学习”系列活动，打造“网上共青团”，累计参与学习达 19.9 万人次。联合县委宣传部举办常山县 8090“最 U 宣讲团”素质能力提升班，筛选出 40 名优秀宣讲员参与培训。推荐 1 人参加 8090 衢州新时代理论宣讲电视大赛并获“银话筒”。消防员孔令位获“全国优秀共青团员”称号，成为常山县首位获得该项称号的优秀青年。常山县实验小学少先队大队获全国优秀少先队集体。常山县天马第一中心小学大队获浙江省成绩突出少先队集体。陈颖作为浙江省唯一一位代表参加团中央举办的共青团服务乡村振兴优秀案例分享会，并在会上作典型发言。常山县青年企业家杨建平作为浙江省唯一代表参加全国县级青年创业组织代表作工作交流。国网常山县供电公司芳村供电所获“浙江省青年文明号”称号。

【喜迎中共二十大、建团百年系列活动】 2022 年，团县委在喜迎中共二十大、庆祝建团 100 周年期间，开展“青春心向党、建功新时代”五四主题团日活动 670 余场，举办常山县青春分享会暨青年助力“两个先行”七大先锋行动发布会，创作并发布《青春遇见共青团——常山庆祝建团百年宣传片》，累计转发点赞量超 5 万个。开展中共二十大精神青年学习交流日活动，组织全县优秀团员青年代表围绕“党的二十大报告中我最印象深刻的一句话”分享感想体会。推出“青春领学 • 党的二十大报告”学习专栏，组织浙江省青年岗位能手祝伟生、全国优秀共青团员孔令位等各级优秀青年代表带头诵读《党的二十大报告》，累计 5 万人次参与学习。

【助推共同富裕】 2022年，由团县委牵头、多部门联动配合，打造“青村播”品牌，引育近300人的“达人”队伍。《常山“青村播”以直播引流激活乡村振兴青春因子》入选全国乡村振兴典型案例（全省4个，全市1个），陈颖并作为浙江省唯一一位代表参加团中央举办的共青团服务乡村振兴优秀案例分享会，在会上作典型发言。发布《常山县青年“窗口写青春、助力共同富裕”七大先锋行动（2022—2025年）》，动员青年广泛凝聚共同奋斗、共同富裕的青春共识。开展“共同富裕·青年说——常山县8090‘最U宣讲团’”理论宣讲大赛，发动100余名宣讲员围绕“两个先行”主题悟思想、谈认识、话实践。围绕“五水共治”“美丽常山”等工作，开展“青JING”“小河长”“一杯水公益”“小手拉大手、共建美丽常山建设”等主题实践活动30余场。《理论宣讲走基层 青春建功助共富》常山县8090宣讲团助力共同富裕做法在《中国共青团》杂志刊发。

【志愿服务基层治理】 2022年，团县委组建由机关青年志愿者、“小哥青春U+”志愿者、“常雁回归”大学生志愿者和村社青年志愿者共同组成的青春战“疫”突击队，累计参与核酸检测、防疫政策宣传、“防风险、守小门”“包区清楼”等志愿服务活动达5000余人次，服务时长达12.3万小时。开展少先队抗疫志愿活动4场，发挥快递、外卖小哥走街串巷、联通万家的独特优势，创新推出“防疫贴纸”，扩大疫情防控宣传覆盖面。招募青春战“疫”车队，在主城区分片区和小区实时播报核酸采样点排队情况。利用新媒体平台发布《疫情防控手指舞》《防疫好故事之青春战“疫”》等短视频和推文30余篇，宣传覆盖人群17余万人次。全市率先出台《疫情防控志愿者工作指引》，规范志愿服务行为、提升志愿服务质量。

【青年人才服务】 2022年，团县委以承接全国“返家乡”社会实践试点县为契机，开展“英才荟”大学生社会实践和“好工作，U你挑”直播招聘会活动，发布实习岗位223个，吸引331名大学生回乡实习，为青年人才返乡创业就业奠定基础。开展“常雁回归 青系家乡”2022年“英才荟”大学生返家乡青春邀约会和座谈会，300余名返乡社会实践的本硕博在校生及准大学生参与活动。成立常山籍青年学子联盟，拓宽学子沟通交流平台。联合县委人才办举办“五虎闹新春 留常过大年”“等你一夏 为你而来”等主题活动10场，吸引500余名青年参与，着力破解青年人才婚恋难题。发布《常山县建设青年发展型县城实施方案》，提出“打造一座青年人最喜欢的县城”的总体目标，谋划“常伴青春+”工作品牌。

2022年7月28日，县委组织部、县委人才办、县人社局、县教育局、团县委在县青少年宫联合举办“常雁回归 青系家乡”2022年“英才荟”大学生返家乡青春邀约会 （团县委 供图）

【助力企业纾困】 2022年，团县委打造“山海协作”升级版，与慈溪市、杭州市拱墅区、杭州电子科技大学、浙能集团等6家单位团组织组建“青春帮共体”。通过慈溪团市委链接上海“青盟精选”平台（上海企事业单位员工内购福利共享平台），联合开展“青春助农”战略合作，依托“上海青盟”平台助推常山农特产品拓宽销路、扩大影响、提升品牌度和美誉度，打开常山县农特产品在长三角经济地区市场，助力农民增收致富，已服务覆盖1000余家单位、超60万在沪员工。开展“百团结千企”活动，组织各级团干部结对联系1～2家企业，不定期上门开展惠企政策宣传等服务。开展“红领巾”寒暑假公益托管班活动，缓解企业员工子女假期“看护难”问题。联合县税务局开展税收志愿服务，成立14支服务中队，推动税收服务向基层延伸。争取到省青基会“扬帆工程”项目资金50万元和省青创会农村青年电商扶持资金30万元，主要用于青年农创项目扶持等，截至年底，累计扶持15个青创项目。

【全团带队感召少年】 2022年，团县委推进“常山县红领巾学院”建设，打造县级总院1个，红领巾研学基地8个，校级“红领巾学院”实现全覆盖。常山县实验小学少先队大队被评为全国优秀少先队集体。借助校外活动场所，成立“红领巾e站1013”阵地20余个。成立社区少工委13个，形成“社区主导、学校支持、社工融入、队员参与”的社会化工作模式。组织开展常山县纪念少先队建队73周年主题队日暨少先队争章技能展示活动，推选4名少先队辅导员参加市级争章展示活动并全体摘金。开展“知农事、学农耕、惜农食”少先队插秧主题实践活动，获全国少工委微博平台点赞并登上热搜。培育选树40名县级“新时代好少年”，1名少先队员获评浙江省成绩突出少先队员、1名少先队辅导员获评浙江省成绩突出少先队辅导员，天马第一中心小学大队获评浙江省成绩突出少先队集体。

【助学帮扶困难学生】 2022年，团县委开展常山县希望工程大学生“圆梦助学”结对工作，结对学生81人，筹集金额43万元。希望工程“圆梦计划”大学生助学亲青筹平台结对46人，筹集资金23万元。“精实助学计划”大学生资助工作第一批结对20人，第二批结对10人，筹集资金15万元。常山商会结对3人，筹集资金3万元。爱心企业结对2人，筹集资金约2万元。建设县阁底小学、白石小学、钳口小学“壮苗基地”，争取省青基会筹资26万元；开展“99公益基金——暖心冬日行”资助困难学生30人，发放助学金9万元。

（徐易易）

常山县妇女联合会

【概况】 2022年，常山县妇女联合会（简称县妇联）以“巾帼助共富·建功新时代”为主题，通过实施“八大行动”（红色根脉守护、“常山阿姨”升级、创业创新建功、美丽庭院蝶变、家风家教涵养、扶弱帮困关爱、志愿互助引领、固本强基提能），综合考评位列全市第一档次。整合“向阳花”8090新时代巾帼理论宣讲资源，推动各级妇联干部开展理论宣讲1600余场。开展“常山阿姨”培训1846人次，带动增收3亿元，《常山县家政服务业提质扩容实践》被列入全省服务业高质量发展大会典型案例汇编。助力来料加工转型升级，带动就业8000余人、增收2.6亿元，发放政策奖励14.32万元。推进美丽庭院创建，新建美丽庭院3000户，评选“最美庭院”168户，徐村村被评为2022年度省级美丽庭院特色村。争取全省县域社区（村）家庭教育指导服务体系标准化建设试点，建成1个县级家庭教育指导服务中心和15个示范型村（社）家庭教育指导服务站。开展“四必访四必应”活动，解决

2022 年 3 月 7 日，“巾帼助共富 · 一起向未来”常山县纪念“三八”国际妇女节表彰大会召开　（县妇联　供图）

非婚生子 12 年落户难题，被评为全省检察系统未成年人保护十大精品案例。推进妇儿驿站建设，在紫港街道柚苑社区建成全市首个妇儿驿站，提炼“543”工作模式被选为全省典型示范案例。全年推荐并被评为全国五好家庭 1 户、省级年度最美家庭 3 户，指导 4 家单位创建“省级巾帼文明岗”。是年，县妇联被评为常山县清廉建设成绩突出机关、2021 年度常山县“五水共治”公众满意度提升工作先进单位，“向阳花”党建品牌被评为 2021 年度县直机关优秀党建品牌。在全省巾帼共富高质量发展来料加工推进会、全省家庭教育项目试点县工作推进会、全市家庭家教家风工作推进会等省市现场会上作典型发言。

【“三八”国际妇女节表彰大会】 2022 年 3 月 7 日，常山县纪念“三八”国际妇女节表彰大会召开。会上，县妇联发布《“巾帼助共富 · 建功新时代”争创四省边际巾帼共富县域样板实施方案》，巾帼共富代表作典型发言，并对部分省市县荣誉获得者进行表彰。县委书记潘晓辉出席会议并讲话，县领导姜敏、李珍、黄晓彬、黄爱珍参加。

【县妇联第十五届五次执委（扩大）会议】 2022 年 6 月 23 日，常山县妇联召开第十五届五次执委（扩大）会议，县妇联第十五届全体执委、替补执委候选人，各乡镇（街道）妇联主席、县属各妇委会主任（妇女小组长）50 余人参加。郑霞当选为常山县妇女联合会主席，会议选举产生常山县出席衢州市第八次妇女代表大会代表 27 人。

2022 年 8 月 4 日，四省边际（衢州）共富学院“常山阿姨”教学基地开班仪式在何家乡阿姨学院举行　（县妇联 供图）

【“诗画江南·宋韵常山”美丽庭院擂台赛】 2022年9月2日，县妇联在县文化馆举行“诗画江南·宋韵常山”美丽庭院擂台赛。全县14个乡镇（街道）分管领导、妇联主席及14个美丽庭院创建重点村主职干部、妇联主席参会。市妇联党组成员、副主席毛丽芳出席活动并讲话。擂台赛最终评选出一等奖1名（白石镇）、二等奖2名（何家乡、招贤镇）、三等奖5名（大桥头乡、东案乡、新昌乡、球川镇、同弓乡）、优胜奖6名（天马街道、紫港街道、金川街道、辉埠镇、青石镇、芳村镇）。

【四省边际（衢州）共富学院“常山阿姨”教学基地开班】 2022年8月4日，四省边际（衢州）共富学院“常山阿姨”教学基地开班仪式在何家乡阿姨学院举行。相关职能部门分管领导，乡镇（街道）妇联主席，“常山阿姨”培训班学员代表参加。市妇联党组书记、主席周玲娟，市农业农村局党委委员、副局长任浩为四省边际（衢州）共富学院“常山阿姨”教学基地揭牌，副县长黄晓彬为开班仪式致辞。

（傅秀秀）

常山县科学技术协会

【概况】 2022年，常山县科学技术协会（简称县科协）发挥“四服务”（即为科技工作者服务、为创新驱动发展服务、为提高全民科学素质服务、为党和政府科学决策服务）职能，实施科协改革、科创助企、科普为民、科教融合、科技人才“五大”行动。是年，县科协被市委宣传部、市科协、市教育局、市科技局等14个部门联合评为“2022年全国科普日活动表现突出单位”。

编写发放《碳达峰碳中和》，征订和赠阅《新农村》杂志295份。组织文化科技卫生“三下乡”活动8场、博士生科技志愿服务活动2场、卫生健康科普服务活动5场、防诈骗科普宣传活动5场。开展农业农村实用技术培训80多期，学员达5000余人，为常山胡柚、油茶、食用菌等产业培养技术骨干和产业带头人。举办百场“银龄跨越数字鸿沟”科普服务，帮助1万多名老年人使用智能手机，建成“银龄赋能”教学网点22个，实现14个乡镇（街道）全覆盖。联合市科协举行博士讲科普活动4场、“科普大篷车”进校园活动4场。举办全市无线电测向邀请赛、全县中学机甲大师比赛、无人机比赛。

新建市级博士创新站10家，建站数位居全市第二。新建省级博士创新站2家、省级院士工作站2家，签订院士意向合作项目5个，均排名全市第一。引进“国家引才计划”人才1人、全职工作的C类以上高层次人才1人、

2022年6月15日，陈旭院士（右三）、沈学础院士（左二）“三山”地区奥陶系野外考察——丹霞地貌考察 （县科协 供图）

全职工作的40周岁以下青年博士1人。“引才计划”人才入围省级以上评审3人。在常山电视台新闻综合频道和新农村频道开设“共富路上科技追梦人”电视专栏，宣传为科技创新、科技推广做出突出贡献的基层一线科技工作者。

2022年10月26日，常山县科学技术协会第十次代表大会第一次全体会议开幕式在常山东方广场酒店举行　　（县科协 供图）

【“一县一业一学会”促共富行动】 2022年，县科协促成浙江省林学会与常山县油茶发展中心共建学会服务站，服务站成立后，省林学会的育苗专家多次到常山指导智能种苗繁育。聚焦“香油甜”（香椿、油茶、甜柿）产业发展，省林学会组织技术人员深入一线，就标准化栽培、新品种引进、品种改良、修剪定型、嫁接、病虫害防治等林农迫切需要的技术，开展现场指导培训，受训林农超过200人次。4月29日，常山作为五个工作优秀县级科协之一，在省科协“一县一业一学会”促共富行动推进会上作典型发言。

2022年9月21日，“希望之光”人才帮扶团助力轴承产业“二次崛起”创新论坛在常山召开　　（县科协 供图）

【“共同富裕、院士赋能”院士专家常山行】 2022年6月15—16日，县科协邀请中国科学院陈旭院士及团队，走进常山对接交流活动，洽谈院士工作站、自然科学博物馆、院士专家大讲堂等工作。9月21—23日，县科协邀请中国科学院院士陈旭、沈学础、孙义燧、都有为，俄罗斯工程院外籍院士刘雪松到常山与相关企业对接，达成院士合作项目意向4个，年内完成部分项目科技成果转化，研发以山茶油为基底的系列保健品、化妆品。

【人才帮扶团助力轴承产业】 2022年9月21日，在常山召开省“希望之光”人才帮扶团助力轴承产业“二次崛起”创新论坛。县委常委、副县长邱雪萍致辞，帮扶团5名专家和特邀专家教授结合常山实际就轴承产业前沿技术分别作主旨报告。9月22日，帮扶团专家和特邀专家教授走进常山轴承企业，实地走访调研常山轴承产业发展瓶颈和技术难题，提出产业发展方向和可行性方案，确定帮扶专家与企业精准对接，开展科技攻关。

【常山县科协第十次代表大会】 2022年10月26日，常山县科学技术协会第十次代表大会在常山东方广场酒店举行。市人大常委会副主任、县委书记潘晓辉出席开幕式并讲话，市科协党组书记、主席陈利民到会祝贺并讲话。县委副书记、县长王永明，县人大主任翁旭东、县政协主席许茂华等县领导出席开幕式。县委副书记、政法委书记何相涯主持开幕式，并在闭幕式上讲话。大会选举产生由35名委员(其中常委15名）组成的县科协第十届委员会，朱万华当选为主席，唐艳当选为副主席，孙剑虹、潘海鹏当选为兼职副主席。

（邹 余）

常山县文学艺术界联合会

【概况】 2022年，常山县文学艺术界联合会（简称县文联）动员所属11个文艺家协会800多名文艺界会员紧贴时代脉搏，文艺赋能，艺术乡建，推进全县文艺事业繁荣发展。天马街道、青石镇等13个乡镇（街道）先后成立文联，全县14个乡镇（街道）文联实现全覆盖。常山县摄影协会加入中国摄影百县联盟。

【文艺助力疫情防控】 2022年，全县各文艺家协会组织会员参与志愿活动，创作抗击疫情主题文艺作品300余篇。其中，创作的舞蹈影像《如愿》致敬医护工作者；开设公益直播课程，主创《一切为了U》居家健身舞蹈教学视频7期。

【文艺精品创作】 2022年，县民间文艺家协会会员戴理平制作的“冰墩墩”“雪容融”蛋雕作品分别被央视新闻、浙江新闻、《浙江日报》、《衢州日报》转载。县音乐家协会、县喝彩协会会员等创编的村歌故事《一切为了U》代表常山县参加第37届“三山”艺术节，入选“唱响奋进之歌 携手共富之路”2022年浙江省山区26县“十佳村歌故事”；县民间文艺家协会毛春良的竹编艺术作品《沁园春·雪》、戴理平的蛋雕艺术作品《山河无恙，人间皆安》入围第八届浙江省民间文艺“映山红奖”中的优秀民间工艺美术作品；周华诚散文作品《陪花再醉一会儿》入选文学艺术类“浙版好书”；县美术家协会会员王斌作品《峥嵘岁月》在薪火传承——浙江油画家红色根据地写生创作展上获学术奖，《光阴的故事》入选浙江省第四届粉画优秀作品展，《尘封的记忆》入选浙江省油画展，《一袭乡愁望故园》入选乡村振兴浙里昌硕浙江省美术作品展。

【协会联合举办活动】 2022年，由县委宣传部和县文联举办，县

“宋诗之河”常山影像展 （张 昭 摄）

摄影协会承办的“宋诗之河”常山影像展，县“宋诗之河”研究会常山工作坊15位摄影家和导师首次联展，从地域人群、社会形态、文化角度，展现常山“宋诗之河”的美丽景象。由省电视台摄影团队拍摄、喝彩协会会员参与录制的喝彩虎年春晚线上节目《我们的村礼》，首次尝试舞龙与喝彩融合表演形式。县舞蹈家协会、县摄影协会组织会员50多人在天安村“父亲的水稻田”，开展喜庆党的二十大快闪活动；县作家协会与县新华书店组织开展周华诚《陪花再坐一会儿》作品推介暨“共读一本书”活动；县摄影协会、县老年摄影协会联合举办“赞美新时代 献礼二十大”摄影作品展览；县委宣传部、县文联主办，县美术家协会承办的省美术家协会会员袁冬华个人画展，展出作品100幅。

【文艺人才】 2022年，常山县民间文艺家协会的戴理平当选常山县第十七届人大代表，朱孙国成为政协第十届常山县委员会委员。常山县民间文艺家协会原主席、常山县喝彩协会主席曾令兵被推荐为衢州市第八届人大代表，并获聘担任“常山县消防宣传大使”。

【“父亲的水稻田”品牌】 2022年6月19日，县委宣传部、县文联等在天安村“父亲的水稻田”基地举办“艺术乡建”启动仪式暨稻田春社活动，围绕“艺术乡建 助力共富”主题，天安村为12位艺术家发放聘书。2022年10月29日，天安村开展“父亲的水稻田”艺术乡建“颗粒归仓”秋社活动。通过“父亲的水稻田”项目推动水稻田产量增收，探索以农促旅、以旅促农、农旅文互相融合发展的乡村振兴模式。

（张　昭）

常山县残疾人联合会

【概况】 2022年，常山县残疾人联合会（简称县残联）围绕促进残疾人全面发展和共同富裕目标，健全残疾人民生保障、就业创业、公共服务机制，推动“十四五”残疾人事业发展各项目标任务落地落实。县残联在“全国爱耳日”“全国助残日”“全国残疾预防日”活动期间，开展知识讲座、义诊服务、宣传活动等，吸引360余名市民参与，发放各类宣传资料2000多份。县听力残疾人徐文帅、丁芳洁到北京参加冬残奥会开幕式演出，并在第十届全国残疾人艺术会演中获舞蹈类节目一等奖2个，戏曲类节目一等奖3个、二等奖2个。为备战2022年第四届杭州亚残运会草地掷球项目，选派3名残疾人参加省市体育集训队集训。为200名残疾人配发康复体育健身训练器材，在常山电视台《一周要闻》新闻节目手语播报52期。是年，《“无障碍”覆盖城乡，为特殊群体创造便利环境》被评为第四批全国农村公共服务典型案例。

【社区助残服务】 2022年，县残联“1+4”社区“助残U我”暖心行动被纳入现代社区建设、“六大改革”“十大行动”等县委县政府重要部署，联合县委组织部、县委政法委制定“入户U访视”制度，发动全县564个网格的残疾人专职委员、网格员、党员、志愿者等上门走访。8月25日，省残联党组成员、副理事长顾艳到常山就社区助残服务开展调研，对常山县工作做法表示肯定。9月28日，在全省“1+4”社区助残服务暖心行动推进会上作经验典型交流发言。建立县残联干部职工分片联系走访制度，制定村社网格助残服务清单，建立残疾人微信群，开展全县残疾人合理需求调查。建立入户访视“1+4”（1是1支残疾人工作者队伍，4是4个助力提升，即提升残疾人“我要就业”“我要康复”“我要照护”“友好出行”服务水平）工作机制，将入户访视与残疾人基本状况调查和家庭病床、无障碍改造进家庭等工作有机结合。截至年底，随访残疾人6000多人次，发放惠残政策宣传资料4000多份，协调解决残疾人面临的急难愁盼问题。

【常山县残疾人联合会第八次代表大会召开】 2022年，常山县召开残疾人联合会第八次代表大会，会议选举产生县残联新一届领导班子。何相涯受聘担任县残联第八届主席团名誉主席，李珍、汪卫东担任主席团名誉副主席，黄晓彬当选主席团主席，刘忻、徐焕、黄小兵、汪启红、姚肖忆、傅昌华、占凌新、孔志民、毛彩英、徐勋、张美亚、廖慧忠当选主席团副主席，傅昌华当选执行理事会理事长，吴应红当选副理事长。

【涉残民生实事项目】 2022年，县残联根据“残疾人之家”优势和管理特点，打造具有衢州辨识度的常山特色“残疾人之家”标准化模板。年内，全县共有“残疾人之家”18家（四星级5家、三星级13家），庇护照料281名残疾人。5月，县人大常委会副主任李珍视察县“残疾人之家”建设和运营情况，并对相关工作表示肯定。推进县安康医院儿童定点康复服务机构规范化提升，投入资金61万元，对康复训练室、无障碍卫生间、教室等改造提升。投入资金47.5万元，对县档案馆、县妇保院、江滨行政楼等10个重要公共服务场所无障碍改造，助力老年人、残障人士、孕妇儿童等群体办事出行。依托专项债项目，投入资金1300万元，启动县残疾人康复康养中心建设。

【残疾人事业数字化改革】 2022年，县残联启用残疾人按比例就业情况联网认证系统，全县103家按比例就业企业全部通过系统申报，安置残疾人就业1000人。开展第三代（智能化）残疾人证换发工作，计换发残疾人证12977张，换发率近100%。持续推进通过智慧大厅——政务2.0平台办件，提升网办件数量，实现网办件率达95%以上。

【完善民生保障机制】 2022年，县残联配合民政部门做好“两项补贴”移交后续工作，为1.2万余名持证残疾人办理残疾人意外和大额医疗保障保险，支付保金64.18万元。联合县人社局、县民政局对全县法定劳动年龄段低保、低保边缘户残疾人（灵活就业）参加职工基本养老保险缴费情况进行核查，为193名残疾人符合条件发放补贴13.24万元。落实盲人按摩机构和城镇个体户养老金补助9.26万元。补助“残疾人之家”日常运营经费271.63万元。投入资金98万元，完成全县173户残疾人家庭和3家机构无障碍改造。推进信息无障碍改造提升，盲人智能过街声响提示装置投入使用，紫港街道文昌社区成功创建省级无障碍社区，东案卫生院成功创建市级残疾人社区康复站。

【残疾人就业创业】 2022年，县残联开展“就业援助月”活动，联合县人社局举办“老乡留常山，岗位送给U”小型线下招聘会4场，提供残疾人就业岗位139个，150余名残疾人现场参与，其中73名残疾人与用人单位达成就业意向。开设残疾人就业微信群，收集县内外企业岗位需求信息，援助112名残疾人再就业。举办抖音网红直播和各类残疾人职业技能培训5期，210名残疾人参加。选送残疾人及残疾人工作者参加省、市培训班。落实16家超比例安置残疾人就业企业奖励38.73万元。联合县人社局创建残疾人就业驿站18家，累计开发“残疾人之家”公益性岗位36个。

【优化助学扶残机制】 2022年，县残联配合市残联开展2022年度3～18周岁适龄残疾儿童少年入学安置信息动态监测，全县随班就读的残疾学生42人，在市聋哑学校就读的残疾学生5人，有12名残疾人参加职业教育，残疾人儿童就学率超过95%。落实残疾人和残疾人家庭子女助学工作，保障残疾学生受教育的权益，全年助学193人，补助资金43.34万元，其中补助残疾人大学生学费和住宿费16人，发放资金21.33万元；学龄前儿童就学补助17人，发放资金5.01万元；残疾人和残疾人子女上大学一次性补助 83 人，发放资金 9.3 万元；补助就读特殊教育学院（校）残疾学生 77 人，发放资金 7.7 万元。

【残疾人康复服务】 2022 年，县残联开展 7～18 周岁低保低边家庭残疾儿童康复训练需求调查，为 70 名残疾儿童提供康复服务，免费配发各类辅助器具 607 件，补助 17 名残疾人膝髋关节置换手术 16.99 万元，补助 31 名残疾人白内障手术 2.46 万元。开展残疾人“阳光康护 • 家庭病床”行动，为 473 名建床对象开展上门服务 8361 次，发放服务费 27 万余元。采集 6285 名残疾人数据 7507 条并开展康复服务，康复服务率达 100%，辅具适配率达 100%。配合省残疾人福利基金会开展“爱护行动——重度残疾人创面康复护理”公益助残项目调查。推行精神残疾人免费服药纳入市医疗费用“一站式”结算管理，在全市范围内精神残疾人免费服药定点机构均可办理，实现残疾人免费服药 100%。全年受理申请办理残疾人证 606 人（其中重评“无变化”51 人、“不符合”87 人、等级变化 100 人、新办证 368 人），注销残疾人证 355 人，补办换领残疾人证 80 人，提供上门办证服务 25 人次。

（曾庆嘉）

常山县红十字会

【概况】 2022 年，常山县红十字会（简称县红十字会）弘扬“人道、博爱、奉献”的红十字精神，围绕解决群众最关心、最直接、最突出的问题，完成组织建设、救灾救助、生命关爱、救护培训以及人体器官捐献等工作，县红十字会在全市各县（区）综合考评排名第一。年内，县红十字救援队队员陈波被评为省红十字奉献服务奖先进个人，县消防救援大队队员、红十字救护员饶凯楠被评为浙江省“最美救护人”。

【民生实事项目】 2022 年，县红十字会在全市率先超额完成救护员取证和救护知识普及工作，其中发放“红十字救护员证”7159 人次，普及救护知识 19271 人次，分别比上年增长 396.46%、34.93%，增长率居全市第一位。在乡镇（街道）便民服务大厅、武警中队新增布设 AED 设备（自动体外除颤器）13 台，超额完成布设任务。开展全县 32 个点位 AED 管护人员专题操作使用技术培训，确保每个点位 AED 管理使用规范。

【应急救护体系】 2022 年，常山县探索构建全民参与的“自救互救”新型应急救护体系，致力“护航健康、赋能共富、助力文明”三条跑道，通过将村社干部、网格员、党员干部、基干民兵、乡村医生、退休教师 6 类对象纳入应急救护“第一响应人”队伍，实现“家家有救护员，村村有救

2022 年 12 月 8—9 日，全省乡镇（街道）应急救护培训基地建设推进会在常山县召开
（李 雪 摄）

护队，乡镇有培训地，危急时刻有急救侠”的工作目标。县红十字会着眼“建设、管理、运行”一体化，在全省率先探索建立“四有”（有教学场所、实训设施、宣传板块、明显实效）标准，建设应急救护培训示范基地6个（天马渡口、球川龙绕、新昌郭塘、常山石博园、常山阿姨学院、芳村未来社区）。9月29日，浙江省红十字会批复同意常山县为全省县域应急救护体系建设试点。10月26—27日，省红十字会党组书记、常务副会长林斌专程赴常山调研。12月6日，副省长成岳冲对常山县新型应急救护体系建设工作做出重要批示，予以肯定。12月8—9日，全省乡镇街道应急救护培训基地建设推进会在常山县召开，学习推广常山应急救护体系建设工作经验。

【应急救援】 2022年，县红十字会加强救援队“一核两翼”建设，以党支部建设为核心，提升党支部规范化建设，增强队伍凝聚力、战斗力，带动救援队各项工作开展。2022年，县红十字应急救援队汛期防汛出勤4次，出动冲锋舟9次，队员52人次，转移被困群众80余人；搜寻走失老人29次，参与活动赛事保障9次，保护人民群众生命财产安全。

【疫情防控】 2022年，县红十字会组织全县广大红十字工作者、志愿者迅速投入疫情防控第一线，参与卡点防控、环境消杀、防疫知识宣传、居家隔离人员关怀服务、助力复工复产复学等工作。发起募捐公告，全年接受疫情防控捐款23.71万元，捐赠价值77.37万元的疫情防控物资。加强对疫情捐赠款物的接收和管理，捐赠款物均按照疫情防控需要和捐赠人意愿调度使用。

【人道救助】 2022年，县红十字会持续开展“博爱送万家”人道救助活动，全年走访慰问困难群众102户，发放慰问金10.2万元。支持东西部协作，拨付四川省绵阳市平武县帮扶资金3万元。

（李　雪）

法 治

政法委及综治

【概况】 2022 年，中共常山县委政法委员会（简称县委政法委）紧扣除险保安主基调，实现省级平安县创建“十七连冠”，完成中共二十大、省第十五次党代会、冬（残）奥会等系列重大活动安保工作，获省、市、县党委、政府通报表彰 6 次，获县委主要领导批示肯定 2 次，在全省会议上交流发言 3 次，工作成效被《浙江信息》《浙江政法》等简报采用长篇信息 10 篇。完成全省新媒体排行榜任务 2 次，在“浙江政法”抖音号、“平安鼎”微信公众号等省级以上平台发布文稿 47 篇。建立健全“月自评、季分析”平安工作机制，每月由牵头部门进行自评，每季度由县平安办牵头会商研判。全年省、市、县开展平安暗访 76 次，反馈问题 504 个，整改完成率 100%。以平安浙江指数为基础模型，创新“村级平安 U 指数”评估体系，整合各村的平安要素，通过画图建库、定人明责、一屏展示、奖优罚劣等举措，刻画各村“平安画像”，实现村级平安建设过程可跟踪、风险可预警、结果可评估、工作成闭环，相关做法获县委主要领导批示肯定。首创村（社）“平安善治 U 微站”，整合共享法庭、基层治理综合信息系统等系统平台，统筹派出所、执法队、法庭、司法所等条线力量，打造集矛盾化解、要素管控等“八大功能”于一体的基层平安法治综合体，如青石镇湖头村 85%的矛盾纠纷通过“平安善治 U 微站”化解，有效治安警情比上年下降 28.6%。强化风险意识，紧盯重点领域，排查风险隐患，落实稳控措施。除险保安“百日攻坚”行动期间开展反恐实战演练 35 次，聚焦欠薪、房地产、征地拆迁等重点领域，落实重大决策社会风险评估机制，实现规模性集聚事件“零发生”。妥善处置非正常死亡事件 41 件，开展社会风险评估项目 64 个，化解各级信访积案 219 件。开展维护信访秩序专项行动，依法打击违法信访人员 16 人（刑事处罚 4 人、行政处罚 12 人）。动态更新风险隐患重点关注清单，落实定岗、定人、定责、定措施、定纪律、定奖惩“六定”措施。2022 年，省、市平安办交办的 239 个问题全部整改到位，挂牌整治平安建设突出问题 2 个，提级管理重点涉稳隐患 17 件，整改销号市级挂牌涉稳隐患 5 件，排查化解矛盾纠纷 2812 件。以社会治理现代化试点为载体，推进党建统领网格智治专项行动，全县网格优化 574 个，划分微网格 1797 个。

2022 年，全县网格上报各类事件 33273 条，办结 33163 条，办结率 99.67%，其中 98.82%的事件在乡镇（街道）以下层面得到化解，推动浙赣省际协同治理服务，跨省网格做法在《浙江信息》刊发。2022 年，县委政法委被评为浙江省 2020—2021 年度平安浙江建设先进集体、平安护航建党 100 周年成绩突出的集体、2021 年度全市平安建设突出贡献集体、除险保安“五色”考评“绿榜”单位、干事创业好团队。

【平安护航中共二十大】 2022 年，县委政法委聚焦平安护航中共二十大，构建“1416”作战体系，实现“六严防、六确保、六个零发生”既定目标。召开全县除险保安“百日攻坚”行动推进会，出台《常山县党的二十大安保总体方案》《常山县“除险保安百日攻坚行动”实施方案》《常山县维稳情报信息举报奖励办法（试行）》，实体化运行安保指挥部。市人大常委会副主任、县委书记潘晓辉落实“第一责任人”职责，专题调研平安工作 7 次、召开会议 22 次、听取汇报 7 次、作出批示 36 次。以除险保安“百日攻坚”行动为主载体，建立落实“晾晒”机制，动态更新风险隐患重点关注清单，发布《每日晾晒》93 期，开展社会风险评估项目 81 个。

【数字法治】 2022 年，县委政法委深化数字法治系统建设，加强应用谋划建设，争取省级试点 5 个，形成省级以上理论成果 18 项，制度成果 6 项，省级层面典型发言 3 次，“平安边界智慧安防”应用入选全省 2022 年度数字赋能揭榜认领项目并获 200 万元补助经费，“行刑衔接共治”相关做法被省公安厅发文并在全省推广，“智警三衢应用”成为全市“公安大脑”八大核心应用之一并面向全省发布推广，“涉 KM 物资精密智控”获全省“公安大脑”项目试点，生态治理集成应用入选全市数字法治应用“一本账”，“共享法庭”成为全市唯一试点，“两法衔接”成为全省唯一县级试点。

【贯彻落实“八个多跨”制度】 2022 年，县委政法委组建由政法委副书记作为召集人、各政法单位分管领导、中层干部为成员的工作专班，专项推进“八个多跨”制度（“八个多跨”是指浙江省政法系统统筹推进八个跨部门跨领域制度专项行动的实施方案）。出台《常山县“八个多跨”制度分工抓落实方案》，明确牵头责任部门，细化 27 项任务清单。建立《常山县政法机关执法司法信息共享工作实施办法》等制度 7 项，签订《浙赣边际（衢饶示范区）全方位司法协作框架协议》，承办浙江省首场法学会首席法律咨询专家“法助共富 · 法护平安”活动，遴选县级首席法律咨询专家 12 人，承接刑事诉讼涉案财物先行处置全市试点。成立常山县政法干警依法履职保护委员会、建立刑法执行工作联席会议、细化刑事诉讼涉案财物专项清理处置工作等相关情况获省委政法委副书记沈智深肯定。针对“八个多跨”专项工作督查中发现的不足，强化落实整改工作，如通过依托“政法一体化”、检察机关统一业务应用系统，开展“准挂案”动态摸排涉企挂案问题，发现 4 件挂案，其中 1 件移送检察院审查起诉、2 件公安撤案、1 件公安侦查中。

【打击养老诈骗】 2022 年，县委政法委制定下发《全县打击整治养老诈骗专项行动总体方案》《常山县打击整治养老诈骗专项行动办公室工作规则》等文件，落实打击整治养老诈骗专项整治和情况报送制度，推进行业领域情报信息搜集和隐患排查。年内，常山县未收到相关举报电话或来信，行业领域未发现相关隐患问题。通过县级各类媒体、公众号发布涉养老诈骗宣传 39 篇，发放宣传手册和海报 5.32 万份，发动 2.03 万人参与养老诈骗在线答题活动。联合多部门核查核实上级交办线索，全年收集线索 26 条，核查反馈 26 条。

（俞海航）

法治政府建设

【概况】 2022年，常山县司法局（简称县司法局）围绕国家重大战略实施和全县经济社会发展，在法治政府建设上攻坚发力、进位争先。深入推进法治政府建设各项工作，谋求行政执法监督突破，力促行政败诉率下降，持续推动常山县法治政府建设提质增效，为加快建设“浙西第一门户”和打造省际合作先行示范县提供坚强有力的法治保障。

【法治政府制度建设】 2022年，中共常山县委全面依法治县委员会办公室印发《常山县创建法治浙江（法治政府）建设示范县实施方案》，细化任务措施，有力有序推进示范县创建。印发《常山县营商环境建设2022年实施方案》，推进营商环境集成应用贯通落地，贯通指数排名全省第三。统筹召开十四届县委全面依法治县委员会第一次、第二次全体会议，专题研究部署“法治常山”建设工作。制定《2022年法治常山建设重点工作清单》，明确61项重点工作和73个关键指标，确保全年“法治常山”建设工作推进有指引、有重点、有要求。制定《常山县创建法治浙江（法治政府）建设示范县实施方案》《2022年法治常山（法治政府）考核细则》《法治建设工作百日攻坚行动方案》，建立周例会工作制度和动态报送机制，有序推进法治浙江（法治政府）建设示范县。

【乡镇法治化改革】 2022年，县司法局建立乡镇（街道）法治建设议事协调机构，14个乡镇（街道）全面挂牌成立依法治乡（镇、街）委员会及其办公室，牵头乡镇（街道）法治化综合改革工作。聚焦“乡镇（街道）法治化改革最佳实践案例”目标，重点培育“融治理”、权属纠纷行政裁决规范化、“360”矛调品牌等法治品牌，其中《球川镇实体化运行“融治理”模式实现矛盾纠纷“应化尽化”》被评为全市乡镇（街道）法治化改革最佳实践案例。

【规范性文件审核】 2022年，县司法局健全规范性文件制发机制。全面落实行政规范性文件统一登记、统一编号、统一印发的“三统一”制度，将所有行政规范性文件纳入合法性审查范围，加强审查力度，提升审查质量，实现市对县行政规范性文件备案审查“零纠错”，审查率达100%。强化规范性文件监督管理，建立评估清理长效机制，及时修改、废止行政规范性文件，2022年开展4次专项清理行动，加强重大行政决策目录管理。贯彻目录编制指引，累计在政府门户网站公布决策事项74项。

【聚力合法性审查】 2022年，县司法局贯彻落实重大行政决策法定程序，切实执行县政府合法性审查机构负责人列席县政府常务会议制度，严格落实未经合法性审查或合法性审查不通过的重大行政决策不得上县政府常务会议会原则，确保科学决策、合法决策。落实乡镇（街道）合法性审查机制，聚焦工程建设、土地政策处理等重点领域，推进合法性审查制度化、规范化，2022年审查政府涉法事务109件。

【行政执法监督】 2022年，县司法局探索建立法治督察与纪委执纪问责贯通机制，常态化开展法治督察工作，反馈整改问题40余个，该经验做法被《中央依法治国办工作专报》刊登。健全完善信用监管机制，实现部门联合“双随机、一公开”抽查事项覆盖率100%，应用信用规则率99.21%，跨部门监管率27.56%。全流程推进数字化赋能，打造省监管执法、基层治理四平台、天眼、雪亮工程“一屏统览”行政执法总指挥平台，实现执法办案平均时长降低17.4%。构建联动执法协调监督体系，全年开展执法监督13次，制发监督通知书24份。承接县乡行政执法协调监督工作体系建设试点，组建“1+5”行政执法协调监督人员库，制定“两张清单”“两张流程图”，推进执法监督清单化、条目化、流程化。探索激发执法监督效能，在7个赋权乡镇（街道）司法所增挂行政执法协调监督室牌子，配合开展重大行政执法决定审查、赋权执法事项评议等事务，全面打通执法监督向基层延伸的“最后一公里”。全年核查违法线索56条，制发《行政执法监督通知书》24份。

【推进政务公开】 2022年，县司法局深化政务公开，提升政策信息质量，优化在线咨询、回应关切等专栏版块，主动回应经济社会热点、堵点、痛点问题，坚持依申请公开依法规范办理，健全申请登记、审核、办理等工作制度，不断提高办理实效。至年底，全县公开各类政府信息1万余条，发布专题回应60余条，受理依申请公开105件，办结率达100%。

【行政复议案件发案量、败诉率降低】 2022年，县委全面依法治县委员会办公室全力做好行政争议化解，办理行政复议案件102件，复议调撤率50.5%。落实《常山县行政诉讼应诉和程序规范》，行政诉讼案件一审败诉率为2.6%，比上年下降11.44%。创新构建“136”矛盾纠纷调解体系，全年化解矛盾纠纷5044件，涉及金额999.03万元。

【创建基层法治建设示范带】 2022年，县司法局推动法治文化建设与县域诗画风光带建设相结合，打造“宋诗之河”基层法治建设示范带，该示范带建设成果得到司法部充分肯定，被“学习强国”学习平台、《浙江法治报》等多家主流媒体专题报道。2022年省级民主法治村（社区）占比居全市第一，白石镇草坪村成功创建第九批国家级民主法治示范村，球川司法所被评为浙江省“枫桥式”司法所。

（尹　春）

公　安

【概况】 2022年，常山县公安局（简称县公安局）开展除险保安、“飓风”系列、矛盾纠纷“大排查、大起底、大化解、大管控”、夏季治安打击整治“百日行动”等专项行动，完成中共二十大、北京冬奥会、全国两会、省党代会等各类安保任务。全县接报有效警情25652起，比上年下降1.3%；受立案2739起，其中行政案件1679起，刑事案件1127起，行政处罚779人次，比上年下降25.02%，采取刑事强制措施682人，比上年上升5%；全县道路交通事故12615起，比上年下降5.6%，查处各类交通违法行为13.68万起，酒驾醉驾530起；相继抓获潜逃29年和24年在逃嫌疑人，实现5年以上在册在逃嫌疑人清零；“民转刑”自2003年以来首次实现全年“零命案”。

至2022年年底，县公安局内设机构25个，下辖城关、城郊、外港、招贤、新都、球川、芳村、大桥头、火车站9个公安派出所。是年，县公安局获省部级荣誉13项、市级荣誉27项，获集体三等功3个、个人二等功1人、个人三等功44人，连续9年获评全省公安机关执法质量优秀单位。

【新型电信网络违法犯罪治理】 2022年，县公安局聚焦“反诈指数”，抓住“三个街道两个乡镇”等重点部位（天马街道、金川街道、紫港街道、辉埠镇、青石镇），实施反诈智防工作，打击治理电信网络新型违法犯罪工作实现“两升两降”（案件数和损失金额下降，抓获嫌疑人和返还资金上升）。全年发生电信网络诈骗案件331起，比上年下降11.02%；损失金额1439.52万元，比上年下降28.93%；抓获电信网络新型违法犯罪嫌疑人158人，追回资金96.93万元，增幅位列全市第一。

【推进“两法衔接”建设】 2022年，县公安局以“公安大脑”建设及全省“大综合一体化”行政执法县域集成改革唯一试点县为契机，推进“两法衔接”建设，构建部门左右联通、管罚前后打通、“两法衔接”畅通的全闭环体系，完善行刑对接流程，助力“大综合一体化”行政执法改革，推动基层治理能力和治理体系现代化。截至年底，依托“两法衔接”机制，矛盾纠纷部门联合调处率上升 18.5%，现场化解率达 95% 以上，现场处罚事项整改率 100%；线上流转刑事案件 7 起，线下移送案件 27 起，采取刑事强制措施 70 余人，产生全省首例通过平台移交并顺利刑事起诉行刑衔接案件。

【护企营商服务】 2022 年，县公安局实施以警企服务中心、驻企警务专员、公职律师顾问团、警企平安共同体、涉企警情案件绿色通道等五大模块为主要内容的“护航企安”工程，护航常山经济高质量发展。立足“警企 U 工作室”建设，整合乡镇（街道）党委政府、县法院、县司法局、县信访局、县人社局等多方力量，优化为企服务工作流程。调处涉企矛盾纠纷 300 余起，侦破涉企案件 40 余起，为企业挽回经济损失 800 余万元；依法查处阻碍项目施工、网上散布谣言等违法人员 5 人次，保障片区征迁、351 国道改造等重点项目推进，全县阻工类警情比上年下降 81.25%，涉企警情比上年下降 16.31%。

【严打整治专项行动】 2022 年，县公安局聚焦治安领域违法犯罪，开展“清风”“清雷”等专项行动，加大违法犯罪打击查处力度。依法查处黄赌行政案件 151 起，行政处罚 369 人；黄赌刑事立案 24 起，采取刑事强制措施 60 人，移送起诉 63 人；铲除罂粟 1919 株，移送审查起诉涉毒犯罪人员 12 人，行政处罚吸毒人员 7 人。破获浙江省公安厅挂牌督办案件“6·24”特大系列盗销电缆线案件、浙江省公安厅挂牌督办案件“常山县程某等人涉嫌强奸案件”等一批大要案；抓获 29 年前爆炸案犯罪嫌疑人和 24 年前故意杀人案犯罪嫌疑人各 1 人，追逃工作得到市、县主要领导批示肯定。

【烟花爆竹“双禁”工作】 2022 年，县公安局聚焦源头监管，推进社会面清零，强化宣传引导，实现“双禁”政策和烟花爆竹存量“双清零”目标。开展集中宣传活动 30 余场次，签订“双禁”承诺书 12.87 万余份，完成全县 72 家零售点和红宇烟花公司库存的 27461 件烟花爆竹的回收和处置，收集非法烟花爆竹制品 800 多件，查处违规燃放烟花爆竹行为 40 余起，部分市民主动上交自存烟花爆竹制品 100 余件。《常山：烟花爆竹变纸浆推进“双禁”再发力》专题报道在衢州广播电视公共频道刊播。

【平安边界建设】 2022 年，县公安局聚焦浙赣两省边界区域社会环境复杂、跨省治理难的问题，以智慧安防为切入口，联合江西省玉山县公安部门打造浙赣“平安边界”项目，助推基层治理现代化，保障北京冬奥会、中共二十大等重大活动期间社会面平安稳定。“平安边界智慧安防”应用工作入选全省 2022 年度数字赋能社会治理现代化场景应用揭榜认领项目，其成效被《人民公安报》《浙江政务信息》等重量级内外宣刊发。

【创新打造“政银合作——网办驿站”项目】 2022 年，县公安局贯彻落实“放管服”改革部署要求，联合县营商办、农商银行持续推动“一网通办”改革成效向村（社区）延伸，收集并梳理高频民生事项，形成政务服务 2.0 事项清单，创新打造“政银合作——网办驿站”项目，建设“10 分钟公安政务服务圈”，办理各类网办事项 1800 余件，仅“居住证申领”单项业务，就有 500 余名外来务工人员通过平台进行申领，好评率 100%。

【居住证互认制度】 2022 年，县公安局聚焦政务服务数字化转型，在全市率先开展“浙江省居住证”跨区域互认转换制度改革，自 9 月 1 日互认制度正式实施以来办

2022年9月9日，“忠诚筑边界 · 护航二十大” 球川—双明跨省融治理启动仪式暨7—8月双月 “平安U指数” 发布会在球川镇兴贤广场举行（县公安局 供图）

理“新常山人”居住证616份，比上年同期增长602%，解决新居民随同儿童入学3人，持居住证办理医疗保险23人，个人缴纳社保27人（含持居住证办理医保的23人），经验做法在《平安时报》、《衢州日报》、中国蓝新闻、浙江新闻客户端、《今日常山》等媒体推介报道，工作成效获市政府领导批示肯定。

【警务品牌建设】 2022年，县公安局主动承接“铁军护航·警助共富”和“融警务”两大品牌建设，结合实际推出“三能U警·同融助富”警务品牌，通过打造平安、攻坚、服务、数治、法治、护企、铁军、融治八个方面“U警”，推动常山公安警务体系成熟定型。“村级涉警信访问题防范化解协同”“平安边界·智慧安防”“行刑衔接”“行刑案件数字卷宗管理”4个应用案例被纳入全省数字法治“一本账”S3清单。5篇理论成果在省级刊物刊登、12篇理论成果在省级以上纸媒刊登，2项指数入选全省公安指标指数库，承接的省公安厅“两法衔接”试点完成既定任务并在全省推广。

【探索“警务融治”新机制】 2022年，县公安局坚持“一切为了U”核心理念，从基层治理现代化战略全局出发，探索村村“U”(优)指数运行机制，以球川镇为试点推行，球川镇总警情比上年下降27.6%，其中赌博类警情下降39.4%、矛盾纠纷类警情下降16.5%。

（王小飞　柴真见）

检　察

【概况】 2022年，常山县人民检察院（简称县检察院）出台检察服务保障建设“浙西第一门户”的12条举措，参与重点工作专班17人次。为企业开展法律“问诊体检”服务32次，此项工作获县委主要领导批示肯定。严厉打击合同诈骗、串通投标等破坏市场经济秩序犯罪16件25人，推动清理2件涉企刑事诉讼“挂案”，依法办理职务侵占犯罪3件4人，依法对8名涉企犯罪人员不捕不诉，探索推进涉案企业合规改革，依法对整改合规的某纺织公司作出不起诉决定，释放司法“红利”。依法打击破坏环境资源保护犯罪26件29人，筑牢生态环境保护屏障。全年，县检察院受理各类刑事案件574件741人，依法批准逮捕80件95人，提起公诉311件395人；办理民事诉讼监督案件42件、行政检察案件7件、公益诉讼案件38件（行政公益诉讼26件、民事公益诉讼12件）。统筹落实少捕慎诉慎押刑事司法政策和认罪认罚从宽制度，严格适用逮捕措施，公正审慎行使不起诉权，不捕率24.6%，不诉率34.1%，诉前羁押率20.5%，轻罪起诉率9.1%；认罪认罚从宽制度适用率 87.6%，确定刑量刑建议提出率 96.9%、采纳率 97.8%。在刑事案件办理中提出行政处罚意见，推动对 36 名被不起诉人作出行政处罚，向相关部门移送线索 17 条。2022 年，县检察院出台精品案例培育办法，获评市级以上精品典型案事例 28 件；2 个案例、1 份检察建议入选最高人民检察院典型案例、优秀检察建议，5 个案例入选浙江省人民检察院精品典型案事例；公益诉讼、未成年人检察等指标全市第一；常山县检察工作获时任浙江省人民检察院主要领导批示肯定。

【刑事检察】 2022 年，县检察院依法严惩妨害公务、袭警犯罪 5 件 5 人，严惩爆炸、聚众斗殴等危害公共安全、扰乱公共秩序的严重刑事犯罪 161 件 198 人，办理《中华人民共和国反有组织犯罪法》实施后全市首例恶势力犯罪案件，办理监委移送职务犯罪案件 9 件 9 人。强化案件监督，在审查逮捕环节引导侦查机关取证 100 余次，依托“侦查监督与协作配合办公室”监督立案、撤案 49 人，制发纠正违法通知书 2 份。加强刑事审判监督，提起抗诉 2 件，获法院改判 1 件。强化刑事执行监督，发出纠正违法通知书、检察建议 7 份。

【民事行政检察】 2022 年，县检察院深入构建多元化民事检察监督格局，办理各类民事诉讼监督案件 42 件，其中 5 件被省检察院评为优质案件。提请涉赌人员虚假诉讼抗诉、发出再审检察建议 6 件。联合县法院、县公安局构建机动车辆执行领域查扣协作机制。严厉打击拒不执行判决、裁定罪 9 件 14 人。履行行政检察职能，针对耕地保护、市场主体管理等，开展行政违法行为监督，发出检察建议 4 份。办理胡某某申请行政诉讼监督案，促成长达十年的行政争议矛盾实质性化解，入选最高检典型案例。

【未成年人检察】 2022 年，县检察院联合多部门出台《性侵害未成年人犯罪案件办案指引》和完善困境未成年人合法民事权益支持起诉机制。依法办理涉未成年人犯罪 12 件 13 人，立案监督 2 件 6 人。打击教职员工侵害儿童犯罪，办理全市首例校外辅导机构员工猥亵儿童被宣告终身禁业案。办理全省首例支持起诉保障未成年人姓名权案件，先后入选省检察院未成年人司法保护典型、精品案例。坚持依法惩戒与精准帮教相结合，不起诉未成年人 20 人。开展法治教育活动，组织宣讲 15 次，受众近万人次。设置“检爱·护 U”工作站，该工作站入选“宋诗之河”基层法治示范带建设重点品牌工程。

【公益诉讼检察】 2022 年，县检察院紧盯网络安全，针对部分行政机关履行政府信息公开职能时不当泄露 6 万余条次个人信息问题，制发检察建议。办理生态环境和资源保护、食品药品安全等领域公益诉讼案件 38 件，列入省检察院重特大案件 17 件，入选省检察院精品案例 1 件。坚持“当诉则诉”，针对县某职能部门未依法履行公益林监管职责，首次提起行政公益诉讼，推动依法修复 60 余亩林地。

【基层治理现代化】 2022 年，县检察院深挖案件背后的社会治理问题，制发检察建议 13 份。加强与县人大机关、县政协机关协同联动，办理转化公益诉讼案件 6 件。深度融入“大综合一体化”行政执法改革，探索法律监督与行政执法贯通协同有效路径。联合江西省玉山县检察院，构建“两山”跨区域生态保护协作机制。“12309”检察服务中心入驻社会治理中心，全年办理各类信访件 193 件、化解“陈户”信访积案 4 件。

【数字检察】 2022 年，县检察院推进“涉车辆查封扣押民事执行”“虚假司法确认”等 17 个专项监

2022 年 9 月 30 日，常山县人民检察院召开古树名木保护行政公益诉讼案听证会 （熊燕婷 摄）

督，破解机动车辆执行、虚假司法确认等领域治理难题。组建数字侦查、民事执行等 7 个数字办案单元，建立数字办案模型 16 个，办理 2 个新领域案件。针对部分被执行人受到不合理信用惩戒及限制消费措施问题，构建数字办案模型，维护 60 余人的被执行人合法权益，入选市检察院数字检察办案指引。

【贯彻落实全过程人民民主】 2022 年，县检察院贯彻落实全过程人民民主，向县人大常委会、县人大常委会主任会议专题报告未成年人检察、民事检察等工作 3 次。拓宽与代表委员、群众的沟通渠道，向代表委员宣传检察工作、征求意见建议 76 人次，推送“常检常说” 22 期；邀请代表委员、人民监督员、企业家、群众等参与检察公开听证 92 人次。63 篇新闻稿件获省级以上媒体采用，21 篇信息获市级以上机关采用。

（吴抗抗）

法 院

【概况】 2022 年，常山县人民法院（简称县法院）受理各类案件 6744 件（含旧存），办结 6285 件，比上年分别下降 3.37%和 4.69%。在全市法院率先出台促进经济稳进提质 10 条举措。参与旧城改造、乡村振兴等全县各类工作协调会 33 次，配合化解重点工程、重大项目矛盾纠纷 110 起。开展“为群众办实事示范法院”创建活动，出台 10 条便民利民举措。在全市法院率先成立“共享法庭”U 呼我应指挥中心，采用“庭务主任点单+指挥中心派单+法官接单”形式，拓宽接收群众司法需求渠道，及时高效处理群众纠纷，被市中院评为“为群众办实事”正面典型。调整涉赣当事人民商事案件管辖，成立衢饶示范区巡回审判站，在江西省玉山县鸡头山法庭、冰溪街道综合治理中心设立“共享法庭”服务站，累计化解跨域纠纷 152 起。引导当事人通过网上平台参与诉讼，网上立案 5678 件、网上调解 1720 件、网上开庭 1304 件。通过淘宝网拍卖成交 88 件，网拍率 100%，为当事人节省佣金 298 万元。12 月 25 日，承办 2022 年省法学会法治文化研究会年会暨“‘常山现象’与新时代法治文化建设”研讨会，省法学会法治文化研究会会员代表，省内外政法单位和律师事务所的专家学者，高校师生，法律实务工作者等 100 余人参会。

是年，县法院在省高院考核的 37 项质效综合指标中，28 项指标位居全省基层法院第一，31 项指标位居全市基层法院第一，总排名位列全市第一、全省第一方阵，被评为全省突出贡献法院，3 名干警被评为全市法院疫情防控先进个人。

【推进营商环境法治化】 2022 年，县法院办理各类涉企案件 2282

件，涉企案件平均审理天数缩短9天，企业涉诉量较上年下降31.39%。审结企业破产案件22件，推动20家“僵尸企业”退出市场，2家濒临破产企业重新正常恢复经营，盘活闲置土地235.70亩、工业厂房8.32万平方米，化解不良债务15.74亿元，办理的某果蔬公司破产清算转重整案入选全国法院助力中小微企业发展典型案例。推进个人债务集中清理，审结类个人破产案件12件。

【基层社会治理】 2022年，县法院开展“共享法庭”助力共同富裕、推进法治共富系列专项活动，建立“共享法庭+行业自治”“共享法庭+大综合一体化”等融治理模式，指导矛盾纠纷调解927件次，化解矛盾纠纷602件，开展普法宣传177场次。红旗岗法庭将诉讼情况融入球川镇村（社）平安U指数考评；招贤法庭创新“一图一表一指数”机制就地化解矛盾；芳村法庭弘扬“马锡五审判方式”，开展“一月一乡一推进”巡回审判活动，促进矛盾纠纷源头防范、前端化解。

【惩治刑事犯罪】 2022年，县法院审结一审刑事案件311件，判处被告人397人。严惩严重影响社会治安和群众安全感的各类犯罪，审结强奸、故意伤害等犯罪案件123件，审结涉“黄赌毒”、帮助信息网络犯罪活动等妨害社会管理秩序犯罪案件148件。依法严惩兼职刷单、婚恋交友、ETC骗局等诈骗犯罪，判处集资诈骗72名老年人的被告人有期徒刑十一年六个月，并处罚金50万元。严厉打击妨害国家工作人员依法履职犯罪，审结妨害公务、袭警犯罪案件6件6人。保持惩治腐败高压态势，审结贪污、贿赂、渎职等职务犯罪案件11件11人。加强环境资源司法保护，审结破坏环境资源刑事案件15件，1件案件入选衢州法院环境资源旅游审判十大典型案例。

2022年12月25日，2022年浙江省法学会法治文化研究会年会暨“常山现象”与新时代法治文化建设研讨会在常山县召开 （县法院 供图）

【民生权益保障】 2022年，县法院新收一审民商事案件3954件，审结3918件。畅通劳动者维权绿色通道，优先立案、审理、执行劳动争议类案件46件。审结买卖、租赁等合同案件434件，依法判决失信被执行人建设工程中标合同无效并承担招标人部分损失。深化家事审判方式改革，审结婚姻、继承、赡养、抚养等案件482件，发出《人身安全保护令》5份，在全市首次向社会公开发布《家庭教育指导令》。深入贯彻未成年人“两法”（《中华人民共和国未成年人保护法》和《中华人民共和国预防未成年人犯罪法》），审结全省首例维护未成年人人格权纠纷案件，依法判决并帮助少年跨省落户；审结校外辅导机构教职人员猥亵儿童案，追究被告人刑事责任并判决“从业禁止”。

【推进“切实解决执行难”】 2022年，县法院巩固“解决执行难”工作成果，执结案件1704件，执行到位金额3.41亿元，实际执行率、违法制裁率等7项群众高度关注的核心指标位居全市法院第一。集中为740户业主发放执行款2392.47万元，维护购房者合法权益。加大强制惩戒和失信惩治力度，创新推行执前督促、“共享法庭+网格员举报”等机制，开展集中执行行动，限制高消费1691人，司法拘留15人，罚款32万元，追究刑事责任4人。灵活采用信用修复、“活封”和“活扣”等柔性执行手段，维护中小投资者合法权益。推进“执行一件事”改革，完成不动产、车辆在线查解封769件次，涉案标的额1.63亿元，协查事项办理由3个工作日缩短至0.5个工作日内。

【法治政府建设】 2022年，县法院办结行政非诉案件15件，运用行政非诉案件预审查机制过滤瑕疵案件5件，不准予执行率连续两年为“零”。支持“大综合一体化”行政执法改革，强化司法与行政良性互动，建立行政机关工作人员法院实训机制，开展百名行政执法人员培训，发送司法建议5份。对生活困难当事人发放司法救助金22.30万元。

【司法体制改革】 2022年，县法院完善专业法官会议和审判委员会工作规则，推行类案与关联案件强制检索机制，召开专业法官会议37次，讨论案件73件，统一裁判尺度。健全院庭长带头办理案件制度，院庭长办结各类案件1842件，占结案总数的29.31%。强化院庭长监督管理职责，全流程在线监管“四类案件”79件。优化司法资源配置，成立全国首个“法官孵化中心”。推进以审判为中心的刑事诉讼制度改革，推动“四类人员”（证人、鉴定人、侦查人员、有专门知识的人）出庭作证61件61人次。推进民事诉讼程序繁简分流改革，适用小额诉讼程序审结案件895件，适用率比上年上升22.81%。

【“全域数字法院”建设】 2022年，县法院开发被执行人动态行程研判数字应用，助力拒执犯罪精准打击；迭代升级“保险司法查控处置”应用，实现全县范围内被执行人保险产品查控、扣划等事项在线办理，发起查控74次，提取金额135万元，被省高院列入第二批子场景应用。启动审判辅助事务集约化改革，剥离排期、送达等6类辅助事务，无纸化送达率100%，民事案件公告送达率0.92%，诉讼费退费时间缩短至2个工作日。在全市法院率先部署运用人民陪审员系统，打造“共享法庭”多跨应用场景，获全县数字化改革大会项目汇报评比第一名，“共享法庭”工作专班被市中院评为数字化改革工作正面典型。

（林子健）

司法行政

【概况】 2022年，常山县司法行政系统坚持依法行政，在法治建设上攻坚发力进位争先。“大数据精准普法应用”成功纳入全省数字法治系统“一本账”S3清单，推进基层依法治理，规划“三区十八室”，高质高效抓好“智慧矫正中心”创建，对社区矫正对象进行“四色”分类，推进司法行政领域数字化改革，推动司法所综合改革，创造安全稳定的政治社会环境。

全县接收社区矫正对象215人，解矫177人。至年底，在矫对象277人，其中缓刑266人、暂予监外执行1人、管制1人、假释9人。县公证处办证439件，其中容缺受理163件，县法律援助中心共办理援助案件479件，追回欠薪金额239万余元。收到行政复议申请102件，调撤率50.5%；受理一审行政诉讼案件75件，其中败诉案件2件，败诉率2.6%，比上年下降11.44%。

2022年，县司法局被评为全省司法行政系统法治建设工作成绩突出集体，获省级优秀个人5人次，市级优秀个人3人次，省一级人民调解员1人，新增国家法律职业资格证3人。县司法局主动强化部门联动，将“两类重点人员”（矫正人员和刑释人员）纳入公安系统协同管控，做法受到省司法厅党委委员、副厅长徐晓波点名表扬。

【推进基层依法治理】 2022年，县司法局以“宋诗之河”沿线镇街为串联，深化公共法律服务“1+6”模式，以村级公共法律服务点为中心，为村民协办公证、联系仲裁、司法鉴定、代办法律援助、申请行政复议、化解矛盾纠纷，加大对民主法治示范村（社区）创建的指导力度，推动基层治理法治化水平提升。至年底，常山县市级民主法治村（社区）占比为82%，位列全市6个县（市、区）第一。

【创建智慧矫正中心】 2022年，县司法局推进社区矫正法治化、信息化、一体化建设，在县司法局原有基础上升级办公环境、设施设备、功能布局，规划“三区十八室”，形成数据一体化、管理智能化、互联移动化、指挥可视化的“智慧矫正”建设新模式。至年底，常山县智慧矫正中心办公用房装修(维修)项目建设完成。

【探索社区矫正新模式】 2022年，县司法局组织各乡镇（街道）司法所对辖区内社区矫正对象和重点安置帮教对象开展“拉网式”“地毯式”排查走访，对摸排出来的涉稳风险隐患分析研判、建档跟踪、专班化解、专项整治。加强与县开放大学开展合作，探索“线上+线下”模式，联动开展对社区矫正对象的职业技能和法律道德的学习培训，推动形成“浙派”社区矫正教育帮扶工作新品牌。

【普法数字化改革】 2022年，县司法局谋划大数据精准普法一件事场景应用，依托大数据技术实现法治需求精准研判、普法素材精准推送、普法成效精准评估的法治宣传新模式，提升法治宣传教育的实效性、趣味性。至年底，该应用完成8万余人次投放测试。

【司法所综合改革】 2022年，县司法局制定《司法所综合改革实施方案》，通过强化司法所职能、健全工作机制、充实人员力量、规范服务管理等举措，将司法所打造成为乡镇（街道）统筹法治建设、承担政府法律事务、提供公共法律服务的综合性机构，推动司法所职能定位再升级。2022年底，14个司法所均完成综合改革。

（尹 春）

人民武装

【概况】 2022年，常山县人民武装部（简称县人武部）坚持以习近平强军思想为指导，学习贯彻中共二十大精神，开展“忠诚维护核心、矢志奋斗强军”主题教育。按照党管武装的要求，召开县委常委议军会，切实解决制约国防后备力量建设的现实矛盾问题。承担军分区赋予的省军区“武常委”履职课题调研执笔，高质量完成调研成果。开展军民图书室和训练场馆共建，修缮国防动员指挥中心大楼。承担军事科学院“新时代全民国防教育执法检查”课题调研，促进区域国防教育执法检查体系发展。开展国防教育“七进”活动，拓展国防教育基地和红色教育基地功能，深化“八一”光荣榜、军属大走访等大国防教育特色做法，举办“八一”建军节主题灯光秀、“十八大以来国防和军队建设发展”主题图片展览，全民国防教育不断深化。实战实训锤炼民兵遂行任务能力，投身支援防汛防台、应急救援等急难险重任务。总结全国民兵工作检查考评成果，高标准开展民兵工作，创建一批“窗口单位”。推动“一年两征”工作，“五率”指标持续提升。县人武部在军分区“6+1”年度大项考评中位列前三。是年，县人武部被省军区评为先进人武部纪委、民兵工作成绩突出单位、征兵工作成绩突出单位。

【民兵工作】 2022年，县人武部编实建强基干民兵和普通民兵队伍，党员、退役军人比例和专业技术岗位对口率等关键指标全部达标。探索民兵荣誉体系建设和民兵队伍建设规范，迭代更新民兵整组规范化操作指导手册，升级拟制民兵工作“一图一册两清单”（年度工作流程图、工作指导手册、问题清单和职责清单）2.0版，在全市民兵工作迎考总结复盘暨现场观摩会汇报经验成果，开展非战争军事行动后装保障课题研讨，组织的“新时代的中国民兵”调研课题被军分区评为优质课题并作大会交流发言。全年打造出天马街道、金川街道、青石镇、球川镇、招贤镇5个乡级，渣濑湾村、久泰弄村等20个村级“窗口单位”。是年，常山县民兵工作总评居全市第二。

【征兵工作】 2022年，县人武部推动“一年两征”工作，以“五率”考评为指挥棒，围绕兵员质量核心，突出各类毕业生征集重点，狠抓宣传发动，落实廉洁征兵，圆满完成年度新兵征集任务，“五率”指标位居全市第二。举行欢送新兵暨“从戎之剑”赠剑仪式并邀请县委书记、县长参加。

【军事训练】 2022 年，县人武部注重修订各类行动方案，根据辖区任务特点，采取多种渠道不断提高区域综合保障能力。11 月上中旬，组织区域综合保障中心建设训练和实兵演练，保障能力得到全面检验。严密组织首长机关训练，完成专武干部和民兵干部骨干集训，以及各类分队训练演练和比武考核，在全市第五届民兵岗位练兵比武中夺得团体第三名，在全市民兵教练员比武中包揽冠、亚军。补充完善十类近千件物资器材，完成库室规范分类建设，为民兵遂行各项任务提供有力保障。

【双拥工作】 2022 年，县人武部牵头协调常山籍军人子女就读第一志愿学校，成立常山县维护国防利益和军人军属合法权益领导小组，协调解决军人家庭涉法问题。与县退役军人事务局一同打造“U 见老兵”尊崇服务体系，推动军人荣誉体系建设，营造崇尚英雄、支持国防的浓厚氛围。

（丁旭飞）

武警常山中队

【概况】 中国人民武装警察部队浙江省总队衢州支队执勤二大队常山中队（简称武警常山中队）驻扎于常山县，主要担负常山县看守所看守、驻地反恐处突、巡逻防控、抢险救灾等任务。2022 年，武警常山中队瞄准支队“实、精、强”建队理念和“八个一军营”建设蓝图，紧扣“稳字当头，稳中求进”总基调，以“育踏实官兵、树一流标准、建过硬中队、创武警标兵”为奋斗目标，连续第 28 年被武警浙江总队评为“四铁”先进中队。全年出动 33 名兵力担负 7 批次武装押解任务，出动 72 名兵力担负中共二十大期间常山县武装巡逻任务，连续第 40 年实现安全无事故。

【练兵备战】 2022 年，武警常山中队以新修《军事训练大纲》为训练依据，坚持按纲施训、科学组训，推动军事训练“六化”转型，抓实军事训练，营造训练有功、训练有为、训练有位的浓厚氛围，在支队各项比武竞赛中获得个人第一名 3 次、团体第三名 1 次。对照新时代执勤安保精神从严规范“2+9”战备值班力量，规范库室建设，按照“拉动一次、检视一次、整改一次、巩固一次”的流程，加强战备力量建设，组织方案演练，时刻保持“箭在弦上、引而待发”的战备状态，7 月 11 日处置新都工业园区一厂房火灾险情。

【思想政治工作】 2022 年，武警常山中队紧紧围绕迎接、保卫、学习贯彻中共二十大这条工作主线，以开展年度“聚焦忠诚维护核心 矢志奋斗强军”、深化“传承红色基因 担当强军重任”主题教育为牵引，常态化开展基础性教育，抓好《习近平谈治国理政》第四卷、《习近平论强军兴军（三）》、全国两

2022 年 7 月 11 日，武警常山中队处置新都工业园区一厂房火灾

（卞乐乐 摄）

会精神和党的二十大精神宣讲学习，开展热点讨论、交流感想、撰写心得等活动。常态化开展“八个一”文体活动，借助驻地资源优势，与县文化馆、县图书馆、县老年书法协会建立经常性交流的共建关系。

【硬件设施建设】 2022 年，武警常山中队全面建成新综合楼并投入使用。该楼共 3 层，累计投入资金 800 余万元，主要包括室内训练馆、文体活动场所等功能区，为武警常山中队全面发展提供良好的硬件支撑。投入 30 余万元，建成南孔书屋，设纸质图书阅读区、数字资源浏览区、互动交流区、管理服务区 4 个基本区域，依托县图书馆实现图书交流共享。

（隋　文）

2022 年 12 月 23 日，县人防办开展人民防空实战化演习

（周　蕾　摄）

人民防空

【概况】 2022 年，常山县人民防空办公室（简称县人防办）紧紧围绕县委、县政府发展战略和中心工作，立足战时防空、平时服务、应急支援使命任务，完成人民防空演习，推进人防工程产权制度改革、完善人防警报设施建设、加强人防专业队伍建设，人民防空各项工作有效落实。

【人防工程建设】 2022 年，县人防办全力推动人防工程产权制度改革落地，为人防工程的平时使用和有效维护管理提供保障机制。人防地下室信息全部录入全省数字化场景应用竣工，提升人防地下室数字化管理水平。加快推进《地下空间专项规划》编制进度，推动人防工程合理布局。

【指挥通信建设】 2022 年，县人防办常态化开展警报系统维护检查，5 月 12 日、9 月 18 日分别组织防空防灾警报试鸣，鸣响率 100%。加强人防专业队建设，督促县人防指挥部相关成员单位开展人防专业队伍整组，编实各人防专业队。全县人防警报器数据录入全省数字化场景应用，通过数字化场景发布警报巡检、试鸣任务。

【人防演习演练】 2022 年 12 月 23 日，县人防办以市、县联动的形式开展人民防空实战化演习，模拟突发情况下人员疏散安置流程。在赛得健康小镇人防疏散基地，县人防办组织疏散基地保障队伍，进行疏散基地平战转换，在预定时间内完成疏散基地指挥所开设、人员安置区布置、医疗保障区准备和相关物资储备，疏散人员得到妥善接收安置，完成各项演习任务。

【人防宣传教育】 2022 年，县人防办组织《浙江省人民防空工程管理办法》学习宣传月活动，在报纸、网络等媒体平台上进行解读，推出“人防知识有奖答题”活动、开展现场活动宣传。此外，通过利用应急广播平台、结合人防工程平时检查等开展常态化宣传，引导广大群众关注人防、了解人防、参与人防。

（占　敏）

农业·农村·水利

综 述

【概况】 2022年，常山县以“千万工程”为引领，一体推进产业振兴、富民增收、风貌重塑，全面建设新时代美丽乡村。全年实现农林牧渔业总产值143751万元，比上年增长6.7%，增幅居全省山区26县第一、全市第一。是年，常山县入选全省防火巡护道与农村公路共同建设试点县和全省第二批水域监管“一件事”试点，入选国家农业现代化示范区，获评全省山区26县结对帮扶考评优秀单位、省乡村振兴考核优秀县。常山胡柚国家地理标志产品保护示范区获批筹建，油茶产业示范园区入选国家林业产业示范园区。常山油茶育苗省级林业机械装备创新试验基地入选2022年度浙江省林业机械装备创新试验基地。常山县新昌乡油茶共同富裕综合体被评为省林业共同富裕综合体。

【农业产业】 2022年，全县早稻种植面积2.93万亩，完成率113.1%，单产504千克，再生稻两季相加破“浙江农业之最纪录挑战”的最高亩产、百亩方亩产双纪录。油菜种植面积4.84万亩，亩产131千克。晚稻种植面积6.81万亩。完成生猪存栏7.52万头，完成率125%，能繁母猪存栏5500头，完成率110%。推进农产品冷链仓储、农机服务中心、全程机械化应用等基地建设，完成金惠标准厂房冷库、胡家淤村菜市场配套冷库、青石镇常山胡柚集散中心冷库、球川镇蓝莓基地冷库4个冷链仓储项目。实施沃土工程、地力培肥、水路渠提升等项目19个，新增绿色农田1900亩。实施扩面增效行动，新增“两柚”种植面积4000亩，完成香柚育苗65万株，新造、更新油茶林面积1万亩。启动全国农业科技现代化先行创建工作，与浙大联合成立现代农业发展研究中心，开展良种优选、药用开发等领域研究，胡柚全果化利用项目入围省“领雁”项目。胡柚“入典”工作初步通过国家药典委专家评审会。三衢省级现代农业园区入选省级现代农业园区创建名单。重振油茶产业，举办油茶产业高质量发展大会，签约成立中林油茶（常山）集团有限公司，省林学会在常山县建立全省首个县级服务站。常山油茶育苗基地入选全省首批林业机械装备创新试验基地。油茶产业创新服务综合体通过省级验收。油茶产业获评全省林业推进共同富裕十大典型案例。

【农村风貌提升】 2022年，常山县全面完成诗画浙江大花园核心

常山胡柚标准出圃苗展示区　　（县农业农村局 供图）

体经济试点”名单。全县村集体经济总收入 2.2 亿元。村均总收入 103.3 万元和经营性收入 50 万元以上村占比 47.8%。全县 2467 名干部结对 8280 户 10602 名低收入农户，累计走访帮扶 8.2 万余次，人均帮扶 1328 元。统筹省级和中央财政衔接推进乡村振兴补助资金，实施油茶基地购置等产业项目 8 个，带动低收入农户务工 1000 余人次。借助省结对帮扶力量，梳理帮扶事项清单 54 项，筹措、协调、落实帮扶资金 2564.32 万元。

区国土绿化试点示范项目主体施工，油茶产业发展示范建设项目完成。成功创建省级美丽乡村示范乡镇 2 个、省级未来乡村 4 个、特色精品村 4 个，省级新时代美丽乡村达标村 26 个、省级高标准垃圾分类村 6 个、省级星级公厕 20 座，泰安村通过第八批历史文化重点村落省级验收，浙江常山胡柚筑坎撩壕栽培系统入选第一批省级重要农业文化遗产资源名单。“绿美”行动深入实施，新增百万亩造林 4615 亩，完成松材线虫病防控 1.8 万余亩，油茶碳汇先行基地入选全省首批林业固碳增汇试点。根据诗画风光带各段的不同资源禀赋，沿常山江布点开展新时代美丽乡村建设，聚力打造“一带三段”个性化景观，扮靓“十里柚香街”。“柚都石镇·共富先行”美丽乡村集成示范带列入省级新时代美丽乡村共同富裕示范带。成功举办徐村夜经济活动、常山 UU 音乐节、农民丰收节、治水公园开园仪式。

【强村富民成效显著】 2022 年，常山县创新打造“共富果园”模式，创建“共富果园”30 个，累计带动农户增收 1490.6 万元，村集体经营性收入平均增收 54.6 万元。常山“共富果园”项目在第七届浙江省农民创富大赛中获第六名。全县农民人均可支配收入 28996 元，比上年增长 7.8%，居衢州市第二。低收入农户人均可支配收入 17326 元，比上年增长 17.1%，居衢州市第二。统筹 4000 万元，增加投资慈常“山海协作”产业园，进一步稳固村集体“造血”机制。常山县入选浙江省强村富民集成改革“市场化改革+集

【乡村改革创新推进】 2022 年，常山县“两山合作社”改革入选全省乡村振兴十佳创新实践、首批共富最佳实践名单，获省改革突破奖。强村富民集成改革成为全省试点，“扩中”“提低”改革和“共富果园”模式全县推广，打造新昌丝瓜络、白石“小辣椒”、何家“四片绿叶”等精品果园 30 个。创新“龙头公司+两山合作社+村集体+农户”四方共同体模式，成功入选省高质量发展建设共同富裕示范区第二批试点。气象指数保险智能速办应用入围全省“一地创新、全省共享”“一本账”S0 清单，获省委主要领导点赞。“低碳果园”数字系统入选全省典型案例。土地改革稳步推进，天马村、胡家淤村、常周村、东案村 4 个试点村土地延保任务进入承包合同签订阶段；宅基地资格

权证改革完成“1+6”制度体系建设，推动首批500余户农民集聚对象开展选房安置，出台农民“集聚券”政策，加快农民进城集聚步伐。

【水利建设】 2022年，常山县加快推进水利工程，常山港一期八标工程完工；常山港二期项目除西塘边和大溪沿未完成外，其他标段均主体完工。推进虹桥溪、芳村溪、龙绕溪流域综合治理，累计完成河道治理25千米。全面完成年度小型水库除险加固工程任务。加快重大项目前期工作，南门溪流域综合治理完成项目规划报批；龙潭水库建设工程完成省发改委项目建议书受理，并与江山市签订项目合作框架协议；芳村溪二期提升完成可研报告和初步设计报告报批；金钉子地质博物馆和水保示范园展厅建设布展项目开工建设。区域安全更加稳固，上线运行常山港流域防洪风险研判平台，成功抵御“6•20”强降雨天气。

【乡村治理体系建设】 2022年，常山县新增清廉村居38个。在衢州市率先设立代表联络中心站，完成14个乡镇（街道）代表联络站、30个村（社）代表联络点的设立。实现乡镇（街道）民生议事堂“三位一体”全覆盖，开展各类活动60余次。开展农家乐安全、农村公共设施、设施农业、农机作业、渔船作业、农资经营等实地检查1692家（处、台）次，落实各类隐患整治41处。创新“U协商”履职品牌入围省政协工作创新案例评选。升级打造“早上好”支部书记研学基地，获省委常委、组织部部长王成调研肯定。强化森林防火工程，入选全省防火巡护道与农村公路共同建设试点县。

（宫福强　张桑露　王丹萍）

农村工作

【概况】 2022年，常山县农业农村局（简称县农业农村局）贯彻落实县委农村工作会议精神，以新时代美丽乡村、未来乡村、历史文化村、农村人居环境“四大革命”为主要抓手，推进新时代美丽乡村建设。全县村集体经济总收入2.21亿元，比上年增长35.64%，其中村经营性收入50万元以上村105个，占比58.33%。全县创建浙江省美丽乡村示范乡镇2个（青石镇、辉埠镇）；蒲塘村、辉埠村、曹会关村、芳村村4个村被评为浙江省美丽乡村特色精品村；累计建成省级美丽乡村示范乡（镇）9个、特色精品村26个、新时代美丽乡村172个（其中新时代美丽乡村精品村68个）、省级高标准生活垃圾分类示范村18个；完成省级第二批4个未来乡村（芳村镇园区新村、金川街道徐村村、同弓乡彤弓山村、球川镇后弄村）全部建设任务并通过省级考评。建设与保护并重，第八批历史文化（传统）村落保护利用项目重点村（新昌乡泰安村）通过省级考核验收，第九批历史文化古村落保护重点村（辉埠镇大埂村）项目总体进度60%；完成3个垃圾中转站、1个小型分拣中心、3个农村回收网点建设任务。以“所长制”为统领，新（改）建公厕23座，历年累计建成A级农村公厕473座，实现行政村规范化公厕全覆盖。常山县分别以《搭建“两山银行”促进山区共同富裕》《全链发力打造胡柚产业推动农业一二三产融合发展》为主题，先后在全省高质量发展建设共同富裕示范区推进大会和全省农业高质量发展大会上作典型发言；常山县省级现代农业园区被评为“2022年十佳省级现代农业园区”（衢州市唯一）。

【农村人居环境整治】 2022年，县农业农村局全面开展农村非正规垃圾堆放点排查整治，并要求各村建立长效管理机制；实施“周自查、月督查”推进机制，要求各乡镇（街道）每周对所辖行政村开展人居环境自查，县农业农村局开展每月督查，评选农村人居环境“最美村”和“最脏村”，并根据督查结果分配垃圾分类资金，调动乡、村两级工作积极性。

发挥媒体力量曝光环境问题，与县电视台联合农村人居环境整治曝光节目，下达县级农村人居环境的乱堆乱放、畜禽散养、断壁残垣各类整治问题点位 524 件，整改率 100%。

【农村生活垃圾治理】 2022 年，县农业农村局完成何家乡、同弓乡农村生活垃圾分类提档升级试点，完成 3 个垃圾中转站（球川镇黄泥畈村、新昌乡新昌村、芳村镇井河村）、1 个小型分拣中心（球川镇黄泥畈村）、3 个农村回收网点（何家乡樊家村、同弓乡同心村、球川镇后弄村）建设任务，累计有 175 个行政村（不含城中村）开展农村生活垃圾分类，农村生活垃圾分类覆盖面达 100%。2018 年以来，累计完成创建浙江省高标准生活垃圾分类示范村 18 个。2022 年发放垃圾分类补助资金（垃圾分类保洁资金、垃圾分类项目、人居环境“月月评”资金、垃圾分类试点村及沿线村专项整治经费）1797 万元。

【历史文化古村落保护】 2022 年，县农业农村局继续推进以古建筑修缮、古街道修复、基本公共服务设施建设、绿化与景观建设、文化与旅游发展项目为主题的历史文化古村落保护利用工作。2022 年，完成第八批历史文化（传统）村落保护利用重点村 1 个（泰安村）和一般村 6 个（江湾村、长风村、井河村、曹会关村、浮河村、天马村）历史文化村落保护利用项目建设并通过验收；第九批历史文化村重点村（辉埠镇大埂村）项目总完成进度 60%；第十批历史文化村重点村（何家乡樊家村）完成规划设计编制；成功申报第十一批省级历史文化村落保护利用重点村（何家乡江源村）。

【乡村振兴】 截至 2022 年年底，全县低收入农户 8610 户 10985 人，其中低保 7269 户 9182 人、低边 705 户 1167 人、特困 636 户 636 人。农民两项收入（即农村常住居民人均可支配收入和低收入农户人均可支配收入）增收能力进一步增强，其中低收入农户人均可支配收入 17326 元，比上年增长 17.10%，增幅排名衢州市第 2、山区 26 县第 7；农村居民人均可支配收入 28996 元，比上年增长 7.8%，增幅排名衢州市第 2、山区 26 县第 9，全省排名第 13。全县各村低收入农户公益性岗位从业人员 1259 人次，县财政发放补助金额 277.75 万元。全年下达省级和中央财政衔接推进乡村振兴补助资金 1127 万元，实施“共富菜园”、油茶基地购置等产业项目 8 个，带动低收入农户务工 200 余人次。成功申报 2023 年度乡村振兴综合试点项目——常山县共富油茶乡村振兴综合试点项目，获省乡村振兴衔接资金补助 3000 万元。

【农村“三块地”改革】 2022 年，常山县深入推进农村承包地、宅基地、农业标准地“三块地”改革。在承包地改革方面，以天马村、胡家淤村、常周村、东案村 4 个村为试点村，全域摸排、比对、确认农户承包地面积、承包合同、数字“三资”、经营权证“四类信息”，形成农户土地承包经营权调查信息一张表，同步导入“两山合作社”生态云脑，通过三维建模，建设智能数据库，实现对农户承包地权属、面积、流转意愿等档案信息的数字化、动态化管理，稳固新权证制作发放的基础。农民宅基地资格权改革方面，常山县作为农民宅基地资格权改革省级试点县，积极探索宅基地所有权、资格权、使用权“三权分置”，建立“一人一票，一生一次，按人分配，按户归集”的宅基地资格权制度。“一人一票，一生一次”是指每位村集体经济组织成员都拥有宅基地资格权，且只能使用一次，在上次使用情况未处置到位前，不得再次使用，权票的发放对象是本村未使用过宅基地资格权的村集体经济组织成员；“按人分配，按户归集”是指户内农房宅基地资格权按户内成员人数核算、分配，以户为单位归集、使用户内成员宅基地资格权。农业标准地改革方面，聚焦农业产业高质量发展，不断探索农业标准地改革，12 月常山县被列为农业标准地改革省级试点。

【强村富民乡村集成改革】 2022 年，常山县入选浙江省强村富民集成改革“市场化改革+集体经济试点”名单。打造“两山合作社+经营主体（共富公司）+村集体+农户”的利益联结机制，加速城乡要素流动交换，加快建立健全发展体系，推动政策、资金、项目等资源集成，实现“聚产业、强链条、提能级”的发展目标，构建业态丰富的乡村产业新格局，扎实推动强村富民集成改革。6 月 13 日，新昌乡作为全省唯一乡镇代表参与强村富民集成改革工作例会并作典型发言。

【村级财务管理】 2022 年，县农业农村局开展村经济合作社运行问题专项治理工作，通过开展问题自查、重点村社审计、梳理问题清单、抓好整改落实、建章立制抓长效等措施，发现并整改问题 52 个。完善集体经济组织内设机构名称和运行机制，按照规定设置机构；完善社员代表大会决议制度，避免一次表决多个事项。全面上线运用农村集体经济数字管理系统，将涉及村集体经济重大事项决策程序全部纳入该系统。2022 年，农村集体经济数字管理系统内财务模块、基础数据模块、村集体经济组织信息、党组织、村监会组织信息录入、村级财务阳光公开等覆盖率达 100%；该系统录入农户人口 303699 人，人口信息覆盖率 99.74%，人口数据标签完整性 100%，累计完成村级资金线上支付成功 39585 笔，资金总额 12 亿 2286 万元。全县 1559 处资产资源、743 项资产资源合同、387 项目工程合同均“一键式”导入常山县“三资”预警系统。

【乡村振兴人才培养】 2022 年，县农业农村局开展农民培训 35 期，培训学员 2025 人次，其中高素质农民 350 人次，农村实用人才 1675 人次。开展基层农技人员定向培养（招聘），定向培养基层农技人员 5 人，其中农林经济管理 3 人、动物医学 2 人。开展 2022 年乡村工匠大师评定，经申报、推荐、评审和公示，黄志旺、戴松林、郑建军、曾令兵等 105 人被认定为常山乡村工匠，其中四星级乡村工匠 7 人、三星级乡村工匠 14 人、二星级乡村工匠 27 人、一星级乡村工匠 57 人。黄志旺、戴松林被认定为 2022 年衢州市五星级乡村工匠。

【农家乐乡村休闲旅游发展】 2022 年，全县有农家乐经营主体 85 家，接待游客 175.44 万人次，经营收入 1.3422 亿元；完成球川村农家乐集聚村项目和何家乡黄冈村省级休闲乡村项目建设；常山县“赏石品柚”乡村游获 2022 年浙江省休闲农业与乡村旅游精品线路。

（宫福强）

种 植

【概况】 2022 年，常山县粮食播种面积 14.63 万亩，粮食总产量 6.09 万吨。水稻播种面积 9.74 万亩，总产量 4.91 万吨。全县玉米种植 1.2 万亩，总产量 0.30 万吨。大豆 1.9 万亩，总产量 0.28 万吨。番薯 1.14 万亩，总产量 0.47 万吨。马铃薯 0.23 万亩，总产量 0.05 万吨。全县蔬菜播种面积 6.57 万亩，比上年增长 2.85%；总产量 10.7 万吨，比上年增长 1.91%；总产值 2.15 亿元，比上年增长 0.78%。其中，西甜瓜面积 0.774 万亩，总产量 2.81 万吨，总产值 0.74 亿元；食用菌 0.20 亿袋，产量 0.49 万吨，总产值 0.57 亿元，其中猴头菇产量 0.27 万吨。茶叶种植面积 0.71 万亩，产量 245 吨。中药材种植面积 6.65 万亩，产量 6560 吨，其中“衢枳壳”种植面积 5.1 万亩，干货产量 6020 吨，产值 2.68 亿元。

是年，常山县粮食生产再创佳绩，早稻生产实现面积、总产、单产“三增”，单产水平持续居衢

2022 年 11 月 4 日，常山县“共富果园”项目获评浙江省第七届农民创富大赛第六名　　（县农业特色产业发展中心 供图）

州市第一；再生稻两季相加平均亩产 1197.36 千克，高产田亩产 1237.31 千克，刷新全省百亩方高产纪录，创“浙江农业之最”。常山县建彬家庭农场在衢州市水稻绿色高产创建竞赛中，获双季稻百亩方高产第一名，早稻百亩方第三名，高产攻关田双季稻第二名；常山县金兰家庭农场斩获全省“好稻米”评比金奖，常山县金兰家庭农场、常山县常鱼家庭农场在衢州市“好稻米”评比中获金奖。

【共富果园建设】 2022 年，县委农村工作会议暨“两山”转化行动推进会专题发布《关于推进“共富果园”建设工作的实施意见》。常山县建成飞碓胡柚园、新村胡柚园、郭塘月季园、新昌早富丝瓜络、狮东民创农业等标杆性“共富果园”30 家，面积 1.5 万亩，累计带动农民就业 4948 人，其中低收入农户 514 人，总用工量 12.03 万人次，受益村 37 个，实现经营性收入 50 万元以上全覆盖，比全县平均水平增长 20%以上。组织召开“共富果园”一对一服务指导业务培训会及工作推进会，通过“常山发布”专题推出 15 期《我是共富果园 CEO》。在达塘村举行常山县聚焦“两个先行”探寻“共富密码”实践案例 PK 赛。“共富果园”项目获评浙江省第七届农民创富大赛第六名。加强“双柚”与马家柚“三柚”融合，推进常山县、江西省玉山县战略合作，促进两地农民增收，打造跨省共富合作样板。促成省商业总会与招贤镇古县村常山胡柚“共富果园”初步达成共建协议。“四方”联建“共富果园”，拓宽“村、民、企”共赢通道。

【农田建设】 2022 年，常山县投资 1190 万元建设高标准农田（绿色农田）0.19 万亩。对县内 2 个粮食生产功能区完成提标改造面积 0.15 万亩，建成烘干用房 824 平方米，晒场 615 平方米，购置烘干机 1 台，热风炉 1 台。实施给水灌溉项目 1 项，铺设田间 PE 管 1200 米，安装阀门 7 个。全年争取田间项目资金 2399 万元，新增和改善灌溉达标面积 0.8 万亩，新增和改善排水达标面积 0.8 万亩，年节约水量 52 万立方米，新增粮食产量 43 万千克、油料 0.9 万千克、其他农产品 17.3 万千克，新增种植业总产值 170 万元，项目区农民收入增加总额达 210 万元。推广应用测土配方施肥技术和农田耕作层改良技术，指导农户应用商品有机肥，全年施用商品有机肥 2685.13 吨、复合肥 154.21 吨、磷酸一铵 36.6 吨、氯化钾 30 吨、生石灰 132.2 吨，提升标准农田 1406.46 亩。

【农机化发展】 2022 年，全县落实农机惠农政策资金 175.56 万元，其中农机购置补贴资金 171.61 万元、农业机械报废资金 3.85 万元。引导农民购置先进适用农业机械

235 台，补贴机具包括轮式拖拉机 9 台、履带式拖拉机 2 台、联合收割机 5 台、开沟机 6 台、水稻插秧机 6 台、微耕机 72 台、旋耕机 35 台、增氧机 2 台、秸秆粉碎还田机 1 台、茶叶机械 3 台。至年底，全县有烘干中心 49 个，烘干机 145 台、烘干能力 1725 吨/批；全县保有育秧中心 19 个，育秧能力 4.5 万亩/年。

【农机安全管理】 2022 年，全县未发生农机安全事故。县农业农村局与 14 个乡镇签订管理责任书，严格执行“谁经办，谁签字，谁负责”的岗位工作责任制。全年订阅《现代农机》杂志 21 份。开展农机保险宣传，要求新购拖拉机、收割机全部参保，全年参保农机户 42 户，保险 68 单，涉及农机 114 台，其中拖拉机 25 台、收割机 9 台、插秧机 6 台、烘干机 74 台，总保费 11.458 万元，发放保险补贴 8.724 万元（市级、县级资金），完成农机保险任务。9 月 19—24 日，养殖业发展中心和产业发展科分工协作，分 2 组开展农机安全实地检验工作，检验农机 255 台，其中烘干机 145 台、农田拖拉机 52 台、收割机 23 台、插秧机 24 台、手扶拖拉机 11 台。全年办理拖拉机注册登记 23 台，联合收割机注册登记 5 台；拖拉机驾驶证到期换证 18 本。至年底，全县有农机驾驶员 500 多人；在册农田大中型拖拉机 77 台、手扶拖拉机 11 台；收割机 28 台；水稻插秧机 20 台；粮食烘干机 151 台。

【农产品质量安全】 2022 年，县农业农村局严厉打击违规使用禽蛋禁用药物、违法使用牛羊肉“瘦肉精”等违法违纪行为，定期对辖区内上市农产品开展快速检测筛查，全面排查农产品质量安全风险隐患，确保不发生重大农产品质量安全事件。开展农产品质量安全专项整治、食品安全问题联合行动，监督巡查农产品生产基地 520 家（次），省、市、县三级定量检测抽检农产品 896 批次，总体合格率 99.85%。深化构建农产品质量安全追溯平台、农产品公共追溯查询平台，推进农产品生产经营主体信息完善，257 家规模以上农产品生产经营主体纳入主体信息库管理。建立县、乡（镇）、生产单位三级农产品质量安全监测体系，实施“从基地到市场准入”的全程质量安全控制，健全农产品质量安全生产责任制和责任追究制，要求所在乡（镇）人民政府与农业经营主体签订生产责任书，共签订 423 份。全面推行食用农产品合格证制度，联合市场监管部门建立产地准出市场准入衔接机制。截至年底，全县 257 家农产品生产经营主体使用农产品合格证，年内开具各类农产品合格证 14 万余张，全县域内农产品合格证管理基本实现全覆盖。

【产业园区平台申报】 2022 年，县农业农村局积极向上争取，成功申报一批国家级、省、市级园区平台。常山县入列国家农业现代化示范区创建名单，衢州市唯一；常山县省级现代农业园区获“2022 年十佳省级现代农业园区”；常山县三衢省级现代农业园区入列 2022 年省级现代农业园区创建名单；浙江常山农光未蓝共富产业园入列 2022 年衢州市未来农业园区。

【农产品展示展销】 2022 年，县农业农村局组织全县 105 家主体的 140 多种产品参加“网上农博”线上展会、省农业博览会等展销活动。浙江艾佳食品有限公司的艾柚香·胡柚果汁、浙江天泉生物科技有限公司的华丹天泉·猴头菇、浙江常发粮油食品有限公司的常发·山茶油、浙江常山恒寿堂柚果股份有限公司的柚香谷·双柚乳酸菌饮料被评为 2022 年浙江农业博览会金奖产品，“一份常礼”公共区域品牌展示馆亮相杭州国际博览中心。

【区域公用品牌价值提升】 2022 年，“一份常礼”区域品牌效益逐步彰显，带动常山胡柚及其加工

“一份常礼” （县农业农村局 供图）

产品进驻连锁商超、品牌生鲜等高端市场销售。常山县申报的浙江常山胡柚筑坎撩壕栽培系统入选浙江省第一批重要农业文化遗产资源名单，入围中国重要农业文化遗产名单候选名单。县农业农村局指导元坳公司葛根猴头菇芋饺、艾佳食品有限公司 NFC 胡柚复合果汁（点心、饮品类），天泉公司翡翠猴头菇（菜肴类）获第四届“浙江省十大药膳”。2022 年衢州市精品柑橘擂台赛，常山胡柚获 1 金 1 银 1 铜、红美人获 1 金、甜橘柚获 1 铜。

（宫福强）

养 殖

【概况】 2022 年，全县生猪养殖场 46 户，生猪存栏 7.52 万头，生猪出栏 10.63 万头；牛存栏 3202 头，出栏 714 头；羊存栏 1.6 万只，出栏 1.1 万只；家禽存栏 157.5 万羽，出栏 444.6 万羽；蜜蜂养殖量 5812 箱；肉类总产量 12005.64 吨；禽蛋产量 2654.5 吨；畜牧业产值达 2.5 亿元。常山县水产品总产量 7015 吨，比上年增加 2.13%，其中养殖产量 6215 吨、捕捞产量 800 吨。全县可开展水产养殖水域面积约 993 公顷，水域养殖区规划面积为 234.585 公顷。全年实现渔业经济总产值 2.4352 亿元，比上年增长 2.06%。

【美丽生态牧场创建】 2022 年，县农业农村局按照《浙江省级美丽牧场验收评分标准》要求，围绕把养殖场打造成“绿化美化、布局合理、技术先进、安全高效、资源利用”美丽牧场的总体目标，持续推进美丽牧场建设，成功创建省级美丽牧场 1 家。

【病死动物无害化处理】 2022 年，全县继续执行养殖环节生猪保险联动跨区域运行处理模式，累计处理病死猪 3.66 万余头。严格执行生猪屠宰检疫无害化处理规定，检疫后不可食用的生猪产品及病死猪经驻场检疫人员拍照记录，依法进行无害化处理，全年无害化处理不可食用生猪产品 22807.5 千克，病死猪 145 头。

【动物卫生监督执法】 2022 年，常山县 15 个检疫申报点开具畜禽动物检疫合格证 9291 份。其中，开具生猪动物检疫合格证 3095 份，检疫生猪 102301 头；开具牛动物检疫合格证 59 份，检疫牛 333 头；开具禽类动物检疫合格证 6136 份，检疫禽类 305.7955 万羽。常山省际动物检查站查验出入境（县境）运载动物及产品车辆 2534 辆，其中生猪 1029 辆、牛 329 辆、羊 5 辆、家禽 80 辆、动物产品 886 辆、动物副产品 205 辆。查验生猪 14.1958 万头、牛 0.8682 万头、羊 0.16 万只、家禽 49.555 万羽、动物产品 9172.829 吨、动物副产品 121.023 吨。加大生猪养殖、运输、屠宰“三环节”瘦肉精等违禁药品检测力度，抽检盐酸克伦特罗 16643 份、莱克多巴胺 16643 份、沙丁胺醇

16643 份，检测结果均为阴性，合格率 100%。

【重大动物疫病防控】 2022 年，全县使用禽流感疫苗 185 万毫升，免疫家禽 308 万羽次，应免密度达 100%；使用牲畜口蹄疫疫苗 28.3 万毫升，免疫牛、羊 4.8 万头次，免疫生猪 13.3 万头次，应免密度均达 100%；使用猪瘟疫苗 15.97 万头份，免疫生猪 9.34 万头次，应免密度达 100%；使用猪高致病性蓝耳病疫苗 5.88 万头份，免疫生猪 3.9 万头次，应免密度达 100%。

【水生动物增殖放流】 2022 年，县农业农村局组织开展增殖放流水生生物，共计 1262.54 万尾(只)，其中放流鲢鱼苗 431.6 万尾、草鱼苗 418.04 万尾、花鲳 159.72 万尾、赤眼鳟苗 243.38 万尾、河蟹苗 9.7992 万只，超额完成计划任务数。

（宫福强）

农业执法

【概况】 2022 年，县综合行政执法局贯彻“大综合一体化”改革工作要求，组建县农业农村执法中队，设有执法人员 9 人，主要负责办理农业农村、林业、水利、民政领域行政处罚案件。年内，县农业农村执法中队开展执法检查 582 次，立案查处 37 起，收缴罚没款 102449.6 元。

【农业执法】 2022 年，县农业农村执法中队出动执法人员 400 余人次，检查各类农资生产、经营企业 126 家次，立案 5 起，收缴罚没款 60653.8 元。联合县农业农村局、县市场监管局开展农产品质量监督抽检执法行动，出动执法人员 50 余人次，查处违规使用农药案件 3 起。开展农药店专项清查行动，出动执法人员 100 余人次，检查农资经营店 60 余家，下发经营许可证到期停止经营通知 2 份，查处违规销售肥料产品 1 起、经营假农药 1 起。开展农产品质量安全检查，配合县农业农村局多次对家庭农场、果蔬生产基地等主体开展用药检查，出动执法人员 90 余人次，检查主体 66 家次，发放《农产品安全告知书》《禁限用农药名录》等宣传资料 100 余份。

【渔业执法】 2022 年，县农业农村执法中队对重点禁渔河道、渔船停靠区域、群众举报投诉等高发区域及水源保护地不定期巡查。全年出动船艇、车辆 111 艘次，出动执法人员 323 人次，检查渔船 72 艘次，检查场所 61 个次，处理资源类案件 17 起。其中，罚款案件 6 起，刑事移送案件 11 起，罚没款数 3000 元，没收丝网、地笼等非法渔具 120 副。

【林业执法】 2022 年，县农业农村执法中队在林业领域执法立案 15 起，收缴罚没款 38795.8 元。开展非法猎捕经营野生动物专项检查，查处滥食野生动物行政案件 6 起，收缴罚没款 11100 元。联合县林水局开展县域木材加工厂检查 10 余次、森林火灾巡查 20 余次、滥伐林木巡查 20 余次，查处 1 起未经许可利用疫木加工案、4 起过失引起火灾案、4 起滥伐林木案件。全方位宣传森林防火和滥伐林木等相关法律知识，张贴海报 100 余张，发放宣传材料 500 余份。检查和宣传县域景区疫情防控、禁游泳防溺水和周边农家乐禁食野味等 80 余次，巡查河道采砂 15 次，处理非法采砂信访投诉举报 2 次，联合踏勘及现场协调林地上乱堆乱放 3 次。

【绿色发展联查】 2022 年，县农业农村执法中队与县生态环境局、县资规局等单位开展绿色发展联查行动。重点就常山港沿岸（从开化交界至柯城交界）、常山县辖区内景区、山塘水库小流域开展联合巡查，全年巡查 41 次，出动执法人员 244 人次，发现问题 19 个，已全部整改到位。

【开展“综合查一次”】 2022 年，县农业农村执法队联合各业务主管部门、乡镇街道开展“综合查一次”127 次。其中，巡查农民建房审批 27 次、林业领域林木问题 22 次、水利领域涉水工程 19 次、农资产品经营问题 27 次、民政养老领域 3 次、城区宠物店巡查 12 次、风景名胜区巡查 17 次，发现问题 14 个，已全部整改到位。

（何　芳）

林　业

【概况】 2022 年，县林水局开展油茶产业示范建设、诗画浙江大花园核心区国土绿化试点建设、民生实事项目建设、林业基础和林长制水平提升等重点工作。全年审批森林采伐指标 37557.02 立方米，审批占用林地项目 87 个，涉及面积 2997.102 亩。金钉子自然保护区范围调整和《黄泥塘“金钉子”地质遗迹省级自然保护区总体规划》修编成功获批。除治松材线虫病面积 1.8 万余亩，安装森林防火热成像系统监控 7 个，实现重点林区森林防火智能预警。探索开展“两山合作社”试点，加强公益林、天然林保护，发放森林生态效益补偿资金 2252.13 万元，发放天然商品林停伐补助资金 30.76 万元。实现林业总产值约 2.1 亿元。推进油茶产业发展，出台《常山县油茶产业高质量发展三年（2023—2025）行动方案》《关于加快常山县油茶产业高质量发展的若干政策意见》。新建 100 亩红花物种科技园，建设油茶共富果园 2 个，完成油茶新种、更新 2000 亩，新品种抚育、低产林改造 1 万亩。参加第 15 届义乌森博会，常山山茶油入选首批“浙山珍”授权产品，其地理标志产品品牌价值评价达 12.66 亿元。常山油茶产业示范园区入选国家林业产业示范园区，常山油茶入选全省林业推进共同富裕十大典型案例。联合中国林科院亚林所建立全市首个油茶博士创新站。浙江省林学会在常山建立全省首个县级服务站——浙江省林学会常山服务站。

是年，常山县国家地质公园院士专家工作站晋升为省级工作站，编制林业共同富裕试点县申报方案，常山县被评为全省集体林权制度改革和林业产业发展（包括林业技术推广）突出集体。招贤镇、青石镇、大桥头乡 3 个乡镇创成浙江省森林城镇，前塘村、马车村、新村村 3 个村被评为省级“一村万树”示范村，东案乡金源村入选 2022 年度省级“森林人家”，新昌乡达塘村森林氧吧、新昌乡郭塘村森林氧吧、东案乡金源村森林氧吧、球川镇东坑村森林氧吧、天马街道天安村森林氧吧入选 2022 年度浙江森林氧吧。常山县黄塘森林康养基地入选 2022 年度省级森林康养基地，常山油茶碳汇先行基地入选全省首批林业固碳增汇试点。县林水局《打造“四最”干部队伍 勇担“两个先行”主力军》获全县机关党组织“两专赛马、晾晒比拼”主题擂台赛第一名，并代表常山县参加市“两专赛马”擂台赛。县林水局团委被评为县级五四红旗团委。

【全面深化林长制】 2022 年，常山县全面深化林长制工作，获 2022 年全省林长制工作考核优秀县，林长制工作排名全市第一。健全县、乡、村三级林长体系，完善“三级林长+网格护林员”责任体系，全县划分为 18 个片区，由 16 名副总林长负责，确定 86 个包村（乡镇）为县级林长联系单位。研究建立“林长+警长+检察官+法官”融合协作机制，深化健全县级林长联席会议制度、林长制工作制度、林长制办公室工作制度、林长制度信息通报制度、“三单一函”（目标清单、问题清单、任务清单和督办函）工作机制。将林长制建设作为八大行动重点工作内容之一，纳入 2022 年度部门基本考核指标体系。

【“绿美常山”六大行动】 2022 年，常山县立足扩绿、增美、提质，推进科学绿化行动和千万亩森林质量精准提升工程，完成山地造林 2680 亩、森林抚育 9493 亩、退化林修复 1600 亩、油茶营造 5757 亩。根据“一张图”及国土“三调”数据进行地理空间分析，带图斑分解落实，完成新增百万亩造林 4615 亩，完成率 115.4%。创新“一村万树”做法，实施“特色树种+沿途多彩”布局，成功创建省级“一村万树”示范村 3 个。开展森林品牌建设，建成省级森林康养基地 3 个、省级生态文化基地 8 个、浙江森林氧吧 9 处、森林乡村 4 个、森林人家 10 个、特色小镇 4 个。加大对县域内古树名木保护力度，开展“一树一策”保护散生古树 19 株，建设古树口袋公园 2 个。

【林业汇碳】 2022 年，常山县森然林业开发有限公司入围全省第一批林业碳汇先行基地创建单位名单，对全县 2016—2018 年的抚育项目统计摸底，5549 亩林地纳入浙林碳汇项目，常山县登记备案减排量 9133 吨。碳汇收储一级账户“两山合作社”，与省内 4 家单位签订林业碳汇核证减排量交易合同，根据合同要求 2022 年已出售碳汇 150 吨。

【森林综合防控】 2022 年，县林水局强化森林防火宣传，加大森林防火管控力度，开展“3·19”森林消防宣传日、衢州市第 40 届“野生动物保护宣传进校园”主题宣传等爱绿护绿、野生动物保护活动。持续开展松材线虫病除治，打孔注药 8.4 万余瓶，注射松树 4.26 万余株，除治疫情面积 1.01 万亩，清理枯死松树 0.14 万余株，完成退化林修复 1600 亩。常山县 2022 年度被评为全省松材线虫病防治表现突出单位，拍摄“510”工作法视频获省局肯定。抓好森林防火工作，完成隐患点整治 150 个、生物防护林带建设 20 千米、搭建森林防火监测管理平台 1 个，建设森林防火示范村 2 个。抓好森林资源保护工作，累计救护野生动物 33 只。

【生态公益林管护】 2022 年，县林水局发放森林生态效益补偿资金 2252.13 万元，其中公益林补偿资金 2133.29 万元、护林员管护资金 118.84 万元。发放天然商品林停伐补助资金 30.76 万元。完成常山县林场程村林区、东案乡梅树底村公益林“一区两村”标准化样板项目建设，优化国土“三调”涉及公益林数据成果，对比省政府公布面积其中国家级公益林因优化减少 1.25 万亩、省级公益林减少 1.42 万亩，常山县公益林面积核定为国家级公益林 326371 亩，省级公益林为 256435.6 亩。实施绿美常山全域现代林业提升工程项目子项建设，总投资 5000 万元用于完善林区基础设施、科研教育基地和林场面貌提升。

【中国金钉子博物馆建设】 2022 年，县林水局开展中国常山金钉子地质博物馆建设项目，完成化石标本采集与展示、博物馆主副展馆布展设计、多功能厅和地学体验区建设，优化道路，完善排水设施，提升景区环境质量，打造国际研学旅游高地和华东区科普教育基地，实现地质与生态旅游、自然教育深度融合。

（王丹萍）

“两柚”产业

【概况】 2022 年，常山县围绕“两柚”为主的农业特色产业，坚持“一切为了 U”，常山胡柚种植面积 10.6 万亩，香柚 1.2 万亩，总产量 12.5 万吨（其中常山胡柚 12.2 万吨），年产“衢枳壳”原药材 6240 吨。深化浙江大学—常山先行县共建，浙江艾佳食品有限公司承担的《胡柚药用资源综合利用关键技术研究与产业化示范》项目入围省“尖兵”“领雁”研发攻关计划项目；《胡柚汁风味强化及品质提升技术研究》课题获市级重点科技攻关项目立项；“常山胡柚提质增效关键技术集成与示范推广”获 2021 年度浙江省农业丰收三等奖；《中药材衢枳壳生产技术规程》(DB3308/T107—2022)衢州市地方标准在“浙江标准在线”正式发布。注册成立常山县农产品市场协会，助力农产品区域公用品牌打造。元坳公司葛根猴头菇芋饺、艾佳公司 NFC 胡柚复合果汁（点心、饮品类），天泉公司翡翠猴头菇（菜肴类），获评第四届“浙江省十大药膳”。在2022年12月14日举办的衢州市精品柑橘擂台赛上，常山胡柚获1金1银1铜。聚力促进产业文化建设，拍摄常山胡柚相关的《伊路向东》《“食”万八千里（常山篇）》文化纪录片，“常山胡柚筑坎撩壕栽培系统”入选浙江省第一批重要农业文化遗产资源名单，入围中国重要农业文化遗产名单候选名单。

【常山胡柚“入典”】 2022年，县领导带队“赴省对接”“跑步进京”10多次，推动常山胡柚“入典”。国家药监局陈时飞副局长组织召开“常山胡柚（常山柚橙）入典”论证会，根据专家意见，补充完善胡柚基原、系统进化、物种鉴定、历史应用等方面材料，撰写《关于上报常山柚橙（常山胡柚）作为枳壳药用研究材料的报告》，递交申报材料到国家药典委员会。该项工作得到副省长王文序，国家药监局局长、农工党中央副主席焦红批示。8月12日，常山柚橙原则上通过《中国药典》专家评审会。根据评审意见，9月15日，县人民政府在北京召开由中国中医科学院郑金生、郭兰萍、詹志来、张水利、徐强等相关专家参加的鉴定会，并形成鉴定意见。9月17日，通过浙江省食品药品检验研究院递交《常山柚橙作为枳壳药用的考证与研究补充资料》至国家药典委员会。10月8日，国家药典委员会发送“药品标准意见通知书”，要求起草单位补充枳实药用材料。12月底，浙江省食品药品检验研究院完成枳实相关检测，完善补充枳实相关资料。

【中国·常山U系列产品新品发布会】 2022年12月18日，在杭州国际博览中心举办中国·常山U系列新品发布活动，发布柚香谷香柚海盐味苏打汽水、中林常山山茶油、元坳常山胡柚膏、“衢枳壳”配方颗粒等极具常山“两柚一茶”产业辨识度的16款涵盖饮料、食品、养生、美妆、药品、原料六大类的U系列产品，会上签订11笔共2.15亿元U系列新品供销订单。

（宫福强）

油茶产业

【概况】 2022年，县油茶产业发展中心围绕共同富裕主题主线，挖掘油茶资源优势和潜力，聚焦油茶育苗规范化、造林标准化、采摘机械化、加工智能化、产业融合化的发展模式，推动油茶产业发展，打造全省油茶产业“重要窗口”。争取新昌乡油茶共同富裕综合体试点，并在全省林业推进共同富裕建设现场会上作典型发言。

【油茶第一产业发展】 2022年，县油茶产业发展中心推进油茶保供生产，完成油茶良种苗木培育100万株、低产林改造5000亩、油茶新造林850亩、新品种抚育2000亩。油茶籽产量7500吨，油茶籽油产量1800余吨。严控接穗来源，实行分品种育苗，年育苗能力达500万株。打造全国25个数字化监测示范基地，实现油茶生长环境监管“一张图”，为农户科学种植油茶提供技术参数。围绕“经营主体+两山合作社+村集体（强村公司）+农户”的利益共同体模式，建设油茶“共富果园”，推动油茶规模化种植经营。

【油茶第二产业发展】 2022年，县油茶产业发展中心深化项目建设，持续推进油茶产业发展示范建设，建成100亩集研学科普、资源保存为一体的红花物种科技园，建设油茶科普物种园，开展低产林提质增效、油茶公园数字化提升行动。开展“绿美常山”全域现代林业提升项目建设，打造油茶数字化认养基地。推动林草机械应用，实施1500亩无人机喷施叶面肥及病虫害防治，购置3套单轨运输机、2套油茶烘干机。引进龙头企业，与中国林业集团签订战略合作协议，联合成立集油茶种植、加工、研发、交易于一体的中林油茶（常山）集团有限公司。常山斯帝油茶开发有限公司达到规模以上企业标准。迭代重构“中国油茶产业大脑”“1+6+N”体系，服务全产业链各环节，共取得5个国家级软件著作权。建设1500亩油茶碳汇先行基地，全省首创开发油茶碳汇方法学。常发粮油食品有限公司与浙江大学院士刘雪松签约成立博士后工作站。县委、县政府专门成立油茶产业高发展工作领导小组，由县委书记、县长直接领导，分管副县长直接负责，联动各职能部门和乡镇（街道），形成“上下联动、横向协同”的服务指挥体系。

【油茶全产业融合发展】 2022年12月，常山县召开油茶产业高质量发展大会，发布《油茶产业2023—2025三年行动方案》，成立中林油茶（常山）集团有限公司，明确常山油茶产业发展方向。制定出台“油茶新政十八条”，加大土地流转、油茶低改、林下经济、采收加工、新品研发、销售宣传、招商引资等全产业链各环节扶持力度，完善全县油茶产业生态。开展“一份常礼·常山山茶油”品牌提升，参与举办第15届义乌国际森林产品博览会、“钱江源头水 宋诗油茶宴”和“U系列新品发布会”等活动。2022年，国家常山油茶产业示范园区被评为第二批国家林业产业示范园区，常山县森然有限开发公司被评为全省林业碳汇先行基地，常山县《“一切为了U”建五大平台振油茶产业》获评省林业推进共同富裕十大典型案例。

（叶恒灿）

2022年12月3日，中国·常山油茶产业高质量发展大会在县委党校召开

（县林水局 供图）

水 利

【概况】 2022年，县林水局开展全域幸福河湖建设、农饮水提升、水资源保护、节水争先等重点工作。常山农饮水连续3年被评为浙江省地方水利改革创新最佳实践案例，县林水局在全省农业水价综合改革工作会议上作典型发言。县芙蓉水厂入选全省农村供水规范化水厂。常山县入选全省第二批水域监管“一件事”试点。比照“高效、节水，安全、实用，整洁、美丽”的创建要求，结合农业水价综合改革机埠、堰坝示范点建设和新农村建设、“美丽河湖”等水利工程建设，串联设计景观，挖掘农业水价改革惠民案例及成效，推送的金川街道《昔日鸭棚变身致富茭白田》等案例入选全省农业水价综合改革“五个一百”优秀典型案例。上线运行常山港流域防洪风险研判平台，成功防御“6·20”当年全县最大洪水。严格规范行政执法，加强水域巡查，全年巡查河道281次，对涉水工程检查62次，出动人员595人次。其中，联合综合执法部门巡查执法22次，协助乡镇执法队查处非法采砂案件3起。

是年，常山县2022年度全省农业水价综合改革工作绩效评价优秀、2021年度全市水资源和水土保持管理“两项制度”考核双优秀，河长制考核排名全市第一，“五水共治”考核排名全市第二。常山县取水计量检测校准工作列入2022年全省第一批水资源集约安全利用专项试点名单，2022年10月验收项目完成省级验收。

【全域幸福河湖建设】 2022年，县林水局围绕《常山县全域幸福河湖建设规划》，推动常山县全域幸福河湖和高品质幸福河湖网建设。推进虹桥溪、芳村溪、龙绕溪流域综合治理，累计完成河道治理25千米。常山港一期八标工程完工；常山港二期项目除西塘边和大溪沿未完成外，其他标段均主体完工。全面完成5大项省县民生实事，实施进度全市综合排名第一。加固病险水库5座，整治山塘5座，治理中小河流25千米。高质量推进多条河段创建“美丽河湖”，常山港阁底段入选2022年度省级“美丽河湖”。

2022年11月23日，常山县龙潭水库工程规模论证技术审查会在杭州水工大厦召开 （县林水局 供图）

【农饮水提升行动】 2022年，县林水局牵头开展农民饮用水安全保障问题专项治理行动，成立工作领导小组、制定行动方案，从运维管理、履职监管、水质监测、应急保障等方面开展监督检查，保障农村供水安全；芙蓉水厂通过省水利厅规范化水厂评比。县林水局指导县水务公司完成“浙里办”“浙水好喝”线上模块入驻，全县千人以上水厂、水质同步接入“数字社会”“浙政钉”“浙里办”和城乡供水数字管理系统等政府主流服务App。7月底前，完成农村供水薄弱环节和风险隐患全面排查，8月起实行常态化排查，坚持问题动态清零，保障农村供水安全；加强旱情监测，组织11组计40余人次赴供水困难区域，实地调研、了解供水保障设施运行及供水水量情况，及时启动双水源供水和打备用水源深井；密切关注农村供水舆情，发布和畅通农村供水监督电话，及时回应群众诉求。

【龙潭水库建设】 2022年10月28日，龙潭水库项目合作框架协议签约仪式在衢州市行政服务中心举行。龙潭水库项目设计总库容3024万立方米，年供水量1806万立方米，灌溉面积1.51万亩，发电装机容量1890千瓦，建设范围主要涉及常山县天马街道天马村和江山市坛石镇上溪村。工程总投资估算约13.5亿元。项目建成后将成为一座以防洪、供水为主，结合灌溉、发电等综合利用的中型水库，对保障县域小流域防洪安全，提升城乡供水能力，构筑生态环境保护屏障，保障农业灌溉用水具有重要意义。

【节水争先】 2022年，常山县建设水肥一体化面积0.6万亩；建成农田氮磷生态拦截沟渠系统1条、创建省级美丽牧场1个；提升改造农业灌溉泵站机埠、堰坝水闸21座；更新改造农村供水管网54千米；新建供水管网2千米，改造供水管网3千米；创建节水型单位（小区）3个，污水再生水利用率达20.5%，超额完成各项目标。推进节水载体创建，完成创建节水标杆酒店1个、节水型标杆小区2个、节水标杆企业1家、水利节水型机关1个。常山县取水计量检测校准项目被列入省级试点，于2022年完成项目验收，形成定期流量检测计量服务机制，推动形成取水计量检测校准地方行业规范标准。严格实行用水定额、计划用水、超计划累进加价、节水评价等管理制度，同时印发《关于下达2022年度常山县节水型社会达标建设工作任务的通知》，明确对节水企业和标杆企业进行奖补。组织节水宣传活动3次，以“世界水日”“中国水周”为契机，县水利局开展《公民节约用水行为规范》等主题宣传活动。在县级新闻媒体发布节水报道2篇，在市级新闻媒体报道11篇，在省级及以上新闻媒体发布报道57篇。

（王丹萍）

中型水库管理

【概况】 2022年，常山县中型水库管理中心以水库安全运行为重点，制定并落实年度维修养护计划，更换千家排水库管理区照明设施，清理并修复灌区多处塌方，推进芙蓉水库灌区节水配套改造项目及红旗岗水库除险加固工程施工进度，水库安全有序运行。汛期，全县3座中型水库6次泄（溢）洪均安全。年内，完成中型水库洪水预报系统开发，芙蓉水库安全生产双重预防机制建设顺利市级通过验收。芙蓉水库灌区（狮子口灌片）、千红灌区累计完成22轮供水周期，确保灌区农业生产用水。

【芙蓉水库安全生产双重预防机制建设通过市级验收】 2022年6月，根据衢州市水利局《关于公布水利工程安全生产双重预防机制示范创建名单的通知》，确定芙蓉水库工程为市级水利安全生产双重预防机制示范创建工程。同年11月，芙蓉水库完成危险源辨识、信息化管理、现场管控等9份管理体系；12月，芙蓉水库安全生产双重预防机制建设通过市级验收。

【芙蓉水库灌区节水配套改造项目基本完工】 2022年，芙蓉水库灌区节水配套改造项目进入收尾阶段，完成渠道衬砌防渗21条，总长17.19千米，其中狮子口干渠配套改造长5.21千米（较原批复增加1.69千米）。渠道清淤疏浚3条，总长7.37千米；改造堰坝4处，新建节点1处；新建、改造渠系建筑物35处，其中水闸15座、渡槽3座、农桥17座；新建或拆除重建泵站8座；新建灌区管理房1处；配套建设灌区信息化系统等，该项目基本完工。

（童妙　商星星）

工业经济

【概况】 2022年，全县规模以上工业产值203.7亿元，比上年增长5.5%，排名全市第五；规模以上工业增加值51.9亿元，比上年增长10.2%，排名全市第三，其中8月、9月规模以上工业增加值增速排名进入全省前十。规模以下工业增加值比上年增长2.9%，排名全市第四。规模以上工业亩均税收18.44万元，比上年增长31.8%；规模以上工业亩均增加值95.58万元，比上年增长11.5%。制造业投资比上年增长29.2%，增幅高于全省12.2个百分点。

【主导产业培育】 2022年，县经济和信息化局（简称县经信局）实施产业延链补链强链专项行动，开展轴承产业攻坚和“十链百企共生”行动，推动产业集聚发展、产业规模倍增。聚焦高端装备零部件、“两柚一茶”特色农产品深加工两大主导产业，召开“聚焦主导产业 聚力提质转型”推进大会，梳理产业发展导图，实施制造业产业基础再造和产业链提升工程。全年，两大主导产业规上工业实现产值77.7亿元（高端装备零部件、“两柚一茶”特色农产品深加工两大主导产业规上工业产值分别为60.7亿元、17亿元），占全县规模以上工业产值的38.1%，比上年增长8.0%；培育产值亿元以上企业21家，其中5亿元以上企业3家。

【企业培育“五大行动”】 2022年，县经信局实施企业培育“五大行动”（“小升规”“雏鹰行动”“放水养鱼”“凤凰行动”“雄鹰行动”），完善重点企业培育库，支持SKF、先导、哲丰新材料等一批企业做大做强，分类推动小微企业上规模升级，加快形成“链主企业+骨干企业+高成长企业+小微企业”梯队。截至年底，常山县产值亿元以上工业企业48家，其中20亿元以上1家、10亿元以上3家、5亿元以上6家，新增（含小升规）规模以上工业企业25家。坚持“专精特新”，2022年累计培育8家省级专精特新中小企业，其中2家企业入围工信部专精特新“小巨人”名单，“小巨人”企业成功“破零”。

【产业转型】 2022年，县经信局推进高耗低效企业整治提升、“亩均论英雄”改革、开发区提质转型等工作。全年规模以上工业亩均税收18.4万元，比上年增长31.8%，增速排名全市第二。以亩均税收万元以下、综合评价D类企业等为重点，推进低效企业改造提升，完成整治提升高耗低效企业45家。被列入第二批提质转型攻坚行动的32家宗地企业（其中绿惠公司计划回购23家）签约27家（其中绿惠公司回购的16家均已过户）。通过打造专业小微园、集中连片开发、产城融合配套等方式，对宗地企业开展收储后重新规划利用，盘活存量资源。

（周　庆）

【项目引进投产】 2022年，常山县6个项目被浙江省经济和信息化厅列入2022年度生产制造方式转型示范项目计划实施名单，获省级专项扶持资金3030万元，项目数量及补助总额均列山区26县第一。全县决策同意落地工业项目166个（含报市里和技改），固定资产投资153.03亿元，计划新增供地1819.359亩。其中，市级决策项目7个，固定资产投资96.57亿元；县级决策项目159个，固定资产投资56.46亿元；亿元以上项目17个，比上年增长21.43%，新增供地项目9个、供地面积261.059亩，比上年下降64.3%。全年研判工业项目24个。

（方　颖　舒梦红）

【数字经济】 2022年，县经信局培育数字经济龙头企业，保障大和热磁产业园发展，推动大和三期、小乔二期项目建设。全县规模以上数字经济核心产业制造业增加值3.4亿元，比上年增长12.4%，高于全县规模以上工业增加值增速2.2个百分点。规模以上数字经济核心产业服务业营业收入2.5亿元，比上年增长20.5%，增速排名全市第一。推进“产业大脑+未来工厂”建设，推动发展协同制造、柔性制造、服务型制造等数字化制造新模式。年内，新增省智能工厂、数字化车间2家，新增省级工业互联网（创建）平台2家。

（余　凯）

主要工业产业

【概况】 2022年，以哲丰系为龙头的特种纸产业集群、以先导系为龙头的半导体产业集群、以皮尔轴承为龙头的高端轴承产业集群、以恒寿堂、艾佳和天子为龙头的健康食品产业集群逐步形成。高端装备零部件、“两柚一茶”特色农产品深加工两大主导产业规上工业实现产值77.7亿元，占全县规模以上工业产值的38.1%，比上年增长8.0%；培育产值亿元以上企业21家，其中5亿元以上企业3家。两大主导产业支撑拉动作用凸显。

【高端装备零部件】 2022年，常山县高端装备零部件产业主要包括高端轴承、半导体装备核心部件、部分精密铸造配件加工等行业。随着皮尔二期、先导三期、小乔二期等一批延链补链强链项目落地，产业发展动能进一步增强。全年，高端装备零部件规上工业企业58家，实现产值60.7亿元，比上年增长0.4%。其中，半导体装备核心部件行业得益于先导系的带动，实现产值12.9亿元，比上年增长29.5%。轴承行业受新能源汽车市场冲击，整体形势趋紧、承压明显，实现产值18.3亿元，比上年下降15.1%。

【“两柚一茶”特色农产品深加工】 2022年，常山县“两柚一茶”特色农产品深加工保持高速增长势头，发展规模不断扩大。加工产品覆盖“饮、食、健、美、药、香、料、茶”8大系列70余个产品，如饮料类的有双柚汁、NFC果汁等，食品类的有果脯、胡柚酒、双柚月饼等，药品类的有胡柚膏、衢枳壳中药饮片等，茶类有青果茶等。得益于恒寿堂、艾佳食品、天子股份等龙头企业带动，2022年“两柚一茶”特色农产品深加工产业规模以上工业产值17亿元，比上年增长48.5%。

【特种纸】 2022年，常山县特种纸产业主要是以仙鹤集团投资的哲丰系企业为基础，代表企业有哲丰新材料、常林纸业等。全年，全县特种纸行业规模以上工业企业6家，实现产值37.4亿元，比上年增长29.4%，其中哲丰新材料产值超30亿元。

【水泥建材】 2022年上半年，水泥行业延续上年高位运行态势，下半年受市场竞争及基建工程减少影响，市场需求缩减，产品价格下降，呈低位运行。2022年，全县水泥建材行业规上工业企业9家，实现产值30.9亿元，比上年下降16.7%。

（祝倩云）

浙江常山经济开发区

【概况】 2022年，浙江常山经济开发区（简称县开发区）扎实做好稳进提质、塑造变革、除险保安各项工作，众志成城抗疫情、精准高效抓发展，“两手硬、两战赢”取得实效，经济高质量发展实现“全年红”，全年实现税收收入12.14亿元，比上年增长12.5%，实现规模以上工业总产值175.09亿元，占全县总量86%，比上年增长4.8%；工业增加值43.24亿元，比上年增长11.6%。是年，浙江省安全生产委员会办公室公布常山县生态工业园区安全风险评估复核得分83.75分，参照一般安全风险等级（C类）管理；省发改委发文公布常山经济开发区列入第二批省级先进制造业和现代服务业融合发展试点区域名单；省生态环境厅与省经信厅、省治水办联合发文认定县生态工业园区入选2022年度省级标杆工业园区“污水零直排区”培育名单。

【园区项目建设】 2022年，县开发区在建项目有144个，累计完成固定资产投资37.34亿元。其中，新入园区项目64个，完成投资15.80亿元；续建项目80个，完成投资21.54亿元。大和二期、宇帆化纤等7个重点项目建成投产。

【招商入园成效】 2022年，县开发区累计决策入园区项目58个，计划总投资136.5亿元。其中，亿元以上项目18个，计划总投资130.2亿元，占通过决策项目总投资的95.4%，亿元项目的“落地率”“签约率”位列衢州市各县（市、区）第一。斯凯孚二期、大和三期、小乔二期等一批10亿元以上强链、补链型产业项目落地常山，其中斯凯孚二期、大和三期厂房主体建设已结顶、小乔二期落地开工。

【基础设施建设】 2022年，县开发区累计投入2.2亿元，完成相关基础配套设施建设。其中，全面完成7千米的新都片区道路一期提升改造、龙江路改造提升等重点项目以及生态园区基础设施建设；全面启动20余千米的新都片区道路二期、三期和辉埠片区万友大道、金川片区云耕大道改造提升工程；完成先导电子三期、SKF轴承二期、常林特种纸二期等项目50万平方米场地土石方平整，为企业项目落地提供要素保障。

【生态园区转型蝶变】 2022年，县开发区生态园区实现产业提质、空间优化，永合新材料二期、利安隆科润二期等一批优质项目落地，实现三年洽谈项目首次“零”的突破。生态园区安全风险等级获评C类，高分通过国家部委验收，并通过合格化工园区复审。整改完成中央环保督察反馈的“化工园区地下水污染”问题，并通过省级验收销号，整改工作在省政务信息（专报）全文刊发，获副省长卢山批示肯定。

（汪　玥）

电力工业

【概况】 2022年，国网浙江省电力有限公司常山县供电公司（简称常山供电公司）投资1.1亿元用于电网基础设施建设。截至年底，全县电力用户数16.28万户，全社会用电量21.72亿千瓦时，比上年增长5.97%；全县电网最大网供负荷33.44万千瓦，比上年增长8.88%。全年未发生安全考核事故。

是年，常山供电公司被浙江省电力有限公司评为“卓越管理单位”，被衢州供电公司评为业绩考核优胜单位、精神文明建设先进单位；所属班所获得的主要荣誉包括国网公司工人先锋号、浙江省巾帼文明岗、浙江省青年文明号、浙江省模范职工小家。

【保电供电】 2022年，常山供电公司为迎峰度夏战高温、应对电网负荷缺口和疫情冲击等系列挑战，成立县级电力负荷管理中心，实施10天市场化需求响应和19天有序用电，被浙江省电力有限公司评为2022年度迎峰度夏保供电及抗御台风抢修先进集体。服务重大工程、重要民生、重点项目用电需求，完成华创铜箔、先导精密、涌鑫装备等重点规模以上企业增容、新装项目，完成中共二十大召开、常山UU音乐节举办时期重大保电任务。推动电力接入工程“分担机制”在常山落地，减少企业接电成本707万元。延长电费周转金申请次数和时长，缓解市场主体短期资金困难。启用全市首个电力营商服务热线，实现客户诉求闭环管控。促成全市首个居住小区充电设施统建统营模式落地，破解老旧小区电动车充电难题。完成全县老旧采集终端改造14.17万个。

【电力数字化】 2022年，常山供电公司建设数字化牵引新型电力系统，成为国网公司数字化示范县公司（全省仅3家），并获评浙江省电力有限公司2022年度优秀示范单位。首次引入“电力+量子”技术，设备自动化有效覆盖率指数提升至61.12%、设备智能化率提升至69%。推广RPA数字化应用，实现基础业务流程“掌上办”。引入“清单革命”管理模式，全县供电可靠率由99.97%提升至99.98%，位居全市4个县第一。

2022年常山县全社会用电量、售电量指标完成情况表

表5

单位：亿千瓦时、%

全社会用电量	供电公司售电量	线损率	工业用电量	农业用电量	居民生活用电量
21.72	18.48	2.7	16.16	0.18	3.0

（李明阳）

商贸

【概况】 2022年，常山县实现社会消费品零售总额91.1亿元，比上年增长7.9%，全市排名第二，在全省各县市区中排第十三位。社会消费品零售总额增幅连续5个月（4—8月）排名全市第一，8月、9月两次进入全省前十名。限上社会消费品零售总额累计增幅27.6%，排名居全市第一。批发业、零售业、住宿业、餐饮业增幅分别为-4.9%、11.4%、15.8%、8.7%，在全市排名分别位列第六、第三、第四和第三。网络零售额累计实现27.3亿元，比上年增长24.2%，增幅位居全市第三，网络零售额及增长率位居山区26县第十七名。全县进出口实绩企业83家，累计进出口总额29.7亿元，比上年增长13.92%。实际利用外资3553万美元，总量居全市第一位、山区26县第五位，实现历史新突破。

【推动消费升级】 2022年，县经信局依托银联“云闪付”平台发放3轮消费券和2轮文旅消费券，涉及餐饮、超市、药店、酒店、书店、服装店等多个领域，基本覆盖限上贸易企业以及广大中小微企业、个体工商户。鼓励各商家参与消费券活动的基础上，推出配套的优惠活动，根据“云闪付”后台数据统计，累计发放2315万元消费券，实际核销1945.8万元，拉动消费额7485.8万元，拉动比3.85，核销率84.1%。筹备第二届常山UU音乐节、常山鲜辣美食节等活动，启动形式多样的旅游推介。实施常山东方广场智慧商圈项目，围绕“五化”（便利化、智慧化、人性化、特色化、规范化）提升要求，创建“六大”场景（商圈智慧商务场景、商圈智慧设施场景、商圈智慧服务场景、商圈智慧营销场景、商圈智慧环境场景、商圈智慧管理场景），建立符合地标特色的智慧商圈。

（董娴婧）

【电商新业态】 2022年，县经信局挖掘培育区域性本地化电商平台，布局28个社区小店、82个“共享果蔬店”等新零售网点，实现农产品上行进社区。推动大桥头乡莲塘村、球川镇红旗岗村、东案乡梅树底村等12个行政村被评为“浙江省电子商务专业村”，东案乡、招贤镇被评为“浙江省电商镇”。探索开展工厂直播、车间直播、果园直播等新业态，引导常山旺浩农业、浙江泓影、大塘后村等企业（经济组织）建设电商直播式“共富工坊”，浙江泓影直播基地、农投网红直播基地、常山旺旺“共富工坊”入选省级首批百家电商直播式“共富工坊”典型案例。东方广场智慧商圈、谷舞仁生共享果蔬店、小够社区服务站等6个数字生活新服务项目完成验收，累计兑付电子商务企业扶持资金450余万元。《新业态催生新动能，奋力赢得共富发展先机》被评为人民网2022乡村振兴创新案例（全国80例，全省仅3例入选）。融入中国（衢州）跨境电商综试区建设，新增25家企业开展跨境电商业务，新增跨境店铺30个。

（詹　霖）

【赋能服务开放型经济发展】 2022年，常山县出台《关于进一步支持服务业高质量发展的若干意见》，提高外贸政策吸引力和扶持力度。推动“关地合作”落地，利用海关平台助推开放型经济，指导加工贸易企业用足用好优惠政策。作为全市首个可独立签发原产地证的县级签证点，落实“最多跑一次”改革，推广原产地证自主打印、“单一窗口”、免费邮寄等便捷申领服务。全年签发一般原产地证268份，涉及金额2048万美元。采用境内“线上+线下”模式与境外代参展模式，组织企业境内参展30余家次，利用代参展模式参展境外展会7次。

（毛　倩）

【再生资源行业整治】 2022年，县经信局通过“部门+部门”“部门+乡镇”、属地各自牵头负责行政区域内再生物资回收行业专项整治3种模式，实现分头整治与联合整治相结合。6—9月，集中开展再生物资回收行业专项整治，摸排涉废旧金属回收业务在册企业9家，累计排查安全隐患29项，截至年底已整改销号。

（包婷婷）

2022年10月26日，省商务厅副厅长朱军（右六）带队到常山县开展省稳外贸促消费和招大引强专项督查座谈会，调研大和热磁、柚香谷、哲丰等重点企业

（毛倩 摄）

招商引资

【概况】 2022年，常山县招商投资促进中心（简称县招商中心）以招商引资、“山海协作”为重点，出台《进一步深化完善招商引资项目全闭环推进工作机制》，构建招商引资项目全生命周期推进服务体系。抽调17名招商干部组建专业驻外招商队伍，分别在上海、杭州、宁波、深圳等设立驻点招商组。聚焦高端轴承、半导体核心零部件、纸基新材料等，开展产业链“精准招商”和“二期招商”。3月，总投资10亿元的斯凯孚中国小圆锥滚子轴承生产基地二期项目签约落地，推动常山轴承产业“二次崛起”。7月，继“大和”二期建成投产，总投资23.34亿元的“大和”三期项目正式启动，达产后半导体产业园年产值将超50亿元。以哲丰系为龙头的特种纸产业集群不断壮大，哲丰造纸污泥资源化利用、新枫新材料、柯瑞新材料等特种

纸产业链配套项目动工兴建。招商工作多次获县委、县政府通报表扬，县重点项目（工作）亮灯事项通报。2022年，招引产业项目79个，其中亿元以上项目26个。招商引资实际到位资金43亿元，比上年增长21%，其中制造业招商引资实际到位资金28.65亿元，比上年增长37.6%。市对县招商引资“赛马”考核中，常山位列6个县（市、区）第二。县招商中心获县委、县政府考核一等奖，被县委、县政府授予“变革战队”称号。

【驻外招商】 2022年，常山县实行“赛马比拼”“一月一会、一月一报”等制度，每月由县长或分管副县长牵头召开招商引资工作例会，听取招商引资项目洽谈对接情况。新组建4个驻外招商组和2个主导产业招商组开展专职招商工作。引进深圳科铭、肯特尔科技、双瀛体育、煋烺工贸、永龄康养等重大产业项目，为承接发达地区产业转移和发展特色产业提供“大好高”项目支撑。

【推进华创新材料年产10万吨高性能铜箔项目】 2022年，由县领导带队多次洽谈对接华创新材料年产10万吨高性能铜箔项目，历时半年达成投资合作意向。6月28日，常山代表衢州参加全省推进“两个先行”重大项目集中签约。该项目计划总投资90亿元，新增用地约660亩，年综合能耗21.67万吨标煤。历时3个月，至年底完成狮子口特畈自然村整村搬迁工作，共征收集体土地337亩、房屋72幢。

【山海协作】 2022年，县招商中心深化山海协作，与宁波慈溪市签订产业飞地合作、山海协作共建等协议，推进山海协作产业园建设，增加投资4000万元，评选出郭塘村、天安村、砚瓦山村和何家村4个“山海协作”乡村振兴示范点。与杭州市拱墅区签订科创飞地共建、未来社区未来乡村结对等协议。深化公共服务协作，杭州市拱墅区、宁波慈溪市、常山县教育部门与浙江理工大学信息技术中心组建新型教育技术共同体；常山县妇幼保健院与浙江大学医学院附属妇产科医院签订合作协议，共同建设吕卫国专家工作站。

（占　玲）

供销合作

【概况】 2022年，全县供销社控股和全资企业营业总收入实现913万元，比上年减少347万元，比上年减少27.54%；营业成本904万元，比上年减少319万元，比上年减少26.08%；利润总额629万元，比上年增加524万元。常山县供销合作社联合社（简称县供销联社）机关核定参公事业编制9名，下设芳村、辉埠、白石、青石4个基层供销社。全资公司有常山县联农供销发展有限公司、常山县红宇烟花爆竹有限公司、常山县农联农产品销售有限公司；社会团体有常山县农民合作经济组织联合会（简称农合联）；参股公司有常山县球川蓝之玫农业发展有限公司、同弓融花贸易有限公司、常山县柚立农业发展有限公司、常山鼎毅科技有限公司、供富冷链发展（衢州）有限公司。

【基层项目建设】 2022年，县供销联社分别拨付5万元资金，支持芳村镇东源村、前姜村、衡山路村股份经济合作社建设。拨付40余万元项目补助资金，用于建设二都桥农事服务中心，成立庄稼医院，打造抖音带货线上销售平台。拨付6万元补助资金，用于县农联农产品销售有限公司开展大篷车运营。斥资9.13万元，更新供销社1号、5号、6号楼办公楼内部环境。为基层供销社19家涉农经营场所投保常山县基层供销社涉农经营场所保险。

【农合联建设】 2022年，县农合联组织开展培训26次，涉及农合联会员、龙头企业、涉农主体等1650人次。5月，县农合联组织

2022 年 5 月 26 日，常山县农民合作经济组织联合会第二次会员代表大会在东方大酒店召开

（县供销联社 供图）

14 个乡镇农合联换届并召开常山县农合联第二次会员代表大会，选举产生县农合联第二届理事会理事、第二届监事会监事及出席市农合联第二次会员代表大会会员代表。7 月，成立常山县农合联粮食产业分会，提高常山县粮食产业组织化程度，促进粮食产业转型升级。

【结对帮扶】 2022 年 9 月，慈溪市供销社对常山县供销社农产品直营店进行“慈农优选”农产品直营点授牌。10 月，县供销联社以项目带动强村富民，与慈溪市三北振禽业专业合作社、常山县农联农产品销售有限公司合作，投资 20 万元，实施订单养鸡项目。

【社有资产管理】 2022 年，县供销联社委托常山县农联农产品销售有限公司对全县供销系统房产进行安全巡查，巡查频率为每周 1～2 次。9 月，修改全资控股常山县联农供销发展有限公司、常山县红宇烟花爆竹有限公司、常山县农联农产品销售有限公司章程，新增关于党组织的内容。年内县供销联社共有 7 处房屋商铺成功被竞拍租赁权。

【企业建设】 2022 年 11 月，由常山县辉埠中心供销社、常山县青石中心供销合作社、常山县芳村中心供销合作社、常山县白石中心供销合作社与浙江仁本有礼文化传媒有限公司共同组建常山鼎毅科技有限公司，注册资金 100 万元，其中辉埠、青石、芳村、白石中心供销社各持股 8.25%。12 月，由常山县联农供销发展有限公司共同与浙江供富冷链发展集团有限公司组建供富冷链发展（衢州）有限公司，注册资金 500 万元，其中县联农公司占股 195 万元。

（曾昕瑶）

粮食购销

【概况】 2022 年，常山县商务粮食和物资储备局（简称县商务粮食和物资储备局）把握县域粮食安全的主线，聚力聚焦储备管理、行业发展、流通监管、应急保障等重点，提升粮食和应急物资保供能力。落实新增储备目标任务，确保县级新增储备规模落实到位。率先开展“浙江粮仓”数字化管理平台建设，在全省首先实现“浙江粮仓”出入库业务系统、粮情监控和AI安全监控系统省市县数据应用贯通，贯通数据接口40个，上传数据18.5万条。

【粮食储备】 2022年，县商务粮食和物资储备局制订并下达县级储备粮油2022年度轮换计划，落实新增储备任务，明确储备轮空期，实现储备管理的良性循环。

【粮食收购】 2022年，县商务粮食和物资储备局按照“收购政策早制订、收购资金早落实、收购人员早培训、仓库器材早准备、服务措施早安排”要求，实行早稻订单全覆盖，农户按早稻实际产量享受订单奖励，继续优化除杂、装卸等粮食产后服务。全县收购订单早稻1.43万吨，订单完成率 100%，发放早稻订单奖励857.5万元。

【应急物资储备】 2022年，县应急救灾物资仓库先后补充采购2批应急救援物资，包括棉被、发电机、帐篷等物资，采购金额达156万元。为落实新冠疫情防控要求，全年采购防疫物资12批次，1038.5余万件、3220余万元，调拨物资1274批次，789.3万件。

【浙江柚香米业项目建设】 2022年，常山粮食收储有限责任公司完成浙江柚香米业日处理200吨稻谷大米生产线项目建设，项目投资5895万元，占地面积19517平方米，其中建筑面积9720.73平方米。建设内容为1万吨分品种仓，3800吨低温成品仓，大米加工车间等。

（江智健）

烟草专卖

【概况】 2022年，常山县烟草专卖局（分公司）（简称县烟草专卖局）坚持稳中求进总基调，以构建共生共赢经营生态为方向，实现卷烟销量1.11万箱，比上年增长3.31%；实现销售额5.68亿元，比上年增长 4.87%。查获各类涉烟违法案件98起，查获涉案卷烟1762.6件，案值1403.6万元。是年，县烟草专卖局被衢州市献血工作领导小组办公室授予2021年度无偿献血爱心单位，1 个课题获浙江省烟草专卖商业系统第十二届优秀质量管理小组成果二等奖、衢州市烟草专卖商业系统第十二届优秀质量管理小组成果三等奖并获软件著作权 1 项，1 个工作室被评为衢州市烟草专卖商业系统先锋集体，1 人被评为衢州市烟草专卖商业系统“先锋能手”，2人获浙江省烟草专卖商业系统“中国梦·劳动美——喜迎二十大 建功新时代”职工线上健身运动会“运动之星”。

【生态营销】 2022年，县烟草专卖局以“智慧营销”和“智慧终端”工程为抓手，坚持现代终端发展质量优先原则，累计建成现代终端479户（其中“香溢合作店”33 户），累计发放安装双屏机396户。开展双屏机操作培训、数采2.0相关指标和规则培训，提高零售客户数字化经营软实力。聚焦农网终端提质升级，助推充值缴费、金融服务、快递寄取等多元业务进驻农村零售店，建立“农网+城网”合作机制，打造农副产品一站式采购展销中心，助力农网客户增值创收。

【惠民服务】 2022年，县烟草专卖局联合县金融机构、县共富公司、县供销社打造“香溢红色驿站”，建成并投入使用红色驿站10个，户外劳动者服务站点2个，常态化开展各类志愿服务主题讲座20余场，服务群众300余人次。组建“香溢”志愿服务队，围绕助农帮扶、普法宣传等主题开展志愿服务活动，全年全员公益时长2379小时。落实助企纾困政策，减免2户承租户租金共计2万余元。

【智慧监管】 2022年，县烟草专卖局围绕“1+2+N”（以《中华人民共和国烟草专卖法》及其实施条例为根本，《电子烟管理办法》

和《电子烟》强制性国家标准为基础，以多份政策性文件为支撑）电子烟监管制度体系，联合县市场监督管理局开展电子烟市场和类烟专项整治，出动执法人员 271 人次，深入校园周边开展相关业态规范经营排查整治行动。利用“3•15”国际消费者权益日、“12•4”宪法宣传日等重要节日开展普法活动，利用流动普法阵地宣传《中华人民共和国烟草专卖法》《中华人民共和国宪法》《中华人民共和国未成年人保护法》等法律法规，提供投诉处理、真假烟鉴别等惠民服务。持续深化“互联网+政务服务”，全年受理各类行政许可申请 960 件，网上办证率达 100%。

（赵姝晗）

邮 政

【概况】 2022年，中国邮政集团公司浙江省常山县分公司（简称邮政常山县分公司）开展邮务类、金融类、速递物流三大板块业务，为社会公众提供信函、包裹、快递、金融（含银行、保险、证券、理财等）、集邮、农村电商、报刊发行、代理业务等服务。截至年底，全县有邮政局所15处、邮政储蓄网点9处、空白乡镇邮政局所6处、信筒信箱20个、用户信报箱18844只，邮政从业人员126人；固定资产2257.82万元，邮政生产用房2732平方米，非生产用房12319平方米，邮政生产用计算机167台，邮政邮运汽车7辆。全县投递邮路35条，总长（单程）1670千米。其中，普邮邮路20条，邮路总长（单程）1295千米；农村普邮邮路17条，邮路总长（单程）1170千米。从常山出口的信件和物品可以递送世界各地，特快专递通达200多个国家和地区。全年完成邮政业务收入4398万元，比上年增长9.4%。

【胡柚电商销售】 2022年，邮政常山县分公司发挥邮政商流、物流、资金流、信息流“四流合一”业务优势，有效解决长期困扰常山农村合作社和柚农的“融资、销售、物流”三难之忧，以实际行动助力乡村振兴。截至2022年胡柚季末，常山胡柚农产品基地项目共对接118家合作社及家庭农场、458户种植户，发放“邮柚贷”4867.7万元，户数116户，并提供代发工资和商户收单等业务。依托较为成熟的常山胡柚产业链，整合线上线下渠道融入常山胡柚生产各环节，截至年底，常山胡柚基地项目累计销售额3455.03万元。

【邮政储蓄】 2022年，邮政常山县分公司始终坚持向资产要余额、向市场要份额的发展定位。通过开展重点村客户余额开发与重点突破村相结合的经营模式，常态化开展客户节，做大储蓄余额规模。截至年底，邮政储蓄总余额156555万元，比上年增加2.6亿元，比上年增长37%。全年邮政常山县分公司代理保险新增系统内保费3323万元。

【寄递包裹】 2022年，邮政常山县分公司寄递事业部以优质服务促发展，以激励政策促经营，以机器设备换人力，以流程优化降成本，以控制欠费优指标，完成寄递业务总收入977.2万元，比上年增长2.2%。

【三级物流体系——快递下村“U驿站”项目】 2022年，邮政常山县分公司实施常山县三级物流体系——快递下村“U驿站”民生实事项目，改造县级处理中心1处，购置一套200个格口的自动分拣设备和快递运输投递车35辆，提升改造乡镇级处理分中心13处、村级“U驿站”170处。引入数字化应用系统，通过图片识别分拣行政区域快递，按照格口分拣到全县170个行政村，实现全县邮件统一分拣、派送。解决快递下村“最后一公里”难题，打通工业品下乡，农产品出村进城的双向流通渠道。

（姜利利）

电 信

【概况】 2022年，中国电信股份有限公司常山分公司（简称电信常山分公司），致力于打造一座区域型光网城市，不断强化网络承载与覆盖能力。推进5G网络建设、平台支撑和产业生态构建，全年投入2亿多元，完成全县100多个5G基站的建设开通，实现常山城区与乡镇的5G信号全覆盖，达成千兆光网全覆盖的建设目标。

【常山县电子政务网改造升级】 2022年，电信常山分公司实施电子政务网改造升级，通过核心机房升级换代，路由器升级，做到专网专用，满足政府机关单位三级信息安全等级保护的需求，在原有电子政务网设施基础上，引入最新技术与安保措施，打造出全市具有标杆意义的电子政务网络，也为适应未来SDN+SRv6网络打下坚实基础。

【气象数字化改革】 2022年，电信常山分公司助力政府开发的“气象指数保险智能速办”应用，基于大数据和新技术手段，搜集、整合并储存与气象保险紧密相关的各项数据，涵盖气象数据、农田信息等内容。聚焦农民自然灾害减损增收，引入高效的线上审批流程，有效简化原本烦琐的纸质审批过程，实现农业自然灾害保险“触发即赔”，为农民提供更便捷、高效的保险服务。8月，该应用作为全县唯一入选省委改革办“一地创新、全省共享”“一本账”S0清单和全省首批数字经济系统地方特色应用；12月，该应用入选全省数字经济最佳应用。做法成效获省委改革办《数字化改革（动态专刊）》《衢州政研与改革》《衢州政务信息》刊登，并被《中国绿色时报》《中国气象报》等国家级报刊宣传报道。

（马豫骁）

移 动

【概况】 2022年，中国移动通信集团浙江有限公司常山分公司（简称移动常山分公司）开通5G基站232个，5G站点规模达555个，5G网络客户超7.72万户，实现常山县所有行政村及以上移动5G通信信号连续覆盖；开展“合作建站服务乡村”工程，累计建站41个，惠及27个偏远乡村。截至年底，常山移动通信用户规模达22万户，千兆光纤覆盖超16.4万户；主营业务收入1.97亿元，比上年增长52.58%。固定资产超过3亿元。

【5G数智服务社会】 2022年，移动常山分公司联合常山县经信局和产业研究院组建常山产业结构优化调研团队，为企业提供MES（生产管理）、ERP（订单管理）、WMS（仓储管理）等平台服务，入驻企业开展“问诊式服务”；运用中国移动5G专享专网打造紫晶矿业5G+绿色矿山，助推企业数字化转型升级；整合“5G+网+云+DICT”能力，推动5G+融入百业服务社会，承建常山县阳光工厂、阳光厨房等安全治理项目。做好疫情防控通信服务保障，保障疫情防控视联网会议，精准推送防疫短信；深入开展防范治理电信网络诈骗，联合公安机关开展防诈宣传，全年开展反诈宣传警示

教育宣讲120余场，覆盖超10万人次。

（章国芳）

联 通

【概况】 2022年，中国联合网络通信有限公司常山县分公司（简称联通常山分公司）围绕服务数字经济工程，提升网络支撑水平，优化客户服务和保障能力，开展强网补网工程。推进与电信4G、5G网络共建共享，共建5G宏站39个、室分28个，实现县城联通5G信号全覆盖，工业园区、重点乡镇热点联通5G信号全覆盖；共享电信4G基站124个，共享电信4G基站124个，室分30个。

【重大活动保障】 2022年，联通常山分公司投入人员和设备设施参与常山UU音乐节、长三角一体化旅游推广、中国山地自行车公开赛等重大活动通信保障工作，累计出动移动通信应急保障车9次，出动技术员54人次，发送各类提醒信息10万余条。年内，国道检查站项目建设完成并投入使用，该项目为杭州亚运会安保重点项目，承担常山县及江西交界过往车辆安全检查和道路交通安全保障。

【常山县油茶产业大脑】 2022年，联通常山分公司实施油茶产业大脑项目，通过5G、物联网、AI技术、大数据等技术，建成“1+5+N”（1是指1个油茶产业数据仓，5是指绘制产业资源、油茶加工、销售流通、要素服务、碳汇主题5张图形成油茶产业驾驶舱，N是指品牌管理、种植生产数字化、主体星级评定、油茶主体服务、病虫害等N个应用模块）。开放共享的油茶产业集群平台，可实现7×24小时全方位、高动态的系统运行，服务油茶种植户、商事主体，并为领导决策者提供整个产业态势分析。该平台是常山县油茶产业提质发展的重要大脑平台，也是浙江联通打造的首个农业行业产业大脑。

【标准化考场建设】 2022年，联通常山分公司完成常山县初中学业水平考试增补服务项目和县职业中专国家教育考试标准化考场综合平台建设服务项目建设。其中，新建初中学业水平考试标准化考场38个、高考标准化考场50余个。至此实现常山县标准化考场中考高考全覆盖。

（陈妙芳）

交 通

综 述

【概况】 2022年，常山县交通运输局（简称县交通运输局）实施建设项目8个，累计完成交通结构投资14.55亿元，比上年增长29.6%，全市排名第二，351国道建设项目和杭金衢高速公路扩建项目年度内通过交工验收，前期项目包括钱塘江中上游常山江（辉埠—双港口）航电枢纽项目（常山段）、杭金衢常山东互通连接线改建工程、浙西窗口服务区、九景衢铁路常山站站房改扩建工程、205国道常山长风至五联段改建工程、S324温岭至常山公路常山宋畈至新桥段公路工程、常山县四好农村路联通联建工程（招贤—芳村）逐步推进。组织针对县境内在建交通建设项目的农民工工资发放情况的专项检查3次，查出问题40个，发放整改通知书5份。2022年，浙江省政府办公厅公布常山县为2021年度浙江省"四好农村路"省级示范县，获评"四好农村路"全国示范县创建单位，"公交刷脸乘车U无忧"数字化场景应用品牌获2022年全省交通数字化改革基层和社会"最佳实践"。

【法治交通建设】 2022年，交通行政执法围绕常山交通重点任务开展系列工作。交通专业行政执法队55人以联系片区的方式下沉至7个赋权乡镇（街道），交通执法力量全程参与全县8个疫情防控卡点全时段值班。加强重点领域安全监管，通过"浙运安"App、联网联控系统，抽查境内过往"两客一危"（公路客运、旅游客运、危化品运输）车辆，实行动态监管。加大对维修、驾培企业、出租汽车等领域的查处力度，出动执法人员140人次，检查企业70家，发现安全隐患4处，督促企业落实安全生产主体责任。加大交通工程领域安全监管，立案处罚施工单位使用不合格的建筑材料、建筑构配件等行为，对施工单位不按照工程设计图纸施工、砼路面厚度不够的，责令其立即整改。年内，全县立案处罚交通运输各领域的违法行为151件，其中普通程序55件，简易程序96件，行政处罚比上年增加56件、增长58%；涉及行政权力事项30项，比上年增加9项；非现场治超案件实现"零"突破，非现场执法案件42起，占比28%，参与社会治理中心组织的联合执法行动65次，联合会商12次。公路"治超"方面，共查处超限超载车辆292辆，卸载货物1.59万吨，交通处罚2.96万元。

【行业管理】 2022年，县交通运输局持续强化行业监管，制定“深化平安交通建设年”“除险保安平安护航”“道路运输领域铁拳行动”“安全生产大检查”和“三防”等专项行动工作方案，压实交通运输行业企业主体责任。会同交警大队、属地乡镇（街道）等相关部门排查公路基础安全设施，全县排查道路隐患点320余处，整治3处市级事故多发点。会同专业机构对320国道常山段市级重点治理道路开展安全评估，制定《综合治理实施方案》，完成整改隐患点125处；道路客运车辆车载视频监控安装率100%，城乡公交车辆运行线路行经四级以下公路的，公交车辆均不设置站立席；全县2家道路危险货物运输企业，车载视频监控安装率100%，所有车辆实时监控，建立“一车一档”管理制度，全年处置危险货物异常线索34条，整改13条。会同县公安局印发《常山县道路普通货物运输安全专项治理行动方案》，出动执法人员80余人次，对50余家道路普货运输企业进行安全“双随机、一公开”执法检查，查处违法案件11起，立案处罚8起。在辉何公路、常山江航运交通疏导配套工程（文峰东路延伸）2个在建项目上，举行针对高处坠落、火灾事故、高温期间施工及现场用电等突发事故的应急演练。开展道路运输领域“铁拳行动”，组织检查组80个，出动执法检查人员165人次，检查企业单位100家，处理行政处罚案件110件，处罚金额为72.39万元，责令限期整改3家，停产停业整顿5家，曝光责任不落实、措施不力企业4家。

【客运管理】 2022年，县交通运输局深化常山县城乡公交一体化改造，投入约850万元，采购新能源公交车10辆。根据乘车高峰期、自然村出行人数等因素，调整、优化全县公交（包括城乡公交）路网，全年新增运营里程34.46万千米。以数字化改革为引领，打造公交刷脸乘车“U无忧”数字化场景应用品牌，通过数据共享、多跨集成，将健康码、场所码、核酸信息、支付、测温等功能集于一体，注册一次即可实现刷脸乘车，至年底，全县注册使用有1.2万户。开展常山县出租车第五轮迭代更新工作，32辆出租车统一选择比亚迪秦纯电动车型，年底交付运行。

【公路管养】 2022年，县交通运输局与浙江省交通集团高速公路衢州管理中心签订2条高速公路连接线管养移交协议，新增管养里程6.70千米。7月，提前完成县民生实事项目，对上红线、杨樊线、钳何线、鲁芳线等县道和大埂—鸭塞弄、辉埠—西坞、塘头—西岭岗等乡村道路改造提升，继续推进农村公路灾害保险机制。11月初，完成公路应急保障基地工程建设。每年安排500万元配套保障资金，用于全县公路应急处置。争取到省级特大桥动态安全监测系统试点项目，青石特大桥、雷公岭隧道、贤良隧道、修书桥、新站特大桥（增设主梁挠度、结构裂缝、结构位移、桥面视频等42个监测点位）动态安全监测系统，12月全部完成监测。12月21日，常山县205国道全寿命周期养护设计施工总承包2022年度养护工程及2022年普通国省道桥梁（G320沪瑞线长圩大桥）维修加固工程，通过衢州市公路港航与运输管理中心验收，验收结果合格。

（朱月亮）

公路

【概况】 截至2022年年底，常山县境内有国家高速公路3条、国道3条、省道1条、县道33条、乡道33条、村道375条；公路通车总里程1145.71千米，其中沪昆高速公路（G60）41.62千米、京台高速公路（G3）31.13千米、杭长高速公路（G6021）16.24千米、国道山深线（G205）23.49千米、国道沪瑞线（G320）40.30千米、国道台小线（G351）28.21千米、省道江溪线（S221）22.15千米、县道公路301.37千米、乡道公路

163.54千米、村道公路477.66千米。公路网密度为104.44千米/百平方千米。国省道干线公路里程203.15千米，占公路总里程的17.7%；县道占公路总里程的26.3%；乡道占公路总里程的14.3%；村道占公路总里程的41.7%，国省干线、县乡公路路面铺装率均达100%，县乡村农村公路路面铺装率达100%。全县公路绿化里程为1130.48千米，公路绿化率为98.67%，其中国省道干线公路绿化率为100%。全县公路桥梁总长57956.13延米/556座（部分桥梁分左右幅），其中互通式立交桥5477.54延米/29座（部分桥梁分左右幅），按跨径分，特大桥12009.32延米/8座（分左右幅），大桥30221.95延米/115座（部分桥梁分左右幅），中桥10115.99延米/170座（部分桥梁分左右幅），小桥5608.87延米/263座（部分桥梁分左右幅）。

2022年，全县从事道路旅客运输经营业户数5户，其中班车客运2户（含包车客运1户）。公路旅客营运车辆243辆，合计5091座位，其中大型客车104辆2904座、中型客车139辆2187座。全年完成旅客运输量945.8万人次，旅客周转量11639.9万人/千米。全县道路客运线路74条，日发班次989.5个，其中跨市线路6条日发班次4.5个、跨县线路2条日发班次74个、县境内线路66条日发班次911个；全县等级客运站1个，为二级站；农村客运班线通行政村率达100%；客运出租汽车经营户1户，经营车辆48辆240座。道路旅客运输从业377人，道路货物运输从业7520人、机动车维修从业269人、机动车驾驶员培训从业148人。全年完成货物运输量1273.9万吨，货物周转量265648.89万吨/千米。全县机动车驾驶培训机构6个，其中三级驾培机构6个；全县教练车155辆，教练员148人，全年培训驾驶员4141人次，教学场地（含租赁场地）7.8万平方米。全县各类机动车维修企业户44个，其中一类机动车维修企业2个、二类机动车维修企业15个、三类机动车维修企业27个，全年维修各类车辆25726辆次。全县汽车综合性能检测站3个，全年检测车辆2886辆次。

【辉埠至何家公路项目】 该工程为续建项目，2022年计划投资3亿元，实际完成3.60亿元，8月起进行路面基层摊铺，截至年底，项目总体形象进度75.7%。其中，桥梁形象进度98.6%、路基形象进度92.3%、路面形象进度23.1%，基本完成全线结构物建设。完成红线范围内土地征收。

【常山县公铁路衔接型综合客运中心】 该工程为续建项目，2022年计划投资1亿元，实际完成1.17亿元。2月25日办理该项目的工程规划许可证、施工许可证；8月1日全部完成地下室主体结构；9月9日主体结构施工封顶，转入二次结构及机电安装等施工阶段；截至年底，总体形象进度58%，其中，地下室工程桩、土方开挖、地下室结构、客运中心、维修车间地上结构施工全部施工完成，48省道桥梁工程完成70%。

【浙西窗口服务区南北场地联络通道工程】 该工程为续建项目，2022年计划投资3000万元，实际完成3500万元。截至2022年年底，该工程总体进度70.8%。其中，桥梁完成82.5%，路基完成50%。项目征迁工作还有10亩土地未征收。

【泉目山至大弄通村公路项目】 该工程为续建项目，2022年计划投资3000万元，实际完成2000万元。截至2022年年底，该项目总体形象进度66%。其中，路基施工完成89%，路面施工完成5%，桥梁施工完成92%。征收土地完成98%，其他征迁工作已完成。

【招贤镇樊村救援所项目】 该项目房建部分于2022年2月23日开工，当年完成投资3617.29万元，同年10月完工并交付使用。根据省交通集团2021年提出的要求，樊村隧道救援站升级为隧道所建制，新建樊村隧道所设计位置为ZK420+150米左侧大开挖段，在ZK420+130米～ZK420+200米左侧之间。建筑结构形式为钢筋混凝土框架结构，总建筑面积1664平方米，其中综合楼建筑面积1360平方米（建筑层数为地上三层），并设有仓库180平方米、停车场等，占地面积3500平方米；泵房及变电所面积124平方米。项目概算总金额3617.29万元，工期为13个月。

【常山西收费广场及附属设施建设工程】 常山西收费站原收费车道为3进3出，改建原施工图设计方案是增加收费车道为4进4出（含2进2出ETC车道），同时对既有收费大棚进行拼宽扩建，后进行变更为：将收费车道改为4进6出，并对进出车道进行重新布局，减少对出口侧收费站场地的影响，对收费广场向南侧移50米，对原有收费大棚和收费岛进行拆除和移位重建。该工程概算总投资为4157.71万元，2022年2月12日开工建设，6月29日全部完工并开通使用。

【常山县美丽通道建设项目】 该项目为续建项目，主要内容是常山县“一联一环一网”提升农村公路812.3千米建设，一联（联盟大通道）76.4千米，一环（常山乡村旅游环线）236.9千米，一网（致富网）县乡村道提升499千米，以及新建一座综合供能站，其中，“一联一环”合计313.3千米为精品线，项目总投资10.4亿元，计划工期2021年至2024年，2022年开始实施二期建设，年度计划投资2.5亿元，工程形象进度计划完成农村公路提升300千米。二期项目于2月启动，4月1日开工，实施道路127条（辉埠镇25条，球川镇33条，芳村镇17条，青石镇7条，白石镇7条，招贤镇8条，天马街道5条，紫港街道4条，金川街道5条，新昌乡7条，大桥头乡4条，东案乡4条，何家乡1条），主要提升内容为：对各线路进行白改黑，局部病害处理，对较窄线路进行拼宽及硬化，增设防护、排水及完善附属设施。截至2022年年底，完成投资1.87亿元，基本实现农村公路提升300千米目标。

【杭金衢高速公路常山东互通连接线改建工程】 该项目为杭金衢高速公路拓宽二期工程连接线项目，全长3.93千米，其中K0+000米～K0+994.67米完全利用既有常山东互通连接线，在K0+994.67米杨家埠附近转向西南，路线平行长河线布置，实施起点桩号为K0+994.67米，终点位于320国道（新建段）江家大桥附近，与320国道新建段相接，终点桩号K3+933米，该项目采用二级公路标准设计，路基宽度12米，路面宽度10.5米，设计速度60千米/小时，全线设大桥1座（9×20米预应力砼矮T梁），总投资概算2.30亿元。该项目于2022年11

2022年6月29日，杭金衢高速公路5标段常山西互通改造升级完工
（县交通运输局 供图）

月 30 日完成招投标，工期为 18 个月，主要控制性工程有桥梁及水泥砼基浇筑、沥青路面铺装。截至 2022 年年底，完成施工、监理招标，做好开工准备工作。

【常山县春运办调整至县交通运输局】 2022 年起，春运工作的重点由原先的保物资供应转变为保障道路运输畅通，全省 8 个地市在 2022 年前将春运办调整到市交通运输局。1 月 6 日，县春运工作领导小组办公室调整至县交通运输局。2022 年春运从 1 月 17 日至 2 月 25 日结束，共 40 天，公路客运量总数 10.65 万人次，铁路客运量总数 2.23 万人次，公路客运量比上年下降 13.91%，铁路客运量比上年增长 3.65%。

【非现场“治超”案件实现“零”的突破】 2022 年，常山县域范围内 320 国道、205 国道、221 省道和常辉线、上红线、常河线、苦狮线道路上建成“治超”非现场执法系统（24 小时监控检测点路段车辆通行情况，并对各检测点数据进行分析汇总，研判超限超载车辆信息规律）7 套，共 20 个车道，至年底，常山县非现场执法设施中 16 个车道和 3 家货运源头企业接入省、市系统平台。推进重点货运源头企业计量称重和视频监控设备安装，经重新摸排公布的 3 家重点企业接入省平台。G205（山深线开化至常山方向）和 X513（上红线）公路 2 处货运车辆不停车称重超限违法行为的电子抓拍信息采集系统，截至年底，采集超限率 100%以上 18 条车辆的非现场数据，判定 18 条属于违章事实，其中完成 3 条外省抄告、1 条行政处罚，常山县非现场“治超”案件历史实现“零”的突破。

【“快递下村 U 驿站”实施】 2022 年，县交通运输局通过实施县级民生实事项目“快递下村 U 驿站”，基本实现全县进口派村邮件采用“统一分拣、统一配送”的运营模式，由县级处理中心及城乡公交配合，将各快递公司无法直接送达和收寄的乡村快递进行统一处理，向快递公司收取 0.8 元/件的配送费，推动快递直投到村，最大限度降低中转成本，提高派送效率，群众满意度、认同度较高。

（朱月亮）

水 路

【概况】 2022 年，常山县水上交通围绕港航公益服务职责，抓好水上交通运输和渡口安全服务，突出春运、汛期、农忙、庙会等重点时段现场巡查，为适应管理体制调整，常山县 2 次派员参加浙江省港航中心组织的内河渔船检验实践培训和交通运输部海事局组织的 2022 年度渔船检验人员适任资格培训班，委托湖州一舟船舶技术有限公司检验 30 艘内河小型渔船，截至 2022 年年底，交通港航完成 12 次对全县 3 个渡口进行现场安全指导服务和渡口公交化改革，2022 年渡口渡运量 1 万余人次，渡口运输连续保持 39 年安全无事故。

【钱塘江中上游常山江（辉埠至双港口）航电枢纽项目】 2022 年 1 月，该项目列入国务院《“十四五”现代综合交通运输体系发展规划》。3 月，省发改委出具《政府投资项目受理通知书》。4 月，举行交通疏导工程开工仪式；常山县常山港饮用水水源保护区、芙蓉水库饮用水水源保护区优化调整方案获批。5 月，该项目生态红线不可避让审查意见获批。6 月，衢州市生态环境局批复项目环境影响评价报告、自然资源部批复土地预审专题。7 月，省交通运输厅同意项目分两期实施：一期先实施枢纽、航道和公路桥梁，二期开展衢九铁路桥改造、项目成功申报政策性开发性金融工具 9.17 亿元，其中常山段 5.88 亿元。8 月，省水利厅正式批复“新建天马航电枢纽对常山水文站影响”、项目可研报告获省发改委正式批复。9 月，长圩大桥施工招标公告发布、县发改局批复常山水文站现代化改造提升工程初步设计、省发改委正式批复钱塘江中上游常山江航电枢纽项目一期工程初步设计文本、省交通运输厅正式批复长圩大桥施工图许可；同月，该项目征地工作正式启动。10月，长圩大桥改建工程项目施工招标完成评标。11月，举行长圩大桥开工仪式。12月，该项目征地社会风险评估顺利通过审查。

【长圩大桥改建工程】 该项目是常山江航电枢纽项目先行工程，为满足三级航道通航标准需改建长圩大桥，项目建设总投资1.07亿元，设计标准为公路Ⅰ级标准，工期36个月。2022年10月13日，该项目完成招投标，设1个标段第CXCG01。11月4日，举行集中开工仪式。截至2022年年底，完成投资2500万元，总体形象进度主跨挂栏施工完成30%，引桥墩施工完成50%。

【渡口公交化改革】 2022年，根据浙江省交通运输厅《关于印发内河客渡运安全专项治理行动方案的通知》《内河渡运公交化改革工作的推进指南》精神，“十四五”期间省行政区域内要完成正常营运内河渡口的公交化（经营公司化、运营公交化、渡口标准化、船员员工化、渡船规范化）改革，常山县3处渡口均属于第四类渡口（年均渡运量在2万人次以下或单日最大渡运量在200人次以下的渡口），请示撤销3个乡镇渡口；12月31日，常山县人民政府批复同意，撤销招贤镇象湖渡口、球川镇千家排渡口、何家乡溪东渡口，并将此3只渡船变更为农用自备船。

（朱月亮）

铁 路

【概况】 2022年，衢九铁路总体运行平稳，杭衢高铁与衢九铁路联络线建设推进顺利。8月，南方水泥铁路专用线项目获浙江省发展和改革委员会核准通过，并被列入省重点项目（预备类）。

【九景衢铁路运营情况】 2022年，常山站列车车次变化较大，常山高铁站共发送旅客12.78万人次，其中客发6.28万人次、到达6.50万人次，票价总收入430.21万元。

（阮舒悦）

城乡规划

【概况】 2022年，常山县自然资源和规划局（简称县资规局）共编制3个项目控制性详细规划，审查各乡镇19个项目控制性详细规划。常山县国土空间总体规划完成阶段稿，“三区三线”（“三区”指生态空间、农业空间、城镇空间，“三线”指永久基本农田控制线、生态保护红线、城镇开发边界）划定并经自然资源部审核，于2022年9月正式启用。编制《山水公园城市规划研究》《常山县村庄规划评估》《常山县城东新城民办高中选址及周边路网衔接方案》。城市重点区块研究方面，启动山水公园城市研究、城东新区控规及城市设计，持续开展常山县主城区鲁里单元06-01-08~09地块控制性详细规划调整、常山县北门历史文化街区新建地块（A、B、C）控制性详细规划（调整）、常山县文教路与府前路交叉口北侧A-01地块控制性详细规划。

【国土空间规划编制】 2022年，县资规局完成“三区三线”划定，并经自然资源部批复同意启用；完成县级国土空间总体规划阶段性成果方案；基于资源环境承载力评价和国土空间开发适宜性评价成果，完成球川镇、招贤镇和同弓乡等10个乡镇级国土空间总体规划阶段性成果方案。

【《山水公园城市规划研究》编制】 2022年，县资规局完成《山水公园城市规划研究》编制，推进形成宜居宜业的山水公园城市发展格局，着重打通城市空间脉络、优化城市功能肌理、提升城市内涵气质。通过山水公园城市研究确定常山县“一江三水六山”的山水公园城市格局，将城区山体按照城市中心、近山、远山分别进行管控，中心区的塔山要求保护当前的视野格局，天马山、展依山、虎山、北殿山、富足山等近山要求合理利用山体资源，不进行高强度开发，其余的远山以生态保育为主；滨水地块按照退让不少于20米的要求进行分类管控。

【《常山县村庄规划评估》编制】 2022年，县资规局开展《常山县村庄规划评估》编制工作，形成研究成果。通过收集梳理全县180个行政村空间规划成果资料，实地对接乡镇运用已有规划在建设管理和土地管理上的使用情况，结合常山县国土空间规划阶段性成果、村庄分级分类成果与“三区三线”划定成果，分析研判，摸排乡镇对于各村庄规划的编制意愿，依照《浙江省村庄规划评估工作方案》的要求，将常山县180个村庄规划分为三类，其中控规覆盖19个，规划调整21个，重新编制140个。

【《常山县城东新城民办高中选址及周边路网衔接方案》编制】 2022年，县资规局完成《常山县城东新城民办高中选址及周边路网衔接方案》编制，结合规划用地、路网布局、道路功能、通行效率等因素，通过对当前交通量分析、近期规划路网交通量预测和远期规划路网交通量预测，确定合理的民办高中选址方案和最优的交通组织研究。

【《常山县主城区鲁里单元06-01-08~09地块控制性详细规划调整》编制】 2022年，县资规局完成《常山县主城区鲁里单元06-01-08~09地块控制性详细规划调整》方案编制并经县政府批复。该方案调整鲁里单元面积67825平方米，为北临文教路（原朱富线），南面为山体园地和鲁堂山农居点，西邻食用菌科技示范园，东邻农林用地。文化设施用地18672平方米，教育科研用地21940平方米，公共管理与商业服务用地17230平方米。

【《常山县北门历史文化街区新建地块（A、B、C）控制性详细规划（调整）》编制】 2022年，县资规局完成《常山县北门历史文化街区新建地块（A、B、C）控制性详细规划（调整）》方案编制并取得县政府批复。该控规调整范围位于主城区常山县财政局西侧、天马路南侧、常山县应急管理局东侧。规划商业用地19665平方米，文化设施和商业混合用地1156平方米。

【《常山县文教路与府前路交叉口北侧A-01地块控制性详细规划》编制】 2022年，县资规局完成《常山县文教路与府前路交叉口北侧A-01地块控制性详细规划》方案编制并取得县政府批复。该地块位于常一中东侧，文教路北侧，规划总用地面积66691平方米，用地性质为中小学用地。

（邱　琦）

规划管理

【概况】 2022年，县城乡规划中心完成常山县渡口未来社区、远山云间旅游度假区、元坳中医药康养、香柚湾田园综合体、科创中心、公铁路衔接型综合客运中心等房地产及公建项目的方案审查。完成建设项目选址方案审查59件，选址面积约1182亩；完成建设工程规划方案审查45件，建筑面积64万平方米（含地下）。全面服务县职业中专迁建（二期）、公共卫生及传染病防治中心、东案乡农业特色强镇胡柚冷链仓储中心等31个专项债项目，补齐城镇公共服务设施短板，促进乡村振兴共富。

【规划设计条件制定】 2022年，县城乡规划中心完成新昌乡黄塘村（2021-A-1、2021-A-2）地块、中国观赏石博览园（4-1、4-2、4-3、4-4）地块等27宗出让土地的规划设计条件制定，主要涵盖建设用地的位置和面积、使用性质、建筑密度、容积率、绿地率、建筑高度、配套建设的基础设施及公共服务设施等内容，为建设项目设计施工提供最基本依据，2022年共计规划设计土地面积约718.6亩。

【城市交通规划管理】 2022年，县城乡规划中心严格把关项目停车位配建，对商业、办公、居住等不同类型项目均严格执行2013年12月1日起施行的《浙江省城市建筑工程停车场（库）设置规则和配建标准》要求，鼓励小区按人车分流设计，车辆停放向地下空间发展。开展县渡口未来社区、北门历史文化街区新建A地块等项目交通影响评价，配合县交警部门的交通治堵专项工作。

（邱　琦）

批后管理

【概况】 2022年，县批后管理中心办理建设项目竣工规划核实35宗，其中8宗房地产开发及配套建设项目、8宗公建及配套项目、5宗文旅商贸及办公项目、8宗工业项目、6宗国有土地私人建房。办理项目用地复核验收29宗，受理并完成362个桩点的建设工程规划验线复核，处理信访举报件176起，移送违法案件及规划定性133起。

【项目竣工规划核实】 2022年，县批后管理中心完成红豆南路61号（铭豪景苑）、常山县东方广场城市综合体项目D地块等8宗房地产开发及配套建设项目竣工规划核实，核实建筑面积280406.56平方米；完成常山县新桥乡卫生院综合楼新建项目、常山县中医医院异地搬迁改造等8宗公共建设项目及配套项目竣工规划核实，核实建筑面积65113.36平方米；完成5宗文旅商贸及办公项目竣工规划核实，包括启天总部大楼二期工程、浙江泓影戏曲与影视文创园等开发建设项目，核实建筑面积50457.87平方米。

【项目规划验线及用地复核验收】2022年，县批后管理中心受理并完成外港安置房、云栖澜山、渡口未来社区等在建项目共362个桩点的规划验线复核工作；办理完成常山县心舟公园东侧2#地块（文澜苑）、常山世盈房地产开发有限责任公司开发心舟公园1#地块（半山悦景）、浙江泓影戏曲与影视文创园、紫港湖鼎山居度假山庄、川越生态农业旅游开发建设项目等29宗项目用地复核验收，核实复核用地面积258000平方米。

【测绘管理】 2022年，县资规局进一步加强测绘行业管理及基础测绘地理信息保障工作，更新400平方千米1∶2000比例尺DLG数据，完成全县域天地图数据更新融合、城区地下市政设施普查工作。开展《中华人民共和国测绘法》宣传，累计发放各类宣传册、宣传品等1800余份。助力常山县重点工作、项目建设，为各部门免费提供DLG、DOM数据1.3T。加强行业管理，开展测绘行业情况调查及测绘资质等级评定、换证、新增测绘单位资质审核等工作，新增1家乙级测绘单位。

【处理信访举报】 2022年，县批后管理中心共接收处理信访举报176起，发放责令整改通知书128份，移送县综合行政执法局案件线索126条；接收县综合行政执法局征求意见函7件，劝导信访户息访1起。

（邱　琦）

城乡建设

【概况】 2022年，常山县住房和城乡建设局（简称县住建局）持续开展城市赋能行动，以高质量打造“依山傍水、显山露水、山水相融、生态宜居”的山水公园城市为目标，统筹推进老旧小区改造、城区畅通工程、城乡污水基础设施建设、美丽城镇建设、城乡风貌整治提升等项目，加快老城有机更新，统筹城镇建设，推进民生设施建设，提升城镇综合能级和城乡人居环境。全年实施项目52个，其中重点项目14个、重大前期项目7个、非重点项目31个。

【城区畅通工程】 2022年，县住建局打通城区一批“断头路”，进一步优化城市路网结构。其中，文峰西路西延工程于11月初开工建设，总投资3亿元，至年底已完成15%的工程量。

【老旧小区改造】 2022年，根据《常山县城镇老旧小区改造三年方案（2020—2022年）》，县住建局利用专项债申报窗口期，开工建设常山县东明片区老旧小区改造项目，总投资1.65亿元，获批专项债资金0.8亿元，涉及164幢房屋改造，惠及居民3300余户。7月，临港片区老旧小区改造完工。

【城市公园改造】 2022年，县住建局为高标准打造“山水公园城市”，坚持贯彻“微改造，精提升”改造理念，实施市民中心工程，总投资0.6亿元，对东明湖公园、塔山公园及文峰广场进行改造。

【城乡污水基础设施建设】 2022年，县住建局新建、改造建成区雨污管道30千米，完成南门溪污水主干管建设。年内天马污水处理厂处理污水1847.46万吨，出水水质稳定达标。维护全县635个农村生活污水处理设施标准化终端。对400座农村生活污水治理设施标准化运行评价，60座农村生活污水处理设施开工。

【城市天然气工程】 2022年，常山县天然气有限责任公司竣工验收中压管道20.2千米；新建开工配套小区5个，共3179户；配套竣工验收6个，共3368户。建设2个老旧小区天然气管道，共200户。开通38家工业公建配套用户，配套竣工验收42家，开工建设LNG应急保供站1座，并投产运行。全年完成气量销售3929万立方米。

【风貌样板区创建】 2022年，县住建局坚持大格局、高品位的理念，紧扣“浙西第一门户”的目标，组团式、平台式建构城乡风貌。围绕“U享未来·乐活文昌”的形象定位，以“显山露水”为主要手段，通过“U生态擦亮、U空间激活、U文化植入、U功能补短”四大策略，打造“三美融合、宜居未来、数智协同”的文昌阁城市新区风貌样板区。依托自然山水格局和人文底蕴，以白石镇、球川镇等乡镇为主体，重点加快浙闽赣皖合作区常山片区建设，成功打造球川—白石“边驿古镇·浙西门户”县域风貌样板区。

2022年11月16日，常山文昌阁城市新区风貌样板区——城东新区整体风貌 （县住建局 供图）

【美丽城镇创建】 2022年12月21日，浙江省城乡环境整治工作领导小组通报全省美丽城镇建设2022年度评价结果，青石镇、东案乡被评为美丽城镇建设省级样板，大桥头乡、招贤镇、同弓乡被评为美丽城镇建设基本达标城镇，天马街道被评为美丽城镇建设山区县县城城镇省级样板。

【未来社区创建】 2022年，常山县申报6个未来社区创建规划，其中渡口未来社区一、二期完工，三期新建地块完成总工程量的52.5%。11月，文昌未来社区通过省级验收和命名，规划单元面积51.30公顷，实施单元面积22.59公顷，受益居民5010人。

【美丽宜居示范村建设】 2022年，常山县申报大桥头乡浮河村、同弓乡同心村2个村为2023年度省级美丽宜居示范村创建村。完成天马街道天安村、新昌乡泰安村省级美丽宜居示范村创建及球川镇后弄村村庄设计与农房设计落地试点项目。

（占 敏）

城乡管理

【概况】 2022年，县住建局推进城市精细化管理，持续推行市政环卫网格化巡查，加强日常保洁和市政设施养护，巩固“国家卫生县城”创建成果。全年完成171万平方米城区主次干道的清扫保洁，36座城区公厕、145万平方米绿化养护市场化运营的监督管理。2022年，常山县步行街街区被评为省级高品质示范街区，清河街被评为省级街容示范街，人民路被评为市级街容示范街。

【生活垃圾治理】 2022年，常山县加强垃圾收运和处置工作。常山县城乡所有生活垃圾运至光大环保能源（衢州）有限公司进行焚烧发电处置，实现生活垃圾“零填埋”的目标，生活垃圾无害化处理率和资源化利用率均达100%。全年收运和处置城乡生活垃圾6.67万吨，完成省、市生活垃圾零增长的目标任务。其中，收运处置城区生活垃圾3.10万吨、农村3.57万吨；焚烧处置6.04万吨，餐厨垃圾无害化处置0.63万吨。城区生活垃圾分类覆盖面达100%，新增省级高标准生活垃圾分类示范小区6个，累计22个；推进小区生活垃圾分类市场化，全年回收可回收物127.3吨、大件垃圾79.59吨、有害垃圾0.63吨，源头累计减量207.52吨。

【公共厕所服务提升】 2022年，县住建局谋划并实施常山县城区市容环境整治提升项目，根据公厕服务“便利化、人性化、特色化、智慧化、规范化”的要求，完成城区13座公厕设施设备维护维修，更换公厕指示牌80余块，完成公厕的公益广告及各类标识标牌设置，实现公厕管理科学化、精细化、人性化。

【建筑垃圾（渣土）运输及处置】 2022年，县住建局持续开展常山县建筑垃圾运输核准工作，全面规范建筑垃圾（渣土）运输行为。全年审批准入衢州和胜环境工程有限公司、常山县常丰保洁有限公司、常山龙鑫保洁有限公司、常山县祥宇环境工程有限公司4家渣土运输公司103辆渣土运输车辆，办理城市弃土准运证29份。

【城市配套基础设施维护】 2022年，县住建局先后完成柚香城农贸市场、金佰汇中央广场、望江路、文教路后坊村等10余个基础设施建设项目，施划城区道路及小区标志标线，优化城区道路、绿地隔离护栏，修复主次干道树池、破损人行道、整治断档盲道等。全年修复路面1万余平方米，修复树池500余个，安装垃圾滤网4000余个，施划标志标线14832平方米，增设停车位857个。并以“器械+人工”方式开展“地毯式”保洁，冲洗园路、河堤、城市家具及标识标牌20万余平方米。建立“微报修”小程序，按照“主次干道、河道水体、公园广场、建筑工地、公共厕所”等领域的网格化管理模式，组织干部“随手拍、限时改”，并将各外包单位整改落实情况纳入月度考

2022年10月，柚香城周边道路提升完工　　（张先明 摄）

核，努力构建全方位、全覆盖、无盲点的市容市貌整治提升体系。自 9 月份实施以来，累计巡查问题 1393 个，完成整改 1246 个，完成率 89%。

【市政设施管护】 2022 年，县住建局紧盯重要时间节点，持续开展安全隐患大排查大整治工作，修补路面约 7000 平方米，修复破损人行道 1350 平方米，安装护栏 3300 米，更换窨井盖 419 处，安装隔离墩 251 个，抢修亮化照明设施 1300 余处，处理数字城管案件 1089 件，及时抢修因交通事故导致路灯灯杆、隔离护栏损坏等问题 60 余次，做到排险不过夜。

【“一把剪刀”改革】 2022 年，县住建局推动公共绿地养护“一把剪刀”改革，详细核实城区公共绿地、铺装地面、水域等面积，提升改造隶属于商业综合体、居住小区、学校等红线范围内围墙外的 3.6 万平方米绿地，通过优化树种配置、增植观花品种、底层植被更新等方式整治提升，实现从单纯绿化向美化彩化升级，并将其纳入城区公共绿地统一管养。

【应急保障】 2022 年，县住建局“拉网式”排查 51 条道路、17 座桥梁、7 个泵站、10 个公园等。组织应急队伍开展极端天气防汛应急演练和排涝泵站供电安全、森林防火等应急演练，完善应急预案，及时盘点更新应急物资，全面提升突发事件应急管控能力。对天马路、江滨路、定阳南路等 8 条道路进行空洞雷达检测，整治天马路 2 处道路病害，全面检修城区泵站，完成徐村大桥、山背岭大桥桥头跳车整治，配合交警部门整治阳光名都路口、大桥北路等点位安全问题，修复朝阳路坍陷、顶管和疏通管道。

2022 年 4 月 5 日，朝阳路坍陷管道顶管修复　（舒剑 摄）

【瓶装燃气管理】 2022 年，县住建局先后启动城镇燃气安全排查整治行动及燃气安全“百日攻坚”行动，重点打击跨区域经营瓶装燃气行为。每月住建、公安、交通、市监、综合执法等单位通过蹲点值守、举报奖励、跟踪调查、末端用户倒查等方式，广泛排摸线索，全年查实查处无证经营 1 起、跨区域经营案件 2 起，处罚款 38.8 万元。完成餐饮业工业企业、敬老院、旅游景点等 975 家使用燃气的人员密集公共场所可燃气体报警器安装。

【农村住房建设试点】 2022 年，县住建局根据“浙西民居・慢城花园”农民建房服务体系和农村特色风貌提升三年行动计划，提供 50 套农村住房设计通用图库及免费修改服务。全年完成 220 户农房设计图免费修改，为提升农村人居环境提供技术保障。

【历史文化名村、名镇、名城保护】 2022 年，县住建局完善 205 处历史建筑保护图则，其中增补历史建筑保护图则 90 处。启动北门历史文化街区保护开发项目，做好历史文化街区保护规划实施及街区建设活动检查和监督。

（占 敏）

建筑业

【概况】 2022年，全县有143家本地建筑业企业。其中，施工企业128家（一级资质3家、二级资质11家、三级资质67家、专业承包资质21家、劳务资质企业26家），混凝土企业5家，监理造价咨询企业10家（甲级1家、乙级8家、丙级1家）。全县发放施工许可证91个，合同总金额为38.07亿元，比上年下降32.88%。全县建筑工程竣工备案69个，比上年增长15%。建筑业总产值57.18亿元，比上年减少1.3%；省内完成产值50.78亿元，比上年增长0.04%。

【工程建设项目审批制度改革】 2022年，县住建局深化工程建设项目审批制度改革，全面落实“一般企业投资项目的竣工验收前审批最多50天，政府投资项目最多60天”改革、企业投资低风险小型项目审批“最多15个工作日”改革等措施。贯彻落实数字化改革部署，确保纳入改革范围的工程建设项目100%网上审批，全年工程建设项目审批事项办理470件，办结率100%。优化建设工程审批流程，结合“放管服”改革，政务服务事项全部接入政务服务平台，实现“掌上办”“网上办”，实现许可事项68项即办率97%、跑零次率100%。深化在线审批监管平台3.0应用，将施工许可阶段审批压缩至最快1个工作日办结，办理施工许可证205件，建筑面积299万平方米。推进工程建设全过程图纸数字化管理系统建设，受理287个施工图电子化联合审查项目，数字化图纸一网归集、在线管理。

【建筑业企业发展扶持】 2022年，根据《关于进一步加快建筑业发展若干意见》和《关于加快推进建筑业高质量发展的实施意见》，为做优做强常山县建筑产业，增强建筑业企业竞争力，推进建筑业高质量发展，进一步拉高建建筑业对地方发展的贡献，45家企业申报财政政策奖励，共申请财政奖励1882.54万元，比2021年度的1824.58万元增长3.18%。

【建筑节能改造及示范工程建设】 2022年，县住建局审查建筑节能项目45件，建筑面积56.4万平方米。实施可再生能源建筑应用面积14.21万平方米；完成超低能耗建筑面积0.42万平方米，完成高比例可再生能源建筑应用面积10.22万平方米，完成太阳能光伏建筑一体化桩基容量6.69兆瓦，完成既有公共建筑1.49万平方米节能改造；完成既有居住建筑面积0.4629万平方米节能改造。城镇新建民用建筑实施二星级（含）以上绿色建筑的比例达61.41%。完成装配式工业建筑面积40.54万平方米。

【在建工程无欠薪】 2022年，县住建局对已办理施工许可证的在建项目开展各类督查108次，下发限期整改通知书84份，各在建项目均开设农民工工资账户，缴纳民工工资保证金3347.8815万元，实行施工总承包单位直接支付农民工工资。处理解决欠薪信访事项29起，处理拖欠工资（可统计）1338.93万元。

【在建工程建筑工人实名制管理】 2022年，根据省、市实名制管理最新规定，具有一定规模且办理过施工许可证的在建项目须通过衢州市实名制管理系统将项目人员信息、企业信息等内容，推送至浙江省建筑工人保障在线系统，由省系统将项目人员考勤数据推送至全国系统。至年底，省系统中常山县在建项目58个，在场工人10766人；全国系统中常山县在建项目34个，在场工人11605人。针对各在建项目关键人员每月考勤率不达标情况，共下发整改单104份。

（占 敏）

房地产业

【概况】 2022年，县住建局持续推进城区房地产开发建设联合监管服务工作机制，详细规定房地产开发建设从企业竞拍取得土地、源头管理、过程监管、验收交付、装修管理等各个环节，明确节点工作任务，进行全过程管理，推进常山县房地产市场健康有序发展。全县有3个房地产项目开工建设，房地产项目交付5个。完成房地产开发投资额16.97亿元，比上年增长26.3%。全县新建商品房成交面积19.17万平方米，比上年下降39%；成交金额20.94亿元，比上年下降23.1%；其中住宅成交面积15.72万平方米，比上年下降9.5%；成交金额19.19亿元，比上年下降8%。住宅均价12207元/平方米，比上年增长1.6%。

【商品房销售监管】 2022年，常山县房地产事务中心（简称县房产中心）建立部门联合检查工作机制，持续开展房地产市场整治，规范房地产市场销售行为。落实动态巡查监管责任制，强化预售许可公示，加强对样板房规格建设的审查，督促各房开企业在办理预售许可证时执行一次性公开全部准售房源及一房一价标价制度。全年办理新建商品房批准预售4990套，批准预（销）售面积33.16万平方米，其中住宅1769套，批准预（销）售面积21.89万平方米。通过开展专项检查、常规检查、“双随机”督查及联合检查等方式，强化房地产企业销售行为、商品房预售资金等日常监管。6月23日，发布《关于进一步促进常山县房地产市场平稳健康发展的通知》，优惠政策截至年末。7月8日，举办常山县夏季房地产交易会（为期5天），累计达成400余户购房意向，现场认购57户，认购金额9000多万元。

【房地产经纪行业监管】 2022年，常山县备案房地产经纪机构84家，房地产经纪人28人，房地产经纪人协理116人。新增9家备案房地产经纪机构，注销8家备案房地产经纪机构。日常开展全县房地产经纪行业乱象整治专项行动，联合县综合执法局、县市场监管局对房地产经纪机构实地检查，撤销4家无经营场所的房地产经纪机构备案资格。其中，抽查12家房地产经纪机构，下发整改通知书5份，检查过程中对备案的经纪机构发现的台账不齐全、备案不齐全等问题，当场要求整改。

【机关事业单位职工住房公积金补贴发放】 2022年，老职工住房补贴发放18.7万元，共发放76人；新职工住房补贴本所发放78.77万元，年内新增309人。

（占　敏）

建筑工程管理

【概况】 2022年，县住建局开展建筑工程监督项目135个。其中，房屋建筑工程135个，建筑面积351.4万平方米；市政基础设施工程和装修项目22个，工程造价7910万元。开展巡查近900次，下发限期整改通知书201份，停工整改通知书25份，通报43个项目，约谈5个项目参建单位，累计安全监管219个在建项目、8229名建筑从业人员、38处超过一定规模的分部分项工程、239台建筑起重机械，全年未发生一般及以上安全生产事故。

【工程安全监督管理】 2022年，县住建局强化建筑工程安全管理，与施工企业、监理企业签订安全责任书，督促企业与项目经理、项目和班组签订安全责任书。强化重大危险源管控，严格按照《防范建设工程较大以上事故的意见》《危险性较大的分部分项工程安全管理规定》和《衢州市危险性较大的分部分项工程安全技术管理规定》，对51处重大危险源（其中深基坑22个、高大支模架24个、其他超过一定规模的重大危险源5处）开展治理，监督企业落实专人负责，在工地现场设立重大危险源公示牌，明确重大危险源类型、治理时间、进度等详细信息，遏制重特大事故的发生。落实建筑起重机械“一体化”管理，截至年底有“一体化”管理企业21家。

【建筑工程“安全生产月”活动】2022年6月，县住建局组织开展以“遵守安全生产法　当好第一责任人”为主题的“安全生产月”活动，提升全县建筑工程安全生产意识。6月18日，在县人防大楼四楼会议室组织召开常山县建设工程安全生产暨创文培训工作会议。6月30日，在常山县阳光名都北侧地块承办衢州市2022年“安全生产月”活动暨建筑工程质量安全标准化现场观摩交流会，常山会场建设、施工、监理单位代表240余人、工作人员60余人参加。是年，全县有2个项目被评为衢州市建设安全文明施工标准化工地。

【工程质量监督管理】2022年，县住建局落实住宅质量信息公示制度，完善企业考核制度。开展全县专项质量监督检查4次，覆盖在建工程135个，发现质量问题200多项，下发整改指令书37份，质量问题均已整改完毕，全年未发生重大质量事故。全面推动工程质量终身责任制的落实，保证工程质量责任“三项制度”（两书、一牌、一档案）覆盖率达100%，住宅工程分户验收率达100%。推进工程质量管理标准化，推行样板引入制度，开展住宅工程质量常见问题专项治理示范工程创建活动。全年建设工程质量投诉10起，办结率达100%。全年有4个工程项目被评为“常江杯”优质结构工程，4个工程项目被评为“衢江杯”优质结构工程。

2022年6月30日，衢州市2022年“安全生产月”活动暨建筑工程质量安全标准化现场观摩交流会在常山县召开　　（何献超　摄）

【文明施工管理】2022年，县住建局严格按照《常山县建设工程文明施工技术管理细则》要求督促责任单位落实到位，提升全县安全文明施工水平。深入建筑工地进行创文工作巡查，指导开展垃圾“四分类”工作，督促城区建筑工地按照标准张贴创文公益广告宣传，修复破损、污损的围挡，全年张贴公益广告近6000平方米，修补破损广告1000平方米，处置工地垃圾乱倒、施工道路冲洗不到位等问题103处，每周对文明创建工作落实不到位的项目进行全县通报，将19个在建项目纳入建筑工地文明细胞创建黑榜。

【建设工程消防设计审查及验收】2022年，县住建局贯彻落实住房和城乡建设部发布的《建设工程消防设计审查验收管理暂行规定》，加强对全县建设工程消防设计审查验收管理。全年验收及备案项目78个，其中特殊工程11个、直接备案项目67个。

【建设工程造价管理】2022年，常山县建设工程造价管理所深入了解主材市场价格，实时关注价格波动，及时调整材料信息价格，有效指导工程造价，全年收集、整理、上报本地人、材、机市场价格信息12期。审查全县国有投资项目工程变更127个，涉及变更资金14384万元，内容包含建筑、市政、安装等，规范工程变更行为，控制工程造价，防范工程建设领域廉政风险。

（占　敏）

物业管理

【概况】 2022年，县房产中心聚焦群众多样化居住和服务需求，加强物业管理的战略谋划和前瞻布局，推进物业管理改革，夯实高质量发展基础。推进业委会成立、备案和新进物业公司备案，开展住宅小区电梯安全、高层住宅消防专项检查，推动物业企业信用评价体系，规范业主自治和物业行业自治。

【小区物业管理】 2022年，全县从事物业管理的企业32家，其中本地企业10家、外地企业22家。32家企业在管项目69个（包含未交付项目），其中住宅物业63个、商业物业3个、后勤物业3个。物业服务总面积约303.73万平方米，其中住宅服务面积273.79万平方米、非住宅服务面积29.94万平方米。物业服务收费平均价格1.16元/平方米，其中住宅1.04元/平方米、办公楼2.55元/平方米、商业营业用房1.91元/平方米。全县物业管理服务收入3032.61万元，平均收费率为72%，其中22%左右的物业管理企业经营亏损，从业人员787人。

【物业服务监管】 2022年，县房产中心对全县32家物业服务企业所管理的63个住宅项目、3个后勤项目、3个商业项目进行检查考评，评选出2021年度物业服务检查考评住宅（A类）6个、住宅（B类）7个、商业（后勤）优秀奖2个。

【物业专项维修资金及物业保修金管理】 2022年，县房产中心累计归集物业专项维修资金11850.56万元，累计核实拨付使用物业专项维修资金795.30万元，其中2022年拨付使用56.99万元；2022年度缴存物业保修金1788.43万元。

【住宅小区电梯安全管理和电动自行车建设】 2022年，为进一步完善常山县既有住宅使用功能，县住建局、县资规局、县财政局、市场监管局、天马街道联合组织召开全县既有住宅加装电梯安全验收工作会议，现场验收文峰社区文峰嘉苑既有住宅加装电梯。通过引进第三方社会投资模式采购并安装设施设备，截至年底，常山县电动自行车充电设施涵盖14个小区，共计车棚80个，安装充电桩设施达89个。

【第七届物业服务技能大赛】 2022年12月6日，常山县第七届物业技能大比武在新都消防救援站举行，此次大赛设置物业法规知识竞赛、物业工程知识竞赛、手抬机动泵单干线出两支水枪操（组合）、3×50米接力灭火操4个比赛项目，12支物业服务企业代表队参赛，评选出团体奖、单项奖、最佳风尚奖等奖项。

【房屋装修备案】 2022年，为方便业主开展房屋装修备案，县房产中心优化办事流程，从原来的到行政服务中心窗口办理备案改为由业主向所在物业企业提出房屋装修备案，经物业企业现场核实无误后，提交至浙江政务服务网，推送至县房产中心审批，真正实现“零跑腿”“无纸化”备案，全面规范房屋装修备案程序。截至年底，前期审批移交给物业，房产中心保留后台审批权，2022年度装修网上审批34件。

（占　敏）

住房保障

【概况】 2022年，为规范公共租赁住房后期管理，县住建局修订完善《常山县公共租赁住房管理办法》，报司法部门进行合法性审查。发放公租房补贴保障家庭412户，共135.05万元，截至年底，常山县城镇住房保障受益覆盖率达33.83%（含老旧小区综合整治）。强化公租房“互联网+”应用，推行公租房保障“一件事”标准版贯通，新增公租房申请家庭74户。完成保障房小区智慧安防系统建设，通过人脸识别系统，强化保障性住房后期管理。办理经济适用住房上市交易28宗，完成7套人才公寓交房。

【直管公房管理】 2022年，县房产中心实现公共租赁房、直管公房模式和数据化管理，改变传统粗放型管理，使公共租赁房、国有公房向规范、严谨、高效模式转移，通过系统数据化快捷模式加强对直管公房住宅管理，对非住宅进行市场化经营管理。全年收缴公租房租金195.60万元、公房租金39.14万元；对公房安全排检查12次，直管公房维修180户，办理承租户合同到期续签42户，安排新入住家庭48户。排查出存有安全隐患拟进行大修房屋5次、历史古城建筑8处，清理腾退不符合承租条件27户，审核住房保障申请户1599户，审计整改485户。

【白蚁虫害防治】 2022年，县房产中心主动与建房户联系，了解工程内容及进度，及时编制施工方案，做到白蚁虫害防治与工程同步施工。全县新建房屋白蚁预防受理企业单位51家，共计167幢，建筑总面积125.37万平方米，安装26家企业单位的新建房屋白蚁预防装置，建筑面积27万平方米，安装白蚁防治监测设备5272个。全面部署指导乡镇开展对13个传统村落和历史文化名镇名村白蚁防治工作。

【房屋安全】 2022年5月，县住建局启动自建房安全专项治理，对全县自建房开展全面的排查整治。年内，启动第三次城镇房屋调查登记工作，第一次全国自然灾害风险普查工作（城镇房屋部分）通过省、市质检。结合常山县旧城改造计划和城市有机更新项目，完成4幢C级房屋实质性解危工作，谋划申报“U安居”城市能级提升工程项目；完成房屋动态监测管理系统迭代升级。

【农村困难家庭危房改造】 2022年，按照农村困难家庭危房改造省级补助资金“当年完成、次年补助”政策，县住建局拨付2021年度14户省级补助资金，共21万元；拨付2021年度65户县级配套资金，共48.75万元。落实农村危房常态化治理改造机制，对2022年动态新增的32户农村困难家庭危房户实施即时救助，按照“一个月内完成鉴定，六个月内完成改造”的模式完成危房改造。

（占　敏）

征迁事务

【概况】 2022年，常山县征迁事务中心（简称县征迁事务中心）围绕新型城镇现代化建设目标，完成国有和集体上土地房屋征收政策的修订与完善、农贸市场片区和实验小学有机更新项目征收、辉埠镇夏家村石灰岩矿矿地综合利用项目征收、特色生态产业平台项目征收、钱塘江中上游（辉埠—双港口）航电枢纽项目征收等工作，为推进全县重点项目建设提供坚强保障。

【房屋征收政策修订与完善】 2022年，县征迁事务中心研究制定《常山县国有土地上房屋征收房票安置实施办法（试行）》，修订《常山县国有土地上房屋征收补偿和奖励标准》《常山县房屋征收重置价格、附属物、构筑物补偿参考价格及装饰装修补偿参考价格》，均正式发文对外公布。县征迁事务中心作为北门历史文化街区指挥部政策组成员，在广泛学习绍兴、松阳、衢州、龙游等地政策的基础上，重点研究“长租+修缮”和“申请+修缮”的政策思路，研究制订北门历史文化街区

2022年12月26日，常山县农贸市场和竹园24幢房屋征收推进会召开
（县征迁事务中心 供图）

核心保护区一期修缮政策。自1月起，按照全县一个政策一套体系，城区和乡镇统一标准的原则，起草集体土地征收补偿安置政策，至年底，集体土地征收房屋补偿安置政策基本完成。

【农贸市场片区和实验小学有机更新项目征收】 2022年，常山县农贸市场片区和县实验小学有机更新项目是主城区重点房屋征收项目，县征迁事务中心严格规范征收程序，结合新出台的房票政策和最新奖励标准，研究制订农贸市场国有土地房屋征收补偿方案。经县政府召集相关部门论证、公开征询意见的基础上，于2022年11月17日经县政府常务会议审议通过，次日正式对外公告。12月21日启动提前签约工作，县农贸市场片区有机更新项目涉及被征收户166户，签约率达100%，实验小学有机更新项目涉及被征收户30户，签约率达100%。

【辉埠镇夏家村石灰岩矿矿地综合利用项目征收】 2022年，辉埠镇夏家村石灰岩矿矿地综合利用项目涉及集体土地房屋征收86户，房屋建筑面积约2.3万平方米。自4月18日发布土地征收预公告起，县征迁事务中心先后开展土地现状调查及社会稳定风险评估等工作。统一把握政策口径，制定征收房屋补偿安置方案，并征求意见，于11月7日对外发布补偿安置方案。为规范征收程序，按要求召开听证会，开展2轮产权确认。11月28日开展签约工作，历时33天完成83户签约。

【特色生态产业平台项目征收】 2022年，特色生态产业平台项目涉及集体土地房屋征收73户，房屋建筑面积约2.1万平方米。8月10日发布土地征收预公告，县征迁事务中心研究制定集体土地上征收补偿方案，并于11月17日正式发布。协调指导相关乡镇和网格工作组规范开展征收工作，先后开展2轮73户产权确认和3轮政策培训会。12月6日开展签约工作，历时5天完成73户签约。

【钱塘江中上游（辉埠—双港口）航电枢纽项目征收】 2022年，钱塘江中上游（辉埠—双港口）航电枢纽项目涉及金川街道、青石镇、招贤镇3个乡镇（街道），被征收户37户（金川街道15户、青石镇20户、招贤镇2户），房屋建筑面积约1.1万平方米。因红线调整，于11月18日重新发布土地征收预公告，截至12月底征收项目处于土地调查阶段。

（黄怡婧）

公积金管理

【概况】 2022年，衢州市住房公积金中心常山分中心（简称公积金常山分中心）归集住房公积金6.42亿元，比上年增长11.3%。支持住房消费额总额7.74亿元，比上年增长11.0%，其中办理职工个人住房贷款499户，发放贷款

2022年7月6日，公积金常山分中心工作人员与办事群众线上签订贷款合同（衢州市住房公积金中心常山分中心 供图）

2.77亿元，贷款额比上年增长49.7%。全年住房公积金增值净收益1801.4万元，比上年增长2.01%。新增职工开户4797人，其中灵活就业者公积金开户2105人。截至年底，公积金缴存单位701家，缴存职工21626人。

2022年，公积金常山分中心继续执行公积金缴存、提取、贷款政策和业务操作办法，通过“掌上办”和政务2.0系统，实现公积金缴存、提取、贷款“零跑腿”。开展数字化改革，落实公积金新政策，实施“建缴扩面”工作，扩大公积金覆盖面，助力职工住房消费，促进房地产经济健康发展。是年，公积金常山分中心获2021年度衢州市公积金中心考核一等奖、2021年度常山县营商环境建设办公室“群众满意窗口”。

【公积金数字化改革】 2022年，公积金常山分中心贯彻市公积金中心公积金信息化要求，深化“不见面贷款”应用场景，开展公积金全业务“零跑腿”；深化公积金一体化协作，开展四省边际业务“跨省通办”；上线“应急帮扶”场景，实现公积金纾困业务全部线上办理。

【公积金“建缴扩面”】 2022年，公积金常山分中心以规上企业、重点培育企业为切入点，结合灵活就业者建缴公积金试点，推进公积金“建缴扩面”。通过加强部门、合作银行联系，多形式开展政策宣传，全年“建缴扩面”新增人数4797人。

【公积金乡镇全覆盖】 2022年，公积金常山分中心借助县农商银行在各乡村的27个网点及189个丰收驿站、邮政银行2个网点及9个邮政代办点，推广公积金“掌上办”业务。将14个乡镇（街道）便民服务中心作为公积金业务延伸点，并在农业银行芳村网点设立公积金贷款“代办点”，实现公积金“就近办”。

【公积金增值收益资金竞争性存放】 2022年，公积金常山分中心分别于1月和5月委托代理机构组织公积金专户资金竞争性存放项目和增值收益资金竞争性存放项目招标工作。招标面向常山县设立机构的国有商业银行、城市商业银行、农村商业银行以及政策性银行等，评分标准和公告及方案经县财政审阅，按规定发布公告。增值收益资金竞争性存放招标标的1.01亿元，6家银行参加竞标，经过评委综合评定工行、农商行、中行、农行、建行5家银行中标，第一标的3000万元，第二标的2459万元，第三标的2107万元，第四标的1507万元，第五标的1027万元。

【业务办理银行扩充】 2022年，常山邮政储蓄银行入驻公积金服务大厅，县农商行中标归集专用账户开户银行招标项目，县农商行新增公积金归集、提取等业务。至年底，公积金常山分中心共有工行、农行、中行、建行、农商行、邮储6家入驻银行。

【配合审计及省电子化整改】 2022年，公积金常山分中心配合市公积金中心开展2021年度财务收支及2021年度政策执行及业务合规性的内部审计，配合省住建厅、省财政厅开展全省住房公积金行政专项监督检查。开展电子化整改任务9批，包括超龄退休、一人多缴公积金、贷款房屋坐落、建筑面积补充、“睡眠户”清理、无抵押物权证补录等。

【公积金档案搬移】 2022年4月，公积金常山分中心完成办公（档案）用房的搬移工作，经与县档案馆及县营商办对接，原保管在老办公用房的档案，部分档案暂存到县档案馆保管，其余档案存放在县营商办附房临时档案室。

（毛荣辉）

城市综合管理

【概况】 2022年，常山县综合行政执法局（简称县综合执法局）围绕综合行政执法改革、省级示范文明县城创建、行政执法办案、执法队伍建设等重点工作，抓好城市精细化管理水平。创新无人机“综合飞一次”“两法”衔接等一批具备全省影响力的最佳实践成果，全市改革晾赛比拼获第一名，先后5次在省、市级重大会议上作典型发言。健全完善部门联动机制和城市精细化管理标准体系，开展城市功能提升、“十乱”专项整治、“六小”行业整治等专项攻坚行动60余次，出动执法人员9000余人次，查处整治各类市容顽疾5万余起，31项交办任务整改到位，全市“有礼指数”测评中连续3个季度排名全市前列。年内，办理案件4944件（一般程序719件、简易程序4225件），乡镇（街道）执法队办理一般程序案件333件，未发生行政复议和行政败诉案件。7支乡镇综合行政执法队通过省示范文明基层规范队所验收，实现全县规范化建设全覆盖。

是年，县综合执法局牵头的“大综合一体化”行政执法改革工作获2021年度浙江省改革突破奖银奖、2021年度有辨识度有影响力法治建设成果、2021年度县乡法治政府建设“最佳实践”项目、衢州市改革突破奖二等奖、衢州市“四个我为”专题实践最佳案例；全年信息得分在同类部门排名全县第一，被县委、县政府评为信息工作先进集体。

【“大综合一体化”行政执法改革】 2022年，县综合执法局贯通省监管执法、“基层治理四平台”“天眼”“雪亮工程”等系统和信息资源，率先在全市打造“一站式”行政执法统一指挥平台。创新执法“U指数”，按信用建设、监管检查、行政处罚等维度对执法对象进行精准画像，强化指数运用。成立无人机中队，建立50个“综合飞一次”全场景清单，打造“智能巡检+AI感知+智慧执法”多跨一体巡检模式，实现一次飞行、

2022年4月1日，全县深化“大综合一体化”行政执法改革大会在县委党校举行

（县综合执法局 供图）

多点共查、智慧交办，整合全县无人机33台，日均巡检300余千米，全域巡查由半个月降至2天以内，处置事件1286起。

2022年5月17日，常山县行政执法夜校开班仪式在县委党校举行
（县综合执法局 供图）

【城市基础设施】 2022年，县综合执法局聚焦基础设施“老旧破损”痛点难点，出台《2022年常山县城市精细管理行动方案》，细化道路交通、小区基础设施、便民摊位改造等21个城市功能提升项目，推进城市设施和景观更新。完成“有礼便民点”施划185个，人行道停车位施划400余个，非机动车车位施划15796平方米，安装“有礼粘贴板”3800块。

【提升执法办案水平】 2022年，县综合执法局开展“破零降频”（案件量为零的领域实现“破零”，高频违法领域实现违法频次下降）行动，梳理综合行政执法领域的“沉睡”事项、高频违法事项清单，通过“综合查一次”“联合执法”等手段，查处KTV、非法出版物、非法电鱼等新领域案件308件，涉案金额高达300多万元；加大对违章停车、餐饮油烟、渣土运输等高频违法行为处罚力度，罚没各类款项60余万元，高频违法行为比上年降低37.5%。率先在全市出台《常山县“综合查一次”实施办法》，建立县乡共性清单、镇街个性清单，依托“互联网+监管”平台和掌上执法终端，打造执法全程留痕的“一网集成、一屏掌控”执法新模式。开展联合联查200次，涉及非法采砂、水源地保护、校外培训等50余个方面，企业迎检次数从每月平均7次降至1次，有效杜绝检查“扰民扰企”。

【执法队伍建设】 2022年，县综合执法局创新开设“执法夜校”，实行学分制教学模式，通过专家授课、办案能手讲课、执法擂台赛等形式，开展全员全科培训，打造全科型执法队伍，推动“多领域办案”向“全领域执法”转变。在全市率先开展执法效能评价工作，建立队伍建设、执法履职、执法规范等6个维度27个标准的评价体系，推动行政执法效能“综合评一次”。全年组织开展专题培训11期，覆盖执法人员、镇街干部、执法辅助人员2000余人。

（何玲玲）

常山城投集团

【概况】 2022年，常山县城市投资集团有限公司（简称县城投集团）聚焦项目建设、资金保障、市场开拓等主责主业，开展城市开发、建设、运营。全年实现营业收入超14亿元、利润总额约1.35亿元，纳税总额10043.86万元，税收贡献度达4.17%，排名全县纳税企业第三。发行8亿元企业债券，利率创有史以来全国同评级同期限信用债券发行利率新低。取得农发基础设施基金投放额度69165万元，排名山区26

县第二、全市第一。高效推进由县城投集团作为业主单位的一批重点项目，即总投资约58亿元的常山江航电枢纽项目、总投资约13.6亿元的北门历史文化街区改造、总投资约20亿元的龙潭水库等。年内完成固定资产投资超25亿元、建筑业产值超10亿元。截至年底，县城投集团资产总额192亿元，净资产74亿元。

是年，县城投集团管理的柚香城、大东门农贸市场被评为省四星级文明规范市场，县城投集团被评为2022年度常山县机关（行业）党建示范点，中共常山县城市投资集团有限公司机关支部委员会被评为2022年度常山县直机关五星级党支部，下属的常山县城乡公共交通有限公司、常山县心安人力资源开发有限公司被评为常山县服务业高质量发展二十强企业，下属的浙江常山绿惠投资开发有限公司、常山县基础设施建设发展有限公司入围常山县清廉建设成绩突出单位名单，“创文”工作获县创文办绿旗表彰13次。

【8亿元新型城镇化企业债发行】2022年1月24日，县城投集团发行8亿元县城新型城镇化建设专项企业债券，票面利率3.68%，这是浙江省山区26县发行的首单企业债券，也是山区26县历史首单县城新型城镇化建设专项企业债券，创造有史以来县城新型城镇化专项债券及全国同评级同期限信用债券发行利率新低，实现“双首单”“双最低”。

【北门历史文化街区一期项目开工】2022年7月25日，常山县北门历史文化街区一期项目启动暨与开元集团运营合作签约仪式举行，引入开元集团运营资源。11月9日，联合开元集团共同成立常山开元宋诗城文旅发展有限公司，合力打造有辨识度、具幸福感的北门历史文化街区。截至年底，新建区块完成土方开挖，地下室基础底板完成60%；基本完成2栋房屋修缮。

【常山江航电枢纽启动建设】2022年，县城投集团通过历时8年的谋划、对接和争取，钱塘江中上游常山江（辉埠—双港口）航电枢纽项目成功落地。该项目起自常山县辉埠镇，终于柯城区双港口，常山段33.4千米、总投资58.3亿元，是衢州市首个纳入经国务院批准规划的交通项目。项目整合“一江两岸”资源，创新“航道+旅游+产业”模式，建成后将实现通航1000吨级船舶三级航道标准，串联带动沿岸一城四镇发展，打造常山江黄金水岸风光带和沿江产业经济带。至年底，项目前期工作基本完成，先行工程长圩大桥开工建设，主体项目将在“十五五”期间全面建成。

【开展“清工廉匠”内部巡查】2022年8月，县城投集团启动“清工廉匠”内部巡查工作，通过

2022年9月21日，常山人才发展集团对外宣布成立

（县城投集团 供图）

2022年9月7日，浙江常好贸易有限公司开业（县城投集团 供图）

现场查阅资料、走访调研、谈心谈话等方式完成对常盛建材、绿惠公司、心安公司等首批巡查对象内部巡查、现场检查，同时对梳理检查过程中发现的问题，及时督促整改，实现闭环管理，提升党风廉政建设水平。“清工廉匠”内部巡查获中央纪委国家监委网站点赞。

【成立常山人才发展集团有限公司】2022年，县城投集团聚焦“人才云脑”打造、“常山阿姨”培训、高端人才招引、人事代理服务等业务，激发人才创新创造活力，8月注册成立常山人才发展集团有限公司，是衢州市首家实体化运作的人才发展集团。举办“就业创业云平台”项目设计擂台赛，为进一步整合人才资源、加快四省边际人才集聚奠定坚实基础。

【成立浙江常好贸易有限公司】2022年8月，县城投集团注册成立浙江常好贸易有限公司，主要经营建材销售、金属材料销售等大宗贸易，打通建材产业供需内循环。与浙商中拓、浙江冶金、杭州热联等国企开展战略合作，历时3个月实现销售额近2.2亿元，成为2022年度“新上限”企业。

【常山县技工院校建成使用】2022年9月，常山技工学校建成使用。该项目由浙江常鸿建筑工程有限公司负责施工建设，占地面积近200亩，总建筑面积约14万平方米，投资约6亿元，围绕常山装备制造、新型材料、现代服务、数字经济等产业集群，分3年制中级技工班、5年制高级工班，开设“智能制造、现代服务、数字经济”3大专业群9个专业，首届招生突破800人。

（宁旭刚）

常山农投集团

【概况】2022年，常山县农村投资集团有限公司（简称常山农投集团）辖19个全资子公司、4个控股子公司。其中，实体化运营14家，未实体化运营9家。23家子公司中有一级子公司11家、二级子公司12家。运营及谋划的业务板块有10个，即文旅、矿产资源、农产品、房地产、两山转化、项目管理、物业及相关业态运营、环保和新能源、康养、创意策划。

年内，常山农投集团实施重点项目40个，项目总投资154.97亿元，新储备重大项目15个。项目投资出数3.5亿元。项目库储备项目15个，总投资89.6亿元。融资总授信100.87亿元，实际到位46.26亿元，新增用信21.31亿元。以“共富果园”建设工程项目获批贷款2.2亿元，实现国开行授信“零”的突破，每笔授信利率均低于基准利率。常山农投集团在完成AA主体信用评级基础上，委托第三方机构进行主体等级复评。重点抓好生态资源交易中心建设，全年完成资产交易46宗，交易额1839万元。快速推进青石、招贤全域土地整治，农民集聚工程和江滨、西门片区旧房拆除全部完成，招贤镇农民集聚项目首启区块竣工验收。新增9个工程性矿石收储点，矿石处置83万吨，销售开票1300万元。全链条打造“两柚一茶”（常山胡柚、香柚、油茶）产业，推进常山胡柚软糖、冻干片、山茶油美妆产品等产品开发，联名江中集团打造江中常山胡柚膏并上市。国家常山油茶产业示范园区入选国家级示范园区。

是年，常山农投集团“两山合作社”改革入选省级乡村振兴典型案例、绿色发展典型案例，入围数字化改革最佳应用，被评为数字化改革多跨应用场景优秀案例，确定为省委党校（浙江行政学院）现场教学基地，获省改革突破奖铜奖等，多次在省、市重要会议上作典型发言，获省委常委、常务副省长徐文光批示肯定。

2022年7月，三衢石林景区被省文旅厅列入AAAAA级景区意向名单（常山农投集团 供图）

【举办“I DUKOU 未来音乐节”】 2022年6月11日，农投·渡口未来社区于常山县体育馆举办“I DUKOU 未来音乐节”。邀请好声音片区冠军、全能摇滚乐队、抖音BEYONG翻唱TOP乐队等现场演唱，吸引近万人打卡，其中渡口未来社区、极光大秀、常山音乐节等多个话题霸屏抖音、朋友圈热搜。

【收购神龙建材 100%股权】 2022年12月8日，神龙建材公司100%股权收购会议在常山农投集团下属子公司泰安公司举行，常山农投集团收购神龙建材100%股权，妥善解决神龙建材公司历史遗留问题，为常山农投集团实现产业实体化转型奠定基础。

【“三农”抖音号运营】 2022年，常山农投集团打造常山县规模最大、功能最全网红直播基地，推动常山县新媒体直播产业发展。2022年6月下旬正式运营抖音账号，年内“小勤来了”账号发布视频100余条，总播放量8.5亿余次，总点赞量2546万余次，账号粉丝超270万人，获点赞数近3000万个。

【三衢石林景区建设】 2022年4月，三衢石林景区被纳入实施山区26县“造月工程”中的创建国家AAAAA级旅游景区培育名单。7月，三衢石林景区通过浙江省文旅厅AAAAA级旅游景区意向名单评审，正式列入意向名单。经浙江省气象局组织申报、专家评审、实地复核、综合评定，8月，三衢石林景区入围第二批气候康养乡村名单。年内，三衢石林景区通过常山国家地质公园省级研学基地复评。

【常山县冷链服务中心建设】 2022年8月，常山县冷链服务中心建设项目于通过竣工验收，11月投入运营。该项目建筑面积9425平方米，冷库占地面积7962平方米，冷库容量2.8万立方米，由常山县农村投资集团下属子公司浙江柚见科技有限公司承建，主营常山胡柚、香柚鲜果预冷和其他农产品的冷藏保鲜及冷冻储存。

【城市更新工程建设】 2022 年 7 月 5 日，文昌阁风貌样板区工程开工建设，11 月 6 日完成竣工验收并交付使用。7 月 9 日，常山县渡口未来社区项目开工建设，至年底，完成 1~6 号楼结构结顶。10 月底，“宋邸潮鸣”项目完成全部楼栋结构封顶，“宋邸潮鸣”项目被评为 2022 年度浙江省智慧工地示范项目、2022 年度衢州市“优秀红色工地”。

【公共卫生保障工程】 2022 年 3 月 8 日，常山县乡村振兴产业园隔离酒店一期项目历时 70 天完成建设，提前 20 天完成 136 间、建筑面积 8600 平方米的隔离房间建设并交付使用。同月 19 日，常山县乡村振兴产业园隔离酒店二期历时 72 小时完成改造，完成 109 间、建筑面积 8000 平方米的隔离房间改造。隔离酒店一期、二期项目总投资 4500 万元，合计 245 个隔离间，并配医废间、室外污水处理池等医疗配套设施，总计建筑面积 1.66 万平方米。

（黄伟康）

发展和改革

【概况】 2022年，常山县发展和改革局（简称县发改局）锚定“浙西第一门户”目标，统筹推进县域经济社会发展。全县国民经济指标总体向好，地区生产总值（GDP）200.6亿元，首次突破200亿元，比上年增长4.1%，两项收入（城镇居民人均可支配收入、农村居民人均可支配收入）全省排名前列。其中，城镇居民人均可支配收入49442元，比上年增长6.0%，增速排名占全市第1、26县第2、全省第3；农村居民人均可支配收入28996元，比上年增长7.8%，排名全市第2、26县第9、全省第13。低收入农户人均可支配收入17326元，比上年增长17.1%，排名全市第2、26县第7。向上争取成果丰硕，31个项目获地方政府专项债券28.8亿元；2个项目列入2023年省公建项目“盘子”，奖励200万元资金；2个项目获得开放性政策性金融工具资金6.96亿元；获低碳试点县奖励资金1000万元，省冷链骨干基地、物流园区、提质增效试点奖励440万元。是年，县发改局牵头的共同富裕示范区建设获评全省优秀，获2021年省政府督查激励（全面推进大湾区大花园大通道大都市区建设成效明显的县）、2021年浙江省扩大有效投资工作先进集体等。县发改局党支部“红色引擎”品牌获县直机关优秀党建品牌。

【固定资产投资】 2022年，全县固定资产投资总量继续保持高速增长态势，完成固定资产投资103.4亿元，比上年增长11.2%。“5+1”投资结构实现“全面正增长”，其中，生态环保城市更新和水利设施投资增长14.3%、交通基础设施投资增速29.6%、高新技术产业投资增速74.4%、制造业投资增速29.2%，民间项目投资增速0.3%。争取普惠性幼儿园扩容工程、常山县北门历史街区保护开发工程、常山县城区公共空间地下停车场项目等31个项目共获地方政府专项债券资金28.8亿元，球川镇小城市培育配套、四都畈村绿色农田建设项目等2个项目列入2023年省公建项目“盘子”，奖励资金200万元，常山江航电枢纽工程、开发区有机更新二期等2个项目争取开放性政策性金融工具资金6.96亿元。

【重大项目推进】 2022年，县发改局举办全县“一把手”项目谋划擂台赛，储备优质项目300余个。富乐德氧化铝、新枫新材料入选省重大产业项目“盘子”，获土地指标奖励34亩；龙潭水库、324省道等7个项目入选拟实施省重点项目名单，大和三期、斯凯孚二期、南方水泥铁路专用线列入省重点增补计划，其中南方水泥铁路专线项目获省级保障建设用地指标135亩。省、市重点项目和集中开工项目全部入库，出数、入库率、完成率均居全市第1。全县重点项目完成固定资产投资申报数占全社会固定资产投资80%以上。

【新型城镇化建设】 2022年，常山县常住人口城镇化率51.05%，增幅居全市第1。农林牧渔业增加值9.68亿元，比上年增长6.5%，增幅居全市第1。村集体总收入2.21亿元，增幅35.64%，增幅位列全市第1。印发《常山县〈浙江省居住证〉互认制度改革工作方案》《常山县提升常住人口城镇化率四年实施方案》等，推进提升常住人口城镇化率。全面启动以县城为重要载体的城镇化建设工作，拟定《常山县推进以县城为重要载体的城镇化建设领导小组成员名单》，与省发规院对接完成《常山县推进以县城为重要载体的城镇化建设工作合作方案》，编制《常山县推进以县城为重要载体城镇化建设三年行动计划》。完成《常山县关于加快城镇化建设推进公共服务优质共享的调研报告》。

【内外开放行动】 2022年，县发改局争取浙赣省际毗邻地区（衢饶地区）合作纳入国家发改委《关于推动省际交界地区合作发展的指导意见》，衢饶示范区被纳入长三角第二批最佳实践案例。签订《常玉合作战略合作框架协议》，投资2.65亿元的未来驿站项目全面落成并面向全国招商，示范区球川组团——轴承小微产业园两期项目已完成、三期项目正在推进。融入义甬舟开放大通道西延行动，常山江航电枢纽项目被纳入义甬舟开放大通道项目库，子项目长圩大桥于11月4日开工。常山江沿江产业带同步开展规划，5月完成辉埠作业区多式联运物流园区项目建议书批复。

【绿色低碳发展】 2022年，常山大花园示范县创建工作获省发改委2021年度评估优秀等次；常山县被列入2021年省政府督查激励名单（全面推进大湾区大花园大通道大都市区建设成效明显县），获专项补助资金350万元。县发改局推进省级低碳试点县创建工作，获奖励资金1000万元，统筹开展“6+1”（能源、工业、建筑、交通、农业、居民生活6个领域和绿色低碳科技创新）重点领域绿色低碳发展，建立工业企业碳账户388家。14家银行推出“碳易贷”“碳优贷”等16个碳金融产品，截至年底，全县碳账户贷款余额31.29亿元，比年初增加26.54亿元。推进清洁能源项目，组织召开光伏决策协调会议12次，完成光伏并网17.49兆瓦，开工地面光伏电站216兆瓦，备案大型地面光伏电站400兆瓦。

【社会民生事业】 2022年，县发改局规范和健全教育收费管理机制，核定和规范义务教育阶段课后服务收费标准为500元/（生•学期），公办幼儿园放学后园内托管服务性收费基准收费标准为110元/（生•月），上下浮动幅度不超过30%；常山技工学校收费基准价格为3900元/（生•学期），住宿费（6人间）630/（生•学期），上浮不超过30%，下浮不限，自主确定具体收费标准。规范城镇燃气工程安装行为，合理降低居民管道燃气工程安装费标准，常山县居民普通住宅管道燃气设施改造费收费标准由2600元/户降至1600元/户，降幅38%。

【“两山合作社”改革】 2022年，“两山合作社”持续助力“生态云脑”迭代升级，生态资源资产公开竞价交易额达2500余万元，最高溢价率达430%。引入金融助力，争取国开行2.2亿元贷款，推动“共富果园”建设。推进泰安民宿、新昌丝瓜络等系列富民项目，累计助推178个村集体增收5844万元。两山合作社改革实践获2021年度浙江省改革突破奖（铜奖），被纳入全省乡村振兴十佳创新实践案例、共同富裕示范区最佳实践名单，常山县在全省高质量发展建设共同富裕示范区推进大会上作典型发言。

【共同富裕改革】 2022年，县发改局围绕重点工作“1+7+N”、重大改革“1+5+N”，打造一批独具常山特色的标志性成果。在全省作“大综合一体化”行政执法改革典型发言，并被列入省级行政执法改革试点；强村富民集成改革入选全省强村富民乡村集成改革实践试点，并在省强村富民乡村集成改革工作专班第一次例会上作典型发言。主动承接全国第二轮土地承包到期后再延长30年改革试点和农村宅基地资格权专项改革省级改革试点。探索“共富果园”助力农户增收模式，推进“扩中”“提低”改革等，常山县获评浙江文旅助力共同富裕路径十佳县。

【数字社会系统建设】 2022年，县发改局全面推进数字化改革工作，重点牵头数字社会系统建设。完成“浙里基本公共服务一键达”“浙里民生关键小事智能速办”等重大应用贯通推广，迭代“常山生态云脑”应用，打造“护理员一件事”“医触即办”等数字社会省级试点应用，经验做法成功刊登于省委改革办《数字化改革（工作动态）》《省数字社会最佳案例集》等。推进未来社区（乡村）数字化建设，实现省级试点未来社区（乡村）100%上架“浙里办”应用。

【机构设置改革】 2022年，县发改局对外增挂常山县国防动员办公室、常山县人民防空办公室牌子。优化调整内设机构职能，至年底县发改局有内设机构11个，合署办公机构2个，分别为中共常山县社会建设委员会和常山县服务业发展中心（正科级）。下属事业单位4个，分别是常山县重点建设项目服务中心（对口支援和区域合作中心）（副科级）、常山县社会建设研究中心（正股级）、常山县铁路建设管理中心（正股级）、常山县人民防空事业保障中心（正股级）。

（阮舒悦）

营商环境建设

【概况】 2022年，常山县营商环境建设办公室（简称县营商办）围绕服务发展大局，聚焦改革创新、政务服务、企业服务三大主业，持续优化营商环境，推进经济稳进提质攻坚行动。是年，县营商办被评为常山县退役军人工作模范单位，王金红、李安荣被县委、县政府记三等功，周志清被县委、县政府评为平安建设突出贡献个人。

【惠企纾困】 2022年，县营商办对标全省“5+4”政策体系精准直达要求，推进惠企纾困政策加快兑现，开展政策兑现“免申即享”“即申即享”改革。全县梳理惠企政策248条，“免申即享”“即申即享”改革204条，兑付资金5.21亿元，受惠主体2157个。

【服务企业】 2022年，县营商办建立“周四服务企业”、政企沟通圆桌例会等工作制度。推进云上社区平台建设和应用，创新“常青藤”服务专区，推动各网格发布动态515条、驻企手记24篇、典型案例8篇。走访企业2286次，解决问题341个，解决率达99.41%，17个涉企难题通过县长交办单交办解决。典型做法被市级及以上媒体报道13次，其中“常青藤”典型做法被省委改革办《竞跑者》采用。

【营商环境“清障”行动】 2022年，县营商办围绕30条负面清单和短板指标，组织全县单位开展2轮自查自纠。推行纪检干部“入企廉络员”制度，多渠道收集问题线索。通过自查自纠、实地摸排、特定对象征询、社会公开征集方式，收集“中梗阻”问题线索103个，销号整改问题103个，帮助企业解决欠款和兑现政策补助金1200余万元，服务满意率达100%。

【政务服务建设】 2022年，县营商办落实行政备案规范管理国家试点工作，推进行政备案事项清单化管理，梳理行政备案事项269项，联合县司法局、协同部门认领实施事项，形成行政许可事项清单256项。加强县乡两级便民服务点规范化建设，县乡两级政务服务中心均入选衢州市星级中心（全市唯一）。组织政务服务窗口工作人员参加职业技能培训，推进窗口人员持证上岗。深化政务服务“好差评”两项国家试点工作，常山县主动评价数12.7万条，政务服务好评率99.9%，无实质差评件。强化政务服务2.0系统县、乡、村三级应用，截至年底，政务服务2.0平台收件量38万件，“一网通办”率98.46%。开展“一地创新，全省共享”建言献策活动，建议被省级采纳13条。联合县农商行推进政银合作“四个办”（就近办、掌上办、自助办、上门办），实现58个“四个办”服务事项乡镇（街道）银行网点全覆盖，全年办件1.2万件。推进政务服务“常玉通办”，与玉山县政务服务中心实现政务服务自助终端机互驻，实现“跨省通办”事项170余项。

【信用体系建设】 2022年，县营商办加大“信易贷”金融支持力度，为企业贷款44.2943亿元。帮助企业修复信用记录9条，辅助企业自主修复信用记录50余条。深化部门联合“双随机、一公开”检查，实现监管应用信用规则率99.21%，跨部门监管率27.56%。深化信用分级分类监管，创新增加5个县级分级分类监管场景。

（郑小琴）

公共资源交易监督管理

【概况】 2022年，常山县公共资源交易监督管理办公室（简称县监管办）严守监管底线，服务全县重点项目建设。完成工程招投标项目657个，总成交价30.07亿元，总节约率达11.7%，其中限额以上项目数142个，成交价25.28亿元；政府采购项目3252宗，总成交价8.07亿元，总节约率达9.8%。完成省委巡视“回头看”反馈问题整改销号，修订完善小额工程交易管理办法，建立案件线索移送机制，落实工程建设项目招投标领域“集中整治+常态监管”，规范各主体交易行为。实地抽查建设单位20家，项目33个，发现问题39个，均限期整改到位，处罚金20.93万元。依托电子招投标平台，发现疑似串通投标线索3条、提供虚假信用线索3条，其中不予立案1条，其余均在查处阶段。查处办结2021年串标案件2起，涉及企业5家、人员5人，共处罚金5.79万元。

2022年12月6日，县监管办开展镇村工程联合检查

（县监管办 供图）

【项目招投标监管】 2022年，县监管办建立“绿色通道”服务机制，推行“容缺后补”“并联审批”“子项目单独先行招标”，压缩招标审批时限。通过重塑评标流程，试点运行新招标文件示范文本，平均缩短开标时间6小时。在专项债项目激增、标厅紧张的情况下，打破常规提供“晚上开标、周末开标”，缩短项目招标等待时间。6—12月，采用容缺后补程序先行招标的专项债项目共45个，涉及金额8.05亿元，每个限额以上项目节省时间5～10天；先行招标子项目71个，涉及金额约6300万元。在限额以上房建市政类项目中引入信用奖惩机制，提高县内优秀企业竞争力，全县开展国有资金投资房建市政类限额以上项目68个，成交金额13.9亿元，县内企业中标率为76.5%，成交金额占比79.8%。

【营商环境建设】 2022年，县监管办融入“全省一张网”，在全市率先接入省数字保函平台，创新“1+N+1”（即以1个省平台为中心的数字保函服务集群，拓展N个电子保函服务公司，打造1支专业保函服务队伍）保函平台，推动公共资源交易领域营商环境跨越式提升。至年底，实现“不见面”开标率100%，电子保函应用率100%，统一CA互认率100%，全流程电子化率从上年的40.65%提升至100%，四项“招投标信息化程度”测评指标均为全市第1、全省前列。制定“1+3+3”（非中标单位保证金在公示期结束后当日退回，中标单位保证金在合同签订后3个工作日内退回，异常保证金在收到复核材料3个工作日内退回）保证金清退目标，为企业提高资金流动效率。全年退回各类保证金2302笔，合计3.03亿元，其中异常保证金26笔，合计75万元。

（汪九文）

国有资产监督管理

【概况】 2022年，常山县国有资产管理服务中心（简称县国资中心）聚焦国企改革三年行动重点工作，抓实专项监督，抓好日常管理，抓细服务保障，全面完成浙江省国企改革三年行动改革任务，有力促进国资国企加快发展。截至年底，纳入监管的国有企业60家，其中一级企业1家、二级企业10家、三级及以下企业49家。县属国企资产总额376.12亿元，比上年增长28.15%；所有者权益174.57亿元，比上年增长4.49%；企业负债率为53.59%，利润总额1.64亿元。

【推进职能转变】 2022年，县国资中心严把出资人职责定位，以“管好资本、放活企业、不干预经营”为原则，印发《出资人监管权力和责任清单（2022年版）》，进一步厘清监管权力和责任清单，形成科学有效权责体系和监督协调机制。出台《分类授权放权清单（2022年版）》，将依法应由企业自主经营决策的26项事项授予母公司或一级企业董事会决策，给予国企更多的经营自主权。

【推进国有企业融资】 2022年，县国资国企高度重视评级发债，切实提升发债主体实力和信用等级。年内，常山县农村投资集团有限公司获AA评级，至此，全县国资系统有3家企业获评AA主体信用等级企业。2022年发行债券19亿元，其中常山县国有资产投资运营有限责任公司发行11亿元非公开发行公司债券，常山县城市投资集团有限公司发行8亿元县城新型城镇化建设专项企业债券。至年底，县属国企新增银行授信54.39亿元，融资到位47.39亿元。

【完善业绩考核与薪酬管理】 2022年，县国资中心出台《2022年度县属国有企业主要负责人经营业绩KPI考核评分细则》，持续优化国有企业主要负责人经营业绩考核体系，增强业绩考核科学性和针对性，建立有效的激励和约束机制。年内，县国资中心外聘浙江君问会计师事务所（普通合伙）对县属国企2021年效益指标、营运指标、组织指标等方面开展专项审计，由国有企业经营业绩考核小组对企业主要负责人经营业绩完成情况进行考核，根据考核结果核定企业主要负责人年薪并下达考核结果。

【国企承担社会责任】 2022年疫情防控期间，县国资国企坚决扛起政治责任，切实履行社会责任，全面贯彻落实减负纾困政策，减免国有房屋租金，助力小微企业复工复产。全年县属国企减免390户422万元租金，其中减免小微企业51户181万元租金、减免个体工商户339户241万元租金。是年，县属国企累计上缴国有资本经营收益2820万元，全力服务县域经济发展和民生事业。

【抓实国企党建】 2022年，县国资中心党委成立，“三大投”（县国投公司、县城投集团、县农投集团）党组织关系整体划转国资中心党委管理，搭建“1+3+13”党组织管理架构，以更好发挥国资党委领导核心作用。开展“全企一体、双融共促”工程，以常山县“清廉国企”建设“5+N+1”评价指标体系为指引，清单化推进国企从严治党，县城投集团被评为2022年度常山县机关（行业）党建示范点，中共常山县城市投资集团有限公司机关支部委员会被评为五星级党支部，浙江常山绿惠投资开发有限公司及常山县基础设施建设发展有限公司被评为2022年全县清廉建设成绩突出单位。

（雷文艺）

审计工作

【概况】 2022年，常山县审计局（简称县审计局）保障省“4+1”重大项目专项审计、市审计局对常山县高质量发展专项审计调查、衢州市公共卫生服务体系建设情况专项审计调查、“5+4”稳进提质政策专项审计调查等，确保审计项目顺利完成。组织开展审计项目14个，查处违规金额1.06亿元，管理不规范金额1.62亿元；向县委、县政府报送审计专报、参阅等信息22篇，获县领导批示27人次，其中主要领导批示14人次；信息被上级机关采纳13篇次；推动建立健全规章制度18项。邀请省审计厅党组书记、厅长毛子荣作《全面学习贯彻新审计法，全力提升领导干部依法履职能力》专题讲座，提高领导干部防范权力风险的意识。县审计局撰写的《常山县医疗卫生服务建设的思考及建议》领导参阅获县委主要领导批示肯定，在市审计机关党的建设工作暨纪检工作视频会议作交流发言。是年，审计工作获县委书记潘晓辉充分肯定，“红伞卫士”党建品牌获衢州市第二轮“有礼先锋”党建服务品牌，县审计局党支部获县委五星级党支部，获市优秀审计项目2个，获县委三等功3人次、县委嘉奖4人次。

【项目审计】 2022年，县审计局强化政策跟踪审计，服务民生发展。在省政府十大民生实事推进情况专项审计调查中，查处发现问题12个，提出建议10条，推动民生实事落地见效。采取“专题+”的模式，结合招商引资、楼堂馆所建设等5个专题开展审计，突出反映财政管理、重大项目和重点资金、国有资产管理等方面问题。促进规范预决算编制、强化预算执行刚性、提高资金使用绩效。年度县级预算执行和其他财政收支情况的审计工作报告受到县人大常委会高度评价。对6家单位开展领导干部经济责任审计，促进权力规范运行。

【推动审计问题整改】 2022年，县审计局通过加大与县纪检监察、县人大常委会的协作，实现年度内问题整改率100%。全年上缴国库、追回违规支付金额1163.74万元，纳入预算金额6314.07万元，加快拨付金额1005.58万元，账务调整金额13574.3万元，上报整改示范案例2个，完成整改举一反三案例5个。

2022 年 5 月 7 日，常山县县委审计委员会第四次会议召开

（县审计局 供图）

【县委审计委员会第四次会议召开】 2022 年 5 月 7 日，常山县召开县委审计委员会第四次会议，县委书记、县委审计委员会主任潘晓辉主持会议并讲话，县领导王永明、陈翊、许露华、陈水清、何健、李珍参加。李珍做工作报告。会议审议并原则通过 2021 年审计工作总体安排和 2022 年审计项目计划草案。

【省审计厅党组书记、厅长毛子荣到常山授课】 2022 年 4 月 13 日，省审计厅党组书记、厅长毛子荣以《全面学习贯彻新审计法，全力提升领导干部依法履职能力》为题，为常山县委理论学习中心组（扩大）学习会作专题授课。县委书记潘晓辉主持，全县各乡镇（街道）、部门约 600 名干部聆听授课。

（张 司）

统计工作

【概况】 2022 年，常山县统计局（简称县统计局）聚焦统计法定职责，组织实施常规指标统计；及时收集、整理争先创优“流动红旗”、市对县、26 县实绩考核等各类考核数据，及时掌握全县基本情况，通过数据动态分析，提出对策建议。抓好 GDP、投资、城镇化率、居民收入等重要指标的统计监测预警分析，服务争先创优和市对县、26 县实绩考核等中心工作。常态推进《中华人民共和国统计法》学习，维护统计法律权威，推动统计数字化改革发展，为打造“浙西第一门户”提供统计支撑。

【常规调查】 2022 年，县统计局组织实施常规指标统计，贯彻国家、省、市统计报表制度，完成工业、能源、贸易、服务业、城乡住户等专业 2021 年统计年报和 2022 年定报报表的收集、汇总、上报、分析等工作。开展住户调查样本大轮换，全县抽中 25 个调查小区（12 个城镇点、13 个农村点），250 户记账户，对被调查小区简图绘制、建筑物清查、住宅名录表编制及摸底调查，组织开展集中业务培训 3 次。开展人口变动抽样调查及安全感调查等常规调查。9 月，启动 2022 年人口变动抽样调查，由县、乡、村三级业务人员共同参与完成样本小区边界与建筑物的现场核查，联合市统计局到常山开展数据质量核查，现场对抽中的每一个住户进行上门核查是否空户，防止出现漏登或错登等情况。10 月，组织县、乡、村三级业务人员召开人口变动调查综合业务及安全感调查会议，对填报指标、审核常见问题等进行详细讲解，强调抽样调查单位数据质量的重要性。

【监测预警】 2022 年，县统计局配合争先创优、工业、投资、消费等专班工作，交流重要指标、重点企业、投资项目的变化情况，累计下基层391次，共532人次，指导企业、农户440余家。收集、整理争先创优“流动红旗”、市对县、26县实绩考核等各类考核数据，及时掌握全县基本情况，通过数据动态分析，提出对策建议。抓好GDP、投资、城镇化率、居民收入等重要指标的统计监测预警分析。是年，县统计局撰写统计信息、分析、约稿157篇，信息（含分析）被国家统计局采纳1篇、省统计局采纳21篇、市统计局采纳25篇、县级采用30篇，获县主要领导批示11次。

【统计产品】 2022年，县统计局印发《2021年国民经济和社会发展统计公报》，编印《2022年度统计年鉴》，每月整理编印统计数据资料，按月发布《常山县主要统计数字》小册子和《常山县与周边县市区主要经济指标对比情况》卡片。

【统计法治建设】 2022年，县统计局常态推进《中华人民共和国统计法》学习，先后开展普法培训48期，培训1440人次。筑牢“防范和惩治统计造假、弄虚作假”防线，根据2022年“双随机、一公开”统计执法检查计划，依法对65家单位开展统计执法检查，对1家单位给予警告并罚款2000元。成立4个数据核查组，对4个重点统计专业，45家单位统计数据进行全方位的核查检查，确保数出有据，数据真实有效。7月底，市统计局联合市纪委监委，对常山县10家单位进行统计执法检查，对2家单位发出数据整改通知书。

【统计数字化改革】 2022年，县统计局围绕数字化改革，建立“统计e家”网格化管理体系，对“四上”（即规模以上工业、规模以上服务业、限额以上批零住餐、有资质的建筑业和房地产开发）单位按所在地进行网格化划分。全年常山县“统计e家”激活企业348家，企业激活率100%；激活网格16个，网格激活率100%；建立“统计之家”7个；通过“统计e家”发布活动183次，开展走访调研129家（次）。依托“最多报一次”平台，改变工业、服务业各项报表上报方式，做到“一键导入”，简化上报流程，减少手工输入差错。全年开展“最多报一次”平台推广培训7次，培训人数达211人次。

（陈　蓉）

市场监督管理

【概况】 2022年，常山县市场监督管理局（简称县市场监管局）紧盯“防疫情、稳经济、保安全”工作要求，打造知识产权保护、常山柚橙入药典、食品安全示范县创建等领域先行示范高地，助推小微企业发展、助企纾困、检验检测等领域产业共富，优化市场准入、公平竞争等方面市场环境，守住数字化监管、疫情防控、“除险保安”等方面安全底线。

是年，县市场监管局被评为全省普法与依法治理工作先进集体、省巾帼文明岗、市基层信访工作突出贡献集体、市药品（药械化）监管工作优胜单位、市药品化妆品不良反应和医疗器械不良事件监测工作先进单位，县“干事创业好团队”、县平安建设突出贡献集体等，获衢州市市场监管系统基层执法人员食品抽样技能比武一等奖。

【“常山胡柚”地理标志产品保护】 2022年，县市场监管局打好“常山胡柚”地理标志产品保护系列组合拳，常山胡柚国家地理标志产品保护示范区获批筹建，为衢州市首个，全省仅3个，全国29个。打造“保险+维权+服务”地标保护新模式，6月21日，常山县举办“两柚一茶”地理标志保险发布会，衢州市首单地理标志保险在常山落地。开展常山胡柚“地标链”溯源管理试点，推动12家“常山胡柚”地理标志产品溯源企业全部纳入“浙食链”溯源监管。8月30日，常山县在全省地理标志立法工作座谈会上作交流发言。

【推动常山胡柚入《中国药典》】 2022年，县市场监管局陪同相关县领导先后8次赴国家药典委、国家市场监督管理总局、省药监局对接。2月，向衢州市市场监管局报送《请求将常山柚橙（常山胡柚）列入枳壳标准附注收载入〈中国药典〉的报告》。8月，常山胡柚“入典”项目通过国家药典委组织的专家评审会。11月，补充上报枳实相关研究数据材料。“支持开展常山胡柚入药典申请”入围中药助共富省级支持第一批项目清单。

【创建浙江省食品安全示范县】 2022年，常山县重新启动省级食品安全示范县创建工作，县市场监管局围绕食品安全状况、党政同责、风险治理、整体智治、社会共治、高质量发展、示范引领七大方面，成立创建工作领导小组，建立定期议事协调机制和闭环督查机制，深化生产、流通、餐饮环节的全链条监管改革，完成星级食安办全覆盖，建设新检验检测实验室大楼，创建大东门、柚香城“五化”农贸市场，建成民生药事服务站2家、“阳光工厂”30家、“阳光厨房”338家。健全食品药品安全信息公开制度，对行政处罚、监督抽检、“黑名单”等信息实施批批公开，推行餐饮单位“红黑榜”制度，发布相关信息2000余条。通过以创建促监管、以监管促提升、以提升促发展，持续构建食品安全立体监管体系，不断完善食品安全基层治理体系。

【激活企业发展动能】 2022年，县市场监管局实施新一轮制造业“腾笼换鸟、凤凰涅槃”质量提升攻坚和“小微企业三年成长计划”行动，加大品牌标准化、商标专利等集成服务，推动“知识产权科创飞地”加快签约，助力富尔康山茶油发明专利获浙江省科学技术进步奖三等奖，实现发明专利在省科学技术奖项中“零”的突破，指导捷姆轴承数字化生产项目高分通过市级标准化试点验收。兑现知识产权和品牌标准奖补资金824万元，帮助企业获知识产权质押融资9000万元，新增“品字标”浙江制造企业5家、团体标准1项、省知识产权示范企业1家，新增专利717个。牵头落实个体工商户纾困工作，联合县发改局、县经信局、县财政局等19家单位建立县扶持个体工商户发展部门联席会议制度，完善制定扶持个体工商户纾困发展的36条政策，通过走访调研、专班专职专干、政策精准宣贯等，推动各项减税降费政策落实落地。全年为小微企业和个体工商户减免房租422万元，减免、缓交水电气181.44万元，发放消费券2315万元，创业担保贷款支持2081万元。2022年12月1日，常山县在市场监管赋能山区26县高质量发展工作座谈会上作交流发言。

【护航市场环境】 2022年，县市场监管局做好“开办注销一件事”一网服务改革，为新办企业第一套印章“买单”，提升市场准入便利度。整合市内档案迁入、迁出、变更等环节，实现全市域档案迁移一次办结、即来即办。全年为新办企业免费刻制印章3028套，减免企业开办成本68.2万元，新设主体4841家，比上年增长19.47%。截至年底，在册市场主体33273家，比上年增长17.03%。市场主体培育工作获县委、县政府“十条军规”正面典型通报表扬。深化“放心消费在常山”工作，服务指导放心消费单位556家、无理由退货承诺单位201家、放心工厂65家、放心消费商圈（街区）2个，处理各类咨询举报投诉1323件，为消费者挽回经济损失46.59万元。年内，受理消费投诉举报1558件、投诉件919件、举报件647件，涉及争议金额45.27万元，挽回消费者损失45.27万元。开展除险保安专项整治，联合衢州市市场监管局在全省率先出台《衢州市医疗机构药品使用质量管理指引（试行）》《衢州市医疗机构药品使用监督检查指南（试行）》。联合县纪委实施“舌尖上安全”专项行动，构建

2022 年 8 月 5 日，县市场监管局在餐饮单位开展食品安全检查
（县市场监管局 供图）

“百姓点题+部门整治+纪检监督”食品安全协同治理机制。聚焦食品、药品、特种设备安全和产品质量四大重点领域，加大执法整治，立案查处各类案件 337 件，案值 87.5 万元，罚款 120.48 万元，其中移送公安 2 起。

【检验检测能力提升】 2022 年，县市场监管局新建检验检测实验中心，面积约 5000 平方米，投入 1050 万元添置仪器设备，高精端设备配备率达 90%以上。依托“浙里检”平台，拓宽检验检测便民利企服务，免费开放实验室 78 次，完成产品委托检验检定 228 批次，为企业节约检验检测成本 42.3 万元。

【数字赋能提升智治水平】 2022 年，县市场监管局贯通省市场监管局数字化平台，对 3039 台在用特种设备进行全部赋码、263 台电梯安装“物联智控”，学校、农村家宴中心“阳光厨房”全覆盖，外卖餐饮 95%全程可视，全县 76 家零售药店、21 家涉苗单位的药品和疫苗全流程溯源，累计 107 家进口冷链食品经营单位激活应用“浙冷链”、824 家食品生产经营主体激活应用“浙食链”，实现各领域线上数字化监管、线下精准再监督。

【清廉市监建设】 2022 年，县市场监管局打造“蓝盾清风”为主题的清廉市监、“廉通车”为主题的直属分局清廉单元和“秤廉心”为主题的检验检测研究院清廉单元等清廉建设品牌，其中“蓝盾清风”品牌被市市场监管局列入清廉文化单位重点培育对象，“廉通车”和“秤廉心”2 个清廉单元品牌被列入衢州市市场监管局和县清廉单元重点培育对象。

（樊昕慧）

应急管理

【概况】 2022 年，常山县应急管理局（简称县应急管理局）坚决贯彻落实党中央、国务院和省、市关于安全生产的决策部署，以平安护航中共二十大为主线，努力推动安全生产责任落实、重点行业领域综合治理和风险防控，做好防灾减灾救灾工作。牵头组织县森防指主要成员单位，开展相关领域森林消防月宣传活动；开展企业员工安全培训工作，全县有 7350 名企业员工参加安全培训，年度指标完成率达 126.7%。全县发生各类生产安全事故 5 起、死亡 3 人。其中，工矿商贸事故 1 起，死亡 1 人；道路运输事故 4 起，死亡 2 人，均比 2021 年分别下降 37.5%、57.1%，未发生较大及以上生产安全事故。接报森林火情（灾）34 起，未发生重特大森林火灾和人员伤亡。应对三轮强降雨过程和常山港超过十年一遇流域性洪水，避免多起人员伤亡事件。2022 年 11 月，县应急管理局选派新昌乡半专业森林消防队参加全市森林扑火技能竞赛，获全市森林扑火技能竞赛 B 组第 2 名。

2022年11月9日，县应急管理局选派队伍参加全市森林扑火技能竞赛（县应急管理局 供图）

【安全生产综合治理】 2022年，县应急管理局抓好“七张问题清单”工作，将重大安全生产问题清单落实情况纳入全县“六治六提六争”月度作风指数评价，开展重大安全生产问题发现、筛选、整改及销号，其中被纳入省市清单库问题25个，完成整改18个。《常山县以“低散乱”企业整治推动安全发展“双飞跃”》《常山县标本兼治系统推动生态化工园区转型蝶变》入选“七张问题清单”市级示范案例。县应急管理局对标对表“三年行动”3个专题、10个专项，明确245项整治任务。至9月底，提前完成全部整改任务，组织实施总结评估工作，制定长效管控措施65项，安全生产三年行动顺利收官。聚焦危化品、工矿商贸等重点领域，深入实施高危工艺自动化督查、重大危险源交叉检查、老旧装置专项整治、“百日清零行动”等行动，累计排查隐患969条，罚款金额24万元，隐患闭环942项。加强非煤矿山安全监管，实行“一矿一策”管理，整改问题隐患172项。开展工贸行业企业有限空间作业、防范机械伤害事故等13个专项整治，夯实安全生产基础。

【应急指挥规范化建设】 2022年，县应急管理局完成县红十字应急救援队设备更新，统一乡镇基层救援队伍服装及标志标识，为全县各乡镇（街道）配备单兵2只，布控球1台，数字集群对讲机1台，实现县、乡两级综合应急指挥平台互联互通。新增应急广播数字平台服务器2套，迭代升级全县应急广播数字平台功能，实现全县村（社）、旅游景区、重大地质灾害点、化工园区等应急广播系统全覆盖。

【防汛减灾】 2022年，县应急管理局提前发出强降雨防范通知5份，紧盯防汛态势变化，启动防汛Ⅳ级、Ⅲ级、Ⅱ级应急响应各1次，发布汛情动态9期。6月19日，先启动防汛Ⅳ级应急响应，至15时提升为Ⅲ级应急响应。6月20日，先提升为Ⅱ级应急响应、后调整为Ⅲ级应急响应。6月21日，调整为防汛Ⅳ级应急响应。6月22日，结束防汛Ⅳ级应急响应。应对连续普降大暴雨和“6·20”超过十年一遇流域性大洪水，减少损失约2200万元。

【森林防灭火】 2022年，重要节假日及高森林火险期间安排天河森林消防救援队值班备勤，确保做到快速反应、及时有效处置各类火情。10月31日，在金川街道展依山北公园开展半专业森林消防队伍技能竞赛暨全县半专业森林消防年度考评活动，推动乡镇半专业森林消防队伍建设，提升全县森林火灾扑救实战能力。

【生态园区提级降档】 2022年，常山县通过连续三年的化工行业整治行动，完成生态园区提级降档要求，实现2020年较高风险等级的A类园区降为一般风险的C类园区（省级评分为78.7分）。为对标建设高水平化工园区，持续提升园区发展潜力，全县投入资金3亿元，出清低效闲置企业15家，拆除各类建筑2.37万平方米，腾出土地200余亩，改造提升园区主次干道，新建危化品停车场、工业水厂、污水处理厂、集中仓库等基础设施。

（刘帅杰）

消防工作

【概况】 2022年，常山县消防救援大队（简称县消防救援大队）落实疫情和中共二十大期间消防安保工作，完成消防安全专项整治三年行动和省级重大火灾隐患单位（常山县实验幼儿园）、省级重大火灾隐患单位（常山县大风车幼儿园）整改工作。推进全县15个乡镇街道（开发区）应急消防站（应急消防安全委员会）实体化运行。推进工业企业消防自主管理平台注册，实现注册率95.28%，消防蓝码培训获取人数从211人提升到5096人次，蓝码率提升到95.32%，消防安全指数从浙江省县（市、区）级排名第74名提升到第3名，居衢州县（市、区）级排名第1名。检查单位1392家，发现隐患问题1383处，整改隐患问题1380处，下发责令改正通知书776份，下发行政处罚决定书138份，下发临时查封决定书13份，责令“三停”（停止施工、停止使用、停产停业）22家，罚款54.965万元，行政拘留1人。接警441起，其中火灾扑救212起、抢险救援109起、社会救助95起，出动队伍524队次，出动车辆805车次，出动人员4639人次，抢救被困人员29人，疏散被困人员21人，抢救财产价值72.413万元，保护财产价值658.738万元。

【消防安全专项治理】 2022年，县消防救援大队联合县住建局排查22个高层住宅小区105幢高层建筑，整改风险隐患165处，隐患整改率78.5%。聚焦分隔出租、违章搭建、“厂中厂”等重点问题，联合县应急管理局、县经信局等部门开展检查2轮次。结合“除险保安”行动，排查工业企业380余家。检查专业市场经营单位185家，发现隐患430处，整改395处，劝离违规住宿人员8人。完成大型商业综合体达标创建，综合体员工消防蓝码率达100%。协调有关责任部门，排查自建房2000余幢，消除各类隐患6000余处。防控危险化学品企业安全风险，协助县应急管理局复查安全隐患问题企业8家，复查确认6家企业规范达标整改情况，对化工园区内4家企业安全风险评估诊断分级。推进重点场所安装燃气泄漏报警器、“瓶改管”工程，联合县综合行政执法局、属地乡镇街道开展专项整治行动4次。

【消防宣传教育】 2022年，县消防救援大队构建消防安全多层次宣传网络，制作短视频素材90条、涉及转发30万人次；开展消防培训200余场次、培训达6万人次；入户宣传5.5万户次，组织参观消防站（科普基地）90余次；主流媒体播出消防报道200余篇、新媒体宣传100余条次。其中，发动100余人次消防志愿者深入企业、商铺、农村等地开展消防知识面对面宣传，联合社会单位、乡镇（行政村）播放消防视频50万余次、消防提示语10万条次，联合县政府门户网站、常山人民广播电台、《今日常山》报刊开设固定专栏，联合县新闻传媒集团拍摄制作消防安全小视频12期，联合县新闻传媒集团曝光火灾隐患单位4次。对2个乡镇、5个农村消防体验室（宣传点）落实专人看管，配备消防服、灭火器、消防水带、消防靴、消防帽等专业的器材，推动25个社会单位建设消防宣传“五进”示范点，增设常山“蓝焰U+”消防安全知识宣传主题公园消防知识科普长廊、消防宣传栏、消防知识翻板游戏、消防卡通人偶。

【“6·20”暴雨救援】 2022年6月20日，因暴雨导致河水暴涨，常山县城区及各乡镇（街道）发生不同程度的洪涝情况，引发山体滑坡、道路积水、断水断电、道路积水，多处房屋、车辆、财产、稻田受损，多处人员被困。县消防救援大队接警10次，出动车辆15辆（次）和舟艇15艘（次），出动消防救援人员95人（次），历经13小时救援，疏散23人，帮助8人脱困，中央电视台财经频道《正点财经》、中央电视台新闻频道《新闻直播间》等栏目对此次救援工作进行报道。

【“7·11”富乐德火灾扑救】 2022年7月11日11时6分，浙江省衢州市常山县金川街道龙江路7号浙江富乐德石英科技有限公司发生火灾，县消防救援大队出动6车30人赶往现场处置。开化、江山等力量前往增援。经过5个小时扑救，火灾被扑灭，事故未造成人员伤亡，此次灭火救援行动疏散人员56人，抢救财产价值100余万元。

（吴　辛）

财 政

【概况】 2022年，常山县实现地区生产总值200.60亿元，比上年增长4.1%。其中，第一、二、三产业增加值分别为9.18亿元、90.60亿元、100.82亿元，分别比上年增长6.5%、5.9%、2.4%。三次产业结构比为4.6∶45.2∶50.2。按常住人口计算，全县人均生产总值76565元，比上年增长3.5%；城镇居民人均可支配收入49442元，比上年增长6.0%；农村居民人均可支配收入28996元，比上年增长7.8%。一般公共预算收入16.61亿元，比上年增长10.7%；一般公共预算支出67.94亿元，比上年增长10.4%。全年财政收支平衡。是年，县财政局“金算子”党建品牌被评为衢州市“有礼先锋”优秀党建服务品牌，在2022年度全县机关部门综合考核中蝉联一等奖，获政治生态流动红旗4次，受“十条军规”正面典型通报3次。

【组织财政收入】 2022年，县财政局深化财税协作和部门联动，加强收入结构分析、规模预测，合理把握组织收入的力度和节奏。全县一般公共预算收入占GDP的8.3%；其中税收收入13.85亿元，比上年增长4.3%，占一般公共预算收入的83.4%。规范非税收入管理，全年非税收入40.88亿元，比上年下降11.6%，其中纳入一般公共预算管理的非税收入2.76亿元，比上年增长59.8%。向上争取补助资金64.32亿元，其中新增专项债券28.80亿元、一般债券6.00亿元。

【服务经济发展】 2022年，县财政局实施小微企业“六税两费”减免、研发费用加计扣除等减税降费政策。全县实现增值税留抵退税4.78亿元。创新涉企政策兑现预拨机制，提前兑现涉企政策资金6.00亿元。兑现一次性留工补助、稳岗补贴等政策资金2400万元。安排消费券2200万元，拉动消费、扩大内需。落实国有房产租金减免514万元，惠及商户458户。加大政府性融资担保支持力度，新增低息担保贷款8.89亿元，担保费率比上年下降10个基点。推动政府采购迭代升级，取消工本费2000万元，降低、取消履约保证金后减少资金占用1.00亿元。

【保障民生支出】 2022年，全县民生领域投入资金46.67亿元，比上年增长20.8%，占一般公共预算支出68.7%。落实教育优先发展战略，安排教育支出6.98亿元。

提高公办中小学生均公用经费分别至800元/（生·年）、1000元/（生·年）。投入7.39亿元健全医疗卫生服务体系，其中筹措2.32亿元满足疫情防控物资及其他防疫需求。落实1.72亿元保障各类困难群众救助补助、医疗救助补助等兜底服务，落实4.92亿元重点支持公共卫生保障工程、常山县城南小学建设工程等重点民生实事。落实6700万元推动“两柚一茶”产业链升级。继续实施基层政策性农业信贷担保服务，新增涉农低息贷款2.36亿元。投入3253万元实施村级公益事业项目55个。投入1.46亿元推进蓝天碧水净土清废降碳行动。

【深化财政改革】 2022年，县财政局推动公务餐、公物仓、公务拼车改革实践，相关做法获全省基层清廉建设（浙江）十大创新经验的创新奖、全省党政机关过紧日子十大优秀案例、全省清廉财政建设实践案例一等奖、全省数字化改革实践创新案例。承接省财政厅数字化改革重大应用，“浙里报账”实现全面覆盖；“浙里捐赠”、政府投资项目评审系统成功上线。理顺和规范县乡财政分配关系，完善乡镇（街道）财政管理体制。完成政府投资项目审核35.06亿元，核减资金2.24亿元。深入开展财政资金竞争性存放工作，全年招标金额16.20亿元，综合收益2982万元。完成市县级财政行政处罚事项划转60项，推动“大综合一体化”行政执法改革“一张清单管职责”。开展重点项目绩效评价，涉及财政资金1.08亿元。指导行政事业单位和乡镇街道开展预算绩效自评，压实部门预算绩效管理主体责任。

【强化财政监管】 2022年，县财政局统筹挖掘偿债来源，完成五年“化债”任务。加强风险源头管控，硬化预算约束，坚决遏制新增隐性债务。安排24.12亿元保障“三保”（保基本民生、保工资、保运转）支出，按旬做好“三保”支出预算执行监控工作，确保不发生“三保”支付风险。开展地方财经秩序专项整治行动，围绕政府过“紧日子”、基层“三保”保障等7个方面进行自查自纠、专项整改。针对转移支付资金、扶贫资金等开展专项检查，收回各类违规资金375万元。

2022年常山县一般公共预算收入执行情况一览表

表6

单位：万元、%

科目名称	调整预算数	执行数	完成调整预算数	比上年执行数
一般公共预算本级收入合计	166100	166087	100.0	10.7
一、税收收入小计	138659	138478	99.9	4.3
（一）主体税种收入	84242	83779	99.5	0.9
1. 增值税	52322	52312	100.0	-2.1
2. 企业所得税（40%）	28108	27832	99.0	6.4
3. 个人所得税（40%）	3812	3635	95.4	6.4
（二）小税种收入	37662	37774	100.3	25.3
1. 资源税	6023	6023	100.0	174.0

续表 6

科目名称	调整预算数	执行数	完成调整预算数	比上年执行数
2. 城市维护建设税	6118	6038	98.7	1.5
3. 房产税	5013	5049	100.7	34.3
4. 印花税	2388	2392	100.2	-1.0
5. 城镇土地使用税	4075	4076	100.0	42.4
6. 土地增值税	12360	12511	101.2	7.7
7. 车船税	1351	1351	100.0	27.7
8. 环保税	334	334	100.0	16.0
（三）农业两税收入	16755	16925	101.0	-13.5
1. 耕地占用税	3504	3504	100.0	340.8
2. 契税	13251	13421	101.3	-28.5
二、非税收入小计	27441	27609	100.6	59.8
（一）专项收入	7352	7369	100.2	-7.6
1. 教育费附加收入	3259	3270	100.3	1.3
2. 地方教育费附加收入	2172	2179	100.3	1.5
3. 残疾人就业保障金收入	971	970	99.9	22.3
4. 森林植被恢复费收入	943	943	100.0	-47.4
5. 水利建设专项收入	7	7	100.0	-30.0
（二）行政事业性收费收入	1928	1975	102.4	-21.3
（三）罚没收入	8254	8309	100.7	259.4
（四）国有资源（资产）有偿使用收入	8801	8851	100.6	139.4
（五）政府住房基金收入	998	997	99.9	564.7
（六）捐赠收入	45	45	—	-93.0
（七）其他收入	63	63	—	—

2022 年常山县一般公共预算支出执行情况一览表

表 7

单位：万元、%

科目名称	调整预算数	执行数	完成调整预算数	比上年执行数
一般公共预算本级支出合计	681462	679353	99.7	10.4
一、一般公共服务	63950	64243	100.5	21.9
二、国防	692	672	97.1	174.3
三、公共安全	23700	23693	100.0	-6.7
四、教育	69900	69809	99.9	0.8
五、科学技术	16486	16251	98.6	27.1
六、文化旅游体育与传媒	13256	12766	96.3	4.3
七、社会保障和就业	86220	86355	100.2	12.6
八、卫生健康	70954	70478	99.3	14.1
九、节能环保	20551	20220	98.4	3.5
十、城乡社区	16402	16236	99.0	-52.5
十一、农林水	79487	78944	99.3	1.1
十二、交通运输	91277	91242	100.0	-0.3
十三、资源勘探工业信息等	9655	9605	99.5	132.7
十四、商业服务业等	8080	8079	100.0	125.5
十五、金融	3297	3230	98.0	310.9
十六、自然资源海洋气象等	13478	13431	99.7	-48.7
十七、住房保障	71950	71950	100.0	158.6
十八、粮油物资储备	2884	2950	102.3	63.1
十九、预备费	—	—	—	—
二十、灾害防治及应急管理	2981	2943	98.7	3.1
二十一、其他支出	—	—	—	—
二十二、债务付息及发行费用	16262	16256	100.0	15.8

2022 年常山县政府性基金预算收入执行情况一览表

表 8

单位：万元、%

科目名称	调整预算数	执行数	完成调整预算数	比上年执行数
本级收入合计	464252	375260	80.8	-14.8
一、国有土地收益基金收入	7102	4154	58.5	-44.2
二、农业土地开发资金收入	523	241	46.1	5.7
三、国有土地使用权出让金收入	231864	146213	63.1	-50.3
四、彩票公益金收入	270	210	77.8	24.3
五、城市基础设施配套费收入	1500	1449	96.6	-18.8
六、污水处理费收入	993	993	100.0	-40.4
七、其他政府性基金收入	215000	215000	100.0	59.0
八、专项债务对应的项目收入	7000	7000	—	—

2022 年常山县政府性基金预算支出执行情况一览表

表 9

单位：万元、%

科目名称	调整预算数	执行数	完成调整预算数(%)	比上年执行数(%)
总　计	528783	510021	96.5	52.5
一、文化体育与传媒支出	—	—	—	—
国家电影事业发展专项资金的支出	0	—	—	—
二、社会保障和就业	1977	1925	97.4	26.5
大中型水库移民后期扶持基金支出	1977	1925	97.4	26.5
小型水库移民扶助基金支出	—	—	—	—
三、城乡社区	143737	131574	91.5	-43.6
国有土地使用权出让收入安排的支出	142822	131215	91.9	-43.4
国有土地收益基金支出	400	—	—	—
农业土地开发资金支出	50	—	—	—
土地储备专项债券收入安排的支出	0	—	—	—
城市基础设施配套费安排的支出	85	83	—	—

续表 9

科目名称	调整预算数	执行数	完成调整预算数	比上年执行数
污水处理费安排的支出	380	276	72.6	-75.2
四、农林水	27	49	—	—
大中型水库库区基金支出	27	49	—	—
五、资源勘探信息等	—	—	—	—
散装水泥专项资金支出	—	—	—	—
六、商业服务业等	—	—	—	—
旅游发展基金支出	—	—	—	—
七、其他支出	370069	363506	98.2	304.3
彩票公益金安排的支出	1494	1668	111.6	-29.3
彩票发行销售机构业务费安排的支出	0	—	—	—
其他自行试点债券支出	288000	288000	—	—
其他政府性基金支出	80575	73838	91.6	-2.3
八、债务付息和发行费用	12973	12967	100.0	35.9
债务付息支出	12723	12722	100.0	33.5
债务发行费用支出	250	245	—	—

2022 年常山县国有资本经营预算收入执行情况一览表

表 10

单位：万元、%

科目名称	调整预算数	执行数	完成调整预算数	比上年执行数
本级收入合计	2820	2820	100.0	44.6
一、利润收入	2720	2720	100.0	70.0
二、股利、股息收入	—	—	—	—
三、产权转让收入	—	—	—	—
四、清算收入	—	—	—	—
五、其他国有资本经营预算收入	100	100	100.0	-71.4

2022年常山县国有资本经营预算支出执行情况一览表

表 11

单位：万元、%

科目名称	调整预算数	执行数	完成调整预算数	比上年执行数
本级支出合计	1997	840	42.1	-33.3
一、解决历史遗留问题及改革成本支出	23	—	—	—
二、国有企业资本金注入	—	—	—	—
三、其他国有资本经营预算支出	1974	840	42.6	-33.3

2022年常山县社会保险基金预算收入执行情况一览表

表 12

单位：万元、%

科目名称	调整预算数	执行数	完成调整预算数	比上年执行数
收入合计	66600	67769	101.8	16.3
其中：保险费收入	25578	27176	106.2	17.5
财政补贴收入	36167	36126	99.9	8.2
其他社会保险基金收入/利息收入	4855	4467	92.0	154.7
一、机关事业单位基本养老保险基金收入	35369	35191	99.5	4.3
其中：保险费收入	15070	15025	99.7	2.5
财政补贴收入	17999	17936	99.6	-1.6
其他基本养老保险基金收入/利息收入	2300	2230	97.0	161.7
二、失业保险基金收入	3988	4097	102.7	57.8
其中：保险费收入	2220	2323	104.6	12.9
其他失业保险基金收入/利息收入	1768	1774	100.3	228.5
三、基本医疗保险基金收入	—	—	—	—
其中：保险费收入	—	—	—	—
其他基本医疗保险基金收入/利息收入	—	—	—	—
四、工伤保险基金收入	3430	3883	113.2	6.8
其中：保险费收入	3400	3851	113.3	16.8
财政补贴收入	—	—	—	—

续表 12

科目名称	调整预算数	执行数	完成调整预算数	比上年执行数
其他工伤保险基金收入/利息收入	30	32	106.7	68.4
五、居民社会养老保险基金收入	23813	24598	103.3	34.5
其中：保险费收入	4888	5977	122.3	92.4
财政补贴收入	18168	18190	100.1	22.6
其他居民社会保险基金收入/利息收入	757	431	56.9	25.7
六、居民基本医疗保险基金收入	—	—	—	—
其中：保险费收入	—	—	—	—
财政补贴收入	—	—	—	—
其他居民医疗保险基金收入/利息收入	—	—	—	—

2022 年常山县社会保险基金预算支出执行情况一览表

表 13　　单位：万元、%

科目名称	调整预算数	执行数	完成调整预算数	比上年执行数
支出合计	62583	62551	99.9	12.0
其中：社会保险待遇支出	55985	58964	105.3	9.5
一、机关事业单位基本养老保险基金支出	33692	33751	100.2	3.8
其中：机关事业单位基本养老保险待遇支出	33092	33248	100.5	5.9
二、失业保险基金支出	4767	4773	100.1	104.1
其中：失业保险待遇支出	1223	1748	142.9	15.8
三、基本医疗保险基金支出	—	—	—	—
其中：基本医疗保险待遇支出	—	—	—	—
四、工伤保险基金支出	3423	3463	101.2	22.1
其中：工伤保险待遇支出	3371	3406	101.0	22.3
五、居民社会养老保险基金支出	20701	20564	99.3	13.1
其中：居民社会养老保险待遇支出	18299	20562	112.4	13.2
六、居民基本医疗保险基金支出	—	—	—	—
其中：基本医疗保险待遇支出	—	—	—	—

2022 年常山县社会保险基金预算结余一览表

表 14

单位：万元、%

科目名称	调整预算数	执行数
本年收支结余	4017	5218
一、机关事业单位基本养老保险基金结余	1677	1440
二、失业保险基金本年收支结余	-779	-676
三、基本医疗保险基金本年收支结余	—	—
四、工伤保险基金本年收支结余	7	420
五、居民社会养老保险基金本年收支结余	3112	4034
六、居民基本医疗保险基金本年收支结余	—	—

（刘巧双）

税务工作

【概况】 2022 年，国家税务总局常山县税务局（简称县税务局）组织各项税费收入 54.93 亿元，比上年增长 30.97%。完成税收收入 24.07 亿元，比上年下降 0.15%，剔除留抵退税因素后，比上年增长 13.59%；非税收入 16.04 亿元，比上年增长 274.44%；社保基金收入 14.82 亿元，比上年增长 9.36%。其中，增值税入库 104799 万元，比上年减收 3132 万元，下降 2.9%；消费税入库 21 万元，比上年增收 1 万元，增长 5%；企业所得税入库 67332 万元，比上年增收 3715 万元，增长 5.84%；车辆购置税入库 4598 万元，比上年减收 6559 万元，下降 58.79%；个人所得税入库 9199 万元，比上年增收 607 万元，增长 7.06%；契税入库 13421 万元，比上年减收 5347 万元，下降 28.49%；耕地占用税入库 3504 万元，比上年增收 2709 万元，增长 340.75%；资源税入库 6023 万元，比上年增收 3825 万元，增长 174.02%；城市维护建设税入库 6038 万元，比上年增收 91 万元，增长 1.53%；房产税入库 5049 万元，比上年增收 1289 万元，增长 34.28%；印花税入库 2392 万元，比上年减收 25 万元，下降 1.03%；城镇土地使用税入库 4076 万元，比上年增收 1213 万元，增长 42.37%；土地增值税入库 12511 万元，比上年增收 890 万元，增长 7.66%；车船税入库 1351 万元，比上年增收 293 万元，增长 27.69%；环境保护税入库 418 万元，比上年增收 58 万元，增长 16.11%。全年实现减负降本 6.26 亿元。其中，办理大规模增值税留抵退税 4.78 亿元，是 2021 年留抵退税规模的 3.7 倍；完成“六税两费”减免 0.27 亿元；办理制造业中小微企业阶段性税费缓缴 1.4 亿元；办理残疾人就业增值税退税 0.34 亿元；办理资源综合利用增值税退税 0.29 亿元；办理出口退税 1.6 亿元，比上年增长 28.39%。

是年，县税务局被评为 2021 年度全省税收科研青年课题“良好”等级、浙江省 2021 年度税收优秀学术研究成果三等奖、2021 年度全省优秀学术研究三等奖、2022 年度全省优秀风险应对典型案例三等奖、2021 年度全市税务系统税收宣传工作先进集体等。

【深化税收征管改革】 2022 年，县税务局统筹推进发票电子化改革，开展“数电发票”受票试点，深化“税源网格智控系统”场景应用，构建“轴承行业”风险模型，全景扫描全县轴承企业 87 户，发现问题企业6户，补缴税款215万元。承接省税务局“揭榜挂帅”试点项目3个。其中，“税务网格员+乡镇（街道）村务员”税费征缴协作工作机制项目，通过全县域覆盖的税收志愿服务站，“掌上办税率”提升36.1%；“平台经济税收征管新模式”试点项目，完成编写征管指引和风险指引；“数据安全管理机制”试点项目，出台涉税数据安全管理制度和应急处置预案，建立健全对外发布数据审批流程，试点上线数据防泄露系统，定期开展网络及信息系统安全日常督查。

【优化税收营商环境】 2022年，县税务局开展“万名党员进万企”“便民办税春风行动”“一把手走流程”等活动，走访企业9198户，解决涉税问题164个，核实3类人员信息8102户。联合县工商联举办“亲清直通车·政企恳谈会”活动。加强税务信用体系建设，举办“银税互动”直播专场2场，向金融机构推送税务信用良好市场主体的融资需求，授信1935笔，计65405万元。推动纳税服务体系数字化转型，上线“税务中台”，实现“办问协同”税费服务一体化，全年接听电话5123次，一次性解决咨询服务问题5016个。

【税费征管】 2022年，全县税收收入24.07亿元，占一般公共预算收入83.4%，亿元以上纳税大户由2019年的1家突破到2022年的5家，被评为“2022年常山最有影响力的十件事”之一。实施欠税主体发票扎口管理，加大破产关停空壳企业“死欠”核销力度，全年清缴欠税费本金4757万元，比2022年初下降19.83%。完成2018年以来财政奖补资金的申报核实，第一批核实企业入库企业所得税239万元，加收滞纳金94万元。做好社会保险费和非税收入征管工作，全面推行城乡居民社会保险费征缴“统模式”（统一社会保险费征收模式），城乡居民医保征缴率98.82%，比上年提升3.26个百分点，排名全市第三。

【税收法治】 2022年，县税务局落实领导干部年度学法计划和普法责任制，举办税法宣传活动。开展涉税信访满意度“回头看”，实现护航中共二十大越级“零上访”、行政复议诉讼案件“零发生”，征纳矛盾纠纷化解率达100%。实行执法人员持证上岗和资格管理制度，推进行政执法公示、执法全过程记录、重大执法决定法制审核制度建设，实行税务轻微违法行为“首违不罚”清单，开展“说理式”执法，简易处罚涉及纳税人4073户次，不予处罚17户次。开展执法督察力度，建设内控机制，开展各类督察审计项目15个，下发留抵退税专项疑点核查9批次，接收省、市税务局增值税发票内部快速反应6批次。

（施祺瑞）

综 述

【概况】 2022 年，全县金融机构本外币各项存款余额358.72亿元，比上年增长 19.26%；贷款余额367.30亿元，比上年增长20.72%，增速位居衢州市 4 县（市）第三位。全县不良贷款率 0.5%，比年初下降 0.29 个百分点，为近六年来最低。全县绿色贷款占比23.08%，列衢州市 4 县（市）第一；碳账户贷款新增 26.89 亿元，超额完成上级行下达任务。移动支付笔数 278.5 万笔、活跃账户数 14.35 万户、累计新增绑卡用户 2.3 万户，完成率分别位列全市第三、第三和第一名。全县个人银行卡涉案账户数 96 户，比上年下降 26.72%，总数列全市末位，降幅全市排名第二，对公涉案账户数持续为零。是年，常山县唯一一家“亚健康”银行摘帽。至年末，全县保险机构 15 家，实现保费收入 4.81 亿元，赔款与给付 1.65 亿元。

【共同富裕建设】 2022 年，中国人民银行常山县支行（简称人行常山支行）出台《常山县金融支持高质量发展建设共同富裕示范区县域典范的实施方案》，全县金融机构开展制造业、乡村振兴、绿色金融、普惠小微四大金融提升行动，支持经济高质量发展。截至 12 月末，全县制造业贷款、涉农贷款、绿色贷款、普惠小微企业贷款分别比上年增长 23.42%、26.92%、82.13%、36.12%，分别高出全县各项贷款增速 0.92 个、4.72 个、59.93 个和 13.92 个百分点。2020—2022 年，新增首贷户 2401 户，发放贷款 36.98 亿元。运用再贷款低息资金等，主动让利企业，全县小微企业贷款加权平均利率 4.69%，比年初下降 0.31 个百分点，让利企业 2685.84 万元。

【绿色金融】 2022 年，人行常山支行将金融机构绿色贷款相关指标纳入政府对银行业金融机构考核、县财政预算单位财政性存款竞争招投标指标体系。出台《常山县碳账户金融推广工作的实施方案》《关于进一步做好县域碳账户金融推广工作的通知》《常山县碳账户金融增信机制管理办法》，对近 3 年金融机构碳账户贷款予以财政贴息。至年末，辖内 14 家银行业金融机构均完成碳账户辅助系统对接工作，将企业碳征信结果应用于客户信贷业务全流程，创新推出 16 款碳账户金融产品，推动碳账户贷款、绿色贷款总量提升。

【打击电信网络新型违法犯罪】 2022 年，常山县金融机构通过成立打击治理电信网络诈骗工作专班、召开打击电诈推进会，实行银行账户全生命周期管理，推进电信诈骗防范工作。金融机构拒绝异常开户 14 次，预警风险账户 23 户，为群众止付挽损 52.7 万元。全年，全县个人银行卡涉案账户数 96 户，比上年下降 26.72%，总数列全市末位，降幅全市排名第二，对公涉案账户数持续为零。全县金融系统员工未发生被诈骗事件。在 2022 年衢州市打击电诈劳动竞赛中，人行常山县支行获得优秀组织奖、县农商银行获先进单位。

2022 年常山县金融机构本外币存贷款余额一览表

表 15

单位：万元、%

机构名称 \ 项目名称		存款		贷款	
		年末余额	比上年增长	年末余额	比上年增长
全县金融机构		3587200	19.26	3673012	20.72
其中	农发行	94503	10.24	375411	9.45
	工商银行	518059	23.95	396860	16.00
	农业银行	315640	24.15	569327	27.93
	中国银行	172377	24.28	232578	27.46
	建设银行	208931	3.76	325285	18.60
	农商银行	1532232	19.24	1187805	22.13
	邮政储蓄	231093	14.96	127579	30.07
	村镇银行	122939	23.49	125118	7.83
	泰隆银行	113328	5.92	122812	5.45
	温州银行	54650	-1.59	42983	60.74
	金华银行	42158	33.58	23076	4.21
	民泰银行	28535	0.65	34670	19.94
	台州银行	41636	45.10	52907	18.44
	稠州银行	27527	50.39	24615	30.46
	宁波银行	24707	2334.19	31986	183.71

（樊小雄）

人行常山支行

【概况】 2022 年，人行常山支行履行国库职能，做好疫情防控资金拨付、增值税留抵退税等工作，支持常山经济复苏。至年末，完成个税退库 18722 笔，比上年增长 79.53%，金额 924.76 万元，比上年增长 108.7%，增值税留抵退税 3580 笔，金额 3.3 亿元。为常山县无账户纳税人提供缴税便利，至年末，全县完成缴税 286 笔，比上年增长63.11%，金额2.93亿元，比上年增长98.6%。与县市场监督管理局签订《关于开展征信市场治理的合作协议》，对辖内1家企业的“征信修复”虚假宣传进行整治，对1例虚假征信异议进行报案整治。

【落实货币政策】 2022年，人行常山支行通过召开货币政策工具解读会、联合出台《关于金融支持助企纾困稳经济的若干意见》、开展“暖心暖企”“暖心惠企”“暖心活企”等活动，借助“爱常山”App广泛宣传货币政策工具，推动货币政策工具精准落地。全年给予央行激励资金2487.79万元，激励法人银行机构新增普惠小微贷款13.86亿元；全县银行机构碳减排支持工具授信6.68亿元，政策性金融工具落地2笔、金额6.92亿元，笔数、金额居全市4县（市）第一。

【移动支付便民工程】 2022年，人行常山支行推进食堂云闪付支付满减、“三衢暖心，U享常山”电子消费券等系列营销活动落地，提高移动支付业务量和活跃账户数。截至年末，移动支付笔数223.5万笔，活跃账户数13.61万户，累计新增绑卡用户2.23万户。

（樊小雄）

银保监常山监管组

【概况】 2022年，中国银行保险监督管理委员会衢州监管分局常山监管组（简称银保监常山监管组）坚持把握服务大局、服务地方的原则，坚决落实服务实体、防控风险、强化法人监管的工作任务，助力金融支持常山县域经济高质量发展，实现“保三争二拼第一”目标。存款比年初增长20.56%，位列全市第一；不良贷款率0.5%，位列全市第二；贷款比年初增长20.72%，位列全市第三（以上数据为市银保监分局统计口径）。

【服务实体经济】 2022年，银保监常山监管组落实稳经济一揽子政策措施，推进金融支持共同富裕工作，做好疫情防控期间金融服务保障，优化保险金融服务，做大信贷总量。至年末，辖内银行贷款余额367.29亿元，比年初增加63亿元，比上年增长20.72%，增幅为全市第三。其中，普惠型小微企业贷款比年初增加30.6亿元，比上年增长32.2%，高于各项贷款平均增速11.48个百分点；小微企业贷款户数比年初增加3167户，其中首贷户增加1118户11.6亿元，小微信用贷款比年初增加10.4亿元，比上年增长47.97%；办理无还本续贷3256户43.8亿元，比上年增加1161户18亿元，通过降息减费为企业节约融资成本7500万元。保险公司为159家企业优惠保费158万元，为146家企业延长保险期限优惠保费99万元；推进“两柚一茶”低温气象指数保险增量扩面，承保油茶1.2万亩、常山胡柚1万亩，合计为“两柚一茶”产业提供风险保障5000多万元。

【风险防控处置】 2022年，银保监常山监管组开展信用风险摸排监测，掌握风险底数，传达信用风险防控压力，化解存量不良，遏制新增不良。关注重点企业和重点机构信用风险化解，对潜在风险较高的常山联合村镇银行、泰隆银行常山支行、民泰银行常山支行和台州银行常山支行的信用风险化解情况进行重点走访和监测，按月列出清单，明确清收措施及责任人，推进不良处置；开展重点企业的风险处置及困难企业的帮扶工作。全年处置不良贷款4亿元，其中核销1.4亿元，不良贷款比上年下降0.55亿元(全市唯一绝对额下降)，不良贷款率0.5%，比上年下降0.28个百分点。

【重点机构监管】 2022年，银保监常山监管组围绕浙江银保监局“重点机构”（常山联合村镇银行）摘帽的目标，以“促发展、化风险、强管理”为抓手，围绕公司治理、内部管理、业务发展规范等方面，提高监管走访督导频次，促进机构内控管理提升，业务发展稳健，风险化解取得明显成效。至年末，常山联合村镇银行存贷款均破12亿元，存款比年初增加2.34亿元，比上年增长23.49%；贷款比年初增加0.91亿元，比上年增长7.83%；100万元以下贷款占比66.6%，比上年增长4.47个百分点；贷款户数6324户，比年初增加614户；实现净利润1754.6万元，比年初增加2978万元；拨备覆盖率218.66%，比上年增长51.61个百分点；不良贷款2019万元，比年初减少478万元，不良贷款率1.61%，比上年下降0.54个百分点，实现不良贷款“双降”目标。全年处置常山联合村镇银行不良贷款3050万元，其中核销1785万元。推动主发起行主动履职，党组织关系从地方党委划转入主发起行党委管理，启动主发起行对常山联合村镇银行持股比例提升工作，完成问题股东处置，优化股权结构。落实年度监管意见，加强股东股权、现场检查、数据质量等问题整改。

（冯程程）

工行常山支行

【概况】 2022年，中国工商银行股份有限公司常山支行（简称工行常山支行）各项本外币存款余额51.80亿元，在常山四大国商行中占42.64%，比年初增加10.01亿元；各项本外币贷款余额39.69亿元，在常山四大国商行中占比26.04%，比年初增加5.47亿元。资产质量逐步回稳，全年清收不良贷款678万元，不良率降至0.11%，比年初下降0.13%，实现拨备前利润1.28亿元。

是年，工行常山支行被评为2021年度衢州分行先进基层党组织、2021年度市级平安单位、2021年度常山县招投标工作优秀合作单位、2022年工行浙江分行普惠金融旺季营销活动先进支行，被评为常山县银行保险业“无投诉网点”创建优胜单位。

【“数字乡村”综合服务平台】 2022年3月，工行常山支行与天马街道天安村签订“兴农通”综合服务协议，上线工行浙江分行首个“数字乡村”综合服务平台。“数字乡村”综合服务平台依托“兴农通”App，重点围绕村务管理、移动办公、信息公开等场景，为村委、村民等用户提供配套村务和金融服务。

【“兴农通”服务点】 2022年6月，工行常山支行首个“兴农通”服务点落户新昌乡，并启动试运营，由相距最近的城东支行每周安排客服经理或客户经理驻点服务，为各村村民提供业务咨询和解决基础金融结算需求。

【推出“税务贷”】 2022年，为助力小微企业复工复产，工行常山支行基于企业经营及纳税数据，面向小微企业客户推出纯信用线上普惠产品“税务贷”，截至年底，为37家企业提供贷款5300万元，以满足小微企业差异化的融资需求，解决融资难、慢、贵等问题。

（饶冬学）

农行常山支行

【概况】 2022年，中国农业银行股份有限公司常山县支行（简称农行常山支行）获批项目5个，新增授信18.65亿元，投放11.13亿元。引入土拍资金1.11亿元，占全县四大国商行100%；引入置地指标款3.79亿元。新营销普惠小微有贷户62户，普惠小微贷款增量1亿元，普惠贷款总量、增量均居全县四大国商行第一。至年底，各项存款余额31.56亿元，比年初上升6.14亿元；各项贷款余额56.93亿元，比年初上升12.42亿元；实现净利润10680万元；中间业务收入1845万元。实施服务乡村振兴行动，位列衢州市农行第一名。农行常山支行乡镇挂职干部农贷管户400余户，发放贷款100余笔，资金超1亿元。在全市率先落地村集体流动资金贷款、村集体普惠信用贷款、签约有效“三资”平台。狠抓电信网络诈骗治理，涉案账户数比年初下降60.87%。全年农行常山支行各生产系统平稳运行，无重大案件和风险事件发生。

【促成市农行与县政府实现战略合作】 2022年4月21日，常山县召开市县一体政银企恳谈会。常山县委书记潘晓辉、县长王永明，市金融办、市人行、市银监及县金融办负责人，市、县两级金融机构主要负责人，部分企业负责人等90余人参加。农行市分行党委书记、行长滕斌应邀出席并与企业家交流互动，代表衢州分行与县政府签订战略合作协议，计划未来五年为常山县提供不少于200亿元融资额度，助力常山县高质量跨越式发展。

【与大桥头乡"整乡授信"签约】 2022年11月24日，农行省分行与衢州市政府签订战略合作协议。农行省分行党委书记、行长王全刚，衢州市委副书记、市长徐张艳出席并致辞，省分行党委委员、副行长黄健，衢州市副市长杨圆华出席签约仪式。签约仪式上，农行常山支行为大桥头乡现场授信2亿元。

（柳　雯）

建行常山支行

【概况】 2022年，中国建设银行股份有限公司常山支行（简称建行常山支行）支持地方重点项目建设、农业农村经济发展，深入推进普惠战略、重点产业贷款等工作。至年底，各项贷款余额32.53亿元，比年初新增5.10亿元，贷款余额占比21.34%，位居常山四大国商行第三；新增贷款余额占比18.22%，位居常山四大国商行第三。一般性存款时点余额20.90亿元，比年初新增0.76亿元，余额占比17.20%，位居常山四大国商行第三。年日均新增0.42亿元，新增占比6.6%，位居常山四大国商行第四。主营业务收入10769万元，全年拨备前利润8531万元，比上年增长29.84%，计划完成率113.8%，资产质量管控取得成效，与年初相比实现"额率双降"。

【助力乡村振兴】 2022年，建行常山支行与大桥乡、招贤镇开展整乡（镇）、26个村3年6亿元的授信，贷款利率均为3.65%。加大对农村集体公司的信贷投放，为大桥乡新村村发放全市建行系统第一笔村集体贷款100万元，利率3.65%，用于共富园建设。与县人社局合作，宣传政府扶持企业的政策，为首次创业者申报免息贷款，涉及23家企业、贷款575万元。做大做强"两柚一茶"产业，创新"惠农胡柚贷""惠农共富贷""柚茶贷"，全年发放"两柚一茶"共富贷278笔，为农户发放个人贷款1.26亿元。依托国有银行平台推销当地农副产品，提升农民收入。其中，通过建行浙江省分行工会代销双柚汁1.2万箱，将双柚汁推荐至建行浙江省分行食堂。6月，建行常山支行与县经信局通过"建行生活"平台发放消费券11万元，通过满减形式代销常山胡柚，代销常山胡柚3.25万千克。

【保障重大项目建设】 2022年，建行常山支行审批通过省重点安置项目2个，授信金额6.15亿元；申报民生省重点项目2个，授信金额21.6亿元。2021—2022年，累计投放项目贷款9.7亿元。支持常山县国资改革，建行浙江省分行审批通过常山县国投公司整体授信25亿元，同县域三大国企（县农投、县城投、县国投）对接后期项目。加大对乡村振兴产品创新，邀请建行浙江省分行、衢州市分行领导专家走访县农投集团3次，拟定对接发行乡村振兴债5亿元。

【增进产业贷款】 截至2022年年底，建行常山支行"普惠金融贷款"有贷户比年初新增92户，贷款比年初新增1.23亿元，其中为42户涉及生态旅游行业企业发放贷款4200万元。推广"无还本续贷"业务，减轻企业融资成本。创新客户还款方式，通过续贷通、国资借款等方式缓解企业资金周转压力，累计办理"无还本续贷"贷款3.86亿元，占比为63.62%。

持续实行“减费让利”政策，调整小微企业贷款价格策略，年内建行常山支行企业贷款平均加权利率为3.85%，比上年下降40个基点，直接让利421万元。纯信用类小微快贷利率下降至3.95%，授信期限3年；高端装备零部件类企业贷款利率最低为3.2%。

【服务客户】 2022年，建行常山支行与县总工会联合举办“劳动者港湾”“小哥驿站”活动，为全县快递员提供免费休息场所，配备热水、微波炉、休息椅等便民设施，争创国家级户外劳动者服务站点，获衢州市总工会颁授“衢州市户外劳动者服务站”牌、获县总工会颁授“小哥驿站”牌。此项服务信息分别在《人民日报》、《科技金融时报》、“今日头条”上刊出。

（余梦佳）

中行常山支行

【概况】 2022年，中国银行股份有限公司常山县支行（简称中行常山县支行）支持重大项目建设、普惠金融特色发展，加快不良贷款清收和扶贫结对工作。至年底，各项存款余额17.24亿元，比年初新增3.31亿元，增幅24.28%；各项贷款余额23.25亿元，比年初新增5亿元，增幅27.42%；不良贷款余额236.7万元，比年初减少3284.7万元，不良率0.1%，比年初下降1.83%；营业收入5852万元，比年初增加406万元，增幅7.47%；净利润4127万元，比年初增加1161.4万元，增幅39.2%。是年，中行常山县支行被中行浙江省分行评为企业文化建设工作先进单位，获中行浙江省分行乡村振兴创新大赛优胜奖。

【重大项目建设】 2022年，中行常山县支行持续推动重大项目信贷投入，支持县域经济建设，新增常山技工院校项目贷款2亿元，批复浙新能光伏项目贷款3.38亿元，批复浙江常山绿惠投资开发有限公司项目贷款3亿元，为常山县心安城市开发有限责任公司名下常山县赵家坪四期地块农民集聚项目批复贷款5.8亿元，年内投放1.15亿元。

【普惠金融特色发展】 2022年，中行常山县支行以“两柚一茶”特色农业产业及农家乐、休闲农业、观光农业、森林康养等新型农村业态为切入点，做好普惠授信。普惠金融贷款余额达59992万元，比年初新增19649万元，增幅48.70%。

【扶贫结对】 2022年，中行常山县支行对接中行浙江省分行向青石镇飞碓村捐赠扶贫资金50万元。完善消费帮扶链条，形成“中行引导、社会参与、多方协同”的可持续消费帮扶模式，帮助飞碓村销售胡柚15680箱，销售金额109.77万元，实现村集体收入42.58万元。以“共富果园”项目为切入点，加快常山胡柚特色产业由增产导向转向提质导向，推进流转“共富果园”317亩，由县政府、村集体和中行常山县支行共同投资350万元建设共富果园主路、投资80万元建设共富果园支道路、投资105万元建设共富果园高品质绿色科技示范基地，年底完工并投入使用。

【不良贷款清收】 2022年，中行常山县支行针对不良率高于中行系统全市平均水平的情况，通过争取政策支持，加快不良清收速度，提高清收效率。全年清收不良贷款3284.7万元，不良贷款余额下降至236.7万元，不良率为0.10%，比年初下降1.83%，公司贷款实现“零不良”。

【“中银企E贷”推广】 2022年，中行常山支行面向小微企业推出“中银企E贷”，可实现在线信用评估、审批放款，时效性高。全年发放“中银企E贷”31笔，贷款金额14972万元。其中，发放“中银企E贷·抵押贷”27笔，金额14462万元；发放“中银企E贷·惠担贷”2笔，金额480万元；发放“中银企E贷·银税贷”2笔，金额30万元。

（邱建春）

邮储常山支行

【概况】 2022年，中国邮政储蓄银行股份有限公司常山县支行（简称邮储常山支行）持续践行绿色金融发展模式，发挥网点优势、资金优势和协同优势，提升服务实体经济质效。截至年底，邮储常山支行资产总额22.26亿元，比上年增长3.25亿元。各项贷款总额12.54亿元，比上年增长30.07%，其中零售贷款结余10.95亿元，小企业贷款结余1.59亿元。各项贷款负债总额25.16亿元，比上年增加3.23亿元，其中各项存款（人民币）结余23.44亿元，个人存款结余17.31亿元，单位存款结余1.91亿元。

是年，邮储常山支行被中国邮政储蓄银行浙江省分行评为2021—2022跨年度营销活动20强支行一等奖、清廉文化建设优秀党支部、“服务明星网点”。

【加大信贷支持】 截至2022年年末，邮储常山支行实现普惠小微企业贷款结余8.69亿元，比上年净增加3.35亿元；民营企业贷款结余8.69亿元，比上年净增加3.35亿元；制造业贷款结余1.41亿元，比上年净增0.26亿元；涉农贷款结余6.65亿元，比上年净增加1.46亿元；普惠型涉农贷款结余4.47亿元，比上年净增加1.17亿元；农户小额贷款结余4.72亿元；实现绿色信贷余额2.57亿元，比上年增长140.35%；碳金融贷款累计发放贷款1.44亿元。

【服务实体经济】 2022年，邮储常山支行通过与省农业担保公司、邮政常山县分公司、县农业农村局等合作，推进乡村共同富裕建设。截至年末，“信用村”累计建成151个，评定信用户0.32万户，实现线上信用户贷款结余941.04万元，新型农业经营主体贷款结余21946.80万元，农户小额信用贷款结余4128.88万元，农业担保小额贷款23836万元，结余8530.14万元，新增惠农经营贷858万元。

（史　景）

常山农商银行

【概况】 2022年，浙江常山农村商业银行股份有限公司（简称常山农商银行）坚持服务“三农”、服务民营小微企业、服务地方经济社会发展，深化以人为核心的全方位普惠金融。截至年底，常山农商银行各项存款余额153.22亿元，比年初增加24.72亿元，增幅19.24%；各项贷款余额达118.78亿元，比年初增加21.52亿元，增幅22.13%；贷款日均余额109.06亿元，比年初上升18亿元，增幅19.77%。其中，涉农贷款余额106.86亿元，比年初增加18.49亿元，增幅20.93%；小微企业贷款余额66.32亿元，比年初新增17.51亿元，增幅35.87%。贷款覆盖面26.44%，比年初增加0.85个百分点。

2022年8月13日，常山农商银行助力强村富民签约仪式在常山农商银行新大楼举行

（肖　斌　摄）

是年，常山农商银行被评为浙江农信系统考核一级单位、省级平安单位先进集体，获浙江省内审协会优秀项目奖、衢州市打击治理电诈劳动竞赛团体一等奖、常山县2022年度集体三等功、县长特别奖，对外公益捐赠280余万元，纳税额1.04亿元，位居全县第三。

【金融助力强村富民】 2022年，常山农商银行与县农业农村局推出强村富民集成实施方案，与全县180个行政村签订共富协议，打造共富发展新模式，累计发放“兴村贷”164户，贷款金额达4亿元，助力村集体经济增收2000万元以上，该做法获全县探寻“共富密码”共富案例比拼的“铜钥匙奖”、金融赋能共同富裕示范县域典范争劳动竞赛一等奖。联合县发改局出台金融助力“一县一策”发展行动方案，通过5年投入120亿元，实施“六聚焦、六赋能”共富工程（聚焦“现代农业”，赋能农业高质量发展；聚焦“特色产业”，赋能产业体系做大做强；聚焦“强村富民”，赋能居民收入持续提升；聚焦“城镇建设”，赋能基础设施补齐优化；聚焦“绿色低碳”，赋能“两山”转化不断丰富；聚焦“人才科技”，赋能发展功能集聚裂变），支持县域高质量跨越式发展。

【助企纾困】 2022年，常山农商银行推出十项硬核举措，落实货币政策和助企政策，获央行货币政策支持工具补贴资金2360万元，实现全年新增各项贷款1837户、21.25亿元，以助企纾困为主题的30余篇宣传报道登上省市媒体，其中落地全县首笔排污权质押贷款做法被20余家媒体报道转载。

2022年3月16日，常山农商银行走访柚香谷　（李琦婧 摄）

【深化政银合作】 2022年，常山农商银行与县营商办签订战略合作协议，打造“四个办”政务服务体系，完成软硬件投入302万元，覆盖27个网点，开通代办事项198项，服务达30万人次，总办件量超150万笔。深化警银联动机制，辖内27家网点变身公安“微中心”，开通便捷办理居民户口簿变更备案等8个公安事项。

【反诈防控体系】 2022年，常山农商银行坚持金融为民理念，构筑反诈防控体系。组织8090新时代理论宣讲团，联合县人行、县公安机关开展反诈主题宣讲。严格落实“系统核实、人工核实、实名制核实”三要素，把好开户关。自主开发反诈辅助平台，持续优化账户交易监测模型。协助公安机关抓获本地洗钱团伙，涉案金额达500余万元，收到县打击治理电信网络新型违法犯罪工作联席会议办公室感谢函。

（吕　鹏　李琦婧）

常山联合村镇银行

【概况】 2022年年末，浙江常山联合村镇银行股份有限公司（简称常山联合村镇银行）各项存款余额12.3亿元，全年日均存款余额11.4亿元；贷款户数6324户，贷款余额12.5亿元，100万元以下贷款余额占比65.90%，比年初上升4.13个百分点。不良贷款率1.61%，拨备覆盖率218.66%。营业收入9207.14万元，流动性比例59.61%。

是年，常山联合村镇银行被评为个人征信系统数据质量工作优秀机构，获存款保险宣传竞赛三等奖、常山县首届银行机构反假币知识技能竞赛三等奖。

【存款营销】 2022年，常山联合村镇银行首次尝试开展专项营销，获得居民拆迁款近8000万元存款。至12月末，常山联合村镇银行实现新增日均存款2.58亿元，其中储蓄存款日均较年初新增1.73亿元。

【贷款营销】 2022年，常山联合村镇银行通过“整村授信”和“白名单客户”等村居化营销模式，优化信贷结构，探索低风险信贷业务。至年底，各项贷款余额125118万元，比年初增加9090万元，各项贷款增速为7.83%，贷款户数6324户，比年初增加614户。

（汪 瀛）

泰隆银行常山支行

【概况】 2022年，浙江泰隆商业银行股份有限公司衢州常山支行（简称泰隆银行常山支行）服务小微企业，深化绿色金融创新，优先扶持绿色企业，践行普惠金融。以“融e贷”等随借随还的无抵押贷款产品和可上门开户开卡的“移动金融服务站”，为群众提供快捷方便的普惠金融服务。推广“接力贷”“智融通”“长青贷”等绿色信贷产品，让金融产品和服务惠及更多的企业。推进知识产权质押融资服务，拓宽小微企业融资渠道。截至年底，泰隆银行常山支行各项存款余额113328万元，比年初增加6334万元；贷款余额122812万元，比年初增加6347万元。

【低息贷款支持实体经济】 2022年，泰隆银行常山支行支持小微企业发展，持续投放山区26县资金、政策性贷款资金、专项贷款池资金等低息贷款资金，支持企业复工复产及扩大生产。截至12月末，山区26县资金投放小微企业10391万元、政策性贷款资金投放小微企业12067万元。推出低收入农户贷款、“济民贷”、商业助学贷款等“扶贫助弱”专项贷款，主要为低收入农户、失业人群、复退军人、残疾人和因灾害遭受重大损失的人群、辖区内在读全日制本专科生、研究生发放贷款。

【助推“三农”发展】 2022年，泰隆银行常山支行针对辖内农村区域有效信贷覆盖不足、有效金融服务深度不够的情况，推进“人人可贷”项目，推广“一次授信、随借随还、循环使用”的小额信贷模式。依托村居建档和村民建档，利用电子预授信、“泰e贷”等工具或产品做好农户信贷需求匹配工作，通过“泰隆网店”、手机银行等渠道提升金融服务效率，提高客户申请、授信、用信体验。截至12月末，泰隆银行常山支行涉农贷款余额103310万元，比年初增加10083万元，比上年增长10.8%。“人人可贷”单笔贷款平均授信时长15分钟，基本实现“立等可贷”。

【知识产权质押融资服务】 2022年，泰隆银行常山支行借助两大创新产品——基于专利权质押的“专利贷”和商标专用权质押的“标贷通”，将小微企业的无形资产转化为融资信用。结合小微企业市场定位和客户实际情况，创新推出知识产权“零费用”自主评估模式，解决小微企业“融资贵”难题。截至12月末，泰隆银行常山支行知识产权抵押贷款余额3400万元，比年初增加2305万元，比上年增长210%。

（黄志军）

温州银行常山支行

【概况】 2022年，温州银行股份有限公司衢州常山小微企业专营支行（简称温州银行常山支行）以党建为统领，全面践行新发展理念，强化管理质效。截至年底，温州银行常山支行各项贷款余额42982万元，比年初增加16243万元，增幅60.74%；不良贷款余额90.03万元，不良率0.21%。全年实现净利润1336万元。全年实现安全运营无事故、客户零投诉、无涉案账户，被评为衢州市级文明单位。是年，戴梦婷在温州银行衢州分行业务技能竞赛获营销项目第二名、业务项目第三名，王秀获常山县首届银行机构反假货币技能竞赛三等奖。

【发展普惠金融】 2022年，温州银行常山支行持续推进业务转型发展，落实中国人民银行杭州中心支行关于《金融赋能山区26县跨越式高质量发展助力共同富裕示范区建设的实施意见》政策，利用上级银行信贷优惠政策加大信贷投放。将小微业务定位为持续增长型业务，推进“温信贷”“共富创业贷”等业务，精准帮扶实体及制造业企业。截至年底，新增小微企业首贷户35户，普惠小微贷款余额34058万元，比年初增加11645万元。其中，制造业贷款余额17332万元，全年投放制造业贷款5398万元。

【金融宣传】 2022年，温州银行常山支行围绕非法集资、反假货币、防电信诈骗、理财投资、消费者权益保护、“断卡”行动等主题，先后开展防范非法集资、“3•15”消费者权益保护日、普及金融知识万里行和“普及金融知识，守住‘钱袋子’”等宣传活动41场。

（刘 琦）

金华银行常山支行

【概况】 2022年，金华银行常山小微支行（简称金华银行常山支行）聚焦建设“产业银行、行业银行、家庭银行、绿色银行”四大战略定位，适应经济发展新常态，融入地方经济建设。金华银行常山支行各项存贷余额6.52亿元。是年，金华银行常山支行被评为衢州市“平安单位”、获常山县首届银行机构反假货币知识技能竞赛三等奖，4人被评为“无差错柜员”，2人被评为“五星柜员”。

【助力实体经济发展】 2022年，金华银行常山支行坚持小微专营，扩大担保方式，争创小微业务新支点，加大对实体经济的金融支持。开展“星园计划”，针对招商引资企业前期固定资产投入资金需求，扩大制造业中长期贷款投放力度，推广优化产品“小固贷”业务，匹配企业经营计划和经营周期，中长期贷款余额7309万元，占全部贷款的31.67%，缓解企业资金难题。加强数字赋能，创新推出面向农村市场的专属产品“惠农贷”“星福贷”等产品，投放农户贷款138户1.6亿元。

【降低企业融资成本】 2022年，金华银行常山支行针对企业不同融资需求，分类配套各类金融服务产品，通过办理利率优惠、无还本续贷等措施，实行多层次的企业金融服务和客户管理，为客户节约财务成本160万元。通过深化“银担合作”扩大融资担保业务，充分发挥服务小微企业、服务“三农”中的融资担保作用，为客户多渠道提供担保便利，发放担保公司贷款22笔4052万元。

【科技赋能服务】 2022年，金华银行常山支行利用线上平台（如省金融综合服务平台、衢融通平台、“贷款码”等），实时了解企业融资需求。推广平台融资对接、抵押登记等模块，优化服务流程，实现客户“少跑”，降低客户金融交易成本，提升融资效率。借助数字赋能支撑，推广绿色信贷新产品，采用“个人碳账户积分”利率优惠模块，办理企业“减碳贷”业务10笔1664万元；发放个人“星碳贷”业务62笔612.8万元，绿色低碳信贷业务及碳账户金融场景应用得到推广。

（宋 岚）

民泰银行常山支行

【概况】 2022年，浙江民泰商业银行股份有限公司衢州常山小微企业专营支行（简称民泰银行常山支行）坚持小微市场定位，强化信贷资源倾斜，以乡村振兴战略为抓手，优化信贷结构，加大普惠金融覆盖面，推进开展“三农”金融服务。深化建设绿色金融服务体系，发展绿色金融与乡村振兴，深化民泰小微金融“根据地”模式。截至年底，各项存款余额2.85亿元，比年初增长0.65%；各项贷款余额3.47亿元，比年初增长19.94%。

【践行绿色金融】 2022年，民泰银行常山支行将绿色金融业务纳入年度重点工作，提升绿色金融服务能力，引导传统产业绿色转型。成立碳账户应用场景工作领导小组，跟进碳账户应用场景建设相关工作，设计开发“碳惠通”产品，促进绿色信贷业务发展。至年末，绿色金融贷款余额3548万元，比年初增加1950万元，增长122.03%；绿色贷款余额占各项贷款余额10.23%。绿色贷款新增量占各项贷款新增量占比33.83%。全年未发放“两高一剩”（高污染、高能耗、产能过剩行业）贷款。碳账户贷款余额4226.30万元，比年初增加4226.30万元，笔数66笔。其中规模以上企业碳账户贷款余额600万元，碳征信报告查询量75笔。碳账户贷款新增量4161.30万元，新增量占各项贷款的新增量占比72.19%，碳账户贷款比上年增长6402%。

【普惠金融】 2022年，民泰银行常山支行通过申请支小再贷款专项资金，开通绿色通道，加大投放力度，助力小微企业降本减负。打造“续航模式”，对贷款到期仍有资金需求的客户提前审贷、提前周转、到期快速周转或无还本续贷方式，助力小微企业资金“不断档”。至年末，普惠小微企业贷款余额2.95亿元，比上年增长26.74%；通过续贷模式发放贷款765笔，金额8.26亿元。

【服务“三农”】 2022年，民泰银行常山支行支持村（居）集体经济发展，开展“进村入居”活动，选派驻村信贷员、确定金融网格员等形式夯实合作基础。定期开展金融政策宣教和金融服务供需对接活动，制定村（居）金融服务方案。重点支持农家乐、家庭农场、农民专业合作社等经营主体，提高信用贷款支持力度。运用科技金融手段推进农村批量化建设，开展“农惠通”推广专项活动，推出“线上申请”“移动PAD”“批量授信”等特色做法，解决农村经营户、种植户、承包户等经营主体资金需求。推进线上贷款申请服务，拓宽客户渠道，截至12月末，涉农贷款余额3.10亿元，比年初增长46.47%。其中，农户贷款1.85亿元，比年初增长22.50%。

（张　蓉）

台州银行常山支行

【概况】 2022年，台州银行股份有限公司衢州常山小微企业专营支行（简称台州银行常山支行）坚持社区银行商业模式，坚守小微客户目标市场定位，以深扎县域乡村为本，践行小微金融、普惠金融政策，支持实体经济、民营经济发展。截至年末，台州银行常山支行各项存款余额41635.62万元，各项贷款余额52907.43万元。

【助力企业复工复产】 2022年，台州银行常山支行为支持小微民营企业、个体工商户复工复产，保障客户金融需求，推出“复工低息专享贷”，至年末，共发放“复工低息专享贷”47笔，金额3209万元。开展金融支持稳企业保就业工作，深入企业、市场、农村等一线走访，主动了解企业复工复产情况、金融需求等。走访小微企业（含个体工商户）200家。

（江友晴）

保险业

【概况】 2022年，常山县保险业持续做好疫情防控，全力支持企业复工复产；开展保险业合规文化建设主题教育，推动行业乱象整治。至年末，全县保险机构15家。其中，财产险8家，人身险7家；支公司8家，营销服务部7家。保险从业人员599人，其中保险营销员496人（产险营销员117人、寿险营销员379人）。全县实现保费收入4.81亿元，比上年增长5.95%。其中，产险保费收入1.95亿元，比上年增长21.64%；寿险保费收入 2.86 亿元，比上年减少1.38%。赔款与给付1.65亿元，比上年增长0.17%。其中，产险赔款支出1.16亿元，比上年增长8.7%，简单赔付率59.73%；人身险公司累计发生赔（给）付支出0.49亿元，比上年减少15.6%。

（冯程程）

【中国人民财产保险股份有限公司常山支公司】 2022年，中国人民财产保险股份有限公司常山支公司（简称人保财险常山支公司）开展全县政策性农业保险、政策性农村住房保险、惠农系列保险；承保并扩面安全生产绿色保险，承保全县医疗责任保险、自然灾害政府救助保险、食品安全责任保险；创新开展科技人才保险、农村公路综合保险；上线线上投保保证保险，发挥保险代替保证金作用，缓解建筑施工企业资金不足问题；参与开发"常山县农户自然灾害减损保险智能速办"应用，开通气象类指数保险线上服务，获省委书记袁家军肯定。截至年底，人保财险常山支公司保费收入10025万元，比上年增长17%，人保财险常山支公司首次实现保费收入超亿元，带动全县财险市场增量保费3460万元，累计支付赔款6000万元。

（凌霄月）

【中国人寿保险股份有限公司常山县支公司】 2022年，中国人寿保险股份有限公司常山县支公司（简称人寿保险常山支公司）持续开展保险保障服务，实现保费收入 18468 万元，比上年减少1.10%，其中普通寿险 11205 万元、分红险 3793 万元、健康险2996万元、意外险474万元。人寿保险常山支公司人身险份额占常山县人寿保险市场年度份额的63.45%。赔付支出3454万元，其中短期赔款1303万元、满期给付830万元、年金给付791万元、死伤医疗给付530万元。全年提供保单借款服务3554笔，合计7554万元。

（郑 彦）

【中国太平洋财产保险股份有限公司常山支公司】 2022年，中国太平洋财产保险股份有限公司常山支公司（简称太保财险常山支公司）设有经理室、综合管理科、业务科、理赔科等职能部门，在编员工6人。太保财险常山支公司经营范围涵盖经营财产损失保险、责任保险、信用保险、保证保险、短期健康保险、意外伤害保险业务和经营上级机构在银行保险监督管理机构批准业务范围内授权的其他业务。年内，开展政保合作项目，独家承保全县低收入农户医疗补充政策性保险，拓展校园系列保险（含学生平安保险、监护人责任保险等），承保政府部门主导的安全生产责任保险和环境污染责任保险等。全年实现全险种保费收入1796.06万元，比上年增长14.58%。保费规模在县行业市场排名第三，市场份额占9.23%。赔款总支出1185.93万元。

（曾 骏）

【中国人寿财产保险股份有限公司常山县支公司】 中国人寿财产保险股份有限公司常山县支公司（简称国寿财险常山支公司）经营险种包括财产损失保险、责任保险、保证保险、信用保险、短期健康保险、意外伤害保险和经中国银保监会批准的其他业务。2022年，国寿财险常山支公司实现全险种保费收入3762.66万元，比上年增长23.79%。保费规模位列常山县财险第二，市场份额占全县19.33%。其中，车险2568.66万元，非车险1194万元。赔款总支出2170.73万元。

（徐芳芳）

自然资源

【概况】 2022年，常山县耕地实有面积18万亩，新一轮永久基本农田划定面积159793亩。全县矿山总数21个，主要有水泥用灰岩、萤石、叶蜡石、饰面用板岩、制灰用灰岩、水泥配料用页岩、水泥配料用砂岩、砖瓦用页岩、普通建筑用石料、建筑用辉绿岩、花岗岩。其中，石灰石、石煤、萤石资源量居浙江省前列，叶蜡石为全省四大产区之一。全年完成土地供应81宗，面积4457.8亩。其中，出让土地34宗，面积1293.5亩，出让金收益8.6亿元；划拨土地47宗，面积3164.3亩。县资规局科学编制2021年度耕地保护补偿方案，发放2021年度耕地保护补偿资金1489.04万元，推进耕地保护和农田修复。推进农村建设用地复垦项目后期管护整改工作，840亩城乡建设用地增减挂钩节余指标成功调剂，收益达17.20亿元。

是年，县资规局获“干事创业好团队”“变革战队”等称号，2021年度全省县（市、区）乡村全域土地综合整治与生态修复绩效评价结果，常山县排名全省第三。

【建设项目用地保障】 2022年，县资规局争取各类新增建设用地计划指标1032亩，其中农民建房国家专项指标65亩，省级下达新增建设用地967亩，保障江滨西门城市有机更新、辉埠镇特色生态产业平台华创铜箔项目、文峰西路延伸、浙赣合作省际窗口枢纽站配套工程等一批县级重点项目用地。

【不动产登记】 2022年，常山县自然资源调查登记中心颁发不动产权证书12399本，发放不动产登记证明5708份、注销证明4247份；窗口办理不动产登记业务26523件，其中抵押登记6539件，查（解）封登记1386件，预告登记3190件，商品房转移登记5640件，二手房转移登记1575件，农房首次登记1484件。建设“不动产智治”应用平台，推广不动产权电子证书（证明）的应用，新建商品房首次登记均发放电子证书，抵押登记、预告登记均发放电子证明，累计生成电子证书7858份，电子证明19500份。推进“验登合一”“交地即交证”“二手房带押过户”“不动产+公证”一件事改革，促使“多跨协同”提质增效，实现服务企业和群众更短时间、更快速度、更优质量的办证登记。

【自然资源统一确权登记】 2022年，根据常山县自然资源统一确权登记三年行动计划，完成常山国家地质自然公园自然资源统一确权工作，包含登记单元524.93公顷土地的权属调查、自然状况调查、公共管制调查，其中国有面积0.86公顷，集体面积524.07公顷。配合省自然资源厅开展钱塘江自然资源统一确权工作。2022年，组织开展常山县范围内的集体土地所有权确权登记成果更新及数据汇交工作，完成农转用、供地、国有不动产登记等数据收集整理、14个乡镇180个行政村的外业权属核查及现场指界、原数据库清洗整理入库等工作，整体成果更新完成85%。

【全域土地整治和土地开发】 2022年，县资规局完成垦造耕地项目2825亩、“百千万亩方”永农集中连片整治6968亩、农村土地综合整治及建设用地复垦面积315亩。常山县在2021年度全省各县（市、区）全域土地综合整治与生态修复绩效评价中排名第三，获省政府督查激励，奖励建设用地计划指标100亩。常山县同弓乡全域整治项目以综合评定全省第一的成绩入选省级精品工程，获奖励资金1000万元。同弓乡全域土地整治一期基本完工，实现垦造耕地1276亩，旱地改水田417亩，耕地质量提升1293亩；截至2022年12月，同弓二期累计交付施工3300亩，青石全域项目累计交付施工2300亩（其中935.6亩于12月完成县级验收），招贤全域项目累计交付施工1948亩（其中456.132亩于12月完成县级验收）。2022年度实现调剂增减挂钩指标840亩，补充耕地数量指标111亩，水田规模690亩，粮食产能45万千克，年度指标调剂收入17.1967亿元。

【“五未”土地处置】 2022年，县资规局完成“批而未供”土地总量消化3333亩，完成率达238%；完成2009—2018年“批而未供”土地消化773亩，完成率达108%，盘活存量建设用地1166亩，完成率达117%；低效用地再开发1106亩，完成率达184%。“五未”（“批而未供”“供而未用”“用而未尽”“建而未投”“投而未达标”）土地处置专项行动考核在全市各县（市、区）排名第三。

【地质灾害防治】 2022年，县资规局完成芳村镇、青石镇、新昌乡1：2000比例尺地质灾害风险调查评价，更新地质灾害风险防范区134处，涉及450户1581人。全年发生灾险情3起（含1处成功避险案例），无人员伤亡。全年开展汛前排查、汛中检查、汛后核查工作，巡查次数452次，汛期发布地质灾害预警预报35次、短信23612条，完成地质灾害综合整治3处，其中工程治理2处、避让搬迁1处。

【“山水林田湖草”生态修复】 2022年，县资规局调整常山县“山水林田湖草”生态保护修复试点工程实施方案，调整后试点项目包含6大类19个重点项目，总投资34.497亿元，其中中央资金5亿元。累计完成投资31.53亿元，5亿元中央资金均已执行到位。6大类19个重点项目工程建设均已完成并通过验收，涉及资规、环保、林业、水利、住建5个行业的验收均已通过。

【“大棚房”整治及扫黑除恶专项行动】 2022年，县资规局会同县农业农村局进一步开展防止“大棚房”问题回潮反弹大排查大整治工作，实地核查306个设施农用地地块，发现疑似问题29宗，并下发整改函。加大对涉黑涉恶线索排查，全年收到并核查涉黑线索1条，发放宣传手册1500余份，在矿区、违法开采点、征地现场等悬挂横幅200多条，粘贴扫黑除恶专项斗争公告500多份，制作宣传展板放置重点场所，推进扫黑除恶专项斗争。全年开展自然资源领域涉土涉矿违法巡查230余次，移送综合执法局违法线索18件，涉及矿产资源5件，涉及土地资源13件，补缴行政处罚款项 70 余万元。

【自然资源信访办理】 2022 年，县资规局严格规范信访事项办理流程，坚持法定途径分类处理信访投诉请求，提升初信初访办理水平，化解社会矛盾纠纷。全年办理自然资源信访件 95 件，包括来信类 10 件，来访类 4 件，来电类 36 件，网上投诉类 45 件。信访按期受理率、按期办结率、满意率均达 95%及以上。办理依申请信息公开件 30 件，无因信息公开答复内容不当引起败复败诉的情形。开展“双清零一公开”信访工作专项行动，制定化解工作实施方案，省信访工作联席会议“一事双交”信访积案化解 21 件，自然资源信访积案交办化解 18 件，被省自然资源厅评为“2022 年度全省自然资源系统无信访积案县（市、区）”。

（邱 琦）

环境保护

【概况】 2022 年，衢州市生态环境局常山分局（简称市生态环境局常山分局）贯彻落实习近平生态文明思想，夯实生态本底，推动县域生态环境质量稳中向好。完成常山港和芙蓉水库 2 个县级以上饮用水水源保护区勘界定标，修复 6 千米河湖生态缓冲带。推进 3 条水泥熟料生产线超低排放改造达到第一阶段要求，完成源头替代和废气设施提升改造 58 家。开展建设用地用途变更土壤污染状况调查，完成常山中医院、辉埠卫生院、芳村镇 B-02-D 地块、青石镇镇区 C-01 地块等 6 个地块土壤污染状况调查，并经专家评审进行备案。指导 62 家企业排污许可证质量复核和 36 家企业许可证年度执行报告规范性审核。控制污染物总量排放，全年氮氧化物减排 1491.73 吨，化学需氧量减排 648.98 吨，氨氮减排 2.6 吨。开展“绿剑 2022”“零点执法”等专项执法行动，立案查处环境违法行为 28 起、罚款金额 198 万余元，办结 6 件生态环境损害赔偿案件，接到环境信访举报 159 件，实现信访“八连降”。常山港流域地表水、集中式饮用水水质 100%达标，国家“水十条”考核断面、出境水断面水质稳定达到Ⅱ类标准，其中Ⅰ类出境水占比 42.6%；城区空气质量优良率 96.7%，$PM_{2.5}$ 浓度均值 25 微克/米^3，创历史新低。

是年，浙江省衢州市某公司违规堆放危险废物生态环境损害赔偿案入选长三角区域生态环境损害赔偿十大典型案例，“常山县以‘三强’促‘三变’推动石材加工产业整治升级 助力共同富裕”入选第三批全省生态环境系统共同富裕最佳实践名单。

【环保督察】 2022 年，第二轮中央环保督察交办的 27 件信访件、9 件反馈问题及 6 件省委环保专项督察信访件全部完成整改销号，7 件省委环保专项督察反馈问题完成整改销号 5 件。年内，常山县重大生态环保督察问题清单工作管控力指数位列全市第 1、全省第 20。生态园区地下水污染问题通过省级销号验收，整治成效先后被《中国环境报》、《浙江日报》、浙江在线等 30 多家媒体专题报道，整治经验在《浙江政务信息（专报）》刊登并获副省长卢山批示肯定。

【环保服务能力建设】 2022 年，市生态环境局常山分局落实“区域环评+环境标准”改革，项目环境影响评价降级 27 个，企业环境影响评价编制费用平均降低约 50%。提高环境影响评价审批质效，保障重大项目落地，国家重点项目常山江航电枢纽项目实现 1 天完成环境影响评价技术评估。持续提升环境监测能力，全年采集和接收样品 3988 个，分析检测项目 7745 项次，出具监测报告 100 份、监测数据 1 万余个。10 月 10 日，生态环境部办公厅印发的《关于 2021 年度国家重点生态功能区县域生态环境质量监测与评价结果的通报》，常山县在全省 11 个考核县（市）综合得分排名第 1。

【绿色创建】 2022 年，市生态环境局常山分局开展工业企业污水减污降碳协同增效试点，艾佳果蔬和恒寿堂 2 家企业入选常山县首批试点单位。挖掘绿色发展特色亮点，新昌乡和纱帽山村等 8 个乡镇（村）入选浙江省第二批低碳乡镇（村）试点，郭塘村入选浙江省第十二批生态文明教育基地。开展“无废城市”创建，完成 18 个“无废细胞”的申报并通过“浙里无废”系统审核。推动常山县生态工业园区入选 2022 年度省级标杆工业园区“污水零直排区”培育名单。

2022 年常山港各断面水质监测结果统计表

表 16　　单位：毫克/升

断面名称	溪东断面	枧头断面	富足山断面	招贤断面
高锰酸盐指数浓度范围	0.9~1.8	1.1~1.8	0.9~2.7	1.1~2.2
高锰酸盐指数平均浓度	1.3	1.5	1.6	1.6
氨氮浓度范围	0.034~0.146	0.025~0.32	0.03~0.24	0.030~0.104
氨氮平均浓度	0.091	0.08	0.07	0.071
总磷浓度范围	0.01~0.03	0.010~0.050	0.017~0.078	0.01~0.02
总磷平均浓度	0.02	0.029	0.033	0.02
目标水质	III类	II类	II类	III类
现状水质	I类	II类	II类	I类

2022 年常山县城区环境空气质量统计表

表 17　　单位：毫克/立方米

项　目	测值范围	平均浓度	特定百分位数浓度
二氧化硫（SO_2）	0.003~0.012	0.006	0.010
二氧化氮（NO_2）	0.004~0.060	0.025	0.046
可吸入颗粒物（PM_{10}）	0.004~0.157	0.045	0.087
细颗粒物（$PM_{2.5}$）	0.002~0.103	0.025	0.054
臭氧（O_3）	0.031~0.169	—	0.124
一氧化碳（CO）	0.0004~0.0012	—	1

说明：臭氧为最大 8 小时浓度，二氧化硫、二氧化氮为第 98 百分位数；可吸入颗粒物、细颗粒物、一氧化碳为第 95 百分位数；臭氧最大 8 小时浓度为第 90 百分位数

（王雪纯）

气象工作

【概况】 2022年，常山县总体气候形势严峻复杂，极端灾害天气事件多发。全县梅汛期雨量全省第四，高温干旱百年一遇，夏季高温有观测记录以来最强，出梅后降水日数历史最少。据统计，年内，常山县气象局（简称县气象局）启动灾害气象应急响应11轮83天，发布决策气象服务材料188期，橙色以上预警90次，电话应急叫应乡镇党政责任人600余人次。出梅前5天科学预测并提示做好水资源调度，助力蓄好“最后一库水”。实施人工增雨作业6轮次。

【气象工程项目】 2022年，县气象局推进气象监测预警能力提升工程项目建设，该项目被纳入县十大为民办实事项目之一，总投资2400万元，建设周期为2022—2023年。项目由1部X波段天气雷达、气象灾害监测预警中心、气象科普馆、19个区域气象监测站、国家站新型监测设施五个子项组成。雷达选址在辉埠镇黄坞岭村皇子山（矿山公园斜对面），用地约2.1亩。至年底，启动供电、网络、机房等配套建设、土地政策处理，建成运行气象灾害监测预警中心，开展气象科普馆招标采购，全面建成19个区域站和国家站新型监测设施。

【基层气象灾害防御】 2022年，县气象局健全基层气象防灾减灾体系，推动国、省突发公共事件预警信息发布平台（“12379”）共享应用，县应急局、县资规局、县水利局等预警接入平台权威发布。首次联合县农业农村局、县应急局发布高温热浪、森林火险等风险预警，联合县应急局、县科协发布《气象灾害公众防御指引》。建立常态化防汛工作培训机制，举办气象防灾减灾专题培训2场，覆盖全县4000多名防汛抗旱责任人、“三员”队伍。助力县防指出台应对极端天气“五停”“五断”工作方案。注重数智支撑，“网格+气象”平台实现网格员气象预警、专项任务“一键达”、灾害类网格事件实时回流。防灾减灾气象服务平台在乡镇部署应用，气象数据在“U点通”“智慧园区”等数智平台贯通。

【公共安全气象管理】 2022年，县气象局加强雷电灾害的监测预警，强化气象安全社会化监管。健全气象安全监管体系，出台《防雷安全监督管理实施方案》，发布《2022年气象灾害防御重点单位》，建立气象综合行政执法信息共享、执法协作机制。加强气象安全监管履职。联合多个部门，针对景区、易燃易爆场所开展防雷安全检查、隐患排查、隐患整改。完成“大综合一体化”改革31项气象处罚事项划转，创新“一企一码一策”智慧监管模式，全县48家防雷安全重点单位防雷安全码全覆盖。全年开展防雷安全检查51家次、下发隐患整改通知书13份，隐患整改率100%。

【气象科普宣传】 2022年，县气象局推进“农业自然灾害减损保险智能速办”应用在“浙里办”上线，可以实现理赔政策“一触即知”、农业灾害无感定损、保险理赔免申即赔。承保胡柚（香柚）、油茶低温指数保险3.37万亩，最大保障额6500万元，赔付减损近500万元。该应用入选“一地创新、全省共享”“一本账”S0清单，获全省数字经济首批最佳应用。深入挖掘生态气候资源优势，联合省气候中心开展近22年全县植被变化卫星监测分析评估，显示全县超97%区域植被生态质量持续向好，年固碳释氧经济价值约24亿元。加大“中国天然氧吧”“气候宜居县”等生态气候宣传，浙江卫视《天气向导》栏目6次专题推荐。推出《在常山金秋遇见U》生态气候宣传节目，在“学习强国”学习平台、天目新闻、中国蓝TV、“浙江政务”短视频等融媒体平台播出，点击量超80万人次。建设梅树底“旅游+气象”融合发展示范区，打造气象科普研学基地，全年接待气象研学游400余人次。

（周婷洁）

综 述

【概况】 2022年，常山县教育局（简称县教育局）对标县委、县政府关于打造“浙西第一门户”的要求，聚力聚焦“高质量跨越式发展”总体思路，紧盯教育质量提升目标，聚焦硬件建设、软件升级两个关键，突出“双减”提质、“双控”提效、“两创”走实三个重点，抓实合作办学、岗位晋升、干部人事、年度考核四项改革，加快教育现代化建设步伐，全面推动教育优质均衡发展，努力办好老百姓家门口满意教育。深化“护旗手”党建品牌建设，开展学校党组织书记“六比六提”擂台赛系列活动。承办全市幼儿园党建工作案例交流会；在省教育系统工会“向基层学习、向老师致敬”活动座谈会上作经验介绍。县教育局党建工作被评为2022年衢州市教育系统党建工作“强基之星”；县教育局被评为2021学年全省教育宣传工作优秀通讯站。常山一中被评为市级清廉建设成绩突出单位。2022年，常山县科技局深入贯彻落实县委县政府决策部署。坚决扛起科技赋能高质量发展的使命担当，紧盯“八大行动”战略体系核心指标和重点难点工作。锚定目标、靶向发力，在研发投入、产学研合作、创新平台等方面谋思路、争突破。全县高薪资技术产业增加值26.1亿元，高新技术产业投资比上年增长74.4%，全社会研发经费投入强度1.85%，增速超全国、全省平均水平。

【教育质量提升】 2022年，高考全县普通类第一段上线912人，上线率71.1%；特殊类招生控制线上线318人，上线率24.8%，超全省4.8个百分点；常山一中1名考生被北京大学录取，常山高考实现长达22年的“清北梦”，教育系统得到县长王永明批示嘉奖。中考优秀率46.6%，文化平均分比2021年提高38.04分，超全市平均分5分，首次进入全市中考学校的前三名。县委、县政府制定出台《关于打造省际职业教育高地的实施意见》，推进衢州数字工业学校和常山技工学校融合发展，衢州数字工业学校参加全国职业院校技能大赛中职组“计算机检测维修与数据恢复”赛项，获三等奖；汽车运用与维修和轴承（数控）加工技术2个省“双高”建设专业中期评估分别被评为优秀等级和良好等级。常山县在全省教育业绩考核中位列第30名，在全市教育综合考核中位列第3名，获一等奖；在县政府2022年度工作目标考核中位列经济社会类部门第9名，获一等奖。

【教育改革创新】 2022年，县教育局与杭州学军中学开展战略合作；引进海亮教育集团，组建管理团队托管城东中学；深化常山县—杭州市上城区18所学校跨地区教共体结对，工作经验分别在市政府《衢州政务》和省教育厅《今日择报》上刊登，副省长成岳冲到常山调研并高度肯定。全面启动初中段集团化办学，组建4个教育集团，打通集团内部人财物使用通道，实现“以城带乡、优势互补、优质发展”的“1+1”格局。推进人事改革，在衢州市率先实行岗位晋升改革，98名勤、业绩优的老师享受改革红利。坚持综合考评运用、后备干部培养、城乡干部交流等原则，提任校级领导29人。在县教育局机关探索建立“四维”考评体系，调动全体机关干部积极性。全县34所义务教育学校推行“5+2”课后服务，《减量不减质 减负不减效 常山县多措并举推进“双减”政策落实落地》获《衢州政务信息动态》第56期刊发，并获市长徐张艳批示肯定。“教师时间银行”被评为省“双减”年度十佳样本，获中央教育工作领导小组《教育工作情况》第73期单篇全文刊发，县教育局在闽浙赣皖四省九地市“双减”工作校长论坛暨“双减”校内减负提质工作一周年活动会上作交流发言。推进校外培训治理工作，开通78家培训机构资金监管专户，落实校外培训机构资金监管监查。

【教育优质均衡】 2022年，县教育局通过落实“一校一策”，规范民办义务教育发展，民办义务教育段在校生占比指标规范到位，学区划分和非编教师专项招聘平稳落地。建立创建全国学前教育普及普惠县和全国义务教育优质均衡发展县工作专班，绘制“挂图作战清单”、制定“一校一策”整改方案。常山县未来教育场景案例被评为全省优秀案例，“常山县小学生综合素质评价应用”被省委教育工作领导小组秘书组列为省级改革试点项目，在浙江省小学生综合评价改革会上作《智慧评价助力学生全面健康成长》经验分享，常山县“人工智能+教育”入选浙江省试点区名单。

【教育“两创”攻坚补短】 2022年，县教育局推进创建全国义务教育优质均衡发展县和全国学前教育普及普惠县工作。是年，争取1亿元专项债，新建5所公办幼儿园，改扩建幼儿园15所，回收转公办幼儿园9所，公办幼儿园在园覆盖率53.4%，全县二级以上幼儿园占比63.2%，二级以上优质园覆盖面71%。投入近1.7亿元新建文昌小学，新增学位1620个，9月顺利开学，有序推进常山三中等重点项目建设；投入1.17亿元，新建城南小学，新增学位1080个，将于2023年建成投用。12月2日，召开县“两创”工作推进会，制定攻坚实施方案，成立县级层面工作领导小组和局级层面工作专班。至年底，全国义务教育优质均衡发展县33条指标达标23条，达标率69.69%，全国学前教育普及普惠县36条指标达标30条，达标率83.33%。

【科技企业成果培育】 2022年，全县获省科技厅新认定省科技型中小企业67家、国家高新技术企业28家。常山县科技“小巨人”企业实现“零”的突破（衢州市仅3家），获省科技厅新认定省级企业研究院1家（衢州市仅2家）、省高新技术企业研发中心2家。县科技局鼓励支持县内企业开展技术创新，艾佳食品、灿宇纺织、长盛化工3家企业共3个项目获省科技厅“尖兵”“领雁”研发攻关计划项目立项，位列衢州市第2，取得历史性突破；列入市竞争性项目2项。

【创新创业生态建设】 2022年，县科技局于衢州市6个县（市、区）中率先召开全县科技创新和人才工作推进大会。开展以院士专家入企洽谈会、“希望之光”人才帮扶助力轴承产业“二次崛起”发展研讨会、2022年浙江省林学会油茶产业高峰论坛等活动为主的“科技创新·人才活动周”。在全县科技创新和人才工作推进大会上，县委书记潘晓辉作题为《科技引领发展、人才制胜未来》的报告，提出政府要当好保姆、企业当好主体、专家当好高参，共同推进科技与人才工作取得新提升。县政府发布《科技助推“工业强县、产业兴县”三年行动方案（2022—2024）》，营造激励创造、鼓励创新的科技工作氛围。

教育行政

【概况】 2022年，县教育局推进教育综合改革，加强后备队伍培养，打造良好教育生态，推动教育优质均衡发展，创设学前教育普及普惠县，深入推进“两创”（创建全国义务教育优质均衡发展县和全国学前教育普及普惠县）工作。常山一中获县委、县政府集体三等功，紫港中学、实验中学获县委县政府集体嘉奖。常山一中、育才中学、育才小学获评浙江省现代化学校。年内，省督评组叶宏一行赴何家乡社区学校创建现代化学校实地督评。

【常山县教育高质量发展座谈会】 2022年7月28日，常山县教育高质量发展座谈会在县政府召开，常山一中获集体三等功，紫港中学和实验中学获集体嘉奖。会上，县教育局分别与慕华成志、杭州国米签订战略合作框架协议并汇报常山教育高质量发展工作，与会代表作交流发言。

【竹园小区房屋征收】 2022年，县教育局围绕县委、县政府中心工作，全力支持旧城改造。9月16日，竹园小区24幢征迁动员大会在常山县实验小学报告厅举行，副县长陈岗出席并讲话，局党委书记、局长李岳飞代表教育系统作表态发言。11月23日和28日，县委副书记、县长王永明2次调研竹园小区24幢旧城改造房屋征收工作。12月1日，副县长朱建忠赴竹园24幢房屋征收现场办公点调研。至年底，县教育局网格完成竹园小区24幢房屋征收，签约率100%、腾空率100%，圆满完成全部征收工作任务。

【第38个教师节庆祝活动】 2022年，9月8日，常山县庆祝第38个教师节大会在县实验中学报告厅举行，市人大常委会副主任、县委书记潘晓辉作《办好人民满意教育，推动“优学常山”再上新台阶》思政教育主题报告，县领导王永明、翁旭东、许茂华、何相涯、姜敏、陈翊、方育娟等出席仪式。庆祝大会分礼赞、传承、跨越3个章节。活动现场，表彰教育系统各级各类荣誉获得者，全县企业界捐赠2000余万元支持教育发展。

2022年9月8日，常山县庆祝第38个教师节大会在县实验中学召开（宁门女 摄）

【构建学习型城市】 2022年，常山县推进学习型城市建设工作，依托衢州数字工业学校、常山开放学院等，持续开展各类型学历提升和技能培训，学习型城市发展指数达1.012，位列衢州市第1。全县学历教育与非学历教育、城乡成人继续教育、各类学习型组织创建等指标均达到浙江省创建学习型城市相应要求。

【常山县第一中学与杭州学军中学签约】 2022年1月14日，常山县第一中学—杭州学军中学山海协作签约仪式在杭州学军中学举行，副县长方育娟出席参加。签约仪式上，县教育局与杭州学军中学签订《杭州学军中学与常山一中合作办学协议书》。

【第25届推普周启动仪式】 2022年9月13日，浙江省教育厅教材管理处（语管处）到五里小学调研衢州市第25届推普周启动仪式筹备工作。9月14日，衢州市第25届推普周启动仪式在五里小学举行。

【新型城镇化建设】 2022年11月，县教育局出台《常山县教育局关于教育公共服务赋能城镇化建设实施意见》，成立以县城为载体的城镇化建设教育专项工作推进领导小组，新型城镇化建设各项工作稳步推进，文昌小学建成投用并于9月开学；普惠性幼儿园在园幼儿占比保持在97%以上，优质园在园幼儿占比达79%以上；撤并富足山、澄潭、艄畧3个教学点，进一步优化教育布局。年内，市委书记高屹到常山调研以县城为重要载体的城镇化建设工作，实地走访城南中学、招贤小学溪上教学点，重点考察教育布局优化调整、小规模学校撤并等情况。

学前教育

【概况】 2022年，全县有幼儿园57所（含2所未招生的幼儿园），其中公办幼儿园31所，班级280个，在园幼儿7656人；新入幼儿园1864人，离园幼儿2545人。先后撤并中锋小花朵、青石太阳花、新昌乡鄢家等11所薄弱幼儿园，新建县城西门、招贤集镇、球川集镇等7所公办幼儿园，改扩建15所，10所民办幼儿园成功转公办并改造提升；新增1所省一级幼儿园（常山县实验幼儿园），6所二级园（常山县何家乡第一中心幼儿园琚家分园、青石镇第二中心幼儿园、同弓乡第一中心幼儿园、球川镇第一中心幼儿园、白石镇第一中心幼儿园、芳村镇第二中心幼儿园），普惠性幼儿园覆盖面为98%，优质园覆盖面为75.78%。

【城乡公办幼儿园抱团发展】 2022年，县教育局加快推动学前教育抱团发展，以城区示范性幼儿园作为龙头，组建3个幼教集团，以“总园+分园”的形式，与乡镇公办幼儿园结对，实现以强带弱集群式发展。1月4日，常山实验幼儿园“育苗护旗手”党建联盟体及“抱团发展共同体”共7所幼儿园近70名教师参加党建共研学习活动。在大桥头乡第一中心幼儿园开展江滨幼儿园党建共同体暨城乡抱团发展工作现场会，推进幼儿园党建共同体和城乡幼儿园抱团发展，促进常山县学前教育整体水平提高。

【学前教育普及普惠】 2022年，县教育局以创建全国学前教育普及普惠县为契机，出台常山县学前教育发展第四轮行动计划（2021—2025）。争取1亿元专项债，新建公办幼儿园5所，改扩建幼儿园15所，回收转公办9所，公办幼儿园在园覆盖率53.4%，全县二级以上幼儿园占比为63.2%，二级以上优质园覆盖面为71%。

义务教育

【概况】 2022年，全县有义务教育段学校35所，其中初中8所（含停止办学的育才中学）、小学27所（含完小2所），设有3个教学点。在校学生24012人，班级数640个；招生数5084人，其中小学2570人、初中2514人；毕业生数5242人，其中小学2592

人、初中 2650 人。全县中考总分优秀人数 1216 人，优秀率 46.6%，比上年提高 15.2%；低分率 2.7%，比上年降低 1.4%，全县平均分为 449.6 分（总分 600 分），比上年提高 38.04 分，位列全市第 3。常山一中高一录取分数线 566.5 分，创历史最高分数。文昌小学建成投用，城南小学施工中，天马一小、天马二小、实验小学改扩建，白石小学、常山二中、常山三中等学校实施改造提升工程，薄弱学校办学条件持续改善。

【民办教育规范治理】 2022 年，县教育局推进民办教育规范治理工作，建立“领导小组+专班”的指挥运行体系，实行书记、县长双组长制。成立县规范民办义务教育发展专项工作专班，下设“安全维稳、宣传引导、教师安置、规范办学”4 个专班组、2 个规范治理工作小组，确保规范民办义务教育发展专项工作平稳、有序落地落实。做好校外培训治理工作，开通 78 家培训机构资金监管专户，落实校外培训机构资金监管监查。对照省、市要求，对已有 3 家学科类培训机构做好“二次”压减工作。7 月 6 日，常山县义务段招生报名工作启动，县教育局发挥“线上+线下”招生报名服务工作机制，全县开设 33 个招生工作咨询点，开通近 100 个咨询电话。

【初中段集团化办学】 2022 年，县教育局启动初中段集团化办学工作，成立 3 个初中教育集团，打通集团内部人财物使用通道，实现“以城带乡、优势互补、优质发展”的“1+1”格局。集中开展集团化办学“互看互学”活动 4 次，开展集团化办学进展工作督导 20 余次，推进集团化办学提质进程。1 月 7 日，常山县初中段集团化办学动员大会召开，育才中学教育集团、城关中学教育集团、城南中学教育集团授牌成立。

2022 年 1 月 7 日，常山县初中段集团化办学动员大会在县教师进修学校召开，3 个初中教育集团揭牌成立　　（县教育局 供图）

【教育“双减”工作】 2022 年，县教育局推动“双减”工作高效落地，全县 34 所义务教育学校推行“5+2”课后服务，学生参与率达 100%，教师参与率 95.37%。研发开设 127 门校本课程，建立各类学生社团 465 个，促进学生自主性选择和多样化成才。创建 4 所省级劳动实践教育试点学校。2 月 24—25 日，衢州市小学语文、道德与法治学科“双减”工作专题调研送教活动在常山县城东小学举行。常山县实验小学获 2022 年度“全国优秀少先队集体”称号。

【教共体建设】 2022 年，常山以教育共同体建设为中心，对外推进上城—常山跨地区 18 所学校教共体民生实事项目，实现资源共享共融；推进海亮集团托管城东中学合作办学，提升学校办学水平。对内深化初中段集团化办学，开展集团化办学“互看互学”活动和集团化办学进展工作督导，推进集团化办学提质进程。常山教共体工作经验在《衢州政务》和省教育厅《今日择报》刊登，县教育局在全市跨地区教共体建设工作推进会上作常山县教共体建设工作交流发言。5月27日，副省长成岳冲一行先后赴新昌乡中心小学、东案乡第二中心幼儿园、大桥头乡中心小学分别就教育跨地区协作型教共体结对帮扶情况、“一乡镇一公办园”落实情况、县域共建型教共体结对帮扶情况等开展专题调研。

【常山县城南中学十周年校庆】 2022年11月10日，常山县城南中学十周年庆典在学校田径场举行，常山县人民政府副县长方育娟等嘉宾出席活动。庆典活动上，播放城南中学十年“三变”的纪实宣传片，回顾学校发展历程，城南中学2000余名学子表演节目为母校庆祝。

普通高中教育

【概况】 2022年，全县有高级中学3所（常山一中、紫港中学、三衢中学），完全中学1所（天马中学）。普通高中毕业生1467人，招收新生1394人；全县高中班级111个，在校生4583人。县教育部门持续深化常山一中教育综合改革，做强紫港中学体育、美术、日语三大办学特色，全县高考文化类特殊控制线上线人数达318人，常山一中1人被北京大学录取，常山高考实现长达22年的“清北梦”。

【高中大型考试】 2022年1月6—8日，浙江省2022年1月选考学考在常山一中考点举行，全县有3127名考生报名参加9481科次普高学考选考，共设326个试场。6月7—10日，常山县2022年普通高校招生考试在常山一中考点举行，普通高校招生报名人数为1860人，比上年增加165人，共设语文、数学63个试场，外语54个试场。9月24日，全国英语等级考试在衢州数字工业学校举行，全县582名考生报名参加，共设20个试场。

【教育教学调研】 2022年8月23日，县委书记潘晓辉一行赴紫港中学实地调研除险保安工作。11月23日，副县长方育娟到三衢高级中学实地调研项目进展情况。12月12日，县委副书记、县长王永明到紫港中学调研食品安全工作。7月21日，中国人民大学经济学院教授陆方文、苗彬一行到常山一中就新高考背景下学生选课工作进行调研并召开部分教师座谈会。

职业高中教育

【概况】 2022年，全县有职业高中1所（衢州数字工业学校），职业高中毕业生654人，招收新生730人，全校班级51个，在校生2038人。衢州数字工业学校心理健康辅导中心被评为衢州市青少年青春期教育基地、浙江省社会评价专家培养基地、省一级心理健康辅导站（11月通过复评），学业水平总排名第6，比2021年提升10%。高考上线率达100%，全省前100名有3人，16人录取本科院校，其中2人录取重点大学。衢州数字工业学校铜管乐队获全市中小学艺术节一等奖，参加全省无线电测向比赛的21人获一等奖，获青年组团体总分第1名。衢州数字工业学校全年培训各类实用新型人才3600多人次，被评为市级社会培训示范基地，并被推荐参评省级示范基地。省人社厅对全省265家社会评价组织评估中，衢州数字工业学校排名15位，获四星级评价组织。

【两校融合项目】 2022年，县教育局制定创建常山职教中心发展框架，推进衢州数字工业学校和常山技工学校两校融合发展，形成政策均衡共享、业务统筹共管、资源多方共用的发展模式，打造四省边际职业教育新高地。县委、县政府投资近10亿元，引进吉云教育集团，创建常山技工学校。9月，常山技工学校开学，首届招生突破800人，其中，衢州市以外的新生数460余人。2月27日，县委书记潘晓辉到衢州数字工业学校迁建项目现场考察指导。

【衢州数字工业学校获全国职业院校技能大赛三等奖】 全国职业院校技能大赛是由教育部发起并牵头，是专业覆盖面最广、参赛选手最多、社会影响最大、联合主办部门最全的国家级职业院校师生综合技能竞赛活动。2022 年 8 月 9—10 日，全国职业院校技能大赛中职组“计算机检测维修与数据恢复”赛项在广西南宁市举行，来自全国各地的 62 支代表队参赛，衢州数字工业学校代表队代表浙江省参赛并获三等奖。

【省际职业教育高地打造】 2022 年，县教育局按照“一年出成果、三年上台阶、五年新飞跃”工作目标，打造省际职业教育高地“13820”体系。借助打造四省边际职业教育高地，深度开展区域职业教育广泛合作，打响“常山阿姨”“常山工匠”等一批具有影响力的常山职教品牌。9 月 1 日，副县长方育娟到省教育厅职成教处对接职业教育高质量发展大会及高职院校合作办学事宜。10 月 19 日，政协教育组“U 学委员工作室”揭牌成立。

（陈传宝）

2022 年常山县教育概况一览表

表 18

类别	学校数（个）	班级数（个）	招生数（人）	毕业生数（人）	在校生数（人）	教职工数（人）						
						其中						合计
						专任教师	行政人员	教辅人员	工勤人员	编制数		
一、基础教育	97	1037	8346	9258	36302	2740	58	363	60	2140		3221
（一）普通中学	12	296	3908	4117	12547	1046	10	59	41	1003		1156
1. 普通高中	4	111	1394	1467	4583	413	9	23	18	374		463
2. 普通初中	8	185	2514	2650	7964	633	1	36	23	629		693
（二）小学	27	455	2570	2592	16048	1131	0	9	0	1013		1140
（三）幼儿园	57	280	1864	2545	7656	546	48	295	19	107		908
（四）特殊教育	1	6	4	4	51	17	0	0	0	17		17
二、中职教育	1	51	730	654	2038	146	1	3	1	141		151
合　计	98	1088	9076	9912	38340	2886	59	366	61	2281		3372

（王志诚）

2022 年常山县各高中本科、高校录取情况一览表

表 19

学校名称	本科录取情况（人）			高校录取情况（人）		
	录取	参考	比率（%）	录取	参考	比率（%）
常山一中	591	653	90.51	647	653	99.08
三衢中学	95	165	57.58	162	165	98.18

续表 19

学校名称	本科录取情况(人)			高校录取情况(人)		
	录取	参考	比率(%)	录取	参考	比率(%)
紫港中学	291	620	46.94	596	620	96.13
天马中学	3	155	1.94	103	155	66.45
衢州数字工业学校	16	262	6.11	261	262	99.62
合 计	996	1855	53.69	1771（含2名社会考生）	1855（含2名社会考生）	95.4

（邹志英）

表 20

2022 年常山县民办中学情况一览表

项 目		班级（个）	招生数（人）	在校生数（人）	毕业生数（人）	教职工数（人）	专任教师数（人）
天马中学	初中	2	0	50	32	69	7
	高中	15	83	645	139		46
三衢中学(高中)		11	199	425	163	27	20
合 计		28	282	1120	334	96	73

（胡建明）

浙江开放大学常山学院

【概况】 2022 年，浙江开放大学常山学院（简称常山开放学院）招生 528 人。其中，单考单招 13 人，开放教育 515 人；“一村一本科”（一村一名本科大学生）42 人，“一村一专科”（一村一名专科大学生）103 人，与县委组织部合作招收本科、专科 100 人。培养开放教育本科、专科毕业生 424 人，其中本科 195 人、专科 149 人、“一村一本科” 2 人、“一村一专科” 78 人。6 名学员获国家开放大学奖学金，13 名学员获浙江开放大学奖学金，2 名毕业生被评为浙江开放大学优秀毕业生，1 名学员被评为浙江开放大学“网上学习之星”。深化社区教育品牌宣传，全年在中央、省、市级以上媒体刊登信息 12 篇。创设 14 个社区儿童美育课堂，实现县域社区儿童美育课堂全覆盖，学员达 500 多人。开展 2022 常山儿童绘画大赛，收到 2000 多幅常山县内外各年龄段儿童的绘画作品参赛。联合浙江致朴公益基金会谋划出版画册《常山儿童画：一样，不一样》。深化与浙江开放大学的战略合作，争取浙江开放大学对常山县纯农和其他涉农专业招生支持，2022 年常山县纯农和其他涉农的招收指标 70 名，比往年增加 40%。同年 7 月，浙江广播电视大学常山学院更名为浙江开放大学常山学院。

是年，常山开放学院在浙江省县（市、区）办学单位业务工作考核中排名第 17，创历史新高；被评为 2021 年全省电大招生工作先进单位、浙江省社区教育示范基地、

2021 年常山县机关党建示范点。

【常山开放学院更名转型】 2022 年 7 月，浙江广播电视大学常山学院更名为浙江开放大学常山学院，性质变更为由常山县人民政府举办和领导，归属县教育局管理，业务接受上级开放大学指导和管理，主要职能拓展为负责常山县区域的终身教育与服务，整合原有的成人学历教育、社区教育、老年教育等公益类服务。常山开放学院核定事业编制增加至 13 名，新增人员编制 3 名，常山开放学院党组书记、院长兼任县教育局党委副书记，分管社区教育和成人教育工作。

【开展儿童绘画大赛】 2022 年 7 月，由常山县人民政府主办，以“热爱生活·畅想未来”为主题，启动 2022 常山儿童绘画大赛。联合县教育局、各美术培训机构等多方力量，通过自媒体推广宣传，收到常山县内外各年龄段儿童的绘画作品 2000 多幅。经过专家评选，设置金 U 奖、银 U 奖、优 U 奖、优秀指导教师奖和优秀组织单位奖，并将优秀获奖作品通过网络和实地展出。

【谋划出版儿童画册】 2022 年 7 月，常山开放学院联合浙江致朴公益基金会谋划出版画册《常山儿童画：一样，不一样》，刊登 200 余幅儿童绘画，选自常山县 11 所乡村小学、1700 多名学生创作的上万件作品。

（姜　莹）

2022 年 7 月 22 日，2022 常山儿童绘画大赛正式启动仪式在常山开放学院举行　　（常山开放学院 供图）

科学技术

【概况】 2022 年，常山县科学技术局（简称县科技局）围绕高能级平台、高品质主体、高效能生态等方面推进科技工作。推进高新技术产业园区、产业创新服务综合体、农业科技园区和高校产业技术研究院建设，提高平台资源集聚能力。加快主体培育，建立科技型企业“绿、蓝、橙、红”四色培育库，择优选择一批重点服务对象，培育企业自主创新能力。编制《科技助推“工业强县、产业兴县”三年行动方案（2022—2024）》，县政府办公室正式发文，营造高效能科技生态。是年，县科技局连续 11 年获浙江省市县防震减灾工作考核优秀单位。

【产业创新平台建设】 2022 年，县科技局有序推进油茶、精密基础件 2 个省级产业创新服务综合体建设、运营和服务，该综合体集聚高校院所、服务机构等创新资源企业 20 多家，开展需求征集、培训活动、检验检测、技术攻关、成果转化等企业服务 600 余人次。10 月，“油茶综合体”项目通过省级验收，精密基础件综合体通过年度绩效评价，同步建立工程师库 300 人。推进高新技术产业园区创建工作，出台《常山信息材料高新技术产业园区高质量发展（2022—2026）行动方

2022 年 9 月 21 日，常山县科技创新和人才大会召开（童子遇 摄）

案》，设立常山县高新技术产业园区管委会，建立指标交办、月度分析部署机制，高新技术产业园区规模以上企业的研发机构覆盖率达 80%。推进“一核五园”（“一核”是中国常山胡柚科技研究中心；“五园”即胡柚品种园、胡柚高新技术栽培示范园、胡柚文化旅游展示园、胡柚科技研发创新园、大学生创业园）建设，完成省科技厅对常山县高新技术产业园区的阶段性评审。

【产学研合作】 2022 年，浙江理工大学常山研究院先后派遣 12 支教授专家团队到常山开展需求征集、技术攻关、成果转化，10 名博士入驻企业开展服务。浙江灿宇纺织有限公司的“纺织品表面质量机器视觉在线检测技术研究及装备研制”项目获省“尖兵”研发攻关计划项目立项，“水溶性维纶、竹纤维、有机棉混纺超柔有色纱研发及产业化”项目在浙江云泰纺织有限公司验收，实现产值 2100 余万元。协助县委组织部申报国家、省级人才计划 12 人，其中 1 人入围答辩；协助浙江云泰纺织有限公司、浙江省常山纺织有限责任公司起草国家标准 2 项，申报发明专利 9 件，向常山企业免费许可专利 36 件。6 月，浙江艾佳食品有限公司与浙江大学合作成立研发中心，该研发中心被认定为常山县首家企业主导的产业技术研究院，获奖补 500 万元。常山县被省科技厅列入 26 县科技成果转移支付试点县（全省仅 7 个），为山区 26 县探索科技成果转移支付机制提供参考。浙江理工大学 36 项专利免费许可 2 年给 6 家企业，其中“钛钴复合材料及其制备方法和应用”专利技术转移支付试点，轴承模具使用寿命从原来的 2 小时平均提高到 6 小时，先后被浙江卫视、“创新浙江”等媒体报道。

【“科技保姆”服务】 2022 年，县科技局做深做细“科技保姆”党建品牌，开展规模以上工业企业研发投入“清零”行动，以“班子带队、包企到组”的方式逐家走访摸排，邀请 2 家科技中介机构到企业开展“一对一”专业指导，特别是对产值亿元以上、研发潜力大、研发为零等重点企业实行月月跟踪。开展助企纾困专项行动，全年兑现科技政策资金 6500 余万元，其中研发投入奖补资金 3944.4 万元、科技创新券奖补资金 200 万元、县级科技项目经费 300 万元，高新技术企业、产学研合作等科技创新政策类奖补 1055 万元。全县规模以上工业企业研发经费 6.71 亿元，比上年增长 18%，占营业收入 3.39%，居衢州市各县（市、区）第 1 位；技术交易额 7.2 亿元，年度目标完成率居衢州市第 1 位。

（吴 超）

公共文化

【概况】 2022 年，常山县文化和广电旅游体育局（简称县文广旅体局）以中共二十大精神为指导，聚力聚焦文旅体深度融合，聚焦完善公共文化服务体系，深入实施文化惠民工程，补齐基础设施短板，加强文艺精品创作，推进文化遗产保护传承，不断满足人民群众日益增长的精神文化需求。是年，常山县上榜浙江文旅助力探索共同富裕新路径十佳县。

【公共文化服务】 2022 年，县文广旅体局大力实施“浙文惠享”民生实事项目，高质量完成 94 个“15 分钟品质文化生活圈”、3 个南孔书屋、2 个文化驿站、15 个乡村博物馆建设，各项目进度和完成率均高于全省平均水平，其中“15 分钟品质文化生活圈”9 月份运行指数位列全省 11 名、衢州市第 1 名。常山县文化馆被评为国家一级文化馆，入选全省文化馆基层服务培训联盟先进单位，“一切为了 U”全民艺术普及培训联盟入选全省文化馆基层服务培训联盟优秀案例。

【文艺精品创作】 2022 年，《All for U》获浙江省文化和旅游厅“诗画浙江”旅游歌曲大赛金奖，被列为 2021 年度浙江省年度旅游歌曲，原创歌曲《共富路》被《人民日报》转发，村歌《早上好》获浙江省委宣传部主办的村歌线上选拔赛三等奖，舞蹈《柚酸柚甜柚好看》入选浙江省第三十二届群众舞蹈大赛决赛，原创清廉歌曲《守门人》获衢州市“南孔清风”文艺创作大赛金奖。

【文化遗产保护】 2022 年，县文广旅体局召开全县文物安全工作会议，与乡镇街道属地签订文物安全责任书，完善三级文物安全管理网络和责任体系。实施徐氏旧宅、樊氏大宗祠、底角王氏宗祠（含世美坊）等 6 处省级文物保护单位的建筑修缮、消安防提升。加强“非遗”传承保护，常山洪氏斋公拳、常山贡面制作技艺列入第六批浙江省非物质文化遗产代表性项目名录，衢州数字工业学校、常山新昌小学等 6 所学校列入市级“非遗”传学基地。

【文化基因解码】 2022 年，县文广旅体局持续开展宋诗文化基因解码，结合常山喝彩歌谣、常山蛋雕艺术、常山民间剪纸、常山竹编、常山中药合香技艺等，创作以宋韵文化为主题的非遗作品，实现传统元素在宋韵文化中转换。

常山县“宋诗之河”入选全省首批文化标识建设创新培育项目，“宋诗之河”、常山胡柚、喝彩歌谣入选省级“优秀解码项目”名单。

（周 静）

旅 游

【概况】 2022 年，县文广旅体局聚焦“一切为了 U”城市品牌塑造，深化文旅体融合，丰富文旅特色产品，全面打响“画里乡村、研学走廊、康养胜地”文旅品牌。综合运营商手机信令大数据，接待游客 633.79 万人次。

【全域旅游发展】 2022 年，何家乡、白石镇创建 AAAA 级景区镇，招贤镇、大桥头乡创成 AAA 级景区镇（乡），创成 AAA 级景区村 10 个，在衢州市率先实现城镇村景区化全覆盖。新增七彩飞龙洞景区、赛得健康城 2 家 AA 级旅游景区，三衢石林景区列入浙江省 AAAAA 级旅游景区创建意向名单，常山县被省政府命名为第三批浙江省全域旅游示范县（市、区）。创新文旅数字化建设，乡旅“人才金管家”项目入选浙江省文化和旅游数字化改革第二批试点应用名单。

【文旅项目建设】 2022 年，县文广旅体局深化文旅拓展行动，推进全民健身中心、弘影文创园、新型文化综合体等重大项目建设。全县旅游景区在库项目 35 个，总投资 46.44 亿元，省文旅项目库在库项目 46 个，完成投资 80.99 亿元，年度计划投资完成率达 119.68%。

【文旅业态提升】 2022 年，县文广旅体局积极探索农文旅融合，深化“金源模式”，搭建“旅游根据地”共富板块，推动渣濑湾村整村运营。“常山漫居”民宿品牌持续打响，“季意民宿”被评为省级金宿，“罗曼民宿”“溪上村舍”被评为省级银宿，“九舍民宿”被评为市级民宿综合体，新桥村、梅树底村被评为市级民宿集聚村，常山县被评为“中国民宿研学基地”。不老泉景区飞跃丛林项目入选 2022 年度浙江省运动休闲旅游优秀项目。

【文旅市场监管】 2022 年，县文广旅体局开展除险保安“百日攻坚”行动，通过“日常巡查+联合检查+第三方检查”形式，对星级酒店、民宿、网吧、娱乐场所、旅行社、景区等 70 家场所及 73 家非学科类校外培训机构的安全生产情况进行全面摸排整治，督促严格落实疫情防控措施。全年出动检查人员 1900 余人次，检查监管对象 133 家，隐患排查及整改 268 处，实现安全生产“零事故”。

【文旅营销推广】 2022 年，县文广旅体局开展线上特邀网红及市民全县全域打卡活动，开启“U 见常山”全民抖音话题赛，产生 266.9 万次播放流量。“长三角一体化”旅游推广系列活动、常山 UU 音乐节、浙江省第八届木球锦标赛等大型活动举办，拉动全县整体消费近 600 多万元。美食综艺节目《“食”万八千里（常山篇）》掀起常山鲜辣美食热潮，当晚全国收视率位居省级卫视第三。竞相开展徐村清凉一夏、辣里等你音乐会等夜间文旅活动。

2022 年常山县国家 AAA 级及以上景区一览表

表 21

景区（村）名称	地 址	等 级
三衢石林景区	常山县辉埠镇路里坑村	AAAA
梅树底景区	常山县东案乡梅树底村	AAAA

续表 21

景区(村)名称	地址	等级
东方巨石阵景区	常山县青石镇砚瓦山村	AAA
奇石馆景区	常山县紫港街道北滨江路 88 号	AAA
黄冈山景区	常山县何家乡黄冈村	AAA
黄塘景区	常山县新昌乡黄塘村	AAA
桃花源景区	常山县芳村镇新桥村	AAA
不老泉景区	常山县白石镇新塘岭村	AAA
彤弓山景区	常山县同弓乡彤弓山村	AAA
七彩飞龙涧景区	常山县东案乡梅树底村	AAA
赛得健康城	常山县招贤镇泉目山村	AAA
柚香谷	常山县白石镇草坪村	AAA
云耕小镇	常山县开发区	AAA

2022 年常山县国家 AAA 级及以上景区村一览表

表 22

景区(村)名称	地址	等级
黄塘村	常山县新昌乡黄塘村	AAA
郭塘村	常山县新昌乡郭塘村	AAA
黄冈村	常山县何家乡黄冈村	AAA
高峰村	常山县东案乡高峰村	AAA
西源村	常山县新昌乡西源村	AAA
渣濑湾村	常山县紫港街道渣濑湾村	AAA
孔家弄村	常山县紫港街道孔家弄村	AAA
砚瓦山村	常山县青石镇砚瓦山村	AAA
田蓬村	常山县东案乡田蓬村	AAA
聚宝村	常山县白石镇聚宝村	AAA
弄坞村	常山县东案乡弄坞村	AAA

续表 22

景区(村)名称	地址	等级
樊家村	常山县何家乡樊家村	AAA
高埂村	常山县招贤镇高埂村	AAA
新桥村	常山县芳村镇新桥村	AAA
徐村	常山县金川街道徐村	AAA
下猷阁村	常山县芳村镇下猷阁村	AAA
路里坑村	常山县辉埠镇路里坑村	AAA
东坑村	常山县球川镇东坑村	AAA
长风村	常山县何家乡长风村	AAA
金源村	常山县东案乡金源村	AAA
达塘村	常山县新昌乡达塘村	AAA
新塘岭村	常山县白石镇新塘岭村	AAA
水南村	常山县青石镇水南村	AAA
新昌村	常山县新昌乡新昌村	AAA
草坪村	常山县白石镇草坪村	AAA
濛桥村	常山县大桥头乡濛桥村	AAA
江源村	常山县何家乡江源村	AAA
中和村	常山县同弓乡中和村	AAA
天马村	常山县天马街道天马村	AAA
白石村	常山县白石镇白石村	AAA
马车村	常山县青石镇马车村	AAA
园区新村	常山县芳村镇园区新村	AAA

2022 年常山县旅游星级酒店一览表

表 23

名称	地址	星级
东方大酒店	常山县天马街道金石东路 1 号	★★★★
东方广场酒店	常山县紫港街道春江路 38 号	★★★★
华府大酒店	常山县定阳南路 171 号	★★★

2022 年常山县旅行社一览表

表 24

名称	地址	星级
衢州天马旅游有限公司	常山县紫港街道北滨江路 88 号	★★★★
常山县华夏旅行社有限责任公司	常山县天马街道定阳北路 68 ～ 75 号	★★★
常山县山水旅游有限公司	常山县天马街道人民路 55 号	★★★
常山县新视界旅行社有限公司	常山县天马街道健康弄 34 号	★★★
常山县春秋旅行社有限公司	常山县天马街道人民路 86 号	★★★
常山县友好旅行社有限公司	常山县天马街道人民路 43 幢 29 号	
常山县心悦旅行社有限公司	常山县天马街道人民路 59 号	
常山县文峰旅行社有限公司	常山县天马街道定阳北路 42 号二层、51 号二层	
常山县心愉健康科技有限公司	常山县天马街道文峰西路 9 号中商广场 1 幢 1 单元 4 楼	
常山县心安旅行社有限公司	常山县青石镇水南底铺 188 号 42 栋	
常山县慢城旅游营销有限公司	常山县紫港街道文坊路 1 号	
浙江锦澜文化旅游发展有限公司	常山县天马街道人民路 57 号	
衢州市都市假日旅游有限公司常山分公司	常山县天马街道人民路 62 ～ 64 号	
山西小二游吧旅行社衢州分公司	常山县天马街道定阳北路 383 号	

（周　静）

体　育

【概况】 2022年，县文广旅体局以创建浙江省体育现代化县为契机，强化大体育发展理念，深化体育事业改革，做好“体育+”文章，推进常山体育跨越式发展，为加快建设“浙西第一门户”贡献体育力量。全面完成省基层体育场地设施建设任务（1个体育公园、6个社区多功能运动场、7个百姓健身房）。是年，常山县人均体育场地面积2.8平方米，处于全省中上水平。

【全民健身推进】 2022年，县文广旅体局发挥各体育社团及民间组织的力量，组织各界群众开展健身活动，举办全县线上健康跑、同心杯篮球赛、气排球联赛、乒乓球联赛、畅游常山江、线上健身气功展示、中国国家围棋队在常山集训等体育赛事活动68场。

【竞技体育发展】 2022年，县文广旅体局组织举办浙江省第八届木球锦标赛暨浙江省第十一届大学生木球锦标赛和衢州市第六届运动会小学组足球、羽毛球、武术散打、乒乓球5场市级以上体育赛事，刷新常山县承办体育赛事的历史，常山县获衢州市第六届运动会突出贡献奖和体育道德风尚奖。超额完成浙江省第十七届运动会组队参赛任务，获1金2银4铜。在衢州市6个县（市、区）率先出台《常山县竞技体育贡献奖励办法》。

（周　静）

2022年8月7日，“畅游常山江”活动在常山江常山大桥至紫港大桥水域举行

（县文广旅体局 供图）

新闻传媒

【概况】 2022年，常山传媒集团树牢“一切为了U”理念，服务中心大局，把握正确舆论导向，全方位提升常山影响力和美誉度。承办第七届浙江创富大赛启动仪式，邀请11位省厅级领导莅临常山，常山共富果园项目跻身全省创富大赛10强，常山传媒集团获优秀组织奖。设立“战‘疫’求助平台”，推出“城区核酸采样站人数实时更新”查询系统。组建“疫”线先锋宣传队，制作推送《常山话说防疫》《主播说防疫》等作品5800余件，全网阅读量突破2.4亿人次，点赞量超7000万次，常山传媒集团被评为常山县疫情防控第一批正面典型。重点围绕文明创建、除险保安、疫情防控、干部作风等，通过专题专栏分类聚焦、协同监督，全年制作《聚焦时刻》22期，录制《问政常山》1期，推送《清廉常山》11期，推动近50家责任单位整改问题80余项。投入100余万元，实施广播制播系统改造，更新老旧服务器、万兆交换机等。

是年，常山传媒集团获县委、县政府“十条军规”通报表扬，获省广播新闻协作三等奖和省新媒体新闻协作三等奖，被县委、县政府授予“变革战队”称号；获广播和电视对农节目服务工程建设考核鼓励奖和优秀奖，创近几年最好成绩；电视公益广告《随手扔抛 祸从天降》获省广播电视公益广告三等奖1件，为全市唯一；短片《千年古镇 和美招贤》获省广播电视节目技术质量奖(金鼎奖）短片类一等奖，“常山新闻”获省广播电视节目技术质量奖（金鼎奖）高清录制新闻类三等奖，常山新闻综合频道获省广播电视节目技术质量（金鼎奖）高清播出技术质量奖三等奖。

【媒体融合指数跃升】 2022年，常山传媒集团围绕客户端、微信、抖音平台，探索“媒体+”发展模式，有效提升融媒体指数，不断壮大主流舆论阵地。累计推出爆款产品228件，其中，短视频《晚自修听力课秒变电影课 这大起大落太刺激了！》在“常山UU”抖音号获超370万人次的阅读量，点赞量破11万次，阅读量与点赞量均创历史新高。融媒体指数排名由年初的全省58名跃升至全省前10名，其中连续5个月排名全省前3名，多次获省委宣传部通报表扬。

【对外宣传】 2022年，常山传媒集团在《人民日报》、央视、新华社、《浙江日报》等中央和省、市主流媒体累计推送涉常山报道5090余篇，报道量是2021年的1.69倍。其中，被央视报道31件，是2021年的5.4倍；被“学习强国”学习平台报道665件，报道量是2021年的3.27倍。短视频《荒地惊险罂粟花，聪明的小学生带警察成功“扫毒”》在“美丽浙江”爆款抖音号播放量超6455万次、点赞量超132万次，成功跻身5月“美丽浙江”第二名。

2022年7月29日，中央广播电视总台浙江总站共同富裕示范区观察点揭牌仪式在常山县新昌乡达塘村举行 （常山传媒集团 供图）

【中央广播电视总台共富观察点落户常山】 2022年7月29日，中央广播电视总台共同富裕示范区观察点在新昌乡达塘村揭牌，全省仅10个，衢州市仅1个，中央广播电视总台浙江总站党委书记、站长张国飞应邀出席。依托共富观察点，在央视播出涉常山报道31篇，是2021年的5倍多，其中被央视《新闻联播》报道2篇。

（汪东丽）

县新华书店

【概况】 2022年，浙江常山县新华书店有限公司（简称县新华书店）营收约3943万元，完成集团营收指标3635万元的108.5%，实现利润577.7万元，完成集团利润指标374万元的154.5%，实现营收利润“双五”增长（“双五”增长指年营收和年利润均比上年增加5%。）。通过开展“助力中高考”活动、推广学生教辅电子收款等方式，开展教材销售服务，全年教材营收2904万元，比上年增加253万元，增幅9.6%；学生人均教辅购买力继续维持在600元以上，书店基本盘保持稳定。县新华书店中标幼教项目实洋699.9万元，协助浙江省新华书店集团有限公司创新业务部中标金额超1000万元。县新华书店位于常山县天马街道罗家坞5号的教材仓库列入旧城改造拆迁范围，于1月签订拆迁货币补偿协议书。

【征订政治读物】 2022年，县新华书店组织开展各类政治读物的团购征订工作，创团购营收561万元，比上年增长65.5%。其中，《习近平在浙江》发行20467册，党员覆盖率达100%；《习近平浙江足迹》发行23264册，超额完成计划数；《习近平谈治国理政》第四卷发行16600册，以上3本书的党员覆盖率均位列全省前列，基本实现当地政治读物发行单位全覆盖。

【组织图书活动】 2022年，县新华书店组织“衢州有礼·知书达礼”暑期读书、“名家进校园”作家签售、公益少儿绘本分享等阅读推广活动超30场，参与学校17所，参与师生超1万人次，实现销售码洋35万元。联合县教育局举办“为中高考加油，慰问全县初三高三教师”活动，对全县10所初高中、430名中高考一线教师进行慰问。县新华书店连续第四年举办“助力中高考”活动，该活动信息被《中国新闻出版广电报》刊载。

（楼倩倩）

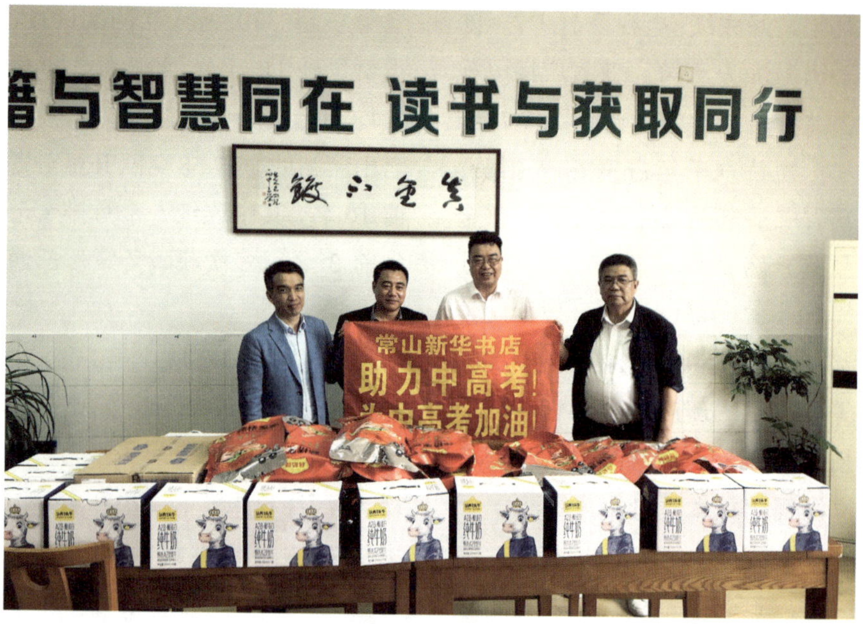

2022年5月16日，县新华书店为常山县城关中学配送慰问品

（县新华书店 供图）

综 述

【概况】 2022年，常山县卫生健康局（简称县卫健局）紧扣卫生事业高质量发展新目标，锚定打造四省边际卫生健康新高地定位，聚焦卫生健康综合改革，一手抓疫情防控、一手抓医疗服务，全力保障群众健康需求。至年末，全县有各级各类医疗机构269家，包括县级医院3家、乡镇（中心）卫生院15家、民营医院6家、村卫生室186家、其他医疗机构59家。医疗卫生机构核定床位总计1684张，实际开放1847张，每千户籍人口核定床位数4.4张。常山卫健系统共有干部职工1719人，按人员类别划分，在编1309人（研究生学历26人、本科学历973人），编外410人；在编专业技术人员1261人（正高职称67人、副高职称156人、中级职称433人）；注册执业（助理）医师1006人，护士868人，每千户籍人口执业（助理）医师数、护士数分别为3.82人、3.3人，比上年均有所上升。

是年，县卫健局实现连续2年在省对山区26县考核满分，位列全省第一方阵；通过健康促进县省级现场评审；获2022年度集体三等功。推进“清廉卫健”建设，创成市级清廉建设突出单位1家、县级清廉建设突出单位3家、县级清廉医院示范点2家。县妇保院“无影灯”清廉品牌经验做法被省纪委网站刊登推广。常山县入选“两癌筛查一件事”省市试点县和国家婴幼儿营养喂养咨询指导能力培训提升项目试点县。

【卫健综合改革】 2022年，县卫健局全面启动卫生综合改革，出台“1+5”改革方案，实行医疗机构“三定”、后勤服务剥离等20条硬核举措。全面推行医疗机构编制“三定”，核减职能科室4个，精减县级医院班子成员4人，压缩中层管理岗位7个。实行医院后勤服务统一外包，成立医疗机构后勤服务采购联合体，有效节约成本535万元。推进薪酬制度改革，实行医疗机构绩效总额制和县级医院领导班子年薪制，落实按岗定薪制度，建立健全符合行业特点、体现医务人员技术劳务价值的薪酬分配制度。在衢州市率先出台学科和人才队伍建设专项政策，制定12条人才“引、培、留、用”举措。1名本土人才入选2022年度浙江省医坛新秀培养对象，4名医务人员入选第四届衢州市名医、名中医、专家。细分县人民医院内科为12个亚专科，新增中医病区、肾内科病区等4个重要临床科室，设置呼吸重症监护室（RICU）、急诊重症监护室（EICU）等危重症救治学科群，市重点学科感染科通过复评。

【战略合作】 2022年，县卫健局举办2022年“U你健康 助力共富”中医药文化传播进常山活动，与浙江中医药大学建立战略合作，省级中医药综合统计工作及中医药发展指数监测联系点落户常山。县人民医院完成三大救治中心、三大共享中心和4个临床专科建设项目，开展新技术、新项目39项，比上年增长14.71%，入选国家卫健委首批“千县工程”县医院综合能力提升工作项目单位；县中医医院挂牌浙江中医药大学附属第二医院浙西医院；县妇保院成功创建二甲专科医院，挂牌成立吕卫国妇科肿瘤防治专家工作站暨四省边际妇幼合作基地。

【重点项目建设】 2022年，县卫健局投入13亿元建设一批卫生健康基础设施。其中，县人民医院感染病区扩建工程、人民医院二期完工并投入试运行，实施县人民医院、县中医医院改造提升和县妇保院扩建工程，县应急指挥中心项目装修工程进度达90%，宋畈、东案卫生院新、扩建项目顺利完工，建成20家规范化村卫生室，城东新区专科医院完成主体结构工程。投入5200万元启动健康大脑建设，完成县级3家医疗机构HIS实时贯通、县中医医院“中医处方一件事”信息归集上传，实现全县公立医院医学检查检验互认共享及医疗电子横版票据全覆盖。

（郑慧敏）

2022年7月19日，县卫健局举办2022年“U你健康 助力共富”中医药文化传播进常山活动 （县卫健局 供图）

疾病预防控制与监测

【概况】 2022年，县卫健局围绕“健康常山”主题，坚持疫情防控和日常工作两手抓，始终做到“两不误、两结合、两仗赢”，实施各项疫病预防工作，全县未发生突发公共卫生事件，全面落实国家基本公共卫生服务项目及民生实事项目。全县建立健康档案238902人，建档率91.90%；在管高血压患者29068人，规范管理率70.67%；在管糖尿病患者8287人，规范管理率71.46%，“两慢病”（高血压、糖尿病）免费用药19007人；免费健康体检85995人，65岁及以上老年人健康体检39811人，体检率75.85%；免费筛查结直肠癌8224人，完成率102.8%，结直肠镜415人，完成率104.8%；65～74岁慢阻肺筛查3289人，完成率102.78%；70周岁以上流感疫苗接种10000人，完成率100%；重点人群免费白内障手术85人，完成率110.39%；建设慢性病一体化门诊6家，提升基层慢性病防治能力。全面推进艾滋病、结核病、地方病等重点传染病防治工作。

【实施国家基卫服务项目】 2022年，县卫健局修改完善居民电子健康档案，建设慢性病一体化门诊，优化高血压、糖尿病就诊环境。全县建档 23.89 万人，建档率 91.90%，档案开放率 97.05%。在管高血压患者 2.9 万人，管理率 50.47%，规范管理率 70.67%；在管糖尿病患者 8287 人，管理率 52.12%，规范管理率 71.46%。65 岁以上高血压患者在管 21033 人、免费用药 15360 人，用药率 73.03%；糖尿病患者在管 4965 人、免费用药 3647 人，用药率 73.45%。完善常山县严重精神障碍患者闭环管理明确领导小组职责分工，全县在管重精患者 1359 人，发现率 5.23‰，管理率 100%，规范管理率为 99.93%，县内在管患者未发生严重肇事肇祸事件，严重精神障碍患者管理得分、基卫服务项目绩效评估综合得分持续保持全市前列。

【拓展肺结核防治服务项目】 2022 年，县卫健局在全国率先实施肺结核扩大免费治疗、免费筛查“双免”政策。2022 年全县报告发病率 116.66/10 万，比 2021 年下降 7.25%；老年人筛查率 67.86%，比 2021 年上升 9.21%；转诊到位率 94.19%，比 2021 年上升 10.81%；病原学阳性率 71.43%，比 2021 年上升 27.33%；住院率 97.92%，比 2021 年上升 157.68%；治疗成功率 94.89%，比 2021 年上升 12.46%。肺结核专项提升行动督查综合得分居全市第一。

【地方病防治闭环工作体系】 2022 年，县卫健局构建血防防治“1432”工作体系（锁定 1 个目标、完善 4 项工作机制、实施 3 项推进体制、执行 2 项考评举措），形成血防“查—灭—评—管”全链条闭环管理模式。投工 1.5 万工，查螺面积 786.98 万平方米，查出有螺乡镇 8 个，有螺村 19 个，螺点 23 个，有螺面积 2.15 万平方米。捕获活螺 2312 只，经解剖全部为阴性，LAMP 检测也未发现阳性钉螺。开展查螺分片指导 32 次，监测查病 12837 人，血清阳性 326 人，阳性率 2.54%，阳性对象粪检均阴性。

【开展民生实事项目】 2022 年，县卫健局在全市率先增设健康体检 X 项，并持续做好重点人群结直肠癌、慢阻肺筛查民生实事项目。免费体检 85995 人，其中参保城乡居民基本医疗保险 77011 人，65 岁及以上老年人健康体检 39811 人；免费结直肠筛查 8224 人，完成率 102.8%，结直肠镜 415 人，完成率 104.8%，发现结直肠癌 1 人，进展期腺瘤 31 人，非进展期腺瘤 67 人，非腺瘤性良性病变 93 人；慢阻肺免费筛查 3289 人，完成率 102.78%，发现疑似慢阻肺患者数 39 人，确诊 12 人；70 周岁以上免费流感疫苗接种 1 万人；重点人群免费白内障手术 85 人，完成率 110.39%。

（郑慧敏）

卫生监督

【概况】 2022 年，县卫健局严格落实以党政主要负责人推进法治政府建设第一责任人职责，制定印发《关于印发常山县卫生健康系统法治宣传教育的第八个五年规划（2021—2025）的通知》《2022 年常山县卫生健康局办公室关于印发“八五”普法规划责任制实施方案的通知》等文件，系统研究部署依法行政工作，形成年度普法责任清单。通过周一夜学、8090 宣讲团、业务培训等形式，开展《中华人民共和国民法典》《中华人民共和国基本医疗卫生与健康促进法》《中华人民共和国宪法》等法律法规知识培训，提升系统干部职工的法律素养。严格落实规范性文件的审查及备案制度，定期清理规范性文件。全面推行行政执法全过程记录，严格落实行政执法公示制度。是年，召开重大案件听证会 8 次，聘请法律顾问参与规范性文件制定审查 1 件、规范性合同备案 2 件及重大案件审核 14 起。开展集中隔离点指导服务，协助隔离点完善各项防控措施，是年，累计检查辖区内隔离点12家135次，出动监督员271人次。

【卫生监督执法】 2022年，县卫生监督所结案263起，(一般程序处罚198起，简易处罚65起)，包括职业卫生25起、消毒产品经营单位8起、公共场所卫生62起、餐饮具集中消毒单位1起、医疗机构146起、学校卫生11起、其他10起，罚没款总计122.41万元。检查22家药房、超市、母婴用品店等消毒产品销售单位，立案查处8起。浙江省常山县神龙建材有限公司严重损害劳动者生命健康案件入选省级职业卫生十大典型案例。全面开展医疗乱象专项治理行动，严厉打击非法行医和损害人民群众健康权益的违法违规行为，全年累计查处非法行医行政处罚案件10起。采取市级督查和县级交叉检查的方式对县属医疗机构、乡镇卫生院及民营医疗机构开展依法执业检查，提升医疗机构依法执业水平。

【职业病防治】 2022年，县卫健局以治理粉尘、化学毒物、噪声超标为核心任务，加强职业健康监督管理，改善工作场所劳动条件，从源头上控制和减少职业危害，保障广大劳动者职业健康。利用“职业健康在线”系统实施差异化监督执法，提升智能化监管水平。6月，组织召开全县用人单位职业病危害专项治理和职业病危害综合风险评估培训会，强化用人单位职业病防治的主体意识，提升用人单位的职业病危害因素自查和风险评估能力。加强职业病防治宣传，通过“健康常山在线”新媒体平台和线下实地走访宣传方式向群众普及职业病防治知识，悬挂宣传横幅2幅，张贴海报20余张，发放宣传折页200余份。监测45家企业职业病危害因素，开展533名接触粉尘、噪声、铅及其化合物、苯等职业病危害的劳动者免费职业健康检查，完成每个监测县人数不少于500人的目标要求。

【推进“大综合一体化”改革】 2022年，县卫健局围绕县级“大综合一体化”执法改革部署，公开行政执法事项目录清单，完成四张清单和人员下沉乡镇的上报，指派人员进驻执法中心参与“扫码”联合执法行动和案件联审等工作。全年卫生健康领域行政执法事项计472项，其中行政处罚事项237项，行政检查事项71项，行政强制事项20项，其他事项144项。调整内设科室，设置卫生健康行政执法专业AB岗。联合县综合执法局组建“1+X”执法队，配合县综合执法局完成案审中心搭设，指派4名干部驻点执法。定期参与“大综合一体化”联合巡查，分类督查县域100家单位的疫情防控落实情况。参与多部门协同的“综合查一次”工作，全年发起联合检查8条，配合联合检查12条，提请协作任务8条，配合协作任务7条。开展宠物“监管一件事”清单监督检查，对县域8家宠物医院联合检查2次。

（郑慧敏）

妇幼保健

【概况】 2022年，县卫健局严格落实妇幼健康领域疫情防控工作各项要求，加强医疗资源统筹安排，有序开展预检分诊、日常诊疗工作，保障就医需求，守住“妇幼防线”。立足源头防控，持续做好免费婚前医学检查、孕前优生健康检查、免费增补叶酸、产前筛查、产前诊断、新生儿疾病筛查及先天性心脏病筛查等项目。县妇保院将再生育门诊与免费孕前优生监测有效融合，设立生育服务咨询室，提供科学备孕指导及妊娠风险提示。

【母婴安全】 2022年，县卫健局深入实施母婴安全行动计划，持续巩固母婴安全五项制度。深化与省妇保院紧密型协作，加快推进妇幼健康工作同质化、规范化发展。吕卫国妇科肿瘤防治专家工作站暨四省边际妇幼合作基地落户常山，县妇保院通过二级甲等医院现场评审。先后组织开展2022年上半年危重孕产妇和危重新生儿抢救案例分析会议、围产儿和5岁以下儿童死亡评审会议、县级危重孕产妇和新生儿救治中心现场评估、全县妇幼保健技能大比武、健康教育宣讲技能竞赛等，提升县域妇幼保健水平。强化人类辅助生殖技术，2022年全县生殖内分泌科完成试管婴儿准备工作10例，人工授精准备工作2例，试管婴儿分娩10例，孕中3例，移植准备3例。全县管理产妇1454人，高危发生人数1024人，高危管理率100%；孕产妇实现零死亡，婴儿及5岁以下儿童死亡率分别为0.68‰、1.36‰。

【出生缺陷综合防治】 2022年，全县结婚登记1752人，免费婚检1738人，婚检率99.2%；开展优生检测1684人，免费孕前优生健康检查率99.5%，发放叶酸651人次，合计1615瓶，服用率100%。新生儿遗传代谢病筛查884例，筛查率100%，确诊5例，其中甲状腺功能减退3例，G6PD（蚕豆病）2例；听力筛查883例，筛查率100%，确诊0例。双指标筛查812例，阳性4例，筛查率91.96%，确诊先天性心脏病21例；发育筛查4612例，可疑或异常人数187人；孤独症筛查936例，可疑12例，确诊2例，对筛查阳性病例进行追踪随访。至年底，启动“小鹿灯”出生缺陷儿童救助公益项目，为县域儿童提供医疗指导、医疗费用报销、路费补贴等方面的救助，防止患病儿童家庭因病致贫、因病返贫。

2022年6月2日，浙江大学医学院附属妇产科医院吕卫国妇科肿瘤防治专家工作站暨四省边际妇幼合作基地揭牌仪式举行(县妇保院 供图)

【养育照护服务】 2022年，县卫健局拓展婴幼儿照护服务阵地建设，建成渡口、文昌2个未来社区婴幼儿照护服务驿站，设立县域首家基层“医、防、护”儿童健康管理中心，健全基层儿童医疗保健服务体系。入选国家婴幼儿营养喂养咨询指导能力培训提升项目试点县，制发《常山县婴幼儿营养喂养咨询指导能力提升培训项目实施方案》，在全县14个乡镇开展婴幼儿营养喂养咨询指导。全县新增托位220个，提前超额完成民生实事项目省定任务。截至年底，全县登记备案托育机构（幼儿园托育部）26家，总托位954个。联合教育、消防等部门开展托育机构检查7次，大力推进“医育结合”，培养市、县两级养育照护小组师资48名，举办养育照护小组活动23场。新建母婴室1家，实现全县25家母婴室星级全覆盖。

【健康教育】 2022年，县卫健局抽调331名干部组建“U健康”妇幼联盟服务团队，建立健全县乡村三级联动响应机制，为县域妇女儿童健康提供全方位服务。围绕出生缺陷预防、儿童合理膳食与健康、婴幼儿意外伤害预防和现场急救等主题，通过微信、报刊等媒体平台，宣传卫生惠民政策，推广健康保健知识。年内，在孕妇学校、育儿学校举办宣传活动 34 场，推出“生育关怀”云上讲堂 23 期，受益群众达 2 万余人次。整合乡镇卫健办、村级卫健服务员、村计生协会会员等资源力量，实施城乡妇女免费“两癌”筛查项目，实现妇女“两癌”早诊早治，降低“两癌”死亡率。全县宫颈癌筛查 15600 人，乳腺癌筛查 15608 人，孕期 883 人次均接受 HIV 抗体、梅毒、乙肝表面抗原检测，HIV 阳性个案零发生。发现梅毒感染孕产妇 9 例均免费治疗，治疗率 100%，乙肝表面抗原阳性产妇住院分娩 37 例，活产儿均免费注射乙肝免疫球蛋白。深化“出生一件事”掌上办，全年掌上办件 1154 件，掌上办率 96.49%。

（郑慧敏）

健康建设

【概况】 2022 年，常山县深入贯彻落实健康中国战略和健康浙江行动，大力弘扬“一切为了 U”的核心理念，以创建全国健康促进县为契机，系统推进健康组织、健康场所、健康环境、健康素养、健康服务建设，着力完善健康政策、建设健康场所、培育健康文化、打造健康环境、关注健康人群、发展健康产业，大力彰显“一切为了 U”的城市品牌，形成独具特色的健康 U“政策、孝老、产业、旅体、数字”的健康促进县标识，全面提升群众健康获得感、幸福感。

【爱国卫生运动】 2022 年，县卫健局举办纪念爱国卫生运动 70 周年暨第 34 个爱国卫生月活动，推送宣传信息 18 篇，健康云课堂 4 期，开展环境卫生整治活动 100 余次。结合“周二无会日”发动各村社常态化开展卫生综合整治，落实“周四卫生包干联创”制度。是年，开展环境卫生整治活动 100 余次，现场指导检查城区人员密集的重点场所 2 次。举办 2022 年“世界无烟日”宣传系列活动，发放控烟宣传折页 1 万份，举办控烟专题讲座 1 次，无烟党政机关县域全覆盖。

【健康教育县域全覆盖】 2022 年，县卫健局持续巩固健康教育阵地建设，印发《中国居民健康素养 66 条》《三减三健》等各类宣传手册与折页 10 万份，扇子 2000 把，定期更新 300 余处健康教育宣传栏。建立健全县域健康科普专家库，依托“政府部门+医疗机构+专家团队+8090 宣讲团+网格员”五位一体健康讲师团，200 名讲师点对点联系 337 个部门、乡镇街道、村（社）、企业、学校，全面普及健康生活方式和健康知识技能。2022 年，累计开展各类讲座 100 余场，受益群众达 10 万余人次。在常山电视频道开设健康专栏，推出中西医健康知识与养生栏目 10 期。利用村级广播、电子显示屏、新媒体平台等途径广泛宣传，形成全县横向到边、纵向到底的健康教育格局，倡导全民健康生活方式。

【消灭“四害”】 2022 年，县卫健局投入 24.79 万元，采取公开招标方式采购除“四害”药物。分别开展春、秋季统一灭鼠活动，鼠密度控制水平达到 C 级。推选天马街道蒲塘村、芳村镇园区新村野猫洞自然村、东案梅树底村、招贤村招贤自然村和同弓乡彤弓山村 5 个自然村“除四害”工作，9 月均通过市级评估验收。县爱国卫生运动委员会办公室入村实地指导，安排 15.5 万元专项资金安装配备灭蚊蝇灯、捕蝇笼等硬件设施。巩固病媒生物防制工作，抽查球川镇、白石镇等 6 个国卫乡镇病媒生物防制情况，发现并通报问题 12 个。在紫港街道开展区病媒生物控制水平B级达标建设工作，并于 10 月通过市级技术评估。

【健康村镇建设】 2022 年，县卫健局指导球川镇、白石镇、东案乡、新昌乡、同弓乡和何家乡 6 个国家卫生乡镇的创建巩固工作，健全卫生保洁长效机制，做好复审迎检准备。4 月，组织开展国家卫生乡镇复审专项检查，发现并书面通报问题 124 个。将健康村镇建设列入健康常山建设重点工作内容，通过征求意见和乡镇自荐，确定对何家乡及上蒋村等38个村（社区）分别开展健康乡镇、健康村（社区）建设。统一设计和布置健康乡镇、村（社区）的健康元素，投入补助经费50余万元，建成一批健康支持性环境。截至年底，累计创建85个健康社区（村），建设率达44.7%。

【健康促进县创建】 2022年，常山县成立创建全国健康促进县工作领导小组，制发《常山县创建全国健康促进县工作方案》，每年安排项目经费1300余万元。组建全域覆盖的工作网络，健康教育与健康促进专（兼）职人员达370人，健康促进专业网络人员38人，培训覆盖率100%。成立“五位一体”健康科普讲师团，居民健康素养水平达37.00%。全面推进首拟负责制的公共政策健康影响评价省级试点工作，牵头开展健康浙江26大行动，2019—2021年连续3年居全省控烟暗访前十。是年，在全省率先实现城乡同质饮水，全省首个农饮水销号现场会在常山召开。创成健康促进机关78家，创建率达95%；全县40家中小学校均创成健康促进学校，其中金牌学校6家、银牌7家。建设无烟党政机关314家，覆盖率100%。高标准推进生态修复，高质量完成厕所革命，建设公厕559个，农村无害化卫生厕所普及率达100%。实施全民健身计划，科学布局283个健康支持性环境，投资6400万元建成1.5万平方米的全民健身中心并投入使用。打造沿江公路和绿道景观提升工程，建成绿道300余千米，“慢城绿道”被评为浙江省十佳运动休闲绿道，创成省级运动休闲旅游示范基地。培育健康生活方式，举办健康讲座1000余场，健康活动参与人数超5万人次，体育协会会员数超8万人，全县经常参加体育锻炼人口比例达43.9%。

（郑慧敏）

医疗保障

【概况】 2022年，全县医疗保险参保270017人，其中城镇职工参保80315人、城乡居民参保189702人，困难群众资助参保率和医疗救助待遇支付率100%，“网上办”“掌上办”办件比例100%。全年职工基本医疗保险基金收入35054万元，比上年增长7.19%，支出25869万元，比上年减少8.50%。城乡居民医疗保险基金收入30612万元，比上年减少0.37%，支出32455万元，比上年增长13.69%。医疗救助收入2708万元，支出2169万元。常山县医疗保障局（简称县医保局）被评为2021年度常山县机关（行业）党建示范点，“红丝带”党建品牌被市委机关工委评为“有礼先锋”优秀党建服务品牌。注重廉政教育，建立健全内控内审、稽核执法、干部廉政三大防控机制，设置内控内审岗位，开展廉政风险点排查。承担因病致贫返贫防范长效机制中“主动发现”机制建设，得到省、市领导肯定。配合衢州市医保局完成市级统筹、城乡居民医保集中参保和商业补充医疗保险“惠衢保”的参保征缴等工作，2023年“惠衢保”投保率居全市第二。2022年度全市医疗保障工作目标责任制考核获一等奖。在中央医保“两直”资金、数字化项目试点工作中，排名全市6个县（市、区）和山区26县前列。

【医保数字化改革】 2022年，县医保局主动承担因病致贫返贫防范长效机制中的“主动发现”机制建设，推进“主动发现”机制场景应用开发，拟定预警触发响应机制，实现部门协同跟进管控，得到省、市局领导的肯定。迭代更新意外伤害“医”触即办二期项目建设，助推省医保系统开发“意外伤害报销”模块，积极争取省医保信息平台与常山“医”触即办应用的数据交互，优化业务流程，形成全省通用经办模式。

2022 年 8 月 12 日，常山县医疗保障局意外伤害调查工作人员在常山县人民医院招贤分院开展调查　　（县医保局 供图）

【医保基金监管】 2022 年，县医保局开展县（市、区）交叉飞行检查、DRGs（疾病诊断相关分组）病例交叉检查、日常稽核检查全县所有定点医药机构（87 家），处理 11 家次，移交行政立案 6 家次，追回医保基金 207928.93 元，办理行政处罚案件 6 起，罚款 49022 元。对全县 37 家定点医疗机构 2019—2021 年的大数据进行疑点筛查，查出 36 家定点医疗机构存在疑点数据，追回医保基金 275.83 万元，行政处罚罚金 275.83 万元。开展意外伤害事故调查 6289 件，认定 1750 件具有第三方责任，涉及医疗费用 2173.56 万元。首创死亡人员信息核查规程，通过与民政、公安、卫健等单位信息共享，及时注销每月死亡人员账户，查漏补缺“人亡卡活”问题，累计排查 7089 条数据，追回医保基金 28417.4 元。

【医保经办线上服务】 2022 年，县医保局优化经办服务，发挥“互联网+医保”作用，推进医保业务“网上办”，上线国家医疗保障信息平台，下沉医保高频服务事项，实现医保经办“家门口”服务，2022 年“网上办”业务量达 4.3 万件。

（周　颖）

综　述

【概况】 2022年，常山县人力资源和社会保障局（简称县人社局）围绕“浙西第一门户”战略部署，聚焦“就业创业、人事人才、社会保障、和谐劳动”工作主线，以“六治六提六争”活动为抓手，推进共同富裕、除险保安、助企纾困、改革创新工作取得实效，承办全省人力社保系统返乡入乡合作创业带头人培训、市县联动“南孔圣地·衢州有礼”——2022南京·衢州人才周活动。县人社局被衢州市委、市政府评为2022年度平安建设和信访工作成绩突出集体，被县委、县政府评为“干事创业好团队”，获县政府绿灯表扬2次。县人社局推荐的常山县2名工匠入选“浙江杰出工匠”榜。

【稳定就业创业】 2022年，县人社局围绕“老乡留常山、岗位送给U”系列主题举办线上、线下招聘会53场，城镇新增就业4350人，帮扶重点群体实现就业4180人。加强省外劳动力招引，与湖北省黄冈市、河南省信阳市等地开展跨省职业技校劳务输入战略合作，与中西部城市互设劳务服务工作站3家，与四川省平武县建立劳务输入常态化机制，推送常山县优选岗位500多个（次），实现中西部22省脱贫人口在常山就业1700余人。争取获得衢州市县（市、区）额度最高的省级失业保险调剂金1727万元，发放各类惠企补贴3600余万元，惠及企业1800余家、3万余人。争取县长特别奖，在全省首创设立“企业高质量稳岗就业奖”，为传统优质劳动密集型企业获得社会肯定。

【全民社会保障】 2022年，县人社局开展全民参保扩面专项行动，全县职工基本养老参保缴费人数65329人，当年新增2080人，按时足额发放基本养老保险待遇154875万元，惠及待遇领取人999033人次。完善第三代社保卡在民生领域的公共服务及政务服务功能，全县第三代社保卡申领量达328806张，公交刷卡51191余人次，刷卡使用量居衢州市县（市、区）前列。承办衢州市社会保障卡居民服务“一卡通”推进会，县人社局在会上作经验介绍。

【人才引进与培育】 2022年，常山县技能人才培养工作再上新台阶，由县人社局推荐的徐功武、郑胜华2人被评选为“浙江杰出工匠”、汪峰被评选为“浙江工匠”、宫一纯、程诚、韩伟伟等6人被评选为“浙江青年工匠”。全县新增市级技能大师工作室 1 家，新增四省边际（衢州）共富学院 2 家。

（叶怡静）

人才队伍建设

【概况】 2022 年，县人社局推进县以下事业单位建立管理岗位职员等级晋升制度改革，建立起主要体现德才素质、个人资历、工作实绩的等级晋升制度，拓宽干部发展空间，截至年底，县以下事业单位等级晋升职员 114 人，整体受益面 15%。率先突破事业单位岗位设置改革，制定新的岗位设置管理办法，逐步形成竞争上岗、能上能下的岗位考核竞聘机制和考核方案。完善线上引才渠道，吸引 57 名紧缺人才“智汇常山”（其中硕士研究生占 79%），有序开展事业单位公开招考，招聘入岗 56 人。全县取得各系列专业技术职务任职资格的有 906 人，其中高级 57 人、中级 350 人、初级 499 人。在衢州市各县（市、区）率先完成省政府民生实事“浙派工匠”项目，全年完成职业技能培训 13997 人次，新增技能人才 5155 人，其中高技能人才 1758 人。

【博士后科研工作站建设】 2022 年，县人社局紧贴企业需求，做好县内有关企业博士后科研工作站建设的牵线服务工作。8 月 2 日，经县人社局牵线中科院海洋研究所与常发粮油食品有限公司，常发粮油食品有限公司博士后工作站获浙江省博士后工作办公室批准建站；9 月 21 日，常发粮油食品有限公司博士后工作站首位进站博士王文洁完成开题报告。为常山纺织有限公司博士后工作站引进博士后 2 人，并于 8 月 20 日完成开题答辩。至年底，常山县累计建成博士后工作站 5 家，在站博士后研究员 6 人。

2022 年 9 月 21 日，举办常发粮油—中科院海洋所博士后开题报告会

（县人社局 供图）

【人才招引】 2022 年，县人社局推进人才队伍建设，开展 3 期常山县“英才荟”事业单位紧缺急需人才引进，引进优秀人才 28 人，其中硕士研究生 16 人。围绕县域需求开展公开招聘，招录教师和卫生专业技术人员 182 人、其他事业单位人员 56 人。

【职业技能竞赛】 2022 年，县人社局组织全县各领域职业技能大赛，6 月分别组织先导精密、哲丰新材料 2 家企业开展企业岗位练兵技能竞赛。6 月 10 日，与县总工会联合举办“常山阿姨”职业技能竞赛 3 场，共 500 余人参加；150 人通过技能考核，取得高级工职业技能资格。

【打造职教高地】 2022 年，县人社局出台《关于打造省际职业教育高地的实施意见》《常山县打造省际职业教育高地若干政策》等政策。投资 6 亿元的常山技工学校建成投用，首届招生突破 800 人，其中衢州市外的新生数超 460 人。常山县是全省在县级唯一拥有 2 所民办技工学校（常山技工学校和衢州赛得前进技工学校）的地区，共有学生 1220 人，其中

2022年9月3日，常山技工学校开学　　（县人社局 供图）

衢州市以外学生500余人。在衢州市县（市、区）率先完成省政府民生实事“浙派工匠”项目，全年完成职业技能培训13997人次，新增技能人才5155人，其中高技能人才1758人。云创（常山）产教融合园项目开工建设，总投资2.5亿元，完成投资1亿元。

（叶怡静）

就业创业

【概况】 2022年，常山县人才和就业管理中心（简称县就业中心）贯彻落实再就业各项优惠政策，稳步推进全县再就业工作。全县城镇新增就业人数4350人，城镇失业人员实现再就业2929人，帮扶重点人群就业4180人，其中吸纳就业困难人员就业697人。发放低收入农户公益性岗位补贴277.21万元、就业困难人员社会保险补贴968万元；办理失业人员补助，发放失业金1079万元，失业补助金407万元。

【企业用工服务】 2022年，县就业中心为解决企业用工问题，线上线下举办招聘会53场，参会企业220余家次，提供就业岗位6300余个（次）；线上依托“云招聘”平台，精准匹配供需，智能推送岗位，登记注册企业342家，发布岗位1073个，拟招聘人数3401人，个人注册用户5877人，简历投递1860人次，入职625人。分批次组织97家企业赴外招聘，达成就业意向470余人，吸引到常山实习学生61人。

【搭建创业创新平台】 2022年，县就业中心开展市、县级创业培训班19期，覆盖学员964人次，为各类初创人员发放一次性创业补贴10.5万元。全县创业贷款贴息备案企业46家，贷款额度1711万元，享受创业贷款贴息企业22家，贴息42.7万元。7月，争取到浙江省人力社保系统返乡入乡合作创业带头人培训班在常山县金源村（全国首个乡村合作创业

2022年7月13日，浙江省人力社保系统返乡入乡合作创业带头人培训班在常山县东案乡金源村举办　　（县人社局 供图）

领域地方标准的“样板村”）举办，50余名参加培训人员进宗祠别院、走古村小巷、访“腾云”农户，观摩乡贤、能人返乡创业，带动乡村振兴的“腾云模式”。

【惠企减负】 2022年，县就业中心落实各项惠企减负红利政策，减轻企业负担。发放高校毕业生到中小微企业就业补贴21.3万元，涉及高校毕业生53人；发放小微企业招用高校毕业生社保补贴19.27万元，计32人次；发放稳岗返还955.05万元，惠及企业1495家、2.33万人；发放一次性留工培训补助1448.75万元，惠及企业1823家、2.89万人。

（叶怡静）

社会保障

【概况】 2022年，常山县基本养老保险参保人数213747人（不含机关事业参保），失业保险参保人数40418人，工伤保险参保缴费人数71979人；享受企业职工基本养老保险待遇30467人，享受城乡居民养老保险待遇51778人，享受失业保险待遇1762人、享受工伤保险待遇816人。

【养老保险精准扩面】 2022年，县人社局重点摸排国有企业和机关事业单位，面对面交流、宣讲社保政策。抓住重点群体特点，鼓励、引导各类符合条件的人员参加养老保险，企业职工养老保险新增缴费人数2080人。

【社保费缓缴助企】 2022年，县人社局向县内企业推送社保费缓缴政策，畅通社保费缓缴“线上+线下”申报渠道，系统自动识别行业类别，实现符合申报条件的参保单位（个人）确认或申请缓缴3项社保费“一站式”办理，审批缓缴企业33家、缓缴社保费689.38万元。

【资格认证无感智办】 2022年，县人社局取消原每年一次的离退休老人社保待遇资格线下集中认证，探索并打通医保、卫生健康、交通运输等数据渠道，通过关联社保卡补办、市域就医、核酸检测、疫苗接种等行为实现“无感智办”，全年资格认证智能办比例达99.4%。

【“一卡通”便民服务】 2022年，县人社局承办衢州市社会保障卡居民服务“一卡通”推进会，实现人社领域92项待遇补贴、惠农补贴等“一卡通”发放，图书借阅、县域5家景点一卡入园、公交乘坐、自行车租借一卡互通，全县公交刷卡51191人次，新增实体社保卡3450张。

【社保待遇应享尽享】 2022年，县人社局按时足额发放各类社保待遇，确保待遇应享尽享。为339306人次发放企业基本养老保险待遇101065万元，为609647人次发放城乡居民基本养老保险待遇20562万元，为816人发放工伤保险待遇3406万元，为12885人次发放失业保险待遇1575.76万元。

（叶怡静）

劳动监管

【概况】 2022年，县人社局为维护劳动者合法权益，保障劳动关系和谐稳定，持续开展专项整治行动，纠正企业不规范用工211起，为1479名劳动者协调解决劳资纠纷1500余万元。参与“大综合一体化”改革，县人力社保领域处罚事项全部划转至县综合行政执法局。

【劳资纠纷处置】 2022年，县人社局受理劳动保障咨询投诉举报各类问题906件，涉及2560人。其中，劳资纠纷问题700余件，涉及农民工2000余人，金额2070余万元，移送县综合执法局案件线索19件（其中违法使用童工3件、涉嫌拖欠工资案件线索16件）。

【劳动人事争议案件办理与调解】 2022年，县人社局受理各类劳动人事争议案件206件，涉及劳动者212人，结案金额676.6万元。按期结案率100%，调解成功率91.2%，仲裁调解率89.8%，仲裁终结率97.6%，网络办案率64.6%。

（叶怡静）

人民生活

【概况】 2022年，全县居民人均可支配收入38547元，比上年增长6.7%。按常住地分，城镇和农村居民人均可支配收入分别为49442元和28996元，分别比上年增长6.0%和7.8%。居民人均消费支出21032元，比上年增长8.2%。按常住地分，城镇居民人均消费支出29363元，比上年增长7.6%；农村居民人均消费支出13729元，比上年增长9.3%。

【社会保险】 2022年，全县基本养老保险参保225165人，基本养老保险参保率99.7%。其中，企业职工基本养老保险参保98160人（企业职工基本养老保险退休30467人），城乡居民基本养老保险参保115587人（城乡居民基本养老保险退休51778人），机关事业养老保险参保11418人（机关事业养老保险退休3914人）。失业保险参保人数40418人。生育保险参保人数58508人。工伤保险参保人数71979人，当年增加6728人。实体社会保障卡持卡人数达335873人。

【社会救助】 2022年，全县纳入城乡最低生活保障有7269户（9182人），其中城镇低保328户（405人），农村低保6941户（8777人），累计支出低保金8968万元。7月1日起，实施最低生活保障标准提标，最低生活保障标准统一调整为1035元/（月·人）。全年临时救助困难群众51人，救助金额14.7万元。特困人员供养标准自7月1日起实施提标，统一调整为1346元/（月·人），共支出特困供养资金1439.5万元。发放重度残疾人护理补贴1436万元、困难残疾人生活补贴1486.6万元。

【婚姻登记】 2022年，全县办理结婚登记1208对、离婚登记389对、补领结婚证1031件、补领离婚登记证24件、收养登记2件，实施婚姻家庭辅导454对。

（陈　蓉）

2022 年"四上"单位从业人员和劳动报酬情况一览表

表 25

指标名称	单位数（个）	单位从业人员期末人数（人）	单位从业人员平均人数（人）	单位从业人员工资总额（千元）	单位从业人员平均工资（元）	在岗职工平均工资（含劳务派遣）（元）
总计（含私营企业）	354	47681	47169	3130362	66365	64892
按国民经济行业分组						
1. 采矿业	2	197	196	14250	72704	72704
2. 制造业	149	19342	18721	1350368	72131	72259
3. 电力、热力、燃气及水生产和供应业	5	358	358	60179	168098	168098
4. 建筑业	77	14471	14613	689308	47171	45683
5. 批发和零售业	43	1199	1202	92951	77330	78819
6. 交通运输、仓储和邮政业	9	575	594	54366	91525	94324
7. 住宿和餐饮业	14	712	713	37995	53289	53291
8. 信息传输、软件和信息技术服务业	3	113	111	11083	99847	101294
9. 房地产业	28	315	359	44900	125070	126695
10. 租赁和商务服务业	20	10085	9994	745807	74625	47530
11. 科学研究、技术服务业	1	100	100	8021	80210	80210
12. 水利、环境和公共设施管理业	1	31	31	4919	158677	158677
13. 卫生和社会工作	2	183	177	16215	91610	91610

备注："四上"单位为规模以上工业、规模以上服务业、限额以上批零住餐业、资质以上建筑业和房地产开发业

2022 年"四上"单位高技术制造业从业人员及工资情况一览表

表 26

	从业人员期末人数（人）	从业人员平均人数（人）	从业人员工资总额（千元）	从业人员平均工资（元）
总 计	1903	1853	158096	85319
一、医药制造业	71	71	4627	65169
中成药生产	71	71	4627	65169
二、电子及通信设备制造业	1832	1782	153469	86122

续表 26

	从业人员期末人数(人)	从业人员平均人数(人)	从业人员工资总额(千元)	从业人员平均工资(元)
(一) 电子器件制造	1127	1102	106783	96899
半导体分立器件制造	1127	1102	106783	96899
(二) 电子元件及电子专用设备制造	475	498	31556	63365
(三) 智能消费设备制造	230	182	15130	83132

备注:“四上”单位为规模以上工业、规模以上服务业、限额以上批零住餐业、资质以上建筑业和房地产开发业

(徐　捷)

2022 年常山县城镇、农村住户调查基本情况一览表

表 27

指　标	单 位	城镇住户	农村住户
一、调查样本住户数	户	100	150
二、期内常住成员数	人	290	449
三、人均现住房建筑面积	平方米	46.1	80.6
四、人均可支配收入	元	49442	28996
1. 工资性收入	元	30177	15220
2. 经营净收入	元	5584	7362
3. 财产净收入	元	4358	628
4. 转移净收入	元	9323	5786
五、人均生活消费支出	元	29363	13729
1. 食品烟酒	元	9365	4427
2. 衣着	元	2785	850
3. 居住	元	6236	3104
4. 生活用品及服务	元	1730	951
5. 交通通信	元	3142	1184
6. 教育文化娱乐	元	3591	1473
7. 医疗保健	元	1808	1495
8. 其他用品和服务	元	706	245

2022 年常山县城镇、农村住户平均每百户年末主要耐用品拥有量一览表

表 28

指　标	单 位	城镇住户	农村住户
1. 家用汽车	辆	47.5	34.3
2. 摩托车	辆	2.0	14.7
3. 助力车	台	103.0	111.3
4. 洗衣机	台	100.0	96.7
5. 电冰箱（柜）	台	108.0	105.3
6. 微波炉	台	53.0	48.0
7. 彩色电视机	台	180.0	170.0
8. 空调	台	216.0	167.3
9. 热水器	台	112.0	107.3
10. 洗碗机	台	4.0	1.3
11. 排油烟机	台	92.0	86.0
12. 固定电话	线	18.0	11.3
13. 移动电话	部	264.0	277.3
14. 计算机	台	82.0	44.0
15. 照相机	台	15.0	3.3
16. 乐器（500 元以上）	架	6.0	2.0
17. 健身器材	台	6.0	3.3
18. 空气净化器（含新风系统）	台	2.0	5.3
19. 地面清洁电器	台	10.0	5.3

（张莉丽）

民政事业

【概况】 2022 年，常山县民政局（简称县民政局）以温暖之城、孝老之城、现代社区、未成年人保护示范县建设为抓手，推进民政事业高质量发展。全面实施融合救助，在全省率先实现县、乡、村三级社会救助联合体（简称助联体）全覆盖，优化“政策内救助+政策外帮扶”的联合救助模式，全年发放民政救助补助资金 1.5 亿元。推进养老护理员职业生涯“一件事”数字化应用建设，谋划养老服务联建项目，完成 260 户困难老年人家庭适老化改造，入选全省“浙里康养”首批“一地创新、全省推广”优秀案例（全省 6

个，衢州市仅1个），并在全省老龄工作暨“浙里康养”工作推进会上作典型发言。高效建设现代社区，新增天马街道东苑社区和金川街道星月湾社区，全县社区数量从12个增至14个，招录59名社区专职工作者，争取第四批省级城乡社区治理和服务创新实验区建设试点。创建首批全国未成年人保护示范县（全省4个，全省山区26县仅1个），创新“留守儿童关爱服务应用场景”，被列为全省民政系统2022年数字化改革重大应用建设试点，并上线“浙里办”。常山县被省水库移民安置办公室评为2022年度全省水库移民工作优秀县，县民政局被县委、县政府评为“变革战队”。

【“温暖之城”建设】 2022年，县民政局通过精准分析、整合资源、压实责任、整体推进，在全省率先完成县、乡、村三级助联体建设，其中建成县级助联体服务中心1家、镇街级助联体服务站14家、村社级助联体服务点194家，通过统一标识、宣传标语和办公布局，实施助联体服务点常态化运行。7月起，实施城乡低保提标，月标准从910元调整为1035元，特困供养月标准从1183元调整为1346元。持续落实“单人户保”“低保渐退”等政策，压缩村级受理、乡镇审核时间，办理时限缩短20%。全年为7269户（9182名）低保对象发放低保金8968万元；为642名特困供养对象发放供养经费1440万元；为5956名重度残疾人、4148名困难残疾人发放“两项补贴”2860万元。积极创新“融慈善”模式，统筹社会组织、社会志愿者、慈善资源等社会救助力量，以县、乡、村三级助联体为阵地，以政府购买服务为纽带，为18个残疾人家庭销售胡柚超50吨，为300名困难学子“圆梦助学”，争取“启天相伴”项目为30个特殊家庭改善居住环境，参与“圆梦助学”、关爱陪伴等救助项目的社会组织人数超1200人次，“融慈善”实现精准帮扶工作被央视频、《中国日报》等媒体报道。救助流浪乞讨人员122人次，将滞留超3个月无法查明身份信息的10人落户安置到位，为6名长期滞留人员寻亲成功。

【“孝老之城”建设】 2022年，县民政局推进“孝老+康养”，打造“孝老之城”。组织实施“5·20”常山敬老日系列活动，实现《村规民约》《居民公约》孝老要求全覆盖，全力推动重阳祝寿、高龄津贴、体检建档、证件简办、养老服务能力提升等10个方面助老关键小事实施。实施养老服务联建项目，年内争取专项债1亿元，县第二社会福利中心项目竣工验收，第三社会福利中心（青石镇敬老院）完成一期主体工程建设和验收，第四社会福利中心和县康养服务中心项目落地。全面做好省、市民生实事项目，提前3个月完成260户困难老年人家庭适老化改造，新增认知障碍照护床位40张，超过省定指标1倍，新增持证养老护理员31人，每万名老年人拥有持证护理员23人，为14个乡镇（街道）居家养老服务中心配备无感服务智能终端，建成幸福食堂助餐点13个。常山“孝老之城”建设入选全省“浙里康养”首批“一地创新、全省推广”优秀案例。在全省老龄工作暨“浙里康养”工作推进会上，县长王永明围绕常山县“孝老之城”建设作典型发言。

【“现代社区”建设】 2022年，县民政局围绕“共建共治共享”目标，推进“现代社区”建设。新增天马街道东苑社区和金川街道星月湾社区；新招录59名社区专职工作者，每万城镇常住人口拥有专职社区工作者16人，持证社区专职工作者占比44%，持证比例居衢州市县（市、区）前列；组织社会工作者职业技能培训考试，新增社会工作师（助理社会工作师）99人，至2022年年底，全县社会工作师（助理社会工作师）累计500人。推进社区办公场所建设，新建“邻礼汇”社区服务综合体1个，社区办公场所均达到600平方米标准。推进社区治理创新，8月争取第四批省级城乡社区治理和服务创新实验区建设试点，10月争取全省城市社区议事协商机制创新试点。紫港街道渣濑湾村被评为“全国先进基层群众性自治组织”，紫港街道柚苑社区党支部书记、社区主任徐玉宏被评为浙江省“最美社区工作者”。

【“全国未成年人保护示范县”建设】 2022年，县民政局牵头推进“全国未成年人保护示范县”创建工作，推动建立“一把手”负责的县、乡、村三级未成年人保护工作委员会，构建政府、社会、学校、家庭“四位一体”的未成年人保护机制。县委、县政府主要领导参与“书记县长话‘未保’”活动，相关视频在“中国民政”微信公众号、《中国社会报》等平台刊发。2月26日，县委机构编制委员会批准设立常山县未成年人保护中心（正股级事业单位），落实编制3人。建立以1个县未成年人保护中心、14个乡镇级未成年人保护工作站、68个示范型儿童之家（省、市、县三级）为核心的未成年人保护工作网络。配备乡镇儿童督导员22人、村（居）儿童主任192人，强化基层未成年人保护工作队伍保障。创新留守儿童关爱服务应用场景，被列为全省民政系统2022年数字化改革重大应用建设试点，被省教育厅《教育领域数字化改革工作动态》（第34期）刊发。常山县未成年人保护工作典型做法被省委政法委《浙江政法》、省民政厅《浙江民政信息》刊发。12月底，常山县成功创建首批“全国未成年人保护示范县”。

2022年2月24日，常山县创建“全国未成年人保护示范县”工作汇报会在县政府召开

（县民政局 供图）

【民政数字化改革】 2022年，县民政局推进养老服务人才培育（养老护理员职业生涯“一件事”应用）试点工作，全县新增持证养老护理员31人，每万名老年人拥有持证护理员23人。该应用入选全省民政系统2022年数字化改革重大应用建设试点，常山县代表衢州市参加全省数字社会系统路演，“养老护理员职业生涯‘一件事’”应用入选全省数字社会系统第十批最佳案例集。

【社会福利事业】 截至2022年年底，全县“百岁老人”有27人。县民政局向“百岁老人”发放长寿津贴31.61万元；90～99岁老人1214人，发放长寿津贴155.28万元；社会孤儿和困境儿童278人，发放生活补助409.36万元。实施“添翼计划”，遴选6名7～18岁困难家庭残疾儿童，送至市社会福利院进行集中养育康复服务。为1名幼年孤儿办理收养手续。

【社会组织管理】 2022年，县民政局坚持高位引领社会组织发展，提升社会组织功能。做好社会组织登记管理，全县新增社会组织13家、退出26家。截至年底，全县累计有正式登记的社会组织

465家，其中社会团体143家、民办非企业单位322家。完成社会组织年度检查工作，参检率95.43%，居衢州市县（市、区）第一，其中对26家社会组织开展“双随机”检查，分步实施“僵尸型”社会组织的清理工作。实施社会组织创优行动，评定等级社会组织117家，其中五星级1家、四星级6家、三星级20家。11月15日，启动常山县“百家社会组织进社区，万人志愿服务助共富”活动，激发社会力量参与基层治理，全县社会组织在文明创建、志愿服务等方面发挥重要作用。

【婚姻登记服务】 2022年，县民政局办理结婚登记1208对，比上年减少93对，比上年下降7.15%；离婚登记389对，比上年减少113对，比上年下降22.5%；补领结婚证1031件，比上年增加504件，比上年增长95.63%；补领离婚登记证24件，比上年减少30件，比上年下降55.56%。办理收养登记2件，实施婚姻家庭辅导454对。办理跨区域婚姻登记49件，实施“婚姻生育户口”一件事联办960件，群众满意度达100%。

【殡葬服务管理】 2022年，全县火化遗体2240具，比上年增加201具，增长9.86%。出台殡葬服务全流程免费政策，实施“身后一件事”联办，为2195名对象减免殡葬费用146.9万元。全年落实节地生态安葬44例，落实奖励金37.9万元，节地生态安葬数量和奖励金额居衢州市县（市、区）第一。在新冠疫情转段期间，创新殡仪服务体系，实施暖心殡葬服务，获县委主要领导批示肯定。建成省级树葬示范点1个和县级树葬示范点7个。有序推进“有礼殡葬”工作，14个乡镇街道建立“民生使者”队伍，共1117人，194个村（社区）成立红白理事会。

【水库移民】 2022年，县民政局水库移民直补对象恢复7人、核减184人，全县水库移民直补对象有17556人，共发放直补资金1054.37万元。开展困难水库移民家庭子女非义务教育助学工作，为22名资助对象发放助学金6.25万元。安排水库移民扶持项目47个，补助资金3296.18万元，资金重点用于生产开发类及美丽家园类项目建设，其中完成项目验收44个，验收率93.62%。移民产业经营性收入800余万元，为117个移民村年均增加经营性收入超6万元，移民村“抱团”发展做法入选全国水库移民后期扶持典型案例和首批衢州市共同富裕最佳实践案例。水库移民工作获得全省年度考核优秀等次。

【地名管理】 2022年，县民政局完成天马街道“云溪澜山”、紫港街道“斋堂港湾”、金川街道“金溪雅苑小区”、同弓乡“春风常乐”、东案乡“云上人间”等重要项目地名审批和各类地名标志安装。完善常山地理信息采集，涉地名地址数据近11万条。全年安装门牌4562块、发放门牌证4152块、审批地名设置证明书27份、销除门牌号1527块，出具相关地名标志证明2721份。完成《常山县地名志》印刷和出版。完善常山县地名地址管理系统，做好省、市、县三级系统联接，完成21万条数据入库，并与全国地名信息相接。

【慈善工作】 2022年，常山县慈善总会募集善款2075.7万元。其中，县域21家企业通过“教育事业发展基金”专项捐赠1609万元，商会及寓外乡贤通过“新乡贤同心共富”基金捐款158万元，县域119家单位6394人次通过慈善“一日捐”捐款83.34万元，向上向外争取援助款162.36万元，开展东西部协作募捐定向援助平武县63万元。开展助困、助学、助医、助残、公益项目、东西部协作、“早上好”共同富裕慈善基金专项援助活动，共拨付救助款358.66万元。其中，通过助困项目拨付援助金23.94万元，422人受益；通过助学项目拨付38.02万元，援助困难学生154人；通过助医项目拨付助医援助金12.73万元，11 名患者受助；通过公益项目拨付 41.89 万元，援助街道、村、社区开展村级公益事业建设；开展抗疫援助，拨付救助金 13.08 万元；通过东西部协作项目拨付定向援助四川省平武县 59 万元；实施共同富裕专项援助，拨付资金 170 万元。县慈善总会与万向信托合作，出资 20 万元，首次设立“常山县慈善总会慈善信托”基金。

常山县百岁老人名单一览表(截至 2022 年年底数据)

表 29

序号	姓名	性别	年龄	家庭地址
1	廖荣风	女	105	招贤镇游林村
2	严娜你	女	104	天马街道下东淤
3	胡十五那	女	104	东案乡田蓬村
4	郑金花	女	103	大桥头乡濛桥村
5	李金水	男	103	招贤镇古县村
6	杨秋莲	女	102	同弓乡山边村
7	占秋香	女	102	天马街道东明社区
8	叶蓉花	女	102	辉埠镇达坞村
9	姜莲锭	女	102	天马街道渡口小区
10	杨金珠	女	102	天马街道五联村
11	徐花花	女	102	球川镇吴家村
12	边永照	男	101	金川街道赵家坪养老院
13	张凤兰	女	101	青石镇江家村
14	徐秀园	女	101	青石镇溪口村
15	邵梅英	女	101	何家乡钱塘村
16	陈冠福	男	101	球川镇球川村
17	范士俊	男	100	紫港街道詹家山村
18	张茂根	男	100	芳村镇岭后殿村
19	孙秀云	女	100	招贤镇鲁士村
20	董云仙	女	100	球川镇西村村

续表 29

序号	姓名	性别	年龄	家庭地址
21	陈翠娇	女	100	招贤镇古县畈村
22	王　男	男	100	青石镇塘边村
23	王迪香	女	100	新昌乡新锋村
24	王香花	女	100	芳村镇井河村
25	余汪玉	女	100	招贤镇象湖村
26	陈余明	男	100	青石镇塘边村
27	毛舜华	女	100	何家乡何家村

（张志林）

退役军人事务

【概况】 2022年，常山县退役军人事务局（简称县退役军人事务局）贯彻落实县委、县政府和上级部门的工作部署，对标“重要窗口”，聚力省际合作先行示范县建设，切实做好涉军群体稳定工作，开展优待安置、服务站建设等各项退役军人服务保障工作。提前2个月完成常山县退役军人建档立卡及优待证申领省级试点工作，工作进度居全省第一。严格把关优待证申领，应办尽办率和办理质量全省领先，全市首张优待证落户常山。

【优待安置】 2022年，县退役军人事务局发放各种补助、优待金近4500万元。投入120万元就业帮扶困难退役军人。向全县退役军人、现役军人家属和其他优抚对象发放“双拥”年画、对联和慰问信。招募81户商家组建“U见老兵”商家联盟，为广大现役、退役军人提供价格优惠和服务优待。全县退役军人、“三属”持优待证或老兵码，可免费乘坐县内公交车、免费游县内各景区。

【退役军人服务站建设】 2022年，县退役军人事务局狠抓服务保障工作的落实，确保全县广大退役军人始终离军不离党、退役不褪色，建功新时代。围绕退役军人服务中心（站）“六大功能”定位（温馨家、情报站、参谋部、指挥所、联络点、进修校），以“清单+细则+时限”的模式，加强分类指导，一地一清单，一站一方案。县、乡、村三级打造退役军人服务站205个，新创成“新时代枫桥式退役军人服务站”20个（全县共创成45个），创建比全市领先。常态化推行“四尊崇”“五关爱”“六必访”，切实提升退役军人幸福感。

【建档立卡及优待证申领工作居全省第一】 2022年，县退役军人事务局争取到退役军人建档立卡及优待证申领工作全省试点，成立工作专班，打通部门壁垒，挖掘社会资源，组织志愿服务，实施一体化指挥，兵团化作战，全员全速推进，提前2个月完成试点要求，工作进度居全省第一。严格把关优待证申领，应办尽办率和办理质量全省领先，全市首张优待证落户常山。省退役军人事务厅领导在全省建档立卡及优待证申领工作调度会上重点表扬常山县；省委退役军人工作领导

2022 年 3 月 30 日，衢州市退役军人、其他优抚对象建档立卡工作现场推进会在常山县召开　（县退役军人事务局 供图）

小组简报专题刊发常山经验；省退役军人事务厅领导专门到常山县调研并高度肯定常山工作推进的速度与质量；全市建档立卡及优待证申领工作现场会在常山县召开，省退役军人事务厅一级巡视员金登尚、县委书记潘晓辉分别作出批示。

【创新谋划“U 见老兵”尊崇服务体系】 2022 年 2 月，县退役军人事务局谋划打造具有常山特色的“U 见老兵”服务品牌。10 月，牵头制定《常山县“U 见老兵”尊崇服务体系建设行动方案》，明确“党建统领+价值追求+重点任务”的“1+5+N”的框架体系，并通过县政府常务会议和县委常委会审议，衢州市副市长徐利水专门作出批示。举办首届“U 见老兵”创业创新成果展、成立“U 见老兵”商家联盟、“U 见老兵”志愿服务队等，央视《新闻联播》、《人民日报》、新华网等国家级及省、市、县主流媒体报道 150 余篇。帮扶助力退役军人在市域内注册企业，带动社会就业 3.6 万余人。170 名“兵支书”“兵两委”在乡村振兴和基层治理工作中发挥“领头雁”作用，36 名个人或单位获县委、县政府发文表彰。1 名退役军人入围衢州市道德模范暨第十届“最美衢州人”提名奖，10 名退役军人入选“最美常山人”，8 名退役军人入选或提名衢州市“六十佳”。

【作风建设】 2022 年，县退役军人事务局开展“六治六提六争”作风建设行动。服务文明创建，承担赵家坪二期文明创建，全年 218 人次参加服务，计 1050 时长，排查整改文明创建问题 79 个。服务“八大行动”，在西门片区、农产品批发市场、矿山公园等重大项目中，靠前服务、主动作为，协助做好退役军人动员工作；组织首届退役军人创业共富成果展，6 家企业加入“U 见老兵”共富联盟，提供就业岗位，推荐 1 家企业参加国家退役军人就业创业成果展。服务“扩中提低”，争取资金 110.2 万元，走访慰问、帮扶困难退役军人及“三属”等优抚对象。

小资料：常山籍优秀现役军人选介

常山籍现役军人获二级表彰以上名单

一、郑健，男，汉族，青石镇虹桥村人，中共党员。2004 年 9 月入伍，现任某部中校团级副职政治教导员。因在历年重要任务中表现突出，2021 年被海军党委表彰为海军优秀政治干部(二级表彰)。

二、詹峰，男，汉族，新昌乡新昌村人，中共党员。2003 年 9 月入伍。现任某部中校团级副职参谋。因在重要备战任务中表现突出、成绩显著，2022 年被陆军党委评为陆军备战先进个人（二级表彰）。

（廖志良）

天马街道

【概况】 天马街道位于常山县境内中南部，是常山县政府驻地，辖区东连青石镇，南接江山市西，西北交白石镇、金川街道，北界常山港和紫港街道。境内有“金钉子”国家地质公园、“燕山暴动”遗址、“父亲的水稻田”文化 IP、“云湖仙境”高端民宿、鲤鱼滩露营基地等旅游景点。辖区总面积 81.60 平方千米，耕地面积 5625 亩。下辖 12 个行政村、7 个社区。2022 年，天马街道总户数 18554 户，户籍总人口 45585 人，其中农村人口 15205 人。辖区内有医院 3 所、幼儿园 14 所、小学 3 所、中学 4 所、养老机构 2 家，有党工委 1 个、党委 7 个、党总支 1 个、党支部 73 个，党员 2321 人(含村社党员、“两新”和机关党组织党员)。天马街道财政总收入 3317.33 万元，固定资产投资 4519 万元。12 个行政村村集体经济收入 2034.41 万元，其中 100 万元以上村 8 个；辖区内有 3 家规模以上工业企业，年工业总产值 12.56 亿元。辖区内有 56 家家庭农场。

是年，天马街道被评为常山县“干事创业好团队”、乡村振兴先进集体等；定阳社区被评为浙江省学习型社区；金川社区被评为浙江省四星级侨胞之家；天安村被评为第四批省级引领型农村社区。

【城市能级提升】 2022 年，天马街道用时 20 天，实现县实验小学和农贸市场片区城市有机更新项

2022 年 11 月 3 日，天马街道美丽城镇汇报会在湖中居召开

(刘 婉 摄)

2022 年 4 月 8 日，常山县渡口未来社区房屋征收项目现房安置摇号选房现场会在渡口未来社区举行　　（刘　婉　摄）

目共 196 户被征收户征收。被征收户房屋签约率 100%，产权户、市场经营户基本腾空。以“1464”工作体系为抓手，组织开展改善市容市貌、公共秩序和环境整治行动，完成城南小区提升改造、大东门农贸市场周边环境整治、背街小巷脏乱差整治等项目，成功创成新时代美丽城镇建设山区县县城城镇省级样板。

【渡口未来社区房屋征收项目现房安置选房】 2022 年 4 月 8 日，渡口未来社区房屋征收项目现房安置选房现场会召开，被征收户按照“先签约先摇号”的原则进行选房摇号，依次选房。参与现房选房的被征收户 6 户，选房房源均为现房（分别在紫港小区、外港小区一期、富足山小区、锦翠花园小区）111 套，134 间储藏室。截至当日上午 10 点，渡口未来社区房屋征收现房安置选房工作圆满完成，6 家被征收户选房 9 套，储藏室 8 间。

【农文旅融合】 2022 年，天马街道创新解锁“父亲的水稻田”共富密码，逐步将传统农耕升格为文化 IP，围绕“父亲的水稻田”培育有机稻米产业、有机米酒产业、稻田文旅产业、研学教育产业四条产业链，推动“三产”融合。通过发行“父亲的水稻田”系列丛书、举办各类活动，被央视、浙江卫视等主流媒体报道。在“艺术乡建”的助推下，天马村与衢州金色假日文旅集团有限公司合作打造“龙潭三境”，先期项目鲤鱼滩露营基地于国庆节对外开放，实现吸引游客 58843 人次，为 103 名村民提供家门口就业岗位，为村集体经济增收 30 万元。

【村集体经济建设】 2022 年，天马街道实现村集体经营性收入

2022 年 10 月 1 日，天马街道天马村鲤鱼滩露营基地开业
（刘　婉　摄）

1712万元，比上年增长39%。经营性收入超50万元行政村9个，占行政村总数的75%；100万元以上行政村6个，其中南前坊村集体经营性收入460万元，位居天马街道第一。由南前坊村、常年青村、北屏山村共同成立的浙江南青屏农业发展有限公司实现村集体分红531万元。“南青屏”携手东方红村、蒲塘村购入常山农商银行270万股股权，可享有年度股金收益分配，实现村级资金保值增值。天安村、天马村、五联村、和平村、周塘村、西峰村与常山米道科技成立衢州葛哥酒业，获得分红26万元。

【项目工程建设】 2022年，天马街道推进天马村美丽乡村提升工程，投资约100万元，改造提升26户庭院及村庄重要节点，完成村庄绿化约1500平方米，建设漫步道约2000平方米。投资50余万元，新建天马村AA级和五联村级A级公厕各1座。投资1.8亿元的天安水库专项债项目开工，截至年底，完成清表、桩基孔安装和验收、运维道路平整修复。天马街道第二轮土地承包到期后再延长30年试点工作基本完成，天安村547户1440余亩土地签订承包合同到户率达95.8%。

【大综合一体化执法】 2022年，天马街道聚焦“大综合一体化”，坚持“一支队伍管执法”，组建一支35人的执法队伍，由街道统一调度。创新“3+2+1”（“3+2+1”是指3个办案小组，2个市容巡查组，1支长干队）网格化管理模式，推动在编执法人员和执法辅警高效配合，完成辖区413项划转事项巡查，招录153名长干队队员，开展执法办案和专项整治。自执法队下沉以来，天马街道辖区内清理流动摊5800余处，规范门前“五包”4660户；清理“牛皮癣”468处，拖离车辆582辆，劝离2580辆，违停贴单和违停球抓拍1938辆；规范电动车2100余辆。多部门联合开展“综合查一次”102余次，办理一般程序案件79件、简易程序案件517件，发放《劝导整改书》129份，责令改正通知书170份。

【干部队伍建设】 2022年，天马街道以“六治六提六争”作风建设为导向，加强干部队伍建设。紧盯重点领域、重点环节，开展违法违纪问题线索处置，全年办结案件17个；构建“U监督”体系，立足街道中心工作开展立项监督，开展疫情防控、示范文明城市创建、“除险保安”督查45次，发现并督促问题整改60个，约谈提醒街村干部10人；开展“三资”（资产、资源、资金）管理督查3次，发现并督促整改问题1个。结合干部“四维考评”，出台《天马街道村干部管理考核办法（试行）》，分类设岗、双向选岗、按季考评、奖优罚劣，试行后，提醒谈话6人，停职1人。出台《天马街道社区工作者级别晋升工作方案》，打通“三岗十八级”工资体系中的“三岗”（正职、副职、其他人员）晋升通道，12名社区干部人均月工资增加500元。

2022年天马街道各社区基本情况一览表

表30

社区名称	书记 主任	面积 （万平方米）	楼 （幢）	户数 （户）	人口 （人）	党员 （人）
文峰社区	王　燕	89	312	2124	5011	207
金川社区	谭美琴	109	428	1740	4065	169
定阳社区	厉向军	41	465	1998	4720	241

续表 30

社区名称	书记主任	面积（万平方米）	楼（幢）	户数（户）	人口（人）	党员（人）
渡口社区	胡立宏	45	235	1914	4592	251
东明社区	李　栋	34	62	1848	4608	252
东苑社区	江　杰	32	88	1079	2754	121
屏山社区	洪　虹	40.63	98	1927	4630	176
合　计		390.63	248	12630	30380	1417

2022 年天马街道各行政村基本情况一览表

表 31

村　名	支书主任	村民小组（个）	党员（人）	农户（户）	人口（人）	劳力（人）	面积（亩）		产量（吨）		村集体经济收入（万元）
							耕地	柑橘胡柚	柑橘	胡柚	
东方红村	祝平平	5	34	362	981	842	0	0	0	0	138.57
南前坊村	袁小军	6	40	409	1001	437	56	4	4	0	473.89
西 峰 村	吴慈祥	5	32	287	529	251	0	60	0	60	54.28
北屏山村	马土标	4	28	319	676	371	0	0	0	0	279.69
常年青村	徐晓俊	5	40	344	776	437	45	25	15	20	333.11
蒲 塘 村	吴建军	4	35	294	747	456	98	153	9	250	153.03
周 塘 村	刘国华	6	41	356	907	1319	453	230	0	395	49.19
五 联 村	刘芳军	10	62	612	1668	1015	730	230	0	390	55.15
东 港 村	谢晓华	8	66	521	1524	600	627	490	25	100	156.19
天 马 村	毛云华	16	67	945	2214	1008	1069	200	90	190	99.95
天 安 村	李涌泉	16	87	746	2128	1075	1050	365	30	120	139.3
和 平 村	吴立冬	17	92	729	2054	1204	1497	505	90	754	102.06
合　计		102	624	5924	15205	9015	5625	2262	263	2279	2034.41

（刘　婉）

紫港街道

【概况】 紫港街道位于常山港以北，东与青石镇接壤，南邻天马街道，西接金川街道，北连辉埠镇、大桥头乡，区域面积 40.6 平方千米。下辖 10 个行政村（村民小组 91 个）、3 个社区、1 个渔业大队。截至 2022 年年底，紫港街道户籍人口 18658 人，户数 9069 户；党小组 21 个，党员 814 人，其中农村党员 523 人；耕地总面积 5603.5 亩，蔬菜种植面积 3485 亩，产量 4508.9 吨；果园种植面积 2521 亩，产量 4012.2 吨；瓜果种植面积 1091 亩，产量 1951.2 吨。家禽出栏 57210 只。辖区内有中小学校 5 所，教师 675 人；幼儿园 10 所，其中省一级幼儿园 1 所（常山县大风车幼儿园）。2022 年，紫港街道固定资产投资 1.7 亿元，地方财政收入 2909 万元。围绕创建省级示范文明县城目标任务，组建“管家婆”“柚子花开”“翠花来了”“晚上好”等 20 余支志愿服务队伍，常态化开展环境卫生、文明巡防、交通劝导等志愿服务。用好“一支队伍管执法”，紧盯难点顽疾，开展联创攻坚，全年劝离流动摊贩 480 余次，规范越门经营、作业 900 余次，拖离违停车辆 123 辆，发放《违法停车告知单》62 份，“门前五包”评分 120 家 720 次，整治沿街堆放物品、晾晒等不文明行为 200 余次，创文重点路段“整治指数”排名全县前列。

是年，紫港街道因“土地整治工作获指标调剂收益 12.59 亿元”被列入 2022 年 1—9 月执行“十条军规”典型事项通报；因“向上争取荣誉表彰成效明显”被列入 2021 年第四季度执行“十条军规”典型事项通报。紫港街道被评为 2021 年度乡村振兴“强村富民”先进集体、衢州市新冠肺炎疫情防控集体正面典型、2022 年度“惠衢保”工作推进突出乡镇（街道）、2022 年衢州市十佳居家养老服务中心，在“除险保安”工作“五色”考评位列蓝榜。

【土地房屋征迁】 2022 年，紫港街道特色生态产业平台项目圆满收官。项目自 12 月 5 日正式启动，历时 5 天完成 73 户集体土地房屋征收签约，历时 25 天完成房屋征收拆除，实现“当月签约、当月腾空、当月拆除”，签约率、拆除率均达 100%。征用三衢高中地块 150 余亩，迁移坟墓 25 穴。测量虹桥溪改造提升项目的征收土地 149 亩。狮子口片区征收项目完成坟墓迁移 290 穴及土地清表 460 余亩。

【文昌未来社区和城市样板建设】 2022 年，紫港街道通过提升基础配套、改善整体风貌、强化数字赋能，打造文昌未来社区和文昌阁城市风貌样板区。围绕“活力文昌，U 享未来”主题，完成项目 13 个，总投资约 4600 万元，重点打造未来之窗、“U”乐中心、“U”创基地、闻礼托育点、社区便民卫生室、养老服务中心等功能模块，搭建智能社会治理场景。12 月，文昌社区成功创建浙江省未来社区，文昌阁片区成功创建浙江省城市风貌样板区。

【共同富裕建设】 2022 年，紫港街道打响“共富果园”品牌，狮东村完成 1200 余亩闲置土地流转，升级打造 1000 亩共富果园，村集体经营性收入比上年增长 110%，“共富果园”工作受到 CCTV17《中国三农报道》和《共产党员》杂志关注报道。姜家堡村建设西蓝花基地 300 余亩，与

2022 年 12 月 5 日，紫港街道特色生态产业平台项目启动签约

（紫港街道　供图）

艾佳果蔬有限公司达成合作意向，助力农产品销售。实施渣濑湾未来乡村东入口改造、亲子乐园、户外游戏区、跑跑卡丁车等项目建设，推进“腾云·现代旅游根据地”渣濑湾站建设，打造民宿集中村，集中改造11户民宿，装修房间43间，可提供床位103个。

2022年6月3日，紫港街道狮东村共富果园西瓜大丰收

（紫港街道 供图）

【基层治理】 2022年，紫港街道推进现代社区建设，划分16个网格、97个微网格，构建“社区+物业+业委会+共建单位+社会组织”的社区“大党委”机制，凝聚多方力量参与基层治理。发挥“金妹工作室”“紫港老娘舅”等志愿服务组织作用，做优社区治理“同心圆”，“金妹工作室”被评为县疫情防控正面典型。柚苑社区聚焦智慧养老，探索“居家社区+机构+智慧养老”新模式，累计为辖区老人提供助餐、助浴、助医、助乐、助洁、助行、助学、助急等“八助”服务3800余次，智慧养老工作被“央视聚焦”报道，受到省、市领导肯定。渣濑湾村获“全国先进基层群众自治组织”称号（全市仅1个）。梳理社区矫正对象、在册吸毒人员，全部按要求进行纳管、化解、转化。重点领域和重点群体突出矛盾明显缓解，171件信访件均办结，案件量比上年下降5.5%。重视矛盾化解、初信初访，化解国家级信访积案1件、省级积案1件、县级积案6件，积案化解率100%，紫港街道在全市信访“五色图”排名中连续9个月位列A类乡镇前列。

2022年紫港街道各社区基本情况一览表

表32

社区名称	书记主任	专职工作人员（人）	楼（幢）	户数（户）	非农业人口（人）	农业人口（人）	面积（万平方米）
紫港社区	江　敏	11	222	899	2248	0	51
柚苑社区	徐玉宏	7	41	1350	1980	0	10.5
文昌社区	夏　静	11	33	1433	601	0	11.4
合计		29	296	3682	4829	0	72.9

2022 年紫港街道各行政村基本情况一览表

表 33

村名	支书主任	村民小组（个）	党员（人）	农户（户）	人口（人）	劳力（人）	面积（亩）		村集体经济收入（万元）
							耕地	山林	
大弄口村	张国新	8	68	732	1871	630	481	467	25.7
枧头村	朱利俊	11	43	490	1265	700	120	300	42.9
后坊村	方伟国	4	29	325	831	467	180	350	30
富足山村	李志国	14	49	652	1712	720	32.5	375	55
外港村	李鹏庆	9	63	592	1486	820	563	2264	79
姜家堡村	郑栋	10	44	468	1222	628	935	2874	104.7
孔家弄村	李明良	11	33	424	1130	886	838	2476	25
狮东村	张建利	12	77	603	1577	830	1100	2000	74
狮子口村	王根有	7	69	541	1324	855	528	2400	25
渣濑湾村	包拯剑	5	33	480	1240	580	826	2002	190
渔业大队	陈先行	0	15	80	171	32	0	0	14
合计		91	523	5387	13829	7148	5603.5	15508	665.3

（吴 洁）

金川街道

【概况】 金川街道位于县城西北、常山港南岸，东接天马街道和紫港街道，南连天马街道，西与白石镇、同弓乡、何家乡接壤，北邻辉埠镇、何家乡，境内有“一港二溪”（即常山港、南门溪、龙绕溪）。2022 年，金川街道下辖 14 个行政村、3 个社区，常住人口 27806 人，总面积 57.51 平方千米。金川街道耕地面积 9923.6 亩、林地面积 15138 亩、园地面积 8951 亩，蔬菜种植面积 5448 亩，产量 9270 吨，果园种植面积 999 亩，产量 1181 吨，果用瓜种植面积 589 亩，产量 984 吨。全年生猪出栏量 22849 头，家禽出栏 14356 只。辖内有中小学校 5 所，教师 206 人；幼儿园 6 所，教学点 1 处，其中省一级幼儿园 1 所（常山县教工幼儿园星月湾分园）、省二级幼儿园 1 所（金川中心双语幼儿园）。2022 年，金川街道在库项目固定资产投资额 14679 万元，比上年增长 145.34%。衢州市“共富工坊”现场会在徐村村举办。开展“红色预备队”链式培养，队员扩充至 113 人。推进“共享法庭”全域覆盖，组建 30 余人参加的新乡贤“U 调解”队伍。推进“互联网+政务服务”，实施“掌上办”“上门办”“打包办”等，金川街道便民服务中心被市营商办评为五星级便民服务中心。在十五里村实施省级绿色农田项目，争取 4000 万元专项资金用于十五里村四都畈 1900 余亩农田改造提升，产量提高 30%。与大和热磁、柒尚文化传媒、大块文化等企业达成长期合作，培育徐村团建旅游、常山 UU 音乐节、露营音乐节、沐隅民宿等特色品牌，年带动旅游消费 500 万元，促进 200 余名村民实现“家门口”增收。

2022年，金川街道被评为全市“惠衢保”工作推进突出乡镇（街道）、乡村振兴先进集体、平安建设突出贡献集体等；徐村获评浙江省美丽庭院特色村，徐村模式入选衢州市共同富裕第一批最佳实践案例，赵家坪社区“能大姐”志愿服务队获评衢州好人榜“有礼之星”。

【土地和房屋征迁】 2022年，金川街道完成文峰西路延伸线工程、食用菌园区等重点项目的土地和房屋征迁工作，项目涉及土地173.8亩，征收房屋33户，可促进常桥、徐村、湖东路网联通。常山江航电枢纽项目完成土地清册及青苗附着物统计。

【招商引资】 2022年，金川街道报送招商信息23条，共计申报6家企业，“一把手”外出招商3家，到位资金7524万元。挂联贯通轴承、百晔新材料2家企业，助力实施“零增地”技改提升，指导企业谋划实施“高精度轴承圆柱滚动体生产线项目”和“圣诞系列及塑料制品生产线项目”。

【项目建设】 2022年，金川街道争取4000万元专项债资金，建设新都工业园区同创空间项目，完善园区配套功能。投资1380万元，相继建成金惠标准厂房、胡家淤村“农产品产地冷藏保鲜项目”，与浙江柚香谷投资管理股份有限公司及周边种粮大户达成合作意向，构建农产品商业化通路。全年完成归口在库固定资产投资项目12个，投资额超2000万元项目5个，其中浙赣（常山）农副产品商贸物流中心项目已实施且计划投资达2.2亿元。

【基层智治】 2022年，金川街道有效衔接“县乡一体、条抓块统”改革与数字化改革，承接23项数字化应用贯通落地，通过村（社）网格收集城市管理、矛盾纠纷等信息线索1600余件，全部办结。“网格+”“信用+”模式在全县推广，持续深化“平时+战时”“监管+执法”的工作体系，迎接省内外调研考察8次，金川街道综合执法队获评省级规范化中队。不断优化基层网格组织架构，健全“136”（60%信访问题化解在村社，30%在乡镇，10%在县级）调解机制，建立“分类处置、分级响应”的闭环管理机制，化解信访积案7件。

【基础设施更新】 2022年，金川街道推进徐村“未来乡村”基础建设，投资1500万元，落实智慧停车场、花海景观建设工程等相关项目。投资205万元，完成新建村、金川弄村5.3千米道路硬化、“白改黑”，修复五里亭、上埠等11处灾毁渠道，新都里生活中心建成使用。争取4000万元专项资金，完成十五里村四都畈1900余亩绿色农田的改造提升。持续推进美丽乡村建设，集中1个月对新都大道环境卫生合力攻坚，庭院整治提升10余户；争取县财政奖补资金50万元，提升朱家坞村诗画风光带风貌；新建公厕2座，完成农村生活污水处理设施的提标改造7处、污水终端提升改造2个。

【特色产业发展】 2022年，金川街道各村因地制宜开展产业谋划，推进“共富果园”建设。聚焦农产品产业链条，搭建“共富工坊”，塑造湖东村“菜篮子”、十五里村西蓝花基地等品牌，十五里村“南门溪共富菜园子”项目成功创建县级“共富果园”。上埠村民康医院、徐村村沐隅民宿、常桥村综合楼等出租，为村集体提供稳定收入。持续擦亮文旅融合金名片，培育徐村村团建旅游、常山UU音乐节、露营音乐节等节庆活动，常山UU音乐节获市长徐张艳、县长王永明批示肯定。依托网络渠道举办十五里村西蓝花抖音大赛，培育新的经济增长点。

2022年金川街道各社区基本情况一览表

表34

社区名称	书记主任	专职工作人员(人)	楼(幢)	户数(户)	非农业人口(人)	农业人口(人)	面积(万平方米)
赵家坪社区	徐卫英	10	116	3839	4025	0	25
二都桥社区	占　兵	8	329	512	1381	0	70
星月湾社区	何小卫	10	210	2610	6311	0	50
合　计		28	655	6961	11717	0	145

2022年金川街道各行政村基本情况一览表

表35

村　名	支书主任	村民小组(个)	党员(人)	农户(户)	人口(人)	劳力(人)	面积(亩)		村集体经济收入(万元)
							耕地	山林	
胡家淤村	胡水金	32	90	1115	2716	2364	2009	200	74.5
朱家坞村	何文仙	4	43	346	740	446	280	0	50
湖东村	陈水福	10	68	588	1465	935	540	790	64.4
徐村村	叶继强	8	48	465	1136	839	453	281	120
上埠村	胡红连	17	83	899	1451	1006	1200	2550	50
上蒋村	蒋智华	4	31	245	605	235	150	350	27.4
五里亭村	陈松贵	9	47	619	1317	834	614	1400	35
金川弄村	林　刚	19	73	823	1159	1200	1029	0	50
常桥村	徐小忠	7	44	230	780	500	198	720	178
新建村	徐新华	12	48	382	1025	529	500.6	838	58
蒋家村	蒋文斌	4	31	246	578	386	157	700	74.1
十五里村	余金山	18	95	806	1090	1245	2000	3470	60
十里山村	陈明富	10	45	456	1165	715	330	1000	40
新都村	饶立春	13	92	637	862	953	463	2839	58.7
合　计		167	838	7857	16089	12187	9923.6	15138	940.1

(余　斌)

辉埠镇

【概况】 辉埠镇地处常山县城北郊，东与大桥头乡、紫港街道接壤，南邻紫港街道、金川街道，西接何家乡、开化县，北连芳村镇、新昌乡，镇域面积 127.1 平方千米，为全国文明镇、浙江省中心镇、省级教育强镇、省级体育强镇、衢州市首批经济强镇。镇内九景衢铁路、G60 高速公路、320 国道纵横交错，351 国道穿境而过，高效便捷的路网基本成型。国家 AAAA 级旅游景区三衢石林坐落境内，严谷甘泉、龙山寺、赵公岩、大埂新石器时代遗址等景点星罗棋布，川越旅游、画里桐村休闲旅游项目建设持续推进，省级书法村东乡村翰墨飘香，省 AAA 级旅游景区村路里坑村宋诗雅韵，三衢美景各具特色。2022 年，辉埠镇持续推进文旅融合，废弃矿山变身生态公园，岩洞餐厅人气爆棚，诗集民宿打卡成风，三衢石林向 AAAAA 级景区迈进，全年吸引游客 15 万人次，带动旅游相关收入 400 余万元。

截至 2022 年年底，辉埠镇辖 17 个行政村，253 个村民小组，常住农户数 11789 户，户籍人口 3.46 万人；党组织 22 个，农村党员 1358 人；耕地面积 24924.3 亩，未承包到户面积 0.295 亩。辉埠镇有工业企业近 200 家，其中规模以上企业 54 家，比上年新增 1 家，全年实现规模以上工业产值 105.8 亿元，比上年增长 5.2%；税收收入 7.89 亿元，比上年增长 36.1%。是衢州市第一个实现规模以上企业工业总产值突破 100 亿元的乡镇。集体经济总收入超过 100 万元行政村的有 14 个，50 万~100 万元的行政村有 3 个，实现 50 万元行政村全覆盖。是年，辉埠镇获浙江省美丽乡村示范乡镇、县级乡村治理先进集体、平安建设突出贡献集体、2 次被列为市“十条军规”正面典型、4 次被列为县“十条军规”正面典型等 29 项县级以上荣誉，辉埠村被评为衢州市三星级“侨胞之家”。全省基层智治系统第一期第三片区协作会议将辉埠镇列为考察点，“学习强国”浙江平台报道辉埠镇“一支队伍管执法”构建基层治理新格局经验做法。

【工业项目发展】 2022 年，辉埠镇引进新枫新材料、哲丰污泥资源化利用等产业项目 8 个，年内总投资 12.18 亿元。全面建成鹤丰、柯瑞、致和新材料项目，新材料产业迅速崛起，产值突破 35

常山县经济开发区辉埠片区全景　　（辉埠镇　供图）

亿元。推行干部“组团挂企”机制，成立“零跑腿”帮帮团，线上、线下结合，帮助企业解决融资、审批、用工等各类诉求360余件，兑现政策资金600余万元，协助完成19家省科技型中小企业和13家国家高新技术企业申报。新增“小升规”企业8家，产值新上亿元企业7家。

【民生实事保障】 2022年，辉埠镇聚焦群众住、行等关键事，加大投资力度，完成048省道童家安置区、杨梅弄安置区配套工程。建设鸭坞—西坞通村公路，东鲁、黄坞岭部分村道实现硬化。彭川、路里坑村便民服务中心主体建设完成。辉埠镇便民服务大厅受理、办结业务近2100件，群众好评率100%。发放低保、残疾人等各类惠民补助经费1000余万元，打造常山县唯一一家四星级“残疾人之家”，帮助17位残疾人实现就业。协助园区多家企业招聘员工100多人，解决劳资纠纷23起，追讨欠薪40余万元。关心关爱退役军人，发放优待证655份。

【文明创建普法宣传活动】 2022年，辉埠镇组织开展“千村万户晾家风”、文明家庭评选等家风品牌宣传活动2场，“笔墨凝书香，春联进万家”活动11场。完成鸭坞村、双溪口村、石姆岭村市级文明村复评工作，新创建彭川村、久泰弄村2个市级文明村。开展普法宣传活动13次，发放宣传册1500余份，在宋畈、石姆岭、久泰弄等村举办群众性普法文化活动14场。

【集成富民改革】 2022年，辉埠镇通过“金辉”党建联建，组织各村入股民辉公司1200万元，投入辉埠园区邻里中心项目，该做法获县“常雁竞飞·聚力为U”四季度擂台赛二等奖。建立本地资源、供给需求、剩余劳动力3张清单，打造“金工厂”“诗集民宿”“新连心”3家共富工坊，带动村集体增收320万元，吸纳就业137人，村民人均月增收约6000元。推广“共富果园”模式，建设黄坞岭、辉埠、彭川等村“共富果园”，带动村集体增收50万元，带动就业200人，村民增收约100万元。黄坞岭村香榧共富果园获评县级“银果园”。

【“智治辉埠”综合应用迭代升级】 2022年，辉埠镇推动“智治辉埠”综合应用更新迭代，完善共同富裕、基层治理、数字园区等特色模块，接入数据300余万条，构建基层治理全景库，全面承接融入“1612”体系，推动重大应用贯通落地，在全市“最优数字书记”擂台赛中位列第三名。

【特色生态产业平台推进】 2022年，辉埠镇启动实施特色生态产业平台开发建设，该平台通过省级评审。6月底前，形成辉埠区块1100亩工业熟地。推进48省道支线以北的A区块，编制成片开发方案、项目规划等前期工作，完成B区块土石方工程建设900余亩，十一号路、华新路路基初具雏形，同步推进定宋线杆线迁移、部分路段雨污水管道施工等基础设施配套工程。坚持边征收、边建设、边招商，总投资90亿元的华创铜箔项目招引落地。

【矿山博物馆地块征迁】 2022年4月，辉埠镇启动辉埠区域生态整治及修复二期工程建设，历时2个多月，6月30日完成谈判并签订神龙建材关停出清协议，交由县农投集团拆除清理。12月，达成祥和矿业收购意向并实现签约。夏家自然村搬迁工作涉及86幢房屋、87户农户，辉埠镇与县市场监督管理局、县税务局共同组建5支征迁小组，合力攻坚，自11月28日开始签约，至年底完成签约84户。

【基层治理】 2022年，辉埠镇将原39个网格调整为42个，调整网格员24人。构建“村—网格—微网格”的战时基层三级治理指挥体系。强化网格队伍培训，将矛盾隐患排查、积案问题化解等工作纳入网格统筹推进。打响“360”矛盾纠纷调解品牌，发挥“河流”省级金牌调解工作室作用，全力攻坚项目征迁、民生纠纷等历史遗留问题，全年化解积案46件，无新增积案发生。初信初访化解满意率100%，信访量比2021年下降17.8%，比2020年下降58.3%。围绕宣传教育、隐患治理、违法查处、智慧管控等内容开展交通安全系统性整治，辖区内交通事故率、亡人率比上年下降50%，通过市级道路交通安全重点乡镇摘牌验收。

2022年辉埠镇规模以上工业企业部分经济指标一览表

表36

行业	公司名称	工业产值（千元）	上年工业产值（千元）	工业销售产值（千元）	工业产值比上年增长（%）
轴承	浙江四通轴承集团有限公司	74420	78909	77090	-5.69
	浙江双明轴承股份有限公司	129717	183287	128907	-29.23
	常山县康乐轴承有限公司	44930	50425	45626	-10.90
	捷姆轴承集团有限公司	155486	159723	174181	-2.65
	浙江中精轴承有限公司	81862	101635	82273	-19.45
	常山成鑫轴承有限公司	63337	61930	64690	2.27
	常山县星球滚动体有限公司	21740	24464	22572	-11.14
	衢州鑫盛轴承有限公司	22567	23099	23178	-2.30
	常山丰泰轴承有限公司	28227	28993	20062	-2.64
制冷	常山县雪亮厨房用品有限公司	84833	88084	70577	-3.69
	浙江欧恒制冷设备有限公司	110623	107806	92892	2.61
	浙江雪村制冷设备有限公司	174863	150608	174863	16.10
	浙江新淇尔电器科技有限公司	57981	93602	58444	-38.06
纺织	浙江省常山纺织有限责任公司	80106	108981	82193	-26.50
	浙江常山百邦花式纱线有限责任公司	49927	50849	48756	-1.81
	浙江卡罗莱纳纺织有限公司	57063	58343	59034	-2.19
	浙江灿宇纺织有限公司	56414	98544	56414	-42.75
	常山县永兴纺织有限公司	21122	20747	20071	1.81
	浙江帛尚纺织有限公司	59899	50710	48655	18.12
造纸	浙江哲丰新材料有限公司	3252362	2391006	3232407	36.02

续表 36

行业	公司名称	工业产值（千元）	上年工业产值（千元）	工业销售产值（千元）	工业产值比上年增长(%)
水泥建材	常山南方水泥有限公司	1546795	1857700	1535869	-16.74
	常山江山虎水泥有限公司	738398	795938	738844	-7.23
	浙江常山虎跃水泥有限责任公司	179687	225246	185606	-20.23
	常山县昇强建材有限公司	121711	74575	121565	63.21
	常山县恒业混凝土有限公司	116527	106475	116527	9.44
	常山永建混凝土有限公司	145312	169323	145312	-14.18
	浙江省常山县神龙建材有限公司	59194	132106	66259	-55.19
	浙江英鸿新型建材有限公司	57062	62136	59371	-8.17
	浙江常盛建材有限公司	114206	138558	114206	-17.58
金属加工制造	浙江创建厨具有限公司	74045	60588	68159	22.21
	浙江雄狮工贸有限公司	107614	88525	101178	21.56
	浙江玛莉莎工贸有限公司	117989	94335	117418	25.07
	浙江亿智达新材料科技有限公司	159072	133527	159072	19.13
	浙江涌鑫装备制造有限公司	54819	43895	60017	24.89
	常山富瑞森工贸有限公司	50642	83316	50642	-39.22
	浙江亨达铝业有限公司	433166	445826	441788	-2.84
	浙江程超精密科技有限公司	22417	32294	21431	-30.58
	浙江凯康金属制品有限公司	651941	536002	728753	21.63
	常山向前新材料有限公司	156813	90404	122323	73.46
	常山县诺辉金属制品有限公司	24058	35921	27313	-33.02
	浙江百利盛金属制品有限公司	84518	111384	84438	-24.12
	浙江玮宏金属制品有限公司	146561	101977	147152	43.72
其他	浙江迈尔泰木业有限公司	158198	137686	151731	14.90
	衢州润达涂料有限公司	23188	26086	22535	-11.11
	常山县天然气有限责任公司	163592	96724	163592	69.13
	常山县中兴矿业有限公司	101912	98925	101912	3.02
	浙江瑞隆家居科技有限公司	39206	41468	39199	-5.45
	科米诺新材料科技(浙江)有限公司	43984	33398	37443	31.70

续表 36

行业	公司名称	工业产值（千元）	上年工业产值（千元）	工业销售产值（千元）	工业产值比上年增长(%)
其他	浙江森智源乳胶科技有限公司	62005	50424	61226	22.97
	常山江山虎电力有限公司	32569	30551	32569	6.61
	浙江锦丰新材料科技有限公司	45355	70415	45355	-35.59
	衢州格劳威服装有限公司	46191	51797	46319	-10.82
	衢州环亚新材料科技有限公司	20957	21057	20509	-0.47
	浙江乐太新材料有限公司	20628	21956	20147	-6.05
	昊润医疗用品(常山)有限公司	38019	31143	36887	22.08
总　计		10585835	10063424	10575552	5.19

2022 年辉埠镇各行政村基本情况一览表

表 37

村　名	支书主任	村民小组（个）	党员（人）	农户（户）	人口（人）	耕地面积（亩）	村集体经济收入（万元）
久泰弄村	陈金明	23	79	748	2212	2297	165.10
童家村	谢美珍	10	40	426	1083	499	62.40
东乡村	曾峰斌	16	113	1033	2980	2604	136.50
辉埠村	章忠文	14	87	787	1989	1059	117.60
石姆岭村	苏　成	13	75	620	1670	926	403.50
鸭坞村	夏小芳	8	72	530	1646	1489	248.60
大埂村	陈金林	20	91	1040	2958	2100	121.00
山背村	江善标(1—5 月) 陈　超(6—12 月)	11	52	577	1662	924	112.20
桐村村	陈文林	11	43	327	1076	539	60.80
彭川村	王太其	20	87	1060	3223	1938	134.50
东鲁村	魏土良	7	79	926	2980	2323	110.20
才里村	汪浩浩	27	93	662	2047	1945	119.80
黄坞岭村	黄永平	15	75	547	1803	1154	175.10
双溪口村	杨土喜	20	108	790	2229	1716	150.70

续表 37

村 名	支书主任	村民小组（个）	党员（人）	农户（户）	人口（人）	耕地面积（亩）	村集体经济收入（万元）
宋畈村	汪土福	10	81	474	1399	973	99.40
路里坑村	刘志亮	13	94	586	1799	1061	137.80
达坞村	琚利民	15	89	656	1886	1378	105.50
合 计		253	1358	11789	34642	24925	2460.70

（张 柠）

何家乡

【概况】 2022年，何家乡围绕产业发展、重点项目建设、民生保障、除险保安等方面开展工作，统筹疫情防控和经济社会发展，推动全乡各项事业高质量发展。全年何家乡财政总收入2058.7万元，固定资产投资6595万元，比上年增长46.2%。产业发展方面，改良食用笋基地500余亩，新增优质茶树200余亩，与省农科院合作建设20亩青大豆和50亩食用竹试验田，《“四片绿叶”助共富》案例入选“共富密码”典型案例。承办“常U丰收 喜迎盛会”2022年常山县农民丰收节暨农民运动会，发布“何家共富”IP形象。重点项目建设方面，黄冈生态配套、赵鼎考古文化项目，未来乡村连片发展实验区13个子项目基本完成建设。推进黄冈村、江源村、钱塘村、樊家村“千亩方”永久基本农田集中连片整治，项目实现“当年开工、当年验收”。联结江湾村、钱塘村、何家村、樊家村、江源村打造“渔光互补”产村融合试点。民生保障方面，坚决打赢疫情防控阻击战，推进农村人居环境整治、农村垃圾分类，建设黄冈村、双安村、钱塘村便民服务中心，提升改造江源村便民服务中心，建成“五水共治”主题公园。构建7个“15分钟品质文化生活圈”，被评为全省文化礼堂建设示范乡镇。创建浙江省现代化社区学校，何家乡社区学校被评为浙江省社区教育示范基地。推进除险保安专项整治工作，常态化开展矛盾纠纷大排查大化解，持续强化防范电信诈骗、交通安全、防台防汛、森林防火、防溺水等工作，成功抵御“6•20”特大洪灾，有效降低有气象记录以来最严重旱情损失。2022年，何家乡被评为浙江省文化礼堂建设示范乡镇、浙江省第一和二轮疫情防控执行力指数优秀乡镇、浙江省“五水共治”（河长制）工作考核优秀乡镇。

【专项债项目谋划】 2022年，何家乡围绕重点项目建设，把实施专项债项目作为“一号工程”，争取中央专项债资金1.4亿元。通过成立专班、制定“作战图”，有效确保黄冈山生态配套、“宋诗之河”之“赵鼎考古文化”两个专项债项目建设。截至年底，两大项目完成投资2600余万元。黄冈生态配套项目建设稳步推进，其中黄冈游客接待中心提升及配套工程完成50%以上。赵鼎考古文化项目聚焦打造“食、住、购、教、游”一体的宋韵文化区，历时7天完成第一批9幢房屋征收。超额完成何家乡专项债谋划工作任务，获第四季度执行“十条军规”典型事项通报表扬。

【“四片绿叶”产业发展】 2022年，何家乡围绕青大豆、食用竹、茶叶、辣椒“四片绿叶”，探索“两联两带”共富模式。9月23日，承办“常U丰收 喜迎盛会”常山县农民丰收节暨农民运动会，发布“何家共富”IP形象。全年“四片绿叶”总产值2.48亿元，带动3500余农户增收万元以上；接待游客17万人次，带动旅游经济收入1400万元。全乡8个行政村集体经营性总收入近450万元。

（徐梦婷）

2022年何家乡各行政村基本情况一览表

表38

村名	支书主任	村民小组（个）	党员（人）	农户（户）	人口（人）	劳力（人）	面积（亩）		村集体经济收入（万元）
							耕地	柑橘胡柚	
何家村	何林锋	24	76	688	1944	1092	2181	458	90.78
樊家村	樊嘉云	16	52	529	1311	768	455	24	90.29
江源村	江　峰	23	84	764	2031	1199	1957	29	73.92
江湾村	江建宗	17	48	540	1323	793	988	260	30.81
钱塘村	琚正堂	22	67	909	2323	1354	2021	139	45.92
长风村	裴军荣	16	68	620	1764	1062	582	142	62.41
双安村	鲍承文	7	42	339	922	582	1200	86	31.10
黄冈村	王水清	21	79	712	1833	1066	1958	392	24.45
合计		146	516	5101	13451	7916	11342	1530	449.68

（徐梦婷）

招贤镇

【概况】 招贤镇位于常山县境东部，辖区东交衢州市柯城区航埠镇、沟溪乡，南界江山市大陈镇，西连青石镇，北接大桥头乡和东案乡。地处金衢盆地西缘，属低山区和丘陵平原交错分布区，地势南、北两翼高，中部低，南部为低山丘陵山区，北部为丘陵岗地，中部为沿江冲积平原区。最高点湖山，位于境南；最低点大溪沿村东侧河滩地，位于境东。常山港自西向东流贯境中，境内流程8千米；芳村溪西北从大桥头乡入境，向东南流至境中注入常山港。另有官塘溪、大坑溪、大弄溪3条季节性河流。矿藏资源有石灰石、石煤、石英砂等。320国道、杭金衢高速公路、黄衢南高速公路、九景衢铁路穿境而过，素有常山“东大门”之称。境内名胜古迹主要有“招贤古渡”“箬溪抗战纪念馆”“樊氏大宗祠”“古县遗址”“箬溪泉水”等。

2022年，全镇总面积69.8平方千米，耕地面积14192亩，林地面积41399亩；下辖18个行政村，有农户12454户34350人。招贤镇党委下辖24个党支部（其中行政村党支部18个），党员1318人（其中行政村党员1185人）。招贤镇年财政总收入11357万元，完成全社会固定资产投资7451万元，实现规模以上工业总产值34718万元。年内，招贤镇围绕“一带一核两圈”发展目标，抓好经济质量、生态优势、内生动力、民生福祉、安全生产“五大领域”发展实效，推动集镇新区加快建成、“香柚湾”项目快速落地、常山港航运开发项目迅速推进。是年，招贤镇被评为浙江省森林城镇、第三批浙江省戏曲之乡、浙江省电商镇等。

【招商引资】 2022年，招贤镇完成总投资5亿元以上落地项目1个，签约总投资10亿元以上项目1个，助力总投资50亿元的县级招商引资项目——“农光未蓝”共富产业园落地招贤镇。

【文化事业】 2022年，招贤镇创建省级乡村博物馆4个，申报浙江省戏曲之乡。婺剧校本教材《小学古诗词婺剧唱腔集》参评“中华民族音乐传承出版精品出版物”，《巡按出访》节目参评“李渔杯”首届全国清廉戏曲优秀作品展演。

【民生事业】 2022年，招贤镇常住人口医疗保险参保率达98.52%，养老、工伤、失业保险实现法定人群全覆盖，制发退役军人及其他优抚对象优待证，发放优抚补助。推动全镇1198名低收入农户增收，为贫困户安排公益性岗位78个，实现人均可支配收入17250元。围绕“两不愁三保障”工作目标，对39名符合“雨露计划”的低收入农户子女进行就学补助，为1198名低收入农户缴纳基本医疗保险、大病保险费用，对909户困难家庭实施危旧房改造补助。

【项目推进】 2022年，招贤镇扫清320国道“二改一”、衢常快速招贤段、杭金衢高速公路拓宽、“95联盟”大道、独流入海二期等项目政策处理遗留问题，拆除房屋12幢。推进“香柚湾”全域土地综合整治、常山港航运开发项目进度，获全县土地整治专项考核一等奖和奖补资金900万元。积极向上争取资金，累计投入2130万元，推进集镇新区基础设施建设、招贤东大门重塑、沿街风貌整治、杆线整治等7大重点项目建设，年内成功创建美丽城镇省级达标镇。

【安全生产】 2022年，招贤镇开展路域环境整治、消除沿线安全隐患“百日攻坚”行动，强化交通问题顽瘴痼疾整治，完成90处点位整改清零。推进农民自建房安全隐患专项整治，排查农村自建房10941处，其中经营性自建房462处、三类重点房屋6891处、人员密集自建房2647处、改扩建自建房24处，对5户农村困难家庭实行危旧房救助。

【生态建设】 2022年，招贤镇推进“林长制”，加强镇域内古树保护力度，申报古树名木保护8棵，正式立项保护6棵；完成古树名木白蚁防治和汪家淤村古树病虫害防治等工作，保护大溪沿村古树群150亩，其中挂牌古树34株，包括榔榆18株、朴树15株、樟树1株，平均树龄达115年，获“浙江省森林城镇”。落实“河长制”，开展黑臭水体“找寻查挖”工作，全镇共摸排整改各类问题40个，持续改善水生态，镇域出境水质达标率均为100%。完成中

2022年5月18日，“香柚湾”全域土地综合整治项目现场

（招贤镇 供图）

央生态环保督察、省生态环保督察、省生态环境警示片交办和反馈问题整改。在常山县九龙墙体材料问题整改上，提前 3 个月完成整改销号，是省委生态环境保护专项督察反馈问题里全市第一个提前整改销号的问题，相关做法被列入第四季度县级示范案例，推动全市工业企业开工生产标准变革。

2022 年招贤镇各行政村基本情况一览表

表 39

村名	书记主任	村民小组（个）	党员（人）	农户（户）	人口（人）	劳力（人）	面积（亩）		村集体经济收入（万元）
							耕地	柑橘胡柚	
官庄村	蓝丽丽	5	43	351	829	456	368	500	27.00
高埂村	兰佳伟	10	68	740	1965	1358	896	1400	29.51
大溪沿村	季晨曦	10	42	518	1438	1001	592	710	96.09
游林村	张光良	10	26	347	1153	665	385	750	20.09
古县畈村	韩佳驹	10	78	523	1318	830	797	850	51.08
古县村	李小林	12	85	562	2048	1248	851	1440	50.50
招贤村	周建平	14	61	541	1500	996	496	865	31.71
汪家淤村	赵良兵	7	44	340	1096	550	530	500	30.07
渔溪口村	毛方成	9	59	622	1604	982	678	958	20.40
纱帽山村	徐朝斌	16	61	538	1536	845	661	600	50.10
溪上村	徐贞满	12	86	864	2250	1470	849	738	25.52
泉目山村	毛理清（党支部书记）	9	87	975	2574	1330	805	1350	30.30
大弄村	黄国新	8	50	628	1695	1205	554	940	34.35
五里村	刘春国	15	76	1030	2670	1600	920	600	21.50
樊村村	樊克飞（党支部书记）	8	60	542	1768	1035	922	800	24.93
鲁士村	徐利海	8	69	751	2135	1372	1059	500	54.80
山底村	徐先锋	14	68	785	2198	1300	767	1200	55.91
象湖村	郑美珍	24	122	1797	4573	2421	2062	1350	52.27
合计		201	1185	12454	34350	20664	14192	16051	706.13

（章　翠　徐鑫杨）

青石镇

【概况】 青石镇位于常山县城东郊，距离衢州市区29千米，距离常山县城5千米，东连招贤镇，西接天马街道和紫港街道，南与江山市大陈乡交界，北和大桥头乡毗邻；是中国观赏石之乡、中国常山胡柚祖宗地、全国“一村一品”示范村镇、浙江省衢枳壳之乡、省级特色农业强镇、浙江省美丽城镇样板镇、省级AAAA级旅游景区镇、小城镇环境综合整治省级样板镇。杭金衢高速公路、320国道、221省道及九景衢铁路穿境而过，境内设有常山东高速公路出入口。2022年，青石镇辖18个行政村（106个自然村），1个渔业大队，有村民小组237个，户数12516户，人口35521人，农村劳动力21088人。全镇设有25个党支部，党员1321人（其中18个行政村党员1174人）。镇域总面积78.7平方千米，其中耕地7618亩、山林地85126亩、森林85126亩，森林覆盖率73.43%。辖区内有卫生院2所，小学2所，幼儿园8所。全年，青石镇固定资产投资4623万元，比上年增长23.44%。一般公共预算收支基本平衡，财政总收入2.08亿元，支出1.52亿元，18个村集体经济经营性总收入达900.43万余元。青石镇加强源头治理，在全县率先推出“平安善治U微站”，整合镇矛盾纠纷调解中心、综合信息指挥室、“云河工作室”、招贤派出所资源，建设镇级“平安善治”综合体与村级社会治理工作站。落实信访积案包案制度，推进问题销号，被评为衢州市无信访积案乡镇。层层压实“除险保安”责任，从严落实“三联工程”，发挥“一长三员”作用，在年度“五色考评”中获绿榜，排名全县各乡镇（街道）第二。创新富强举措，打造“石文化产业共同富裕示范带”，启动砚瓦山青石花石市场石文化展示中心项目建设。招引总投资1.8亿元的东方巨石阵与台湾永龄集团合作康养项目。完善飞碓“共富果园”基础设施，被评为常山县“共富果园”创建银果园奖，获100万元奖补资金。5000万元专项债项目——“共富青石”农业生态园项目开工建设。纵深推进“山海协作”，帮扶结对村集体经济经营性收入达100.4万元，比上年增长395%。加强队伍建设，推动“青石立干”党建联建，打响“干在一起”团队品牌，推动全城土地综合整治，常山江航电枢纽等项目攻坚克难，疫情防控、社会治理等落地见效。

是年，青石镇被评为浙江省美丽城镇样板镇、浙江省园林城镇、浙江省森林城镇、浙江省美丽乡村示范乡镇、全省“五水共治”（河长制）工作考核优秀乡镇。“柚都石镇·共富先行”新时代美丽乡村共同富裕示范带被评为浙江省第三批新时代美丽乡村共同富裕示范带。

【创建省级美丽城镇样板】 2022年，青石镇对照省级美丽城镇“五美”建设标准，挖掘自身特色，以“四个带动”（由建成区带动周边区、特色村带动周边村、产业美带动全域美、发展顺带动民风顺）建设文旅特色型美丽城镇样板镇。年内，全镇新增项目27个，总投资6.5亿元。其中，以三星级市场标准改造提升溪口农贸综合市场及周边环境被认定为省放心农贸市场。投入2400万元，建造县第三社会福利中心，至年底完成一期工程。青石镇第一中心幼儿园于9月1日落成开园，成为常山县设施最全的公办农村幼儿园。

【“认养一只共富鹅”结对】 2022年，“拱墅—常山”山海协作帮扶结对村——青石镇和尚弄村采取村集体主导、中等收入农户牵头、低收入农户全覆盖参与、社会化产品结对认领的托底帮困模式，实施“认养一只共富鹅”计划。从山水环境养殖、天然饲料投喂、超长周期饲养等维度，打造差异化的生态绿色定位，提升产品档次。年内，养殖第一批“共富鹅”1200只。

2022 年 6 月 5 日，共富公司保洁员对十里柚香街进行保洁管护

（青石镇　供图）

【推进全域土地综合整治】 2022 年，青石镇域全面开启土地综合整治项目“片区式清零”，2 个月完成 800 余亩茂密胡柚林清表。至年底，集中交付一期土地 2300 亩，土地政策处置到位率达 98% 以上，签订 1100 亩土地流转协议，市、县领导考察调研 10 余次，相关经验做法获县委副书记、县长王永明批示肯定。

【成立共富公司】 2022 年，青石镇牵头组建 18 个村共同入股“美丽青石”共富公司——常山县柚石农业开发有限公司，实现村村抱团。由镇党委把握发展方向、提供公共服务项目资源，共富公司承接市场化公共服务，实现收益近 500 万元。经营所得利润按入股比例分红，实现增收共享全覆盖。共富公司提供 70 余个就业岗位，优先招录青石籍经济困难户，人均增收约 7 万元。相关案例《资源抱团 市场运营 点燃全域集成发展新引擎》获常山县聚焦“两个先行”探索“共富密码”实践案例银钥匙奖。

【七张问题清单工作排名前列】 2022 年，青石镇以“七张问题清单”为抓手，上报蓄水池数据 23 条，全量问题库近 300 条，省、市、县三级整改清单库 34 件，就“七张问题清单”督促协调解决近 300 余次。5—12 月，“七张问题清单”工作持续排名常山县各乡镇（街道）第一。9 月 21 日，青石镇作为全市 2 个乡镇代表之一，在衢州市“七张问题清单”现场会上作典型发言。《青石镇乱占耕地建房问题整改不到位问题整改案例》入选“七张问题清单”县级示范案例。

【创新“分猪肉”式村民自治】 2022 年，为强化火源管控，落实有效惩戒，青石镇针对发生的违规用火情况，创新采用“分猪肉”方式，即火情肇事人向灭火人员、受灾农户分发猪肉并逐户上门道歉的村民自治方式，引导村民自觉形成森林防火意识。全年落实“分猪肉”10 余次、分发猪肉 100 余千克，发放 70 余人次。9 月实施以来，镇域内未发生违规用火情况，这一村民自治方式获县委副书记、县长王永明批示肯定。

2022年青石镇各行政村基本情况一览表

表40

村名	支书主任	村民小组（个）	党员（人）	农户（户）	人口（人）	劳力（人）	面积（亩）		村集体经济收入（万元）
							耕地	柑橘胡柚	
山溪边村	郑英春	12	57	719	2045	1235	996	363	68.45
阁底村	汪忠勇	15	68	826	2383	1440	755	755	68.38
江家村	王志建	21	110	1114	3155	1842	966	966	135.03
澄潭村	徐立伟	17	65	918	2656	1589	359	1543	109.29
桥亭村	王国军	28	98	955	2722	1638	287	1767	89.29
砚瓦山村	徐卫国	17	85	686	2117	1252	123	335	231.19
湖头村	毛科见	21	98	1188	3466	2018	837	536	102.02
水南村	黄小飞	22	110	1260	3254	1927	121	932	82.97
塘边村	陈雪飞	8	37	401	1127	658	216	923	48.14
山头村	胡亮亮	8	56	592	1676	1013	437	483	49.53
虹桥村	胡卫群	12	66	603	1897	1126	553	712	75.53
新站村	江军良	6	40	406	1176	710	85	1208	87.30
马车村	张财有	8	45	446	1221	735	752	521	58.77
溪口村	徐　雄	8	53	387	1242	716	146	403	79.90
大塘后村	秦定福	12	61	720	1876	1103	172	1187	82.20
九龙山村	官小华	7	42	422	1138	647	165	1376	81.81
飞碓村	范书荣	8	47	544	1427	853	164	781	124.98
和尚弄村	蔡永军	7	36	329	943	586	484	417	183.22
合计		237	1174	12516	35521	21088	7618	15208	1758.00

（余婧晖）

东案乡

【概况】 东案乡东邻衢州市，南与大桥头乡、招贤镇接壤，西、北界芳村镇，距常山县城、衢州市区20千米，黄衢南高速公路在境内设有出口，常东衢公路、351国道穿境而过，交通便利。东案乡地域面积68.81平方千米，辖10个行政村，84个自然村，2022年总人口15566人。森林覆盖率达78.5%，系“省级生态示范乡”。常山第一峰白菊花尖，海拔1395米，坐落于境内梅树底风景区。境内最大河流为金源溪，

东案乡丝瓜络产业基地 （东案乡 供图）

发源于白菊花尖，自北而南蜿蜒穿流境中。2022年，东案乡实现固定资产投资9153万元，比上年增长82.3%；村集体经济总收入1094.19万元，比上年增长19%，其中村集体经营性收入432.13万元，比上年增长22%；农村居民人均可支配收入、低收入农户人均可支配收入“两项收入”增幅超全县平均水平。东案乡社会经济发展取得历史性突破，争取县级重点项目7个，总投资34350万元。年内，东案乡举办全县香柚产业土地流转工作推进现场会，推进专项债项目3个，总投资2.2亿元。完成东案村“农村第二轮土地承包到期再延长30年”全国试点前期工作。田蓬村西甜瓜、东跃丝瓜络、兰家山柑橘共富果园入选县级创建名单。是年，东案乡通过国家卫生城市复评，被评为美丽城镇省级样板、省级电商镇；获市级以上官方媒体关注报道87次，比上年增长153%。

【创建美丽城镇省级样板】 2022年，东案乡按照“特色化、个性化、本土化”的要求，聚焦“文旅特色型美丽城镇样板”特色，“点线面”推进美丽城镇省级样板创建，完成集镇环境整体提升、主干道柏油路面翻浇，打造梅树底入口公园、东案共富公园、朝阳健身公园等标志性景观节点，推进邻里中心、小镇客厅改造，实施梅树底金鑫小区环境优化、品质提升，成功创建美丽城镇省级样板。

【重点项目】 2022年，东案乡强力推进项目建设，龙头项目“远山云间”首启区块建设完成总工程量55%以上，开元芳草地度假酒店结顶在即，B地块26栋度假民宿结顶21幢，实现固定资产投资7410万元。总投资0.5亿元的“远山云间”旅游度假区配套工程被列入2022年重大项目前期。对标专项债券资金支持领域，结合东案文旅气质乡镇特色，争取农业特色强镇常山胡柚冷链仓储中心、“一门九进士”金源一期工程、常山县畜牧农业生产养殖基础设施工程3个项目，总投资22250万元，项目数量、资金均位居全县14个乡镇（街道）首位。

【培育共富产业】 2022年，东案乡培育共富产业，通过“两山合作社”撬动，引进投资主体在金源村实施腾云旅游“根据地”项目，通过“资源撬动、龙头带动、村企联动、协同互动”，形成乡村旅游“金源模式”，推动村庄实现“全业态繁荣、全产业发展、全农户致富”。全年接待游客8.5万余人次，实现旅游总收入680万元，村集体增收50多万元，间接带动就业收入和农产品销售220万元。副省长成岳冲，市委书记高屹，市委副书记、市长徐张艳等省、市领导到东案乡考察调研，腾云旅游“根据地”项目先后获浙江文旅促消费创新优秀案例、浙江省文化和旅游促进共同富裕实践案例，“日不落”星空露营基地入围衢州市首批十佳高端露营营地培育名单。与慈溪市附海镇建立结对帮带关系，由梅树底、金源、弄坞等 6 个村联合组建东跃农产品有限公司，统一流转土地 300 亩，建设集中连片的现代化丝瓜络产业基地，通过包选种送种、包技术指导、包加工销售的“三包服务”，探索“集体+公司+农户”的经营模式，实现农户家门口就业。丝瓜络采收季节，每天提供就业岗位 100 余个，每亩丝瓜络产值达 6000 元，总产值突破 300 万元，带动村集体增收超 60 万元，农户增收 150 余万元。

【全域旅游】 2022 年，东案乡推进 AAAAA 级景区乡镇建设，“七彩飞龙涧”景区创成国家 AAA 级景区、东案村创成 AAA 级景区村，梅树底村被评为 2022 年浙江省智慧景区、衢州市民宿集聚村。6 月 8 日，东案乡在全县旅游业“微改造 精提升”现场推进会上作经验介绍。

【社会治理】 2022 年，东案乡投资 790 万元迭代升级东案乡智治中心，实现群众办事便捷高效。推进“大综合一体化”行政执法改革，构建“1+X”模式“一支队伍管执法”，与芳村镇、新昌乡组团联动、即时响应、高效处置。先后开展“请你来协商 · 金源溪畔话共富”协商议事活动 10 余

2022 年 8 月 19 日，柚香谷 · 第二轮万亩香柚园东案基地开工仪式举行 （王建华 摄）

场，推动民事民议、民事民办。弄坞村、东案村被评为省级民主法治村，金源村被评为省善治示范村，东案村、白马村、万安村被评为省善治村。东案乡人大代表联络站被县人大评为优秀全过程人民民主基层单元。

【民生事业】 2022 年，东案乡全面改造完成乡域 30%农村公路，保障 G351 主线通车。聚焦“幼有所教”和“老有所养”，投资 1240 万元，新建金源公办幼儿园，完成养老服务中心和居家养老服务中心“两中心”整体提升改造，其中，养老服务中心成为全县唯一一家三星级养老服务中心。投资 18 万元建设朝阳村水库移民项目，先后争取 82 万元专项资金，推进梅树底村、万安村、金源村生态公墓建设。

【改革创新】 2022 年，东案乡推动基层治理四平台迭代升级，整合党建、经济、治理、服务四大模块，着眼“治理+服务”2 个端口场景应用，打造农业生产、智慧旅游、交通安全、信息指挥、疫情防控“一网智治”中心，实现线上、线下深度融合的基层智治。东案村“农村二轮土地承包到期后再延长 30 年”改革全国试点工作取得阶段性成效。探索村集体土地入市改革破解发展土地要素制约，以梅树底村入选集体经营性建设用地入市改革试点为契机，借助“七彩飞龙涧”国家 AAA 级景区优势，盘活集体建设用地资源，构建入市改革收益分配机制，编制改革工作方案。

2022年东案乡各行政村基本情况一览表

表41

村名	支书主任	村民小组（个）	党员（人）	农户（户）	人口（人）	劳力（人）	面积（亩）		村集体经济收入（万元）
							耕地	柑橘胡柚	
梅树底村	王为平	8	57	438	1287	773	91.84	892	127.41
金源村	周芝英	4	140	847	2343	1381	761.52	1354	166.78
呈东村	刘金林（支部负责人）	13	93	732	2171	1288	113.38	1246	108.21
弄坞村	程建华	9	41	444	1272	804	279.13	563	130.30
田蓬村	郑雨章	8	61	442	1269	785	141.78	831	146.89
前库村	徐军星	13	50	469	1391	854	822.68	1010	119.38
朝阳村	邹京军	13	81	655	1894	1137	786.53	980	33.07
东案村	戴小平	9	49	437	1400	801	225.34	1268	169.01
白马村	李林财	13	58	443	1236	754	739.46	1213	70.42
万安村	占国军	6	63	513	1303	790	66.37	915	22.72
合计		96	693	5420	15566	9367	4028.03	10272	1094.19

（陈沈飞　郑凯敏）

大桥头乡

【概况】 大桥头乡距离常山县城东约16千米，东邻东案乡，南与招贤镇、青石镇接壤，西与紫港街道、辉埠镇相交，北界芳村镇。地处黄土丘陵区，地势西北高，东南低，向东倾斜。东、西、北三面以丘陵为主，南部属河谷平原。最高点皇子山，海拔517.4米，位于境西北；最低点大桥村田基南侧河滩地，海拔84米，位于境东南。大桥头乡交通便利，距离沪昆（杭金衢）高速公路常山出口和320国道均约10千米，距黄衢南高速公路东案出口仅三四分钟车程，距常山县城及衢州城区均不足20分钟车程；苦狮线、鲁芳线2条县道和351国道穿境而过。境内拥有3条县级河道，其中芳村溪、虹桥溪是常山港的主要支流。芳村溪纵穿集镇而过，与金源溪在集镇下游处汇聚，形成独特的水岸风光。辖区总面积50.3平方千米，下辖8个行政村。2022年，大桥头乡农户数3954户，户籍人口14876人，新出生62人，死亡106人。有卫生院1个，村卫生室5个，养老院1个，小学1所，幼儿园1所。全乡固定资产投资1.08亿元，比上年增长143%。居民人均可支配收入2.5万元，比上年增长12%。是年，大桥头乡先后被评为常山县乡村振兴先进集体、"两进两回"先进集体等，"扩中""提低"改革和土地整治工作获县"十条军规"通报表扬。

【项目建设】 2022年，大桥头乡加快推动总投资6亿元的农光互补项目，有序推进桩基工程、光伏板铺设。以"共富工程"专项债为契机，谋划浮河村田畈基础设施提升、猪脚湾新区城乡集市综合体改造等一批项目工程，验收标段4个，整体施工进度达85%。推进2300亩全域土地整治，设立五大攻坚组分片为营、挂图

2022 年 4 月 6 日，新村村胡柚共富果园建设中　　（杨杰 摄）

作战，5 天完成 1000 余户土地丈量。实施“乡贤回归”工程，携手县工商联实施总投资 500 万元的猴头菇种植基地项目，1 个月内流转土地 35 亩，搭建种菇大棚 32 个，出菇层架 380 余个，首批 10 万袋猴头菇菌棒进场投产，促进村集体增收。

【美丽乡村建设】 2022 年，大桥头乡谋划邻里中心改造提升、杆线上改下、集镇风貌提升和中心区块改造等 12 个项目，完成防洪堤道路扩建及风貌提升，创建美丽城镇省级达标城镇。聚力群众交通便利，摸排整治隐患路口交通安全设施 13 处，新增停车位 150 个。新增特色垃圾集中收集点 20 处，新建、改建 A 级旅游公厕各 2 个，其中 AAA 级旅游公厕 1 个。常态化开展“美丽大桥”农村人居环境整治行动，创新实施“市场化+村自治”的垃圾清运模式。强化对污水运维公司监督力度，摸排未移交、待整改污水终端 6 处，接收并解决污水处理问题 15 个，出境水质年均总排名位列全县第二。联合派出所、环保局等部门定期开展执法，关停整治 4 处叶蜡石矿山，完成企业环保整改 3 家。聚焦民生工程，完成芳村溪流域 11 标（新村护岸）、虹桥溪流域治理等工程建设，修复水毁挡墙渠道等约 600 米。在芳村溪生态轴沿线打造“河畅、水清、岸绿”的生态景观，形成以集镇为核心的森林生态与绿地系统，创建省级森林城镇，苦狮线被评为省级绿化美化精品道路。

【共富果园】 2022 年，大桥头乡抢抓全县“共富果园”建设推广机遇，统一流转农户闲置土地近 1000 亩，建设百合、葛根、猴头菇、高山古树茶、胡柚等特色“共富果园”8 个。探索“标准化经营+数字化管理+多元化分配”的“共富果园”发展模式，强化“公司+集体+农户”利益联结，推动果园“共建、共管、共销”互利共赢。新村村“共富胡柚园”创造公益性岗位 45 个，涉及农户年均增收 5600 元/亩。

【民生保障】 2022 年，大桥头乡夯实社会保障基础，农村居民养老保险参保率达 100%，“惠衢保”参保率首批完成 90%以上，进度位列全市乡镇（街道）前 20 名。开展兜底保障，实行低收入“一户一档”管理，创新“乡干部+村干部+乡贤”的结对模式，通过农产品代销、就业岗位引荐等形式，持续拓宽低收入农户帮扶渠道，全年开展走访帮扶 3000 余人次。成立大桥头乡共富基金，引导乡贤进行“一对一”“一对多”结对帮扶，累计募集资金 30 余万元，全部用于救助特殊人群。通过开办招聘会、开展技能培训等方式加快村民就业，提升“造血”帮扶水平，创造 54 个公益性岗位，带动增收 23.1 万元。聚焦残疾人生活需求，改造 9 户残疾人无障碍设施，捐赠辅助器具 50 余人次。

【公共服务】 2022 年，大桥头乡把优化“一老一小”公共服务作为加快山区共同富裕的重要路径。

选址集镇核心区块，投资近500万元打造集公共服务、健身休闲、办公娱乐为一体的“桥头堡”共富会客厅。改建约1000平方米的大桥头乡居家养老服务中心，配套多功能活动室、书画室、康复训练室、阳光厨房、阅览室等，惠及周边200多名老年人，为他们提供各类生活服务，有5户特殊农户入住。聚焦教育事业发展，向辖区中心小学和中心幼儿园捐赠10余万元，用于教具添置和提升，拨付5万元教育基金用于勉励教师提质培优。大桥头乡中心幼儿园被评为省二级幼儿园。

【安全领域管理】 2022年，大桥头乡开展“八大重点领域”大排查大整治工作，组织安全生产大排查15次，发现并化解安全隐患58个。开展道路安全隐患大排查，摸排并整改隐患35处。加强“双禁”、燃气安全等领域排查，化解隐患9个。完善消防基础设施建设，大桥头乡被评为县安全生产和消防安全先进集体。强化风险隐患排查整治，排查水利工程、地质灾害隐患点、危旧房等365处，整改隐患6处。防汛防台期间，全乡出动抢险救援力量200多人次，转移受灾群众48人，无人员伤亡。注重民生安全，开展食品安全督查检查行动13次，摸排整改食品安全问题53处，大桥头乡被评为省四星级食品安全乡镇。

【基层党建】 2022年，大桥头乡强化作风，夯实堡垒，党建合力持续凝聚。抓实“党群心联心”平台应用，统筹组团联村、红色预备队、党员志愿者力量，提升基层党建服务水平，全年代办服务事项2900余件。完善“红色预备队”培养体系，实战化激励、积分制考评，队伍有机更新9人。“红色预备队”参与疫情防控、“惠衢保”征收等志愿服务2600余人次。深挖“桥头堡”党建联建品牌内涵，推行结对共商、项目共推、资源共用、人才共育、成果共享的“五共”工作法，凝聚干事合力，推进重点项目建设。坚持“以强带弱、优势互补”原则，迭代升级导师帮带机制，定期召开联建会议，围绕基层治理、产业振兴、村集体经济壮大，共享人才、土地等要素资源，破解兴村强村难题。

2022年大桥头乡各行政村基本情况一览表

表42

村名	支书主任	村民小组（个）	党员（人）	农户（户）	人口（人）	劳力（人）	面积（亩）		村集体经济收入（万元）
							耕地	柑橘胡柚	
浮河村	郑建华	22	136	845	3160	1612	1548.85	3560	32.56
大桥村	韩国强	14	51	513	2029	998	773.91	306	20.25
友好村	谢名红	22	78	536	1950	892	863.35	260	21.97
樟山村	符龙德	12	85	507	1929	952	870.77	1836	68.27
濛桥村	姜小平	27	80	823	3038	1558	672.38	3770	55.23
莲塘村	郑良峰	6	44	320	1234	675	637.63	1175	50.23
客弄村	陈国良	7	28	177	667	442	417.12	75	25.00
新村村	曾明良	6	33	233	869	395	370.86	1780	55.52
合计		116	535	3954	14876	7524	6154.87	12762	329.03

（杨　杰）

芳村镇

【概况】 芳村镇位于常山县北部，与杭州市淳安县、衢州市柯城区、开化县接壤，交通十分便利，境内有常芳线、东龙线、鲁芳线、新七线、新白线、淳常公路等多条县级道路及黄衢南、杭新景2条高速公路，被评为“油茶小镇”、省级风情小镇、美丽城镇等。全镇镇域面积154.2平方千米，辖20个行政村和1个居委会。2022年，全镇总人口2.82万人（含水阁亭居委会人口422人），基层党支部27个，党员1133人（含水阁亭居委会党员122人）。作为全国首个校地共建地和全省首批未来乡村试点村的芳村未来乡村坐落其中，芳村未来乡村规划面积16.27平方千米，实施面积0.73平方千米，受益群众2031户，6349人。建成芳创、芳油、芳展、芳邻、芳馨中心、芳华初心馆及慢行系统、智能健身广场、水阁亭广场等项目。芳村镇工业总产值2.88亿元，固定资产投资6800万余元。招引浙江永氟新材料有限公司项目落地，争取储备明丽矿业二期、宸宇建材等多个项目。全年销售油茶4万余千克，销售额500万余元。接待省内外游客5万余人，带动周边农户户均增收3000余元。

2022年7月18日，芳村未来乡村芳菲渡露营活动在园区新村举办
（芳村镇　供图）

【发展特色产业】 2022年，芳村镇重点发展油茶、蓝莓、高山蔬菜等特色产业。立足油茶资源禀赋，搭建发展平台，创新融合机制，实现生态美和百姓富融合共生，在未来乡村会客厅开展油茶特色发展大会，实现油茶线上、线下互动营销。举办上畎阁村蓝莓采摘乡村游活动，吸引游客1.5万余人次。依托前塘村特殊气候和砂质土壤，种植高山蔬菜，带动农户实现家门口就业。

【集镇风貌提升和乡村建设】 2022年，芳村镇推进加快农民集聚工作，帮助农户完成选房52户。优化入镇口景观节点，调整零担菜市场布局，提升集镇停车场风貌，完善芳鑫路部分道路人行道功能。完成投资400万元的集镇区污水零直排扩面提升工程，集镇风貌得到改造。年内，芳村镇被评为美丽常山先进集镇。未来乡村建设持续推进，引进油茶宴、乡栖1967、芳菲渡露营、溪畔隐庐、唐舍民宿等市场主体参与村庄经营，通过强村公司和企业的联合抱团，实现“资源共用、项目共建、风险共担、利益共享”。

【文化品牌建设】 2022年，芳村镇将文化礼堂建设作为基层文化服务提质扩面的抓手和载体，创建并获评四星级文化礼堂2家，完成园区新村数字礼堂试点。开展“5·20”孝老节、“我们的村晚”暨村级组织换届文艺会演、浓情端午百姓大舞台活动、“浙风十礼 艺路同行”等多元化的基层文化活动，基层群众的精神文化生活更加丰富。以移风易俗为切入点，开展“破陈规陋俗、树文明新风”活动。挖掘芳村慈孝文化，营造孝老爱亲、崇德向善的浓厚氛围，年内芳村镇被评为省级“慈孝之乡”。

【基层治理】 2022年，芳村镇以“大综合一体化”行政执法改革为契机，提升执法管理水平。全年办理行政处罚案件38件，罚款6万余元，没收矿产品3863吨，没收价值24万余元的管理用房1栋，覆盖建设、应急管理、林业等7个领域，其中3件为县级“破冰”行动低频案件。执法辐射至新昌乡、东案乡，推动“1+X”跨区域执法，真正实现违法行为“看得见，管得着”。持续擦亮芳村镇最美领跑志愿服务品牌，开展多元化的孝老服务活动60余场次，服务老年群体3000余人次，带动群众参与志愿服务80人次。芳村镇最美领跑志愿服务队被评为衢州市“最美志愿服务点”。

2022年芳村镇各行政村基本情况一览表

表43

村名	支书主任	村民小组（个）	党员（人）	农户（户）	人口（人）	劳力（人）	面积（亩）		村集体经济收入（万元）
							耕地	柑橘胡柚	
东源村	徐碧明	11	50	243	583	280	90	0	30
横山路村	王贤祥	6	38	330	903	605	180	0	20.5
新桥村	詹国全	28	99	856	2218	1457	776	0	50
前姜村	严利峰	23	78	560	1575	932	305	0	60
东岗村	段良生	5	28	174	496	292	201	0	50.8
前塘村	徐立斌	13	46	342	947	535	363	0	50
修书村	徐春文	22	39	401	1152	637	333	150	22.3
井河村	徐月亮	6	28	332	686	396	256	25	23
芙蓉湖村	张海红	21	77	656	2012	750	625	2000	50
上猷阁村	李勤勤 徐安平	10	30	339	1127	389	350	200	20
下猷阁村	何志祥	14	20	307	839	403	281	140	30
猷阁口村	李峰	7	32	265	801	370	246	15	50
芳村村	邵峰	58	158	1511	4266	3021	1367	30	64.39
园区新村	童土有	14	75	645	2041	830	793	51	72
泮坑村	黄有祥	8	63	621	2064	1238	7.47	105	50
洁湖村	徐美建	36	52	777	2246	1463	870	0	24
河边山村	甘礼荣	5	28	318	859	350	313	60	30
前进村	郑忠成	10	23	366	1075	560	282	45	23
大处村	郑尚红	12	26	290	842	494	279	0	25.9

续表 43

村名	支书主任	村民小组（个）	党员（人）	农户（户）	人口（人）	劳力（人）	面积（亩）		村集体经济收入（万元）
							耕地	柑橘胡柚	
石塘村	姜南明	10	21	350	1041	500	310	210	26.3
合计		319	1011	9683	27773	15502	8227.47	3031	772.19

（汪志鹏）

新昌乡

【概况】 新昌乡位于常山县境北部，是中国油茶之乡、省级民间文化艺术之乡、浙江省生态文化基地。辖区东连芳村镇，南接辉埠镇，西界开化县，北邻淳安县。乡政府驻地距县城 22.5 千米。属山地丘陵地区，山地总面积 82.7 平方千米。最高点八面山，海拔 1012 米，为常山县第二高峰。植被以油茶为主，兼有松杉林，落叶、阔叶和常绿叶树混交林。新昌乡气候温和湿润，四季分明，雨量充沛，年平均气温 16.5 ～ 17.1℃。主要矿产资源包括煤、钨、锰、锡、铜、萤石、白石英、花岗岩、白岗岩、铅、锌、石灰石等。萤石矿储量 1700 万吨，氟化钙储量 745 万吨。全乡总面积 110.6 平方千米，耕地面积 6207 亩，其中水田 5685 亩、旱地 522 亩，主要种植水稻、小麦、玉米、大豆、番薯等。山林面积 60908 亩，其中油茶林 53761 亩，年产山茶油 380 吨；毛竹面积 7147 亩，毛竹深加工业起步发展。新昌乡文化底蕴深厚，木油榨传统技艺、洗马舞、钢叉舞、鲢鲒拳 4 个项目被列入省级“非遗”保护名录。

2022 年，新昌乡下辖 10 个行政村，总户数 6046 户，16852 人。基层党支部 12 个，党员 664 人，其中，10 个行政村党支部党员数 621 人，1 个机关党支部党员数 43 人，1 个整转党支部 0 人。实现全社会固定资产投资 14444 万元，乡财政总收入 2550.77 万元。

2022 年，新昌乡被评为集体三等功，创建省级乡村振兴示范乡镇。“早上好”奋斗精神得到省委主要领导批示肯定，入选全省第二批共富最佳实践案例。新昌乡入选省级强村富民乡村集成改革实践试点。《衢州政研与改革》刊登关于丝瓜络《“小产业”赋能山区共富“快步走”》，获市委书记高屹的批示肯定。

【项目攻坚】 2022 年，新昌乡聚力项目保障，及时解决现代农业孵化园项目地块政策处理中遇到的问题。其中，华电 100 兆瓦光伏发电项目顺利落地，元坳中医药康养、麦迪森车联网数字经济产业园、黄塘国家油茶公园景区二期等项目稳步推进，浙能光伏帮扶共富项目投产并网。

【强村富民】 2022 年，新昌乡探索“党建联盟+两山合作社+富好公司+社会资本”的组团式片区化发展机制，为强村富民乡村集成改革注入强劲动能。以千亩丝瓜络山海协作共富产业园、月季产业、光伏产业为重点，实现全乡 10 个行政村集体经营性收入 100 万元全覆盖。

【乡村振兴】 2022 年，新昌乡以景区村创建为抓手，做实村庄基础，完善功能配套，开创推进乡村振兴新局面。创建 1 家常山漫居民宿。西源村入选 2022 年度省级美丽宜居示范村，郭塘村被列入浙江省第十二批生态文明教育基地创建名单，村上酒舍、老油坊民宿入选全省首批“百县千宿”培育名单，泰安村历史文化古村落保护与利用项目通过验收。岩前村程氏展馆建设被列入县第十批历史文化村落一般村项目建设计划，“三塘一源”被列入 2022—

新昌乡郭塘村月季花田　　（新昌乡　供图）

2025 年未来乡村创建名单。

【民生保障】 2022 年，新昌乡社会养老保险参保率和城乡居民基本医疗保险参保率均达 99%，核发各类困难群体救助保障金 618 万余元。围绕村庄道路提升，粮食功能区内排灌渠疏浚修复和山塘水库除险等，推动民生工程建设。郭塘村建成全省乡镇（街道）应急救护培训基地建设推进会考察点。

【社会治理】 2022 年，新昌乡以“早上好”奋斗精神为指引，以信用诚信融合为抓手，自治、法治、德治、智治相结合的“家文化”诚信治理体系作为推动“四治融合”的重要载体，探索出一条加强和改进乡村治理的“新昌路径”。围绕一手抓疫情，一手抓稳定，新昌乡在省委组织部疫情防控执行力指数第三轮评价中被评为优秀乡镇。达塘村被评为全省清廉建设成绩突出单位，郭塘村被评为省级“民主法治村”。

2022 年新昌乡各行政村基本情况一览表

表 44

村名	支书主任	村民小组（个）	党员（人）	农户（户）	人口（人）	劳力（人）	面积（亩）		村集体经济收入（万元）
							耕地	柑橘胡柚	
新昌村	刘水林	27	129	959	2624	1585	1172	578	100.04
对坑村	甘志光	8	44	405	1100	657	455	287	102.91
黄塘村	廖红俊	8	31	340	927	546	299	362	100.16
岩前村	张　焕	13	56	495	1388	827	515	1350	100.31
輶輅村	严樟良	11	84	973	2599	1575	960	623	103.06
郭塘村	张　荣	3	67	768	2297	1384	864	641	259.68
达塘村	陈重良	14	59	548	1490	937	699	405	123.22
茶源村	余国军	7	55	650	1808	1072	571	239	101.26
泰安村	余樟生	10	27	338	934	582	296	426	100.90

续表 44

村 名	支书主任	村民小组（个）	党员（人）	农户（户）	人口（人）	劳力（人）	面积（亩）		村集体经济收入（万元）
							耕地	柑橘胡柚	
西源村	汪祖庆	30	69	570	1685	1039	376	0	100.34
合 计		131	621	6046	16852	10204	6207	4911	1192

（赖燕婷）

白石镇

【概况】 白石镇位于常山县城西南部，东交天马街道、金川街道，南接江山市大桥镇，西邻江西省玉山县岩瑞镇，西北接壤球川镇，有“两浙首站”“八省通衢”之称，是浙江省的西大门。2022 年，白石镇辖区总面积 46.2 平方千米，耕地总面积 10077.3 亩，林地面积 48000 亩，其中公益林面积 14000 亩。下辖 7 个行政村（73 个自然村），有村民小组 99 个，户籍人口 10311 人，常住人口 5374 人，其中外出务工 3600 人。全镇 23 个党小组，党员 592 人（其中行政村党员 529 人）。全镇有学校 1 所，文化站、图书室 10 个，镇中心卫生院 1 所，体育健身场所 16 处，邮政储蓄所、信用社各 1 个；集贸市场 1 个。全年地方财政收入 164 万元；固定资产投资 326.64 万元，比上年增长 76.7%；工业制造业投资额达 1949 万元，比上年增长 176%，规模以下工业产值 125.6 万元，比上年增长 15.76%；村集体经济经营性收入 349.44 万元，平均每个村 49.91 万元；农民人均可支配收入 26905 元，比上年增长 13%；低收入人均可支配收入 25799 元，比上年增长 18.4%。全年完成安全生产、环保等相关问题整改 152 个，建章立制 3 项，举一反三整改问题 13 个。孵化“香柚”“常山阿姨”“草坪红”等共富工坊，实现群众家门口就业 530 余人，带动低收入就业 50 余人，辐射邻省就业 110 余人。“金牌阿姨”共富工坊被评为 2022 年度市级示范型共富工坊。全面落实疫情防控政策，转段前保障 259 天白石省际卡点平稳运行，实现白石镇域内病例“零发生、零扩散”。转段后摸排梳理 6 类重点人员 342 人，完成 60 岁以上老人“健康防护包”发放全覆盖。加快推进公共服务体系建设，农村饮用水达标提标、“四好农村路”改造提升、示范型居家养老服务中心等多个民生实事项目。完善“136”矛盾纠纷调解制度，村级矛盾纠纷化解 120 余起，镇级矛盾纠纷化解 30 余起，化解率达 100%。全镇安全生产形势稳定向好，未发生较大及以上安全生产事故。

年内，白石镇被评为浙江省农村土地承包经营权确权登记颁证成绩突出集体、衢州市 2022 年度“惠衢保”工作推进突出乡镇，获评二星级美丽城镇省际样板乡镇、衢州市新冠肺炎疫情防控集体正面典型，白石镇“衢饶示范区职工驿站”获全国最美工会服务点，白石镇退役军人服务站获评全省新时代枫桥式退役军人服务站。

【强化基层党建】 2022 年，白石镇贯穿“增强党组织政治功能和组织功能”主线，深入推进“红色根脉强基工程”，全镇 AAA 级以上“金钉子”党组织占比 57%，全域党建水平整体跃升。同江西省岩瑞镇党建联建，打造“跨省网格”1.0 版，相关做法被省委办公厅刊发。坚持党建统领，开启联动共富模式。抱团联建的“宣丰”模式入选 2022 年度水利部全国水库移民后期扶持工作典型案例。村村融合打好资源统筹的发展牌，村集体经营性收入总值349.44万元，比上年增长32.82%，其中4个村经营性收入超50万元。

【农文旅融合发展】 2022年，白石镇按照“一圈两核”旅游布局，重点释放“柚香谷”、“不老泉”景区、“常玉古道”等旅游龙头效能，持续推动“不老泉”对外招商合作，提升农文旅融合发展效益指数。年内，“柚香谷”获评国家AAA级景区，通过省发改委农村产业发展示范园实地验收。新建曹会关村卫生室，A级旅游公厕3座，实现全镇旅游公厕全覆盖。争取200万元美丽乡村资金，实施十八里村、聚宝村美丽乡村建设，草坪村被纳入2023年未来乡村建设名单。曹会关村被评为浙江省美丽乡村特色精品，草坪村被评为浙江省美丽宜居示范村优秀村庄，“柚香谷”火车餐厅改造项目被评为衢州市旅游业“微改造、精提升”示范点。

【提升基层自治效能】 2022年，白石镇强化作风建设，探索推行融合自治、法治、智治于一体的“三治融合”模式。画好自治同心圆，创新民生议事堂（协商驿站）、民情茶馆等民主自治新形式，实现村级“协商驿站”全覆盖，全年矛盾纠纷比上年下降32%，化解率100%。其中《一颗红辣椒如何带动两个省际村共富》的协商成果被省政协年度协商典型案例选编收录。小白石村被评为浙江省善治村，白石村创建省级民主法治村，草坪村获全国民主法治示范村，实现常山县国级民主法治示范村荣誉从无到有的突破。

【招商引资】 2022年，白石镇实行镇企“一体招商，闭环服务”，推进鑫龙轴承与海宁上通优必胜深化合作，新投产3条自动化锻造生产线，日产能达1000吨。建设柚香谷共富果园、草坪红浙赣省际（辣椒）共富果园，推动“柚香谷”一二三产融合发展。争取总投资1亿元（其中专项债资金7000万元）的浙赣边际农产品物流配送设施建设工程项目落地白石镇。实施常山浙西第一门户综合提升改造工程，推进35千瓦变电所项目建设。谋划四省边际U柚三产融合度假区项目，获全县“一把手”项目谋划擂台赛一等奖，列入2022年县重大项目清单。未来驿站项目主体建设基本成型，入驻公安省际服务站。

【推进文化惠民工程】 2022年，白石镇传承、弘扬“向上向善”的白石文化底蕴，成立白石镇文学艺术界联合会，以新时代文明实践中心（所、站）为载体，开展8090宣讲、“阅读驿站”、“扫黄打非”等活动，组织普法宣传，丰富群众精神生活。草坪村被评为全省“扫黄打非”进基层示范点。与浙江理工大学艺术与设计学院策划开展艺富“U”快闪集市活动，被“青春浙江”、《浙江卫视》、中新网、“学习强国”学习平台等省级以上媒体报道。小白石村以《一切为了U》村歌形式展示“强村富民”的丰富成果，被评为省级“十佳村歌故事”。

【创建省级城乡风貌样板区】 2022年，白石镇持续开展农村人居环境整治行动，成功创建省级城乡风貌样板区。县乡道路环境整治和风貌提升工作综合排名全县前列，工作奖励资金居全县第一。积极推动实施常山“浙西第一门户”综合提升改造工程、十八里村庭院整治路面硬化、曹会关村口节点改造、新塘岭村外立面改造提升，白石村、小白石村道路沿线风貌提升等项目，完善美丽城镇长效保持机制，提升集镇环境。

2022 年白石镇各行政村基本情况一览表

表 45

村名	支书主任	村民小组（个）	党员（人）	农户（户）	人口（人）	常住人口（人）	面积（亩）		村集体经济收入（万元）
							耕地	柑橘胡柚	
十八里村	吴国明	12	76	495	1256	714	1014.5	490	57.9
曹会关村	廖海富	8	47	314	833	452	1038.9	288	191.2
白石村	洪金松	24	121	890	2345	1251	2077.4	671	114.7
小白石村	黄志勇	8	46	428	1143	602	845.8	453	116.8
草坪村	林芳良	19	100	749	2110	1080	1963.3	1316	150.9
新塘岭村	李理福	16	72	557	1467	745	1695.6	364	56
聚宝村	黄杰伟	12	67	423	1157	530	1411.8	86	77.5
合计		99	529	3856	10311	5374	10077.3	3668	765

（陈倩慧）

球川镇

【概况】 球川镇位于衢州市最西部，距离县城 22 千米，G60 高速出口 500 米。2022 年，球川镇镇域面积 129.5 平方千米，下辖 20 个行政村，总人口 38477 人，工业生产总值 5.49 亿元，规模以上工业企业产值 5.43 亿元，其中轴承产业产值 4.32 亿元。年内，球川镇争取国家开发银行“共同富裕”融资 1.5 亿元，实施中球线改建和 37 条农村公路提升改造工程，其中完成 15 条农村公路（涉及乡道、县道部分）提升改造和 22 条村内道路公路基础改造；争取到 1 亿元专项债资金，实施轴承小微产业园四期和园区基础设施提升工程。做好镇、村两级工程建设全过程监督管理，规范项目建设行为，严格工程变更程序。注重项目建设资金、规划、用地、环境、安全等要素保障评估和投资绩效分析，提高项目谋划科学性、落地可行性和建成绩效性。科学划定镇域“三区三线”（“三区”是指生态空间、农业空间、城镇空间，“三线”是指永久基本农田控制线、生态保护红线、城镇开发边界，按规定严格控制项目建设用地范围）。是年，球川镇被评为 2022 年度省级现代商贸特色镇（全市 1 家单位入围），红旗岗村、沙安村被评为 2022 年省级电商专业村。

【产业培育】 2022 年，球川镇固定资产投资 1.034 亿元，其中制造业投资 5285 万元。新增入库项目 9 个。做好瑞宝亚克力公司重整、重新生产。创新举办轴承企业家座谈、银企恳谈会，了解企业诉求，助企纾困。推进非粮化非农化整治，新增农田耕作面积 837 亩。保障粮食安全，全镇粮食播种面积 3.3 万亩，占全县 23%。总投资 700 多万元，完成西村片、新店片、后弄片等高标准农田 1300 亩、10 个村水毁工程，修复 4 个村农田设施。争取上级专项资金 600 万元，建成三溪蔬菜共富产业园，流转土地 400 亩，建设 215 亩蔬菜大棚，引进社会主体运营。争取资金 1300 多万元，实施东山村千亩方永农集中连片整治，实现“当年立项、当年完工”。完成国土绿化造林1502亩，新增国土绿化面积1332亩。奕宸安防、坦途金属2家企业落户球川，成功招引玉环汽配产业6个项目组团入驻小微产业园。实施自动化生产线改造项目，赛赛轴承、亚瑞轴承、坦途金属等10家企业技改投入3863万元，其中赛赛轴承完成技改投资2200万元。培育1家企业博士后工作站，迭代升级3家企业博士创新站。赛赛轴承“生产数字化改造”入选2022年度省级生产制造方式转型示范项目名单，赛赛轴承有限公司被评为2022年常山县高质量稳岗就业之星。

【项目谋划】 2022年，球川镇总投资1.2亿元的轴承小微产业园二期项目主体厂房和综合楼、辅房完成建设，厂房成功招租、即将投用。争取5000万元专项债资金，实施轴承小微产业园三期和园区基础设施提升工程，3栋厂房、1栋办公楼和厂区配套建设中。工业园区4号路建设有序推进。龙绕溪流域治理按时序推进，综合整治加固病险水库、山塘。王家村被评为全省农业水价综合改革“五个一百”优秀典型案例改革示范村，上安村坞鹰山机埠被评为省级示范机埠。后弄村入选第二批省级未来乡村名单，后弄村红色纪念馆和乡村影院建成投用，全面完成新店村、三溪村、西村村美丽乡村建设项目，王家村、吴家村“一事一议”项目建设完工。球川村美丽宜居示范村桥梁工程建设完成，球川溪水毁堤防加固，蓝莓冷库建成投用。红旗岗村、沙安村、吴家村便民服务中心和兴贤社区办公场所建成投用，芙蓉幸福家园项目建设完工。

【城乡风貌提升】 2022年，球川镇强化集镇卫生保洁、垃圾清运等市场化集成管理服务，创新实施全镇50条农村公路市场化养护，实现“公司托管+标准体系+统一考核+排名运用”一体化管理。全面开展农村人居环境整治行动，采取双月“过程考评+排名通报+奖罚挂钩”，有效扭转村庄环境历史“脏乱差”现象。开展污水直排区“回头看”检测排查，实施清淤检测、数字智慧管理和管网设施改造。提升农村生活污水终端3个。杨家、三溪、新店3个山塘被授予市级“美丽山塘”。开展农民自建房安全专项排查整治，鉴定房屋303处，排查、整改问题236个。巩固省级美丽城镇样板镇成果，实施总投资8700万元的美丽城镇三期项目7个，全面完成集镇店招提升、集镇丽蓉路步行道等项目建设。实施总投资2670万元的县级民生实事——美丽小镇项目8个，公交站场改造、城乡风貌带景观节点等提升项目全部完工。实施总投资1140万元的城乡风貌样板区建设，包括高速出口标识景观、特色地标景观广场、绿道建设等3个项目。球川镇被评为三星级美丽城镇省级样板乡镇(全县唯一)，被列入“浙西门户”美丽城镇集群创建计划，并入选2022年美丽城镇集群化典型培育案例名单，成功创建浙江省AAAA级景区镇，“边驿古镇·浙西门户”县域风貌区被评为省级第三批城乡风貌样板区。

【村集体经济增收】 2022年，球川镇深入实施强村富民改革，杨家村、沙安村和三溪村等强村公司通过实体化运作、市场化经营，有效推动村级集体经济增收。探索“党建联建+强村公司+合作社+示范户+分销渠道”模式，做实三溪共富蔬菜产业园、东坑食用菌大棚等扶贫产业项目，并带动壮大蔬菜产业发展。探索共富基本单元联创联建模式，在西湖区蒋村街道未来社区“未来鲜趣”运营平台展销常山农特产品，结对助农模式受到省委副书记黄建发肯定。聚焦厂房招商出租，带动村集体经济每年增收40万元，实现9个村集体分红。球川村、杨家村等7个村合建的厂房屋顶光伏项目建成投用，实现年收益40

万元。通过盘活闲置山水资源、联村合建项目收益和协作飞地固定分红等方式，球川镇村集体经营总增收1057万元，比上年增长51%，村集体经济总收入达2034.66万元；各行政村集体经营性年收入均超30万元，其中后弄、东坑、三溪3个村集体经营性年收入均超100万元，西村、东山2个村集体经营性年收入50万（不含50万元）～70万元，7个村集体经营性年收入30万（不含30万元）～50万元。

【民生事业】 2022年，球川镇开展社会救助专项整治行动，退出低保户159人，退出低边户26人，新增低保户69人，新增低边户15人。制定“一户一策”帮扶计划，全镇120名低保户参加公益性岗位就业，人均年收入增加超5000元。紧盯老年人、残疾人等特殊群体，开展“U”小二服务送万家，为特殊群体提供帮办代办。有序推进农民集聚，126户农户在县城安置。2022学年，龙绕初中中考成绩突出，被常山一中录取32人、被紫港中学录取27人、被三衢中学录取14人。完成三溪幼儿园“民转公”。6个村纳入“浙文惠享·民生实事”项目，后弄村乡村博物馆通过省级验收。后弄村红色纪念馆被授予省级第三批青少年红色基因传承基地。后弄村居家养老服务中心养老服务场景、儿童之家托育服务场景被列入全省第二批共同富裕现代化基本单元“一老一小”服务场景名单。投资5000多万元的县第二福利中心建成投用。投资220多万元，修复璞信古道。龙绕卫生院建设主体结顶。全县首批快递下村驿站（西村村）建成投用。球川镇便民服务中心完成标准化建设，被评为市级五星级便民服务中心。黄泥畈村、三溪村被评为市级文明村，芙蓉村、球川村等5个村被评为市级健康村，球川镇红十字应急救护培训基地被列为全省乡镇（街道）应急救护培训示范基地。

【创新改革】 2022年，球川镇全力推进“县乡一体、条抓块统”改革，加快基层智治系统建设，乡镇“四平台”（平安法治、公共服务、党建统领、经济生态）迭代升级，“诚信智治”应用列入全省“四治融合”数字化应用清单，并在全市5—6月双月考评中位居全市乡镇前列，球川镇被评为五星级乡镇。“诚信智治”应用被列入全省城乡基层治理体系数字化应用清单，“诚信智治一件事”被评为“新华信用杯”全国优秀信用案例微视频最佳纪实奖，黄泥畈村被列入全省基层智治系统片区协作会议现场观摩点。做实“一支队伍管执法”改革，全年执法办案86件，“1+X”辐射周边乡镇执法47次，办理全市首例以乡镇为主体的新奥燃气违规经营行政处罚案件。探索“1+N”执法机制，建立“执法队+业务线”一体监管执法工作体系，构建基层治理法治化新格局。加强现代社区建设，新增4个村（社）网格，划定141个微网格，打造沙安村、杨家村“微网格·融治理”服务站。开展农村“两块地”（第二轮土地承包到期后再延长30土地确权、宅基地入市）改革。稳步推进省级农村宅基地权票制度改革试点工作，完成2个试点村宅基地资格权调查摸排和建房集聚区地块选址设计。开展第二轮农村土地承包到期后再延长30年全国试点，实现全镇土地测量村级“全覆盖”。

【平安建设】 2022年，球川镇开展“除险保安”百日攻坚行动，抓好道路交通、森林防火、防汛防台等领域安全监管，守住群众生命安全底线，在县委、县政府“除险保安”工作“五色”考评中获“绿榜”。有效应对、全力降低该镇有气象记录以来的最严重旱情导致的损失。设立镇级应急消防站，有效发挥“救早、灭小”的关键作用。组建综合应急救援队伍，建成综合应急物资装备库，镇专职消防队获2022年度县第五届微型消防站业务技能比武决赛团体第1名。做好上级巡视和环保督察整治，落实“七张问题清单”整改。创新村（社）平安“U指数”双月评比发布机制，精准刻画村（社）“平安画像”，全年排查化解矛盾纠纷352件，攻克镇级信访积案21件，稳妥处置非正常死亡事件3起。“平安U指数”模式被列入全省数字法治“一本账”，并获县委主要领导批示肯定。球川派出所被评为全省公安机关优秀基层单位。与江西省玉山县双明镇深化协作，创新推进“球双矛调共同体”建设，有力保障省际边界社会环境和谐稳定。深化法治化综合改革，打造基层合法性审查2.0版。镇司法所创建省级“枫桥式司法所”，被命名为市级“文明规范公正”司法所，钉町调解工作室被命名为省、市级“金牌人民调解工作室”。三溪村被评为省级“民主法治村”。

【疫情防控】 2022年，球川镇科学处置多轮多点突发疫情，抓实外防输入，抓严内防集聚。2022年，球川镇获全市首批“无疫乡镇”，防疫双月攻坚行动获9次“流动红旗”。

2022年球川镇各行政村基本情况一览表

表46

村名	支书主任	村民小组（个）	党员（人）	农户（户）	人口（人）	劳力（人）	面积（亩）		村集体经济收入（万元）
							耕地	柑橘胡柚	
后弄村	林学忠	10	53	520	1468	969	425	10	106.00
芙蓉村	王金法（书记）朱雪华（主任）	41	135	1256	4212	2621	835	78	103.04
红旗岗村	张孟强	40	120	913	2695	2120	498	30	89.30
杨家村	唐余金	8	28	372	1242	736	835	30	82.54
西村村	方高生	20	55	662	2202	1234	1334	50	100.00
东山村	华盛平	4	115	905	2878	1670	1987	5	79.00
球川村	韩小土	43	218	1616	4877	3030	1986	150	50.00
东坑村	廖端泉	18	45	483	1333	453	640	10	101.00
王家村	王守林	10	34	374	1058	707	936	150	56.03
三溪村	李爱明	17	61	691	2092	1299	1483	240	173.78
吴家村	林国华	7	47	246	859	509	708	3	66.42
上安村	占志建	7	37	391	1197	700	1166	45	65.84
馒头山村	许木田	10	70	631	1821	990	1725	180	70.55
沙安村	应军鸿	9	37	419	1183	724	763	0	53.69

续表 46

村名	支书主任	村民小组（个）	党员（人）	农户（户）	人口（人）	劳力（人）	面积（亩）		村集体经济收入（万元）
							耕地	柑橘胡柚	
黄泥畈村	刘涛	7	46	438	1187	702	808	30	66.39
九都村	秦碧琴	9	44	357	1076	672	1100	10	76.22
棋盘山村	汪志文	8	40	433	1396	782	1177	10	62.25
常周村	廖跃明	4	39	308	945	578	904	750	65.03
龙绕村	刘升凤	14	97	869	2527	1477	2167	150	94.95
新店村	徐家国	17	64	592	1657	1025	1733	0	103.18
合计		303	1385	12476	37905	22998	23210	1931	1665.21

（徐卫燕）

同弓乡

【概况】 同弓乡位于常山县西郊，距离常山县城10千米，东连金川街道和县工业园区，南接白石镇，西临球川镇，北倚何家乡。全乡总面积37.28平方千米。2022年，同弓乡辖8个行政村，61个自然村，78个村民小组；户籍总数4118户，人口11468人，常住人口7277人；有12个党支部，党员460人（其中行政村党员408人）。全乡耕地面积11529亩；粮食作物种植面积4705亩，总产量6020吨，其中早稻种植面积6400余亩。同弓乡党委、政府围绕“金色田园、美好同弓”目标愿景，推进共同富裕示范单元建设，共争取上级项目资金超1.5亿元；同弓乡全域土地综合整治一期工程获2022年全域土地综合整治与生态修复省级精品工程第一名、全县土地整治一等奖，分别获省、县奖励1000万元、900万元；争取专项债5000万元，现代农业产业园项目稳步推进。全年乡财政总收入3154.29万元，完成固定资产投资12957万元。村集体经营性收入600余万元，其中单个村集体经营性收入超100万元的有7个。探索建立“共富五金”增收机制，农民人均可支配收入31306元。全面完成辉何公路土地征收政策处理，G60高速浙西窗口服务区征地攻坚扫尾。“金色同弓”品牌效应不断凸显，被评为2021年度常山县乡村振兴先进集体。

是年，省、市领导到同弓乡调研30余批次，中央、省、市媒体宣传报道70余篇。同弓乡被评为县“干事创业好团队”；同弓乡省级美丽城镇建设达标创建高分通过验收，金色田园综合体获省级中小学劳动实践基地；同心未来乡村获省级考评良好等次；常山洪氏斋公拳获得第六批省级非遗项目。

【重点项目推进】 2022年，同弓乡完成全域土地整治分户丈量土地9200余亩，流转签约8600亩，迁坟2270余穴。“经六路”基本建成，钳何线同弓桥翻修、山边村溪滩桥新建项目验收并实现通车，伏江村危桥改造如期推进。胡村水库除险加固工程完成部分验收，龙绕溪流域综合治理工程鸡公桥下段完工验收，建成沿溪绿道1.5千米。集镇安置区投入使用，建设完成农贸市场区块农村生活污水提标改造项目。上红线浙能加油站投入使用。

建成彤弓山片区未来乡村“浙里未来乡村在线”平台，推出“乐游同弓”、智慧医疗等多项应用服务。推进省级示范数字档案室创建，全乡档案实现数字化管理。智慧便民服务大厅提升改造，推行“一件事”改革，群众掌上办事、线上预约等更加便利高效。

【美丽乡村建设】 2022年，同弓乡巩固提升“国家卫生乡镇”成果，通过省爱卫办专家抽查评估，成为首批“浙江健康乡镇”。彤弓山村、中和村、关庄桥村被评为“浙江省健康村”。完成彤弓山停车场数字化改造提升，打造文昌阁共享图书馆，建设徐氏祠堂共富茶馆，提升龙绕溪沿线庭院、水系，改造古村落湿地公园。建成骑行绿道、健身广场、展示中心。彤弓山片区入选省级未来乡村名单。借力田园综合体项目，试点开发“荷虾混养”“稻鳖混养”等农旅融合现代生态休闲产业模式，建成观光小火车、田园灯光秀、水上乐园、露营基地等娱乐项目。举办“莲心湾”恐龙主题展、萌宠杂技表演、同弓杯篮球赛等活动。加快推进民宿集中村创建，培育28家“慢村生活”民宿，新增3家精品民宿。同弓乡获省美丽城镇建设达标城镇。

【强村富民行动】 2022年，同弓乡推进高效生态农业，建成“莲心湾”共富果园和彤弓山土壤肥力改良示范基地。探索“共富五金”增收机制，在全国“共同富裕财税思想与实践”座谈会上作“金色同弓”共富模式主旨发言，在全县“探寻共富密码”实践案例PK赛中获金钥匙奖。搭建“两山”学院和乡村振兴讲堂培训平台，依托企业资源和村级阵地，开设“常山阿姨”“同弓厨娘”“同弓技工”等共富课堂，全年培训200人次，方便农民“家门口”就业。争取1名享受国务院政府特殊津贴的省C类人才入驻。实施土壤改良培育项目，建成1500平方米现代温室试验基地。

【民生治理服务】 2022年，同弓乡集镇污水改造提升，共享图书馆、体育馆建成运行。改造庭院230户，建成垃圾分类兑换超市8个，农村公厕实现村村全覆盖。提升改造关庄桥村、金川源村3座农田灌溉机埠。成立同弓乡应急消防站和应急消防综合救援队。实现“15分钟公共文化圈”全面覆盖，省级文保单位胡村古建筑群修缮修复，中和村文化礼堂被评为四星级文化礼堂，山边村武术文化主题展馆成功打造浙江省乡村博物馆，同弓乡乡镇志编修入围全省试点单位，同弓乡被评为衢州市文明乡镇。开发公益岗21个，改造低保户、低边户适老化项目5户。开展幸福清单、探访关爱走访2000余次。

2022年7月26—28日，由中国财税博物馆、浙江财经大学联合主办的“共同富裕财税思想与实践座谈会”在浙江省桐庐市召开，同弓乡党委书记作主旨发言
（同弓乡 供图）

成立同弓乡未成年人保护工作站，村级工作室实现全覆盖。实施参保扩面行动，全乡医疗保险参保率达98.75%，“惠衢保”村级全额保障、综合绩效排名全市第二。

【平安稳定建设】 2022年，同弓乡组建20支暖心服务小队，选派182名干部群众下沉，发放2403个爱心救援包，上门收集诉求785个，解决困难诉求761个，送医送药168次、配餐送餐320次、代购代办分别192次、288次。推进安全生产全覆盖责任体系建设，开展消防应急演练8次，组织对各领域安全检查380余次，整改安全隐患1060处。发挥人大联络站、民生议事堂、两代表一委员、“五老工作团”等作用，调处各类矛盾纠纷300余起。

2022年同弓乡各行政村基本情况一览表

表47

村名	支书主任	村民小组（个）	党员（人）	农户（户）	人口（人）	劳力（人）	面积（亩）		村集体经济收入（万元）
							耕地	柑橘胡柚	
彤弓山村	章贵生	4	35	213	581	253	573	10	91.63
同心村	邹清华	10	68	513	1506	617	1593	320	317.85
关庄桥村	洪振胜	14	72	1035	2349	1516	1800	250	120.3
金川源村	刘小兵	11	63	602	1648	1015	2300	410	151.56
中和村	潘广云	5	58	441	1566	908	1535	680	176.37
湖石头村	洪仙荣	11	35	386	1002	580	928	15	121.7
山边村	洪永录	14	42	455	1470	748	1400	130	124.68
胡村村	胡平	9	35	473	1346	748	1400	260	246.49
合计		78	408	4118	11468	6385	11529	2075	1350.58

（林涵琦）

组织机构及负责人名录

新增副处级以上领导干部简介

陈　岗　男，汉族，1972 年 3 月生，浙江常山人，2002 年 1 月加入中国共产党，1993 年 8 月参加工作，大学学历，哲学学士。2022 年 1 月任常山县人民政府副县长、党组成员。

黄国华　男，汉族，1971 年 9 月生，浙江常山人，1993 年 12 月加入中国共产党，1990 年 8 月参加工作，中央党校大学学历。2022 年 1 月任常山县人大常委会副主任、党组成员。

胡康雷　男，满族，1972 年 3 月生，浙江永康人，农工党党员，1992 年 8 月参加工作，在职大学学历。2022 年 1 月任常山县人大常委会副主任。

章金平　男，汉族，1973 年 2 月生，浙江淳安人，民建会员，1995 年 8 月参加工作，在职大学学历。2022 年 1 月当选为常山县政协副主席。

黄爱珍　女，汉族，1975 年 2 月生，浙江常山人，民革党员，1996 年 10 月参加工作，中央党校大学学历。2022 年 1 月当选为常山县政协副主席。

吴昊夫　男，汉族，1986 年 3 月生，浙江庆元人，2007 年 6 月加入中国共产党，2008 年 8 月参加工作，在职研究生学历，公共管理硕士。2022 年 12 月任常山县人民政府挂职副县长。

县级领导机构及负责人名录（2022 年 1 月—12 月）

中共常山县委员会

书　　记：潘晓辉

副 书 记：王永明

　　　　　何相涯

常务委员：潘晓辉

　　　　　王永明

　　　　　何相涯

　　　　　姜　敏

　　　　　姜雪峰

　　　　　陈　翊

　　　　　周利建

　　　　　许露华

　　　　　邱雪萍（女）

　　　　　（—2022 年 12 月）

陈水清
杨力军

常山县人民代表大会常务委员会

党组书记：翁旭东
主　任：翁旭东（2022 年 1 月—）
副主任：苏新祥（—2022 年 1 月）
徐　柯（—2022 年 1 月）
王生智（—2022 年 1 月）
李德勇（—2022 年 1 月）
樊金国（—2022 年 1 月）
何　健（女）（2022 年 1 月—）
胡康雷（2022 年 1 月—）
李德生（2022 年 1 月—）
黄国华（2022 年 1 月—）
李　珍（女）（2022 年 1 月—）

常山县人民政府

县　长：王永明（2022 年 1 月—）
副县长：许露华
邱雪萍（女）（—2022 年 12 月）
胡伟民
李德生（—2022 年 1 月）
朱建忠
蒋招达（挂职）（—2022 年 11 月）
姜光明（—2022 年 1 月）
李湘虹（女）（挂职）
黄晓彬
方育娟（女）
陈　岗（2022 年 1 月—）
吴昊夫（挂职）（2022 年 12 月—）

中国人民政治协商会议常山县委员会

主 席：林红汉（—2022 年 1 月）
许茂华（2022 年 1 月—）
副主席：郑建华（—2022 年 1 月）
谢雨生（兼）（—2022 年 1 月）
范东英（女）
汪卫东（2022 年 1 月—）
姜光明（2022 年 1 月—）
章金平（2022 年 1 月—）
黄爱珍（女）（2022 年 1 月—）

中共常山县纪律检查委员会

书记、监委主任：陈水清
副　书　记：严良京
熊慧芬（女）

常山县人民法院

院　长：舒燕华

常山县人民检察院

检察长：朱聪颖（2022 年 1 月—）

常山县人民武装部

部　长：黄裕祥
政　委：周利建
党委书记：周利建

县级机关部门及负责人名录（2022 年 1 月—12 月）

一、县委工作机构

县委办公室
主任：黄国华（—2022 年 2 月）
琚东风（2022 年 2 月—）

县委县政府信访局
局长：楼　华

县委县政府政策研究室
主任：黄国华（—2022 年 2 月）
琚东风（2022 年 2 月—）

县委保密委员会办公室
主任：刘　华

县委机要局（县密码管理局）
局长：刘　华

县委台湾工作办公室（县政府台湾事务办公室）
主任：黄国华（—2022 年 2 月）
琚东风（2022 年 2 月—）

县档案局
局长：黄国华（—2022 年 2 月）
琚东风（2022 年 2 月—）

县档案馆（县委党史研究室）
馆长（主任）：吴永兴（—2022 年 8 月）
刘利忠（2022 年 8 月—）

县委组织部
部 长：陈　翊

县委新经济与新社会组织工作委员会
书记：陈小红（2022 年 2 月—）

县委宣传部
部长：姜　敏

县委统战部
部长：姜雪峰
县委政法委员会
书记：何相涯
县社会矛盾纠纷调处化解中心（2022 年 6 月更名为县社会治理中心）
主任：楼　华（—2022 年 7 月）
党组书记：何相涯（—2022 年 7 月）
县社会治理中心
主任：徐高飞（2022 年 7 月—）
党组书记：徐高飞
（2022 年 7 月—11 月）
琚东风
（2022 年 11 月—）（兼）
县委机构编制委员会办公室
主任：陈黎晖
县委直属机关工作委员会
书记：陈　翊
县委党校
校　　长：陈　翊（兼）
常务副校长：郭永平
（—2022 年 8 月）
吴永兴
（2022 年 8 月—）
县社会主义学院
院长：姜雪峰（兼）
县委巡察办
主任：黄建新（—2022 年 7 月）
郑新芳（2022 年 7 月—）

二、县人大常委会工作机构

县人大常委机关
党组书记：苏新祥（兼）
（—2022 年 1 月）
何　健（女）
（2022 年 1 月—）
主任：杨春柳
县人大常委会教育科技文化民族华侨工作委员会
主任：周元良
县人大常委会研究室
主任：廖小兵
县人大常委会财政金融工作委员会
主任：蒋淑萍（女）
县人大常委会农业与农村工作委员会
主任：王木星
县人大常委会代表与选举任免工作委员会
主任：胡真钢
县人大常委会经济工作委员会
主任：沈文兵
县人大常委会监察和司法工作委员会
主任：陈　芳（女）
（2022 年 7 月—）
县人大常委会建设与资源环境保护工作委员会
主任：姜利成（2022 年 3 月—）
县人大常委会社会建设工作委员会
主任：郑建炳（—2022 年 8 月）

三、县人民政府工作机构

（一）县政府工作部门

县政府办公室
主任：陈　岗　（—2022 年 2 月）
陈贤民　（2022 年 2 月—）
党组书记：陈　岗
（—2022 年 2 月）
陈贤民
（2022 年 2 月—）
县政府外事办公室
主任：叶玉佳（女）
县大数据中心
主任：占利华（—2022 年 2 月）
许　赟（2022 年 2 月—）
党组书记：占利华（—2022 年 2 月）
许　赟（2022 年 2 月—）
县发展和改革局（2022 年 12 月加挂县国防动员办公室牌子）
局长：琚东风（—2022 年 2 月）
宁玮亮（2022 年 2 月—）
党委书记：琚东风
（—2022 年 2 月）
宁玮亮
（2022 年 2 月—）
县服务业发展中心
主 任：龚志昌（—2022 年 7 月）
计华丁（2022 年 7 月—）
县医疗保障局
局长：姚肖忆（女）
（—2022 年 2 月）
汪正满（2022 年 3 月—）
党组书记：姚肖忆（女）
（—2022 年 2 月）
汪正满
（2022 年 2 月—）
县统计局
局长：黄爱珍（女）
（—2022 年 2 月）
何富苗（2022 年 3 月—）
党组书记：周幸富
（—2022 年 7 月）
何富苗
（2022 年 7 月—）

县经济和信息化局

局长：郑忠东（—2022 年 2 月）
　　　周丽兵（2022 年 3 月—）
党委书记：郑忠东
　　　（—2022 年 2 月）
　　　周丽兵
　　　（2022 年 2 月—）

县教育局

局　　长：李岳飞
党委书记：李岳飞

县第一中学

校　　长：琚哲明
党总支书记：琚哲明

县科学技术局

局长：刘利忠（—2022 年 9 月）
　　　朱万洪（2022 年 9 月—）
党组书记：刘利忠
　　　（—2022 年 8 月）
　　　朱万洪
　　　（2022 年 8 月—）

县民族宗教事务管理局

局长：刘裕良（—2022 年 7 月）
　　　刘汉强（2022 年 7 月—）

县公安局

局长：胡伟民
党委书记：胡伟民
政委：龚进升（—2022 年 6 月）
　　　黄建新（2022 年 7 月—）

县监察委员会

主任：陈水清（2022 年 1 月—）

县民政局

局长：金雪白（—2022 年 6 月）
　　　黄小兵（2022 年 9 月—）
党组书记：金雪白
　　　（—2022 年 6 月）
　　　黄小兵
　　　（2022 年 8 月—）

县水库移民管理中心

主任：江根华

县司法局

局长：汪卫东（—2022 年 7 月）
　　　余　靖（2022 年 7 月—）
党组书记：周建军
　　　（—2022 年 7 月）
　　　余　靖
　　　（2022 年 7 月—）

县财政局

局长：朱开明（—2022 年 2 月）
　　　汪启红（2022 年 7 月—）
党委书记：朱开明
　　　（—2022 年 2 月）
　　　汪启红
　　　（2022 年 7 月—）

县财政国库支付中心

主任：黄廉哲

县金融服务中心

主任：计华丁（—2022 年 7 月）
　　　郑秀平（2022 年 8 月—）
党组书记：计华丁
　　　（—2022 年 7 月）
　　　郑秀平
　　　（2022 年 8 月—）

县人力资源和社会保障局

局　　长：洪永海
党组书记：洪永海

县社会保险事业管理中心

主　　任：徐铁军

县人才和就业管理中心

主　　任：陈　鸿

县住房和城乡建设局

局长：陈贤民（—2022 年 2 月）
　　　邹伟良（2022 年 3 月—）
党委书记：陈贤民
　　　（—2022 年 2 月）
　　　邹伟良
　　　（2022 年 2 月—）

县人民防空办公室（2022.12 改在县发展和改革局挂牌）

主任：陈贤民（—2022 年 2 月）
　　　邹伟良（2022 年 2 月—）

县综合行政执法局（2022 年 5 月加挂县综合行政执法指导办公室牌子）

局长：潘广贵（—2022 年 2 月）
　　　杨志国（2022 年 3 月—）
党组书记：潘广贵
　　　（—2022 年 2 月）
　　　杨志国
　　　（2022 年 2 月—）
政委：郑　刚（—2022 年 2 月）

县交通运输局

局　　长：魏　斌
党委书记：魏　斌

县公路航港与运输管理中心

主　　任：舒　俊

县农业农村局

局长：姜利成（—2022 年 2 月）
　　　郑　君（2022 年 3 月—）
党委书记：姜利成
　　　（—2022 年 2 月）
　　　郑　君
　　　（2022 年 2 月—）

县扶贫开发服务中心

主任：丁开有（—2022 年 2 月）

县乡村振兴发展中心（2022年2月由县扶贫开发服务中心更名）
主任：丁开有（2022年2月—）

县林业水利局
局长：汪启红（—2022年7月）
林永周（2022年9月—）
党委书记：汪启红
（—2022年7月）
林永周
（2022年8月—）

县中型水库管理中心
主任：刘冬杰（女）

县油茶产业发展中心
主任：王昆喜（女）

县文化和广电旅游体育局
局　　长：何　菊（女）
党委书记：何　菊（女）

县卫生健康局
局长：朱　璋（—2022年2月）
姚肖忆（女）
（2022年3月—）
党委书记：朱　璋
（—2022年2月）
姚肖忆（女）
（2022年2月—）

县人民医院
院长：陈兆俊（—2022年12月）
党委书记：曾红祥

县审计局
局长：李　珍（女）
（—2022年3月）
龚志昌（2022年9月—）
党组书记：李　珍（女）
（—2022年8月）
龚志昌
（2022年8月—）

县应急管理局
局长：朱万洪（—2022年9月）
张翼忠（2022年9月—）
党委书记：朱万洪
（—2022年8月）
张翼忠
（2022年8月—）

县退役军人事务局
局长：汪正满（—2022年2月）
刘家国（2022年12月—）
党组书记：汪正满
（—2022年2月）
刘家国
（2022年12月—）

县市场监督管理局（2022年12月加挂县知识产权局牌子）
局长：陈金龙（—2022年8月）
郭永平（2022年9月—）
党委书记：陈金龙
（—2022年8月）
郭永平
（2022年8月—）

县知识产权局
局长：郭永平（2022年12月—）

（二）县政府直属单位

县机关事务保障中心
主任：许　赟（—2022年2月）
郑　丽（女）
（2022年2月—）
党组书记：许　赟
（—2022年2月）
郑　丽（女）
（2022年2月—）

常山传媒集团（县广播电视总台）
总裁（台长）：樊敏剑
党委书记：樊敏剑
总编辑：程　斌（女）
（—2022年2月）
郑晓丽（女）
（2022年12月—）

县政府经济技术协作中心
主　　任：涂晓明
党组书记：涂晓明

县招商投资促进中心（2022年2月县政府经济技术协作中心机构更名）
主　　任：涂晓明
党组书记：涂晓明

市公共资源交易常山县分中心
主任：刘国军

县公共资源交易监督管理办公室
主任：邹伟良（—2022年2月）
何　晟（2022年2月—）
党组书记：邹伟良
（—2022年2月）
郑　刚
（2022年2月—）

浙江广播电视大学常山学院
院长：琚旦炜（女）
（—2022年7月）
党总支书记：琚旦炜（女）
（—2022年7月）

浙江开放大学常山学院（2022年6月浙江广播电视大学常山学院机构更名）
院长：刘裕良（2022年7月—）
党总支书记：刘裕良
（2022年1月—）

县供销合作社联合社
主　　任：王贤龙
党委书记：王贤龙
县营商环境建设办公室
主　　任：王金红
党组书记：许露华
县经济技术开发区管理委员会（2022 年 6 月增挂常山县信息材料高新技术产业园区管理委员会牌子）
主任：周丽兵（—2022 年 2 月）
　　　郑忠东（2022 年 2 月—）
党工委书记：郑忠东
　　　（2022 年 2 月—）
县征迁事务中心
主任：金　宏（—2022 年 7 月）
　　　奉　琼（2022 年 7 月—）
党组书记：金　宏
　　　（—2022 年 7 月）
　　　奉　琼
　　　（2022 年 7 月—）

（三）垂直管理单位
市生态环境局常山分局
局长：陈　芳（女）
　　　（—2022 年 7 月）
　　　何小建（2022 年 7 月—）
党组书记：陈　芳（女）
　　　（—2022 年 7 月）
　　　何小建
　　　（2022 年 7 月—）
县自然资源和规划局
局长：黄晓东（至 2022 年 2 月，并接受常山县纪委县监委纪律审查和监察调查）
　　　郑　兵（2022 年 3 月—）
党委书记：黄晓东（至 2022 年 2 月，并接受常山县纪委县监委纪律审查和监察调查）
　　　郑　兵（2022 年 2 月—）
县城乡规划中心
主任：黄晓东（兼）（至 2022 年 2 月，并接受常山县纪委县监委纪律审查和监察调查）
国家税务总局常山县税务局
局　　长：郑旭炎
党委书记：郑旭炎
县烟草专卖局
局长：郑　重（—2022 年 11 月）
　　　章钰翔（2022 年 11 月—）
党组书记：郑　重
　　　（—2022 年 11 月）
　　　章钰翔
　　　（2022 年 11 月—）
中国电信股份有限公司常山分公司
总 经 理：肖 欢
党委书记：肖 欢
中国邮政集团公司常山县分公司
总 经 理：吕志峰
党委书记：吕志峰
国网浙江常山县供电公司
总 经 理：琚　军
党委书记：杨　威
县气象局
局长：吴利强（—2022 年 4 月）
　　　黄　麟（2022 年 4 月—）
　　　（主持工作）
党组书记：吴利强
　　　（—2022 年 4 月）
党组副书记：黄　麟
　　　（2022 年 4 月—）
　　　（主持工作）
县农商银行
董　事　长：胡锦华
主任（行长）：饶勇飞
党 委 书 记：胡锦华
中国人民银行常山县支行
行　　长：周伟斌
党组书记：周伟斌
衢州银保监分局常山银保监组
组长：李　骏
中国工商银行常山县支行
行长：柴小燕（女）
中国建设银行常山县支行
行长：汪　政
中国银行常山县支行
行长：姚　芹（女）
中国农业银行常山县支行
行长：胡　鹏（—2022 年 11 月）
　　　郑　剑（女）
　　　（2022 年 11 月—）
中国人民财产保险股份有限公司常山支公司
临时负责人：汪孟哲
中国人寿保险股份有限公司常山支公司
经理：周　强

四、政协常山县委员会工作机构

县政协机关
党组书记：徐士平
秘 书 长：徐士平

县政协办公室

主任：蓝小珍（女）

县政协委员工作委员会

主任：徐爱荣（—2022 年 2 月）

王湖南（2022 年 2 月—）

县政协社会和法制委员会

主任：郑　汉

县政协农业农村和人口资源环境委员会

主任：胡乾平

县政协提案委员会

主任：徐志标（—2022 年 2 月）

朱　璋（2022 年 2 月—）

县政协经济委员会

主任：樊有卫

县政协文化文史和学习委员会

主任：徐良其

县政协港澳台侨和民族宗教委员会

主任：黄廉科

县政协教科卫体委员会

主任：洪　涛（—2022 年 12 月）

县政协研究室

主任：王毓飞（2021 年 1 月—）

县级群众团体及负责人名录（2022 年 1 月—12 月）

县总工会

主席：饶明耀（2022 年 2 月—）

常务副主席：饶明耀

（—2022 年 2 月）

党组书记：饶明耀

共青团常山县委员会

书　　记：陈　颖（女）

党组书记：陈　颖（女）

县妇女联合会

主席：郑　丽（女）

（—2022 年 2 月）

郑　霞（女）

（2022 年 2 月—）

党组书记：郑　丽（女）

（—2022 年 2 月）

郑　霞（女）

（2022 年 2 月—）

县科学技术协会

主　　席：章金平

（—2022 年 2 月）

朱万华

（2022 年 2 月—）

党组书记：朱万华

县文学艺术界联合会

主　　席：王有军

县残疾人联合会

理 事 长：傅昌华

党组书记：傅昌华

县工商业联合会

主　　席：涂国红

（—2022 年 6 月）

钦韩芬（女）

（2022 年 6 月—）

党组书记：徐军建

县红十字会

会长：方育娟（女）

（2022 年 9 月—）

常务副会长：刘国平

党组书记：刘国平

国有企业及负责人名录（2022 年 1 月—12 月）

县国有资产投资运营有限责任公司

董 事 长：鄢仙丽

总 经 理：鄢仙丽

党组书记：鄢仙丽

（2022 年 8 月—）

县城市投资集团有限公司

董事长：方丽强（—2022 年 3 月）

孔德壮（2022 年 7 月—）

总经理：方丽强（—2022 年 2 月）

孔德壮（2022 年 2 月—）

党委书记：方丽强

（—2022 年 3 月）

孔德壮

（2022 年 7 月—）

县农村投资集团有限公司

董 事 长：朱建红

总 经 理：朱建红

党委书记：朱建红

乡镇领导机构及负责人名录（2022 年 1 月—12 月）

天马街道

党工委书记：宁玮亮

（—2022 年 2 月）

徐灵敏

（2022 年 2 月—）

人大工委主任：毛月华

办事处主任：徐灵敏

（—2022 年 2 月）

江玉林

（2022 年 12 月—）

紫港街道

党 工 委 书 记：樊厚军

人大工委主任：徐　升

办 事 处 主 任：胡建平

金川街道

党工委书记：郑　兵

（—2022 年 2 月）

潘广贵

（2022 年 2 月—）

人大工委主任：孔德壮

（—2022 年 2 月）

王　俊

（2022 年 3 月—）

办事处主任：苏恒俊

辉埠镇

党委书记：杨力军

人大主席：李永忠

镇 长：邹　斌（—2022 年 8 月）

宋　斌（2022 年 9 月—）

何家乡

党委书记：程敏芳

人大主席：黄　建

乡　　长：王七琴（女）

招贤镇

党委书记：曾智盛

人大主席：徐家有

镇　　长：金　鑫

青石镇

党委书记：徐安平

人大主席：郑　罡

镇　　长：周　燚

东案乡

党委书记：张汪洋（女）

人大主席：胡启新

乡长：宋　斌（—2022 年 8 月）

胡正国（2022 年 9 月—）

大桥头乡

党委书记：李　斌

人大主席：刘晓刚

（—2022 年 8 月）

乡　　长：张翼忠

（—2022 年 8 月）

余慧华

（2022 年 9 月—）

芳村镇

党委书记：徐小灵

人大主席：尚林军

镇　　长：郑俊毅

新昌乡

党委书记：林永周

（—2022 年 8 月）

邹　赛（女）

（2022 年 8 月—）

人大主席：付小丽（女）

乡长：邹　赛（女）

（—2022 年 8 月）

樊向富（2022 年 9 月—）

白石镇

党委书记：黄泽文

人大主席：樊育旗

镇　　长：金　童

球川镇

党委书记：邱雪芳（女）

人大主席：谢晓报

（—2022 年 12 月）

镇　　长：鲍晓晖

同弓乡

党委书记：黄小兵

（—2022 年 8 月）

邹　斌

（2022 年 8 月—）

人大主席：蒋飞英

乡　　长：刘元峰

荣誉录

[各级别均按颁奖表彰时间顺序排列；先进个人姓名后（）加注所属单位简称]

省部级(含部门)及以上表彰或命名的荣誉一览表

表 48

荣誉称号	获奖单位/个人	颁发单位/文号	颁发时间
浙江省结核分会护理学组员	江共英（县人民医院）	浙江省医学会/浙医会函〔2022〕1 号	2022 年 1 月
2021 年度先进基层组织	中国农工民主党常山县总支部委员会	中国农工民主党浙江省委员会/荣誉证书	
2016—2020 年全省普法先进个人	占如（县司法局）	中共浙江省委办公厅、浙江省人民政府办公厅	
2016—2020 年全省普法与依法治理工作先进集体	常山县市场监管局		
2021 年度全省公安机关“执法质量优秀单位”	常山县公安局	浙江省公安厅/奖牌	
2021 年度优秀专武干部	金丽军（天马街道）	中国人民解放军浙江省军区/荣誉证书	
2021 年度浙江省县级优秀药事管理质控中心奖	常山县药事管理质控中心	浙江省医院药事管理质控中心/浙药质字〔2022〕1 号	2022 年 1 月 1 日
2021 年度药品安全治理与技术赋能成绩突出个人	郑德明（县市场监管局）	浙江省药品监督管理局/便签	2022 年 1 月 5 日
2021 年度全省药品稽查执法工作成绩突出个人	张磊（县市场监管局）		
浙江省第四批省级引领型农村社区	新昌乡郭塘村、芳村镇上猷间村、天马街道天安村、辉埠镇辉埠村	浙江省民政厅	2022 年 2 月
首批浙江省数字生活新服务样板县	常山县	浙江省商务厅/浙数新办〔2022〕1 号	2022 年 1 月 10 日
“十三五”全省干线公路养护管理突出集体	常山县公路港航与运输管理中心	浙江省交通运输厅/便签	
“十三五”全省干线公路养护管理突出个人	舒俊（县公路港航与运输管理中心）		

续表 48

荣誉称号	获奖单位/个人	颁发单位/文号	颁发时间
国家电网有限公司工人先锋号	国网浙江省电力有限公司常山县供电公司电力调度控制分中心（供电服务指挥分中心）调控运行班	国家电网有限公司/国家电网人资〔2022〕5 号	2022 年 1 月 11 日
2021 年度有辨识度有影响力法治建设成果	常山县开展“大综合一体化”行政执法县域集成改革	中共浙江省委全面依法治省委员会办公室/浙委法办函〔2022〕2 号	2022 年 1 月 12 日
全省专项工作通报表扬	鲍倩钰（县税务局）	浙江省税务局个人所得税处/感谢信	2022 年 1 月 13 日
2021 年度浙江省数字乡村建设工作突出贡献个人	李巧（县委宣传部）	中共浙江省委网络安全和信息化委员会办公室、浙江省农业农村厅/浙委网办〔2022〕2 号	2022 年 1 月 17 日
2021 年纳税服务专项工作表现突出个人	鲍倩钰（县税务局）	国家税务总局纳税服务司/便签	
2021 年度全省农行先进党支部书记	谢明芳（农行常山支行营业室）	中共中国农业银行浙江省分行委员会/农银浙党发〔2022〕3 号	2022 年 1 月 20 日
2021 年度全省农行百名优秀客户经理	王丽芳（农行常山支行公司部）	中国农业银行浙江省分行办公室/农银浙办发〔2022〕51 号	
2021 年度浙江省开放大学招生工作先进单位	常山开放学院	浙江开放大学办公室/浙开大办〔2022〕7 号	
2021 年度浙报集团融媒“共享联盟・合作奖”“共享联盟・最佳视频报道奖”	常山传媒集团	中共浙江日报报业集团委员会/浙报集团党委〔2022〕5 号	2022 年 1 月 25 日
全省民事检察专项监督活动优秀办案个人	樊玮璟（县检察院）	浙江省人民检察院/浙检发办字〔2022〕10 号	2022 年 1 月 26 日
浙江省中小学劳动实践基地（第三批）暨学农基地	常山县金色田园综合体学农基地	浙江省教育厅办公室、浙江省农业农村厅办公室、浙江省林业局办公室/浙教办函〔2022〕23 号	
2021 年度全省财政管理绩效考评优秀	常山县财政局	浙江省财政厅办公室/浙财办〔2022〕3 号	2022 年 1 月 28 日
浙江省四星级文明规范市场（2022—2024 年）	常山县柚香城农贸市场、常山县大东门农贸市场	浙江省市场监督管理局/浙市监市〔2022〕3 号	2022 年 1 月 29 日
2021 年度全省“诗画浙江”旅游歌曲大赛金奖	常山县文化馆（歌曲《All for U》）	浙江省文化和旅游厅、宁波市奉化区人民政府/荣誉证书	2022 年 2 月
2021 年度浙江省改革突破奖银奖	常山县“大综合一体化”行政执法改革	中共浙江省委全面深化改革委员会/荣誉证书	

续表 48

荣誉称号	获奖单位/个人	颁发单位/文号	颁发时间
2021 年度个人二等功	张克长（县法院）	浙江省高级人民法院/浙高法〔2022〕13 号	2022 年 2 月 7 日
2021 年度浙江省改革突破奖（铜奖）	常山县（两山银行）	中共浙江省委全面深化改革委员会/浙委改发〔2022〕1 号	2022 年 2 月 8 日
2021 年度浙江省知识产权保护工作成绩突出个人	樊明通（县市场监管局）	浙江省知识产权强省建设工作联席会议办公室/浙知联办〔2022〕4 号	2022 年 2 月 10 日
2021 年度全省政务信息工作考核优秀单位	县人民政府办公室	浙江省人民政府办公厅/浙政办发函〔2022〕17 号	2022 年 2 月 11 日
2021 年度卫生健康行政执法监督工作规范化建设单位	常山县卫生监督所	浙江省卫生健康委办公室/浙卫办监督发函〔2022〕2 号	2022 年 2 月 16 日
2021 年浙江省青少年校园足球特色学校	常山县湖东中心小学	浙江省教育厅办公室/浙教办〔2022〕25 号	2022 年 2 月 17 日
2021 年浙江省青少年校园足球特色幼儿园	芳村镇中心幼儿园		
2021 年全国青少年校园足球特色学校	常山县实验小学		
浙江教学月刊社第二批“开读吧”读写基地	常山县第一小学	浙江教学月刊社/奖牌	2022 年 2 月 22 日
乡村振兴十佳创新案例	常山县（《“两山银行”改革激活农村低效闲置资源》）	省委农办	
全省公安机关无信访基层所队	常山县公安局球川派出所	浙江省公安厅信访工作领导小组办公室/浙公信领办〔2022〕3 号	2022 年 2 月 25 日
2021 年度浙江省科技信息工作成绩突出集体	常山县科学技术局	浙江省科学技术厅办公室/便签	2022 年 2 月 28 日
2021 年度全省科技信息工作成绩突出个人	叶琴（县科技局）		
浙江省示范妇女微家	青石镇“点石成金”妇女微家	浙江省妇女联合会/浙妇〔2022〕5 号	
2021 年度浙江省税收优秀学术研究成果评选活动三等奖	常山县税务局课题组	浙江省税务局、浙江省国际税收研究会/荣誉证书	2022 年 3 月
2021 年度浙江省民协“文艺惠民”活动先进个人	曾令兵（民革常山县基层委）	浙江省民间文艺协会/荣誉证书	2022 年 3 月 3 日

续表 48

荣誉称号	获奖单位/个人	颁发单位/文号	颁发时间
2021 年度全省农行"运营基础管理良好"单位	农行常山支行营业室 农行常山红旗街支行 农行常山芳村支行	中国农业银行浙江省分行办公室/农银浙办发〔2022〕138 号	2022 年 3 月 4 日
2021 年度安全保卫"三化三达标"先进单位	农行常山支行	中国农业银行浙江省分行办公室/农银浙办发〔2022〕139 号	
2021 年度县乡法治政府建设"最佳实践"项目	常山县综合行政执法局（县域"大综合一体化"行政执法改革）	浙江省人民政府办公厅/浙政办函〔2022〕15 号	2022 年 3 月 7 日
2021 年结对帮扶考评优秀单位	常山县	浙江省乡村振兴局/浙乡振函〔2022〕6 号	2022 年 3 月 8 日
全省疫情防控冷链食品物防工作先进个人	王笏俊（县市场监管局）	浙江省疫情防控冷链食品物防专班/浙物防专班〔2022〕24 号	
2021 年全省水利系统调研报告三等奖	常山县林业水利局	浙江省水利厅办公室/浙水办法〔2022〕3 号	2022 年 3 月 9 日
第三批浙江省全域旅游示范县	常山县	浙江省人民政府/浙政发〔2022〕9 号	2022 年 3 月 18 日
浙江省巾帼建功能手	刘新燕（人寿保险常山支公司）	中国人寿保险股份有限公司浙江省分公司工会委员会/国寿人险浙工发〔2022〕10 号	
2021 年度中国建设银行三星级营业网点	建设银行常山支行营业部	中国建设银行股份有限公司/建总发〔2022〕73 号	2022 年 3 月 21 日
浙江省税务局货物和劳务税专业人才库入库人员	鲍倩钰（县税务局）	浙江省税务局办公室/浙税办发〔2022〕15 号	2022 年 3 月 22 日
浙江省税务局学习兴税（学习资源建设）专业人才库入库人员	汪泽洲（县税务局）		
浙江省税务局大企业税收管理专业人才库入库人员	张莉（县税务局） 余恒劲（县税务局）		
2021 年度省级山海协作产业园工业类产业园绩效评价结果一等奖	常山—慈溪山海协作产业园	浙江省山海协作领导小组办公室/浙山海办〔2022〕1 号	2022 年 3 月 24 日
2021 年度全省大花园示范县建设单位评估优秀等次	常山县	浙江省发展和改革委员会/浙发改环资函〔2022〕154 号	
浙江省巾帼文明岗	常山县人民医院感染科 常山县自然资源调查登记中心 常山县市场监督管理局登记注册科窗口	浙江省妇女联合会/浙妇〔2022〕10 号	2022 年 3 月 25 日
浙江省巾帼建功标兵	郑丽（县机关事务保障中心）		

续表 48

荣誉称号	获奖单位/个人	颁发单位/文号	颁发时间
浙江省“健康所系、浙里有你”主题宣传活动先进个人	黄业伟（县疾控中心）	浙江省卫生系统思想政治工作促进会疾病预防控制专业委员会/浙疾政促〔2022〕1号	2022年3月30日
2021年度税收科研青年课题“良好等级”	常山县税务局税收科研青年课题组：鲍倩钰、李斌、蒋锦琦、邱奕、黄灿灿、毛子旋、施祺瑞	浙江省税务局/浙税函〔2022〕43号	
2022年第一季度浙江省“最美家庭”	方慧君（县紫港中学）	中共浙江省宣传部、浙江省妇女联合会/荣誉证书	2022年4月
浙江省第十五届中学生篮球联赛体育道德风尚奖	常山县城关中学	浙江省教育厅、浙江省体育局/奖牌	
2021—2022年度全省文化馆基层服务培训联盟优秀案例	“一切为了U”全民艺术普及培训联盟	浙江省文化馆/荣誉证书	
2021—2022跨年度营销活动20强支行一等奖	中国邮政储蓄银行常山县支行	中国邮政储蓄银行浙江省分行/奖牌	
全省农村土地承包经营权确权登记颁证成绩突出集体	白石镇人民政府	中共浙江省农业工作领导小组办公室、浙江省农业农村厅/浙农字函〔2022〕187号	2022年4月5日
2021—2022年度全省文化馆基层服务培训联盟先进单位	常山县文化馆	浙江省文化馆/浙群文〔2022〕50号	2022年4月11日
平安护航建党100周年成绩突出个人	原英珂（县公安局）	中共浙江省委、浙江省人民政府/便签	2022年4月13日
全域土地综合整治绩效评价全省第三	常山县自然资源和规划局	浙江省保护耕地和全域土地综合整治与生态修复领导小组办公室/浙保耕办〔2022〕7号	2022年4月15日
2020—2021年度浙江省青年文明号	国网常山县供电公司芳村供电所 常山县公安局芳村派出所	浙江省“青年文明号、青年岗位能手”活动组委会/浙青文〔2022〕1号	2022年4月18日
2021年全省劳动人事争议案件处理工作成绩突出个人	吴建华（球川镇人民政府）	浙江省人力资源和社会保障厅/浙人社发〔2022〕30号	
2021年度全省劳动人事争议案件处理工作成绩突出单位集体	常山县人力资源和社会保障局		
2021年度浙江省课外阅读先进集体	常山县城关中学 常山县育才中学 常山县龙绕初中 常山县天马第二中心小学 常山县五里小学 常山县湖东小学	浙江教育报刊总社/浙教报刊总社〔2022〕19号	2022年4月25日

续表 48

<table>
<tr><th>荣誉称号</th><th>获奖单位/个人</th><th>颁发单位/文号</th><th>颁发时间</th></tr>
<tr><td>2021 年度浙江省课外阅读先进工作者</td><td>张吴浩（城关中学）
毛金锋（育才中学）
郑春少（龙绕初中）
陈建明（天马二小）
段俊（湖东小学）
姜灵（五里小学）</td><td rowspan="2">浙江教育报刊总社/浙教报刊总社〔2022〕19 号</td><td rowspan="3">2022 年 4 月 25 日</td></tr>
<tr><td>2021 年度浙江省优秀导读员</td><td>章小琴（城关中学）
陈水仙（天马二小）
戴玲玲（龙绕初中）
江亚群（湖东小学）
郑丽芳（五里小学）</td></tr>
<tr><td>浙江省第一轮疫情防控执行力指数优秀乡镇</td><td>何家乡</td><td>中共浙江省委组织部、浙江省新型冠状病毒肺炎疫情防控工作领导小组办公室/便签</td></tr>
<tr><td>2021 年度浙江省招生考试先进工作者</td><td>邹志英（县教育局）</td><td>浙江省教育考试院/荣誉证书</td><td rowspan="5">2022 年 5 月</td></tr>
<tr><td>全国优秀共青团员</td><td>孔令位（县消防救援大队）</td><td>共青团中央/荣誉证书</td></tr>
<tr><td>2021 年度全省优秀学术研究三等奖</td><td>常山县税务局课题组</td><td>浙江省税务学会/荣誉证书</td></tr>
<tr><td>2022 年浙江省优秀家庭医生</td><td>方丽萍（东案乡卫生院）</td><td>浙江省基层卫生协会/荣誉证书</td></tr>
<tr><td>驰援上海抗击新冠肺炎疫情工作中评为“新时代最可爱的人”</td><td>罗振华（县人民医院）
占志花（县人民医院）
何美飞（县人民医院）
王烨（县人民医院）
张艳（县人民医院）
黄凌剑（县中医医院）
熊超婷（县中医医院）
傅紫萱（县中医医院）
吴佳浩（县中医医院）
毛鑫玉（县中医医院）
章晗子（县中医医院）
徐晓惠（县中医医院）</td><td>中共上海市委、上海市人民政府/荣誉证书</td></tr>
<tr><td>2021 年度省级善治示范村</td><td>常山县东案乡金源村</td><td>浙江省乡村振兴领导办公室/微信公众号</td><td rowspan="3">2022 年 5 月 4 日</td></tr>
<tr><td>2021 年度浙江省善治村</td><td>白石镇小白石村</td><td rowspan="2">微信公众号</td></tr>
<tr><td>2021 年度浙江省善治示范村</td><td>白石镇草坪村</td></tr>
</table>

续表 48

荣誉称号	获奖单位/个人	颁发单位/文号	颁发时间
2021 年度建行浙江省分行先进志愿者	余梦佳（衢州分行常山支行）	中国建设银行股份有限公司浙江省分行/建浙发〔2022〕51 号	2022 年 5 月 7 日
2022 年浙江省“家医党员先锋团队”	常山县招贤卫生院招贤分院溪上片家庭医师签约团队	浙江省基层卫生协会/浙基卫协〔2022〕14 号	2022 年 5 月 9 日
民革浙江省 2017—2021 年度先进个人	吴小丽（民革常山县基层委）	民革浙江省委会/革浙发〔2022〕25 号	2022 年 5 月 10 日
2021 年浙江省扩大有效投资工作先进集体	常山县发展和改革局	浙江省发展和改革委员会/浙发改投资〔2022〕126 号	2022 年 5 月 10 日
浙江省第一批乡村博物馆	辉埠镇久泰弄村国防教育主题展馆	浙江省文物局/浙文物〔2022〕87 号	2022 年 5 月 11 日
坚持党政机关过紧日子优秀案例	常山县（《常山县“廉政灶”“绿色拼车”压减三公开支》《常山县“公物仓”全面盘活闲置国有资产》）	中共浙江省纪委机关、浙江省财政厅/浙财预〔2022〕15 号	2022 年 5 月 13 日
2022 年度浙江省财政社保领域探索民办技工技能人才培养补助试点	常山县	浙江省财政厅/浙财函〔2022〕121 号	2022 年 5 月 19 日
2021 年度通讯员优秀稿件一等奖	徐莹（县公路与港航管理中心）	浙江《交通旅游导报》报业有限公司/浙交旅公司〔2022〕21 号	2022 年 5 月 25 日
2019—2021 年度浙江省校本研修先进集体	常山县紫港中学	浙江省中小学教师培训中心、浙江省教育行政干部培训中心/浙师训〔2022〕10 号	2022 年 5 月 26 日
2019—2021 年度浙江省校本研修先进个人	韩培正（紫港中学）	浙江省中小学教师培训中心、浙江省教育行政干部培训中心/浙师训〔2022〕10 号	2022 年 5 月 26 日
浙江省第二轮疫情防控执行力指数优秀乡镇	何家乡	中共浙江省委组织部、浙江省新型冠状病毒肺炎疫情防控工作领导小组办公室/便签	2022 年 5 月 26 日
浙江省高质量发展建设共同富裕示范区最佳实践名单（第一批）	常山县（两山合作社）	浙江省高质量共同富裕示范区领导小组办公室/浙共富办〔2022〕5 号	2022 年 5 月 27 日
“浙里捐赠”建设应用试点县	常山县	浙江省财政厅/浙财综〔2022〕19 号	2022 年 5 月 31 日
常山县被列入 2021 年省政府督查激励名单（全面推进大湾区大花园大通道大都市区建设成效明显的县）	常山县	浙江省人民政府办公厅/浙政办发〔2022〕34 号	2022 年 6 月 2 日
2020—2021 年度功勋通讯员	徐莹（县公路与港航管理中心）	浙江《交通旅游导报》报业有限公司/浙交旅公司〔2022〕26 号	2022 年 6 月 6 日

续表 48

荣誉称号	获奖单位/个人	颁发单位/文号	颁发时间
2021 年度浙江省“四好农村路”省级示范县	常山县	浙江省政府办公厅/便签	2022 年 6 月 13 日
全省强村富民乡村集成改革典型案例	两山合作社架起强村富民的“桥和船”	浙江省农业农村厅/浙农字函〔2022〕356 号	2022 年 6 月 20 日
2021 年度浙江省国家卫生乡镇良好乡镇	招贤镇	浙江省爱国卫生运动委员会/公告	2022 年 6 月 24 日
2021 年浙江文旅助力探索共同富裕新路径十佳县（市、区）	常山县	浙江日报/官方发布	2022 年 6 月 28 日
浙江省优秀共青团干部	吴婷（青石镇人民政府）	共青团浙江省委/荣誉证书	2022 年 7 月
2021 年浙江省特殊教育学校教师基本功大赛（智障教育组）二等奖	郑晶莹（培智学校）	浙江省特殊教育教师基本大赛组委会/荣誉证书	2022 年 7 月 7 日
浙江省红十字奉献服务奖先进个人	陈波（县红十字救援队队员）	浙江省人力资源和社会保障厅、浙江省红十字会/浙红〔2022〕22 号	2022 年 7 月 12 日
2021 年度衢州分行“青年理论学习标兵”	建行常山支行青年理论学习示范小组	中国共产主义青年团中国建设银行衢州分行委员会/建浙衢团〔2022〕3 号	2022 年 7 月 15 日
2021 年度优秀共青团干部	胡小燕（建行常山支行）		
2021—2022 年浙江省少先队“红领巾奖章”集体四星章	少先队衢州市常山县城东小学五（1）小蜜蜂中队	浙江省少工委/便签	2022 年 7 月 18 日
2021—2022 年浙江省少先队“红领巾奖章”个人四星章	毛梓涵（常山一小） 占涵韵（县实验小学）		
全省乡镇街道志编修试点单位	同弓乡	浙江省人民政府地方志办公室/浙地办〔2022〕29 号	
2022 年全国公安系统书法临创大赛优秀奖	徐常胜（县公安局）	全国公安文联/公众号	2022 年 7 月 19 日
全省烟草专卖商业系统第十二届优秀质量管理小组成果二等奖	常山县烟草专卖局（DELTAQC 小组）	中国烟草总公司浙江省公司/浙烟综〔2022〕57 号	2022 年 7 月 20 日
第二批全国公安监管部门通报表扬	郑同敢（县公安局）	公安部监所管理局/公监管〔2022〕389 号	2022 年 7 月 21 日
中央广播电视总台浙江总站共同富裕示范区观察点	常山县	央视浙江站/微信公众号	2022 年 7 月 29 日
浙江省文化和旅游数字化改革第二批试点应用	常山县乡旅人才金管家应用（阙里乡村）	浙江省文化和旅游厅/浙文旅科教〔2022〕13 号	
浙江省第三届“基层清廉建设（浙江）十大创新经验”创新奖	常山县纪委监委（《“一码两公”打造“两廉”政府》）	基层清廉建设（浙江）十大创新经验发布活动组委会/证书	2022 年 8 月

续表 48

荣誉称号	获奖单位/个人	颁发单位/文号	颁发时间
《小葱拌豆腐》作品被评为“Lian”上美食短视频大赛“十佳作品”	陈颖姬（县纪委监委）	浙江共产党员杂志集团/证书	2022 年 8 月
浙江省首批“十大最美农村路”	常山县	浙江省交通运输厅融媒体中心/公众号	2022 年 8 月 2 日
2021 年度浙江省健康村	同弓乡彤弓山村 同弓乡中和村 同弓乡关庄桥村	浙江省爱国卫生运动委员会办公室/浙爱卫办〔2022〕11 号	2022 年 8 月 18 日
除险保安百日攻坚、夏季治安打击整治“百日行动”成绩突出个人通报表扬	徐文进（县公安局）	浙江省公安厅/便签	2022 年 8 月 19 日
2022 年浙江省“笔墨中国”汉字书写大赛软笔组教师组三等奖	魏春法（县城关中学）	浙江省大中小学生规范字书写大赛组委会/荣誉证书	2022 年 8 月 20 日
2022 年度全省公安信访“三解”标兵	黄志东（县公安局）	浙江省公安厅信访工作领导小组办公室/便签	2022 年 8 月 22 日
2021 年度中国建设银行衢州分行先进二级支行	建行常山支行营业部	中共中国建设银行衢州分行委员会/建浙衢党发〔2022〕13 号	2022 年 8 月 23 日
2021 年度中国建设银行衢州分行先进个人	姚胜土（建行常山支行）		
2021 年度中国建设银行衢州分行最佳公司客户经理	何有军（建行常山支行）		
2022 年浙江省医师协会儿科医师分会“优秀儿科基层医师”	林华仙（县人民医院）	浙江省医师协会儿科医师分会/会议纪要	2022 年 8 月 24 日
浙江省第二批乡村博物馆	东案乡梅树底革命纪念馆 东案乡梅树底竹文化展示馆 常山县洪氏斋公拳武术文化主题展馆	浙江省文物局/浙文物〔2022〕169 号	2022 年 8 月 26 日
2021 年度征信系统数据质量工作优秀机构	常山联合村镇银行	中国人民银行征信中心浙江省分中心/杭银征信中心〔2022〕13 号	
2021 年度省级除四害样板村	何家乡长风村溪东自然村	浙江省爱国卫生运动委员会办公室、浙江省农业农村局、浙江省千村示范万村整治工作协调小组办公室、浙江省卫生健康委员会/浙爱卫办〔2022〕12 号	2022 年 8 月 27 日
2021 年度支行级金玫瑰	胡小燕（建行常山支行）	中国建设银行股份有限公司衢州分行工会委员会/建浙衢工〔2022〕2 号	2022 年 8 月 29 日

续表 48

荣誉称号	获奖单位/个人	颁发单位/文号	颁发时间
浙江省清廉财政建设十佳案例	常山县财政局（《"廉政灶""公务拼车"压减三公开支》）	浙江省财政厅/浙财办〔2022〕11 号	2022 年 8 月 31 日
2022 年"清风廉韵"摄影展暨微电影展中荣获入围作品奖	常山县纪委监委（《墨不可贪廉而有节》）	"清风廉韵"摄影展暨微电影展组委会/荣誉证书	2022 年 9 月
浙江省"春蚕奖"称号	张身贵（天马二小）	浙江省人民教育基金会/荣誉证书	
2022 年扎根农村教育岗位浙商证券红烛教师	徐建英（招贤小学） 陈新强（东案小学）		
驰援贵阳抗击新冠肺炎疫情工作中授予"贵阳市荣誉市民"称号	叶人吉（县人民医院） 江建盼（县人民医院） 季雅茜（县中医医院） 黄冬委（县妇保院）	贵阳市人民政府/荣誉证书	
全省市场化改革+集体经济试点	常山县	浙江省强村富民乡村改革集成专班/浙农专班发〔2022〕3 号	2022 年 9 月 2 日
2022 年浙江数字乡村"金翼奖"百优村	辉埠镇久泰弄村	浙江广电集团、中国电信浙江公司/微信公众号	2022 年 8 月 31 日
2022 年农业现代化示范区创建名单	常山县	农业农村部、财政部、国家发展改革委/农规发〔2022〕24 号	2022 年 9 月 5 日
浙江省税务局党委第八轮巡察优秀巡察干部	余洁（县税务局）	中共国家税务总局浙江省税务局委员会巡察工作领导小组/浙税巡组发〔2022〕26 号	2022 年 9 月 7 日
2021 年度省级绿化美化精品道路及特色精品道路	常山县 X204 苦狮线（大桥头乡—辉埠镇）	浙江省"三改一拆"（违建别墅清查整治）行动领导小组办公室/浙整改拆办〔2022〕7 号	2022 年 9 月 8 日
浙江省首批省级公民法治素养观测点	辉埠镇人民政府	浙江省司法厅、浙江省普法办/奖牌	2022 年 9 月 9 日
2022 年度十佳省级现代农业园区	常山县省级现代农业园区	浙江省粮食安全和推进农业现代化领导小组农业"两区"办公室/浙农园办〔2022〕5 号	2022 年 9 月 14 日
浙江省第六批"扫黄打非"进基层示范点	白石镇草坪村	浙江省"扫黄打非"工作领导小组办公室/浙扫黄打非发〔2022〕5 号	2022 年 9 月 16 日
浙江省第二批"人工智能+教育"试点县	常山县教育局	浙江省教育技术中心/浙教网信办〔2022〕10 号	

续表 48

荣誉称号	获奖单位/个人	颁发单位/文号	颁发时间
浙江省第二批“人工智能+教育”试点校	常山县第一小学 常山县城东中学 常山县城南中学 芳村镇中心小学 常山县育才小学 常山县实验中学	浙江省教育技术中心/浙教网信办〔2022〕10 号	2022 年 9 月 16 日
全省纪检监察系统先进工作者	刘燕（县纪委监委）	中共浙江省纪委机关、浙江省监察委员会、浙江省人力资源和社会保障厅/浙纪发〔2022〕10 号	2022 年 9 月 19 日
除险保安百日攻坚、夏季治安打击整治“百日行动”成绩突出集体通报表扬	常山县公安局城关派出所	浙江省公安厅/便签	
公务餐、公物仓被“浙江数字化改革实践创新案例库”收录	姚媛媛（县机关事务保障中心）	浙江省数字化改革研究智库联盟、浙江数字化发展与治理研究中心/入库证明	2022 年 9 月 20 日
公务拼车被“浙江数字化改革实践创新案例库”收录	姚媛媛（县机关事务保障中心） 黄倩倩（县机关事务保障中心）		
全省机关事务工作系统先进集体	常山县机关事务保障中心	浙江省人力资源和社会保障厅、浙江省机关事务管理局/浙人社发〔2022〕72 号	2022 年 9 月 21 日
浙江省美丽庭院特色村	金川街道徐村村	浙江省妇女联合会、浙江省农业农村厅/浙妇〔2022〕42 号	2022 年 9 月 28 日
2021 年度中国建设银行浙江省分行优秀经营管理者	王丽（建行常山支行）	中国建设银行股份有限公司浙江省分行/建浙发〔2022〕154 号	
2021 年度中国建设银行浙江省分行先进工作者	姚胜土（建行常山支行） 王凯伦（建行常山支行）		
三星级绿色学校	中共常山县委党校	浙江省机关事务管理局、中共浙江省委党校/浙机事发〔2022〕14 号	2022 年 9 月 29 日
第七届浙江农民创富大赛组织奖	常山传媒集团	浙江省广播电视局、浙江广播电视集团/荣誉证书	2022 年 10 月
除险保安百日攻坚、夏季治安打击整治“百日行动”成绩突出个人通报表扬	李盈蕾（县公安局）	浙江省公安厅/便签	2022 年 10 月 9 日
浙江省文化礼堂建设示范乡镇（街道）	何家乡	中共浙江省委宣传部/浙宣〔2022〕54 号	
2022 年度浙江省城市市容环境卫生工作成绩突出个人	王麒（县市容环卫中心）	浙江省住房和城乡建设厅、浙江省总工会/浙建城管发〔2022〕98 号	2022 年 10 月 10 日

续表 48

荣誉称号	获奖单位/个人	颁发单位/文号	颁发时间
浙江省第七次人口普查系统内部课题评审三等奖	常山县统计局	浙江省人民政府第七次人口普查领导小组办公室/浙人普办〔2022〕2 号	2022 年 10 月 14 日
2022 年度全省“广播对农节目服务工程建设考核鼓励奖”“电视对农节目服务工程建设考核优秀奖”	常山传媒集团	浙江省广播电视局/浙广电发〔2022〕73 号	
浙江省首批文化标识建设创新培育项目	常山县“宋诗之河”	浙江省文化和旅游厅/浙文旅公共〔2022〕41 号	
2020—2021 年度“三农”业务先进个人	曾乐飞（农行芳村支行）	中国农业银行浙江省分行办公室/农银浙办发〔2022〕644 号	2022 年 10 月 25 日
第六批中国传统村落名录村落	何家乡樊家村	中华人民共和国住房和城乡建设部/官网发布	2022 年 10 月 26 日
全省第二批低（零）碳乡镇（街道）、村（社区）及减污降碳协同试点创建单位名单	新昌乡	浙江省碳达峰碳中和工作领导小组办公室/浙双碳办〔2022〕11 号	2022 年 10 月 27 日
在参与中华中医学会组织的公益活动中给予通报表扬	徐复娟（县中医医院）	中华中医药学会/通报表扬	2022 年 10 月 28 日
2021 年度乡村全域土地综合整治与生态修复省级精品工程	同弓乡金川源村等 7 村全域土地综合整治与生态修复工程	浙江省保护耕地和全域土地综合整治与生态修复领导小组办公室/浙保耕办〔2022〕15 号	
2022 年浙江省美丽庭院特色村	金川街道徐村村	常山发布/微信公众号	2022 年 10 月 31 日
2022 年浙江省山区 26 县“十佳村歌故事”	《一切为了 U》（常山县文联）	浙江省文学艺术界联合会、浙江省音乐家协会/荣誉证书	2022 年 11 月
2022 年浙江省退役军人志愿服务项目大赛优胜奖	常山县退役军人事务局	浙江省退役军人事务厅、浙江省文明办/荣誉证书	
第十一届“浙江孝贤”慈孝之乡	芳村镇	浙江孝贤选树活动组委会/奖牌	
第九批全国民主法治示范村（社区）	白石镇草坪村	司法部、民政部/微信公众号	2022 年 11 月 5 日
浙江省湿地保护修复工作成绩突出个人	方茹意（县林水局） 秦海浪（县林水局）	浙江省林业局/浙林湿〔2022〕63 号	2022 年 11 月 2 日
浙江省湿地保护修复工作成绩突出集体	常山县林业水利局		
浙江省公共文化场馆服务功能拓展先行先试验收结果获评优秀	辉埠镇综合文化站	浙江省文化和旅游厅/浙文旅公共〔2022〕43 号	2022 年 11 月 4 日

续表 48

荣誉称号	获奖单位/个人	颁发单位/文号	颁发时间
入选2022年度省级标杆工业园区“污水零直排区”培育名单	常山生态工业园区	浙江省生态环境厅、浙江省经济和信息化厅、省美丽浙江建设领导小组“五水共治”办公室/浙环函〔2022〕266号	2022年11月7日
浙江省第三批新时代美丽乡村共同富裕示范带	常山县“柚都石镇共富先行”新时代美丽乡村共同富裕示范带	浙江省“千村示范、万村整治”工作协调小组办公室、浙江省财政厅/浙农字函〔2022〕673号	2022年11月10日
2022年度“四好农村路”全国示范县创建单位名单	常山县	交通运输部公路局/便签	
浙江省第二批先进制造业和现代服务业融合发展试点名单	常山经济开发区	浙江省发展和改革委员会/浙发改产业〔2022〕281号	2022年11月14日
2022年度全省食品安全抽样检验核查处置典型案例三等奖	常山县市场监督管理局	浙江省市场监督管理局/浙市监食检函〔2022〕25号	
2022年度广播电视公益扶持项目三类扶持	常山传媒集团	浙江省广播电视局/便签	2022年11月17日
浙江省第十一批历史文化（传统）村落保护利用重点村	何家乡江源村	浙江省“千村示范、万村整治”工作协调小组办公室/浙村整建办〔2022〕12号	2022年11月18日
2022年省级农作物病虫害绿色防控（农药定额制）示范区	同弓乡水稻病虫害绿色防控（农药定额制）示范区	浙江省植保检疫与农药管理总站/浙植〔2022〕27号	2022年11月22日
2023年度浙江省县域商业体系建设示范县	常山县	浙江省商务厅/公示	2022年11月23日
2022年浙江省优秀内部审计项目奖	常山县农商银行	浙江省内审协会/浙内审协〔2022〕10号	2022年11月24日
浙江省社区矫正工作成绩突出个人	高小倩（县司法局） 刘晓梦（县司法局）	浙江省司法厅/浙司便函〔2022〕104号	2022年11月25日
浙江省林业科技工作成绩突出个人	黄良华（县林水局） 俞春莲（县林水局）	浙江省林业局/浙林科〔2022〕69号	
浙江省林业科技工作成绩突出集体	常山县林业水利局		
浙江省烟草专卖商业系统“中国梦·劳动美——喜迎二十大建功新时代”职工线上健身运动会“运动之星”获奖个人	鲍建华、李水根（县烟草专卖局）	浙江省烟草工会工作委员会/浙烟行工〔2022〕13号	
全国先进基层群众性自治组织	紫港街道渣濑湾村村民委员会	民政部/民发〔2022〕94号	2022年11月28日

续表 48

荣誉称号	获奖单位/个人	颁发单位/文号	颁发时间
2022 年第四季度浙江省“七张问题清单（重大生态环保督察问题清单）”示范案例榜单	常山县（常山化工园区地下水污染问题）	浙江省生态环境厅/便签	2022 年 11 月 29 日
2022 年度公布产品伤害监测工作个人奖	曾红霞（县疾病预防控制中心） 傅卉（县人民医院） 郑梓璇（招贤中心卫生院） 裴海仙（辉埠镇卫生院）	中国疾控中心慢病中心/中疾控慢便函〔2022〕192 号	2022 年 11 月 30 日
2022 年度最美工会户外劳动者服务站点	白石镇衢饶示范区职工驿站	中华全国总工会/厅字〔2022〕44 号	
2022 年浙江省综合减灾示范社区	芳村镇芳村村	浙江省减灾委员会/浙减〔2022〕2 号	
《共富路上“红”与“绿”》荣获 2022 年度《反腐败导刊》全省优秀通讯作品	刘琳玲（县纪委监委）	浙江日报报业集团/微信公众号	2022 年 12 月
2022 年度全省政协联谊报星级通讯员	熊爱华（民革常山县基层委）	联谊报社/荣誉证书	
2018—2022 年先进集体	常山县基层委员会	中国农工民主党第十六届中央委员/奖牌	
浙江省中小学阅读共同体主体单位	常山县第一小学	浙江省教育技术中心/荣誉证书	
2022 年全国科普日优秀组织单位	阁底中心小学	中国科协办公厅/荣誉证书	
2022 年度质控先进个人	徐永清（县人民医院）	浙江省医学会/微信公众号	
驰援乌鲁木齐抗击新冠肺炎疫情工作中作出重要贡献	廖玲玲（县中医医院）	中共乌鲁木齐市委员会、乌鲁木齐市人民政府/荣誉证书	
浙江省森林城镇	招贤镇	浙江省关注森林组织委员会、浙江省绿化与自然保护地委员会/奖牌	
2022 年绿色低碳转型典型案例	常山县“低碳果园”数字系统推动农业绿色发展	浙江省碳达峰碳中和工作领导小组办公室/浙双碳办〔2022〕12 号	2022 月 12 月 1 日
2022 年度浙江省工业旅游示范基地	常山县旺浩农业发展有限公司	浙江省文化和旅游厅、浙江省经济和信息化厅/浙文旅产〔2022〕34 号	2022 年 12 月 2 日
2022 年省级生态文化基地	东案乡金源村	浙江省林业局、文化和旅游厅、省生态文化联合协会/微信公众号	2022 年 12 月 5 日
2022 年全省交通数字化改革基层和社会“最佳实践”	常山县交通运输局	浙江省交通运输厅办公室/便签	2022 年 12 月 6 日

续表 48

荣誉称号	获奖单位/个人	颁发单位/文号	颁发时间
浙江省一级人民调解员	陈云河（青石镇人民调解委员会）	浙江省人民调解协会/浙调协字〔2022〕8 号	2022 年 12 月 7 日
2022 年度浙江省中医药文化养生旅游示范基地	常山县元坳健康管理有限公司	浙江省文化和旅游厅、浙江省卫生健康委员会、浙江省农业农村厅、浙江省中医药管理局/浙文旅产〔2022〕33 号	
2022 年浙江省“最美救护人”	饶凯楠（县消防救援大队消防员、县红十字会救护员）	浙江省红十字会、省委省政府健康浙江建设领导小组办公室、中共浙江省委宣传部、浙江省卫生健康委员会、共青团浙江省委、浙江广播电视集团/浙红〔2022〕49 号	2022 年 12 月 9 日
2022 年度浙江省美丽乡村示范乡镇	辉埠镇 青石镇	浙江省“千村示范、万村整治”工作协调小组办公室/浙村整建办〔2022〕13 号	2022 年 12 月 11 日
圆满完成党的二十大安保维稳工作个人二等功	唐剑红（县公安局）	浙江省公安厅/浙公令〔2022〕13 号	2022 年 12 月 12 日
《浙江财政年鉴（2022 卷）》组稿工作先进单位	常山县财政局	浙江省财政厅办公室/浙财办〔2022〕15 号	
全省“听党话、感党恩、跟党走”宣讲比赛荣获宣讲作品三等奖	何家乡《四任书记一根竹》	衢州市农业农村局/微信公众号	2022 年 12 月 13 日
全省突出贡献法院	常山县人民法院	浙江省高级人民法院/浙高法〔2022〕129 号	2022 年 12 月 14 日
2022 年浙江省电子商务专业村	莲塘村、新村村、梅树底村、弄坞村、前库村、桐村村、红旗岗村、沙安村、高埂村、古县畈村、纱帽山村、游林村	浙江省商务厅/便签	2022 年 12 月 15 日
2022 年浙江省电商镇	东案乡 招贤镇		
2022 年浙江省美丽河湖	常山港阁底段	浙江省水利厅、省美丽浙江建设领导小组河长制办公室/浙水河湖〔2022〕9 号	
2022 年度浙江省财政信息工作考核二等奖	常山县财政局	浙江省财政厅/浙财办发〔2022〕16 号	
2022 年度全省财政信息工作信息积极分子	刘巧双（县财政局）		

续表 48

荣誉称号	获奖单位/个人	颁发单位/文号	颁发时间
浙江省分行服务明星网点	中国邮政储蓄银行常山县支行营业部	中国邮政储蓄银行浙江省分行/工作通知	
2022 年度浙江省美丽乡村特色精品村	辉埠镇辉埠村	浙江省“千村示范、万村整治”工作协调小组办公室/浙村整建办〔2022〕13 号	2022 年 12 月 16 日
浙江省第十二批生态文明教育基地	新昌乡郭塘村	浙江省生态环境厅/浙环便函〔2022〕343 号	
2022 年度省级高标准农村生活垃圾分类示范村	何家乡江源村	浙江省“千村示范、万村整治”工作协调小组办公室/微信公众号	2022 年 12 月 18 日
2022 年度数字化改革工作成绩突出个人	徐冲冲（县司法局）	浙江省司法厅/浙司〔2022〕114 号	2022 年 12 月 19 日
全省司法行政系统法治建设工作成绩突出集体	常山县司法局	浙江省司法厅/浙司便函〔2022〕114 号	
全省司法行政系统法治建设工作成绩突出个人	王慕涵（县司法局） 鲍晓明（县司法局）		
浙江省风貌办城镇社区建设专项规划优秀名单	《常山县城镇社区建设专项规划》（县城乡风貌整治提升工作专班）	浙江省城乡风貌整治提升工作专班办公室/浙风貌办〔2022〕14 号	2022 年 12 月 20 日
2022 年度浙江省第三批城乡风貌样板区	常山文昌阁城市新区风貌样板区（县城乡风貌整治提升工作专班）	浙江省城乡风貌整治提升工作专班/浙风貌〔2022〕5 号	
2022 年度浙江省第二批未来社区	常山文昌未来社区（县城乡风貌整治提升工作专班）	浙江省城乡风貌整治提升工作专班/浙风貌〔2022〕6 号	
2022 年度浙江省级民主法治村	何家乡江源村、青石镇砚瓦山村、青石镇湖头村、大桥头乡樟山村、球川镇三溪村、金川街道蒋家村、金川街道上埠村、新昌乡郭塘村、紫港街道外港村、芳村镇芙蓉湖村、辉埠镇彭川村、辉埠镇路里坑村、东案乡弄坞村、东案乡东案村、白石镇白石村、同弓乡中和村	浙江省司法厅、浙江省民政厅、浙江省普法办公室/浙司〔2022〕118 号	2022 年 12 月 28 日
2022 年度常山县步行街街区获评省级“高品质示范街区”，清河街获评省级“街容示范街”	常山县市容环卫中心	浙江省住房和城乡建设厅/浙建城管发〔2022〕118 号	
2022 年度最佳公共服务体验员	周琼婷（县综合行政执法局）	浙江省发展和改革委员会/便签	2022 年 12 月 21 日
2022 年度美丽城镇省级样板城镇	青石镇 大桥头乡 东案乡	浙江省城乡环境整治工作领导小组/浙城乡环治〔2022〕1 号	

续表 48

荣誉称号	获奖单位/个人	颁发单位/文号	颁发时间
2022 年度清廉文化建设“优秀党支部”	中国邮政储蓄银行常山县支行	中共中国邮政储蓄银行浙江省分行委员会/浙邮银党〔2022〕61 号	2022 年 12 月 22 日
2022 年度“浙江省森林城镇”	大桥头乡、青石镇	浙江省关注森林组织委员会/浙森组〔2022〕4 号	2022 年 12 月 26 日
第三批浙江省戏曲之乡	招贤镇（婺剧）	浙江省文化和旅游厅/浙文旅艺〔2022〕26 号	
全国行政执法先进个人	徐祖华（县公安局）	司法部/司发〔2022〕3 号	2022 年 12 月 27 日
全省优秀公安基层单位	常山县公安局球川派出所	浙江省委员会、浙江省人民政府/便签	2022 年 12 月 28 日
省级金牌人民调解工作室	常山县人民调解委员会柚和调解工作室、球川镇人民调解委员会钉町调解工作室	浙江省人民调解协会/浙调协字〔2022〕9 号	
2022 年度绿化美化路	常山县住房和城乡建设局		
2022 年中国居民营养与健康状况监测项目先进集体	常山县疾病预防控制中心	中国疾病预防控制中心营养与健康所/中疾控营便函〔2022〕262 号	2022 年 12 月 30 日
2022 年党的二十大信访安保工作成绩突出个人	章思敏（常山县信访局）	浙江省信访局/浙信联〔2022〕12 号	
2022 年浙江省社区教育示范基地	常山开放学院（常山社区学院）	浙江省教育厅办公室/浙教办函〔2022〕410 号	
2022 年浙江省基层理论宣讲成绩突出个人	卢兵兵（县新桥小学）	中共浙江省委宣传部/便签	2022 年 12 月 31 日

地市级（含部门）表彰或命名的荣誉一览表

表 49

荣誉称号	获奖单位/个人	颁发单位/文号	颁发时间
2021 年度衢州市社科普及创新项目	常山县社科联（红色连环画里学党史）	衢州市社会科学界联合会/荣誉证书	2022 年 1 月
衢州市体育工作先进个人	徐小明（县人民医院）	中共衢州市委、衢州市人民政府/荣誉证书	
2021 年度衢州市公路水路工程平安工地市级示范施工合同段	351 国道公路工程常山段（中电建路桥集团有限公司） 351 国道公路工程常山段监理合同段（浙江通衢工程管理有限公司）	衢州市交通运输局/衢市交便〔2022〕1 号	2022 年 1 月 4 日
2022 年衢州市退役军人事务系统工作思路“比、晾、晒”活动二等奖	常山县退役军人事务局	衢州市退役军人事务局/荣誉证书	2022 年 1 月 7 日

续表 49

荣誉称号	获奖单位/个人	颁发单位/文号	颁发时间
2021年度衢州市城市市容环境卫生工作成绩突出集体	常山县市容环卫中心	衢州市住房和城乡建设局、衢州市总工会/衢住建〔2022〕3号	2022年1月10日
2021年度衢州市城市市容环境卫生工作成绩突出个人	王麒（县市容环卫中心）	衢州市住房和城乡建设局、衢州市总工会/衢住建〔2022〕3号	2022年1月10日
第二轮“有礼先锋”优秀党建服务品牌	常山县审计局 常山县市场监管局 常山县财政局机关党总支	中共衢州市委直属机关工作委员会/市委机关工委便签〔2022〕2号	2022年1月10日
2021年度农工党衢州市委会市级优秀党员	徐丽琳（县人民医院）	中国农工民主党浙江省衢州市委员会/农工衢〔2022〕4号	2022年1月10日
衢州市体育工作先进集体	常山县文广旅体局	中共衢州市委、衢州市人民政府/衢委发〔2022〕4号	2022年1月11日
2021年度衢州市创客教育示范校	常山县第一小学 常山县天马第二中心小学 常山县城关中学 常山县城南中学	衢州市教育局办公室/衢教办〔2022〕3号	2022年1月17日
2021年度衢州市创客教育先进个人	陈海林（县芳村小学） 王润梅（县教育事业发展中心） 姜利剑（县天马二小） 曾金文（县第一小学） 李振宇（县城南中学） 邱梅兰（县城关中学）	衢州市教育局办公室/衢教办〔2022〕3号	2022年1月17日
浙江省智慧景区	常山县梅树底景区	衢州市文化广电旅游局/衢文旅规建〔2022〕1号	2022年1月19日
2021年征兵工作成绩突出单位	天马街道办事处	衢州市人民政府征兵办公室/衢征〔2022〕1号	2022年1月20日
2021年度国网浙江省电力有限公司卓越班组	国网常山县供电公司调控运行班	国网浙江省电力有限公司/浙电企管〔2022〕47号	2022年1月21日
2021年度衢州市“信息宣传工作先进个人”	徐捷（县紫港中学）	衢州市教育局办公室/荣誉证书	2022年1月21日
2021年衢州市十大中年楷模	余泽益（农行常山支行营业室）	中国农业银行衢州分行办公室/农银衢办发〔2022〕3号	2022年1月24日
2021年衢州市十大金穗新秀	曾乐飞（农行芳村支行）	中国农业银行衢州分行办公室/农银衢办发〔2022〕3号	2022年1月24日
2021年度药品、化妆品不良反应和医疗器械不良事件监测工作先进单位	常山县药品不良反应监测中心	衢州市市场监督管理局/衢市监药测〔2022〕1号	2022年1月25日
2021年度药品、化妆品不良反应和医疗器械不良事件监测工作先进个人	闫倩倩（常山县市场监管局）	衢州市市场监督管理局/衢市监药测〔2022〕1号	2022年1月25日

续表 49

荣誉称号	获奖单位/个人	颁发单位/文号	颁发时间
2021 年度全市农行先进单位	农行常山支行营业室	中国农业银行衢州分行/农银衢发〔2022〕9 号	2022 年 1 月 26 日
2021 年度全市农行先进个人	王丽芳（农行常山支行公司部） 占露露（农行常山支行营业室）	中国农业银行衢州分行/农银衢发〔2022〕9 号	2022 年 1 月 26 日
2021 年度全市农行先进党支部书记	谢明芳（农行常山支行营业室）	中共中国农业银行衢州分行委员会/农银衢党发〔2022〕2 号	2022 年 1 月 27 日
“十三五”期间衢州市残疾人工作成绩突出集体	常山县住房和城乡建设局 常山县卫健局	衢州人民政府残疾人工作委员会/衢残工委〔2022〕1 号	2022 年 1 月 28 日
“十三五”期间衢州市残疾人工作成绩突出个人	胡文兵（县民政局）	衢州人民政府残疾人工作委员会/衢残工委〔2022〕1 号	2022 年 1 月 28 日
2021 年度全市医疗保障工作目标责任制考核二等奖	常山县医疗保障局	衢州市医疗保障局/衢医保发〔2022〕12 号	2022 年 1 月 28 日
衢州市四星级便民服务中心	青石镇便民服务中心	衢州市营商环境建设办公室/衢营商发〔2022〕6 号	2022 年 1 月 29 日
衢州市三星级便民服务中心	白石镇便民服务中心	衢州市营商环境建设办公室/衢营商发〔2022〕6 号	2022 年 1 月 29 日
集体三等功	常山县人民法院	衢州市中级人民法院/奖牌	2022 年 2 月
“强国学霸”巅峰对决争霸赛“强国学霸”先进个人代表	吴国华（县公路港航与运输管理中心）	“学习强国”衢州市学习平台/荣誉证书	2022 年 2 月
2022 年“学习强国”衢州市学习平台迎春学习运动会“学霸之家”	吴国华家庭（县公路港航与运输管理中心）	衢州市机关工委、衢州日报报业传媒集团、衢州市妇联/荣誉证书	2022 年 2 月
2021 年度衢州市招商工作标兵	涂晓明（县招商中心）	中共衢州市委、衢州市人民政府/荣誉证书	2022 年 2 月
第四届衢州市名医	王勇（县人民医院）	衢州市人民政府/荣誉证书	2022 年 2 月
第四届衢州市名医名中医专家	王勇（县人民医院） 孙剑虹（县人民医院） 徐复娟（县人民医院） 江红梅（县人民医院）	衢州市人民政府/衢政发〔2022〕3 号	2022 年 2 月 4 日
2022 年度浙江省优化营商环境工作成绩突出个人	付琳芸（县市场监管局）	浙江省市场监督管理局/便签	2022 年 2 月 7 日
2021 年度衢州市改革突破奖二等奖	常山县“大综合一体化”行政执法改革	衢州市人民政府/微信公众号	2022 年 2 月 8 日
个人三等功	陈汕（县公安局） 付谷彬（县公安局） 李盈蕾（县公安局） 唐剑红（县公安局） 严师军（县公安局）	衢州市公安局/衢公令〔2022〕1 号	2022 年 2 月 10 日

续表 49

荣誉称号	获奖单位/个人	颁发单位/文号	颁发时间
集体三等功	常山县公安局芳村派出所	衢州市公安局/衢公令〔2022〕1 号	2022 年 2 月 10 日
2021 年度衢州市 8090 新时代理论宣讲成绩突出宣讲员	樊昕慧（县市场监管局）	全市域体系化推进 8090 新时代理论宣讲工作领导小组办公室/衢新宣办〔2022〕3 号	2022 年 2 月 11 日
2021 年度衢州市 8090 新时代理论宣讲“十佳宣讲员”	卢兵兵（县新桥小学）	全市域体系化推进 8090 新时代理论宣讲工作领导小组办公室/衢新宣办〔2022〕2 号	2022 年 2 月 11 日
衢州市第一个纳入经国务院批准的交通规划项目	常山县人民政府（常山江航运开发项目列入国家“十四五”现代综合交通运输体系规划）	衢州市交通运输局/感谢信	2022 年 2 月 14 日
2021 年度衢州市药品监管工作优秀单位	常山县市场监管局	衢州市市场监督管理局/衢市监药认〔2022〕1 号	2022 年 2 月 14 日
2021 年度衢州市药品监管优秀个人	李红（县市场监管局） 徐进（县市场监管局） 洪艳（县市场监管局） 袁颖（县市场监管局）	衢州市市场监督管理局/衢市监药认〔2022〕1 号	2022 年 2 月 14 日
2021 年度优秀药品检查员	程婷（县市场监管局）	衢州市市场监督管理局/衢市监药认〔2022〕1 号	2022 年 2 月 14 日
2021 年度衢州市未成年人思想道德建设工作先进单位	常山县第一小学 常山县球川镇中心小学乡村“复兴少年宫”	衢州市创建全国文明城市工作领导小组办公室/衢市创建办〔2022〕2 号	2022 年 2 月 15 日
2021 年度民革衢州市优秀党员	兰飞飞（民革常山县基层委） 洪瑾（民革常山县基层委） 黄歆婷（民革常山县基层委） 刘泉（民革常山县基层委）	民革衢州市委会/衢民革〔2022〕1 号	2022 年 2 月 21 日
2021 年度民革衢州市参政议政先进个人	吴小丽（民革常山县基层委） 洪瑾（民革常山县基层委）	民革衢州市委会/衢民革〔2022〕1 号	2022 年 2 月 21 日
2021 年度民革衢州市参政议政先进集体	民革常山县基层委	民革衢州市委会/衢民革〔2022〕1 号	2022 年 2 月 21 日
个人三等功	郑勇军（县法院）	衢州市中级人民法院/奖状	2022 年 2 月 21 日
2021 年度先进个人优秀挂职干部	徐冲冲（县司法局）	中共衢州市司法局委员会/衢司党委〔2022〕14 号	2022 年 2 月 21 日
2021 年度先进个人身边的好榜样	王慕涵（县司法局）	中共衢州市司法局委员会/衢司党委〔2022〕14 号	2022 年 2 月 21 日
衢州市民宿集聚村	东案乡梅树底村	衢州市文化广电旅游局/公示	2022 年 2 月 24 日
2021 年度优秀单位	常山县民政局	衢州市民政局/衢市民〔2022〕8 号	2022 年 2 月 25 日
2021 年度全市卫生健康执法工作综合评价优秀单位	常山县卫生监督所	衢州市卫生监督所/衢市卫监〔2022〕3 号	2022 年 2 月 28 日

续表 49

荣誉称号	获奖单位/个人	颁发单位/文号	颁发时间
疫情防控表现突出嘉奖	叶剑（县法院） 余伟（县法院） 华弼颉（县法院）	衢州市中级人民法院/奖状	2022 年 3 月
2021 年衢州市志愿服务先进典型“最美小锦鲤志愿者”	陈亮（县人民医院）	衢州市精神文明建设委员会办公室、衢州市民政局、共青团衢州市委员会/荣誉证书	
2021 年度退役军人服务保障工作先进单位	常山县退役军人事务局	衢州市退役军人事务局/奖牌	
2021 年度信访稳定工作先进单位	常山县退役军人事务局		
2021 年度“信访稳定工作先进个人”	廖志良（县退役军人事务局）	衢州市退役军人事务局/荣誉证书	
2021 年度安置工作先进个人	肖锐（县退役军人事务局）		
2021 年度退役军人服务保障工作先进个人	胡小新（县退役军人事务局）		
2021 年度拥军优抚工作先进个人	郑晓锋（县退役军人事务局）		
住房公积金工作“敬业奉献二十年”表彰	徐东红（公积金中心常山分中心） 黄海彤（公积金中心常山分中心） 王霞（公积金中心常山分中心） 曹晓霞（公积金中心常山分中心） 江学斓（公积金中心常山分中心）	衢州市住房公积金中心/函	
衢州市“四化五提升”代表联络站建设先进单位	何家乡人大工作站 芳村镇人大工作站	衢州市人大常委会/奖牌	
2021 年度交通建设工程监督管理工作综合考核优秀单位	常山县交通工程质量管理中心	衢州市交通工程质量安全监督站、衢州市交通工程定额站/衢市交监定〔2022〕2 号	2022 年 3 月 2 日
全市公积金系统机构综合优秀	衢州市住房公积金中心常山分中心	衢州市住房公积金中心/衢公积金〔2022〕2 号	2022 年 3 月 3 日
2021 年度国家 AAA 级旅游景区	常山县七彩飞龙洞景区	衢州市旅游景区质量登记评定委员会/衢旅质评〔2022〕1 号	
2021 年度衢州市“最美网格”	同弓乡关庄桥村杜亭畈网格	中共衢州市委政法委员会/衢政法〔2022〕8 号	
衢州市首批巾帼共富基地	常山县青石镇“柚石兴”乡村振兴综合体 常山县绿色大地生态农业发展有限公司 常山乐海家庭农场	衢州市妇女联合会/衢妇〔2022〕6 号	2022 年 3 月 6 日

续表 49

荣誉称号	获奖单位/个人	颁发单位/文号	颁发时间
2021 年度衢州市巾帼建功标兵	郑颖（县法院） 熊慧芬（县纪委监委） 郑涛（何家乡） 郑颖（县法院） 彭亚捷（同弓乡）	衢州市人民政府妇女儿童工作委员会办公室/衢妇儿工委办〔2022〕2 号	2022 年 3 月 7 日
2021 年度衢州市巾帼文明岗	常山县天马第二中心小学语文教研组 农行常山红旗街支行 常山县天马二小语文教研组 中国农业银行常山红旗街支行 国网浙江省电力有限公司常山县供电公司配网抢修指挥班		
疫情防控工作成绩突出个人表扬通报	金吉靓（县公安局） 华美（县公安局） 翁少壮（县公安局）	衢州市公安局/衢公网传〔2022〕71 号	2022 年 3 月 9 日
2021 年优秀公务员	徐东红（公积金中心常山分中心） 王霞（公积金中心常山分中心）	中共衢州市住房公积金中心/党组会议纪要〔2022〕6 号	
2021 年度衢州市“清廉学校”示范点	常山县天马第一中心小学 常山县天马第二中心小学 常山县实验小学 常山县二都桥中心小学	中共衢州市教育局委员会/衢教党〔2022〕12 号	2022 年 3 月 10 日
个人嘉奖	龚志光（县公安局）	衢州市公安局/衢公令〔2022〕4 号	2022 年 3 月 14 日
疫情防控工作成绩突出个人表扬通报（第三期）	罗志俊（县公安局） 何伟军（县公安局）	衢州市公安局/衢公网传〔2022〕75 号	
疫情防控工作成绩突出个人表扬通报（第四期）	周文彬（县公安局） 金鹏飞（县公安局） 陈燕青（县公安局）	衢州市公安局/衢公网传〔2022〕77 号	2022 年 3 月 16 日
疫情防控工作成绩突出个人表扬通报（第五期）	吴毅通（县公安局） 郑同敢（县公安局）	衢州市公安局/衢公网传〔2022〕78 号	2022 年 3 月 17 日
个人嘉奖	朱金华（县公安局）	衢州市公安局/衢公令〔2022〕5 号	
疫情防控工作成绩突出个人表扬通报（第六期）	胡辉辉（县公安局） 郑琴俊（县公安局） 徐丹亚（县公安局） 余 丰（县公安局）	衢州市公安局/衢公网传〔2022〕79 号	2022 年 3 月 19 日
疫情防控工作成绩突出个人表扬通报（第七期）	邓林飞（县公安局） 陈建伟（县公安局） 阮朝智（县公安局）	衢州市公安局/衢公网传〔2022〕80 号	2022 年 3 月 21 日

续表 49

荣誉称号	获奖单位/个人	颁发单位/文号	颁发时间
2021 年粮食生产突出贡献单位	常山县	衢州市人民政府办公室/衢政办发函〔2022〕5 号	2022 年 3 月 24 日
疫情防控工作成绩突出个人表扬通报（第八期）	赵金荣（县公安局） 林武卫（县公安局）	衢州市公安局/衢公网传〔2022〕86 号	2022 年 3 月 25 日
疫情防控工作成绩突出个人表扬通报（第九期）	徐文田（县公安局） 徐小明（县公安局） 王一琦（县公安局）	衢州市公安局/衢公网传〔2022〕91 号	2022 年 3 月 28 日
2021 年度衢州市市政公用行业先进企业	浙江常鸿建筑工程有限公司	衢州市市政公用行业协会/衢市政公〔2022〕3 号	
2021 年度“四化五提升”代表联络站建设先进单位	天马街道人大代表联络站	衢州市人大常委会/衢人大常〔2022〕14 号	2022 年 3 月 30 日
2021 年度全市税务系统税收宣传工作先进集体	常山县税务局	衢州市税务局办公室/衢税办发〔2022〕4 号	2022 年 3 月 31 日
2021 年度全市税务系统税收宣传工作先进个人	江芙蓉（县税务局） 汪泽洲（县税务局） 吴昱萱（县税务局）		
2021 年度全市乡镇（街道）统一战线工作先进集体	中共常山县大桥头乡委员会	中共衢州市委统一战线工作部/衢市统〔2022〕14 号	
衢州市抗击“3•6”“3•13”新冠肺炎疫情突出贡献个人	张秀珍（县妇联） 舒俊（县公路港航与运输管理中心） 占裕香（县人民医院） 丁玲（县中医医院） 黄业伟（县疾控中心）	中共衢州市委、衢州市人民政府/便签	2022 年 4 月 1 日
衢州市抗击“3•6”“3•13”新冠肺炎疫情突出贡献集体	常山县人民医院党委		
衢州市公安机关二十佳“最美警嫂”	林燕（县中医医院）	衢州市公安局/荣誉证书	2022 年 4 月
2022 年度衢州市“抗疫巾帼建功标兵”	麻俊娜（县人民医院）	衢州市妇女联合会/荣誉证书	
2021 年度衢州市建筑业先进企业	浙江常鸿建筑工程有限公司	衢州市建筑业协会/衢建协〔2022〕8 号	2022 年 4 月 6 日
2021 年度衢州市宣传思想工作突出贡献个人	王瑶（县纪委监委） 郑徐丽（常山传媒集团）	中共衢州市委/便签	2022 年 4 月 14 日
2021 年度衢州市宣传思想工作突出贡献集体	常山县委宣传部 常山传媒集团	中共衢州市委/便签	

续表 49

荣誉称号	获奖单位/个人	颁发单位/文号	颁发时间
集体三等功	常山县公安局看守所	衢州市公安局/衢公令〔2022〕6 号	2022 年 4 月 18 日
个人三等功	罗志俊（县公安局）		
个人三等功	雷蕾（县公安局）	衢州市公安局/衢公令〔2022〕7 号	
衢州市农业碳账户试点县	常山县	衢州市农业农村局/衢农专〔2022〕18 号	2022 年 4 月 20 日
2021 年度全市平安建设突出贡献集体	县委政法委	中共衢州市委、衢州市人民政府/便签	2022 年 4 月 21 日
2021 年度全市平安建设突出贡献个人	朱万华（县科协） 吴挺捷（县人力社保局） 樊乐心（县司法局） 杨光龙（县新昌乡） 祝昭霞（县检察院） 林文雅（县金川街道）		
2021 年度全市党建统领基层治理突出贡献个人	程栋（县委政法委）		
2021 年度全市党建统领基层治理信访工作突出贡献集体	常山县市场监管局 招贤镇		
2021 年度全市基层治理改革创新工作突出贡献集体	新昌乡党委		
2022 年 1—3 月衢州市“有礼标兵”	丁玲（县中医医院）	衢州市精神文明建设指导中心/微信公众号	2022 年 4 月 22 日
2022 年度衢州市“最美税务人”	余恒劲（县税务局）	衢州市税务局/衢税发〔2022〕16 号	2022 年 4 月 28 日
2022 年度衢州市“最美税务人”提名奖	李凯迪（县税务局）		
2022 年度衢州市“最美抗疫家庭”	余慧君家庭（县公安局） 吴毅通家庭（县公安局） 胡华军（县人民医院）	衢州市妇女联合会/荣誉证书	2022 年 5 月
2019—2021 年度衢州市校本研修工作先进个人	王亚君（县天马二小）	衢州市教育培训中心/荣誉证书	
2019—2021 年度衢州市校本研修工作先进集体	常山县第一小学 常山县天马第二中心小学		
2022 年衢州市中小学生（幼儿园）独唱、独奏、独舞比赛获优秀指导教师	徐凌飞（县城关中学）	衢州市教育局、共青团衢州市委员会/荣誉证书	

续表 49

荣誉称号	获奖单位/个人	颁发单位/文号	颁发时间
2022 年度衢州市“普及杏林之道，乐享健康生活”中医药科普大赛三等奖	县中医医院	衢州市中医护理质控中心/荣誉证书	2022 年 5 月
2019—2021 年连续三年年度考核优秀等次记三等功人员	陈利芳（县税务局） 吴昱萱（县税务局） 徐曳凤柳（县税务局） 韩颖颖（县税务局） 丁莉（县税务局） 李凯迪（县税务局）	衢州市税务局/衢税发〔2022〕17 号	2022 年 5 月 23 日
2021 年度考核优秀等次嘉奖人员	江根兴、江芙蓉、施祺瑞、邓强、费腾、陈姜燕、严莉、廖壮清、毕江根、陈晶晶、余恒劲、彭颖玥、黄灿灿、詹祖成、郑莹、郑舒雯、付彬、陈慧忠、江柳川、梅鹏、韦骁航、汪伟箭（县税务局）		
2021—2022 年衢州市少先队“红领巾奖章”集体三星章	常山县天马第二中心小学大队 常山县招贤镇中心小学大队	少先队衢州市工作委员会/市少工委〔2022〕4 号	2022 年 5 月 27 日
衢州市法院“学建团百年讲话 做奋进衢法青年”8090 新时代理论宣讲一等奖	单徐翔（县法院）	衢州市中级人民法院/奖状	2022 年 5 月 31 日
2022 年度“衢州有礼 修身齐家”家风家训征文大赛一等奖	刘曙琴（县城关中学）	衢州市妇女联合会、衢州市精神文明建设指导中心、衢州市教育局、衢州市文学艺术界联合会/荣誉证书	
2021 年度无偿爱心献血单位	常山县烟草专卖局	衢州市献血工作领导小组办公室/奖牌	2022 年 6 月
无偿献血爱心个人	曾水华（县税务局）		
2022 年度全市中小学校“以抓促学 整校建强”党建品牌提升赛马比拼“优胜奖”	常山县第一小学支部	中共衢州市教育局委员会/荣誉证书	
2021 年度无偿献血爱心单位	常山县人民医院 白石镇人民政府 何家乡人民政府	衢州市献血工作领导小组办公室/奖牌	
2021 年度衢州市无偿献血爱心个人	汪娟（县人民医院）		
衢州市“共同富裕·青年说——8090 说共富”团队干部理论宣讲大赛三等奖	龚笑妍（县市场监管局）	共青团衢州市委员会、全市域体系化推进 8090 新时代理论宣讲工作领导小组办公室、少先队衢州市工作委员会/团衢联〔2022〕8 号	2022 年 6 月 2 日

续表 49

荣誉称号	获奖单位/个人	颁发单位/文号	颁发时间
衢州市第二季度有礼标兵	饶凯楠（县消防救援大队消防员、县红十字会救护员）	衢州市精神文明建设指导中心/微信公众号	2022 年 6 月 9 日
个人嘉奖	徐勋燕（县公安局）	衢州市公安局/衢公令〔2022〕8 号	2022 年 6 月 10 日
全市税务系统“退税降费惠企工作尖兵”	余洁（县税务局） 付彬（县税务局） 吴昱萱（县税务局）	衢州市税务局党建工作领导小组/衢税党建组发〔2022〕3 号	2022 年 6 月 20 日
优秀共产党员	曾乐飞（农行芳村支行）	中共中国农业银行衢州分行委员会/农银衢党发〔2022〕16 号	2022 年 6 月 30 日
优秀党务工作者	柳雯（农行常山支行综管部）		
先进基层党组织	农行常山支行营业室支部委员会		
衢州市第十一届中小学生艺术节“优秀指导老师”	徐梦园（县天马二小）	衢州市教育局、共青团衢州市委员会/荣誉证书	2022 年 7 月
2022 年度衢州市初中学业水平考试优秀评卷老师	徐鸿鑫（县城关中学） 徐国芳（县城关中学）	衢州市教育考试院、衢州市教育局教研室/荣誉证书	
衢州市护理学会外周静脉输液治疗创新案例演讲比赛三等奖	王郑爽（县芳村卫生院）	衢州市护理学会/荣誉证书	
2022 年衢州市健康教育职业技能比武“个人综合奖 优胜奖”“健康监测 二等奖”“理论测试 三等奖”	王纾玥（县疾控中心）	衢州市卫健委、衢州市总工会/荣誉证书	
2021 年度衢州新闻奖广播电视类作品二等奖	常山县人民法院	衢州市新闻工作者协会/衢记〔2022〕2 号	2022 年 7 月 11 日
第三届衢州市中药炮制调剂鉴定技能竞赛团队三等奖	常山县代表队	衢州市总工会、衢州市卫生健康委员会/荣誉证书	2022 年 8 月
衢州市疾控系统新冠病毒核酸检测技能比武团体二等奖	常山县疾病预防控制中心		
衢州市慢性病监测技能竞赛社区医疗机构组二等奖	郑梓璇（县招贤卫生院）		
衢州市疾控系统新冠病毒核酸检测技能比武三等奖	杨涛（县疾控中心）		
全市烟草专卖商业系统第十二届优秀质量管理小组成果三等奖	常烟数据小团（县烟草专卖局）	衢州市烟草专卖局、浙江省烟草公司衢州市公司/衢烟企联〔2022〕23 号	2022 年 8 月 1 日
市级优秀案件	常山县纪委监委（周水刚违纪案）	中共衢州市纪委办公室/便签	2022 年 8 月 8 日
优秀案件承办人	程其光（县纪委监委） 陈汉（县纪委监委） 兰超超（县纪委监委）		
优秀案件审理人	叶庆（县纪委监委） 简俊（县纪委监委）		

续表 49

荣誉称号	获奖单位/个人	颁发单位/文号	颁发时间
第五届衢州市住房金融知识竞赛团体二等奖	常山县农商银行	衢州市住房金融大数据开发应用联盟	2022 年 8 月 8 日
全省公路应急钢桥架设比武衢州分赛场优秀组织单位	常山县公路港航与运输管理中心	衢州市公路港航与运输管理中心/衢市公航运〔2022〕65 号	2022 年 8 月 17 日
全省公路应急钢桥架设比武衢州分赛场优秀个人	钱小红（县公路港航与运输管理中心）		
第二届全市市场监管系统基层执法人员食品抽样技能比武一等奖	常山县市场监管局	衢州市市场监督管理局/衢市监食协〔2022〕8 号	2022 年 8 月 23 日
2022 年衢州市免疫规划技能竞赛个人三等奖	郑梓璇（县招贤卫生院） 汪雅心（县疾控中心）	衢州市卫生健康委员会、衢州市总工会/荣誉证书	2022 年 8 月 25 日
2022 年衢州市退役军人事务系统退役军人就业创业工作“比、晾、晒”活动一等奖	常山县退役军人事务局	衢州市退役军人事务局/荣誉证书	
2022 年衢州市三星级“侨胞之家”	辉埠镇辉埠村“侨胞之家”	衢州市归国华侨联合会/衢侨联〔2022〕10 号	
2022 年衢州市华侨国际文化交流基地	辉埠镇久泰弄国防教育展馆		
2022 年衢州市医院感染管理知识技能竞赛团体优胜奖	常山县医院感染管理质控中心	衢州市医院感染管理质控中心/衢市感质〔2022〕2 号	2022 年 8 月 26 日
衢州市非物质文化遗产传承教学基地	常山县第一小学 常山县阁底中心小学	衢州市文化广电旅游局/荣誉证书	2022 年 8 月 30 日
2022 年衢州市新冠核酸技能竞赛团体三等奖	常山县代表队	衢州市新冠核酸检测技能竞赛组委会、衢州市临床检验质控中心/衢临检〔2022〕2 号	
衢州市“有礼之星·敬业之星”	孔令位（县消防救援大队）	衢州市精神文明建设指导中心/荣誉证书	2022 年 9 月
衢州市第七届义务教育阶段精品课程	常山县城南中学	衢州市教育局教研室/荣誉证书	
2022 年衢州市小学数学项目化案例设计及展示活动获一等奖	胡晶晶（县阁底小学）		
2022 年衢州市小学数学项目化学习活动获“案例设计”一等奖	胡晶晶（县阁底小学）	衢州市教育学会小学数学教育分会/荣誉证书	
2022 年衢州市小学数学项目化学习活动获“案例阐述”一等奖	胡晶晶（县阁底小学）		
2022 年度示范型共富工坊	白石镇草坪村	衢州市委组织部、衢州市委两新工委/奖牌	
全市清廉建设成绩突出单位	“清白人间 大美三衢”清廉展馆	中共衢州市委办公室/便签	2022 年 9 月 1 日
2022 年度衢州市 8090 理论宣讲名师工作室	“卢兵兵”名师工作室	全市域体系化推进 8090 新时代理论宣讲工作领导小组办公室/便签	2022 年 9 月 5 日

续表 49

荣誉称号	获奖单位/个人	颁发单位/文号	颁发时间
夏季治安打击整治“百日行动”成绩突出个人	李盈蕾（县公安局） 罗志俊（县公安局）	衢州市公安局/衢公网传〔2022〕357 号	2022 年 9 月 8 日
全市系统先锋集体	奋进有常工作室（常山县烟草专卖局）	中国共产党衢州市烟草专卖局党组/衢烟党〔2022〕30 号	
全市系统先锋能手	徐海韵（常山县烟草专卖局）		
衢州市第八届名师	唐红梅（县实验幼儿园） 王宝华（县实验中学） 郑 琪（县第一中学） 洪 琳（县教师进修学校） 陈 正（县育才小学）	衢州市人民政府/衢政发〔2022〕15 号	
衢州市首届名班主任	吴俊峰（县第一中学） 刘丽君（县天马一小）		
衢州市新冠肺炎疫情防控个人正面典型	付美华（县疾控中心） 周翎骏（县公安局） 汪红昱（县公安局） 汪艺捷(县公路港航与运输管理中心) 徐妃（县中医医院） 章小兵（县中医医院） 江俊（县芳村卫生院） 严淑阳（县人民医院） 吴志刚（芳村镇人民政府） 黄宇（县林水局） 王奇（县机关事务保障中心） 巫正霞（天马街道） 阮怡（金川街道） 江蓓（辉埠镇） 王莹（何家乡） 周冬（招贤镇） 洪路（东案乡） 项晓明（大桥头乡） 王一（新昌乡） 徐高敏（球川镇） 丁远进（同弓乡）	衢州市新冠疫情防控工作领导小组（指挥部）/市疫情防控〔2022〕9 号	2022 年 9 月 20 日
衢州市新冠肺炎疫情防控集体正面典型	常山县公安局 常山县交通运输局 常山县卫健局 紫港街道办事处 青石镇人民政府 白石镇人民政府 芳村镇人民政府 常山县委政法委		

续表 49

荣誉称号	获奖单位/个人	颁发单位/文号	颁发时间
全市清廉建设成绩突出单位	中共常山县委党校	中共衢州市委办公室/便签	2022 年 9 月 25 日
2022 年衢州市“终身学习品牌项目”	常山县何家乡“廉礼文化”教育	衢州市社区教育工作领导小组办公室/衢社教办〔2022〕5 号	2022 年 9 月 26 日
“全民反诈创意活动”一等奖	王瑞琦（县农商银行）	衢州市打击治理电信网络新型违法犯罪工作联席会议办公室/荣誉证书	2022 年 9 月 27 日
“诚信有你”征信短视频创作大赛二等奖	常山县农商银行	中国人民银行衢州市中心支行办公室/衢银办〔2022〕31 号	2022 年 9 月 29 日
2022 年衢州市交通系统筑路工技能竞赛第二名	宣国胜（常山正欣公路工程有限公司）	衢州市交通运输局、衢州市总工会/衢市交便〔2022〕34 号	2022 年 9 月 30 日
2022 年衢州市交通系统筑路工技能竞赛第三名	薛传亮（常山正欣公路工程有限公司）		
衢州市“孩子眼中的抗疫故事”主题作品比赛优秀指导老师	陈婷（县天马二小）	衢州市教育局、衢州日报报业传媒集团、衢州广电传媒集团/荣誉证书	2022月10月
2022 年衢州市初中道德与法治教学论文三等奖	蓝晨思（县城关中学）	衢州市教育局教研室/荣誉证书	
衢州市“南孔清风”文艺创作大赛金奖	常山县文广旅体局（歌曲《守门人》）	衢州市文化广电旅游局/衢文旅艺〔2022〕4 号	2022月10月 12 日
个人三等功	曾剑冰（县公安局）	衢州市公安局/衢公令〔2022〕10 号	2022 年 10 月 13 日
个人嘉奖	柴真见（县公安局）		
衢州市“网络文明 青春聚力”云宣讲中获冠军	中共何家乡党委（《梦华录之反诈风云》）	中共衢州市委网络安全和信息化委员会办公室、衢州市精神文明建设指导中心、全市域体系化推进 8090 新时代理论宣讲工作领导小组办公室/荣誉证书	
衢州市第四批“文明校园”	常山县五里中心小学 常山县球川镇中心小学 常山县芳村镇中心小学 常山县龙绕初中	衢州市精神文明建设委员会/衢文明〔2022〕4 号	2022 年 10 月 24 日
2022 年度衢州市“医疗质量安全改进目标之护理提升项目”典型案例比赛优胜奖	郑丽君（县人民医院）	衢州市护理质控中心/荣誉证书	2022 年 10 月 28 日
衢州市财会知识大赛集体三等奖	常山县代表队	衢州市财政局、衢州市总工会/衢财会〔2022〕6 号	2022 年 10 月 31 日
衢州市财会知识大赛个人优秀奖	方虹（县交通运输局）		

续表 49

荣誉称号	获奖单位/个人	颁发单位/文号	颁发时间
2022 年衢州市中药鉴定技能赛集体二等奖	常山县市场监管局	衢州市市场监督管理局/衢市监药认〔2022〕7 号	2022 年 10 月 31 日
2022 年衢州市中药鉴定技能赛个人二等奖	袁颖（县市场监管局）		
“领雁强基、卫健竞驰”党建+人才赛马优胜奖	常山县人民医院	中共衢州市卫生健康委员会/荣誉证书	2022 年 11 月
2022 年衢州市职业健康技能选拔赛职业病诊断救治专业三等奖	田兰鑫（县疾控中心）		
2022 年衢州市输血相容性检测技能竞赛团体三等奖	常山县人民医院	衢州市卫生健康委员会、衢州市总工会/荣誉证书	
2022 年衢州市输血相容性检测技能竞赛个人优胜奖	黄丽芳（县人民医院） 饶佳佳（县人民医院） 叶人吉（县人民医院）		
2022 年衢州市“新时代好少年·强国有我”主题教育读书活动先进集体	常山县天马第一中心小学关工委 常山县天马第二中心小学关工委 常山县实验小学关工委 常山县第一小学关工委 常山县芳村镇中心小学关工委 常山县宋畈中心小学关工委	衢州市教育局关心下一代工作委员会/衢教关工委〔2022〕4 号	2022 年 11 月 1 日
2022 年衢州市“新时代好少年·强国有我”主题教育读书活动先进工作者	饶占慧（县天马二小） 刘永娟（县教育局） 侯书立（县数工学校） 张娜（县实验中学） 邱梅芬（县育才小学）		
2022 年全市交通运输行政执法能力比赛团体单项奖（法审能力二等奖、执法实务三等奖）	常山县交通运输局	衢州市交通运输局、衢州市总工会/衢市交便〔2022〕42 号	2022 年 11 月 2 日
2022 年全市交通运输行政执法能力比赛单项个人奖（执法实务二等奖）	程洋（县交通运输局）		
2022 年全国科普日活动表现突出单位	常山县科学技术协会	中共衢州市委宣传部、衢州市科学技术协会、中共衢州市委网信办等 14 个部门联合发文/衢市科协〔2022〕38 号	2022 年 11 月 3 日
2022 年度“惠衢保”工作推进突出县（市、区）	常山县人民政府	衢州市人民政府办公室/便签	2022 年 11 月 7 日

续表 49

荣誉称号	获奖单位/个人	颁发单位/文号	颁发时间
2022 年度衢州市“惠衢保”工作推进突出乡镇（街道）	紫港街道办事处 金川街道办事处 何家乡人民政府 芳村镇人民政府 白石镇人民政府	衢州市人民政府办公室/便签	2022 年 11 月 7 日
2022 年衢州市中小学新型教学空间优秀案例	常山县天马第二中心小学 常山县芳村镇中心小学	衢州市教育事业发展中心/衢教发展〔2022〕32 号	2022 年 11 月 9 日
2022 年初心如磐，你最闪“药”之“我身边的药师”演讲比赛衢州地区优胜奖	郑静（县人民医院）	衢州市医院药事管理质控中心/衢药质控发〔2022〕13 号	2022 年 11 月 13 日
2022 年度衢州市文明村镇	同弓乡金川源村 同弓乡中和村 何家乡樊家村 何家乡江源村 辉埠镇久泰弄村 辉埠镇彭川村	衢州市精神文明建设委员会/衢文明〔2022〕6 号	2022 年 11 月 23 日
集体三等功	县公安局网警大队	衢州市公安局/衢公令〔2022〕12 号	2022 年 11 月 28 日
个人三等功	季媛媛（县公安局） 刘波（县公安局）		
衢州市财政系统共同富裕第一批“最佳实践案例”	常山县财政局（《政策性农业信贷担保金融支农“生态圈”助推共富》）	衢州市财政局办公室/衢财研〔2022〕7 号	2022 年 11 月 29 日
衢州市财政系统共同富裕第一批“最佳宣传成果”	常山县财政局（《浙江常山政银担携手构建金融支农“生态圈”激活乡村振兴“一池春水”》《柚果化金果 柚甜润心甜！常山县财政支持打造“胡柚”全产业链帮助农民增收致富》）		
2022 年度衢州市省中小学数字家长学校	常山县东案乡中心小学	衢州市教育局办公室/衢教办〔2022〕86 号	
衢州市模范职工之家	国家税务总局常山县税务局工会委员会	衢州市总工会/荣誉证书	2022 年 12 月
浙江省健康促进学校（银奖）	常山县五里中心小学	衢州市爱卫会、衢州市教育局、衢州市卫生健康委/奖牌	
2022 年衢州市小学语文（农村学校）教学活动评审获一等奖	郑雪纯（县阁底小学）	衢州市教育局教研室/荣誉证书	

续表 49

荣誉称号	获奖单位/个人	颁发单位/文号	颁发时间
衢州市“有礼之星·志愿之星”	王祥生（县民政局）	衢州市精神文明建设指导中心/荣誉证书	2022 年 12 月
2022 年衢州市美丽庭院（一米菜园）互看互学 PK 赛一等奖	何家乡樊家村	衢州市妇女联合会/荣誉证书	
2021 年度衢州市成绩突出共青团员	谢新建（县公安局） 饶凯楠（县消防救援大队） 郑婷婷（县中医医院）	中国共产主义青年团衢州市委员会/便签	2022 年 12 月 2 日
2021 年度衢州市成绩突出团委	国家税务总局常山县税务局团委		
2021 年度衢州市“共青团工作成绩突出集体”	常山县人民医院团支部		
2022 年度衢州市医院药事管理优胜奖	常山县人民医院	衢州市医院药事管理质控中心/衢药质控发〔2022〕15 号	2022 年 12 月 3 日
2022 年度县级优秀药事管理质控中心奖	常山县药事管理质控中心		
2022 年度衢州市优秀内部审计项目奖	常山农商银行	衢州市内审协会/衢市内审协〔2022〕1 号	2022 年 12 月 7 日
2022 年度全市输血相容性检测技能比武、卫健系统消防技能比武三等奖	常山县人民医院	衢州市卫生健康委员会、衢州市总工会/衢卫发〔2022〕21 号	2022 年 12 月 7 日
2022 年度全市卫生监督技能比武团体二等奖	常山县卫生监督所		
2022 年度全市精神卫生防治技能比武团体三等奖	常山县精神卫生办公室		
2022 年度全市系统数据掘金大赛优胜奖	常山县烟草专卖局（数字化市场部驾驶舱）	衢州市烟草工会委员会/衢烟行工〔2022〕5 号	2022 年 12 月 9 日
2022 年度全市系统数据掘金大赛优秀产品经理三等奖	蒋芹铭（县烟草专卖局）		
2022 年衢州市“十佳居家养老服务中心”	紫港街道居家养老服务中心	衢州市财政局、衢州市民政局/衢财社〔2022〕16 号	2022 年 12 月 11 日
2022 年市级“文明规范公正”司法所	常山县司法局球川司法所 常山县司法局白石司法所	衢州市司法局/便签	2022 年 12 月 12 日
衢州市第三批品牌人民调解工作室	县人民调解委员会柚和调解工作室 县球川镇人民调解委员会钉盯调解工作室 县招贤镇人民调解委员会礼贤调解工作室	衢州市司法局、衢州市人民调解协会/衢人调协〔2022〕7 号	

续表 49

荣誉称号	获奖单位/个人	颁发单位/文号	颁发时间
2022 年衢州好稻米金奖	常山县金兰家庭农场 常山县常鱼家庭农场	衢州市农业农村局/衢农专〔2022〕80 号	2022 年 12 月 13 日
2022 年衢州市退役军人事务系统数字化改革工作“比、晾、晒”活动一等奖	常山县退役军人事务局	衢州市退役军人事务局/荣誉证书	2022 年 12 月 15 日
2022 年衢州市溶栓“增长先锋奖”	常山县人民医院	衢州市脑卒中质控中心/荣誉证书	2022 年 12 月 18 日
2022 年衢州市溶栓先进个人一等奖	季建梅（县中医医院） 马彪（县人民医院）		
衢州市二级调解员	何时敏（辉埠镇人民调解委员会） 刘光云（辉埠镇人民调解委员会） 祝金成（辉埠镇人民调解委员会）	衢州市人民调解协会/衢人调协〔2022〕5 号	2022 年 12 月 19 日
衢州市存款保险宣传竞赛三等奖	常山联合村镇银行	中国人民银行衢州市中心支行办公室/衢银办〔2022〕37 号	2022 年 12 月 22 日
2022 年度衢州市高技能人才（劳模）创新工作室	启天建设集团有限公司启天创新工作室 常山南方水泥公司汪峰高技能人才创新工作室	衢州市总工会办公室/衢总工办字〔2022〕22 号	2022 年 12 月 23 日
衢州市法院第二十三届学术讨论会组织工作先进单位	常山县人民法院	衢州市中级人民法院办公室/衢中法办〔2022〕49 号	
2022 年度衢州市健康乡镇	何家乡	衢州市爱国卫生运动委员会办公室/衢市爱卫办发〔2022〕22 号	
2022 年度衢州市健康村	何家乡江源村 何家乡钱塘村		
衢州市“最美河湖长（卫士）”	刘德新（县税务局）	衢州市河长制办公室、衢州市水利局/衢河长办〔2022〕13 号	2022 年 12 月 26 日
2022 年度全市特种应急装备操作演练比赛一等奖	常山县公路港航与运输管理中心	衢州市公路港航与运输管理中心/衢市公航运函〔2022〕61 号	2022 年 12 月 28 日
2022 年衢州市系统乡镇党校规范化建设特色项目	青石镇党校（特色为本，“红石金柚”激起“共富”浪）	中共衢州市委党校/衢党校〔2022〕35 号	2022 年 12 月 29 日
2022 年衢州市民主法治村	辉埠镇童家村 辉埠镇才里村	衢州司法局/微信公众号	
衢州市妇联系统思想引领工作一等奖	常山县妇女联合会	衢州市妇女联合会/便签	2022 年 12 月 30 日
衢州市妇联系统家庭家教家风工作一等奖	常山县妇女联合会		

县委、县政府表彰或命名的荣誉一览表

表 50

荣誉称号	获奖单位/个人	颁发单位/文号	颁发时间
2011—2013 年度公务员三等功	付小丽、连中福、胡正国、缪春祥、胡真钢、王毓飞、吴礼土、毛志飞、李安荣、傅良寿、丰旭朗、石建平、刘芳丽、章平生、黄爱武、徐雄伟、张永利、王美琴、黎秀君、缪丹春、任 智、姜希敏、陈和权、郑慧伟、丁 伟、郑曙光、周文浩、郑志东、徐广显、叶根香、方 程、蒋顺祥、汪 芳、徐鸣华、郑小英、陈新会、杨肖平、范玲梅、余丽女、周敏荣、徐炳善、朱云标、陈 军、仇富强、詹国香、李 斌、揭慧丰、金 鑫、季金全、王再生、温海华、林永周、梁 盈	中共常山县委员会、常山县人民政府/常委发〔2022〕2 号	2022 年 1 月 29 日
2012—2014 年度公务员三等功	陈桂强、李慧卿、李德勇、兰飞飞、周 谊、徐晓婷、傅昌华、毛金仙、王仁华、祝家平、徐利民、姜 林、江 昕、李晓芳、王 瑛、徐忠平、张克长、郑岚岚、付生伟、李 强、王小华、张益忠、汪丽萍、徐烈根、王笏俊、高 虹、张国女、江东祥、张先良、李向阳、余文胜、傅小峰、蒋建常、李 翔		
2013—2015 年度公务员三等功	徐志良、李宏疆、严智新、江小华、张 刚、鄢晓刚、应华斌、雷云超、吴水良、詹祖成、曾宪阳、方国平、胡志雄、严舍志、陈建平、徐铁军、程国英、孔德壮、杨火明、刘国英、占 群、祝金成、何时敏、吴华刚、谢小聪、刘书敏		
2014—2016 年度公务员三等功	郑 君、刘汉强、丰旭朗、刘文晔、夏美枝、徐水英、毛 慧、蒋鉴青、江羊你、吴勇彪、吴 艳、叶晓春、杨陈皆、江卫东、王文卿、朱剑锋、李斌、付国华、余鑫、陈 鸿、谢鑫欣、王志渊、余亚仙、占 锋		

续表 50

荣誉称号	获奖单位/个人	颁发单位/文号	颁发时间
2015—2017 年度公务员三等功	邱 玮、陈 汉、黄贤安、李忠兴、江骏霞、徐 伟、郑英佳、柴真见、徐 昕、姜 波、徐永忠、张闺芳、徐鸣华、高素娟、何有水、毛水龙、洪小军、任小军、王伟荣、黄土福、钟土根、杨光龙、刘新龙、谢雨根	中共常山县委员会、常山县人民政府/常委发〔2022〕2 号	2022 年 1 月 29 日
2016—2018 年度公务员三等功	张友成、吕 宁、姜 涛、兰飞飞、袁前锋、王倩倩、周丽兵、郑雨土、胡卫萍、潘晓群、张建明、马月佳、黄建设、江俊庭、鲁 明、毛利权、王 婧、祝金成、毛家寅、郑俊毅、梁 盈、揭 超	中共常山县委员会、常山县人民政府/常委发〔2022〕2 号	2022 年 1 月 29 日
2017—2019 年度公务员三等功	付小丽、朱万华、许 赞、马 勇、程其光、郭永平、周映民、姚长征、吴小丽、郑慧君、宋翔宇、蒋鉴青、陈 誉、付天明、王 剑、汪丽萍、毕旭红、郑玮艳、江东祥、杨火明、王 琳、樊向富、徐翠萍、占 锋、蒋淳振	中共常山县委员会、常山县人民政府/常委发〔2022〕2 号	2022 年 1 月 29 日
2018—2020 年度公务员三等功	柯望飞、姚媛媛、薛旭春、宋慧滨、刘小莉、王金红、江静静、何富苗、朱 瑜、何婷婷、吴明芳、饶立飞、方慧玉、汪 芳、朱开明、郑秀平、郑小英、何 菊、廖伟军、单劲峰、汪 媛、曾丽丽、陈颖姬、朱奕楠、鲍倩倩、徐家有、王 健、章 翠、朱锦霞、韩 江、吴红芳	中共常山县委员会、常山县人民政府/常委发〔2022〕2 号	2022 年 1 月 29 日
2020 年度公务员嘉奖	徐高飞、何利民、张友成、詹伟、钱李源、陈小红、李军、陈安龙、黄油柑、刘雪瑶、胡斌、张顺、王有军、姜凡、刘裕良、唐锡军、樊宇、朱万华、甘全明、饶祖根、邱俊周莹、樊寒宜、姜立新、陈岗、何小建、胡正国、朱剑楠、黄志斌、范珊珊、胡真钢、宁歆、李启发、徐志标、顾哲洁、李玲、郑严倩璇、王奇、王海杰、傅秀秀、黄琴琴、杨军慧、徐塞、毛红耀、	中共常山县委员会、常山县人民政府/常委发〔2022〕3 号	2022 年 1 月 29 日

续表 50

荣誉称号	获奖单位/个人	颁发单位/文号	颁发时间
2020 年度公务员嘉奖	封伟军、黄小娟、翁羽西、程其光、舒凌云、叶庆、占萍、朱琳、方彪、黄仙忠、刘家国、符文生、徐东升、胡梓群、徐串联、俞嘉雯、林小明、饶贤福、江蓓、郑丽、曾晓燕、吴红华、何晨、李金富、徐敏、周宏伟、琚东风、石建平、官建国、郑书明、余贞水、徐健、黄爱珍、鲍忠亮、柯世瑾、郑忠东、郑燕、刘文晔、尹晓、胡雨昕、方颖、吴水芝、占玲、周丽兵、涂晓明、何建祥、姚长征、郑雨土、郑雨剑、胡志良、胡卫萍、周木金、吴欣佩、董群香、郑昕、程霞、徐芳、钱淑杰、郑刚、陈慧平、王文、赖焕生、郑国剑、柴云峰、黄皓、饶勤裕、王新华、伍小亮、徐刚、杨艺、徐臣、郑亮、郑基良、郑慧伟、詹晓敏、原英珂、姚晓文、朱金华、郑琴俊、严师军、鄢晓刚、徐文田、徐林建、吴毅通、王昊天、汪立华、唐亮、鲁祖夏、刘伟俊、林刚、李盛、金鹏飞、姜斌、胡小芳、何磊君、何丰、陈艳、周文彬、周翎骏、郑玉飞、郑洁、占虎、严勤、许凯、徐雪健、徐雷洪、王志伟、王小青、汪有祥、汪超琦、苏锡泉、宋翔宇、毛飞、刘航民、刘波、李骏、李辉、姜超、高琪磊、龚进升、高水强、杜威、曾超、徐丹亚、范琪、高播、张根良、鲍晓明、杜卫、叶红、徐瑛琦、严贝西、詹刮、毛晓伟、余欣雅、刘萍萍、叶剑、杨腾飞、魏巍、余露、樊佳惠、樊玮珊、江宛晴、黄国星、吴素贞、徐磊、韩金成、陆罕峰、郑悦、郑瑾、蒋顺祥、姜利成、江玉林、徐礼贤、余良军、黄建设、倪政、郑倩琳、叶兴国、江笑、郑金喜、付天明、上官毅、江羊你、程慧琳、黄廉哲、徐根莲、魏潮、彭利军、黄琪、	中共常山县委员会、常山县人民政府/常委发〔2022〕3 号	2022 年 1 月 29 日

续表 50

荣誉称号	获奖单位/个人	颁发单位/文号	颁发时间
2020 年度公务员嘉奖	郑建春、陈艳婷、瑶永红、周禾菲、王剑、胡兰、陈金龙、何红良、汪建华、黄倩倩、高虹、姜毅、方国平、罗玉仙、郑玮艳、徐丽萍、胡志雄、陈敏、李红、付琳芸、郑慎恢、余楚楚、张孝菲、官成明、徐进、范彬炜、鲁明、张磊、潘荣浪、董福华、李珍、占淑安、谢火生、陈用雅、毛利权、李岳飞、王文卿、胡一辉、朱璋、奉琼、林文成、能玉英、王智斌、江是露、袁前锋、姚肖忆、陈艳妮、胡丽君、朱剑锋、郑荣华、段秀娟、江勇勇、朱周婚、张乃身、孔德壮、王惠、冀建成、丁乐喜、杨火明、林慧萍、廖文成、熊玉英、王智斌、江晨露、袁前锋、姚肖忆、陈艳妮、胡丽君、朱剑锋、郑荣华、段秀娟、江勇勇、朱周婚、张乃身、孔德壮、王惠、冀建成、丁乐喜、杨火明、林慧萍、廖国庆、张尚锋、方帅、郑爽、徐亮、王玉新、王婧、任小军、曾艳婷、刘元峰、孔良明、王琳、祝金成、方瀚、王伟荣、李圣江、徐雨燕、徐珍、周冬、王炜、杨力军、陈霞、毛霖、杨斌、鲁新国、徐崇刚、谢夏芳、申亚星、蒋丽霞、胡智涔、谢晓报、徐高敏、姚江、董峰、姜伟建、廖伟成、温海华、樊兴兴、徐华伟、梁盈、邱金贵、吴丽娟、余亚仙、毛昌飞叶翠清、樊笑胜、吴帅帅、郑晔、汪建新、占锋、徐翠萍、徐晶晶、刘书敏、蒋淳振、程敏芳、余慧华、章土明、黄建、吴水良、戚靖康、李恋红、华相轶、邱婷婷、王瑶、高丙舰、宁玮亮、邹斌、余文胜、祝徐亮	中共常山县委员会、常山县人民政府/常委发〔2022〕3 号	2022 年 1 月 29 日
2021 年度县长特别奖——绿色金融之星奖	常山县农商银行 农行常山县支行	常山县人民政府/常政发〔2022〕4 号	2022 年 1 月 30 日
2021 年度干事创业好团队	芳村镇	中共常山县委、常山县人民政府/奖牌	2022 年 2 月

续表 50

荣誉称号	获奖单位/个人	颁发单位/文号	颁发时间
2021 年度担当作为好干部	程好婷（县经信局） 徐文明（县市容环卫中心）	中共常山县委、常山县人民政府/常委发〔2022〕6 号	2022 年 2 月 8 日
2021 年度干事创业好团队	常山县委政法委 常山县市场监管局 常山县人力资源和社会保障局 常山县科技局 常山县发改局 同弓乡 天马街道		
美丽常山先进个人	卢晨（县科协）	中共常山县委、常山县人民政府/奖牌	2022 年 3 月
乡村振兴先进集体	常山县供销社 大桥头乡人民政府		
美丽常山先进集体	青石镇 芳村镇		
2022 年常山县“一把手”项目谋划擂台赛一等奖	常山县科学技术局 常山县经信局 招贤镇	常山县人民政府/奖牌	2022 年 4 月
2021 年度全县乡村振兴工作“强村富民”先进集体	常山县农业农村局 常山县供销联社 紫港街道 金川街道 同弓乡	中国共产党常山县委员会、常山县人民政府/常委发〔2022〕9 号	2022 年 5 月 24 日
2021 年度全县乡村振兴工作“强村富民”先进个人	王洪柱 （省妇保院） 张莉丽 （统计局） 华牡娟 （财政局） 徐骁（辉埠镇） 郑美建 （白石镇） 占春国 （农商银行）		
2021 年度全县乡村振兴工作“乡村治理”先进集体	常山县纪委监委 常山县委政法委 常山县民政局 辉埠镇 球川镇		
2021 年度全县乡村振兴工作“乡村治理”先进个人	宁玮锋（县农业农村局） 琚杉杉（何家乡） 王太飞（青石镇） 李小强（大桥头乡） 陈帅（新昌乡） 徐敖君 （金川街道）		

续表 50

荣誉称号	获奖单位/个人	颁发单位/文号	颁发时间
2021 年度全县乡村振兴工作“两进两回”先进集体	常山县委组织部 常山县委宣传部 统常山县委战部 天马街道 大桥头乡	中国共产党常山县委员会、常山县人民政府/常委发〔2022〕9 号	2022 年 5 月 24 日
2021 年度全县乡村振兴工作“两进两回”先进个人	周建明（衢州市腾云旅游发展有限公司） 周华诚（常山米道生态农业科技合伙企业） 汪祖庆（新昌乡西源村） 江桔方（青石镇飞确村） 邱信（浙江省能源集团有限公司）	中国共产党常山县委员会、常山县人民政府/常委发〔2022〕9 号	2022 年 5 月 24 日
2021 年度全县乡村振兴工作“美丽乡村”先进集体	常山县林水局 常山县财政局 常山县芳村镇 常山县东案乡 辉埠镇辉埠村 浙江绿色大地有限公司	中国共产党常山县委员会、常山县人民政府/常委发〔2022〕9 号	2022 年 5 月 24 日
2021 年度全县乡村振兴工作“美丽乡村”先进个人	杨芝冬（县农业农村局） 尚林军（芳村镇） 严君（何家乡） 徐赟（招贤镇） 郑宇浩（青石镇）	中国共产党常山县委员会、常山县人民政府/常委发〔2022〕9 号	2022 年 5 月 24 日
2021 年度全县乡村振兴工作“五水共治”先进集体	常山县生态环境局 常山县开发区管委会 常山县人武部 招贤镇 青石镇	中国共产党常山县委员会、常山县人民政府/常委发〔2022〕9 号	2022 年 5 月 24 日
2021 年度全县乡村振兴工作“五水共治”先进个人	卢晨（县治水办） 徐皇峰（县委组织部） 林锋（县住建局） 徐峰（县教育局） 龚俊杰（天马街道） 郑余平（紫港街道） 徐斌（同弓乡） 戴晓伟（球川镇）	中国共产党常山县委员会、常山县人民政府/常委发〔2022〕9 号	2022 年 5 月 24 日
2021 年度全县乡村振兴工作“美丽常山”先进集体	县文广旅体局 县住建局 何家乡 新昌乡 白石镇	中国共产党常山县委员会、常山县人民政府/常委发〔2022〕9 号	2022 年 5 月 24 日

续表 50

荣誉称号	获奖单位/个人	颁发单位/文号	颁发时间
2021 年度全县乡村振兴工作“美丽常山”先进个人	何利民（县委办） 冯珏云（县府办） 吴旭玮 （县人大机关） 李玲（县政协机关） 杨波（县美丽办） 冯佳佳（团县委） 高雅（县文广旅体局） 章俊（县住建局）	中国共产党常山县委员会、常山县人民政府/常委发〔2022〕9 号	2022 年 5 月 24 日
2021 年度全县乡村振兴工作“两山转化”先进集体	县发改局 县资规局 常山农投集团 浙江天泉生物科技有限公司 常山御白家庭农场 浙江常山自然食品有限公司 常山县龙翔养殖有限公司 常山柚谷农业开发有限公司 常山县天道中药饮片有限公司 常山县富好生态资源开发有限公司 常山东茶茶业科技有限公司 衢州市红星旅游开发有限公司		
2021 年度全县乡村振兴工作“两山转化”先进个人	王伟（县发改局） 汪丽霞（县农业农村局） 陈新建（县林水局） 江丰（县农投集团 ） 江林梅（柚见科技有限公司） 徐春根（常山县绿垄家庭农场） 张发根（常山县发英家庭农场） 徐志坚（常山县椿秋红农业开发有限公司） 江海洋（常山云雾果蔬专业合作社） 段辉根（浙江德茗农业开发有限公司） 李鸿春（常山县鸿春果业专业合作社） 黄志旺（黄老汉家庭农场） 章敏(浙江常发粮油食品有限公司) 王长发（常山县雨生茶业专业合作社） 张春良（常山县健彬家庭农场） 章树春（常山章氏万源家庭农场） 吴章富（常山县夏香家庭农场）		

续表 50

荣誉称号	获奖单位/个人	颁发单位/文号	颁发时间
2021 年度全县乡村振兴工作“平安建设”突出贡献集体	县经信局 县司法局 县交通运输局 县教育局 县应急管理局 县消防救援大队 县卫健局 县市场监管局 县政府经济技术协作中心 金川街道 辉埠镇 何家乡 东案乡 芳村镇 同弓乡	中国共产党常山县委员会、常山县人民政府/常委发〔2022〕9 号	2022 年 5 月 24 日
2021 年度全县乡村振兴工作“平安建设”突出贡献个人	何小林（天马街道）、马超（紫港街道）、毛美芳（金川街道）、陈霞（辉埠镇）、占忠贤（招贤镇）、余丰龙（青石镇）、王文龙（东案乡）、张翼忠 （大桥头乡）、樊向富（新昌乡）、谢夏芳（白石镇）、徐秀娟（球川镇）、黄祥根（同弓乡）、樊建富（何家乡樊家村）、徐碧明（芳村镇东源村）、柯望飞（县委组织部）、应小勇（县扫黑办）、江腾飞（县平安建设专班）、徐江伟（县平安建设专班）、林特（县平安建设专班）、邱奕（县平安建设专班）、徐德成（县矛调中心）、徐华仙（县检察院）、郑琴俊（县公安局）、连宪法（县公安局）、刘晓梦（县司法局）、官建国（县发改局）、周志清（县营商办）、赖大奎 （县监管办）、王美霞（县审计局）、张莉丽（县统计局）、唐艳（县科协）、余洋（县科技局）、徐俊（县协作中心）、冯佳佳（团县委）、陈美美（县妇联）、占永忠（县农业农村局）、刘生有（县林水局）、吴红华（县住建局）、陈芳（市生态环境局常山县分局）、李红霞（县交通局）、胡润顺（县市场监管局）、江俊庭（县财政局）、徐光明（县税务局）、		

续表 50

荣誉称号	获奖单位/个人	颁发单位/文号	颁发时间
2021 年度全县乡村振兴工作“平安建设”突出贡献个人	徐泓冰（县金融服务中心）、徐梦惠（县应急管理局）、严建华（县经济数开发区管委会）、官威京（县经济技术开发区管委会）、徐俊（县综合行政执法局）、张志林（县民政局）、叶怡静（县人社局）、徐敏（县气象局）、周颖（县医保局）、严丽芳（常山县第一中学）		
2021 年度全县乡村振兴工作“平安护航建党 100 周年维稳安保”突出贡献集体	常山县信访局 常山县公安局 常山县人社局 紫港街道 青石镇 招贤镇		
2021 年度全县乡村振兴工作“平安护航建党 100 周年维稳安保”突出贡献个人	朱剑锋（天马街道）、方帅（金川街道）、谢鑫欣（紫港街道）、王杰（何家乡）、程志超（芳村镇）、洪势豪（新昌乡）、郑美建（白石镇）、李巧（县委宣传部）、胡小新（县退役军人事务局）、王淑君（县住建局）、徐小明（县卫健局）	中国共产党常山县委员会、常山县人民政府/常委发〔2022〕9 号	2022 年 5 月 24 日
2021 年度全县乡村振兴工作“信访工作”突出贡献集体	常山县委政法委 常山县农业农村局 常山县住建局 天马街道 白石镇 新昌乡		
2021 年度全县乡村振兴工作“信访工作”突出贡献个人	俞晨皓（青石镇）、祝徐亮（东案乡）、占锋（大桥头乡）、应华锋（芳村镇）、魏飞（紫港街道）、潘卫平（辉埠镇）、徐玲玲（何家乡）、钱小平（招贤镇）、廖伟成（球川镇）、徐松（县法院）、江俊（县交通运输局）、戴勇明（县人社局）、柴真见（县公安局）、鲁明（县市场监管局）、舒茜（市生态环境局常山县分局）、徐雪梅（县资规局）		

续表 50

荣誉称号	获奖单位/个人	颁发单位/文号	颁发时间
2021 年度全县乡村振兴工作“安全生产和消防工作”突出贡献集体	常山县教育局 常山县住建局 常山县农业农村局 常山县应急管理局 常山县林业水利局 常山县消防救援大队 球川镇 大桥头乡 农投集团 供电公司	中国共产党常山县委员会、常山县人民政府/常委发〔2022〕9 号	2022 年 5 月 24 日
2021 年度全县乡村振兴工作“安全生产和消防工作”突出贡献个人	徐敏超（县政府办）、徐昕（县公安局）、官建国（县发改局）、罗立新（县教育局）、徐孙（县经信局）、李红霞（县交通运输局）、周建勇（县住建局）、江莉贞（县应急管理局）、范卫兵（县市场监管局）、姜剑武（市生态环境局常山分局）、杨利剑（县文广旅体局）、徐红媛（县妇联）、徐俊（县综合执法局）、官威京（县开发区管委会）、洪小军（天马街道）、谢鑫欣（紫港街道）、鲍文斌（金川街道）、廖明敏（青石镇）、胡志成（辉埠镇）、周敏（何家乡）、胡旭晨（白石镇）、黄上福（芳村镇）		
常山县征兵工作成绩突出单位	常山县人民医院	常山县人民政府、常山县人民武装部/便签	2022 年 5 月 25 日
2021 年优秀公务员	方慧玉（县资规局）	中国共产党常山县委员会、常山县人民政府/荣誉证书	2022 年 10 月
2019—2021 年度公务员三等功	张友成、胡真钢、方彪、封伟军、林小明、郑严倩璇、郑燕、胡雨听、涂晓明、黄瑛、王文、毛利权、付琳芸、姜毅、陈敏、奉琼、严师军、胡小芳、刘航民、王小青、郑洁、毛飞、何磊君、龚进升、徐亮、王婧、丁乐喜、孔良明、毛霖、祝徐亮、樊兴兴、蒋飞英	中共常山县委员会、常山县人民政府/常委发〔2022〕18 号	2022 年 10 月 25 日
2014—2016 年度公务员三等功	方忠祥		

续表 50

荣誉称号	获奖单位/个人	颁发单位/文号	颁发时间
2012—2014 年度公务员三等功	樊向富、叶春华、杨辉英、詹晨春	中共常山县委员会、常山县人民政府/常委发〔2022〕18 号	2022 年 10 月 25 日
2011—2013 年度公务员三等功	徐慧杰、洪伟英、谢晓报、黄志祥		
2021 年度公务员嘉奖	琚东风、琚旦炜、何利民、徐函、方振兴、刘光军、徐高飞、蒋淑萍、姜利成、陈芳、叶剑明、张誉春、占凌新、胡正国、王威、曾修明、范珊珊、厉如询、蓝小珍、黄廉科、顾哲洁、王玉娟、樊蓉、周平、樊俭、张禄杰、郑新芳、陈颖姬、毛丽香、徐国庆、洪小峰、黄道慧、王逸仙、王诗晨、黄琴琴、汪辉德、廖洲祯、兰超超、徐帅、汪永顺、马成、陈汉、徐泽雷、朱小良、谢李芬、占萍、刘洋、严华明、薛旭春、刘忻、徐玉龙、占雨、胡斌、李军、黄油柑、赵晖、李媛媛、蓝朱妍、徐皇峰、占群、官智孟、朱达明、徐焕、樊敏剑、余金富、邱玮、徐云飞、唐锡军、江听、饶祖根、郭金清、毕建国、饶贤福、许赞、姚媛媛、王奇、陈茜、汪伟、李晓聪、徐婷、郭永平、何建祥、周映民、徐爱萍、王仁华、郑书明、徐健、江静静、石建平、江晓俊、蒋绍青、刘文晔、祝倩云、吴正元、朱朝阳、柯世瑾、樊小青、顾佳明、江莉贞、平国女、占玲、郑忠东、段杨琪、戚芳艳、朱瑜、戴勇明、吴小青、董群香、郑昕、饶军、刘健、何木军、黄君杰、张建明、朱雷、吴芳颖、王佩进、吴珊珊、程霞、王芳、陈慧平. 吴小丽、柴云峰、王盛盛、饶勤裕、黄皓、黄静、祝丽丽、郑斌、王臻、何婷婷、肖文军、陈磊、裴亚君、翁亚明、杨艺、毛元亮、鲍明珊、徐臣、李红霞、王绍波、郑秀平、吴艳、李阳彦、汪卓成、陈新会、金禄裕、毛裕芳、符咏群、甘苏、刘巧双、徐章武、徐根莲、翁绍志、金旭华、江羊你、上官毅、	中共常山县委员会、常山县人民政府/常委发〔2022〕17 号	2022 年 10 月 25 日

续表 50

荣誉称号	获奖单位/个人	颁发单位/文号	颁发时间
2021 年度公务员嘉奖	余瑛、李国泰、吴秀方、严维国、潘小锋、叶树良、徐思思、赵良伟、占永忠、官福强、程文静、赖建新、周鑫、吴元良、郑兵、邱绍牛、吴刚、金宏、方慧玉、陆罕峰、李亦、郑悦、魏建国、韩金成、王一东、何红良、陈俊安、高虹、汪建华、樊明通、林宾、柴素芳、程婷、李红、鲁明、苏辉芳、张军飞、张孝菲、郑丽、曾乐乐、樊昕慧、张磊、祝承利、江益镇、徐美仙、程思佳、高凌志、季庆丰、张俊豪、黄建新、陈誉、蒋亮、江腾飞、吴直林、原英珂、阮新林、吴亚峰、邱俊杰、姚望、连宪法、上官昊、华美、杜威、陈震、苏锡泉、许林健、汪奇、徐沛东、王志昊、林方耀、夏骏、李捷、徐才升、徐晓中、徐勋燕、高水强、李晶、郑亮、赵晖、徐祖华、谢新建、周强、乔凌舟、曾超、徐瑾、汪浩、黄发林、张韵洁、杨海波、余舟起、刘骏、王志伟、祝志飞、陈有力、周小亮、汪立华、汪洪星、周雁、郑玉飞、冯健、汪沧海、余慧君、黄忠虎、姚靓雯、邓庆、谢晓燕、樊乐心、徐冲冲、肖锐、徐峰、刘裕良、李岳飞、胡一辉、林文成、陈军、舒胜、唐友秀、韩田田、季建英、高雅、黄小春、章仕诚、周颖、王秀云、陈帅、郑勤、魏巍、赖俊男、鲁晓智、李涛、林菲、郑勇军、党小娟、蔡武、郑岚岚、詹动、朱云仙、陈林、徐盼、陶醉、余欣雅、严贝西、李海根、胡筱华、龚琪、朱圣梁、徐灵敏、毛月华、徐海林、段秀娟、朱周婚、雷少伟、曾冬冬、徐升、汪媛、王玉新、陈利东、曾艳婷、潘广贵、单劲峰、徐赦君、徐秋兰、王丽红、林慧萍、李津津、方帅、余志纲、周斌、江小平、徐艳芝、周轩昂、陶星、诸葛顺峰、徐宏标、	中共常山县委员会、常山县人民政府/常委发〔2022〕17 号	2022 年 10 月 25 日

续表 50

荣誉称号	获奖单位/个人	颁发单位/文号	颁发时间
2021 年度公务员嘉奖	汪雁晖、郑菁、程敏芳、余慧华、朱忠诚、严君、瑶杉杉、王莹、樊利华、曾智盛、徐家有、占忠贤、徐珍、王柯、李圣江、徐鑫杨、郑罡、刘莲英、林益帆、李雯、胡启新、郑晔、官鹿、刘晓刚、邱金贵、毛昌飞、徐小灵、尚林军、申亚星、张勇、何冠琦、凌彩英、金林飞、樊向富、揭超、邓洪寿、赖燕婷、杨光龙、金童、樊育旗、谢夏芳、汪涛、邱雪芳、谢晓报、姚江、邱竞、廖伟成、徐卫燕、徐玉清、蓝雨茜、姚寅、徐小丹、官成明、何春红、楼邦伟、郑荣华、陈桂强、朱璋、杨春柳、樊寒宜、孙金森、刘相飞、周维栋、周毅军、朱浩、项奇科、王笑亮	中共常山县委员会、常山县人民政府/常委发〔2022〕17 号	2022 年 10 月 25 日

重要文件目录

2022年中共常山县委、常山县人民政府联发文件一览表

表51

序号	文号	文件标题
1	常委发〔2022〕1号	关于印发《常山县2022年度强发展求突破勇争先“八大行动”实施方案》的通知
2	常委发〔2022〕2号	关于给予付小丽等239名公务员记三等功的决定
3	常委发〔2022〕3号	关于给予徐高飞等374名公务员嘉奖的决定
4	常委发〔2022〕6号	关于表彰“八大行动排名赛”“干事创业好团队”“担当作为好干部”的决定
5	常委发〔2022〕9号	关于表扬2021年度全县乡村振兴工作各项先进的通报
6	常委发〔2022〕12号	关于加快推进卫生健康事业高质量发展助推共同富裕的实施意见
7	常委发〔2022〕13号	关于印发《2022年度乡镇（街道）和部门工作目标考核办法》的通知
8	常委发〔2022〕17号	关于给予琚东风等405名公务员嘉奖的决定
9	常委发〔2022〕18号	关于给予张友成等41名公务员记三等功的决定

2022年中共常山县委文件一览表

表52

序号	文号	文件标题
1	常委发〔2022〕7号	关于实施基层党建“凝聚力提升”七大行动推进“红色根脉强基工程”打造四省边际党建高地县域样板的意见
2	常委发〔2022〕8号	关于县委常委分工的通知
3	常委发〔2022〕10号	关于认真学习宣传贯彻省第十五次党代会精神的通知
4	常委发〔2022〕11号	关于深入学习贯彻省第十五次党代会精神奋力打造省际合作先行示范县的决定
5	常委发〔2022〕14号	关于省委巡视组反馈意见集中整改进展情况的通报
6	常委发〔2022〕15号	关于常山县国有资产管理服务中心党组织设置的通知

续表 52

序号	文 号	文 件 标 题
7	常委发〔2022〕16 号	关于认真学习宣传贯彻党的二十大精神的通知
8	常委发〔2022〕20 号	关于省委巡视未整改到位问题进展情况的报告

2022 年常山县人民政府文件一览表

表 53

序号	文 号	文 件 标 题
1	常政发〔2022〕1 号	关于县长、副县长分工的通知
2	常政发〔2022〕2 号	关于印发《常山县儿童发展“十四五”规划和常山县妇女发展“十四五”规划》的通知
3	常政发〔2022〕3 号	关于《常山县综合行政执法事项划转清单（2021 年)》的通知
4	常政发〔2022〕4 号	关于表彰 2021 年度县长特别奖奖项的通报
5	常政发〔2022〕5 号	关于印发《常山县人民政府工作规则》的通知
6	常政发〔2022〕9 号	关于《常山县综合行政执法事项目录》的公告
7	常政发〔2022〕10 号	关于对常山县公安局交通警察大队业务用房及县行政服务中心交通分中心建设项目国有土地上房屋实施征收的决定
8	常政发〔2022〕11 号	关于对常山县公安局交通警察大队业务用房及县行政服务中心交通分中心建设项目国有土地上房屋实施征收决定的公告
9	常政发〔2022〕15 号	关于优化高考、学考等教育招生考试环境维护考试秩序的通告
10	常政发〔2022〕16 号	关于废止备忘录及会议纪要部分条款的通知
11	常政发〔2022〕21 号	关于授予常山县第一中学集体三等功、常山县紫港中学和常山县实验中学集体嘉奖的决定
12	常政发〔2022〕23 号	关于印发《常山县贯彻落实国务院、浙江省、衢州市扎实稳住经济一揽子政策措施实施方案》的通知
13	常政发〔2022〕24 号	关于废止、宣布失效和修改部分文件的通知
14	常政发〔2022〕25 号	关于常山县农贸市场片区城市有机更新项目国有土地上房屋征收范围的公告
15	常政发〔2022〕26 号	关于常山县实验小学有机更新项目国有土地上房屋征收范围的公告
16	常政发〔2022〕27 号	关于部分县领导分工调整的通知

续表 53

序号	文　号	文 件 标 题
17	常政发〔2022〕33 号	关于在全县范围禁止经营燃放烟花爆竹的通告
18	常政发〔2022〕34 号	关于印发《完善乡镇（街道）财政管理体制》的通知
19	常政发〔2022〕35 号	关于印发《常山胡柚地理标志国家示范区项目实施方案》的通知
20	常政发〔2022〕42 号	关于印发《常山县全民健身实施计划（2022—2025 年）》的通知

2022 年县委办公室、县政府办公室联发文件一览表

表 54

序号	文　号	文 件 标 题
1	常委办发〔2022〕2 号	关于印发《常山县新时代乡村集成改革试点实施方案》的通知
2	常委办发〔2022〕5 号	关于印发《建设“浙西第一门户”重点工作分工抓落实安排》的通知
3	常委办发〔2022〕7 号	关于印发《中共常山县委常山县人民政府政协常山县委会 2022 年度协商监督视察工作计划》的通知
4	常委办发〔2022〕10 号	关于 2021 年度乡镇（街道）部门工作目标考核结果的通报
5	常委办发〔2022〕12 号	关于调整县领导联系工作及部门包村安排的通知
6	常委办发〔2022〕13 号	关于印发《关于推进“共富果园”建设工作的实施意见（试行）》的通知
7	常委办发〔2022〕15 号	关于印发《关于推进常山县村（社）组织凝聚力提升工程的实施意见》
8	常委办发〔2022〕16 号	关于印发《常山县共同富裕强村富民集成改革试点方案》的通知
9	常委办发〔2022〕17 号	关于印发《2022 年常山县“三农”工作要点》的通知
10	常委办发〔2022〕18 号	关于印发《关于加快推进常山经济开发区高质量发展的实施意见》的通知
11	常委办发〔2022〕19 号	关于印发《常山信息材料高新技术产业园区高质量发展（2022—2026）行动方案》的通知
12	常委办发〔2022〕20 号	关于印发《常山县创建省示范文明县城行动方案》的通知
13	常委办发〔2022〕21 号	关于开展全县文物安全大排查大整治大提升攻坚行动的通知
14	常委办发〔2022〕27 号	关于印发《关于在全县开展“六治六提六争”作风建设的行动方案》的通知
15	常委办发〔2022〕30 号	关于印发《常山县经济稳进提质攻坚行动方案》的通知

续表 54

序号	文 号	文 件 标 题
16	常委办发〔2022〕31 号	关于成立常山县现代社区建设领导小组的通知
17	常委办发〔2022〕32 号	关于印发《关于推动“常山阿姨”工作提质升级三年行动计划的实施意见》的通知
18	常委办发〔2022〕33 号	关于印发《常山县深化推进“大综合一体化”行政执法改革工作方案》的通知
19	常委办发〔2022〕39 号	关于印发《常山县规范民办义务教育发展工作实施方案》的通知（非公开未签发）
20	常委办发〔2022〕40 号	关于印发《常山县生态环境保护工作责任规定》的通知
21	常委办发〔2022〕44 号	关于进一步加强教育系统人才队伍建设的实施意见
22	常委办发〔2022〕45 号	关于印发《2022 年度乡镇（街道）、部门党委政务信息考核办法》的通知
23	常委办发〔2022〕51 号	关于印发《常山县贯彻落实省委生态环境保护专项督察报告整改方案》的通知
24	常委办发〔2022〕52 号	关于印发《常山县强村富民乡村集成改革实践试点工作方案》的通知
25	常委办发〔2022〕53 号	关于印发《常山县公共文化服务现代化建设实施方案》的通知
26	常委办发〔2022〕54 号	关于进一步加强卫健系统学科和人才队伍建设的实施意见
27	常委办发〔2022〕58 号	关于印发《常山县“十四五”国家重点生态功能区县域生态环境质量考核工作实施方案》的通知
28	常委办发〔2022〕59 号	关于印发《常山县油茶产业高质量发展三年（2023—2025）行动方案》的通知
29	常委办发〔2022〕61 号	关于印发《关于打造省际职业教育高地的实施意见》的通知
30	常委办发〔2022〕62 号	关于印发《常山县“U 见老兵”尊崇服务体系行动方案》的通知
31	常委办发〔2022〕63 号	关于印发《常山县创建全国义务教育优质均衡发展县工作实施方案》《常山县创建全国学前教育普及普惠县工作实施方案》的通知

2022年县委办公室文件一览表

表55

序号	文号	文件标题
1	常委办发〔2022〕1号	关于印发《常山县“七张问题清单”应用工作实施方案（试行版）》的通知
2	常委办发〔2022〕22号	关于印发《常山县创建标杆引领类党校（行政学校）工作实施方案》的通知
3	常委办发〔2022〕23号	关于印发《规范领导干部廉洁从政从业行为 进一步推动构建亲清政商关系分工落实方案》的通知
4	常委办发〔2022〕24号	关于印发《关于加强对“一把手”开展家访的实施意见》的通知
5	常委办发〔2022〕28号	关于印发《2022年法治常山建设重点工作清单》的通知
6	常委办发〔2022〕34号	关于印发《关于深化基层管理体制改革促进152体系与“141”体系全面贯通的实施方案》的通知
7	常委办发〔2022〕36号	关于印发《关于进一步规范巡视巡察协同整改的意见》的通知
8	常委办发〔2022〕37号	关于印发《关于结合巡察开展选人用人、意识形态工作责任制专项检查工作机制》的通知
9	常委办发〔2022〕38号	关于印发《关于加强和改进新时代常山县政协工作的实施意见》的通知
10	常委办发〔2022〕42号	关于在全县弘扬践行“早上好”奋斗精神推动省际合作先行示范县建设的实施意见
11	常委办发〔2022〕43号	关于印发《关于推动党史学习教育常态化长效化的实施方案》的通知
12	常委办发〔2022〕49号	关于建立县委十四届三次全会重点工作任务分工抓落实机制的通知
13	常委办发〔2022〕56号	关于印发《常山县“书记县长走进基层单元”系列活动方案》的通知

2022年常山县人民政府办公室文件一览表

表56

序号	文 号	文 件 标 题
1	常政办发〔2022〕2号	关于印发《常山县违法建设房产限制交易和登记实施方案》的通知
2	常政办发〔2022〕3号	关于印发《常山县城镇燃气安全排查整治工作方案》的通知
3	常政办发〔2022〕4号	关于印发《2021年度常山县金融机构履行职能考核细则》的通知
4	常政办发〔2022〕5号	关于印发《常山县乡村振兴“十四五”规划》的通知
5	常政办发〔2022〕6号	关于印发《常山县综合交通运输发展“十四五”规划》的通知
6	常政办发〔2022〕7号	关于印发《2022年政府工作报告重点工作责任分解》的通知
7	常政办发〔2022〕8号	关于报送《2022年度县政府重大行政决策事项目录》的通知
8	常政办发〔2022〕9号	关于进一步深化完善招商引资项目全闭环推进工作机制的通知
9	常政办发〔2022〕10号	关于印发《常山县肺结核病免费防治工作实施方案（试行）》的通知
10	常政办发〔2022〕11号	关于印发《常山县综合行政执法事项案件线索移送立案暂行办法》的通知
11	常政办发〔2022〕12号	关于印发《关于加快推进常山精密基础件产业创新服务综合体建设的实施方案》的通知
12	常政办发〔2022〕13号	关于印发《常山县“十四五”工业发展规划（2021—2025）》的通知
13	常政办发〔2022〕14号	关于印发《关于加快推进常山油茶产业创新服务综合体建设的实施方案》的通知
14	常政办发〔2022〕15号	关于印发《常山县胡柚、香柚低温气象指数保险工作实施方案》的通知
15	常政办发〔2022〕16号	关于印发《常山县“十四五”科技创新发展规划》的通知
16	常政办发〔2022〕17号	关于印发《常山县“共同富裕”美丽通道建设工程工作机制》的通知
17	常政办发〔2022〕18号	关于印发《2022年县政府民生实事项目》的通知
18	常政办发〔2022〕19号	关于进一步加快推进工业经济高质量发展的若干政策意见的通知
19	常政办发〔2022〕20号	关于下达常山县2022年重点建设、重大前期项目计划的通知
20	常政办发〔2022〕21号	关于印发《松材线虫病“五年攻坚战”行动方案》的通知
21	常政办发〔2022〕22号	关于下达2022年常山县“两柚一茶”产业“102030”工作任务计划清单的通知

续表 56

序号	文 号	文 件 标 题
22	常政办发〔2022〕23 号	关于印发《常山县创建新时代美丽乡村标杆县暨 2022 年美丽乡村建设实施方案》的通知
23	常政办发〔2022〕24 号	关于公布 2022 年度县政府重大行政决策事项目录的通告
24	常政办发〔2022〕25 号	关于印发《常山县备案非标电动自行车淘汰工作方案》的通知
25	常政办发〔2022〕26 号	关于印发《常山县城乡自建房安全专项治理工作实施方案》的通知
26	常政办发〔2022〕27 号	关于印发《常山县新一轮制造业“腾笼换鸟、凤凰涅槃”攻坚行动方案（2021—2023 年）》的通知
27	常政办发〔2022〕28 号	关于下达 2022—2025 年香柚基地开发指导计划的通知
28	常政办发〔2022〕29 号	关于印发《2022 年度常山县工程建设领域突出问题专项整治工作方案》的通知
29	常政办发〔2022〕30 号	关于印发《常山县重点公共文化设施专项提升行动实施方案》的通知
30	常政办发〔2022〕31 号	关于印发《常山县竞技体育贡献奖励办法》的通知
31	常政办发〔2022〕32 号	关于印发《常山县行政机关合同管理办法》的通知
32	常政办发〔2022〕33 号	关于印发《常山县高质量推进企业对接多层次资本市场实施意见》的通知
33	常政办发〔2022〕34 号	关于废止《关于加快推进轴承产业发展的若干政策（试行）》的通知
34	常政办发〔2022〕35 号	常山县人民政府关于下达 2022 年常山县非重点政府性投资项目计划的通知
35	常政办发〔2022〕36 号	关于印发《常山县小额工程项目交易管理办法》的通知
36	常政办发〔2022〕37 号	关于印发《常山县路域环境整治提升、消除沿线安全隐患“百日攻坚”行动》的通知
37	常政办发〔2022〕38 号	关于进一步加强新时代老年人体育工作的意见
38	常政办发〔2022〕39 号	关于印发《常山县提升常住人口城镇化率四年实施方案》的通知
39	常政办发〔2022〕40 号	关于印发《常山县浙江省居住证互认制度改革工作方案》的通知
40	常政办发〔2022〕41 号	关于印发《常山县耕地保护三年行动实施方案（2022—2024 年）》的通知
41	常政办发〔2022〕42 号	关于做好 2022 年度无偿献血工作的通知
42	常政办发〔2022〕43 号	关于印发《常山县 2022 年招商引资考核办法》的通知

续表 56

序号	文 号	文 件 标 题
43	常政办发〔2022〕44 号	关于印发《常山县水生态环境保护暨治水长效战 2022 年度工作计划》《常山县 2022 年清新空气行动实施计划》《常山县土壤、地下水和农业农村污染防治 2022 年工作计划》的通知
44	常政办发〔2022〕45 号	关于印发《常山县再生物资回收行业专项整治实施方案》的通知
45	常政办发〔2022〕46 号	关于印发《常山县进一步规范土地整治项目管理办法》的通知
46	常政办发〔2022〕47 号	关于印发《常山县推进区域性股权交易市场试点实施方案》的通知
47	常政办发〔2022〕48 号	关于印发《常山县营商环境建设 2022 年实施方案》的通知
48	常政办发〔2022〕49 号	关于印发《科技助推“工业强县、产业兴县”三年行动方案（2022—2024）》的通知
49	常政办发〔2022〕50 号	关于印发《常山县全域禁止经营燃放烟花爆竹工作方案》的通知
50	常政办发〔2022〕51 号	关于常山县殡葬基本服务全流程免费的通知
51	常政办发〔2022〕52 号	关于印发《常山县“五未”土地处置专项行动实施方案（2022—2024 年）》的通知
52	常政办发〔2022〕53 号	关于废止有关文件的通知
53	常政办发〔2022〕54 号	常山县人民政府办公室关于调整常山县社区矫正委员会名单的通知
54	常政办发〔2022〕55 号	关于印发《常山县国有土地上房屋征收房票安置管理办法（试行）》的通知
55	常政办发〔2022〕57 号	关于印发《常山县钱塘江中上游常山江（辉埠—双港口）航电枢纽项目土地征收实施方案》的通知
56	常政办发〔2022〕58 号	关于印发《常山县人民政府政府质量奖管理办法（2022 年修订）》的通知
57	常政办发〔2022〕59 号	关于印发《常山县国有土地上房屋征收补偿和奖励标准》的通知
58	常政办发〔2022〕60 号	关于印发《常山县房屋征收重置价格、附属物、构筑物补偿参考价格及装饰装修补偿参考价格》的通知
59	常政办发〔2022〕61 号	关于印发《关于进一步支持服务业高质量发展的若干意见》的通知
60	常政办发〔2022〕62 号	关于印发《常山县创建未来乡村工作方案（2022—2025 年）》的通知
61	常政办发〔2022〕63 号	关于印发《2022 年度常山县金融机构履行职能考核细则》的通知
62	常政办发〔2022〕64 号	关于印发《常山县疫苗管理与预防接种工作办法》的通知
63	常政办发〔2022〕65 号	关于印发《常山县人民政府咨询委员会工作规则》的通知

续表 56

序号	文　号	文 件 标 题
64	常政办发〔2022〕66 号	关于印发《常山县镇级污水处理站运营监督管理考核办法（试行)》的通知
65	常政办发〔2022〕67 号	关于印发《常山县“田长制”村级巡查员考核办法（试行)》的通知
66	常政办发〔2022〕68 号	关于公布《新增综合行政执法事项目录（2022 年)》的通知
67	常政办发〔2022〕70 号	关于印发《常山县江河流域生态修复与生物多样性保护行动方案（2021—2025 年)》的通知
68	常政办发〔2022〕71 号	关于健全县政府与县总工会联席会议制度的通知
69	常政办发〔2022〕72 号	关于报送 2023 年度县政府重大行政决策事项目录的通知
70	常政办发〔2022〕73 号	关于印发《常山县促进残疾人 U 就业行动方案（2022—2025 年)》的通知

国民经济若干统计资料

2022年常山县经济与社会发展主要指标

表57

指　　标	计量单位	2022年
一、基本情况		
年末总人口（公安口径数据）	人	337893
其中：乡村人口（公安口径数据）	人	226527
年平均人口（公安口径数据）	人	338792
年出生人口（公安口径数据）	人	1785
年死亡人口（公安口径数据）	人	2182
人口出生率（公安口径数据）	‰	5.3
人口死亡率（公安口径数据）	‰	6.4
人口自然增长率（公安口径数据）	‰	-1.2
年末总户数（公安口径数据）	户	124648
全社会从业人员数	万人	14.46
第一产业从业人员数	万人	2.05
第二产业从业人员数	万人	6.22
第三产业从业人员数	万人	6.19
行政区域土地面积	平方千米	1097.3
其中：建成区面积	平方千米	18.26
街道	个	3
建制镇	个	6
乡	个	5
城市社区	个	14
行政村	个	180
居委会	个	4
二、农业		
农林牧渔总产值（现价）	万元	143751
其中：农业	万元	85869
林业	万元	20568
牧业	万元	25315
渔业	万元	6961
农林牧渔服务业	万元	5038
主要农产品播种面积		
农作物总播种面积	亩	287597
粮食播种面积	亩	146272
棉花播种面积	亩	560
油料作物播种面积	亩	51731
柑橘面积	亩	95360
茶园面积	亩	5338
桑园面积	亩	185
主要农产品产量		
粮食	吨	60871
油料	吨	6888
其中：油菜籽	吨	6448
花生	吨	274
水果	吨	159054
其中：柑橘	吨	10847
柚	吨	116796
猪肉	吨	8152
牛羊肉	吨	205
禽肉	吨	6474

续表 57

指　　标	计量单位	2022 年
油茶籽	吨	7500
水产品	吨	7015
蔬　菜	吨	105497
茶　叶	吨	238
蚕　茧	吨	0
食用菌	吨	1269
其中：金针菇	吨	0
造林面积	公顷	351
果园面积	亩	102511
三、工业		
2000 万元以上销售收入企业数	个	161
其中：内资企业	个	159
港、澳、台商投资企业	个	1
外商投资企业	个	1
企业总产值（当年价）	万元	2075287
其中：内资企业	万元	1992438
港、澳、台商投资企业	万元	68393
外商投资企业	万元	14456
销售费用	万元	23988
利税总额	万元	193889
其中：利润总额	万元	121912
资产总计	万元	2310246
负债总计	万元	1420871
应收账款	万元	345643
产成品存货	万元	148223
新产品产值	万元	776427
平均用工人数	人	19723
应付职工薪酬	万元	172683
四、交通、邮电		
境内公路里程	千米	1146
民有汽车拥有量	辆	63699
其中：私人汽车拥有量	辆	54747
公路客运量（全社会）	万人	976
公路货运量（全社会）	万吨	1274
年末邮电局（所）数	所	15
邮政业务收入	万元	10640
电信业务收入	万元	28671
年末固定电话用户数	万户	5.2
年末移动电话用户数	万户	30.6
全社会用电量	万千瓦时	217344
其中：工业用电	万千瓦时	161761
城乡居民生活用电	万千瓦时	29979
第一产业用电	万千瓦时	1432
第二产业用电	万千瓦时	163912
第三产业用电	万千瓦时	22021
五、国内外贸易、外资		
社会消费品零售总额	万元	911206
外贸进出口额	万元	297348
其中：出口额	万元	207235
实际利用外资	万美元	3553
六、固定资产投资		
固定资产投资	万元	1034444
其中：国有投资	万元	519121
基础设施投资	万元	349707
第一产业投资	万元	7090
第二产业投资	万元	303861
其中：工业技改投资	万元	99775
第三产业投资	万元	723493
其中：房地产开发投资	万元	169650
全年新增固定资产	万元	118840
房屋施工面积	平方米	1815103
房屋竣工面积	平方米	0

续表 57

指　标	计量单位	2022 年
商品房销售面积	平方米	191699
商品房销售额	万元	209382
七、财政、金融		
财政总收入	万元	265621
公共财政预算收入	万元	166087
其中：税收收入	万元	138478
公共财政预算支出	万元	679353
其中：一般公共服务	万元	64243
公共安全	万元	23693
教育	万元	69809
科学技术	万元	16251
社会保障和就业	万元	86355
卫生健康	万元	70478
节能环保	万元	20220
城乡社区	万元	16236
年末金融机构本外币存款余额	万元	3587164
其中：住户存款余额	万元	2234384
年末金融机构本外币贷款余额	万元	3673012
其中：住户贷款余额	万元	1850590
八、人民生活		
养老服务机构数	个	23
养老服务机构床位数	床	2096
城镇居民人均可支配收入	元	49442
农村居民人均可支配收入	元	28996
城镇居民人均消费支出	元	29363
农村居民人均消费支出	元	13729
城镇居民人均住宅建筑面积	平方米	46.1
农村居民人均住宅建筑面积	平方米	80.6
九、教育、科技、文体、卫生		
学校数	所	98
中等职业教育学校数	所	1

指　标	计量单位	2022 年
普通中学数	所	12
普通小学数	所	27
特殊教育学校数	所	1
幼儿园数	所	57
专任教师数	人	2886
中等职业教育学校专任教师数	人	146
普通中学专任教师数	人	1046
普通小学专任教师数	人	1131
特殊教育学校专任教师数	人	17
幼儿园专任教师数	人	546
在校学生数	人	38340
中等职业教育学校在校学生数	人	2038
普通中学在校学生数	人	12547
普通小学在校学生数	人	16048
特殊教育学校在校学生数	人	51
幼儿园在园幼儿数	人	7656
剧场、影剧院数	个	1
公共图书馆数	个	1
公共图书馆图书藏量	万册	46
体育场馆数	个	1
医疗卫生机构数	个	268
其中：医院数	个	8
医疗卫生机构床位数	张	1684
其中：医院床位数	张	1448
卫生技术人员数	人	2325
执业（助理医师）数	人	1006
注册护士	人	868
十、综合统计		
地区生产总值（当年价）快报	亿元	200.60
第一产业	亿元	9.18
第二产业	亿元	90.60

续表 57

指　　标	计量单位	2022 年
其中：工业	亿元	68.94
第三产业	亿元	100.82
人均地区生产总值（常住）	元/人	76565
地区生产总值(按 2015 年不变价)	亿元	183.30
第一产业	亿元	9.29
第二产业	亿元	79.66
其中：工业	亿元	60.11
第三产业	亿元	94.34

（陈　蓉）

2022 年常山县社会消费品零售总额一览表

表 58

统 计 指 标	计量单位	2021 年	2022 年
社会消费品零售总额	万元	844761	911206
一、按销售地区分组			
县	万元	636274	683404
县以下	万元	208487	227802
二、按行业分组			
1. 批发零售贸易业	万元	705519	765413
限额以上	万元	111294	594725
限额以下	万元	594225	170688
2. 住宿餐饮业	万元	139242	145793
星级（限额以上）企业	万元	11268	18315
星级以外（限额以下）企业和个体户	万元	127974	127478

（姜萍萍）

2022 年常山县私营企业户数一览表

表 59

单位：户

指 标 名 称	2022 年	2021 年	比上年%
合　计	6099	5247	16
1. 农、林、牧、渔业	531	520	2
2. 采矿业	22	21	5
3. 制造业	835	764	9
4. 电力、燃气及水的生产和供应业	27	26	4
5. 建筑业	434	294	48
6. 交通运输、仓储业和邮政业	267	254	5

续表 59

指 标 名 称	2022 年	2021 年	比上年%
7. 信息传输、计算机服务和软件业	171	154	11
8. 批发和零售业	2001	1628	23
9. 住宿和餐饮业	45	37	22
10. 房地产业	190	178	7
11. 租赁和商务服务业	642	521	23
12. 居民服务和其他服务业	149	128	16
13. 卫生、社会保障和社会福利业	14	10	40
14. 文化、体育和娱乐业	142	119	19
15. 其他行业	629	593	6

2022 年常山县个体工商业户数一览表

表 60

单位：户

指 标 名 称	2022 年	2021 年	比上年%
合 计	25902	23351	11
1. 农、林、牧、渔业	2154	1793	20
2. 采矿业	8	8	0
3. 制造业	995	953	4
4. 电力、燃气及水的生产和供应业	6	7	-14
5. 建筑业	48	48	0
6. 交通运输、仓储业和邮政业	1055	1073	-2
7. 信息传输、计算机服务和软件业	152	135	13
8. 批发和零售业	15627	14174	10
9. 住宿和餐饮业	2429	2224	9
10. 房地产业	8	11	-27
11. 租赁和商务服务业	1610	1298	24
12. 居民服务和其他服务业	1556	1406	11
13. 卫生、社会保障和社会福利业	37	39	-5
14. 文化、体育和娱乐业	127	93	37
15. 其他行业	90	89	1

（柳 慧）

说 明

一、本索引分为主题索引、图照索引和表格索引。

二、主题索引涵盖除“特载”“专记”“大事记”“附录”外的正文部分；图照索引包括卷首和内文中的全部图照；表格索引包括内文中的全部表格。

三、索引中文标目按汉语拼音顺序排列。

四、不同条目（图照）采用相同主题词时，分别标注页码。

主题索引

C

D

E

F

G

H

K

L

M

N

P

Q

T

W

X

Y

Z

图照索引

表格索引